Gillian Gaar

Rebellinnen

Die Geschichte der Frauen in der Rockmusik

W0065611

Gillian Gaar

Rebellinnen

Die Geschichte der Frauen in der Rockmusik

Übersetzt von Heike Brühl

Argument

Titel des amerikanischen Originals:
She's a Rebel – The History of Women in Rock & Roll
© 1992 by Gillian G. Gaar
erschienen bei The Seal Press, Seattle

Deutsche Erstausgabe
Alle Rechte vorbehalten
© Argument-Verlag 1994
Rentzelstraße 1, 20146 Hamburg
Telefon 040 / 45 36 80 – Fax 040 / 44 51 89
Buchgestaltung: Martin Grundmann
Texterfassung durch die Übersetzerin
Fotosatz: Steinhardt, Berlin
Druck: Alfa-Druck, Göttingen
Argument-Sonderband Neue Folge 230
ISBN 3-88619-230-X

Für meine Mutter
die zu mir sagte:
»Wir hatten schon Rock 'n' Roll, bevor Elvis kam«

INHALT

VORWORT

Es war 1946 in Tokio. Ich stand vor meinem Vater, der wie üblich mit Wildlederjacke und Pfeife in einem tiefen, bequemen Ledersessel saß. Soeben hatte ich ihm eröffnet, daß ich Komponistin werden wollte. Normalerweise hätte ich nicht im Traum daran gedacht, so etwas laut zu sagen, es sei denn, es wäre mir einfach herausgerutscht. Und genau das war passiert. Eigentlich hatte mich mein Vater in sein Arbeitszimmer gerufen, um mir zu sagen, daß ich besser doch keine Pianistin werden solle. »Du bist nicht gut genug. Hör einfach auf zu üben. Es ist reine Zeitverschwendung«. Er sagte das in freundlichem, liebenswürdigem Ton. Dabei war es gar nicht mein Wunsch gewesen, Pianistin zu werden, sondern seine Idee. Ich war erleichtert, daß ich nun nicht mehr üben mußte. »Eigentlich möchte ich ja Komponistin werden, Vater«, sagte ich. Er schwieg. Ich spürte, daß ich aus Versehen eine Bombe hatte platzen lassen, und mir wurde ganz flau im Magen. »Nun«, sagte mein Vater nach längerem Schweigen, »es gibt nicht viele Komponistinnen auf der Welt, Yoko. Zumindest ist mir keine einzige bekannt. Vielleicht gibt es einen Grund dafür. Vielleicht hat es mit der Begabung von Frauen zu tun. Ich weiß, daß du ein begabtes und intelligentes Kind bist. Aber ich weiß nicht … Ich möchte nicht zusehen, wie du dich vergeblich abmühst.« Wie hätte er wissen sollen, daß es vielleicht doch keine Frage geschlechtsspezifischer Begabung war? Damals hielt man schon die Tatsache, daß ein Vater über einen Beruf für seine Tochter nachdachte, für ziemlich ungewöhnlich. Töchter wurden großgezogen, damit sie auf ein Mädchenpensionat gingen und hoffentlich verheiratet waren, bevor die Leute anfingen, die Nase zu rümpfen. Ich bin bis heute dankbar, daß mein Vater sich überhaupt Gedanken über meinen Beruf machte. Er ließ mich schließlich Gesangsstunden nehmen, deutsche Lieder, da diese Kunstform seiner Meinung nach sowohl meiner Liebe zur Poesie als auch zur Musik entgegenkam. »Vielleicht sind Frauen keine guten Komponisten, aber sie sind gute Interpreten«, waren seine Worte. Ich rebellierte, gab meine Gesangsstunden auf und studierte Philosophie an einer japanischen Universität, während ich in aller Heimlichkeit an Songs schrieb.

Rebellinnen von Gillian Gaar ist ein eindrucksvolles Dokument über die Geschichte der Frauen[1] in der Rockmusik, ein Buch, das in seiner Bedeutung Elizabeth Gould Davis' *Am Anfang war die Frau* gleichkommt. Wer von uns kennt schon die Namen der Songschreiberinnen[2], Sängerinnen und Produzentinnen, die in den fünfziger Jahren Pionierarbeit geleistet haben? Wer von uns ist sich der Tatsache bewußt, daß sich Frauen in der Musikindustrie seit den sechziger Jahren immer wieder erfolgreich auf Neuland gewagt haben? Welche von uns erinnert sich an die Rolle, die Produzentinnen, Sängerinnen und Songschreiberinnen in der zweiten Welle der Frauenbewegung Anfang der siebziger Jahre gespielt haben? Und wer von uns hat sich die Mühe gemacht, etwas über die Schwierigkeiten der Künstlerinnen im Materialismus der achtziger Jahre zu erfahren, Schwierigkeiten, die selbst dann noch anhielten, als sie reich und berühmt waren? Gillian erhellt uns vier Jahrzehnte weiblicher Rockmusikgeschichte, angefangen bei den fünfziger Jahren, als die Öffentlichkeit Rock 'n' Roll noch für eine musikalische Randerscheinung hielt, bis zu den späten achtziger und frühen neunziger Jahren, als Rock und Pop endlich Anerkennung fanden. Dank ihres gründlich recherchierten und anschaulich geschriebenen Werkes mit vielen Zitaten von Musikerinnen entdecken wir, daß Frauen in der Entwicklung der Rockmusik eine bedeutende Rolle gespielt haben. Wir bekommen einzelne Künstlerinnen vorgeführt, die trotz schier überwältigender Widerstände gegen sie nicht aufhörten, Musik zu machen, bis die Musikindustrie schließlich einsehen mußte, daß Frauen ernstzunehmen waren und bleiben würden. Ihr Kampf war nicht vergeblich. Er öffnete der nachfolgenden Generation

---

1 (Sämtliche Anmerkungen in diesem Buch sind Anmerkungen der Übersetzerin.) Das engl. feministische Pendant zu »history«, nämlich »herstory« (»ihre Geschichte«), läßt sich im Deutschen nicht wiedergeben.

2 Von engl.: »songwriter« als Bezeichnung für AutorInnen, die sowohl komponieren als auch texten.

von Rockmusikerinnen Tür und Tor, stimmte Eltern um, die ihrer Tochter sonst davon abgeraten hätten, ins Musikgeschäft einzusteigen, verlieh der Musikindustrie neue Kraft und schenkte der Welt gute Musik.

Sobald ich anfing, dieses Buch zu lesen, konnte ich es nicht mehr aus der Hand legen, obwohl die Lektüre auch ein schmerzlicher Prozeß war, da mich das Gelesene an eigene unverheilte Wunden erinnerte. Zugleich machte es mir Mut durch die Erkenntnis, daß ich nicht allein bin. Wir alle haben Schmerzliches erlebt, wir alle haben solche Kämpfe erlebt, und alle zusammen haben wir einen weiten Weg zurückgelegt und wirklich viel erreicht. Ich bin Gillian dankbar, daß sie mir diese Erkenntnis geschenkt hat.

New York im März 1992 *Yoko Ono*

EINLEITUNG

Im Jahr 1988 schrieb sowohl die Musik- als auch die Mainstream-Presse viel über einen gerade neu entdeckten »Trend«: Frauen in der Rockmusik. Ausgelöst wurde der »Trend« 1987 durch Suzanne Vegas Top-10-Erfolgssingle »Luka« und den anschließenden Boom neuer Musikerinnen in der Musikszene, wie z.B. Tracy Chapman, Sinéad O'Connor, Natalie Merchant von den 10 000 Maniacs, Michelle Shocked, Melissa Etheridge und den Indigo Girls.

Die Artikel über diesen »Trend« gingen davon aus, daß so viele Musikerinnen wie noch nie dabei waren, sich einen festen Platz in der Rockwelt zu erobern. Viele Künstlerinnen waren jedoch gar keine Neulinge in der Musikszene. Vega, die 10.000 Maniacs, Shocked und die Indigo Girls hatten alle mindestens eine LP herausgebracht, bevor sie von den Medien »entdeckt« wurden. Außerdem hatte es ähnliche Trends, die ebenfalls von der Presse aufgegriffen worden waren, schon zu der Zeit gegeben, als man Frauen verschiedener musikalischer Stilrichtungen einfach in einen Topf geworfen hatte, nur weil sie Frauen waren. In der MTV-Ära Mitte der achtziger Jahre gab es die »videogenen« Rock-Frauen wie z.B. Annie Lennox von den Eurythmics, Cyndi Lauper, Madonna und Tina Turner. Ende der siebziger und Anfang der achtziger Jahre galten Debbie Harry von Blondie, die Go-Go's, Chrissie Hynde von den Pretenders und Pat Benatar in der Musikszene als New Wave-Frauen. Ende der sechziger und Anfang der siebziger Jahre führten Carole King, Laura Nyro, Joni Mitchell, Carly Simon und Janis Ian die Sängerinnen/Songschreiberinnen-Bewegung an, die parallel zu der feministisch orientierten Frauenmusikbewegung dieser Zeit ablief. Und bevor die »British Invasion«-Bands der sechziger Jahre die amerikanischen Radiosender eroberten, machten Vokalgruppen wie die Shirelles, Chiffons, Crystals, Ronettes und die Shangri-Las den »Girl Group«-Sound berühmt.

Frauen in der Rockmusik sind keinesfalls ein einmaliger Trend, sondern stellen ganz im Gegenteil eine stete Entwicklung dar. Als Anfang der siebziger Jahre die Frauenbewegung aufkam, antworteten Frauen auf die Frage nach ihrer Rolle in der Rockmusik ausnahmslos, daß eine Frau, die nicht ihrer »traditionellen« Rolle als Künstlerin entsprach (die also z.B. E-Gitarre spielte), nur deshalb auffiel, weil es nicht viele Frauen in solchen Positionen gab. Je mehr Frauen ihrer Meinung nach Rockmusik machten, desto mehr würde das Konzept »Frauen in der Rockmusik« seine Gültigkeit verlieren. Dieser Fall ist jedoch noch nicht eingetreten, wie der letzte Trend von 1988 zeigt. Frauen, die Rockmusik machen, werden größtenteils immer noch in derselben Reihenfolge definiert wie früher: zuerst als Frau und dann als Rockmusikerin.

Ein Grund für das erneute Aufkommen des Rock-Frauen-Trends liegt darin, daß Frauen noch immer nicht in die Gesellschaft integriert sind, sondern nach wie vor als »das Andere« angesehen werden, das von der männlichen Norm abweicht. Diese Auffassung wird bereits bei völlig harmlosen Anlässen deutlich. So war z.B. 1988 als Überschrift zu einem Artikel über die Präsidentschaftsversammlung der Demokraten zu lesen: »Wahlrede der Demokraten wird von einer Frau gehalten« anstatt z.B.: »Wahlrede der Demokraten wird von Ann Richards gehalten.« In der Rock- und Popwelt findet man häufig ähnliche Beispiele, wenn eine Künstlerin als »bester weiblicher Gitarrist« bezeichnet wird anstatt als »beste Gitarristin«.[3]

---

3 Allerdings verfolgt der englische Sprachgebrauch in solchen Fällen ein anderes Ziel als der deutsche: Da es im Englischen keine sichtbare Unterscheidung zwischen femininen und maskulinen Substantiven gibt (»guitarist« heißt sowohl »Gitarristin« als auch »Gitarrist«), soll eben *nicht* mehr hervorgehoben werden, daß es sich bei »best guitarist« um eine Frau handelt (es sollte also nicht mehr »best female guitarist« heißen). Das Deutsche hingegen zielt gerade auf die Unterscheidung zwischen Feminina und Maskulina und wendet sich damit gegen das Argument, daß Frauen »mitgemeint« werden. Trotzdem werden (gerade in Übersetzungen und in Analogie zum Englischen) häufig Ausdrücke wie »bester weiblicher Gitarrist« verwendet, was auf die Unsicherheit schließen läßt, die noch immer mit dem feministischen Sprachgebrauch verbunden ist.

Die Einstellung, die sich hinter solchen Unterscheidungen verbirgt, erklärt teilweise, warum in Rocklexika die Rolle der Frauen in der Musikbranche immer wieder übersehen oder geschmälert wird: Wenn Musikerinnen (DJs, Managerinnen usw.) als Ausnahmen angesehen werden, nur weil sie Frauen sind, rechtfertigt dies natürlich die obligatorische Verbannung der Rock-Frauen in ein eigenes Kapitel. Dort werden ihre Beiträge zwar gewürdigt, jedoch gleichzeitig als ein von der Geschichte vollkommen getrennter Abschnitt dargestellt. Eine solche Darstellung impliziert, daß diese Rockmusikerinnen Beachtung fanden, obwohl sie dem weiblichen Geschlecht angehörten. Dies fördert wiederum das Klischee, daß sich die Fähigkeiten einer Frau darauf beschränken, eine passive Unterhaltungskünstlerin zu sein: ein geschmeidiger »Körper mit einer Stimme«. Eine so tief verwurzelte sexistische Sichtweise nimmt den Frauen jegliche Chance, sich auch in anderen Bereichen der Musikbranche eine Karriere aufzubauen.

Ein weiterer Faktor, der zur Unsichtbarkeit der Frauen im Rockmusikgeschäft beiträgt, liegt in der Bewertung der Werke einer Musikerin. In gewisser Weise ist die Geschichte der Rockmusik nicht so sehr die Geschichte künstlerischer, sondern vielmehr kommerzieller Erfolge. Schallplatten, die großen Absatz finden, werden oft für »besser« gehalten als Platten, die sich nicht so gut verkaufen. Diese Einstellung schließt äußerst wirksam die Beiträge all derjenigen Musikerinnen aus, die vielleicht keine großen – oder auch nur mäßigen – Erfolge hatten. Folglich findet man in einem Standardwerk zur Rockmusikgeschichte nur sehr wenig Einträge über Musikerinnen. Dies erweckt wiederum den falschen Eindruck, daß Frauen in der Entstehung und Entwicklung der Rockmusik nur eine unwesentliche Rolle gespielt haben.

Ironischerweise gerieten Musikerinnen häufig in eine Zwickmühle: Da man Künstlerinnen selten denselben Geschäftssinn zutraute (und zutraut) wie ihren männlichen Kollegen, bekamen sie keine Gelegenheit zu beweisen, daß sie durchaus in der Lage waren, ihre Platten auch zu verkaufen. Ende der fünfziger Jahre bekam z.B. die Vokalgruppe Chantels nur deshalb beinahe keinen Plattenvertrag, weil sie ausschließlich aus Frauen bestand. Glücklicherweise gelang es der Gruppe dann doch, einen Vertrag abzuschließen und im Verlauf ihrer Karriere vier Singles in den Top 40 Charts zu landen. Wenn sie die Möglichkeit hatten, haben Musikerinnen immer wieder bewiesen, daß sie Platten verkaufen können. Trotzdem wird weiterhin bezweifelt, daß Frauen in der Lage sind, kommerziell erfolgreiche Platten zu produzieren. Auch heute erzählen ManagerInnen von ihren Schwierigkeiten, Verträge mit Plattenfirmen abzuschließen, die sich hartnäckig darauf berufen: »Aber wir haben doch schon eine Sängerin.«

Die Tatsache, daß der kommerzielle Erfolg im Mittelpunkt steht sowie die zweitrangige Stellung der Frauen in der Gesellschaft haben dazu geführt, daß weniger bekannte Musikerinnen – im Gegensatz zu ihren männlichen Pendants – in den Rocklexika häufig nicht aufgeführt werden. Dies gilt vor allem für die frühen Jahre der Rockmusik, erstreckt sich aber bis weit in die folgenden Jahrzehnte hinein. Erst mit dem Aufkommen des Punk Ende der siebziger Jahre wurde allmählich über »Kult«- oder »Underground«-Musikerinnen ähnlich berichtet wie über die Musiker dieses Genres. Ein Hauptaspekt von *Rebellinnen* ist die Wiederherstellung dieser »verlorengegangenen« Geschichte. Ich möchte zeigen, daß die Zahl der Frauen in der Rockmusikbranche in Wirklichkeit sehr viel größer ist als die meisten Quellen vermuten lassen. Das Buch ist ein Versuch, den einzeiligen Verweisen in den Rocklexika etwas mehr Substanz zu verleihen. Und obwohl *Rebellinnen* nur einige der vielen Frauen in der Rockmusik herausgreift, wäre das Buch doch ohne die Hilfe vieler Menschen – häufig der Künstlerinnen selbst – nicht so umfangreich geworden. Sie stellten mir Zeitungsausschnitte und Interviews über Bands zur Verfügung, die mehr Beachtung verdienen als die paar obligatorischen Sätze in anderen Rocklexika. Die Fülle des Materials machte mir auch bewußt, daß die Zahl der Musikerinnen, die zwar zweifellos existierten, jedoch keinen ein- oder zweizeiligen Eintrag in einem Rocklexikon bekamen, sehr viel größer sein muß. Ist ihre Geschichte für immer verloren?

Rebellinnen berichtet – ebenfalls in einer Auswahl – auch über die Karriere berühmter Musikerinnen. Das Buch untersucht zum einen die frauenspezifischen Erfahrungen dieser Künstlerinnen und zum anderen, in einem größeren Kontext, die Auswirkungen dieser Erfahrungen auf ihre Arbeit als Rockmusikerinnen. Nur allzuoft wird eine berühmte Musikerin als stellvertretend für alle Musikerinnen angesehen. In Interviews stellt sich eine Künstlerin bisweilen als die einzige Rockmusikerin dar, die eine bestimmte Position erreicht hat, obwohl es tatsächlich auch noch andere gibt und gegeben hat. Ein Bewußtsein, daß es eine lange Tradition von Frauen in der Musikindustrie gibt, ist so gut wie gar nicht vorhanden. Und die Künstlerinnen, die den »Durchbruch« geschafft haben und selbstbewußt feststellen, daß sie als Rock-Frauen nur deshalb so ungewöhnlich erscheinen, weil es im Rockbusineß eben nicht so viele bekannte Frauen gibt, wären vielleicht überrascht, wenn sie wüßten, daß Musikerinnen bereits vor einem Jahrzehnt ähnliche Kommentare abgegeben haben – und daß sie solche Kommentare in zehn Jahren vielleicht wieder abgeben werden.

Auch wenn Frauen nach wie vor als eine Art Novum in der Rockwelt dargestellt werden, sind sie doch längst nicht mehr so unsichtbar wie früher. Bittet man jemanden, eine Rockmusikerin aus den fünfziger Jahren zu nennen, erntet man mit großer Wahrscheinlichkeit einen verständnislosen Blick. Auf dieselbe Frage nach Musikerinnen der achtziger Jahre werden dem Gegenüber hingegen wahrscheinlich gleich mehrere Antworten einfallen. Außerdem arbeiten heute auch mehr Frauen in den Plattenfirmen. Bereits in den frühen Jahren der Rockmusik gab es sowohl Frauen mit eigenen Platten-Labels als auch Managerinnen und Songschreiberinnen, auch wenn die Geschichte dieser Frauen häufig ebenfalls im dunkeln liegt. Obwohl die Vorstandsetagen der meisten Plattenfirmen nach wie vor Männerdomänen sind, verlassen Frauen allmählich das »Publicity-Ghetto« (einer der wenigen Bereiche der Musikbranche, in dem mehr Frauen arbeiten) und fassen zunehmend auch auf anderen Gebieten Fuß. Diese Positionen »hinter den Kulissen« können vielleicht sogar noch eher dazu beitragen, die Situation für Frauen in allen Bereichen der Musikbranche zu verbessern.

Wenn man sich anschaut, was Frauen im Musikgeschäft seit den fünfziger Jahren geleistet haben, wird schnell deutlich, daß eine Bezeichnung wie »Rock-Frauen« eigentlich völlig irreführend ist. Im Grunde impliziert sie, daß Musikerinnen aufgrund ihres Geschlechts auch musikalische Gemeinsamkeiten aufweisen, die jedoch gar nicht existieren. Der Denkfehler in dieser Argumentation wird deutlich, wenn man sie logisch zu Ende führt. Das würde bedeuten, daß man sich eine Kategorie »Rock-Männer« denken, Artikel über die vielen neuen »Männerbands« schreiben und vielleicht sogar die Beatles als »Separatisten« bezeichnen müßte, weil sie »rein männliche« Schallplatten produziert haben.

Frauen haben einen großen – wenn auch manchmal verkannten – Beitrag sowohl für die Rockmusikindustrie als auch für die Rockmusikgeschichte geleistet. *Rebellinnen* untersucht die vielen verschiedenen Rollen, die Frauen in der Entwicklung der Rockmusik auf und hinter der Bühne gespielt haben. Denn Rock-Frauen weisen durchaus eine entscheidende Gemeinsamkeit auf: die Erfahrung, sich als Frauen in einer von Männern dominierten Geschäftsbranche zu behaupten. *Rebellinnen* zeichnet ihre Seite der Geschichte auf.

Seattle im Juni 1992   *Gillian G. Gaar*

1 Wurzeln

»Wann wurde aus Rhythm & Blues Rock 'n' Roll?«
»Als die weißen Kids anfingen, danach zu tanzen.«

Ruth Brown im *Rolling Stone*, 19. April 1990

Am 25. Juli 1984 starb Willie Mae Thornton im Alter von 57 Jahren in Los Angeles an Herz- und Leberversagen. Die Ursache dafür war wahrscheinlich jahrelanger Alkoholmißbrauch, der die einst 350 Pfund schwere »Big Mama« Thornton auf bloße 95 Pfund hatte abmagern lassen. Ein unrühmliches Ende für eine so einflußreiche Rock 'n' Roll-Pionierin. Thornton hatte seit den vierziger Jahren in verschiedenen Rhythm & Blues-Bands gesungen, Mundharmonika und Schlagzeug gespielt und auf so berühmten Bühnen wie dem Apollo Theatre[4] in New York und dem Newport Jazz Festival gestanden. Sie war mit Blues-Legenden wie Muddy Waters, B.B. King und Eddie »Cleanhead« Vinson aufgetreten und hatte »Ball and Chain« komponiert, das in den sechziger Jahren von Janis Joplin neu eingespielt wurde. Außerdem hatte sie eine der erfolgreichsten Platten in der Geschichte des Rock 'n' Roll aufgenommen: »Hound Dog«.

»Hound Dog« war Big Mamas einziger großer Hit, eigens für sie von dem Songschreiber-/Produzenten-Team Jerry Leiber und Mike Stoller geschrieben, und erreichte 1953 Platz 1 der Rhythm & Blues (R & B) Charts.

---

4 Das Apollo Theatre in Harlem wurde 1934 eröffnet und galt als Mekka bekannter schwarzer R&B- und Soul-KünstlerInnen. Jeden Mittwoch war »Amateur Night«, ein Talentwettbewerb, der vielen KünstlerInnen als Sprungbrett zum Erfolg diente.

Diese wurden von Branchenzeitschriften wie dem *Billboard* erstellt, die jede Woche die Verkaufslisten der aktuellen Schallplatten veröffentlichten. Obwohl die R & B Charts angeblich den Musikgeschmack des schwarzen Publikums widerspiegelten, zog der R & B zunehmend auch das weiße Publikum an, das nun ebenfalls den »Underground-Sound« der R & B-Sender[5] im Radio hörte. Zweifellos wurde »Hound Dog« bei den weißen R & B-Fans nicht zuletzt deshalb so populär, weil der Titel sieben Wochen lang an der Spitze der R & B Charts stand. Doch Thorntons Erfolg mit »Hound Dog« sollte 1956 von Elvis Presleys Cover Version in den Schatten gestellt werden, die nicht nur in den R & B Charts, sondern auch in den Top 40 Charts die Nummer 1 wurde.

Es war ein vertrautes Schema, das die Karriere vieler schwarzer KünstlerInnen zerstörte. Nachdem sich die weißen MusikerInnen immer weiter von den schwarzen Wurzeln des R & B entfernt hatten und ihn schließlich in Rock 'n' Roll umtauften, trug die harte Arbeit der UrheberInnen dieses Sounds bald kaum noch Früchte. Big Mama war eine derjenigen, die in dieser Übergangsphase untergingen. Als ihr Ruhm verblaßt war, warf ihre Plattenfirma sie 1957 hinaus. Obwohl sie für den Rest ihres Lebens tourte und Platten aufnahm, wiederholte sich nie mehr der Erfolg von »Hound Dog«. Noch dazu zahlte sich ihr größter Hit nicht einmal finanziell aus – Thornton sagte später, sie habe nur einen einzigen Scheck über 500 Dollar für Tantiemen erhalten, obwohl von »Hound Dog« insgesamt mehr als zwei Millionen Platten verkauft wurden.

Willie Mae Thornton wurde 1926 als eins von sieben Kindern in Montgomery, Alabama, geboren. Als Teenager zog sie nach Atlanta, wo sie zunächst im Varieté tanzte und ab Anfang der vierziger Jahre mit Sammy Greens Hot Harlem Review auftrat. Ihre eigene musikalische Ausbildung erwarb sich Thornton, eine Bewunderin der Bluessängerin Bessie Smith und des Bluessängers Memphis Minnie, nur durch Beobachtung. »Ich habe durch die Praxis singen gelernt«, erklärte sie einmal. »Niemand hat mir aber auch nur irgendwas beigebracht. Ich habe mir selbst beigebracht zu singen und Mundharmonika und sogar Schlagzeug zu spielen, indem ich anderen zugeschaut habe«.

---

5 In den vierziger Jahren wurde in den USA das sogenannte »Format Radio« eingeführt, d.h., daß ein (Mittelwellen-) Sender jeweils nur einen ganz bestimmten Musiktyp (Rhythm & Blues, Country & Western) spielte und damit eine ganz bestimmte Zielgruppe erreichte. Die Werbewirksamkeit des Rundfunks wurde in den fünfziger Jahren mit der Entwicklung der Top Forty-Sender noch erhöht. Das Programm dieser Sender bestand nur noch aus den vierzig meistverkauften Singles der Woche. Folglich wurde der Verkauf einer Platte durch das häufige Abspielen im Radio enorm gesteigert, während unbekanntere Titel erst recht keine Chance hatten, populär zu werden. Die Einführung der UKW-Sender in den sechziger Jahren wurde dann auch dem Wandel der Rockmusik von Singles zu LPs gerecht, da in diesen Sendern u.a. aufgrund der klanglichen Überlegenheit auch ganze Langspielplatten gespielt wurden.

Thornton tourte bis 1948 mit Hot Harlem Review und ließ sich dann in Houston, Texas, nieder. In Texas begann sie auch ihre Plattenkarriere mit ihrer ersten Single »All Right Baby«/»Bad Luck Got My Man«, die 1951 bei E&W Records unter dem Namen Harlem Stars erschien. Sie unterschrieb dann einen Vertrag bei Peacock Records und brachte anschließend Platten unter ihrem eigenen Namen heraus, u.a. »Partnership Blues« (1951) sowie »No Jody for Me« und »Mischievous Boogie« (1952). Thornton ging dann nach Los Angeles und trat in der Johnny Otis Show auf. Dies war eine R&B-Combo, die von dem früheren Jazz-Schlagzeuger Otis gegründet wurde, nachdem er Ende der vierziger Jahre zum R&B übergewechselt war. Als sie mit Otis tourte, gab Thornton ihr Debüt im Apollo, wo sie den Hit der Dominos, »Have Mercy Baby«, so ausdrucksvoll vortrug, daß sie über Nacht vom Vorprogramm zum Top Act[6] aufstieg.

Am 13. August 1952 produzierte Otis in Los Angeles Thorntons letzte Aufnahme für Peacock. Er hatte auch die beiden ehrgeizigen Songschreiber Jerry Leiber und Mike Stoller ins Studio gebeten, damit sie herausfinden konnten, ob sie vielleicht geeignetes Material für Thornton hätten. Nachdem sie die Sängerin kennengelernt hatten, schrieben sie »Hound Dog« für sie. »Der Song wurde gleichermaßen von ihrem Äußeren als auch von ihrem Blues-Stil beeinflußt«, erinnerte sich Stoller später im *Rolling Stone*. »Wir wollten, daß sie den Song knurrte, was sie zuerst ablehnte. Sie vertrat den Standpunkt: 'Erzähl mir bloß nicht, wie ich zu singen habe!'« Thornton hatte ihre eigenen Erinnerungen an die Aufnahme: »Damals waren die beiden einfach nur Kinder«, erzählte sie dem Kolumnisten und Jazzkomponisten Ralph Gleason. »Und sie hatten diesen Song auf eine Papiertüte geschrieben. Also fing ich an, den Text zu singen und selbst etwas dazu zu dichten. Das ganze Gerede und Geschrei ist von mir.«

In Thorntons Originalaufnahme ist »Hound Dog« ein träger, schleppender Blues, in dem Big Mama ihren untreuen Mann anschreit und ihm droht, daß seine Tage gezählt seien. Sie durchschaut sein leeres Geschwätz, und auch wenn der Hund mit dem Schwanz wedelt, kann er sie nicht mehr locken. Die Platte wurde Ende 1952 veröffentlicht und stand Anfang '53 an der Spitze der R&B Charts. Es folgten zahlreiche »Answer Songs«[7] von Männern, die unbedingt das letzte Wort haben wollten, z.B. »Beat Cat« von Diskjockey Rufus Thomas und »Rattlesnake« von John

---

6 Acts sind in der Sprache der Musikindustrie alle MusikerInnen, SängerInnen oder Gruppen, die bei einem Plattenlabel unter Vertrag sind. Auch Mitwirkende bei einem Konzert werden Act genannt. Ein Top Act ist demnach die Hauptattraktion eines Konzerts.

7 Bezeichnung für einen Titel, der ein anderes Stück aufgreift oder karikiert.

Brim. Im Zuge ihres Erfolgs ging Thornton mit Bobby »Blue« Bland, Junior Parker und dem aufstrebenden R & B-Star Johnny Ace auf Tournee (Thornton war angeblich in derselben Garderobe wie Ace, als er sich beim Russischen Roulette eine Kugel in den Kopf schoß). Allerdings kam keine ihrer acht nachfolgenden Singles bei Peacock an den Erfolg von »Hound Dog« heran, und als 1957 ihr Vertrag mit der Plattenfirma auslief, wurde er nicht verlängert.

Thornton zog daraufhin nach Kalifornien, spielte in Clubs in San Francisco und Los Angeles und machte Aufnahmen für verschiedene Plattenfirmen. Anfang der sechziger Jahre nahm Thornton für Baytone Records ihren selbstgeschriebenen Song »Ball and Chain« auf. Obwohl die Plattenfirma den Song nicht veröffentlichte (Thornton nahm ihn später für andere Plattenfirmen auf), behielten sie das Copyright. Das bedeutete, daß Thornton keine Tantiemen bekam, als Janis Joplin den Song später neu einspielte.

Als in den sechziger Jahren das Interesse am Blues wiedererwachte, trat Thornton weltweit bei Blues- und Jazzfestivals auf und veröffentlichte auch weiterhin Platten: *Big Mama In Europe* (mit dem Gitarristen Buddy Guy), *Big Mama Thornton with the Chicago Blues Band* (mit Muddy Waters, James Cotton und Otis Spann) und *Stronger Than Dirt*, auf der zeitgenössische Stücke wie Wilson Picketts »Funky Broadway« und Bob Dylans »I Shall Be Released« zu hören sind. In den siebziger Jahren wurden *She's Back* sowie 1975 Thorntons letzte Alben, *Sassy Mama!* und *Jail* (ein in zwei Gefängnissen aufgenommenes Live-Album) veröffentlicht. 1980 trat Thornton beim Newport Jazz Festival zusammen mit Sippie Wallace, Koko Taylor und anderen Sängerinnen unter dem Motto »Blues Is A Woman« auf. Einen ihrer letzten Auftritte hatte sie im März 1984 bei einem Freikonzert im Variety Arts Theatre in Los Angeles. Das Konzert, bei dem unter anderem auch Lowell Fulson und Joe Liggins and His Honeydrippers auftraten, wurde für das britische Fernsehen aufgenommen. Doch wegen ihres starken Alkoholkonsums waren Thorntons Live-Auftritte in dieser Zeit selten geworden. Vier Monate später starb sie in Los Angeles in einer Pension, in der sie wohnte.

Im Gegensatz zu Thorntons Original war Presleys lebhafte Interpretation von »Hound Dog« wesentlich schneller. Sie kam dem fröhlichen Pop bedeutend näher als Big Mamas erdiger Blues und erinnerte auch nicht mehr an den derben Rockabilly-Swing früherer Presley-Hits bei Sun Records.

Presley wurde als der perfekte »Crossover«-[8] Künstler gehandelt, der

---

8 Bezeichnung für Titel, die auf unterschiedlichen Märkten kommerziellen Erfolg haben und in verschiedenen Rubriken der Charts (z.B. in den R&B Charts, Pop Charts usw.) gleichzeitig vertreten sind.

zwar weiß war, sich aber wie ein Schwarzer anhörte, so daß er R&B-Stücke einigermaßen glaubwürdig interpretieren konnte. Außerdem bekam er die Publicity von den Medien, z.B. dem Fernsehen und dem Top 40 Sender im Radio, die den meisten schwarzen MusikerInnen immer noch verwehrt wurde. Die Macht des ursprünglich schwarzen R&B wurde durch die Cover Versionen weißer KünstlerInnen zwar etwas abgeschwächt, doch führte die Verbreitung dieser Versionen auch dazu, daß das weiße Publikum die Musik konsumierte. Einerseits illustriert Presleys Wechsel von Sun zu RCA Records (die Presley Ende 1955 unter Vertrag nahmen) die Wandlung vom R&B zum »Rock 'n' Roll«, wobei der Rock 'n' Roll als eine Mischung galt, die je nach Standort im musikalischen Spektrum entweder als aufgepeppte Country-Musik oder aber als verdünnter Rhythm&Blues angesehen wurde. Andererseits macht sein Wechsel aber auch deutlich, daß die neue Musik, die ihre Wurzeln im Bereich der »Independent« oder »Indie« Labels hatte, nach und nach von den Mainstream-Labels absorbiert wurde.

Die großen Schallplattenkonzerne, zu denen in den fünfziger Jahren Labels wie Columbia, RCA (Radio Corporation of America), Decca, Capitol, MGM (Metro-Goldwyn-Mayer) und Mercury gehörten, hatten eigene Vertriebsnetze und unterhielten eigene Preßwerke. Da sie ihre Platten in fast allen Läden verkauften, konnten sie horrende Gewinne erzielen. Ihre Größe hatte jedoch auch den Nachteil, daß sie unter Druck standen, möglichst viele Platten zu verkaufen, um ihr Geld wieder hereinzubekommen. Folglich waren die bekannten Labels normalerweise mehr daran interessiert, die sogenannte »Middle-of-the-Road«-Musik auf den Markt zu bringen, die von der Mehrzahl der amerikanischen PlattenkonsumentInnen gekauft wurde: KünstlerInnen wie Rosemary Clooney, Bing Crosby, Doris Day und Frank Sinatra, die eine breite Masse ansprachen. Die Indies, die oft nur aus einem einzigen Büroraum bestanden und ihre Platten aus dem Kofferraum eines Autos heraus verkauften, waren demgegenüber klein genug, um das Risiko für die Produktion von Platten einzugehen, die nur geringeren Absatz finden würden. Da die Indies auf den Märkten, die von den großen Labels beherrscht wurden, nicht konkurrenzfähig waren, mußten sie sich eigene Absatzgebiete erschließen. So konnten sie Trends aufgreifen, die die Großen übersehen hatten und unbekannte und innovative KünstlerInnen herausbringen.

Ein Markt, auf den sich die Indies anfangs spezialisiert hatten, war der Blues. Der erste Blues-Hit, 1920 aufgenommen und unter dem Okeh-Label erschienen, war der »Crazy Blues« von Mamie Smith, die erste Afroamerikanerin, die überhaupt eine Platte aufnahm. Zur Überraschung der Plattenindustrie wurde »Crazy Blues« innerhalb einer Woche mehr als siebentausendmal verkauft, und Ralph Peer, Produzent dieser Platte, bezeichnete diesen neu entdeckten Markt als »Race Music«. (Er war es auch, der den Begriff »Hillbilly«[9] für den frühen Country-Markt prägte, nachdem er 1927 Aufnahmen mit Jimmie Rodgers und der Carter Family gemacht hatte). Zwar boomte die Plattenindustrie nach dem ersten Weltkrieg zunächst (allein 1921 wurden insgesamt mehr als 106 Millionen Platten verkauft), doch wurde ihr Wachstum durch die Verbreitung des Radios eingedämmt. Als mit den dreißiger Jahren die Weltwirtschaftskrise hereinbrach, waren die Independent Labels entweder bereits von den Großen aufgekauft worden (Okeh war z.B. von Columbia übernommen worden) oder hatten bankrott gemacht. Die Schellack-Verknappung während des zweiten Weltkriegs trug außerdem dazu bei, daß sich die großen Labels in die Produktion von Schlagerplatten zurückzogen, anstatt sich auf »Spezialmärkte« wie Blues und Country zu konzentrieren.

Doch die Kriegsjahre hatten auch ein neues Publikum für eine andere Art von »Race Music« hervorgebracht, den Rhythm & Blues. Während des zweiten Weltkriegs strömten AfroamerikanerInnen auf der Suche nach Arbeit zu Tausenden in die amerikanischen Großstädte. Schwarze Radiosender und Plattenfirmen schossen nur so aus dem Boden, um von dem aufblühenden Markt zu profitieren. Dann »entdeckte« auch das weiße Publikum den Rhythm & Blues. Leute, die zunächst aus Neugier R & B-Sender eingeschaltet hatten, fragten schließlich in ihren Plattenläden nach der Musik, die sie im Radio gehört hatten. 1949 war im angesehenen *Billboard* aus der »Race Music« offiziell »Rhythm & Blues« geworden, und im selben Jahr gab die Zeitschrift den Begriff »Hillbilly« zugunsten von »Country & Western« auf. In den Top 40 Charts überwog nach wie vor der Mainstream-Pop von KünstlerInnen wie Frank Sinatra und Doris Day, doch als das Interesse am R & B immer stärker wurde, beeinflußten auch solche Songs die – weißen – Top 40 Charts, die früher nur in die – schwarzen – R & B Charts gekommen wären.

Das Phänomen, daß schwarze Musik von Weißen gekauft wurde, führte zur Entstehung von Radio-Shows wie Alan Freeds *The Moondog Show*. Freed, DJ beim Radiosender WJW in Cleveland, hatte Anfang der fünfziger Jahre das Sender-Management überredet, eine R & B-Sendung zu machen, nachdem er vom Inhaber eines Plattenladens den Tip bekommen hatte, daß sich auch immer mehr Weiße für R & B interessierten. Freed ging später nach New York und moderierte beim Sender WINS eine Radio-Show. Er behauptete außerdem, den Begriff »Rock 'n' Roll« als

---

9 Der Ausdruck bedeutet sinngemäß soviel wie »HinterwäldlerIn«.

Abgrenzung zum schwarzen R & B geprägt zu haben, obwohl dieser Ausdruck bereits aus einigen R & B-Songs bekannt war (u.a. »Good Rockin' Tonight« von Roy Brown, »Rock and Roll« von Wild Bill Moore und »My Daddy Rocks Me (With One Steady Roll)« von Trixie Smith). Rock 'n' Roll war außerdem ein Euphemismus für Sex, was der Auffassung, daß Rock 'n' Roll »sauberer« als R & B war, eine gewisse Ironie verlieh.

1955 sicherte sich der Rock 'n' Roll einen festen Platz in den Pop Charts mit dem Song »Rock Around the Clock« von Bill Haley & His Comets (Decca Records), der über ein Jahr nach seiner Veröffentlichung auf Platz 1 kam. Erst als Vorspann-Song des Films *Saat der Gewalt* schaffte »Rock Around the Clock« den Durchbruch. Nun erkannten auch die großen Plattenfirmen das kommerzielle Potential des Rock 'n' Roll. Doch vorläufig beherrschten noch die Indie-Labels die Szene: Chess mit Chuck Berry, den Moonglows und später Etta James, Specialty mit Little Richard und Fats Domino, Sun mit Presley, Jerry Lee Lewis und Carl Perkins sowie Atlantic, dem Label von LaVern Baker und einem der ersten R & B-Stars der fünfziger Jahre, Ruth Brown.

Atlantic Records wurde 1947 von Ahmet Ertegun gegründet, einem langjährigen Musikfan, der als Sohn des türkischen Botschafters als Teenager nach Amerika gekommen war. Ertegun gründete sein eigenes Label und setzte den früheren Artists & Repertoire (A & R)-Mitarbeiter[10] bei National Records, Herb Abramson, als Partner ein. Abramsons Frau Miriam war zunächst für die geschäftlichen Angelegenheiten von Atlantic zuständig und übernahm später die Aufgabe, mit den Preßwerken zusammenzuarbeiten, um die pünktliche Auslieferung der Atlantic-Produkte zu gewährleisten. Mitte der fünfziger Jahre wurde Erteguns Bruder Nesuhi ebenfalls Partner und engagierte sich als Produzent für die Firma. Die Atlantic-Belegschaft, die von Erteguns Wohnung in Manhatten aus arbeitete, merkte bald, daß R & B einträglicher war als Jazz. So hatte die Firma 1949 mit Stick McGhees »Drinkin' Wine Spo-Dee-O-Dee« ihren ersten Hit, der im April Platz 3 der R & B Charts erreichte.

Ruth Brown begann ihre Karriere ebenfalls 1949 bei Atlantic. Ihre Single »So Long«/»It's Raining«, die im Mai erschien, konnte sich auf Rang 6 der R & B Charts plazieren. Diese Single war die erste einer Reihe von Platten, die sich als so zugkräftig erwiesen, daß Atlantic als »das Haus, das Ruth aufgebaut hat« bezeichnet wurde. Ruth Brown wurde 1928 als Ruth Weston in Portsmouth, Virginia, geboren. Dort sang sie im Kirchenchor, den ihr Vater leitete. »Man mußte in der Kirche singen«,

---

10 Der Begriff bezeichnet die Abteilung in einer Plattenfirma, die neue KünstlerInnen sucht und unter Vertrag nimmt.

erinnert sie sich. »Es war Pflicht. Wenn du eine Melodie singen konntest, hast du in der Kirche angefangen und dann, natürlich, in den Schulbands weitergemacht. Ich hätte jedoch nie gedacht, daß ich mir mit Musik meinen Lebensunterhalt verdienen würde. Jahrelang hatte ich geglaubt, daß ich niemals aus diesem Kaff rauskommen würde. Deshalb schwänzte ich den Musikunterricht – ich habe nie Notenlesen gelernt. Meine Musik- lehrerin hat immer gesagt: 'Eines Tages wirst du das bereuen.'«

Daß sie den Musikunterrichts schwänzte, hielt Brown jedoch keines- wegs vom Singen ab. »Ich habe ständig gesungen«, sagt sie. »Das ist alles, was ich je gemacht habe. Darin liegt mein Talent. Ich habe gesungen, wenn mein Vater nichts davon ahnte: Ich habe mich davongeschlichen und in den USO-Shows[11] in den Kasernen gesungen. Ich war eine richtige kleine Rebellin. Ich war auf keinen Fall ein kleiner Engel, denn ich sang ja die sogenannte Teufelsmusik. Dann verliebte ich mich, heiratete und brannte durch. Ist das nicht immer so?« Auch nach ihrer Flucht aus Ports- mouth sang sie weiter, und nach einem Auftritt in Detroit wurde sie von Lucky Millinder engagiert, dessen Band schon zahlreiche Blueskünst- lerInnen, wie z.B.Wynonie Harris begleitet hatte.

Doch Browns Arbeit mit Millinder war nur von kurzer Dauer. (»Er änderte seine Meinung und sagte, ich könne nicht singen«). Nach ein paar Wochen Tournee warf er sie hinaus und überließ Brown in Washington ihrem Schicksal. Über Beziehungen lernte sie Blanche Calloway, die Schwester des Bandleaders Cab Calloway, kennen. Diese engagierte Brown zunächst als Sängerin für ihren Club »Crystal Caverns« und wur- de später ihre Managerin. Eines Abends sahen Duke Ellington und DJ Willis Conover von der Rundfunksendung *Voice of America* Browns Show. Conover war so beeindruckt, daß er seinen Freund Ahmet Ertegun anrief. Ertegun schickte Herb Abramson nach Washington, um Brown kennenzulernen. Als sie dann auf dem Weg nach New York war, um den Vertrag zu unterschreiben und im Apollo aufzutreten, hatte sie einen Autounfall und konnte ein Jahr lang nicht arbeiten. Doch Ertegun warte- te. Er besuchte Brown im Krankenhaus, damit sie ihren Vertrag unter- schreiben konnte und brachte ihr zu ihrem einundzwanzigsten Geburts- tag ein paar Geschenke mit: eine Stimmpfeife, ein Buch über die Technik, vom Blatt zu singen und einen Schreibblock. Nach ihrem Erfolg mit »So Long« hatte Brown 1950 mit »Teardrops From My Eyes« ihren ersten Nummer-1-Hit in den R & B Charts. Die Hits legten Brown auf R & B fest, obwohl dies ursprünglich gar nicht die Richtung war, die Atlantic für sie

---

11 Die »United Services Organization« bot für die Streitkräfte in den amerikanischen Kasernen, aber auch in Über- see, Unterhaltungsprogramme an.

geplant hatte. »Im Grunde wußten sie gar nicht genau, was ich nun eigentlich machen sollte«, sagt sie. »Als ich anfing, für Atlantic zu singen, habe ich keinen Rhythm & Blues, sondern Standards[12] gesungen. Ich sang Bing Crosby-Songs. Ich konnte alles singen, und genau darin lag das Problem. Und der Rhythm & Blues kam dann einfach so. 'Teardrops' war vermutlich der Wendepunkt. Na gut, wenn es das war, was sie hören wollten – ich konnte es singen. Und wenn sie es sich anders überlegt und gesagt hätten: 'Also, ich möchte, daß du Gospels singst', hätte ich auch Gospels singen können.« Der kommerzielle Erfolg von Browns R & B-Songs zog jedoch eine Reihe weiterer Hits nach sich, darunter »5-10-15 Hours«, »(Mama) He Treats Your Daughter Mean« und »Mend Your Ways«. »Miss Rhythm«, wie der Sänger Frankie Laine sie taufte, kam 1957 mit Leiber und Stollers »Lucky Lips« auch in den Pop Charts und erreichte dort Platz 25.

Im Anschluß an Browns Erfolg nahm Atlantic 1953 LaVern Baker, »The Countess«, unter Vertrag. Delores LaVern Baker wurde 1929 in Chicago geboren und kam wie Brown über den Kirchenchor zur Musik. Als Teenager trat Baker in verschiedenen Clubs in Chicago auf, unter anderem auch im DeLisa, wo sie als »Little Miss Sharecropper«[13] angekündigt wurde. Unter diesem Namen machte sie auch Aufnahmen für RCA und National Records. Bei einem späteren Engagement in der Flame Show Bar in Detroit lernte Baker ihren zukünftigen Manager Al Green kennen. Er verschaffte ihr einen Vertrag bei Columbia Records, für die sie 1951 als »Bea Baker« Platten aufnahm. Außerdem machte sie Aufnahmen für Okeh mit Maurice King und für King Records mit Todd Rhodes, mit dem sie später durch Europa tourte.

1953 gab Baker mit »Soul On Fire«/»How Can You Leave a Man Like This« ihr Debüt bei Atlantic und war 1955 eine der ersten Atlantic-KünstlerInnen, die mit »Tweedle Dee« auch den Sprung in die Pop Charts schaffte. Der Song erreichte Platz 14 (Platz 4 in den R & B Charts). Anschließend veröffentlichte Baker eine Reihe von Platten mit ähnlich spielerischen Titeln und Texten: »Bop Ting-a-Ling«, »Fee Fi Fo Fum«, den schwungvollen Song »Jim Dandy«, der Platz 17 der Pop Charts erreichte und 1957 die R & B Charts anführte, »Jim Dandy Got Married« und »Humpty Dumpty Heart«. Baker hatte keine Einwände gegen diese leichte Musik, die sie »prima« fand. »Jeder Schlager, den ich aufnahm, war ein Hit, so wie 'Jim Dandy'«, sagte sie gegenüber *Goldmine*. »Vielleicht hatte ich einfach eine gute Schlager-Stimme.«

---

12 Ein Standard ist ein bekannter und beliebter älterer Song (ein Oldie oder Evergreen), der Teil des »Standard-Repertoires« von MusikerInnen und SängerInnen ist.

13 FarmpächterIn im Süden der USA, der/die Pacht in Form eines Ernteanteils zahlt.

Ihren erfolgreichsten Pop-Hit hatte Baker 1958 mit der bluesigen Ballade im Dreivierteltakt »I Cried a Tear«, die Platz 6 erreichte. Auch Songs wie »I Can't Love You Enough«, »I Waited Too Long« und »See See Rider« wurden Top-40-Hits. Trotzdem war ihre Musik in den R&B Charts erfolgreicher. So hatte sie z.B. 1962 elf Songs in den R&B Top 10. 1965 wechselte Baker von Atlantic zu Brunswick (einer Tochtergesellschaft von Decca) und gab weiterhin Live-Konzerte. Ende der sechziger Jahre trat sie in amerikanischen Militärstützpunkten in Übersee auf und wurde leitende Programmgestalterin in der Subic Military Base auf den Philippinen. Ende der achtziger Jahre kehrte sie in die USA zurück.

Auch Etta James war R&B-Musikerin mit späteren Erfolgen in den Pop Charts. Sie wurde 1938 als Jamesetta Hawkins in Los Angeles geboren und sang als Kind ebenfalls im Kirchenchor. Später zog sie mit ihrer Mutter nach San Francisco, wo sie als Teenager zusammen mit ihren Schwestern Abbye und Jean Mitchell ein Vokaltrio gründete. Das Trio sang bei Johnny Otis vor, als dieser mit seiner Band im Fillmore[14] in San Francisco auftrat. Otis nahm die drei mit nach Los Angeles und ließ sie ihren selbstgeschriebenen Song »Roll With Me Henry« aufnehmen. Er war ein Answer Song auf das wesentlich rasantere »Work With Me Annie« (1954 ein Nummer-1-R&B-Hit für Hank Ballard and the Midnighters, mit denen Otis ebenfalls gearbeitet hatte). Später bekam der 1955 bei Modern Records erschienene Song den weniger anzüglichen Titel »The Wallflower« und erreichte Platz 2 der R&B Charts. James, die bei Erscheinen der Platte ihren Namen geändert hatte, tourte in den folgenden Jahren mit Otis und hatte mit Hits wie »Good Rockin' Daddy« (Platz 12 der R&B Charts) und »Most of All« weitere Erfolge. 1960 wechselte James zu Chess Records, machte Aufnahmen für deren Tochter-Labels Argo und Cadet und landete mit »All I Could Do Was Cry« zum ersten Mal in den Top 40 der Pop Charts. Es folgten »Pushover« und »Tell Mama«, die ebenfalls in die Top 40 kamen.

Doch mit dem kommerziellen Erfolg des Rock 'n' Roll und R&B wurde diese Musik auch immer stärker sowohl von politischen und religiösen Führungspersonen als auch von konservativen Kräften innerhalb der Musikindustrie angegriffen. Daß der Rock 'n' Roll seine Wurzeln in der schwarzen Bevölkerung hatte, war Grund genug, ihn zu verdammen. Die »anzüglichen« Texte, die Publikumsraserei bei den Live-Konzerten

---

14 Das Fillmore, verschiedenen Quellen zufolge entweder ein ehemaliger Kinosaal oder eine ehemalige Rollschuh-bahn, entwickelte sich nach und nach zur bedeutendsten Rock-Bühne von San Francisco. Mitte der sechziger Jahre mietete der Manager Bill Graham das Fillmore auf Dauer und veranstaltete dort DichterInnenlesungen, Theatervorführungen und Rockkonzerte. Darüber hinaus eröffnete er in New York das Fillmore East.

und die Tatsache, daß Schwarze und Weiße bei solchen Konzerten unge-
hindert miteinander in Kontakt kommen konnten, goß zusätzlich Öl ins
Feuer. Songs, Rock 'n' Roll-Shows und -Filme wurden regelmäßig verboten. Als die damalige amerikanische Botschafterin in Italien, Clare
Boothe Luce, *Saat der Gewalt* (den US-Beitrag zu den Filmfestspielen in
Vendig) wegen seiner Darstellung der Jugendkriminalität in den Schulen
als »entartet« verurteilte, wurde statt dessen der etwas geschmackvollere
Film *Unterbrochene Melodie* gezeigt. In den USA wurden Auftritte
schwarzer KünstlerInnen in Rock 'n' Roll-Filmen aus den Kopien für den
Vertrieb in den Südstaaten herausgeschnitten. Frank Sinatra ging sogar
soweit, Rock 'n' Roll als »die brutalste, schlimmste, schrecklichste und
lasterhafteste Ausdrucksform, die ich mir je anhören mußte« zu verdammen. Alan Freed verlor seine Fernsehshow bei WNEW, weil sich Leute
darüber beschwert hatten, daß Frankie Lymon (von Frankie Lymon and
the Teenagers) beim Tanzen mit einer Weißen gezeigt wurde. Und sogar
der gemäßigte Nat »King« Cole wurde 1956 während eines Konzerts in
Birmingham, Alabama, von einer Gruppe angegriffen, die sich »White
Citizens Council«[15] nannte und deren Ziel es war, die ganze »Bebop- und
Negermusik auszurotten«.

Auf ihren Tourneen bekamen die KünstlerInnen die Crossover-Wirkung des Rock 'n' Roll hautnah zu spüren, wenn sie mit einer rassistischen Gesellschaft konfrontiert wurden, die eine Integration dieser Musik
ablehnte. »Heute besteht mein Publikum zu neunzig Prozent aus Weißen«,
sagt Ruth Brown, »aber in den Fünfzigern war es gerade umgekehrt. Und
wir spielten hauptsächlich im tiefsten Süden, wo die Rassentrennung am
schlimmsten war. Wir durften noch nicht einmal in den besseren Hotels
absteigen oder in den entsprechenden Restaurants essen und all sowas.
Unsere Musik reflektierte all diese Schwierigkeiten, die wir als Schwarze
hatten.« Für einige MusikerInnen war es das erste Mal, daß sie mit einer
so starken Rassentrennung konfrontiert waren. Bei ihrem ersten Besuch
in Nashville mußte LaVern Baker überrascht feststellen, daß sie nur in
einem Taxi fahren durfte, das ein Schild mit der Aufschrift »Farbige« trug.
(»In Chicago waren alle Taxis gelb; das war alles, was ich wußte«, sagte sie
gegenüber *Goldmine*). Als Etta James mit Johnny Otis zum ersten Mal
durch Texas tourte, zog sie den Zorn eines Einheimischen auf sich, weil sie
sich kurz angebunden weigerte, in seinem Haus die Toilette für Schwarze
zu benutzen, die von Insekten wimmelte. »Dieser Typ kam doch tatsächlich mit einer Schrotflinte an«, sagte sie gegenüber *Pulse*. »'Ich puste dir
das Gehirn weg, wenn du ihr nicht sagst, daß sie sich entschuldigen

---

15 Zu deutsch etwa: Weißer Bürgerrat.

soll' ... [Otis] sagte: 'Etta, der Mann meint es ernst. Wenn du dich nicht entschuldigst, wird er uns alle umbringen.' also entschuldigte ich mich; und von diesem Tag an wußte ich, welchem Druck wir im Süden ausgesetzt waren.«

Doch trotz der Rassentrennung, die es nicht nur auf der Straße, sondern auch in den Konzerthallen gab, zog es das neugierige weiße Publikum immer wieder dorthin. »Es waren immer weiße Zuschauer da«, sagt Brown. »Aber wegen der Vorschriften im Süden saßen sie entweder oben auf den Rängen oder getrennt im Saal.« Inzwischen fand im Radio eine andere Art von Rassentrennung statt: Nachdem sich der Rock 'n' Roll als sehr einträglich erwiesen hatte, begannen weiße MusikerInnen, bekannte Songs schwarzer KünstlerInnen nachzuproduzieren. Diese Cover Versionen boten insbesondere den großen Plattenfirmen eine Möglichkeit, die Kontroverse um den Rock 'n' Roll zu umgehen und trotzdem sein kommerzielles Potential auszuschöpfen. Die zweifelhaften Texte der Originalversionen wurden »gesäubert«, wie z.B. Georgia Gibbs' »Dance With Me Henry«, einer Cover Version von Etta James' »Wallflower«. Und obwohl es diesen Aufnahmen häufig an Temperament mangelte (was in Pat Boones Cover Versionen von Little Richards »Tutti Frutti« und Fats Dominos »Ain't That a Shame« deutlich zu spüren ist), verkauften sich die Cover Versionen der großen Labels weitaus besser als die Originalversionen. So wurde Gibbs' »Henry« mehr als eine Million mal verkauft, während es James' »Wallflower« nur auf 400 000 verkaufte Exemplare brachte.

Georgia Gibbs, eine Musikerin, die die gesellschaftlich akzeptable Seite des weiblichen Fünfziger-Jahre-Pops verkörperte, kam zum ersten Mal mit einem R & B-Titel in die Top 40 Charts, LaVern Bakers »Tweedle Dee«. Gibbs' Version landete auf Platz 2, während Bakers Version nur Platz 14 erreichte. Später kam sie mit einer Cover Version von Bakers »Tra La La« auf Platz 24, während es Bakers Version, die B-Seite von »Jim Dandy«, nur auf Platz 94 schaffte. Baker setzte sich daraufhin mit dem Abgeordneten von Michigan, Charles Diggs Jr., in Verbindung, um auf diesem Weg eine Änderung des Copyright-Gesetzes von 1909 zu erwirken. Die wortwörtliche Kopie von Song-Arrangements sollte auf diesem Weg verboten werden (ein Versuch, der sich als vergeblich erwies). Baker störte es nicht unbedingt, daß ihre Songs gecovert wurden, aber sie wandte sich strikt dagegen, daß ein Song-Arrangement – das sie von ihren Tantiemen bezahlte – Note für Note kopiert wurde, ohne daß sie dafür finanziell entschädigt wurde.

Nicht, daß diejenigen, die R & B-Songs im Original aufnahmen, ihre Musik unbedingt als »reiner« ansahen: Ahmet Ertegun erklärte, daß seine R & B-KünstlerInnen »verdünnte Versionen des richtigen Blues« produzierten.

»Echter Blues wäre zu hart für [die weißen Kids].« Etta James beschreibt 1973 im *Rolling Stone* Leonard Chess' Gespür für einen potentiellen Hit für sein Label Chess nicht ohne Zynismus: »Er saß da… und schlug solange nicht den Takt mit dem Fuß, bis er heimlich einen Blick auf *meinen* Fuß geworfen hatte«, erzählt sie. »Und manchmal schlug ich aus reiner Bosheit nicht den Takt mit dem Fuß. Wenn er sah, daß ich den Takt nicht mitschlug, sagte er: 'Etta, ich glaube nicht, daß dieses Stück etwas taugt.' Und dann wartete ich ab, bis irgendein altes, schlechtes Swing-Stück gespielt wurde und schlug dann mit dem Fuß den Takt dazu… und er sagte daraufhin: 'Das ist es! Das wird ein Hit! Denk an Leonards Worte.' Er verstand überhaupt nichts davon.«

Eine weitere Folge der Verbreitung und Anerkennung von Cover Versionen durch die Top 40 Charts im Rundfunk war, daß schwarze KünstlerInnen wie Ruth Brown, deren Songs z.B. von Gibbs und Patti Page gecovert wurden, mit der Enttäuschung über ihren Ausschluß aus den Top 40 Charts fertigwerden mußten. Brown fand diese Erfahrung »niederschmetternd«. »Die Zeit war reif, Rhythm & Blues in Rock 'n' Roll umzubenennen«, erinnert sie sich. »Er war nun interessant genug. Die weißen Kids wurden allmählich auf ihn aufmerksam. Und dann erschien Alan Freed auf der Bildfläche. Und dann Elvis Presley. Und dann Jerry Lee Lewis. Doch wir hatten schon Jackie Wilson. Und Bo Diddley. Und B.B. King. Es war alles da. Aber es war anscheinend einfach nicht plausibel, daß wir schwarzen Künstler die Begründer dieser Musik waren und sie auch live spielten. Als sich der Rock 'n' Roll erst einmal eingeschlichen hatte, wurden die Cover Versionen unglaublich erfolgreich – wir bekamen ja nicht mal Publicity in den Medien. Ich war zum Beispiel nie in der *Ed Sullivan Show*. Und bis September 1990 war ich auch noch kein einziges Mal in *The Tonight Show*. Mein Gott, kein einziges Mal!«

Während die Rassenschranken mehr oder weniger erfolgreich in Frage gestellt wurden, dachte man über die Barriere zwischen den Geschlechtern im Rock 'n' Roll nur selten nach. In den Anfängen der Rockmusik machten sich daher die meisten Frauen als Sängerin einen Namen. Doch es gab auch Frauen, die sich gegen die Rollenanforderungen in der Rockmusik auflehnten. Peggy Jones schrieb und produzierte nicht nur ihre eigenen Songs, sondern trug sich auch den Spitznamen »Lady Bo« ein, als sie Ende der fünfziger/Anfang der sechziger Jahre zusammen mit dem Gitarrenpionier Bo Diddley auf Tournee ging und auf dessen Platten sang. Aus verschiedenen Gründen ist über Jones' Rolle in Diddleys Band nichts bekannt. Auf den Schallplatten wurden in den ersten Jahren der Rockmusik nicht wie heute alle mitwirkenden KünstlerInnen erwähnt, und bei der Wiederveröffentlichung einer Platte werden Fehler oft nicht korrigiert. Lady Bos Verhältnisse wurden noch komplizierter, als sie sich von Diddley »beurlauben« ließ und von seiner Halbschwester, »The Duchess«, ersetzt wurde. Seitdem werden die beiden in Zeitschriften-artikeln grundsätzlich verwechselt.

Jones wurde in New York geboren und wuchs in einer Familie auf, die ihre künstlerische Entwicklung förderte. Mit drei Jahren begann sie zu tanzen, und als Neunjährige trat sie in der Carnegie Hall auf. Als sie zwölf war, fing sie an, Ukulele zu spielen (für viele Musikerinnen ein beliebtes Anfangsinstrument) und lernte später Gitarre. »Ich dachte, es sei viel-leicht etwas albern, mit der Ukulele ins Showgeschäft einzusteigen!«, er-klärt sie. »Deshalb stieg ich auf ein etablierteres Instrument um ... Ich hat-te ja keine Ahnung, daß eine Frau, die ein Instrument spielte, etwas völlig neues war. Ich durchbrach damit eine Menge Barrieren.«

Jones fing an, Songs zu schreiben und gründete eine eigene Vokal-gruppe. »Ich wuchs zu einer Zeit auf, in der an jeder Ecke irgendeine Doo-wop-Gruppe[16] sang.« erzählt sie. »Wenn die Schule aus war, bildeten die Jungs und Mädchen Grüppchen, und manchmal tauschten sie ihre Hausaufgaben aus oder so was; und in der Freizeit war Singen angesagt. Das war zu einer Zeit, als Bands wie die Bobettes und die Chantels be-kannt waren. Auch wir waren eine von den Girl Groups[17], die sich nach der Schule trafen.Wir sangen bei Veranstaltungen in verschiedenen Junior High Schools. Es ist kaum zu glauben, daß ich in diesem Alter Sachen von Ruth Brown sang! Oh ja, sie ist immer noch phantastisch! Ich sang auch ein paar Stücke von Etta James, machte Cover Versionen von den Chan-tels, um mit den Schallplattenleuten in Verbindung zu bleiben, und schrieb sehr viel, so daß wir auch viel eigenes Material hatten. Es war also eine bunte Mischung.«

Mit Hilfe eines Stipendiums machte Jones an der High School of the Performing Arts in New York eine Ausbildung als Schauspielerin und Model und arbeitete weiterhin mit ihrer Girl Group. 1957 nahm sie mit den Bopchords ihre erste Single auf: »Baby«/»So Why«. Weitere Aufnah-men und Studioarbeit folgten. »Ob man's glaubt oder nicht, ich habe viel im Studio gearbeitet. Ich habe bei vielen Aufnahmen die dritte Gitarre ge-spielt; es gab die zwei Jungs, die sowieso spielten, und manchmal war noch Platz für eine dritte Gitarre. Und ich war nun einmal so, daß ich so viel wie möglich machen wollte, selbst wenn das dann so aussah, daß ich

---

16 Überwiegend schwarze Vokalgruppen der fünfziger Jahre, die eine Mischung aus Gospel, Schlager und R&B sangen. Die Anfangssilben des Refrains bildeten das charakteristische »doo-wop«, das diesen Gruppen ihren Namen verlieh.

17 Weibliche Vokalgruppen im Stil der Doo-wop-Gruppen. Übrigens hat sich der Begriff »girl« (neben »boy«) bis heute hartnäckig in der englischen Musikfachsprache gehalten.

vor einer Studiotür stand und jemand zu mir sagte: »Spielst du Gitarre? Was spielst du? Okay, komm rein, spiel mit.«

Unter ihren eigenen Singles waren Titel wie »Honey Bunny Baby«/ »Why Do I Love You«, aufgenommen mit Gregory Carroll von den Orioles und 1958 unter dem Namen Greg and Peg erschienen, sowie »Everybody's Talking«/»I'm Gonna Love My Way«, aufgenommen mit Bobby Bakersfield, ihrem späteren ersten Ehemann, und 1959 unter dem Namen Bob and Peggy erschienen. »Das war eine meiner ersten Singles, die ich produziert und für die ich beide Stücke geschrieben habe«, erzählt sie. »Wenn ich etwas nicht aufschreiben konnte, habe ich jemanden gefragt. Ich schrieb die Arrangements und sagte: 'In diesem Teil hätte ich gerne ein paar Streicher… wie schreibt man für Streicher?' Es war eine Herausforderung für mich. Ich war damals vielleicht siebzehn.«

Als nächstes gründeten Jones und Bakersfield mit dem Drummer Brian Keeny (der später bei den Chambers Brothers spielte) das Trio Jewels und tingelten bald darauf durch die Clubs. »Wir waren eine gemischte Band«, erzählt Jones. »Nicht nur Frauen und Männer, sondern auch schwarz und weiß, also durch und durch gemischt. Und wir bekamen zu hören, daß eine gemischte Band es nicht schaffen würde, daß die Leute uns nicht akzeptieren würden, weil wir immer noch in einer Zeit lebten, in der die Leute nicht wußten, wo sie die R&B-Musiker hinstecken sollten, von einer gemischten Band ganz zu schweigen. Und als Gitarristin hatte ich bei vielen Leuten auch keinen guten Stand, weil es auch die Zeit war, in der die Leute sagten: Warum singst du denn nicht in einer Girl Group oder machst andere Mädchensachen? Viele Leute waren der Ansicht, daß die Gitarre ein Instrument für Männer ist, verstehen Sie?«

»Ich wollte unbedingt am Ball bleiben und entwickelte eine starke Durchsetzungskraft, um dieses Ziel zu erreichen«, fährt sie fort. »Auch heute ist es doch oft noch so, daß man etwas neues erst mal kritisiert. So weit, so gut. Und dann gibt es ein paar Leute, die dich kritisieren und ein paar, die sich das, was du machst, genauer ansehen. Schließlich hören die Leute, die dich kritisiert haben, damit auf und sagen: Na gut, ich sehe mir das mal an.«

Im selben Jahr, 1957, lernte Jones Bo Diddley bei einem seiner Auftritte im Apollo kennen. Durch seine unverkennbare, etwas abgehackte Art, Gitarre zu spielen, war Diddley mit Hits wie »Bo Diddley« und »I'm a Man« zu einem der bedeutendsten R&B-Musiker aufgestiegen. Auf ihrem Weg zu einer Aufnahme ging Jones am Apollo vorbei, um nachzusehen, wann die Show anfing. Ihr Gitarrenkoffer erregte Diddleys Aufmerksamkeit. »Ich traf ihn zufällig auf der Straße, vor der Halle«, erzählt sie. »Ständig kamen Leute auf mich zu und redeten mit mir. Man fällt automatisch auf, wenn man mit einer Gitarre auf der Straße herumläuft. Wahrscheinlich ist das einfach eine andere Masche als zu sagen: 'Na Schätzchen, wie geht's denn so?' Wir fingen also an, über Gitarren zu reden, was sowieso mein Lieblingsthema war, und er lud mich in die Show ein und sagte: 'Warum kommst du nicht mit deiner Gitarre hinter die Bühne, und dann sehen wir mal, was du so spielst.'«

So kam es, daß Jones in einem der führenden Instrumentalmusiker dieser Zeit einen Mentor fand. Diddley spielte hinter der Bühne mit ihr, brachte ihr die Grundbegriffe des »Diddley-Rhythmus« bei und bot ihr schließlich an, zu den Proben zu kommen. »Ich ging durch eine harte Schule«, erzählt sie, »weil für mich damals der Rhythmus, eben der typische Bo Diddley-Rhythmus, das Schwierigste auf der ganzen Welt war. Dieser Rhythmus rollte einem die Fußnägel hoch. Man hätte sich im Grab umdrehen können. Ich kann Ihnen sagen, ich hatte ganz wunde Hände. Ich dachte, ich würde einen Dauerkrampf in die Finger bekommen, als ich versuchte, diesen Rhythmus mit dem Plektrum zu spielen.« Obwohl Jones immer noch mit den Jewels auftrat, konnte sie sich die Chance nicht entgehen lassen, mit Diddley zu arbeiten. »Er bot mir an, in der Band zu spielen, und zwar, wie er sagte, aus dem einfachen Grund, daß ich mich allmählich fast genauso anhörte wie er, und er wissen wollte, wie ich mich entwickelte«, erzählt sie. »Er wollte auf mich aufpassen, weil es erstens etwas Besonderes war, daß ich eine Frau war, und zweitens, weil ich spielte wie er. Ich glaube, daß er, der Macho Bo Diddley, mich im Auge behalten wollte. Obwohl viele Leute dachten, ich würde gar nicht spielen, wissen Sie, sie dachten, ich hätte einen Kassettenrekorder oder so was ähnliches und würde gar nicht wirklich spielen!«

Jones spielte und sang bei vielen von Diddleys bekanntesten Songs mit, unter anderem bei »Mona«, »Who Do You Love« und »Hey Bo Diddley«. Durch ihre Arbeit mit Diddley sammelte sie ihre ersten Tournee-erfahrungen und bekam außerdem, wie andere schwarze MusikerInnen vor ihr, die Auswirkungen der Rassentrennung zu spüren. »Wir tourten in einem Leichenwagen«, erzählt sie. »Auffälliger ging's gar nicht: eine Band in einem Leichenwagen. Aber so war das, wenn man mit Bo Diddley tourte. Und wenn wir anhielten und in einem Restaurant nicht bedient wurden, hatte Bo immer noch die Möglichkeit, im Auto zu kochen.« Als sie durch Ohio tourten, benutzte Jones in einem Club aus Versehen die »falsche« Toilette, wenn auch mit weniger bedrohlichen Folgen als für Etta James. »Ich ging auf die Toilette«, erzählt sie, »das heißt, ich ging von der Bühne runter und lief über die Tanzfläche. Ich wußte nicht, daß ich nicht über die Tanzfläche gehen durfte. Die Farbigen mußten einen anderen Weg zur Toilette gehen – alles war aufgeteilt. Mensch, mir war das alles völlig neu. Ich glaube, Bo war ein bißchen paranoid, denn als ich zurück kam, sagte er: 'Wußtest du, daß du das gar nicht durftest?' Ich sagte: 'Was?' Wie zum Teufel hätte ich das wissen sollen? Ich war zum ersten Mal in dieser Stadt. Es war ein Versehen. Er sagte: 'Mach das bloß nicht noch mal. Wir könnten Ärger kriegen.' Und er sagte noch mehr so komisches Zeug.«

Anfang der sechziger Jahre pausierte Jones von Diddleys Band, um sich auf ihre Arbeit mit den Jewels zu konzentrieren. Sie brachten 1961 die ebenfalls von Jones geschriebene und produzierte Single »I'm Forever Blowing Bubbles«/»We've Got Togetherness« heraus. MGM, die Plattenfirma der Band, wollte ursprünglich nur Jones unter Vertrag nehmen, akzeptierte dann aber die ganze Band, als Jones sich weigerte, einen Vertrag als Solistin zu unterschreiben. Doch Jones' Eheprobleme mit Bakersfield, der immer gewalttätiger wurde, brachten ihre Karriere zunächst zum Stillstand. »Ich hatte zwar eine Menge Möglichkeiten«, erzählt Jones, »aber zu dieser Zeit war ich einfach nicht ansprechbar, weil ich um mein Leben kämfte. Ich würde sagen, es war fast so grotesk wie bei Tina und Ike Turner, außer, daß ich nicht sechzehn Jahre lang gewartet habe, bis ich abhaute!« Diese Probleme hatten zur Folge, daß die Jewels auseinandergingen und Jones sich in der Hoffnung auf einen Neubeginn den King's Paupers anschloß. Doch Bakersfield hörte nicht auf, sie und ihre Familie zu schikanieren. Nachdem er ihr Leben unzählige Male bedroht hatte, kaufte sich Jones ein Gewehr und machte Bakersfield klar, daß sie es auch gegen ihn benutzen würde. Daraufhin ließ er sie in Ruhe. Jones heiratete später Wally Malone, der ebenfalls Bassist war, und zog Ende der sechziger Jahre in die San Francisco Bay. Jones und Malone spielen auch heute noch in ihrer Band Family Jewel, die gelegentlich als Begleitband für Bo Diddley auftritt, wenn er in der Gegend Konzerte gibt. 1987 begleitete die Gruppe Diddley auf einer Europatournee.

Am anderen Ende des Landes jonglierte eine weitere Frau mit ihren Aufgaben als Produzentin, Studiomusikerin und Plattenkünstlerin. Bonnie Buckingham, die ihre Platten unter dem Namen »Bonnie Guitar« herausbrachte, stieß mit der Wahl ihres Instruments auf dieselben Widerstände wie Peggy Jones. »Wenn eine Frau damals ein Instrument spielte, wurde sie eigentlich nicht akzeptiert«, sagt sie. »Die Leute glaubten einfach nicht, daß Frauen spielen konnten. Keyboard war ganz okay, aber Gitarre anscheinend nicht. Ich glaube, ich wurde nur deshalb akzeptiert, weil ich gar nicht darüber nachdachte. Ich glaube nicht, daß ich mit der Einstellung irgendwo hin ging: 'Oh je, ich bin doch eine Frau – das, was ich spiele, wird ihnen bestimmt nicht gefallen'. Wahrscheinlich war das meine Rettung: Ich ging einfach als eine Person rein, die Musik machte, und erwartete, als solche akzeptiert zu werden.«

Die 1924 in Auburn, Washington, geborene Buckingham kam aus einer musikalischen Familie. »Alle aus meiner Familie konnten irgendein Instrument spielen«, erzählt sie, »und bei uns zu Hause wurden alle Arten von Musik gespielt.« Buckingham fing mit Klarinette an und wechselte dann zur Gitarre. Sie trat in Schulbands auf und tingelte später durch die Clubs in der Gegend, immer bemüht, die musikalische Vielfalt beizubehalten, mit der sie aufgewachsen war. »Ich spielte in Country-Bands, ich spielte in Pop-Bands, ich spielte überall«, sagt sie. So war sie auch für die Rock 'n' Roll-Klänge Anfang der fünfziger Jahre aufgeschlossen. »Natürlich war es aufregend, als diese Art von Musik aufkam«, sagt sie. »Und als Gitarristin wollte ich lernen, wie man diese Sachen spielt.« Sie identifizierte sich auch mit den Country-Wurzeln des Rock 'n' Roll. »Damals nahm man einfach Country-Licks[18] und brachte sie mit Rock 'n' Roll-Rhythmen zusammen und gab ihnen ein anderes Feeling«, so Buckingham. »Das gehörte zum Rock und R&B der fünfziger Jahre – in allen Stücken lag eine Mischung aus Blues und Country. Heute gibt es sowas gar nicht mehr. Ein Country-Hit käme heutzutage nie in den Hardrock-Bereich rein. Aber damals konnte ein richtig kerniger Countrysong ein Hit in den Top 40 werden.«

Buckingham hatte in Auburn mit einer ihrer ersten Bands eine Platte herausgebracht, aber da sie nicht gut ankam, wandte sie sich anderen Dingen zu. Sie moderierte eine Fernsehshow, die täglich lief und trat abends in Clubs auf. Am frühen Abend spielte sie solo und trat anschließend mit der ganzen Band auf. 1955 nahm Buckingham dann für einen Songschreiber, den sie kannte, ein Demo auf und schickte es ab. Fabor Robison in Malibu, Kalifornien, der ein eigenes Studio und ein eigenes Plattenlabel hatte, interessierte sich zwar nicht für die Songs, dafür aber für Buckingham. »Er rief mich an und fragte, ob ich zu ihm kommen und mit ihm reden könne«, erzählt Buckingham. »Also fuhr ich hin, und er stellte mich als Studiogitarristin ein. Ich war überrascht, begeistert, in absoluter Hochstimmung. Ich war in null Komma nichts in Kalifornien!«

Während ihrer Zeit bei Fabor Records hatte Buckingham die einmalige Gelegenheit, alles über die Arbeit im Studio zu lernen. »Wir waren von morgens bis abends im Studio«, erzählt sie. »Ich lernte alles über die Studioarbeit, weil es mich interessierte. Ich lernte, wie man ein Mischpult bedient, wie man die Mikros in einem Raum richtig plaziert, wie und mit welchem Mikro man einen Gesangspart aufnimmt. Und die Songs

---

18 Ein Lick ist ein kurzer, meist improvisierter melodischer Einwurf, der Lücken im Melodieverlauf überbrückt.

schrieben wir alle zusammen. Wir komponierten und sangen und sonst nichts. Es war genau das Richtige für mich.« Buckingham spielte auch als Studiomusikerin, z.B. bei den Plattenaufnahmen von Dorsey Burnette und auf Ned Millers Hit »From a Jack to a King«. Unter dem Namen »Bonnie Guitar«, den sie sich 1956 zulegte, veröffentlichte sie auch eigene Platten. »Jedes Mal, wenn ich eine Platte herausbrachte, schrieb *Billboard*: 'Wenn dieses Mädchen den richtigen Song hat, wird er ein Hit'. Ich bekam zwar tolle Kritiken, aber die ersten zwei oder drei Songs wurden keine Hits. Und dann kam 1957 der von Miller geschriebene Song 'Dark Moon' heraus.« Diese Ballade mit Country-Touch erschien als Cover Version von Gale Storm bei Dot, demselben Label wie Buckinghams Version. »Ich war so naiv«, sagt Buckingham. »Ich sonnte mich in meinem Ruhm als Studiomusikerin, deren Aufnahmen im Radio gespielt wurden. Es kam mir gar nicht in den Sinn, daß mir jemand mit einer Cover Version keinen Gefallen tat.« Sie änderte ihre Meinung, als sie feststellte, daß aus vielen Musikboxen nicht ihre, sondern Storms Version von »Dark Moon« erklang. Storm verdrängte Guitar schließlich sogar in den Charts. Ihre Version plazierte sich an vierter Stelle, während Guitars Version nur Platz 6 erreichte. Immerhin brachte dieser Top-10-Erfolg Guitar sowohl einen Auftritt in der *Ed Sullivan Show* als auch Tourneeauftritte mit Gene Vincent und den Everly Brothers ein.

Mit dem Song »Mr. Fire Eyes«, den Guitar mitgeschrieben hatte, konnte sie einen weiteren Erfolg verbuchen. Zusammen mit Johnny Mathis und Polly Bergen teilte sie sich den Titel »Bester Nachwuchssänger« des Jahres. Allerdings wurde ihre Karriere plötzlich unterbrochen. »Ich bekam Angebote für ein paar ziemlich große Sachen«, erzählt sie, »und mein Produzent wollte gleichzeitig auch mein Manager werden und das Recht haben, meine Einnahmen so anzulegen, wie er es für richtig hielt. Er hatte die Erfahrung gemacht, daß es Künstler gab, die ihn verließen, wenn sie erfolgreich waren [darunter Jem Reeves, die Browns und die DeCastro Sisters], und er wollte nicht, daß ihm das mit mir auch passiert.« Als Guitar zögerte, das Angebot anzunehmen, stellte Robison sie vor die Wahl: Entweder du nimmst an oder du verläßt die Firma. Guitar entschied sich für letzeres, und da sie laut Vertrag nun nicht mehr in der Gegend spielen durfte, entschloß sie sich, nach Seattle zurückzukehren.

Auch ihr nächstes Projekt brachte Guitar wieder in die Charts, diesmal als Produzentin von »Come Softly to Me« mit den Fleetwoods, einem Gesangstrio aus Olympia, Washington. Die Band bestand aus Barbara Ellis, Gretchen Christopher und Gary Troxel, die alle zusammen dieselbe High School besucht hatten. Ellis und Christopher waren ursprünglich ein Gesangsduo, bis Troxel zu ihnen stieß. Troxel spielte Trompete, was er jedoch bald aufgab, um ebenfalls zu singen. Sie nahmen »Come Softly to Me«, geschrieben von Ellis und Christopher, auf Band auf und gaben es dem Schallplatten-Promoter Bob Reisdorff, der es an Guitar weiterreichte. »Ich wußte, daß es ein Hit war«, erinnert sie sich. »Als ich das Band hörte, sagte ich: 'Das ist hundertprozentig ein Hit, und wir können sogar in Seattle ein Knüller daraus machen!'« Guitar und Reisdorf waren von dem Song so begeistert, daß sie beschlossen, ihr eigenes Label zu gründen: Dolphin (später Dolton) Records. Guitar produzierte den Song und spielte Gitarre. Liberty Records bekam die Lizenz für den Song und brachte ihn 1959 als Single heraus.

Liberty hatte darauf gedrängt, den weichen, intimen Sound der Aufnahme in einen »heißen« Sound umzuwandeln, doch Guitar weigerte sich. »Es war die Gitarre mit Darmsaiten, die den Sound dieses Songs ausmachte. Mit diesem Sound hatte vor mir und den Fleetwoods noch niemand gearbeitet«, erzählt sie. »Er wurde zu einem der neuen Sounds, und die Leute griffen ihn auf. Wenn man damals einen neuen Sound entwickelte und ihn gekonnt aufnahm, produzierte und auf den Markt brachte, hatte man gute Chancen, einen Hit zu landen. Sogar ziemlich gute Chancen. Selbst jemand, der noch nie eine Aufnahme gemacht hatte. Auf einmal kam irgend etwas mitten aus dem Nichts, ein Song, der in einem Keller aufgenommen worden war – und das meine ich wörtlich! – und wurde ein Hit. Das passierte dauernd, es war nichts Ungewöhnliches.« Der Nummer-1-Hit »Softly« war der Anfang einer Hitserie für die Fleetwoods. Mit »Mr. Blue« (1959) hatten sie einen weiteren Nummer-1-Hit, und »Tragedy« erreichte 1961 Platz 10. Die Erfolgssträhne der Gruppe wurde unterbrochen, als Troxel 1961 zum Militär eingezogen wurde, und obwohl er anschließend wieder zur Band kam, war die Luft raus. Guitar ging schließlich zu Dot zurück und arbeitete dort als Leiterin der A&R-Country-Abteilung. Auch heute gibt sie als Bonnie Guitar noch Konzerte und macht Aufnahmen.

Nicht nur Frauen, die ein Instrument spielten, waren ein Stein des Anstoßes, sondern auch Sängerinnen hatten oft nur begrenzte Möglichkeiten. Im Vergleich zu den weißen, männlichen Rock 'n' Roll-Stars in den Top 40 waren die weißen Künstlerinnen, die in den Top-40 vertreten waren, nicht annähernd so wild und hemmungslos wie Jerry Lee Lewis, Eddie Cochran oder Elvis Presley. Natürlich konnten auch die männlichen Stars der öffentlichen Kritik nicht entgehen. So fand z.B. Presleys Auftritt in der *Ed Sullivan Show* unter der Bedingung statt, daß er nur von der Taille aufwärts gezeigt wurde, um dem Fernsehpublikum den Anblick seines »anzüglichen« Hüftschwungs zu ersparen. Wenn das amerikanische Mainstream-Publikum schon den Anblick von Presleys Hüftschwung anstößig fand, war es um so unwahrscheinlicher, daß eine Frau, die Rock 'n' Roll spielte, Anerkennung finden würde. Trotzdem gab es ein paar Frauen, die sich gewagter bewegten als Georgia Gibbs oder Patti Page, z.B. Janis Martin, Wanda Jackson, Cordell Jackson, Rose Maddox, Jean Chapel und viele andere Künstlerinnen, die allerdings nicht überregional bekannt waren und keinen Erfolg in den Pop Charts hatten.

Da der Rockabilly die Country-Wurzeln des Rock 'n' Roll betonte, war es nicht verwunderlich, daß viele Rockabilly-MusikerInnen aus dem Country-Bereich kamen. Aus Chapel, die in der Grand Old Opry-Country-Show[19] als Mattie O'Neill auftrat, wurde Jean Chapel, als sie in den Sun Records-Studios in Memphis Songs wie »Oo-Ba La Baby« aufnahm. Dort hatten auch schon Jerry Lee Lewis, Carl Perkins und Elvis Presley Aufnahmen gemacht. Janis Martin wurde sogar von Elvis' Label RCA als »weiblicher Elvis« bezeichnet, als sie dort unter Vertrag genommen wurde. Als Anerkennung nahm sie später den Song »My Boy Elvis« auf. Martin wurde 1940 in Sutherlin, Virginia geboren und begann als Vierjährige, Gitarre zu spielen. Mit acht Jahren nahm sie zum ersten Mal an einem Talentwettbewerb teil. Als sie elf war, spielte sie bei der WDVA Barndance-Show in Danville und arbeitete sich bis zur Old Dominion Barndance-Show in Richmond hoch – damals die drittgrößte Country-Show. Aufgrund eines Demos nahm RCA Martin 1956 unter Vertrag und veröffentlichte ihre erste Single »Willyou, Wilyum«. Auf der B-Seite war eine von Martins Eigenkompositionen zu hören: »Drugstore Rock and Roll«.

»Drugstore« war zwar der lebhaftere Song, doch trug der fröhliche Pop-Sound von »Willyou, Willyum« entscheidend dazu bei, daß die Single 750.000 mal verkauft und Martin vom *Billboard* zur »Besten Nachwuchskünstlerin 1956« gewählt wurde. Der »weibliche Elvis« tourte anschließend mit Stars wie Carl Perkins und Johnny Cash durch die USA. Später ging sie mit Jim Reeves und seiner Show auf Tournee und tourte u.a. 1957 durch die amerikanischen Militärstützpunkte in Europa. Wieder in den Staaten gründete Martin eine Band namens Marteens und ging wieder auf Tournee. Nach der Geburt ihres Sohnes 1958 schränkte sie jedoch ihre Live-Auftritte nach und nach ein und trat nur noch regional auf, um mehr Zeit mit ihrer Familie zu verbringen. (Auf der Plattenhülle eines 1979 erschienenen Samplers von Martins Songs findet man u.a.

---

19 Die Grand-Ole-Opry-Show ist eine1925 ins Leben gerufene und ab 1927 live ausgestrahlte Radio-Show des Senders WSM in Nashville. Die Show entwickelte sich schnell zur beliebtesten (und kommerziellsten) Country-Sendung und wurde ab 1941 freitags und samstags live aus dem Ryman Auditorium (in dem 3.600 ZuschauerInnen Platz haben) in Nashville übertragen. 1972 wurde die Grand Ole Opry in ein neues Opry House in einem eigenen Vergnügungspark namens Opryland am Rande von Nashville verlegt. Von dort aus wird sie heute auch als Fernsehsendung übertragen.

folgenden Hinweis: »Bis zur Abschlußprüfung ihres Sohnes im Juni nimmt sie nur am Wochenende Engagements an.«)

Im Gegensatz zu Martin findet man in Wanda Jacksons Rockabilly-Songs eher das für den Rock 'n' Roll typische »Knurren«, obwohl auch sie aus der Country-Musik kommt. Jackson wurde 1937 in Oklahoma geboren und wuchs in Kalifornien auf. Sie bekam eine Gitarre geschenkt, und ihr Vater brachte ihr das Spielen bei. Nach ihrer Rückkehr nach Oklahoma moderierte sie in ihrer High School-Zeit eine Sendung bei KLPR, dem Rundfunksender in Oklahoma City. Durch die Sendung wurde der Sänger Hank Thompson auf sie aufmerksam und bot ihr an, am Wochenende mit seinen Brazos Valley Boys als Sängerin aufzutreten. 1954 nahm Decca sie unter Vertrag, und sie hatte ihren ersten Hit mit »You Can't Have My Love«, einem Duett mit dem Bandleader der Brazos Valley Boys, Billy Gray. Der Song erreichte Platz 8 der Country Charts. 1956 unterschrieb sie als Achtzehnjährige einen Vertrag bei Capitol Records und lernte Elvis Presley kennen, der gerade in den Südstaaten auf Tournee war. Presley schlug ihr vor, es doch einmal mit Rockabilly zu versuchen, und nachdem Jackson über seinen Vorschlag nachgedacht hatte, nahm sie 1956 »I Gotta Know« auf. Der Song, der auf humorvolle Weise zwischen schleppendem Country-Beat und hicksendem Rockabilly-Swing abwechselt, plazierte sich auf Rang 15 der Country Charts.

Jacksons Singles, die auf »I Gotta Know« folgten, waren ebenfalls eine Mischung aus Countrysong auf der einen und Rock auf anderen Seite. Ihre Rocksongs faszinieren hauptsächlich wegen ihrer rauhen Stimme, die vor Temperament nur so knisterte. Zu ihrem Produzenten Ken Nelson sagte sie, daß ihre Aufnahmen möglichst wie die von Gene Vincent klingen sollten (Vincent hatte mit dem Rock 'n' Roll-Klassiker »Bo-Bop-A-Lula« einen Hit in den Top 10). Jackson hatte trotz der Beeinflussung durch Presley und Vincent ihren eigenen Sound, den sie selbstbewußt und herausfordernd präsentierte: »Hot Dog! That Made Him Mad« ist eine Lektion zum Thema: »Wie halte ich meinen Mann unter Kontrolle?« und in »Fujiyama Mama« zieht Jackson schmeichelhafte Vergleiche zwischen sich selbst und einer Atombombe. Jackson schrieb manche ihrer Songs ganz oder teilweise selbst und verschwendete darin keinen Gedanken an die Unterwürfigkeit der Frau: Jacksons »Mean Mean Man« wird deshalb als »gemein« bezeichnet, weil er ihr keinen Gutenachtkuß geben will, und in »Cool Love« verzweifelt sie an ihrem Möchtegern-Liebhaber, der sich wie »ein Spießer« benimmt, anstatt darauf versessen zu sein, mit ihr »die Puppen tanzen zu lassen«. Dieses Thema taucht immer wieder in Rockabilly-Songs von Frauen auf, die aus ihren Ansprüchen keinen Hehl machten, ob sie nun auf eine Verabredung aus sind, wie in Donna Damerons

»Bopper 486609« (ein Answer Song zu Big Boppers »Chantilly Lace«) oder körperliche Befriedigung suchen, wie in Janis Martins »Just Squeeze Me«.

Jacksons Verbindung zu Presley blieb auch weiterhin bestehen. Sie nahm eine Cover Version von »Let's Have a Party« auf, spielte in Presleys Film *Gold aus heißer Kehle* mit und nahm den Song »Honey Bop« auf, der aus der Feder desselben Teams stammte wie »Heartbreak Hotel«. 1960 hatte Jackson mit »Party« ihren ersten Top-40-Hit, zwei Jahre nachdem er aufgenommen worden war. Zu dieser Zeit ging das Interesse am Rockabilly bereits zurück, aber Jackson nahm weiterhin Rock 'n' Roll-Songs mit Cover Versionen von »Long Tall Sally« von Little Richard, »Yakety Yak« von den Coasters und »Whole Lot of Shakin' Going On« von Jerry Lee Lewis' auf. 1961 hatte sie mit den Country-Balladen »Right or Wrong« und »In the Middle of a Heartache« zwei weitere Hits in den Top 40. Anschließend wandte sie sich wieder voll und ganz der Country Musik und schließlich dem Gospel zu. Heute tritt Jackson mit Songs auf, die eine Mischung aus beiden Genres darstellen. »Ich führe zwar ein christliches Leben, aber ich sehe kein Problem darin, die frühen Rock 'n' Roll-Stücke zu singen«, erklärte sie 1990 in den Liner Notes[20] eines bei Rhino Records erschienen Sampler ihrer Rock- und Country-Stücke.

Cordell Jackson war eine der wenigen Rockabilly-Musikerinnen, die nicht nur ihre Songs selbst schrieb und Gitarre spielte, sondern mit Moon Records auch ein eigenes Plattenlabel hatte. Jackson wurde 1923 als Cordell Miller in Ponotoc, Mississippi, geboren und sammelte in der Band ihres Vaters, den Pontotoc Ridge Runners, erste musikalische Erfahrungen. Nach ihrem High School-Abschluß zog sie 1943 nach Memphis und spielte dort in der Fisher Air Craft Band. Anfang der fünfziger Jahre schrieb Jackson eigene Songs und nahm beim Sam Phillips' Memphis Recording Service Demos auf. 1956 rief sie mit ihrer selbstproduzierten Single »Rock and Roll Christmas«/»Beboppers Christmas« Moon Records ins Leben. Jackson produzierte dann auch für andere MusikerInnen in Memphis und hatte neben ihrem gutgehenden Unternehmen noch eine Reihe von Nebenjobs. Darüber hinaus veröffentlichte sie auch eigenen Platten, z.B. »Football Widow« und die EP[21] *Knockin' 60* (1983).

Außerdem produzierte sie die christliche Radiosendung *Let's Keep the Family Together America*. »Ich habe mich aus dem Mainstream immer

---

20 Liner Notes sind Informationen und Kommentare, die meist auf der Rückseite des Plattencovers, manchmal aber auch in einem Beiheft oder auf der Plattenhülle abgedruckt sind. Sie können z.B. Informationen über die InterpretInnen und MusikerInnen, Besonderheiten des Aufnahmevorgangs oder Danksagungen enthalten.

21 Abkürzung für Extended Player, ein Mitte der fünfziger Jahre aufgekommenes Schallplattenformat, das zwar einer Single gleicht (17 cm Durchmesser, 45 Umdrehungen pro Minute), jedoch eine etwa doppelt so lange Spieldauer hat und so mehrere Titel auf jeder Seite enthalten kann.

herausgehalten, weil ich die Freiheit liebe«, sagte sie gegenüber dem *Memphis Star*. Trotzdem ergriff sie die Gelegenheit, sich einem breiteren Publikum zu präsentieren. So trat sie 1991 in einem Werbespot für Budweiser auf und schlug darin Brian Setzer von den Stray Cats in einem Gitarrenduell.

Brenda Lee kann zwar strenggenommen nicht dem Rockabilly zugeordnet werden, ist aber eine weitere weiße Musikerin, die das Crossover-Phänomen (von den Country Charts zu den Pop Charts und wieder zurück) repräsentiert. Da sie noch sehr jung war, wurde sie als Kuriosität angesehen. Als »Little Miss Dynamite« im Alter von elf Jahren mit Plattenaufnahmen für Decca begann, wurde sie von der Plattenfirma als Neunjährige angekündigt. Sie wurde als Brenda Mae Tarpley 1944 in Atlanta geboren, begann ihre Karriere als Sechsjährige im Radio und kam bald darauf zum Fernsehen. 1956 unterschrieb sie einen Vertrag bei Decca in Nashville und arbeitete mit dem Produzenten Owen Bradley (der schon mit Patsy Cline gearbeitet hatte) zusammen. Nach erfolgreichen Titeln wie »One Step at a Time«, der Platz 15 der Country Charts erreichte, und ebenso erfolgreichen Auftritten in Europa hatte Lee 1960 mit »Sweet Nothin's« auf Platz 4 ihren ersten Top-40-Hit. Ihr nächster Song, »I'm Sorry«, wurde ihr erster Nummer-1-Hit, und trotz anfänglicher Bedenken, daß die Ballade zu »erwachsen« für eine Fünfzehnjährige sei, wurde sie mehr als eine Million mal verkauft. Lee rundete das Jahr mit vier weiteren Top 40 Hits ab, darunter der zweite Nummer-1-Hit »I Want to Be Wanted« und der 1958 aufgenommene Top-20-Hit »Rockin' Around the Christmas Tree«, der zur Weihnachtszeit auch heute noch ein Renner im Radio ist. Doch ihre nachfolgenden Hits hatten nie ganz den Kick von »Sweet Nothin's«, so daß sie sich schließlich wieder der Country Musik zuwandte.

Ironischerweise mangelte es zwar an kommerziell erfolgreichen Rock 'n' Roll-Musikerinnen, doch waren viele Songschreiberinnen an der Entstehung bedeutender Rock 'n' Roll Songs beteiligt. Dorothy La Bostrie lieferte den Text zu »Tutti Frutti«, Little Richards erstem Hit in den Pop Charts. Richard hatte im Studio von Specialty Records den ganzen Vormittag lang nichts zustande gebracht, legte dann aber während der Pause in einem Restaurant mit rauher Stimme los und sang ein unanständiges Lied. In der Hoffnung, daß Richards Energie nicht nachließe, holte Produzent Robert »Bumps« Blackwell La Bostrie dazu (Richard hatte an diesem Tag bereits ihr »I'm Just a Lonely Guy« aufgenommen) und bat sie, Richards anzüglichen Text »zu säubern«. Das Ergebnis war »Tutti Frutti«. Die Lehrerin Mae Boren Axton war Co-Autorin des Textes von Elvis Presleys erstem Hit bei RCA, »Heartbreak Hotel«. Inspiriert wurde sie durch den Bericht über einen jungen Mann, der in einem Hotel Selbstmord begangen und einen Abschiedsbrief hinterlassen hatte. Das Ehepaar und SongschreiberInnen-Team Felice und Boudleaux Bryant schrieben für die Everly Brothers viele ihrer frühen Hits, z.B. »Bye Bye Love«, »Wake Up Little Susie« und »All I Have to Do Is Dream«. Sharon Sheely schrieb Rick Nelsons Nummer-1-Hit »Poor Little Fool«. (Später war sie an einem gravierenden Ereignis in der Geschichte des Rock 'n' Roll beteiligt: Sie überlebte mit Gene Vincent den Autounfall, der Eddie Cochran im April 1960 bei einer Englandtournee das Leben kostete.)

Neben dem Radio und Live-Konzerten schöpften nun auch Film und Fernsehen ihre Möglichkeiten aus, den Rock 'n' Roll publik zu machen. Im Anschluß an Bill Haleys Erfolg mit »Rock Around the Clock« kam 1956 ein gleichnamiger Film heraus[22], der die Ära der sogenannten »Jukebox Musicals« einleitete: eine scheinbar endlose Folge von ähnlichen Filmen mit ähnlichen Titeln, z.B. *Außer Rand und Band (Teil 2); Shake Rattle and Rock; Rock, Rock, Rock; Mister Rock and Roll*, ad infinitum. Elvis Presley bekam aufgrund seiner Beliebtheit ebenfalls eine Reihe von gewinnbringenden Hauptrollen. In den meisten Filmen ging es um Teenagerbelange – jemanden für den SchülerInnenball zu finden oder engstirnige Erwachsene davon zu überzeugen, daß eine Rock 'n' Roll Party am Samstag abend aus ihren Kinder keine jugendlichen Kriminellen macht.

Frauen mußten sich gewöhnlich mit der Rolle der »Freundin« begnügen und tauchten nur selten in der Besetzung der Gesangsstars auf. Eine Ausnahme war LaVern Baker, deren Zusammenarbeit mit Alan Freed (sie trat regelmäßig als Top Act bei den Rock 'n' Roll-Konzerten auf, die er in New York veranstaltete) ihr Rollen in zwei seiner Filme einbrachte: *Rock, Rock, Rock* und *Mister Rock and Roll*. Zola Taylor, eins von fünf Mitgliedern der Vokalgruppe »Platters«, war eigentlich die einzige weitere Musikerin, die regelmäßig in Rockfilmen mitspielte, z.B. in *Außer Rand und Band, Rock All Night* sowie in einem der bedeutendsten Filme dieser Zeit, *Schlagerpiraten*. Dieser Film, der 1956 herauskam, ist eine temperamentvolle Satire auf den Rock 'n' Roll. Jayne Mansfield spielt die Rolle der »Jeri Jordan«, die als Sängerin berühmt werden möchte und von ihrem kriminellen Freund (Edmund O'Brien) ins Musikgeschäft hineingepuscht wird. Die Musikindustrie und das organisierte Verbrechen werden als eng miteinander verwoben dargestellt. Als ein Gangsterrivale Mansfields Platten nicht auf den von seiner Firma hergestellten Musikboxen spielen läßt, bringen O'Brien und sein Gehilfe vom Pech verfolgte

---

22 Der Film lief in Deutschland unter dem Titel *Außer Rand und Band*.

Cafébesitzer dazu, O'Briens Musikoxen mit Mansfields Platten in ihren Laden zu stellen. Das alles wird jedoch ins Lächerliche gezogen (O'Brien bekommt von seinem Gangsterrivalen sogar einen langfristigen Plattenvertrag). Neben den Platters (die »You'll Never Know« sangen) traten in dem Film u.a. auch Julie London mit »Cry Me a River« sowie Abbey Lincoln auf.

Das Fernsehen machte sich die optische Anziehungskraft des Rock 'n' Roll schnell zunutze, und die damaligen Stars wurden in Unterhaltungssendungen wie der *Ed Sullivan Show*, der *Steve Allen Show* und der *Milton Berle Show* eingeladen. Bald gab es Sendungen wie *American Bandstand*, die speziell auf den neuen »Teenagermarkt« ausgerichtet waren und ausschließlich Rock- und Popmusik brachten. *Bandstand*, wie die Sendung ursprünglich hieß, kam 1952 heraus und wurde zuerst in Philadelphias Regionalsender WFIL (einer Tochtergesellschaft der ABC) ausgestrahlt. Moderator Bob Horn stellte darin Filmclips von Gesangsstars wie Patti Page und Bing Crosby vor. Horn wurde 1956 nach einem Skandal gefeuert; er war wegen Trunkenheit am Steuer verhaftet und wegen Steuerhinterziehung und Vergewaltigung angeklagt worden (die Anklage wegen Vergewaltigung wurde fallengelassen). Der R&B-DJ Al Jarvis, der eigentlich Horns Nachfolger werden sollte, lehnte ab, weil ABC Einwände dagegen hatte, schwarze KünstlerInnen in der Show auftreten zu lassen. Also entschied man sich für Dick Clark, der seit 1951 bei WFIL arbeitete. Ab 1957 wurde die Sendung von montags bis freitags jeden Nachmittag bundesweit ausgestrahlt und bis 1989 von Clark, dem »ältesten Teenager der Welt«, moderiert.

Durch die Sendung entstand ein neuer Markt in Philadelphia, die sogenannten »Teenager-Idole«: Höfliche, gutaussehende junge Männer, die dem Geschmack des jungen weiblichen Publikums entsprachen (wie z.B. Boby Rydell, Fabian und Frankie Avalon), konnten über *Bandstand* einen Plattenvertrag bekommen, einen Song aufnehmen und durch die Sendung im ganzen Land bekannt werden. Ähnlich war es an der Westküste, wo die Gesangskarriere von Edd »Kookie« Byrnes aus *77 Sunset Strip* und Rick Nelson aus *The Adventures of Ozzie and Harriet* und noch vieler anderer junger Schauspieler im Fernsehen begann.

Es gab aber auch weibliche Teenager-Idole, z.B. Annette Funicello aus *The Mickey Mouse Club*, Connie Stevens aus *Hawaiian Eye* (Stevens sang mit Edd Byrnes »Kookie Kookie [Lend Me Your Comb]«) und Shelley Fabares aus der *Donna Reed Show*. Sie benutzten ihre Fernsehkarriere als Sprungbrett für eine mögliche Gesangskarriere, obwohl sie im Gegensatz zu ihren männlichen Pendants eher unterhaltsamen, etwas seichten Pop machten. Connie Francis, die regelmäßig in *Bandstand* zu sehen war, hatte in den Charts mehr Erfolg als ihre Kolleginnen. Zwischen 1958 und 1964 konnte sie 35 Hits in den Top 40 verzeichnen, darunter sechzehn in den Top 10. Concetta Rosa Maria Franconero wurde 1948 in Newark, New Jersey, geboren und war wohl die bekannteste Künstlerin der späten fünfziger und frühen sechziger Jahre. Obwohl auch sie eher Pop als Rock machte, war sie kein Überbleibsel aus der Zeit von Doris Day und Rosemary Clooney, als es noch keinen Rock 'n' Roll gab. Francis begann ihre Karriere mit zehn Jahren in der TV-Talentshow *Startime* und wurde 1955 von MGM Records unter Vertrag genommen. Ihre ersten Hits waren »Who's Sorry Now« (1959 auf Platz 4), gefolgt von »My Happiness«, »Lipstick On Your Collar« und »Everybody's Somebody's Fool«, um nur einige zu nennen. In den sechziger Jahren wechselte Francis zum Film. Sie begann mit *Dazu gehören zwei* (für diesen Film sang sie auch die Titelmelodie) und verließ dann endgültig die Popszene, um eine etwas vielseitigere Unterhaltungskünstlerin zu werden, wie die Titel ihrer späteren LPs bezeugen: *Folk Song Favorites, Connie and Clyde: Hit Songs of the Thirties, German Favorites, Modern Italian Hits, At the Copa* und *Do the Twist*, auf dem sie aus dem neuesten Modetanz Kapital schlägt.

Nachdem Film und Fernsehen anfangs neue Rock 'n' Roll-MusikerInnen gefördert hatten, »schöpften« die beiden Medien ihre Rock 'n' Roll-Stars – wie die Teenager-Idole – nun aus den eigenen Reihen. Das Ergebnis war eine ähnlich »verdünnte« Musik wie bei den Cover Versionen, doch das störte die Plattenfirmen nicht sonderlich, solange der Profit weiterhin stimmte. Zwar war diese Musik im Vergleich zur ersten R & B- und Rock 'n' Roll-Welle ausdruckslos (und wurde nicht zufällig nur noch von Weißen gespielt), doch gerade diese Ausdruckslosigkeit war ungefährlich und machte die Musik für alle akzeptabel. Das Verschwinden vieler Rock 'n' Roll-PionierInnen von der Musikszene Ende der fünfziger Jahre hing außerdem mit den »Payola-«Untersuchungen 1960 zusammen. Diese stellten für die Musikindustrie einen weiteren Anlaß dar, Kontroversen aus dem Weg zu gehen.

Der Begriff Payola bezeichnet die Praxis, DJs mit Geld oder Geschenken zu bestechen, um das »Airplay«[23] bestimmter Platten zu sichern, da optimale Verkäufe nur durch optimale Verbreitung der Musik durch den Rundfunk erzielt werden konnten. Payola war in der Musikindustrie schon lange gang und gäbe, doch hatten konservative Kräfte, die unerbittlich nach neuen Angriffsmöglichkeiten gegen den Rock 'n' Roll suchten, einen logischen Schluß gezogen, den es zu untersuchen galt: Warum sollten die ansonsten so korrekten Radiosender den Äther mit einer so

---

23 Abspielen einer Platte im Rundfunk.

entarteten Musik überschwemmen, wenn sie nicht dafür bezahlt wurden? Anlaß für die Payola Hearings von 1960 war die bereits 1959 aufgedeckte Manipulation von Spielshows im Fernsehen. Bald darauf dehnten sich die Nachforschungen auch auf die Schallplattenindustrie aus. Das hatte zur Folge, daß von Februar bis Mai des Wahljahres 1960 ein Untersuchungsausschuß des Kongresses unter dem Vorsitz von Owen Harris die ersten Payola Hearings abhielt. Der Ausschuß kam zu dem Ergebnis, daß Bestechungsgelder in Höhe von 263000 Dollar an DJs in zweiundvierzig Städten gezahlt worden waren. Außerdem wurden 255 DJs aufgeführt, die Schmiergelder angenommen hatten.

Obwohl diese Zahl nur einen Bruchteil der zehntausend DJs darstellte, die zu dieser Zeit in den USA arbeiteten, verbreitete sich Panik, die in den Maßnahmen der Federal Communications Commission (FCC)[24] ihren Höhepunkt fand. Die FCC hatte schon vor den Kongreß-Hearings gegen PlattenherstellerInnen und -händlerInnen Anzeige wegen Bestechung erstattet und ProgrammdirektorInnen aufgefordert, über alle Payola-Aktivitäten in ihrem Sender Listen zu führen. Zwar verabschiedete der Kongreß erst nach den Hearings von 1960 ein Gesetz, das Payola als Vergehen und damit für gesetzeswidrig erklärte, doch entließen besorgte Rundfunkbosse ihre DJs, die den Erhalt von Schmiergelder zugegeben hatten, aus Angst vor einem Skandal schon vorher. Widerspruch wurde nicht geduldet. Als Jack LeGraff, Programmdirektor von WJBK in Detroit, Payola als gängige amerikanische Geschäftspraxis verteidigte, kostete ihn diese Äußerung seinen Job.

Andere wurden in ihren jeweiligen Bundesstaaten vor dem Handelsgericht wegen Bestechung angeklagt. Auf diese Weise wurde z.B. auch Alan Freeds Karriere beendet, als er sich zusammen mit sieben anderen DJs vor einen New Yorker Geschworenengericht wegen der Annahme von Schmiergeldern verantworten mußte. Freeds mangelnde Kooperationsbereitschaft (er verweigerte während der Gerichtsverhandlung die Aussage) machte ihn bei der Staatsgewalt wahrscheinlich nicht gerade beliebt – ganz anders Dick Clark, der ebenfalls überprüft wurde, weil er außer seiner Arbeit bei *Bandstand* auch noch an dreiunddreißig anderen Geschäften der Musikbranche beteiligt war. Als Clark vor die Wahl gestellt wurde, entweder seine Nebengeschäfte oder aber die Show aufzugeben, entschied er sich ohne zu zögern für *Bandstand* und kam relativ ungeschoren davon – der Untersuchungsausschuß nannte ihn sogar einen »netten jungen Mann«.

---

24 Die amerikanische Behörde für das Kommunikationswesen. Sie wurde 1934 eingerichtet und ist für die Zuteilung von Sendelizenzen und -frequenzen zuständig und überwacht im Rahmen der Gesetze die Tätigkeit der Radio- und Fernsehsender.

Zur selben Zeit gab es eine neue Entwicklung in der Musik, in der Künstlerinnen eine Schlüsselrolle spielen sollten: die Girl Groups. Der Girl Group-Sound, der seinen Ursprung im mehrstimmigen Gesang der Doo-wop-Gruppen hatte, entwickelte sich in parallel zur Rock 'n' Roll-Ära. Die weicheren Doo-wop-Klänge in Songs wie »Earth Angel« von den Penguins, »Sh-Boom« von den Chords und »In the Still of the Night« von den Five Satins hatten von Anfang an neben dem wilden Rock 'n' Roll existiert, und nun traten die entsprechenden Gruppen aus dem Schatten des Rock 'n' Roll-Booms heraus. Eine Doo-wop-Gruppe zu gründen war für junge Sängerinnen hauptsächlich deshalb reizvoll, weil sie so gut wie kein Startkapital erforderte – alles, was frau brauchte, war die eigene Stimme. In den größeren Städten, hauptsächlich in den Vierteln der schwarzen, italienischen und lateinamerikanischen Bevölkerung, trafen sich Freundinnen auf den Schulhöfen, in Treppenhäusern oder an den Straßenecken zum Üben.

Die weißen Vokalensembles der fünfziger Jahre orientierten sich eher am Pop als am bluesigeren Doo-wop. Mit ihrer »Barbershop Harmony«[25] hatten die Chordettes, ein Frauenquartett aus Sheboygan, Wisconsin, eine Reihe von Hits, z.B. »Mr. Sandman« und »Lollipop«. Außerdem waren zahlreiche »Sister«-Combos in den Top 40 vertreten, wie z.B. die Fontane Sisters, die Shepherd Sisters, die Lennon Sisters, die DeJohn Sisters, die DeCastro Sisters und die McGuire Sisters. Als in den fünfziger Jahren das Interesse an R&B und Doo-wop immer mehr zunahm, coverten ein paar Gruppen wiederum Songs, die ursprünglich von Schwarzen gesungen wurden. So landeten die McGuire Sisters mit »Sincerely« von den Moonglows einen Nummer-1-Hit und nahmen außerdem »Goodnight, Sweetheart, Goodnight« von den Spaniels auf. Die Chordettes coverten »Charlie Brown« von den Coasters und nahmen daneben auch Stücke auf, die eindeutig vom Rock 'n' Roll beeinflußt waren, wie z.B. »A Girl's Work is Never Done«, ein Song über die Hausarbeit, deren Mühsal zwar beklagenswert ist, die aber dennoch mit Begeisterung erledigt wird.

Manche Doo-wop-Gruppen hatten auch eine Sängerin, z.B. Lillian Leach von den Mellows oder Trudy Williams von den Six Teens. Außerdem gab es schwarze Gruppen, die ausschließlich aus Frauen bestanden, z.B. die Bobettes und die Chantels. »Mr. Lee« (1957) war der größte und eigentlich einzige Hit der Bobettes, die eine der jüngsten Girl Groups

---

25 Dieser mehrstimmige Gesang, bei dem alle Stimmen parallel zur Melodie geführt werden (»close-harmony-singing«), entstand im 19. Jahrhundert in den »Barbershops«, den Herrenfriseurläden in den USA, in denen man sich nicht nur die Haare schneiden lassen, sondern auch alkoholische Getränke zu sich nehmen konnte. Die Barbershops waren beliebte Treffpunkte für Männer, die schließlich anfingen, dort ohne instrumentale Begleitung mehrstimmig zu singen und somit diese Stilrichtung ins Leben riefen.

waren. Die fünf Sängerinnen waren zwischen elf und fünfzehn Jahre alt, als sie 1957 von Atlantic Records unter Vertrag genommen wurden. Die »Harlem Queens«, wie sich die Bobettes zunächst nannten, formierten sich 1955. Ursprünglich bestand die Gruppe aus acht Mitgliedern, die alle dieselbe Schule besuchten. Zwei Jahre später waren es nur noch Jannie und Emma Pought, Helen Gathers, Laura Webb und Reather Dixon, die mit ihren Auftritten bei Schulveranstaltungen und Talentwettbewerben in New York (u.a. bei der »Amateur Night« im Apollo) Erfahrungen sammelten. 1957 fanden sie einen Manager, James Dailey, der sie zu Atlantic brachte.

Bemerkenswert an den Bobettes war, daß sie viele ihrer Songs selbst schrieben. Als sie bei Atlantic zum ersten Mal im Studio waren, nahmen sie außer »Mr. Lee« gleich noch drei oder vier Eigenkompositionen auf. Ursprünglich nahm die Gruppe in diesem Song einen ihrer Lehrer auf die Schippe, doch Atlantic bestand darauf, den Text vor der Aufnahme zu ändern. »Anstelle von 'Er ist der häßlichste Lehrer, den ich je gesehen habe' sangen wir nun 'der gutaussehendste Lehrer, den ich je gesehen habe'«, erinnerte sich Reather Dixon später. »Mr. Lee« erschien im Mai 1957 unter dem neuen Gruppennamen Bobettes und war außerordentlich erfolgreich. Der Song führte die R & B Charts an und erreichte Platz 6 der Pop Charts. Die Gruppe verbrachte daher einen Großteil der nächsten zwei Jahre auf Tournee, um aus diesem Erfolg Kapital zu schlagen. Da sie die jüngsten im Tournee-Bus waren, kümmerten sich andere Sängerinnen, z.B. Ruth Brown und LaVern Baker, um sie und halfen ihnen, sich an das Tournee-Leben zu gewöhnen.

Merkwürdigerweise hatten die Bobettes keine weiteren Hits, was sie persönlich Atlantics Vorliebe für weitere »Gimmick Songs«[26] im Stil von »Mr. Lee« zuschrieben. Bei dem Versuch, »Mr. Lee« ein für alle Mal hinter sich zu lassen (und auch die Flut der Answer Songs einzudämmen) brachten die Bobettes mit »I Shot Mr. Lee« eine »Fortsetzung« der Story heraus, die 1960 Platz 52 der Pop Charts erreichte. In der gleichen munteren Melodie wie der frühere Hit schildert der Song die Geschichte des armen Mr. Lee, der wegen seiner Untreue frühzeitig den Tod findet. Der Song strahlt jedoch eindeutig eine fröhliche Stimmung aus, wenn die Bobettes mit fast unverhohlener Schadenfreude erzählen, wie sie Mr. Lee in den Kopf schießen (»shot him in the head boom-boom«). Die Gruppe hatte den Song 1959 ursprünglich für Atlantic aufgenommen, doch die Firma veröffentlichte ihn nicht. Als der Song neu aufgenommen wurde und im

---

26 Ausdruck für Songs, die sich durch elektronische Effekte oder eine gut aufbereitete musikalischen Idee auszeichnen.

darauffolgenden Jahr bei Triple-X Records erschien, brachten Atlantic Records, nachdem sie vergeblich versucht hatten, die Originalversion von Triple-X zu erwerben, ihre eigene Version heraus und sicherten sich zusätzlich noch die Hälfte der Verlagsrechte.

Die Chantels brachten ihre erste Single drei Monate nach »Mr. Lee« von den Bobettes heraus und waren eine der ersten Frauen-Vokalgruppen, die auch nach ihrem ersten Single-Hit noch erfolgreich waren. Auch sie waren vom Rock 'n' Roll beeinflußt und hoben sich dadurch von früheren Frauen-Vokalgruppen wie den Chordettes und den diversen »Sister«-Combos ab. Als die Chantels nach ihrem zweiten Erfolg, »Maybe« (1958) auf Tournee gingen, standen sie noch als einzige Girl Group auf dem Programm, doch bis 1961, zur Zeit ihres letzten Top-40-Hits, hatte sich die Musikszene soweit verändert, daß Girl Groups nicht mehr als Außenseiterinnen angesehen wurden. Dieser Erfolg ist größtenteils dem Vorstoß von Gruppen wie den Bobettes und den Chantels zu verdanken.

Die Chantels bestanden aus fünf Schülerinnen der St. Anthony of Padua Schule in der Bronx, der Leadsängerin Arlene Smith sowie Sonia Goring, Rene Minus, Lois Harris und Jackie Landry. Die Mädchen hatten seit dem zweiten Schuljahr zusammen im katholischen Schulchor gesungen und leiteten den Namen »Chantel« für ihre Gruppe von dem Namen einer Konkurrenzschule ab, St. Francis de Chantelle. Begeistert von Frankie Lymons jugendlicher Stimme auf dem Hit »Why Do Fools Fall in Love«, den er mit seiner Gruppe The Teenagers produziert hatte, gingen die Mädchen nach einem Konzert der Teenagers hinter die Bühne und trafen mit dem Manager der Gruppe, Richard Barrett, zusammen. Barrett, der nicht nur Manager, sondern auch Musiker, Songschreiber und Produzent war, brachte die Gruppe zu George Goldner, dem viele New Yorker Indie Labels gehörten, u.a. Gee, Gone, Rama und End. Goldner hatte zunächst kein Interesse an der Gruppe, da er der Meinung war, Girl Groups seien nicht »marktfähig«. Als Barrett daraufhin drohte, seine Songs künftig Goldners Imperium vorzuenthalten, gab er nach, und die Gruppe fing mit den Aufnahmen für Goldners Label End an.

Die erste Single der Chantels, »He's Gone«/»The Plea« (beide Songs waren von der fünfzehnjährigen Arlene geschrieben und von Barrett arrangiert worden), kam im August 1957 heraus. Die Gruppe lieferte mit ihrer beeindruckenden Mehrstimmigkeit eine solide Grundlage für Smiths starke, gefühlvolle Leadstimme. Trotzdem schaffte es die Single nur auf Platz 71. Doch ihre nächste Single, Barretts »Maybe«, auf der Smith wiederum kraftvoll die Leadstimme singt, erreichte Platz 15. Anschließend trat die Gruppe in *American Bandstand* sowie bei einer von Freeds Tourneen auf, wo sich LaVern Baker rührend um sie kümmerte.

1958 hatten sie mit »Every Night (I Pray)« in den Top 40 und »I Love You So« (Platz 42) zwei Nachfolgehits.

Es gab jedoch zunehmend Spannungen innerhalb der Gruppe, was hauptsächlich daran lag, daß die Chantels trotz ihrer Erfolge in den Charts kein Geld verdienten. Die Ausgaben – von den Aufnahmekosten bis hin zur »Promotion« – verschlangen die Gewinne. Daher mußten sich leider viele, insbesondere schwarze PlattenkünstlerInnen damit abfinden, daß sie für ihre Arbeit keinen finanziellen Ausgleich erhielten. Aufgrund einer planlosen Buchhaltung und der Tatsache, daß es den Verantwortlichen oft völlig egal war, wie es den KünstlerInnen ging, verdienten sie kein Geld, auch wenn sie noch so große Hits hatten. »Damals mußten wir alles bezahlen«, erklärt Ruth Brown. »Das Tonstudio, das Schreiben der Arrangements, alle Platten, die als Werbegeschenke verteilt wurden und die Musiker. Wir dachten, mit Vorschüssen und so kämen wir ganz gut hin, aber das ganze Geld war verschwunden, bevor wir auch nur einen Pfennig sahen, und so hatten wir immer Schulden. Wir nahmen die Leute beim Wort, wenn sie sagten, 'Okay, du bekommst 700 Dollar.' Also erwartete ich 700 Dollar und stellte keine Fragen. Ich weiß nicht, was mit den anderen 7000 Dollar passierte, aber die 700 Dollar waren mir versprochen worden.«

Smith verließ die Chantels schließlich 1959, weil sie die finanzielle Situation der Gruppe zu frustrierend fand. Zur gleichen Zeit stieg auch Lois Harris aus. Barrett engagierte Annette Smith (nicht mit Arlene verwandt), Sängerin der Gruppe Veneers, die er ebenfalls managte, als neue Leadsängerin für die Chantels. Ihre Stimme war zwar nicht so gut wie Arlenes, dennoch hatte die Gruppe 1961 mit »Look in My Eyes« und »Well, I Told You« (ein Answer Song zu Ray Charles' »Hit The Road Jack«) zwei weitere Songs in den Top 40. In den sechziger Jahren brachte die Gruppe unter verschiedenen Labels Platten heraus. Arlene Smith machte Anfang der sechziger Jahre Soloaufnahmen, wurde dann Lehrerin und gibt auch heute noch mit ihrer neuen Gruppe Live-Konzerte.

Als die sechziger Jahre begannen, hatten es Frauen geschafft, sich als Künstlerinnen, Songschreiberinnen, Produzentinnen, Instrumentalistinnen und Besitzerinnen von Plattenfirmen einen Weg in den ganz neuen Bereich der Rock 'n' Roll-Industrie zu bahnen. Allerdings war es nur langsam vorangegangen, und die Errungenschaften dieser Frauen hatten nicht automatisch den Weg für andere Frauen geebnet. Sexismus und Rassismus waren Hindernisse, die die Beiträge von Frauen zur Entwicklung des Rock 'n' Roll in den Hintergrund drängten, ignorierten oder wieder zunichte machten. Trotzdem schafften die Rock 'n' Roll-Pionierinnen eine solide Grundlage, auf der andere Frauen aufbauen konnten, und die es den

Nachfolgerinnen möglich machte, von ihrer hart erkämpften Erfahrung zu profitieren: von Big Mama Thorntons Ausdauer und Elan, praktisch ihr ganzes Leben lang aufzutreten, ob mit oder ohne Tantiemen; von Lady Bos Geduld, Abend für Abend zu beweisen, daß nicht der Kassettenrekorder, sondern sie selbst auf der Bühne Gitarre spielte; und von der Popularität der Chantels, die ein für alle mal bewiesen, daß eine Girl Group sehr wohl »marktfähig« war. Jeder Schritt, den diese und andere Frauen machten, öffnete die Tür einen Spalt weiter, so daß in den folgenden Jahren immer mehr Frauen Einlaß ins Rockmusikgeschäft fanden.

2 Girl Groups

»Damals hat niemand in der Branche Künstlerinnen besonders ernst genommen.
Das System war einfach nicht offen für Frauen. Wenn die Karriere eines Mannes
nicht mehr lief, konnte er immer noch als A&R-Manager oder Produzent arbeiten
oder in der Firma aufsteigen - wir aber konnten das nicht.«

Lesley Gore in *Girl Groups: The Story of a Sound*

Anfang 1961 gelang den Shirelles als erster rein weiblicher Gruppe mit »Will You Love Me Tomorrow« ein Nummer-1-Hit in den Singles Charts. Innerhalb der nächsten zwei Jahre hatten sie weitere zehn Hits in den Top 40, darunter fünf Top-10-Hits. Wichtiger als ihre Hitserie war jedoch ihre Vorreiterinnenrolle bei der Verbreitung des sogenannten »Girl Group«-Sounds, dem ersten eigenen Rockmusikstil, der ausdrücklich mit Frauen verbunden wurde. Der Sound geht auf die Musik der fünfziger Jahre zurück, auf Gruppen wie die Bobettes und die Chantels. Doch während diese Gruppen damals in dem von Männern beherrschten Bereich der Vokalgruppen noch eine Seltenheit waren, schossen Anfang der sechziger Jahre rein weibliche Gruppen in der Musikszene nur so aus dem Boden.

Die Girl Groups fungierten als Sprachrohr einer ganzen Generation sowohl weiblicher als auch männlicher Jugendlicher, indem sie in buchstäblich tausenden von Songs Themen wie Romantik, Herzschmerz und die endlose Suche nach der wahren Liebe aufgriffen. Die ansprechende Offenheit und Ehrlichkeit dieses Genres wurde dadurch unterstrichen, daß die Gruppenmitglieder größtenteils selbst noch Teenager waren und auch viele der besten SongschreiberInnen dieser Zeit die Zwanzig erst knapp überschritten hatten. Aber nicht die teilweise selbstgeschriebenen

Songs, sondern ihr Image war es, das den größten Eindruck auf das Publikum machte, vor allem auf das weibliche, das damals die meisten Platten kaufte. Plötzlich mußten sich aufstrebende Künstlerinnen nicht mehr wie früher die Chantels an Vorbildern wie Frankie Lymon orientieren – jetzt standen ihnen weibliche, gleichaltrige Rollenbilder zur Verfügung.

Die Bedeutung des »Girl Group-Images« und seine Wirkung auf das weibliche Rock-Publikum werden von Rockmusikhistorikern grundsätzlich übersehen. Sie betrachten die Girl Groups tendenziell eher als austauschbare Marionetten, während sie die »echten« Talente, die Manager, Songschreiber, Verleger und Produzenten, hinter den Kulissen sehen. Außerdem hat die meist kurze Lebenserwartung der Gruppen und der scheinbar endlose Strom von Nachfolgerinnen zu einer Abwertung der Rolle der »Girls« in den Girl Groups geführt. Ein Klischee, das sich ebenso hartnäckig hält, ist die Annahme, daß jede Gruppe, die aus jungen Frauen bestand und in der Lage war, eine Melodie richtig zu singen, auch einen Hit landen konnte – solange sich die jungen Frauen den Launen der »Svengalis«[27] anpaßten, die alle Fäden in der Hand hielten.

Leider waren die Bands tatsächlich von den Teams aus Managern, Songschreibern und Produzenten um sie herum abhängig und hatten nur wenig Einfluß, wenn es darum ging, ihre Karriere nach dem ersten Erfolgshoch fortzusetzen. War erst einmal ein Erfolgsrezept für die Band gefunden, wurde es auf allen nachfolgenden Singles wiederholt, bis die Band keinen Hit mehr hatte. Sie verschwand dann wieder in der Versenkung, während sich das Produktionsteam dem nächsten Erfolgsrezept und der nächsten Band zuwandte. Dieses Szenario wiederholte sich in der Girl Group-Ära unzählige Male. Wegen ihres Alters und ihrer mangelnden Erfahrung wußten die Bands nicht so recht, wie sie ihre Forderungen durchsetzen sollten und waren dadurch wieder im Nachteil. In neueren Interviews beschweren sich die Musikerinnen immer wieder darüber, daß ihnen jedes Engagement und erst recht die Einflußnahme auf Entscheidungen hinsichtlich ihrer Karriere verweigert wurde. Das vorrangige Ziel war die Hitproduktion, und so war es nur allzuleicht möglich, die Gefühle der – wieder einmal – entbehrlichsten Räder im Getriebe, nämlich der Musikerinnen, zu ignorieren.

Im Grunde ist jeder Versuch, die »wichtigste« Person bei der Produktion eines Girl Group-Hits herauszupicken, sinnlos. Eine schlechte Stimme kann jeden Song ruinieren, auch wenn er noch so gut geschrieben und noch so gut produziert ist, und die Girl Groups waren als Ganzes

---

27 Svengali, Musiker und Hypnotiseur, ist eine Figur aus dem Roman *Trilby* (1894) von George du Maurier. Der Ausdruck wird verwendet, um eine Person zu bezeichnen, die einen beherrschenden, hypnotischen Einfluß auf jemanden hat und damit düstere Absichten verfolgt.

sicherlich besser als die Summe ihrer Teile. Außerdem darf man nicht vergessen, daß der »Mann hinter den Kulissen«, ob Produzent, Songschreiber oder Manager, manchmal eine Frau war – so viel zu den »Svengali«-Theorien. Für das Publikum war der Gesamtsound ausschlaggebend – das mehrstimmig und sehr schnell gesungene »Doo-wop« mit starker Betonung des zweiten und vierten Taktschlags – das war wichtig, nicht die Machenschaften hinter den Kulissen. Und im Gegensatz zu den männlichen »Teenager-Idolen« mit ihren sanften Träumereien von ewiger Hingabe ging die Darstellung der jugendlichen Gefühlswelt in den Girl Group-Songs oft über die eindimensionale Sommernachtssentimentalität hinaus. So entstanden engagierte, gut gemachte und leidenschaftliche Songs, die das einfache Szenario »Boy meets Girl« erheblich differenzierten.

Nach dem Erfolg früherer Hits wie »Mr. Lee« von den Bobettes und »Maybe« von den Chantels war »Will You Love Me Tomorrow« von den Shirelles der Beginn der eigentlichen Girl Group-Ära. Es war der erste große Hit für die Gruppe (und der erste große Erfolg für die SongschreiberInnen Carole King und Gerry Goffin), die seit Ende der fünfziger Jahre zusammen auftrat. Shirley Owens, Beverly Lee, Doris Coley und Addie »Micki« Harris kannten sich von der High School in Passaic, New Jersey. Angeregt durch Gruppen wie die Chantels, gründeten sie eine eigene Gruppe und nannten sich zunächst Poquellos. Nach ihrem Debüt bei einer Schulveranstaltung stellte eine Klassenkameradin die Gruppe ihrer Mutter, Florence Greenberg, vor, die ein eigenes Plattenlabel hatte, Tiara. Greenberg nahm die Gruppe, die sich nun Shirelles nannte, unter Vertrag und brachte im Frühjahr 1958 ihre erste Single »I Met Him on a Sunday« heraus. Die Eigenkomposition »Sunday« ist die Geschichte einer einwöchigen Romanze. Den musikalischen Hintergrund dazu liefert der mehrstimmige Gesang der Shirelles, der zusammen mit Händeklatschen und Fingerschnalzen einen ruhigen, gleichmäßigen Rhythmus ergibt. Nachdem Decca die Lizenz für die Single erworben hatte, erreichte sie schließlich Platz 49 der Charts.

Weitere Singles folgten, doch keine kam an den mäßigen Erfolg von »Sunday« heran. 1959 gründete Greenberg ein neues Label, Scepter, und setzte Luther Dixon als neuen Produzenten für die Shirelles ein. Dixon, der früher Mitglied bei den Four Buddies war und für Leute wie Pat Boone, Perry Como und Nat »King« Cole Songs schrieb, produzierte und arrangierte zunächst das von Shirley Owens geschriebene »Tonight's the Night«. In dem 1960 erschienene Song schildert Leadsängerin Owens eine Teenagerromanze aus persönlicher Sicht: Aufgeregt und erwartungsvoll bereitet sie sich auf ihre große Verabredung vor. Sie ist hin- und hergerissen zwischen Bedenken einerseits und der freudigen Erregung, »eine große Romanze« zu beginnen, andererseits. Die Single schaffte den Sprung in die Top 40 (Platz 39) und war damit ein hervorragender Wegbereiter für den Song »Will You Love Me Tomorrow«, einer von Dixons Beiträgen für die Gruppe.

Dixon hatte »Tomorrow« während eines Besuchs bei Aldon Music gehört, dem Musikverlag, in dem Carole King und Gerry Goffin arbeiteten. King und Goffin hatten den Song zuerst Johnny Mathis angeboten, und als dieser ablehnte, konnte Dixon das SongschreiberInnen-Team überreden, ihn den Shirelles zu geben. Außerdem ließ er den ursprünglich über vier Minuten langen Song kürzen. Die Shirelles hatten ebenfalls Bedenken, »Tomorrow« aufzunehmen, da er sich für ihren Geschmack »zu weiß« anhörte. Der Song führte jedoch als logische Fortsetzung von »Tonight's the Night« das Teenager-Drama einen Schritt weiter. In »Tonight's the Night« dachte Owens, wenn auch indirekt, noch darüber nach, welche Gefahren es wohl mit sich bringen würde, wenn sie mit ihrem Freund »zu weit« ginge, während sie nun die klare Entscheidung trifft, seinen Forderungen nachzugeben. In ihrer Frage »Will you still love me tomorrow?« macht sie sich jedoch Gedanken über die möglichen Konsequenzen ihres Handelns. Eine so direkte Frage von einem Teenager war erstaunlich und ungewöhnlich für ein Genre, das eigentlich die Vorstellung vertrat, daß für ein Mädchen ein Leben voller Glück folgen würde, wenn sie erst einmal den Jungen ihrer Träume gefunden hatte. In »Tomorrow« hat Owens den Jungen zwar gefunden, stellt die Beständigkeit der Liebe jedoch mehr denn je in Frage.

Das Ende 1960 erschienene »Tomorrow« (u.a. mit Carole King an der Pauke) wurde Anfang '61 Spitzenreiter der Charts. In den nächsten zwei Jahren folgten weitere Hits: »Soldier Boy« (1962) wurde der zweite Nummer-1-Hit der Shirelles, und mit »Baby It's You«, »Mama Said« und »Dedicated to the One I Love« hatten sie weitere Erfolge in den Top 10. »Dedicated« erreichte nach seiner Erstveröffentlichung 1959 nur Platz 83, kletterte dann aber nach dem Erfolg von »Tomorrow« auf Platz 3. Als Dixon Ende '62 seine Arbeit mit der Gruppe aufgab, wurde den Shirelles bewußt, wie abhängig sie von Dixon als Produzent, Arrangeur und Songlieferant gewesen waren, und wie wackelig das Fundament ihres Erfolges im Grunde war. Zwar konnten sie mit »Foolish Little Girl« noch einmal einen Top-10-Hit landen, waren jedoch Ende 1963 zum letzten Mal in den Top 40 vertreten.

Nun, da ihr Run auf die Charts vorbei war, hatten die Shirelles nicht einmal ein finanzielles Polster, auf dem sie sich hätten ausruhen können. An ihrem einundzwanzigsten Geburtstag mußten die Gruppenmitglieder feststellen, daß ihr selbstverdientes Geld, von Greenberg angeblich für sie verwaltet, in der üblichen Weise draufgegangen war – für Aufnahmekosten,

Promotion, Tourneen usw. Ihre vertragliche Verpflichtung, bei Scepter zu bleiben, trug nicht gerade zu einer Besserung ihrer Stimmung bei, die zu dieser Zeit auf dem Nullpunkt war. Trotzdem machten sie bis 1968 Aufnahmen für das Label. Danach gründete Shirley Owens – jetzt Shirley Alston – eine eigene Gruppe, die sich Shirley and the Shirelles nannte, und nahm später als »Lady Rose« zwei Solo-LPs auf. Die anderen Bandmitglieder gründeten ebenfalls eigene »Shirelles«-Kombinationen und landeten schließlich auf dem »Oldies«-Sektor.

Im Gegensatz zu den Musikerinnen und Sängerinnen waren die Songschreiberinnen der frühen sechziger Jahre eher in der Lage, ihre Karriere selbst in die Hand zu nehmen und mehr Geld zu verdienen, als die Girl Groups je zu sehen bekamen. Drei der bekanntesten SongschreiberInnen-Teams aus dieser Zeit waren Ehepaare: Carole King und Gerry Goffin, Ellie Greenwich und Jeff Barry sowie Cynthia Weil und Barry Mann. King/Goffin und Weil/Mann arbeiteten für die 1958 von Al Nevins und Don Kirshner gegründete Firma Aldon Music, die im selben Jahr mit Connie Francis' »Stupid Cupid« ihren ersten Hit hatte. Der Song war gleichzeitig der erste Hit für die Songschreiber Neil Sedaka und Howard Greenfield. Der Solosänger und Songschreiber Sedaka war im selben Viertel in Brooklyn aufgewachsen wie Carole King und landete 1959 mit dem Song »Oh Carol«, den er für sie geschrieben hatte, einen Hit auf Platz 9 (King antwortete Sedaka mit »Oh Neil«).

King wurde 1942 als Carole Klein geboren und begann mit vier Jahren, Klavier zu spielen. Als Teenager schrieb sie Songs, trat mit Vokalensembles auf und machte ein paar Aufnahmen für ABC-Paramount, mit denen sie jedoch keinen Erfolg hatte. Außerdem nahm sie mit einem anderen Freund aus der Nachbarschaft, Paul Simon, ein paar Demos auf. Auf dem Queens College lernte sie den aufstrebenden Songschreiber Gerry Goffin kennen und heiratete ihn, als sie achtzehn war. In der Hoffnung, sich in der Musikszene einen Namen zu machen, brachen die beiden ihr Studium ab und wurden 1959 bei Aldon angestellt. King setzte außerdem ihre Plattenkarriere fort und hatte 1962 mit dem ursprünglich für Bobby Vee geschriebenen Song »It Might as Well Rain Until September« einen Top-40-Hit. Diese Karriere gab sie jedoch schon bald zugunsten der Arbeit auf, die sie wirklich machen wollte: schreiben, arrangieren und produzieren.

Als Songschreiberin fand eine Frau relativ leicht Zugang zu den verschiedenen Bereichen der Plattenproduktion, besonders in dem geschäftigen Treiben um das Brill-Building. Das Gebäude am Broadway Nr. 1619 in Manhatten galt als Hitfabrik, obwohl auch in den umliegenden Gebäuden alle möglichen Büros der Musikbranche lagen (Aldon hatte seine

Büros z.B. auf der gegenüberliegenden Seite am Broadway Nr. 1650).
Trotzdem war der Name des Brill Buildings gleichbedeutend mit Platten-
hits, und die Gegend war voll von optimistischen SängerInnen, SongschreiberInnen und ProduzentInnen – alle auf der Suche nach dem
großen Deal, der ihnen zu einem Hit verhelfen würde. In Charlotte
Greigs *Will You Still Love Me Tomorrow?* bringt die Songschreiberin Ellie
Greenwich in ihren Betrachtungen über die Girl Group-Zeit die energiegeladene Atmosphäre, die damals herrschte, sehr gut zum Ausdruck: »Im
Brill Building gab es viele kleine Labels… Wenn man einen Song hatte,
der ihnen gefiel, sagten sie: ʻLaß mich nachdenken. Kennen wir jemanden, der das machen kann? Kennst du jemanden?ʼ Und dann ging man
raus und suchte sich einen Künstler und bekam von einem Label die
Chance, eine Single zu machen. Wenn sie ankam, um so besser, so konnte
man sich einen Namen machen. Wenn nicht, auch gut, was soll's.«

Nach ihrem Erfolg mit den Shirelles arbeiteten King und Goffin Anfang der sechziger Jahre mit verschiedenen Sängerinnen und hielten sich
dadurch länger in den Top 40 als die Künstlerinnen, für die sie schrieben.
Eine dieser Künstlerinnen war Little Eva, die praktisch über Nacht mit
ihrer Aufnahme von King/Goffins »The Loco-Motion« zum Star wurde
und dann innerhalb knapp eines Jahres wieder aus den Charts verschwand. Sie wurde 1943 als Eva Narcissus Boyd in Belhaven, North
Carolina, geboren und ging 1960 nach New York, wo sie die Sängerin
Earl-Jean McCrea von den Cookies kennenlernte. Boyd beschloß daraufhin, es selbst als Sängerin zu versuchen und sang bei Goffin und King vor.
Sie wurde nicht nur Ersatzsängerin bei den Cookies, sondern bekam
außerdem einen Job als Babysitterin bei King und Goffin und wohnte
auch bei ihnen. Zu dieser Zeit arbeiteten die beiden gerade an einem
Folgehit für Dee Dee Sharps Nummer-2-Hit »Mashed Potato Time«
(März ʼ62). Die Idee zu »The Loco-Motion« hatten sie, als sie sahen, wie
Boyd zur Musik im Radio tanzte. King und Goffin schrieben den Song,
und Boyd nahm das Demo auf.

Es gibt unterschiedliche Aussagen darüber, ob »Loco-Motion« Sharp
überhaupt angeboten wurde, doch das Ergebnis bleibt dasselbe: Nicht
Sharp nahm den Song auf, sondern Boyds Demo wurde als erste Single des
neuen Plattenlabels »Dimension« unter dem Namen »Little Eva« ver-
öffentlicht. Der Song mit seinen pulsierenden Rhythmen erschien im
Juni 1962 und erreichte im August Platz 1. Mit neunzehn Jahren war
»Little Eva« ein Star und im Zuge ihres Erfolgs brachte sogar Boyds
Schwester Idalia Anfang 1963 eine eigene Single heraus: »Hula Hoppin'«/
»Some Kind of Wonderful«. Zu dieser Zeit ging es mit Boyds eigener Kar-
riere bereits bergab. Ihre zweite Single, »Keep Your Hands Off My Baby«

kam im November '62 heraus und erreichte immerhin Platz 12, doch mit ihrer nächsten Single, wieder ein »Tanz-Song« mit dem Titel »Let's Turkey Trot«, schaffte sie zum letzten Mal den Sprung in die Top 40.

Die Cookies, die auf »Loco-Motion« die Background-Stimmen gesungen hatten, konnten ebenfalls eine Reihe von Top-40-Hits vorweisen, die Goffin und King geschrieben hatten. Ethel »Earl-Jean« McCrea, Dorothy Jones und Margaret Ross hatten zunächst in Brooklyn gesungen und wurden nach ihrem Sieg bei einem Talentwettbewerb Background-Sängerinnen. Sie sangen nicht nur auf Boyds Platten, sondern auch für Tony Orlando, Ben E. King, Neil Sedaka, Carole King und auf Eydie Gormes Hit »Blame It on the Bossa Nova« (geschrieben von Barry Mann und Cynthia Weil). Ihren ersten Top-40-Hit als Cookies hatten sie 1962 mit »Chains«, der 1963 von »Don't Say Nothin' Bad (About My Baby)« gefolgt wurde (beide von Goffin und King). Ihren letzten Top-40-Hit hatten sie 1964 mit »Girls Grow Up Faster Than Boys«. McCrea machte außerdem als »Earl-Jean«« Solokarriere und hatte 1964 mit Goffin und Kings »I'm Into Something Good« einen kleineren Hit auf Platz 38, drei Monate bevor Herman's Hermits ihre Version des Songs in die Top 20 brachten.

Die Chiffons gehörten ebenfalls zu den Gruppen, die mit Goffin und Kings Songs Erfolg hatten. Judy Craig, Barbara Lee, Patricia Bennett und Sylvia Peterson aus der Bronx besuchten alle dieselbe High School und formierten sich – ganz im Trend der Zeit – zu einer Gruppe. Nachdem ihre erste Platte, eine Cover Version von »Tonight's the Night« von den Shirelles, 1960 unter dem Label Big Deal erschienen war, machten die Chiffons Aufnahmen für ein paar andere kleine Labels. Anschließend wurden sie von Laurie Records aufgrund eines Demos unter Vertrag genommen, das sie für ihren Freund Ronnie Mack, einen aufstrebenden Songschreiber und ihr späterer Manager, aufgenommen hatten.

»He's So Fine«, einer der Songs auf dem Demo für Mack, erschien Anfang 1963 als erste Single der Chiffons bei Laurie. Das »Doo-lang doo-lang« am Anfang des Songs wurde bald zum Ohrwurm, und »He's So Fine« blieb fünf Wochen lang auf Platz 1. Der von Goffin und King geschriebene Nachfolge-Song »One Fine Day« war eigentlich für Little Eva vorgesehen, doch dann bekamen die Chiffons den Song, um damit an das »Fine«-Thema ihres ersten Hits anzuknüpfen. Da Little Eva bereits selbst eine Version des Songs aufgenommen hatte, wurde ihre Stimme vom Masterband (auf dem auch ein dynamischer Klavierpart von Carole King zu hören war) gelöscht und durch den Gesang der Chiffons ersetzt. »One Fine Day« erschien innerhalb von fünf Monaten nach »He's So Fine« und erreichte Platz 5. Gleichzeitig mußte sich Little Eva mit der Veröffentlichung einer »Loco-Motion«-Fortsetzung mit dem Titel »Old Smokey

Locomotion« begnügen, die nicht einmal den Sprung in die Top 40 schaffte. Ende des Jahres belegten die Chiffons mit ihrem letzten Hit der »Fine«-Serie, »A Love So Fine« Platz 40. Die Gruppe machte auch unter dem Namen Four Pennies Aufnahmen und unternahm 1965 mit dem psychedelisch angehauchten »Nobody Knows What's Going On (In My Mind But Me)« den Versuch, die Grenzen des Girl Group-Genres zu überschreiten (die Shirelles hatten mit »One of the Flower People« eine ähnliche Strategie angewandt). Da sie damit keinen Erfolg hatte, kehrte die Gruppe zu ihrem früheren Stil zurück und hatte 1966 mit »Sweet Talkin' Guy« ihren letzten Top-40-Hit.

Die Songschreiberin Ellie Greenwich machte Carole King in der »Girl Group-Tombola« bald Konkurrenz. Sie wurde 1940 in Brooklyn geboren und lebte ab 1951 in Levittown auf Long Island. Sie lernte zunächst Akkordeon, bevor sie sich dem Klavierspiel zuwandte. Wie King nahm sie ab Ende der fünfziger Jahre unter verschiedenen Namen (Ellie Gaye, Ellie Gree, Kellie Douglas) ein paar nicht besonders erfolgreiche Singles auf. Nach ihrem College-Abschluß 1961 unterrichtete sie dreieinhalb Wochen lang an einer High School, was sie jedoch zugunsten einer Musikkarriere aufgab. Kurze Zeit später kam sie zum Brill Building. Nachdem man sie im Büro von Jerry Leiber und Mike Stoller (die inzwischen ihre eigene Plattenfirma, Trio Music, gegründet hatten) zunächst irrtümlich für Carole King gehalten hatte, wurde sie dort für 100 Dollar pro Woche als Songschreiberin eingestellt.

Die Exciters waren eine der ersten Gruppen, mit denen Greenwich arbeitete. Sie kamen aus Jamaica im New Yorker Stadtteil Queens und bestanden ursprünglich aus vier Frauen (Brenda Reid, Lillian Walker, Carol Johnson und Sylvia Wilbur), die sich Masterettes nannten und zusammen mit einem männlichen Vokalensemble namens Masters sangen. Nachdem sie zunächst die Single »Follow the Leader«/»Never Never« für ein kleineres Label aufgenommen hatten, sangen sie bei Leiber und Stoller vor. Die beiden machten ihnen den Vorschlag, ihren Namen zu ändern und gaben der Gruppe eine Aufnahme von Gil Hamilton, »Tell Her«, zum Einsingen. Herb Rooney, Sänger bei den Masters, half beim Arrangieren des Songs (von ihm stammt das »Doo-dee-doop« im Hintergrund) und wurde schließlich Sänger bei den Exciters, wie sich die Gruppe nun nannte.

Reids energiegeladener Gesang, Leiber und Stollers glänzendes Arrangement und natürlich die »Doop-dee-doops« machten den 1962 erschienenen Titel »Tell Him« (zu dieser Zeit hatte Wilbur die Gruppe bereits verlassen) zum Platz 4-Chart-Stürmer. Leider hatten die Exciters mit »Tell Him« bereits den Höhepunkt ihrer Karriere erreicht, denn keine ihrer nachfolgenden Singles kam in die Top 40. Die Exciters veröffentlichten

1963 ihre zweite Single, »He's Got the Power« (geschrieben von Greenwich und Tony Powers), auf der Reid zwar wieder einen temperamentvollen Lead-Part singt, die aber nicht den Sprung in die Top 40 schaffte. Auch die 1963 erschienene Originalversion der Exciters von »Do-Wah-Diddy« (geschrieben von Greenwich und ihrem neuen Mitarbeiter und Ehemann Jeff Barry) war nicht besonders erfolgreich. Sie erreichte nur Platz 78, während sie als »Do-Wah-Diddy-Diddy« von der britischen Band Manfred Mann im darauffolgenden Jahr ein Nummer-1-Hit wurde.

Ab 1963 arbeitete Greenwich mit dem Plattenproduzenten Phil Spector zusammen, der ihr Material für die vielen Girl Groups verwendete, die er produzierte. Greenwich und Tony Powers schrieben für Darlene Love (»[Today I Met] The Boy I'm Gonna Marry«), und Greenwich und Jeff Barry schrieben für Gruppen wie die Crystals (»Da Doo Ron Ron« und »Then He Kissed Me«) und die Ronettes (»Be My Baby«). Außerdem trat Greenwich 1962 mit dem von Barry geschriebenen Song »What a Guy« für kurze Zeit ungewollt wieder als Sängerin in Erscheinung. Die beiden hatten den Song als Demo für die Sensations aufgenommen und alle Stimmen im Mehrspurverfahren selbst eingespielt. Der Verlag beschloß jedoch, aus dem Demo eine Single zu machen, die dann unter dem Namen der »Gruppe« Raindrops veröffentlicht wurde, die es gar nicht gab. Als »What a Guy« Platz 41 erreichte und sich ein zweiter Song der beiden, das lebhafte »The Kind of Boy You Can't Forget«, im folgenden Jahr in den Top 40 plazierte, mußte eine richtige Gruppe für die Live-Auftritte her. Also wurden Greenwich, ihre Schwester und Bobby Bosco (der Barry vertrat) zusammengetrommelt, um bei den »Live«-Konzerten der »Raindrops« die Mundbewegungen zu den Songs zu machen.

Greenwich und Barry wurden außerdem zum wichtigsten Songschreiberinnen-Team für Red Bird, ein Label, das Leiber und Stoller 1964 gründeten. Außerdem hatten Leiber und Stoller George Goldner, der früher die Platten der Chantels herausgebracht hatte, engagiert, um ihnen bei der Promotion zu helfen und versprachen ihm eine Beteiligung an der Firma, wenn die erste Platte ein Hit würde. Als Goldner sich zu Hause ein paar Demos zur Auswahl anhörte, schlug seine Frau vor, einen Song von Greenwich/Barry/Spector zu nehmen: »Chapel of Love«, eine Hymne auf das ewig währende Eheglück. Der Song war bereits von den Ronettes und den Crystals aufgenommen, aber nicht veröffentlicht worden. Ein Trio aus New Orleans namens Dixie Cups brachten den Song schließlich heraus und verhalf Red Bird damit zu ihrem ersten Nummer-1-Hit. Außer für die Dixie Cups schrieben Greenwich und Barry auch für eine Reihe anderer KünstlerInnen bei Red Bird, u.a. für die Jelly Beans, die Butterflies und vor allem für die Shangri-Las.

Die Shangri-Las stellten auf ihren Platten die schlimmsten Teenager-ängste mit einer Melodramatik dar, die bei den Aufnahmen anderer Girl Groups völlig fehlte. Die Gruppe setzte sich aus den Zwillingen Mary Ann und Margie Ganser sowie den Schwestern Betty und Mary Weiss zusammen. Sie waren in Queens aufgewachsen, hatten in der High School angefangen, zusammen zu singen und waren bei sogenannten »Sock Hops«[28] und Talentshows aufgetreten. Schließlich fanden sie in George »Shadow« Morton einen Manager/Produzenten/Songschreiber und nahmen zunächst zwei Singles für Smash und Sokane Records auf. Dann nahm Morton, der Greenwich aus der High School kannte, ein Demo mit zu Red Bird, auf dem die Shangri-Las seinen Song »Remember (Walkin' in the Sand)« sangen. Da die Originalversion über sieben Minuten lang war (inklusive einer gesprochenen Intro[29] von Morton), strafften Greenwich und Barry den Song und schufen von den ersten gehämmerten Klavierakkorden bis zu den Möwenschreien am Schluß, die sich mit dem Refrain und dem Fingerschnalzen der Shangri-Las vermischen, ein wahres Monumentalwerk, in dem die Gruppe eine verlorene Liebe beklagt.

Das 1964 veröffentlichte »Remember« landete auf Platz 5 in den Charts, doch die nächste Platte der Shangri-Las erregte noch mehr Aufsehen. Mortons, Barrys und Greenwichs Co-Produktion »Leader of the Pack« war wieder ein melodramatisches Epos, eine Teenagertragödie im Stil von Romeo und Julia mit allem Drum und Dran der sechziger Jahre: ein James Dean-Typ in Lederjacke, ein braves Mädchen, das ihn aus Liebe retten will und (mit den entsprechenden Klangeffekten) ein Motorrad. Da die 1964 erschienene Single den Tod zum Thema hat (nachdem ihre Eltern ihr verboten haben, sich mit dem rebellischen »Anführer« zu treffen, stirbt er bei einem Motorradunfall), entstanden heftige Kontroversen, die schließlich dazu führten, daß der Song in Großbritannien verboten wurde. In den USA (wo einige Radiosender die Platte »inoffiziell« verboten) landete der Song jedoch auf Platz 1 und ebnete der Gruppe für die nächsten zwei Jahre den Weg für weitere Hits.

Barry und Greenwich schrieben anschließend noch viele Songs für die Shangri-Las, u.a. »Out in the Streets«, »He Cried«, »The Train from Kansas City« und »Give Us Your Blessings«, eine weitere »Todesscheibe«, bei der ein junges Liebespaar bei einem Autounfall ums Leben kommt. »Blessings«, das nur den Sprung in die Top 30 schaffte, war eine gemäßigte Neuauflage von »Leader«, bei der jedoch der dämonische Reiz des »bad

---

28 Sock Hops waren im Amerika der späten fünfziger und frühen sechziger Jahre Teenager-Parties, bei denen man die Schuhe auszog und auf Socken tanzte.

29 Abkürzung für engl. »Introduction«: Einleitung. Das Intro ist normalerweise eine meist kurze Instrumentalpassage, mit der ein Musikstück eröffnet wird.

Boy« fehlte. Das von Morton geschriebene und 1965 veröffentliche »I Can Never Go Home Anymore« erwies sich als wesentlich wirkungsvollere Geschichte über einen vorzeitigen Tod und wurde der letzte Top-10-Hit der Shangri-Las. In diesem Song stirbt eine Mutter an der Einsamkeit, in die ihre egoistische Tochter sie stürzt, indem sie einfach auszieht, um mit ihrem Freund zusammenzusein. Mary Weiss singt den Part der rücksichtslosen Tochter mit qualvoller Intensität. Ihre herzzerreißenden »Mama«-Rufe klingen fast wie ein Urschrei.

Das Image der Shangri-Las war genauso auffällig wie ihre Musik. Im Gegensatz zu den anderen Girl Groups, die passende Rüschenkleider und Schuhe mit hohen Absätzen trugen, verkörperten die Shangri-Las in ihren Hüfthosen, Rüschenhemden und hohen Lederstiefeln einen einfacheren Look. Die Girl Groups wurden normalerweise nicht als Einzelpersonen, sondern eher als Gruppe gehandelt. Umbesetzungen im Studio oder auf Tournee fielen kaum auf und wurden noch seltener zum Gesprächsthema, und obwohl die Shangri-Las diesbezüglich keine Ausnahme bildeten, (die vier Bandmitglieder traten kaum zusammen auf), verlieh ihnen ihr »hartes« Auftreten mehr Individualität als die meisten anderen Girl Groups dieser Zeit besaßen.

Doch die Umstände, die zum Ende der Gruppe führten, erscheinen auf schmerzliche Weise vertraut. Trotz ihrer Hits und zahlreichen Tourneen sahen sie nicht viel von den Gewinnen, die von Management- und Studiokosten verschlungen wurden. Die Gruppe hatte 1966 einen Top-40-Hit mit »Long Live Our Love«, einem ungewöhnlich fröhlichen, positiven Song über einen Rebellen, der sich zum Patrioten gewandelt hat und in Übersee seinem Vaterland dient. Die beiden nachfolgenden Singles »Dressed in Black« und das schwermütige »Past, Present, and Future« (nach Beethovens »Mondscheinsonate«) kamen jedoch nicht in die Charts. Die Shangri-Las wechselten zwar zu Mercury Records, doch ihr Schwung war weg, und nach einem kurzen Intermezzo auf dem Oldie-Sektor in den Siebzigern verschwanden sie schließlich ganz von der Bildfläche (Mary Ann Ganser starb 1971 an Hirnhautentzündung).

Obwohl auch Florence Greenberg, Carole King und Ellie Greenwich – und eigentlich auch Don Kirshner und Shadow Morton – ihren Beitrag zum Genre der Girl Groups geleistet haben, beziehen sich RockmusikhistorikerInnen mit ihren »Svengalis«, die hinter den Kulissen der Girl Group-Szene die Fäden zogen, meist auf einen einzigen Mann: Phil Spector. Der Erfinder des berühmten, bombastischen »Wall of Sound«-Konzepts wird in zahllosen Rocklexika verehrt, die den Preis, den Spector für die Erfindung dieses Sounds verlangte, jedoch unter den Teppich kehren. Spector wurde in New York geboren und zog nach dem Tod seines Vaters mit der Familie nach Los Angeles. Als er zur High School ging, schrieb er einen Song, dessen Titel er einer Zeile auf dem Grabstein seines Vaters entnommen hatte: »To Know Him Is to Love Him«. Der Song, den er 1958 mit seiner Gruppe Teddy Bears (Spector, Marshall Leib und Leadsängerin Annette Kleinbard) aufgenommen hatte, war sein erster Nummer-1-Hit als Songschreiber, Produzent und Künstler. Als die drei merkten, daß sie übers Ohr gehauen wurden und zuwenig Tantiemen bekamen, wehrten sie sich sofort und erklärten ihren Vertrag mit ihrer Plattenfirma (Dore) für ungültig, weil sie bei der Unterzeichnung noch nicht einundzwanzig gewesen waren. Doch der Wechsel zu Imperial Records brachte ihnen keine weiteren Hits, und Spannungen innerhalb der Gruppe führte schließlich zur Trennung.

Spector hatte inzwischen die Bekanntschaft von Lester Sill gemacht, einem wichtigen Mann in der Musikindustrie und Spectors späterem Partner in seiner Plattenfirma Philles Records. Sill brachte ihn zuerst bei Leiber und Stoller und dann bei Atlantic Records in New York unter, wo Spector ab 1960 lebte. Er sammelte schnell Erfahrung, indem er mit KünstlerInnen wie Arlene Smith (die sich um eine Solokarriere bemühte, nachdem sie die Chantels verlassen hatte), Ruth Brown, LaVern Baker oder den Paris Sisters arbeitete. Für letztere produzierte er den Top-5-Hit »I Love How You Love Me«. 1961 gründete Spector Philles Records und schloß sich dem wachsenden Girl Group-Boom an, indem er die Crystals unter Vertrag nahm. Die Crystals, Barbara Alston, Dolores »La La« Brooks, Dee Dee Kennibrew, Mary Thomas und Patricia Wright, kamen aus Brooklyn und waren von ihrem Manager (Alstons Onkel) Benny Wells zusammengebracht worden. Nachdem Spector sie kennengelernt hatte, produzierte er »Oh Yeah Maybe Baby« als erste Platte für die Gruppe und sein Label Philles. Es war dann aber die B-Seite mit dem Doowop-Titel »There's No Other (Like My Baby)«, die ein Hit wurde und Anfang 1962 Platz 20 erreichte.

Obwohl die Crystals nach einem Streit ums Geld zunächst zögerten, weiterhin mit Spector zusammenzuarbeiten, gaben sie nach und nahmen für Philles den von Barry Mann und Cynthia Weil (ursprünglich für Tony Orlando) geschriebenen Song »Uptown« auf, der im Frühjahr '62 in die Top 20 kam. Doch die Zweifel an Spectors Methoden im Umgang mit der Gruppe wurden durch ihre Aufnahme von Goffin und Kings »He Hit Me (And It Felt Like a Kiss)« nicht gerade zerstreut. Goffin sagte später, daß er und King zu dem Song »inspiriert« worden seien, als Little Eva ihnen ihr blaues Auge als Beweis für die »echte Liebe« ihres Freundes präsentierte. Er gab jedoch zu, daß der krasse Masochismus des Songs wohl »ein bißchen extrem für die damalige Zeit« war. Lester Sill schätzte das Stück etwas kritischer ein und bezeichnete es als »total beschissenen Song«. Auch die Crystals waren mit dem Song nicht glücklich. »Wir mochten ihn nicht«, erzählte Alston dem Autor Alan Betrock. »Wir haßten ihn total. Auch heute noch.«

Doch die Gefühle der Crystals standen bei Spector bestimmt nicht an erster Stelle. Nachdem er bei Liberty Records ein Demo eines neuen Songs von Gene Pitney gehört hatte (der eigentlich von Vikki Carr aufgenommen werden sollte), besorgte er sich von Pitney eine Kopie des Demos, flog nach Los Angeles und beschloß, den Song als nächste Platte der Crystals aufzunehmen – und zwar ohne die Crystals, die ja so schwierig und unbequem waren. Er engagierte die Blossoms, eine Gruppe von Background-Sängerinnen aus Los Angeles, die (mit Darlene Love als Leadsängerin) die Stimmen aufnahmen, obwohl der Song dann als Platte von den »Crystals« erschien. Spectors Vorgehen war legal, da er laut Vertrag frei über den Namen der Gruppe verfügen konnte. Wie »Leader of the Pack« handelt auch »He's a Rebel« von der erlösenden Macht der Liebe eines »guten« Mädchens zu einem »schlechten« Jungen, doch während »Leader« voller düsterer Melodramatik ist, strahlt »Rebel« sehr viel mehr Optimismus aus. Der im Herbst 1962 erschienene Titel schnellte sofort auf Platz 1 und schlug damit Carrs Version aus dem Rennen.

Auf ihrer Tournee durch Ohio erfuhren die echten Crystals zu ihrer Überraschung, daß sie Amerikas Nummer 1 waren – und mußten nun den Song für ihre Live-Auftritte einstudieren. Die Blossoms nahmen auch den nächsten Hit der Crystals auf, Mann und Weils »He's Sure the Boy I Love«, der Platz 11 erreichte. Währenddessen ließ Spector die echten Crystals »(Let's Dance) The Screw« aufnehmen und kam damit seiner Verpflichtung nach, der Gruppe Tantiemen zu zahlen. Ihre nächsten beiden Hits, Greenwichs und Barrys ansteckend fröhliches »Da Doo Ron Ron« und »Then He Kissed Me«, waren die ersten Top-10-Hits der echten Crystals, doch es waren auch die letzten Platten der Gruppe in den Top 40. Ende 1963 war Spector bereits mit einer neuen Gruppe, den Ronettes, beschäftigt und hatte kein Interesse mehr an den Crystals. In einem Versuch, wenigstens etwas von ihrer Karriere zu retten, verklagten die Crystals Spector wegen unterlassener Zahlung von Tantiemen, ein Schritt, den nur wenige Girl Groups wagten. Die Crystals verloren zwar den Prozeß, erwarben aber die Rechte an ihrem Namen zurück, so daß sie weiterhin auftreten konnten.

Auch wenn Spector mit seinem Blick (oder Gehör) fürs Detail und seinem unerbitterlichen Perfektionismus eine Reihe von Hits landete, die man sofort als »typische Phil Spector-Platten« erkannte, äußerte sich diese Manie im Fall der Ronettes doch auf eine sehr unschöne Weise. Die

Ronettes bestanden aus den Schwestern Veronica (Ronnie) und Estelle Bennett sowie deren Cousine Nedra Talley, alle aus Spanish Harlem in New York. Ronnie war bereits eine angehende Sängerin und holte sich von Frankie Lymon weitere Anregungen, wie sie in ihrer Autobiographie *Be My Baby* offen beschreibt: »Wenn er den Titel 'Why Do Fools Fall in Love' nicht aufgenommen hätte, würde ich heute nicht hier sitzen und das alles aufschreiben.« Es dauerte nicht lange, bis sich Ronnie und ein paar Verwandte zu einer Gruppe zusammenfanden und bei der Amateur Night im Apollo ihr Debüt gaben. Nach diesem Auftritt schrumpfte die Gruppe auf Ronnie, Estelle und Nedra zusammen und nannte sich nun Ronnie and the Relatives. Sie bauten ihre Karriere auf, indem sie zunächst Gesangsunterricht nahmen und dann einen Manager fanden, der ihnen Live-Auftritte bei Bar Mizwas in der Nachbarschaft verschaffte.

Durch ihren Manager bekamen sie auch einen Vertrag bei Colpix Records und brachten dort im August 1961 ihre erste Single, »I Want a Boyfriend«/»Sweet Sixteen«, heraus. Sie nahmen noch bis 1963 Platten für Colpix auf, obwohl sie nicht besonders viel davon hatten, außer daß sie sich 1962 in Ronettes umtauften und auf den Platten von Del Shannon James Darren (dem Star aus dem Film *April entdeckt die Männer*) als Background-Sängerinnen fungierten. Mit ihren Live-Auftritten waren die Ronettes jedoch durchaus erfolgreich. Von den Bar Mizwas arbeiteten sie sich zu den Sock Hops in der Nachbarschaft hoch und traten nach Erscheinen ihrer ersten Single in einem der renommiertesten Clubs in New York, der Peppermint Lounge, auf. Die drei hatten sich für einen Abend in der Stadt herausgeputzt. In figurbetonten Kleidern und Hochfrisuren (nach Ronnies Beschreibung »bis zur Decke hochtoupiert«) standen sie in der Schlange. Dort hielt man sie irrtümlich für die Girl Group, die an diesem Abend im Club tanzen sollte, und forderte sie auf, hereinzukommen. Ihr gekonntes Tanzen brachte ihnen ein festes Engagement für 10 Dollar pro Abend und Sängerin ein. Außerdem durften sie ab und zu mit der Haus-Band, Joey Dee and the Starlighters, auftreten. (Diese hatte 1962 mit »Peppermint Twist« einen Nummer-1-Hit). Durch ihre Arbeit im Peppermint wurde der WINS-DJ Murray »The K« Kaufman auf sie aufmerksam, der selbst Rock-Shows im Fox Theater in Brooklyn veranstaltete und die Ronettes als Tänzerinnen verpflichtete. Ihre Beziehungen zum Peppermint trugen außerdem dazu bei, daß sie für den Film *Twist, daß die Röcke fliegen* mit den Starlighters eine Rolle als Statistinnen bekamen.

Manchmal wird die Verbindung zwischen den Ronettes und Phil Spector als Zufall dargestellt und kam angeblich dadurch zustande, daß Estelle eine falsche Telefonnummer wählte. Ronnie hält dagegen in ihrem Buch fest, daß der Anruf kein »Zufall« war. Estelle war einfach mutig genug gewesen, Spector in seinem Büro anzurufen, was mit einem Termin zum Vorsingen belohnt wurde. Spector war sofort von Ronnie begeistert und wollte sie als Solosängerin engagieren. Doch als die Mutter der Bennetts eine Trennung der Gruppe ablehnte, nahm Spector alle drei Ronettes unter Vertrag – allerdings teilte er die Gruppe anschließend trotzdem und ließ Ronnie von Anfang an eine Sonderbehandlung zukommen. Für die ersten Aufnahmen mit Spector durfte Ronnie nach Los Angeles fliegen, während Estelle und Nedra in Begleitung von Bobby Sheen (von Bob B. Soxx and the Blue Jeans, einer weiteren Gruppe, die Spector produzierte) quer durchs Land fahren mußten. Zudem begannen Ronnie und Phil eine ziemlich stürmische Affaire.

Nachdem sie 1963 ein paar Aufnahmen gemacht hatten, die jedoch nicht veröffentlicht wurden (darunter »The Twist«, »Mashed Potato Time« und »Hot Pastrami«, die später auf dem Album *The Crystals Sing Their Greatest Hits* als Songs von den Crystals auftauchten), gaben die Ronettes ihr offizielles Debüt bei Philles mit einem Bombenerfolg: dem von Spector, Greenwich und Barry geschriebenen »Be My Baby«. Es war ein Song, der einfach kein Reinfall werden konnte, eine beschwörende Hymne auf die Liebe, eingebettet in Spectors aufwendige Produktion, aus der Ronnies temperamentvolle Stimme herausragte. Der 1963 veröffentlichte Song erreichte bald Platz 2 der Charts. Doch das, was zunächst wie ein spektakulärer Einstieg für die Gruppe aussah, entpuppte sich im nachhinein bereits als Höhepunkt, denn Ende 1964 hatten die Ronettes ihren letzten Hit in den Top 40 und lösten sich zwei Jahre später auf.

Spectors zunehmend besitzergreifende Art gegenüber Ronnie beschleunigte den Zerfall der Gruppe. Als die Ronettes Anfang 1964 mit den Rolling Stones durch England tourten, schickte Spector den Stones ein Telegramm, in dem er ihnen verbot, mit »seinen« Ronettes zu sprechen. Als die Gruppe 1963 mit Dick Clarks Caravan of Stars touren und 1966 mit den Beatles auf deren letzter US-Tournee auftreten sollte, mußte Ronnie im Studio bleiben und wurde auf der Bühne von Elaine, auch einer Cousine der Bennetts, ersetzt. Spector nahm zwar weiterhin Songs mit den Ronettes auf, doch wurden nur wenige davon veröffentlicht. Er trennte Ronnie auf Tournee und im Studio nicht nicht nur von der Gruppe, sondern hielt sie während der Aufnahme auch von allen anderen Leuten fern, indem er sie mit in den Regieraum nahm und nicht mehr weg ließ.

Selbst nachdem sie von Darlene Love erfahren hatte, daß Spector verheiratet war, widerstrebte es Ronnie, ihre Beziehung mit ihm zu beenden. Dies lag nicht zuletzt an der starken Abhängigkeit der Ronettes von Spector, der immerhin ihre Songs für sie schrieb und ihre Platten produzierte. Doch nachdem auf einen seiner größten Hits mit den Righteous

Brothers, »You've Lost That Lovin' Feeling« (geschrieben von Mann und Weil), 1966 der Mißerfolg von Ike und Tina Turners »River Deep, Mountain High« (einer Co-Produktion von Spector, Greenwich und Barry) in den USA folgte, machte Spector eine Zeitlang keine Aufnahmen mehr und beendete somit auch die Karriere der Ronettes. Während dieser Schaffenspause ließ er sich von seiner ersten Frau scheiden und heiratete Ronnie, die er in seiner Villa in Los Angeles praktisch als seine Gefangene hielt. Obwohl Ronnie behauptet, Spector sei nie gewalttätig gewesen, war seine seelische Grausamkeit doch schlimm genug. Ronnie durfte sich auf dem Grundstück – das nun von einem elektrischen Zaun umgeben war – am Tag frei bewegen, war jedoch nachts im Haus eingesperrt, sobald der Dienstboteneingang in der Küche abgeschlossen war. Ihre einzige Möglichkeit, herauszukommen war, wenn eine/r der DienstbotInnen – natürlich nur mit Spectors Genehmigung – die Türen für sie aufschloß. Für die Tage, an denen sie das Grundstück verlassen durfte, stellte Spector Ronnie ein eigenes Auto inklusive eines aufblasbaren »Leibwächters« zur »Abschreckung« zur Verfügung.

Ronnie entkam Spector 1972 schließlich mit Hilfe ihrer Mutter, hatte zu dieser Zeit jedoch bereits Alkoholprobleme, die sie auch in den nächsten zehn Jahren noch begleiteten. In *Be My Baby* erzählt Ronnie, daß sie gegen Ende der Beziehung mit Spector absichtlich Sauftouren veranstaltete, damit sie ins örtliche Reha-Zentrum eingewiesen wurde, was für sie eine bessere Alternative darstellte als das Leben zu Hause. Doch all die Jahre mit Spector hatten ihre Spuren hinterlassen. »Als Darlene und ich Ronnie nach ihrer Scheidung sahen, waren wir über ihr Aussehen schockiert«, sagte Gloria Jones von den Blossoms später in einem Interview. »Sie war nicht mehr derselbe Mensch… Früher war Ronnie ein Clown, völlig unbeschwert. Das hat Phil ihr weggenommen.«

Spector selbst tauchte tatsächlich wieder auf, um die eine oder andere Platte zu produzieren (hauptsächlich für die Beatles und Solo-LPs von George Harrison und John Lennon). Allerdings war er für seine Allüren schließlich genauso bekannt wie für seine Arbeit als Produzent. In der Dokumentation *Rockin' and Rollin' with Phil Spector* des britischen Fernsehens schreibt Ronnie Spectors Verhalten großzügig der massiven Beobachtung durch die Medien zu, der er als »Teenager-Tycoon« ausgesetzt war. Dieser Titel wurde ihm von Tom Wolfe in einem Artikel in der *New York Herald Tribune* verliehen. »Ich glaube, daß Phil ganz am Anfang seiner Karriere völlig normal war«, sagt Ronnie, »aber nach einiger Zeit wurde er in der Presse als Genie bezeichnet und sagte dann selbst: 'Oh ja, ich bin ein Genie.' Dann hieß es, er sei ein verrücktes Genie, also wurde er ein verrücktes Genie.« Zur Veranschaulichung zitiert sie eine Zeile aus dem

Song »When I Saw You« (»Ich wußte, daß ich den Verstand verlieren würde« und sagt dazu: »Es passierte einfach. Nicht, daß er wegen mir den Verstand verlor, sondern daß er einfach nur den Verstand verlor!«

Dee Dee Kennibrew von den Crystals bezeichnete Spector zwar als »Ekel«, teilte aber einige von Ronnies Ansichten: »Er war so weit ganz normal«, sagte sie gegenüber dem *Rolling Stone*. »Aber als er dann erfolgreich wurde, versuchte er, glaube ich, ein größerer Star zu sein als seine Gruppen – Sie wissen schon, nach dem Motto 'Ohne mich läuft hier sowieso nichts'.« Andere, die mit Spector zusammengearbeitet haben, sind in ihrer Bewertung seines Verhalten weitaus kritischer. Miriam Abramson, Geschäftsmanagerin bei Atlantic Records, erinnert sich in ihrem Buch *Music Man* an Spectors Zeit bei dem Label folgendermaßen: »Ich dachte, er sei wahnsinnig. Mittlerweile denke ich, daß man es irgendwie als 'Starallüren' entschuldigen könnte. Doch damals war er kein Star – er war eine Nervensäge.«

Wie viele andere KünstlerInnen, die mit Spector zusammenarbeiteten, befürchtete auch Ronnie, daß ein Bruch mit Spector verheerende Folgen für ihre Karriere haben würde. Die Karriere Annette Kleinbards (der Leadsängerin in Spectors erster Gruppe, den Teddy Bears) zeigt jedoch, daß vielleicht nur eine Trennung von Spector die Ronettes davor bewahrt hätte, auf das »Oldie-Gleis« abgeschoben zu werden. Nachdem sich die Teddy Bears aufgelöst hatten, änderte Kleinbard ihren Namen in Carol Connors und war bald eine der wenigen Frauen, die im sogenannten Hot Rod- oder Surf Music-Trend der sechziger Jahre Songs schrieben und aufnahmen (u.a. »Little Red Cobra« und »Go Go G.T.O.«). Später hatte sie als Co-Autorin von »The Night the Lights Went Out in Georgia«, »Gonna Fly Now (Theme from *Rocky*) sowie »With You I'm Born Again« Erfolg und war außerdem Mitglied des Nominierungskomitees der Academy Awards für Musik.

Auch Darlene Love war eine »Spector-Überlebende«, die es schaffte, für ihn zu arbeiten, ohne sich von ihm unterdrücken zu lassen (obwohl sie auf seinen Vorschlag hin ihren Nachnamen von Wright in Love änderte). Love, Tochter eines Pfingstlerpastors, bekam von Fanita James das Angebot, bei den Blossoms mitzusingen, nachdem diese Love in der Kirche hatte singen hören. Die Gruppe, zu der auch Gloria Jones und Bobby Sheen gehörten, wurde zunächst von Johnny Otis gemanagt. Ende der fünfziger Jahre machten sie Aufnahmen für verschiedene Labels und waren Anfang der sechziger Jahre angesehene Background-Sängerinnen. Der Gruppe gefiel die Beständigkeit der Studioarbeit, die häufig auch viel einträglicher war als Live-Auftritte. Als die Blossoms für Spector »He's a Rebel« aufnahmen, war Love finanziell bereits so versiert, daß sie das

Dreifache für ihre Arbeit verlangte; allerdings bekam sie keine Tantiemen. Als Spector das nächste Mal auf sie zukam und sie bat, »He's Sure the Boy I Love« aufzunehmen, bestand sie darauf, besser bezahlt zu werden. Sie nahm den Song in dem Glauben auf, er würde unter ihrem Namen erscheinen – nur um dann mitansehen zu müssen, daß die Platte unter dem Namen der Crystals herausgebracht wurde. Aus Angst, daß ihr dasselbe noch einmal passieren könnte, nahm sie für Spector keine endgültige Fassung von »Da Doo Ron Ron« auf. Der Song wurde schließlich mit der echten Crystal-Sängerin La La Brooks aufgenommen, die die Leadstimme sang.

Love bekam schließlich ihren Vertrag und war nun nicht mehr ausschließlich darauf angewiesen, als Mitglied bei Bob B. Soxx and the Blue Jeans Aufnahmen zu machen, sondern konnte auch Singles unter ihrem Namen veröffentlichen. Allerdings brachte ihr auch der Vertrag keine finanziellen Vorteile. Love sagte später, sie habe in den ganzen Jahren ihrer Zusammenarbeit mit Spector nur eine einzige Lizenzaufstellung über 3000 Dollar erhalten. »Das war der Punkt, an dem wir uns nicht mehr verstanden«, sagte sie in *Rockin' and Rollin' with Phil Spector*. »Damals machte es mir nicht allzuviel aus, weil ich jung und unerfahren war und es mir nicht in den Sinn kam, daß ich ausgenutzt wurde. Dieses Gefühl kam erst Jahre später. Weil die Platten immer noch produziert und im Radio gespielt wurden... und niemand dafür bezahlt wurde.« Love und die Blossoms traten als Stammgäste in der TV-Rock-Serie *Shindig* auf, und Love arbeitete weiterhin im Studio, wo sie für so unterschiedliche KünstlerInnen wie die Mamas and the Papas, die Beach Boys, Luther Vandross, U2, Dionne Warwick und Whitney Houston sang. In den achtziger Jahren arbeitete sie auch als Schauspielerin und wurde vor allem als Danny Glovers Frau in *Lethal Weapon* und *Lethal Weapon II* bekannt.

Love sang auf ein paar der unvergeßlichsten Platten der Rockgeschichte die Leadstimme – ohne daß die meisten Leute, die all die Jahre ihre Platten gekauft haben, wissen, wie sie aussieht. Dasselbe galt damals auch für viele Girl Groups, obwohl sie im Gegensatz zu Love oft auf Tournee waren und genauso viele große Hits hatten. Die Angriffe, die den Rock als »Negermusik« gebrandmarkt hatten, ließen zwar nach, doch war die amerikanische Gesellschaft immer noch sehr stark vom Rassismus geprägt. Trotz der beginnenden Bürgerrechtsbewegung bekamen die schwarzen Girl Groups nicht annähernd soviel Publicity wie die weißen. Wie Ruth Brown schon in den fünfziger Jahren bemerkte, mag das Radio zwar vielleicht farbenblind sein, das Fernsehen jedoch nicht. Keine der schwarzen Girl Groups der frühen sechziger Jahre trat in der *Ed Sullivan Show* auf, egal, wieviele Hits sie hatte, während ein unbedeutenderer Konkurrent

wie Cliff Richard aus Großbritannien, der damals in den USA nur zwei
Top-40-Hits hatte, drei Mal in der Show war. Diese Einstellung war in der
gesamten Branche weit verbreitet. Als Produzent Jack Good Love und die
Blossoms als Stammgäste in der Fernsehserie *Shindig* haben wollte, stieß
er bei der ABC zunächst auf Widerstand, weil die Gruppe schwarz war.
Erst nachdem er gedroht hatte, mit der Show woanders hinzugehen, gab
ABC nach. Love bemerkte ironisch, daß die Studioaufnahmen der Blossoms so erfolgreich gewesen waren, »weil niemand wußte, ob wir schwarz
oder weiß waren.« Die gemischte familiäre Herkunft der Ronettes (die
Mutter der Bennetts war halb schwarz und halb indianisch (Cherokee),
der Vater war weiß), war noch verwirrender: Die Ronettes, die eigentlich
die Freundinnen der Starlighters in *Twist, daß die Röcke fliegen* spielen
sollten, wurden vom Besetzungsleiter mit der Begründung abgelehnt, sie
seien »zu hell, um schwarze Mädchen zu spielen und zu dunkel, um weiße
Mädchen zu spielen.« Und Fanzeitschriften, vor allem die für das weibliche Publikum, berichteten nicht nur mehr über weiße als über schwarze
KünstlerInnen, sondern auch eher über männliche als über weibliche
Stars.

Die Verweigerung einer Medienpräsenz schwächte den ohnehin
schon geringen Einfluß der Gruppen auf ihre Karriere noch weiter ab. Da
das Publikum die Gruppen noch nie zu Gesicht bekommen hatte, konnten die Sängerinnen auf den Tourneen natürlich leicht durch andere
Künstlerinnen ersetzt werden. Das erschwerte den Gruppen, die es geschafft hatten, sich von einem Management zu lösen, das immer noch die
Verwertungsrechte für den Namen der Gruppe hatte, den Aufbau eines
eigenen Images. Sowohl schwarze als auch weiße Gruppen mußten sich
mit finanziellen Querelen abfinden, wobei die weißen Künstlerinnen
jedoch immerhin noch für Film und Fernsehen arbeiten konnten – obwohl der Sexismus auch in diesen Bereichen massiv genug war, um Frauen
jeder Rasse schlechter zu bezahlen. Belege für diesen Sexismus finden sich
z.B. in Äußerungen der Sängerin Lesley Gore. Sie hatte es zwar geschafft,
in die *Ed Sullivan Show* zu kommen und in dem Film *Ski Party* »Sunshine,
Lollipops and Rainbows« zu singen, doch wenn sie sich in *Girl Groups:
The Story of a Sound* an diese Zeit erinnert, stellt sie fest: »Obwohl ich
mich als Verkaufsschlager entpuppte, kümmerten sie sich nur um die
Männer. Das war mir die ganze Zeit über klar. Sie dachten einfach, es sei
leichter, Platten von Männern zu verkaufen. Nach einer Weile ging es mir
wirklich auf die Nerven.«

Gore wurde 1946 in Tenafly, New Jersey geboren. Als sie 1963 mit
»It's My Party« in die Musikszene platzte, wurde sie sofort bereitwillig als
typisch amerikanisches »Mädchen von nebenan« akzeptiert. Nachdem sie

ihre Kindheit damit verbracht hatte, Songs vor ihrem Schlafzimmerspiegel zu üben (»Hinter verschlossener Tür klatschte ich mir in einer halbwegs glaubwürdigen Elvis-Imitation die Haare an«, sagte sie später gegenüber *Ms.*), beschloß Gore, sich um ein breiteres Publikum zu bemühen und nahm nach ihrem sechzehnten Geburtstag ein Demo auf. Das Band brachte ihr einen Vertrag mit Mercury Records ein, und Gore wählte zusammen mit ihrem Produzenten Quincy Jones aus 250 Demos ihre Debüt-Single aus. Die Entscheidung fiel schließlich auch deshalb auf »It's My Party«, weil Gore die »rebellische Einstellung« des Songs gut fand, und so nahm sie ihn am 30. März 1963 auf. Die Single kam innerhalb einer Woche auf den Markt und schoß bald darauf auf Platz 1. In »It's My Party« beklagt sich Gore darüber, daß sie ihren festen Freund an eine skrupellose Rivalin verloren hat. Durch das Thema: »einem guten Mädchen wird etwas Böses angetan« festigte Gore ihren Ruf als »nettes Mädchen« (das in der Nachfolgesingle »Judy's Turn to Cry«, die auf Platz 5 kam, trotzdem Rache üben konnte).

Doch obwohl sich Gores Songs im großen und ganzen um die Girl Group-Themen von verlorener und gefundener Liebe drehten, schockierte Gore ihre HörerInnen mit dem Song »You Don't Own Me«, einer lebhaften Unabhängigkeitserklärung, die 1963 herauskam, im selben Jahr, in dem auch Betty Friedans bahnbrechendes feministisches Werk *Der Weiblichkeitswahn oder die Mystifizierung der Frau* erschien. In diesem Song weicht Gore radikal von der Norm ab, indem sie sich weigert, das »Eigentum« eines Jungen zu sein, und zwar nicht etwa, weil sie einen anderen will, sondern weil sie selbständig sein und ihre eigenen Entscheidungen treffen möchte, sei es, ob es nun darum geht, was sie anzieht oder mit wem sie sich verabredet. Eine herausfordernde Denkweise für eine Zeit, in der ein Freund, der lieber schlug als küßte, immer noch besser war als gar keiner. Gores Fans gefiel diese neue Sichtweise jedoch – der von John Maera und Dave White geschriebene Song erreichte Platz 2 und wurde Gores zweitbeste Single.

Mit ihren nachfolgenden Songs begab sich Gore wieder auf konventionelleren Boden und hatte bis 1967 Hits, u.a. Greenwich und Barrys »Maybe I Know« und »Look of Love«. Obgleich sich Gores Run auf die Charts finanziell kaum lohnte (»Ich bekam einen Scheck und habe dann bis vor zwei Jahren kein Geld mehr gesehen«, sagte sie 1990 gegenüber *Ms.*), arbeitete sie weiterhin im Musikgeschäft, wurde schließlich Songschreiberin (sie schrieb z.B. an Irene Caras Hit-Singles für den Film *Fame - Der Weg zum Ruhm* mit) und trat weiterhin live auf.

Nona Hendryx gehörte ebenfalls zu den Künstlerinnen, die in der finanziellen Trockenzeit der Girl Group-Ära trotz Entbehrungen durchhielten.

»Wir wurden all die Jahre ziemlich übel ausgenommen, besonders in der Bluebelles-Zeit«, sagt sie. »Wir hatten irgendwann nichts mehr außer unserem Namen – Ich weiß nicht, wer damals den Grips hatte, sich darum zu kümmern, aber irgendwie hatten wir letztendlich den Namen, so daß wir ohne Einschränkungen arbeiten konnten. Aber wir verloren viel Geld, das uns zustand.« Die Karriere der 1944 in Trenton, New Jersey, geborenen Hendryx entwickelte sich praktisch ohne ihr Zutun. Obwohl sie in einem Haus aufwuchs, in dem »es immer Musik gab... sie war ein großer Teil des täglichen Lebens«, hatte sie wenig Lust, selbst eine Musikkarriere anzustreben. Das änderte sich im Teeniealter, als Hendryx' Freundin Sarah Dash ihr anbot, in einer Stadtband, den Del Capris, mitzusingen. »Also sagte ich na klar«, erzählt Hendryx. »Ich hatte das Gefühl, daß mir das Spaß machen könnte. Es war nichts, was ich als Lebensunterhalt, als Beruf betrachtete. Es war einfach etwas, das Spaß machte; es war nichts, was ich mein ganzes Leben lang machen wollte.«

Hendryx und Dash lernten schließlich den Manager einer Gruppe aus Philadelphia, den Ordettes, kennen, der sie mit den Sängerinnen der Ordettes, Patti LaBelle und Cindy Birdsong, zusammenbrachte, um Anfang der sechziger Jahre die Bluebelles zu gründen. »Er brachte uns zusammen, weil ein Mann in Philadelphia Mädchen für eine Gruppe suchte«, erzählt Hendryx. »Aber ich suchte damals überhaupt niemanden, der aus mir einen Star machte, weil es mir gar nicht in den Sinn kam. Ich wollte keine Platten aufnehmen. Ich wollte keine Songs schreiben, ich wollte gar nichts von all dem machen! Ich bin einfach nur mit meinen Freundinnen mitgegangen.« Dennoch nahmen die Bluebelles für Newtown Records Platten auf und hatten 1962 mit »I Sold My Heart to the Junkman« einen Hit auf Platz 15. Wie üblich hatte die Gruppe kaum Einfluß auf die Auswahl ihrer Songs. »Die Manager suchten sehr oft Stücke aus«, erzählt Hendryx. »Wir sangen ziemlich viel Standardmaterial – 'Somewhere Over the Rainbow' oder 'You'll Never Walk Alone'. Wir arbeiteten Standards in Gospels oder etwas souligere Versionen um. Und dann hatten wir noch die Songs über Teenagerängste, über gebrochene Herzen – die Sachen kennen Sie ja!«

Schließlich hatte die Gruppe (die sich nun Patti LaBelle and the Bluebelles nannte) gerade mit den Standards, u.a. mit »Down the Aisle (Wedding Song)« (1963) und »You'll Never Walk Alone« (1964) weitere Top-40-Hits. Außerdem nahmen sie die Originalversion von »Groovy Kind of Love« auf, das später für die Mindbenders ein Nummer-2-Hit wurde). Und trotz ihrer Exkurse in die »Teenagerängste« machte sich die Gruppe damals keine Gedanken darüber, ob sie nun zur Girl Group-Szene gehörte. »Um ehrlich zu sein, denke ich eigentlich gar nicht daran zurück!« sagt Hendryx heute. »Und wenn ich zurückblicke, sehe ich, daß wir Teil der Geschichte waren, aber man weiß ja nie, daß man Geschichte macht, wenn man gerade dabei ist. Man denkt einfach nicht daran. Und vor allem als Teenager weiß man eigentlich gar nichts. Man macht einfach irgend etwas und hofft, gute Noten zu bekommen und einen Abschluß zu machen.«

Aber auch wenn sich die Bluebelles nicht darüber im klaren waren, daß sie Geschichte machten, wurde ihnen doch sehr bald klar, in welcher finanziellen Misere sie als Girl Group steckten. Schließlich verklagten sie ihre Plattenfirma wegen mangelnder finanzieller Entschädigung. Die Gruppe hatte bereits andere, gängige Betrügereien der Musikindustrie bemerkt: »Wir nahmen Songs auf, und als Autor war sein acht Monate altes Enkelkind aufgeführt!« sagt Hendryx über den Besitzer ihrer Plattenfirma. »Es war einfach lächerlich. Das Tonstudio gehörte ihm, unsere Verträge gehörten ihm, wir hatten seine Anwälte… Ich meine, von wegen Interessenkonflikte! Ich hatte damals keine Ahnung von Interessenkonflikten. Ich war fünfzehn Jahre alt. Was weiß man da schon über Interessenkonflikte und den Abschluß von Plattenverträgen?«

Wegen ihrer Probleme mit dem Label verließen die Bluebelles die Firma 1964, zu einer Zeit, in der sich die Musikszene drastisch veränderte. Im Februar desselben Jahres kamen die Beatles nach Amerika, ein Ereignis, das die »British Invasion« einleitete. Der Erfolg der Beatles in den USA öffnete einer Vielzahl von KünstlerInnen aus Großbritannien Tür und Tor, was zur Folge hatte, daß diese nun nicht mehr als zweitklassige Imitationen amerikanischer KünstlerInnen abgetan wurden. Die britischen Beatgruppen hatten ihren eigenen Stil gefunden und einen neuen Sound geschaffen, der mittlerweile deutliche Spuren in den amerikanischen Charts hinterließ. Ironischerweise waren viele britische Gruppen mit dem amerikanischen Rock 'n' Roll und Rhythm & Blues aufgewachsen und stellten somit den amerikanischen ZuhörerInnen praktisch ihr eigenes musikalisches Erbe vor. Die Beatles selbst fingen mit Songs von Little Richard, Chuck Berry, Buddy Holly und Elvis Presley an und nahmen nun Motown- und Girl Group-Cover Versionen auf (z.B. »Baby It's You« und »Boys« von den Shirelles, »Please Mr. Postman von den Marvelettes und »Chains« von den Cookies). Als Songschreiber wollten John Lennon und Paul McCartney die neuen Goffin und King werden.

Von noch größerer Bedeutung ist jedoch, daß es den Beatles zugeschrieben wird, das Konzept der Autonomie der KünstlerInnen wieder eingeführt zu haben. Wie die frühen Rock 'n' Roll-Stars spielten sie ihre Instrumente selbst und schrieben viele ihrer Songs selbst. Das ließ die Fließbandmethoden des Brill Buildings überholt erscheinen, und als die

Beatles und die nachfolgende Welle von »Saubermänner«-Bands allmählich
die Charts beherrschten, gaben sich die Produzententeams der Girl Groups
nur allzugern geschlagen. Folglich verschwanden die Girl Groups, die auf
ihre Produzententeams angewiesen waren, um an Songs heranzukommen,
aus den Charts.

Im Zuge dieser Veränderungen wurde selbst die Macht derjenigen
Frauen abgeschwächt, die vorher voll in den Prozeß der Hitproduktion
integriert waren. Ellie Greenwichs Name als Produzentin wurde schließlich von den »Barry und Greenwich«-Platten gestrichen, da es ihrem
Mann wichtiger war, sich als Alleinproduzent einen Namen zu machen.
Seiner Ansicht nach würde sie sowieso eines Tages Kinder bekommen
und dann zu Hause bleiben. Als ihre Ehe und Zusammenarbeit mit Barry
zerbröckelten, hatte es Greenwich daher sehr schwer, sich wieder als Produzentin zu etablieren. Goffin und King trennten sich ebenfalls sowohl
beruflich als auch privat (King heiratete bald nach der Scheidung wieder).
Als die Zeit der Girl Groups vorbei war, schränkte King ihre Arbeit als
Produzentin ein und konzentrierte sich darauf, ihre Fähigkeiten als Musikerin und Songschreiberin auszubauen.

Nach der Veröffentlichung ihres Albums *Tapestry* Anfang der siebziger
Jahre erfuhr Kings Karriere als Sängerin und Musikerin neuen Auf-
schwung, und auf ihren Platten waren regelmäßig Cover Versionen der
Songs aus ihrer Girl Group-Zeit zu hören. Auch Greenwich nahm Alben
mit Cover Versionen ihrer Girl Group-Hits auf (*Ellie Greenwich Composes,
Produces and Sings* (1968) und *Let It Be Written, Let It Be Sung* (1973]. Ihre
Songs lieferten außerdem die Grundlage für das Musical *Leader of the
Pack*, das 1985 am Broadway Premiere hatte und auf Greenwichs Lebens-
geschichte basiert. Das Musical, in dem Darlene Love eine Hauptrolle
spielte, endete mit einem Soloauftritt von Greenwich. Drei Jahre zuvor
war das Musical *Der kleine Horrorladen*, eine etwas ironischere Hommage
an diese Zeit, in einem kleineren New Yorker Theater aufgeführt worden.
Die Hauptrolle spielte ein freches, schwarzes Background-Trio im Girl
Group-Stil namens Ronnette, Chiffon und Crystal.

Da Mitte der sechziger Jahre das letzte Stündlein des Brill Buildings
geschlagen hatte, orientierte sich die nächste Rockmusikgeneration am
Vorbild der Beatles, die alles selbst machten. Und schon bald schnappten
sich junge Männer eine Gitarre, um damit in der Garage ihrer Eltern zu
üben – eine Idee, die an den jungen Frauen dieser Zeit völlig vorüberge-
gangen zu sein scheint. Folksängerinnen konnten zumindest mit Akustikgitarre auftreten, da es in der Folk Musik mehr auf dem Song ankam und
weniger darauf, ob ein Sänger oder eine Sängerin ein Instrument beherrschte. Im großen und ganzen gab es in der Musikszene jedoch immer noch

zuwenig Frauen, die ein Instrument spielten und damit ein Vorbild für andere angehende Musikerinnen gewesen wären. »Ich glaube wirklich, daß das an den Rollenerwartungen lag, die sowohl an die Mädchen als auch an die Jungen gestellt wurden.« sagt die Sängerin Holly Near, die gerade die High School besuchte, als in Amerika und Großbritannien im Zuge der »British Invasion« hunderte von Gruppen gegründet wurden. »Alle Kids taten sich zu Bands zusammen«, erinnert sie sich. »Alle wollten in einer Band mitmachen, und alle wollten Gitarre spielen. Wobei 'alle' die Jungen waren. Ich spielte damals Akustikgitarre und kannte wahrscheinlich mehr Akkorde und wußte mehr über Musik als alle Jungs, die sich einfach auf ihre Gitarre stürzten und sie an den Verstärker anschlossen. Mir fiel es gar nicht ein, mit Verstärker zu spielen. Es war noch nicht mal so, daß mich jemand davon abhalten wollte. Es kam mir nur erst gar nicht in den Sinn. 'Louie Louie' - wieviele Akkorde hat das, hm? Aber es war einfach etwas, das Mädchen nicht machten. Also legte ich die Gitarre weg und wurde Sängerin.«

In der Tat wurden die Girl Groups Mitte der sechziger Jahre in den Charts von den sogenannten »Girl Singers« oder Solosängerinnen abgelöst Und wieder kam der Anstoß aus England, obwohl Amerika für die Solokünstlerinnen nicht so empfänglich war wie für die »Saubermänner«-Bands. Während Sängerinnen wie Petula Clark und Dusty Springfield große Erfolge verzeichnen konnten, waren die Reaktionen auf andere, wie z.B. Marianne Faithfull, Lulu, Cilla Black und Sandie Shaw, sehr gemischt. Und obwohl diese Sängerinnen nicht so viele Cover Versionen von Girl Group-Songs produzierten wie die Männerbands, erinnern ihre etwas blechern klingenden, gefühlvollen Interpretationen doch eindeutig an die Zeit der Girl Groups. Besonders hervorzuheben ist in diesem Zusammenhang der neue, energiegeladene Sound aus Detroit (vor allem Springfield machte keinen Hehl aus ihrer Begeisterung für die Motown-KünstlerInnen). Die neuen Sängerinnen boten ihrem Publikum außerdem ein eleganteres Erscheinungsbild: Erwachsen und doch cool vermittelten sie eine Unabhängigkeit, die in krassem Gegensatz zur Abhängigkeit der »little Girls« in den Girl Groups stand. Hervorzuheben ist auch, daß jede Sängerin eine Langzeitkarriere haben konnte, auch wenn es dabei Zeiten gab, in denen sie nicht so erfolgreich war. Das hob sie von den amerikanischen Girl Groups ab, die einfach von der Bildfläche verschwanden und - selbst wenn sie überlebten - kaum eine andere Möglichkeit hatten, als sich auf dem Oldie-Markt herumzuplagen.

Petula Clark war die älteste der neuen »Girl Singers« aus Großbritannien. Nachdem sie in den britischen und europäischen Charts schon jahrelang erfolgreich war, hatte sie die Dreißig bereits überschritten, als sie

1965 mit »Downtown« den Durchbruch in den USA schaffte. Die anderen Solistinnen waren dagegen meist noch Teenager oder höchstens Anfang zwanzig. Die als Marie McDonald McLaughin Lawrie geborene Lulu wurde mit fünfzehn Jahren in Glasgow als Leadsängerin bei den Luvvers (vormals Gleneagles) entdeckt. Unter dem neuen Namen Lulu and the Luvvers startete sie 1964 ihre Karriere mit einer Cover Version von »Shout« von den Isley Brothers. Die prompt als »schottische Brenda Lee« bezeichnete Lulu hatte 1967 mit dem Titelsong des Films *Junge Dornen*, »To Sir With Love« ihren ersten Hit in den USA. »Swingin'« Cilla Black, die mit zwanzig Jahren ihre erste Platte herausbrachte, war die einzige Frau, die von dem Beatles-Manager Brian Epstein betreut wurde. Genauso wie die Beatles von Epstein »auf Vordermann« gebracht wurden und ihre Lederkluft gegen Anzug und Krawatte eintauschten, trat nun auch Black gemäßigter auf. Die ehemalige Gaderobiere eines Nachtclubs, die in der Pause mit der Band Rocksongs gesungen hatte, wurde in ein Kleid gesteckt und sang nun Balladen von Burt Bacharach-Hal. In Großbritannien hatte Black mit ihren insgesamt elf Top-10-Hits (darunter zwei auf Platz 1) wesentlich mehr Erfolg als in den USA, wo 1964 »You're My World« ihr einziger Hit in den Top 40 war (Platz 26). Dasselbe galt auch für Sandie Shaw (Sandra Goodrich), die ihre Gesangskarriere mit siebzehn begann und deren Markenzeichen es war, barfuß aufzutreten. Shaw hatte drei Nummer-1-Hits in Großbritannien und gewann mit »Puppet on a String« als erste britische Sängerin den Grand Prix d'Eurovision. Allerdings schaffte sie nicht den Sprung in die amerikanischen Top 40. Lulu und Shaw wurden übrigens beide von Frauen gemanagt, von Marion Massey bzw. Eve Taylor.

Marianne Faithfull fiel, zumindest musikalisch, etwas aus dem Rahmen, denn ihre klare Stimme und ihre folkhaften Songs hatten mehr mit der Musik von Folksängerinnen wie Joan Baez gemeinsam als mit Popmusik. Faithfull war tatsächlich ein unfreiwilliger Popstar. Ihr gefiel das, was Baez und Bob Dylan machten, besser als Popmusik, und sie kam eigentlich eher zufällig in die Musikbranche. Faithfull wurde 1946 als Tochter eines Universitätsprofessors und einer österreichischen Baronin geboren und wuchs im englischen Reading auf, wo sie eine Klosterschule besuchte und als Teenager in Kneipen Folk Musik spielte. 1964 nahm ihr Freund John Dunbar (der später ihr erster Ehemann wurde) sie mit zu einer Party von Paul McCartney in London. Dort lernte sie Andrew Loog Oldham kennen, der die damaligen »bad Boys« der Rockszene, die Rolling Stones, managte. Als er erfuhr, daß Faithfull sang, bot Oldham ihr einen Plattenvertrag an und schrieb zusammen mit Mick Jagger und Keith Richards von den Stones ihre erste Single, das melancholische »As Tears

Go By« (mit dem Jagger und Richards als Songschreiberteam bekannt wurden).

Faithfull machte sich damals keine großen Gedanken darüber, ob der Song ein Erfolg würde. »Ich habe nicht geglaubt, daß etwas daraus werden würde«, sagte sie später. »Der Song kam im Sommer heraus, ich trat damit in ein paar Fernsehshows auf, was ziemlich langweilig war und dachte: 'Mein Gott, soviel Wirbel um nichts.' Und im Herbst ging ich einfach wieder zur Schule.« Aber als der Song auf Platz 9 der britischen (und Platz 22 der amerikanischen) Charts kletterte, ging sie von der Schule ab und strebte ernsthaft eine Gesangskarriere an. Obwohl sie weiterhin Pop-Hits hatte, nahm sie auch Folk-LPs auf (die nur in Großbritannien erschienen): *North Country Maid* mit den sehr ausdrucksvollen Versionen von »She Moved Through the Fair«, »Scarborough Fair« (mit dem Simon and Garfunkel zwei Jahre später einen Top-20-Hit hatten) und dem Titelsong des Albums. Auf einem weiteren Folk-Album sang Faithfull Folksongs wie »Fare Thee Well« und »Once I Had a Sweetheart« und las Lewis Carrolls Gedicht »Jabberwocky« aus seinem Buch *Alice im Spiegelland*. Trotz ihres Erfolgs hatte Faithfull immer noch Zweifel an ihrer Musikkarriere. »Das einzige, was ich schwierig fand – und immer noch *finde* – ist, daß ich mich frage, warum ich es getan habe«, sagte sie 1990. »Ich frage mich, ob es eine gute Idee war; vielleicht hätte ich es lassen und weiter zur Schule gehen sollen. Jetzt finde ich es toll, und ich bin froh, daß alles so gekommen ist, aber manchmal habe ich diesen Gedanken. Ich genieße es zwar... aber es hat lange gedauert, bis ich das konnte.«

Dusty Springfield war dem amerikanischen Publikum schon eher ein Begriff. Springfield wurde 1939 als Mary Isabel Catherine Bernadette O'Brien in London geboren und sang Ende der fünfziger Jahre zunächst in einer Gruppe namens Lana Sisters. Nachdem sich die Gruppe getrennt hatte, gründete sie mit ihrem Bruder Tom und ihrem gemeinsamen Freund Tim Field (der später durch Mike Hurst ersetzt wurde) das Folktrio The Springfields. Sie hatten ein paar Hits in Großbritannien und mit »Silver Threads and Golden Needles« auch einen Top-20-Hit in den USA, bevor sie 1963 auseindergingen. Springfield begann gleich darauf eine Solokarriere und hatte mit »I Only Want to Be With You« sofort einen Hit, der die temperamentvolle Fröhlichkeit und Tanzlust ihrer Lieblings-Motown-Hits aufgriff. Der im Dezember 1963 erschienene Song kam in die englischen Top 10 und erreichte als erster von zehn Top-40-Hits in den sechziger Jahren Platz 12 in den USA.

Mit ihrem etwas dramatisch anmutenden schwarzen Eyeliner und ihrer kunstvollen Frisur repräsentierte Springfield das mondäne »Swinging London«, wie die britische Hauptstadt jetzt genannt wurde. London war

Mitte der sechziger Jahre zum Zentrum der Popwelt avanciert. Die Stadt beheimatete alles, was in Musik und Mode up to date und »in« war. Doch während Exporte wie die »British Invasion Bands«, die Miniröcke der Modedesignerin Mary Quant und Diana Rigg als »Emma Peel« (die modische Heldin im Leder-Overall aus der britischen TV-Serie *Mit Schirm, Charme und Melone*) Amerika eroberte, hörten die Insider der Musikszene in Großbritannien lieber schwarzen amerikanischen Soul (eine neue Bezeichnung für R&B, die sich allmählich durchsetzte). Ihre Liebe zur schwarzen Musik veranlaßte Springfield auch, das britische TV-Special *The Sounds of Motown* zu moderieren, als 1965 die »Motown Revue« auf ihrer Tournee nach England kam. 1968 flog sie dann in die USA, um die von Jerry Wexler produzierte LP *Dusty in Memphis* aufzunehmen (die damals ein Flop war und heute als Klassiker gehandelt wird). Wexler hatte Aretha Franklins Karriere neuen Aufschwung gegeben, indem er ihr einen Vertrag bei Atlantic Records verschafft hatte. Als Franklin »Son of a Preacher Man« nicht aufnehmen wollte, nahm Springfield (die gelegentlich als »weiße Aretha Franklin« bezeichnet wurde) den Song für *Dusty in Memphis* auf und landete prompt einen Top-10-Hit. Vicki Wickham, Produzentin der britischen TV-Rock-Sendung *Ready, Steady, Go! (RSG)*, hält es Springfields zugute, daß sie eine Vielzahl schwarzer KünstlerInnen kennenlernen und in ihrer Show vorstellen konnte. Viele von ihnen waren anschließend öfter im britischen als im amerikanischen Fernsehen zu sehen. »Wir haben Specials mit Otis Redding und James Brown gemacht. Das war toll, weil niemand in England diese Leute je zuvor gesehen hatte«, erzählt Wickham. »Nur Leute wie Dusty oder die Beatles oder die Rolling Stones, die nach Amerika fuhren und deren Platten kauften. Was diese Musik anging, war England noch völlig unbedarft, und so haben wir eine große Wirkung erzielt.«

Ready, Steady, Go! wurde 1963 ins Leben gerufen, um aus dem explosionsartigen Aufkommen britischer Beatgruppen (in Großbritannien ein Jahr früher als in den USA) Kapital zu schlagen und sprudelte nur so vor Frische. In mancher Hinsicht war *RSG* zwar das britische Gegenstück zu *American Bandstand*, doch tauschte man in dieser Sendung das von Dick Clark verkörperte Image des väterlichen Moderators gegen ModeratorInnen aus, die genauso alt waren wie ihr Publikum. »So etwas hatte es vorher noch nie gegeben«, erzählt Wickham. »Leute wie ich saßen zu Hause und merkten nicht, daß es da draußen Mode gab, daß es Kunst gab, daß die Musik ein sehr großer Teil dessen war, was gerade passierte, daß die Musik den eigentlichen Mittelpunkt aller schöpferischen oder künstlerischen Aktivitäten bildete.« Wickham hatte ihre frühere Arbeit als Produktionsassistentin bei der BBC in der Hoffnung aufgegeben, beim Fernsehen unterzukommen. Sie wurde bei dem freien Sender, der damals gerade *RSG* plante, als Sekretärin eingestellt, und zwar mit der Aussicht auf Beförderung innerhalb eines Jahres. Mit einundzwanzig war sie schließlich Produzentin der Show. »Ich hatte Glück, weil ich in jeder Situation immer die einzige war, die da war«, erzählt sie. »Ich bin von Natur aus hartnäckig, also habe ich immer schon die nächste Sache gemacht, die anstand, weil sonst niemand da war. Und außerdem war es ja immer viel einfacher, eine neue Sekretärin zu finden als jemanden, der meinen Job hätte machen können. Ich bin also eigentlich nie befördert worden; ich habe einfach nur alles gemacht – mich um die Engagements gekümmert, geschrieben, produziert, alles. Als die Pilotsendung fertig war, war ich die Produzentin. Es war ja sonst niemand da.«

RSG hatte sich in Großbritannien bald als *die* Musiksendung etabliert, in der man auftreten mußte – mit vielen bekannten Stars und neuen Gesichtern, die von Wickham, dem Sendeleiter Michael Lindsay-Hogg und den ModeratorInnen Michael Aldred und Cathy McGowan ausgewählt wurden. »Wir verfolgten die Charts und waren immer auf dem Laufenden«, erzählt Wickham. »Das war notwendig. Und man mußte ein Gespür für die Dinge haben, sonst funktionierte es nicht. Wir ließen zum Beispiel die Finger von den Middle-of-the-Road Leuten, auch wenn sie auf Platz 1 in den Charts waren. Und ehrlich gesagt kam es auch darauf an, wen wir mochten. Zum Glück war unser Geschmack breit gefächert, und wir vier verließen uns darauf, daß uns jemand sagte, welche Leute wir uns ansehen sollten. Wenn wir sie uns gefielen, engagierten wir sie. Und so hatten wir einmal eine Mischung aus den Swinging Blue Jeans und den Kinks, und das nächste Mal brachten wir John Lee Hooker.«

Patti LaBelle and the Bluebelles gehörten zu den schwarzen Gruppen, die in der Show auftraten. Wickham hatte sich mit Patti angefreundet und wurde später Managerin der Gruppe. »Es gab außer den Bluebelles nicht viele, die zwei Wochen hintereinander auftraten – sie waren einfach phänomenal«, sagt sie. »Sie sangen 'Groovy Kind of Love', was einfach phantastisch war.« Die Bluebelles selbst fanden die weniger rassistisch geladene Atmosphäre in Großbritannien wesentlich angenehmer als die – um Nona Hendryx zu zitieren »üblichen Vorurteile«, mit denen sie in den USA konfrontiert wurden: »herumzureisen und nicht in bestimmte Restaurants gehen zu können, jemand, der doch tatsächlich ein Gewehr auf uns richtet, damit wir sein Restaurant verlassen, nicht in bestimmten Hotels wohnen zu können. Während in England – ja sicher, es gibt dort weniger Schwarze, und vielleicht hatten die Leute dort auch Vorurteile, ich weiß es nicht, aber es gab keine getrennten Trinkwasserspender für Schwarze und Weiße. Sowas gab es einfach nicht.«

Eine weitere amerikanische Gruppe, die bei *RSG* einen starken Eindruck hinterließ, war Goldie and the Gingerbreads, damals eine der wenigen rein weiblichen Bands, die ihre Instrumente selbst spielten. »Ich glaube, sie waren die einzige Frauenband, die bei uns in der Show live spielte«, erzählt Wickham. »Ich glaube nicht, daß es damals noch andere gab, die das machten, also waren sie genau das Richtige für uns. Sie hatten mal eine ziemlich große Fangemeinde.« Eine Fangemeinde, die die Gingerbreads in den USA nie gefunden hatten, obwohl sie dort schon seit Anfang der sechziger Jahre arbeiteten, um sich entgegen der Konventionen als rein weibliche Rockband durchzusetzen. Trotz ihres Erfolgs in England konnte sich die Gruppe auf dem amerikanischen Markt nicht etablieren, und so wird die Band in den meisten neueren Rocklexika nicht einmal beiläufig erwähnt. Dabei müßten die Gingerbreads für die HistorikerInnen zumindest insofern etwas Besonderes sein, als sie eine der wenigen weiblichen Rockbands waren, die Instrumente spielten – und das zu einer Zeit, da die bloße Vorstellung daran schon als Widerspruch in sich galt.

Die Gingerbread-Gitarristin Carol MacDonald spielte bereits seit sechs Jahren Gitarre, als sie die anderen Gruppenmitglieder kennenlernte. Diese waren ebenfalls damit beschäftigt gewesen, bis zur Perfektion auf ihren Instrumenten zu üben.

MacDonald wurde in Wilmington, Delaware, geboren und begann mit neun Jahren, Ukulele zu spielen. Mit zehn wandte sie sich mehr und mehr der Gitarre zu und spielte in ihrer High School-Zeit in einer Doo-wop-Gruppe namens Tranells sowie in einer Rockband aus Maryland, die am Wochenende im Marinestützpunkt Bainbridge auftrat. Nach ihrem Schulabschluß 1960 bekam sie bei einem verbotenen Besuch eines Nachtclubs erstmals das Angebot, einen Song aufzunehmen: »Ein Mann gab mir seine Karte und sagte: ›Wir möchten dich aufnehmen‹. Also sagte ich, okay«, erzählt sie. »Ich war hin- und hergerissen, weil meine Eltern doch gar nicht wußten, daß ich in dem Nachtclub war. Aber dann mußte ich es ihnen erzählen, weil die Plattenfirma nämlich in Philadelphia war! Also erzählte ich ihnen schließlich die Wahrheit, weil ich die Aufnahmen wirklich machen wollte.«

Mit der Erlaubnis ihrer Eltern in der Tasche fuhr MacDonald nach Philadelphia und nahm dort ihre erste Platte, »I'm in Love«/»Sam, Sam, Sam, My Rock and Roll Man« für eine kleinere Plattenfirma auf, bevor das Semester am College anfing. Zwei Jahre später brach sie ihr Studium ab und zog zu einer Tante in Trenton, New Jersey. Nachdem sie nach einem Weg zurück ins Musikgeschäft gesucht hatte, bot sich ihr 1963 die Antwort in Form einer Einladung. »Ich lernte einen Typ kennen, der zu mir sagte: ›Du willst mal nach New York? Ich nehme dich mit in den

Club im Village[30], du wirst staunen«, erinnert sie sich. »Ich war so naiv, daß ich nicht mal wußte, was 'das Village' war. Dieses Gespräch fand nachts um zwölf statt, und ich sagte: 'Hat jetzt nicht alles zu?' Er sagte: 'Nein, die haben bis vier Uhr morgens auf!' Also nahm er mich mit in diesen spitzenmäßigen Club, das Page Three. Ich ging mit ihm rein, und wir setzten uns hin, und ich schaute mir das spitzenmäßigste Jazz Trio an, das ich je im Leben gehört hatte, und ich flippte echt aus. Ich sagte: 'Mein Gott, ist das toll hier!'«

Nach ein paar Drinks war MacDonald soweit, daß sie selbst auf die Bühne wollte. »Ich sagte zum Ansager: 'Ich möchte singen', und er sagte: 'So so', in einem was-willst-du-denn-hier Ton«, erzählt sie. »Und ich sagte: 'Ja, ich will wirklich da rauf.' Ich hatte allen Mut der Welt. Ich hatte keine Ahnung, was ich da machte, ich sagte einfach nur: 'Laß mich da rauf, ich will singen.'« Ihr Mut brachte ihr ein Wochenendengagement im Club ein, bei dem sie zehn Dollar pro Abend verdiente und neben Tiny Tim auftrat. »Er verdiente acht Dollar pro Abend, also wurde ich ziemlich gut bezahlt!« erzählt MacDonald. »Und wir mußten den ganzen Abend im Club sitzen. Ich hatte ja keine Ahnung, daß ich eine Art Barmädchen war. Sie sagten mir, zu wem ich mich setzen und etwas trinken sollte – ich fand das toll, weil ich umsonst trinken konnte! Ich hatte ja keine Ahnung, daß ich für den Club Getränke verkaufte! Ich war sehr, sehr naiv.«

Kurze Zeit später lernte MacDonald Goldie and the Gingerbreads kennen, die eigens ins Page Three gekommen waren, um sie zu fragen, ob sie bei ihnen mitmachen wollte. »Der Ansager sagte: 'Da hinten ist eine Mädchenband, die gerade von einer Tour kommt. Die wollen mit dir reden.' Und ich dachte: 'Mädchenband? Das ist interessant, das muß ich mir ansehen!'« erzählt sie. »Also ging ich nach hinten und sah ein paar Frauen, die ziemlich abgerissen aussahen, weil sie nämlich buchstäblich in diesem Moment von einer Tour gekommen waren. Sie hatten von mir gehört und fragten mich, ob ich in ihrer Band Gitarre spielen wollte, und ich sagte: 'Nein, nein, nein, ich glaube nicht; ich bin wirklich glücklich mit meinem Job hier.' Sie sahen so abgerissen und unheimlich aus… wir fanden das Ganze später ziemlich lustig.«

Noch unerfreulicher als die »abgerissene und unheimliche« Erscheinung der Gingerbreads war MacDonalds Bekanntschaft mit der harten Realität der Musikindustrie, die sie über ihren ersten Manager, Milton Ross, machte. »Als ich ihn kennenlernte, war er einer der widerlichsten

---

30 Mit »Village« ist hier Greenwich Village, der südliche Teil Manhattans, gemeint. In diesem Viertel lebten und arbeiteten vor allem in den sechziger Jahren viele SongschreiberInnen und Rockgruppen, die abseits vom Establishment nach freien Entfaltungsmöglichkeiten suchten.

Männer, die ich je getroffen hatte«, erinnert sie sich. »Er war wirklich ekelhaft. Jedes zweite Wort aus seinem Mund war 'fuck'. Ich konnte es einfach nicht glauben. Aber so war ein typischer Manager aus New York nun mal – damals! Heute sind sie ganz anders. Ich sage das, weil ich jetzt selbst dazugehöre! Er wollte mir unbedingt die etwas schäbigere Seite der Musikindustrie zeigen. Heute machen sie ihre Plattenverträge mit Hilfe von Drogen… damals war es Sex. Sie besorgten den Leuten, die das Sagen hatten, Mädchen. Es war alles ziemlich merkwürdig – so kamen damals die Plattenverträge zustande, ich schwör's. In den Sechzigern bekam man sein Geld geklaut, weil man naiv war. In den Siebzigern bekam man es geklaut, weil man stoned war. Aber das Geld wurde trotzdem geklaut! Ehrlich! Und ich habe einfach weitergesungen. Alles, was ich im Kopf hatte, war: Ich will von all dem nichts wissen. Ich wollte einfach nur schreiben.«

Ihr Plattenvertrag mit Atlantic machte MacDonald auch nicht glücklich, da sie sich gegen die Manipulationsversuche der Firma sträubte. »Sie wollten eine Lesley Gore aus mir machen«, erzählt sie. »Meine erste Platte, 'Jimmy Boy', war in diesem Stil. Also drückten sie mir dieses Image auf, worüber ich gar nicht glücklich war. Erstens sollte ich nicht Gitarre spielen und zweitens nicht meine eigenen Songs singen. Außerdem änderten sie meinen Namen – MacDonald gefiel ihnen nicht, also hieß ich nun Carol Shaw.« Auch der gute Absatz ihrer Platte war kein großer Trost, aber kurz nachdem sie ihren Plattenvertrag bekommen hatte, traf sie Goldie and the Gingerbreads wieder – und diesmal gefielen sie ihr besser. »Wir gingen ins Wagon Wheel in der 45. Straße«, erinnert sie sich. »Und da sehe ich 'Frauenband Goldie and the Gingerbreads'. Also ging ich rein und sah die Mädels auf der Bühne, und es haute mich total um. Ich stand nur da und bekam den Mund nicht mehr zu. Als sie Pause hatten, lief ich hin und sagte: 'Hört mal, kennt ihr mich noch? Ihr habt mich gefragt, ob ich bei euch spielen will – ihr habt doch keine Gitarre, braucht ihr noch eine Gitarristin?' Sie sagten: 'Ja, willst du raufkommen und mitspielen?' Also suchten wir einen Song aus, und ich spielte mit, als ob ich schon immer dazugehört hätte. Ich war wie das fehlende Stück in einem Puzzlespiel. Und dann sah Goldie Margo an, und Margo sah Ginger an, und sie sahen mich an, und ich lächelte. Ich hatte mich auf der Bühne noch nie so wohl gefühlt. Ich mußte einfach mitmachen, basta. Ich fing an, mit ihnen zu arbeiten.«

Als Manager Ross MacDonald nicht davon abbringen konnte, in der Band mitzuspielen, gab er nach und verschaffte der Gruppe – Goldie Zelkowitz (später Genya Ravan), Margo Lewis, Ginger Bianco und nun auch MacDonald – einen Plattenvertrag bei Atlantic (bevor MacDonald dazukam, war die Gruppe bei Scepter unter Vertrag). Und obwohl MacDonald zugibt, daß die Gruppe im Musikgeschäft als »Novum« galt, waren die Bandmitglieder selbst völlig verblüfft. »Wir hielten nichts davon«, erzält sie. »Wir hatten mehr Auftritte, weil sie uns ausnahmen wie die Weihnachtsgänse. Mädchenband! Das versprach doch immer eine tolle Show zu werden. Titten und Ärsche inklusive. Uns war das egal. Wir waren glücklich, weil wir wußten, daß wir spielen konnten, und die meisten Männerbands total umhauten. Die Jungs konnten es einfach nicht glauben. Am Anfang lachten sie immer, und dann gingen sie heulend wieder raus.« Als Gag trat die Gruppe manchmal absichtlich so auf, wie es die Clubbesitzer von »Mädchenbands« erwarteten, nur um später den Spieß umzudrehen. So erinnert sich Genya Ravan 1990 in einer Diskussionsrunde beim New Music Seminar in New York: »Wir kamen mit all unseren Instrumenten in einen Club, und man konnte dem Besitzer am Gesicht ablesen, was er dachte: 'Mein Gott, diese Miezen? Die sollen spielen können? Die wollen wirklich wissen, wie man spielt?' Wir bauten auf und machten Soundcheck und spielten dann total falsch, und ich sang den falschen Text dazu. Und der Typ kaute auf seiner Zigarre und meinte nur: 'Oh, mein Gott, mein Gott, mein Gott!' Und als wir dann soweit waren und vorzählten, waren wir schon total gut drauf. Wir konnten sehen, wie dem Typ die Zigarre aus dem Mund fiel und er einen Herzanfall bekam ... Das machte uns Spaß.«

Am Anfang der »British Invasion« lernten die »Lieblinge der New Yorker Szene« meist bei gesellschaftlichen Anlässen und Debütantinnenbällen viele MusikerInnen kennen, die gerade in den USA waren. So trafen sie auch die Rolling Stones, als sie auf deren Willkommensparty spielten, waren aber nicht sonderlich beeindruckt. »Wir gingen in ihre Garderobe und dachten: 'Meine Güte, sind das Schweine!'«, erinnert sich MacDonald. »Sie waren so dreckig. Wirklich – aber das gehörte eben zu ihrem Image.« Als die britische Band Animals in die USA kam, war deren Manager Michael Jeffery so beeindruckt von den Gingerbreads, daß er ihnen anbot, sie nach England mitzunehmen. Die Gruppe nahm an. In Großbritannien angekommen, wurde die Band ins Studio gebracht, um den Song aufzunehmen, der ihr erster Hit werden sollte: »Can't You Hear My Heartbeat«. »Ich haßte den Song«, sagt MacDonald. »Wir machen Sachen wie 'Harlem Shuffle', und dann geben die uns dieses 'Every time I see you ... dee de dee de dee.' Iiih! Ich sagte: 'Goldie! Was machen wir da?' Sie sagte: 'Wir müssen das machen, was sie uns sagen!' Wir mußten einfach alles machen, was sie sagten, ansonsten würden wir keinen Erfolg haben. Also nahmen wir diesen blöden Song auf, und danach schoben sie uns nach Deutschland zum Star Club in Hamburg ab, weil wir noch keine Arbeitserlaubnis hatten.«

Während sie auf Hamburgs berüchtigter Reeperbahn spielten (wo schon die Beatles eine Ausbildung erhielten – sowohl in musikalischer als auch in anderer Hinsicht), landete »Can't You Hear My Heartbeat« in den britischen Top 10. Die Gingerbreads wurden nach England zurückbeordert, um dort in der Unterhaltungsserie *Not Only, But Also* zu spielen. Die Gingerbreads hatten nun den Stein ins Rollen gebracht und tourten bald darauf mit den Yardbirds, den Hollies, den Kinks und den Rolling Stones durch England. Allerdings wurde der negative Eindruck, den die Gruppe von den Stones hatte, durch einen Zwischenfall erneut bestätigt, nämlich als Mick Jagger gegen Margo Lewis' Willen einfach an ihr herumfummelte. »Margo schlug ihm fast den Kopf vom Hals«, erinnert sich MacDonald. »Sie kam von hinten und gab ihm ein paar saftige Ohrfeigen und sagte: 'Was glaubst du eigentlich, wer du bist? Wie kannst du es wagen!' Weil er dachte, er sei der Star und könnte sich so etwas erlauben! Er ist der Star, also kann er so etwas machen. Mit so einer Scheiße mußten wir uns herumschlagen.«

Wie immer fand die Band Live-Auftritte erfüllender. »Sie ließen uns auf dem sogenannten 'Hot Seat' spielen, d.h. wir traten direkt vor der Hauptgruppe auf«, sagt MacDonald. »Weil wir nämlich ihre Aufmerksamkeit fesseln konnten. Bis wir an die Reihe kamen, hatten sich die Kids schon zehn Millionen Gruppen angehört – sie wollten endlich die Stones sehen! Die Kids sprangen von den Rängen, schlugen sich Zähne aus und bluteten. Das war ihnen egal. Sie rannten diesen Jungs hinterher – krochen unter dem eisernen Vorhang durch und wurden dabei fast in zwei Hälften zerhackt – ich hatte sowas noch nie gesehen. Und jetzt schrien und brüllten sie auch nach uns. Sie versuchten, auf unseren Transporter aufzuspringen, wenn wir aussteigen wollten. Es war unvorstellbar. Wir konnten noch nicht mal zur Post gehen, ohne von Kids belagert zu werden – kleine Mädchen kamen und schliefen auf unserer Türschwelle ein, sie fanden heraus, wo wir wohnten, zelteten bei uns, wollten mit uns gehen und mit uns leben – meine Güte! Wir waren da drüben ganz große Stars.«

Zum Leidwesen der Gruppe veröffentlichte Atlantic ihre Platten nicht in den USA, da Ahmet Ertegun der Meinung war, daß ihre Aufnahmen kein geeignetes Hitmaterial für den amerikanischen Markt seien. Zudem vermasselte Michael Jefferey den Gingerbreads einen Karrierestart in den USA. Er wollte unbedingt, daß sie »Heartbeat« aufnahmen, obwohl sein Partner, der Herman's Hermits-Manager Mickie Most, glaubte, Vorrechte an dem Song zu haben. »Der Song lag auf Mickies Schreibtisch«, erklärt MacDonald. »Und als Michael den Song nahm und ihn uns gab, wurde Mickie sauer und sagte: 'Okay, ich habe Herman's Hermits, ich werde den Song mit Herman aufnehmen und in den USA herausbringen.' Und er brachte ihn zwei Wochen früher heraus als wir.« Die Version von Herman's Hermits erreichte Platz 2. »Das war's dann mit unserem Hit«, sagt MacDonald. »Für uns war der Hit ruiniert, weil sie schon bekannt waren. Es war einfach total schlechtes Timing! Und das war unser Pech. Wir hatten nie einen Hit.«

Auch verdienten die Gingerbreads im Endeffekt kein Geld. Nach drei Jahren ununterbrochener Tourneen durch Deutschland und England und drei Singles in den britischen Top 10 erfuhr die Gruppe, daß das Management ihr Geld veruntreut hatte. Durch diesen Schlag entmutigt, ging die Gruppe wieder in die USA, blieb aber dort weiterhin relativ unbekannt und löste sich bald darauf auf. Die Gingerbreads waren nicht die erste amerikanische Gruppe, die in Europa ein größeres Publikum hatte als zu Hause, und sie würden auch nicht die letzte sein. Allerdings konnten nachfolgende Gruppen auf ihrem Erfolg in Europa aufbauen, um dann in Amerika dieselbe Anerkennung zu finden. So behauptete sich z.B. 1980 eine Frauenband namens Go-Go's, die ihre erste Single in England herausgebracht hatte, auch in den USA und erreichte schließlich als erste rein weibliche Band Platz 1 der LP Charts. Und die Gingerbreads, die selbst nur wenig Anerkennung bekamen, leisteten Vorarbeit für andere Künstlerinnen, die schließlich aus den konventionellen Rollen ausbrachen, die sie in der Musikindustrie immer noch spielen sollten.

Insgesamt hat die Girl Group-Ära eine noch nie dagewesene Anzahl von Frauen in die Charts gebracht, und auch hinter den Kulissen konnten sich in dieser Zeit mehr Frauen durchsetzen. Die Jahre zwischen der ersten Rock 'n' Roll-Welle in den Fünfzigern und der »British Invasion« in den Sechzigern werden immer wieder als musikalische Dürrezeit dargestellt. Als einzige Ausnahme gelten die etwas faden Darbietungen der männlichen Teenager-Idole. Songs wie »Will You Love Me Tomorrow«, »Be My Baby«, »I Can Never Go Home Anymore« und »You Don't Own Me« sind jedoch mutige Aussagen über Sehnsucht, Leid und Unabhängigkeit und können wohl kaum als fade oder zahm bezeichnet werden. Einige Künstlerinnen, wie z.B. Carole King, Lesley Gore und Nona Hendryx, schafften es, den Geist der Zeit für sich zu nutzen und sich eine bedeutende Karriere aufzubauen. Andere, wie z.B. Goldie and the Gingerbreads, setzten sich über Klischees hinweg, um nachfolgenden Gruppen einen Weg zu bahnen. Und im Verlauf des Jahrzehnts bot das von gesellschaftlichen Veränderungen geprägte Klima den Frauen weitere Möglichkeiten, die sie nun aus einer besseren Position heraus für sich nutzen konnten.

3 »Talkin' 'Bout a Revolution«

»Welche Bedeutung hatten MusikerInnen in den Jahren der Bürgerrechtsbewegung? Entscheidende Bedeutung. Man konnte keine Schwarzen versammeln und erwarten, daß sie sich engagierten, wenn dabei nicht total viel gesungen wurde.«

Bernice Johnson Reagon in *The beat goes on: Popmusik und Politik - Geschichte einer Hoffnung*

Im Sommer 1964 hatten die Supremes mit »Where Did Our Love Go« ihren ersten von insgesamt zwölf Nummer-1-Hits in den sechziger Jahren. Mit dieser beeindruckenden Single etablierten sich die Supremes als beste Frauengruppe der sechziger Jahre und verhalfen ihrem Label Motown dazu, zu einem der größten schwarzen Medienkonzerne in den USA zu werden. Zu der Zeit, als die »British Invasion«-Bands den Produktionsteams aus dem Brill Building große Konkurrenz machten, war es zum Großteil Motown zu verdanken, daß sich, um ihren Firmenslogan zu verwenden, »der Sound der amerikanischen Jugend« in den Charts hielt. Der Firmenhauptsitz in Detroit, Michigan, ein nicht besonders einladendes Gebäude mit einem Türschild, das die Aufschrift »Hitsville U.S.A.« trug, war nun ebenso zum Mittelpunkt der Hitproduktion geworden wie einst das Brill Building.

Wie man aus ihrem Slogan schließen kann, sollte die Motown-Musik nicht nur die schwarzen, sondern alle amerikanischen Jugendlichen ansprechen. Im Gegensatz zum »gefährlichen« R&B und Rock 'n' Roll der fünfziger Jahre hatte Motown die, wie Steve Chapple und Reebee Garofalo in *Wem gehört die Rockmusik?* bemerken, »perfekte Popformel gefunden: Musik, die zwar eindeutig schwarz, aber nicht bedrohlich war, und zu der man zudem auch noch gut tanzen konnte«. Somit war die Musik auch für

die weiße Gesellschaft akzeptabel. Motowns Aufstieg fiel mit dem Aufschwung der Bürgerrechtsbewegung in Amerika zusammen (zwei Wochen
bevor »Where Did Our Love Go« in die Top 40 kam, hatte der Kongress
den Civil Rights Act von 1964 verabschiedet), und die starke Präsenz des
erfolgreichen, von Schwarzen geleiteten Konzerns erzielte eine beträchtliche Wirkung. »Schwarze und Weiße bemühten sich um eine Annähe-
rung, und die Musik half, die Kluft zwischen ihnen zu überbrücken«, so
beschreibt Mary Wilson in *Dreamgirl: My Life as a Spreme* die Rolle, die
Motown und seine KünstlerInnen bei der Herausforderung und Auseinandersetzung mit rassistischen Vorurteilen spielten. Als Mitglied der erfolgreichsten Motown-Gruppe sah Wilson im »Crossover« der Supremes
zum Mainstream-Pop immer wieder eine Herausforderung. In ihrem
Buch erinnert sie sich an eine Frau, die nach ihrem Auftritt in Miami zu
ihr kam und sagte: »Normalerweise dürfen sich meine Kinder im Fernsehen keine Neger anschauen, aber bei den Supremes mache ich eine Ausnahme!« »Zum Glück wußten wir, wo solche Bemerkungen herkamen«,
fügt Wilson hinzu, »doch sie sagen viel über die Bedeutung der Supremes
aus... Wir waren die lebenden Beispiele für den Slogan 'Black is beautiful'.«
    Berry Gordy Jr., Gründer und Eigentümer von Motown, investierte
wesentlich mehr Zeit und Geld in den Aufbau und die Förderung der Karriere seiner schwarzen KünstlerInnen als andere vor ihm. Von wenigen
Ausnahmen abgesehen, konnten schwarze MusikerInnen vor der Rock 'n'
Roll-Ära der fünfziger Jahre kein breites Publikum erreichen. Für ihre
Aufnahmen waren sie auf die Indie Labels mit ihren schlechten Vertriebs-
möglichkeiten angewiesen und mußten auf dem »Chitlin' Circuit«[31] auftreten, d.h. durch die Clubs und Konzerthallen in den schwarzen Bezirken
tingeln. Gordy änderte das, indem er gleichzeitig mit Motown den Verlag
Jorbete und die Firma Talent Management, Inc. gründete und somit die
Karriere seiner KünstlerInnen in jeder Hinsicht überwachen konnte.
Gordy kontrollierte alle Bereiche in seiner Firma: Die Arbeit der SongschreiberInnen wurde ständig bewertet, Aufnahmen wurden so lange neu
abgemischt, bis sie schließlich für akzeptabel befunden wurden, und die
KünstlerInnen selbst wurden – wenn sie nicht gerade im Studio oder auf
Tournee waren – in die »Motown-Schule« geschickt, eine Abteilung (das
sogenannte Artist Development Department), in der die MusikerInnen
Verhaltensregeln für die Bühne und für ihr Privatleben lernten. Motown
fand in Maxine Powell eine Lehrerin, die sich hervorragend für die Ziele

---

31 »Chitlin'«, auch »soul food« genannt, ist eine Bezeichnung für (billige) Nahrungsmittel, die bei den Schwarzen
    beliebt sind (z.B. Grünkohl, Bohnen oder »chitlins«, d.h. Innereien) und mit ihnen in Verbindung gebracht
    werden. »Chitlin' Circuit« bedeutet demnach, »die Runde durch die schwarzen Clubs zu machen«.

der Firma einsetzte. Sie machte ihre Mannequin-Schule zu, um vollzeit für das Artist Development Department zu arbeiten und gab nicht nur Tips in bezug auf Etikette, sondern erinnerte ihre SchülerInnen zwischendurch auch immer wieder daran, daß sie hier auf Auftritte an so ehrenwerten Orten wie dem Buckingham Palace und dem Weißen Haus vorbereitet wurden.

Der frühere Boxer, Inhaber eines Plattenladens und Ford-Fließbandarbeiter Gordy begann seine Musikkarriere als Songschreiber und komponierte während seiner Arbeit am Fließband Melodien. Seine ersten Songs schrieb er zusammen mit seiner Schwester Gwen und deren Freund Billy Davis (der unter dem Namen Tyran Carlo schrieb). Jackie Wilson, Gordys Boxerkollege aus den vierziger Jahren, nahm die Songs dann auf. Darunter waren R&B Hits wie »Reet Petite«, »Lonely Teardrops« und »I'll Be Satisfied«, die alle Ende der fünfziger Jahre veröffentlicht wurden. Barrett Strong brachte Gordys Song »Money (That's What I Want)«, den er zusammen mit Janie Bradford geschrieben hatte, 1960 in die Top 30 der Pop Charts und auf Platz 2 der R&B Charts. »Money« war bei Anna Records erschienen, einem Label, das 1959 von Gwen und Billy Davis gegründet (und nach einer weiteren Schwester der Gordys benannt) wurde. Dem Beispiel seiner Schwester folgend gründete Berry im selben Jahr mit einem siebenhundert Dollar-Darlehen seiner Familie Motown (eine Kontraktion von »Motortown«, ein Spitzname für das Automobilzentrum Detroit).

Gordy leitete die Firma von einem Haus aus, das seine zweite Frau Raynoma Liles am West Grand Boulevard Nr. 2648 gefunden hatte, und schon bald kamen weitere Verwandte zu Motown (Mitte der sechziger Jahre arbeiteten zehn Mitglieder der Familie Gordy für die Firma). Berrys Schwestern Esther und Louyce wurden als Geschäftsführerinnen für Management bzw. Programmankündigungen eingesetzt, während Gwen als Werbeassistentin arbeitete. Berrys Frau Raynoma, auch als »Mother Motown« bekannt, übernahm als Bereichsleiterin eine Vielzahl von Aufgaben. Sie schrieb z.B. Lead Sheets[32] für die Musiker und wirkte bei manchen Aufnahmen als Background-Sängerin mit (in ihrem Buch *Berry, Me, and Motown* behauptet Raynoma, sie habe Motown zusammen mit Berry gegründet, ihren Namen jedoch auf seine Bitte hin von den Anmeldepapieren der Firma streichen lassen). Janie Bradford, mit der Berry gelegentlich Songs schrieb, wurde Empfangsdame. Außerdem wurde Martha Reeves als Sekretärin für William »Mickey« Stevenson, den Leiter der A&R-Abteilung bei Motown, eingestellt. Reeves, Sängerin bei den

---

32 Manuskript eines Arrangements, das die Melodie, die Akkorde und den Gesamtaufbau des Songs enthält.

Del-Phis, hatte sich eigentlich als Sängerin bei Motown beworben, doch als ihr statt dessen die Stelle als Sekretärin angeboten wurde, entschloß sie sich, sie erst einmal anzunehmen und dann auf eine Gelegenheit zu warten, doch noch Gesangskarriere zu machen.

Im Januar 1959 erschien Marv Johnsons »Come to Me« als erste Platte unter dem Motown-Label Tamla, obwohl die Firma erst 1960 mit der Veröffentlichung von »Way Over There« von den Miracles ihren eigenen Vertrieb startete. Die Miracles, damals noch mit Claudette Rogers (die später ihren Bandkollegen Smokey Robinson heiratete), brachten Tamla 1961 mit »Shop Around« den ersten großen Erfolg auf dem weißen Markt. Der Song erreichte Platz 2 in den Pop Charts und führte die R & B Charts an. Ende des Jahres hatte Tamla seinen ersten Nummer-1-Hit in den Pop Charts mit den Marvelettes, Motowns erster Girl Group, deren »Please Mr. Postman« sowohl die Pop- als auch die R & B Charts anführte.

Die Marvelettes – Gladys Horton, Katherine Anderson, Georgeanna Dobbins, Jauanita Cowart und Wanda Young – besuchten in Inkster, einem Vorort von Detroit, alle dieselbe High School. Unter ihrem ursprünglichen Namen Marvels nahmen sie an einem Talentwettbewerb der Schule teil, bei dem als erster Preis ein Vorsingen bei Motown ausgesetzt war. Sie gewannen den Wettbewerb und erweckten u.a. mit ihrer Version des Chantels-Songs »Maybe« bei Motown soviel Interesse, daß sie mit ein paar eigenen Stücken wiederkommen sollten. Die Gruppe kam mit dem Song »Mr. Postman« zurück, an dessen Entstehung Dobbins mitgearbeitet hatte. Gordy nahm sie unter Vertrag, benannte die Gruppe in Marvelettes um und brachte im Herbst 1961 »Postman« als ihre erste Single heraus. Mit seinem leichten Pop-Rhythmus paßte »Postman« damals hervorragend zu den anderen Girl Group-Songs auf dem Markt. Mit der Wahl der Nachfolgesingle »Twistin' Postman« (1962) bediente sich Motown des altbekannten Tricks, eine Song-Machart auszuschlachten, die sich bereits als erfolgreich erwiesen hatte. So versuchte Motown, mit »Twistin' Postman« sowohl aus dem neuesten Modetanz Kapital zu schlagen als auch das »Postman«-Thema des vorigen Hits der Gruppe weiterzuführen. Der Titel erreichte zwar nur Platz 34 der Charts, doch waren die Marvelettes mit ihrem Song »Playboy« (an dem Horton mitgeschrieben hatte) bald wieder auf dem richtigen Kurs. Er schaffte im Frühjahr 1962 den Sprung in die Top 10. Leider hatten die Marvelettes bis 1966, als die Supremes zu Motowns Top Act aufgestiegen waren, keinen weiteren Top-10-Hit, und obwohl die Gruppe noch bis 1968 ständig in den Top 40 vertreten war, kam sie nie mehr an ihren früheren Erfolg heran.

Die 1943 in Detroit geborene Mary Wells kam 1962 als Motowns erster Solostar heraus. Sie hatte als Kind im Kirchenchor und als Teenager bei Schulveranstaltungen gesungen. Außerdem trat sie mit Jungenbands auf: »[Sie] wollten mich zwar nicht haben, aber ich war hartnäckig«, erklärt sie. Mit achtzehn bewarb sie sich bei Berry Gordy, jedoch nicht als Sängerin, sondern als Songschreiberin mit einer a cappella-Version ihres Songs »Bye Bye Baby«, den sie für Jackie Wilson geschrieben hatte. Gordy gefiel nicht nur der Song, sondern auch Wells, und er nahm sie unter Vertrag. »Bye Bye Baby« wurde 1961 als Wells' erste Single veröffentlicht und erreichte Platz 45 der Pop Charts. Im folgenden Jahr schafften Wells und das Motown-Label mit »The One Who Really Loves You«, gefolgt von »You Beat Me to the Punch« und »Two Lovers«, den Sprung in die Top 10.

Im Gegensatz zu dem Teenager-Image der Marvelettes präsentierte sich Wells als etwas erwachsener, obwohl auch sie noch unter zwanzig war. In Songs wie z.B »Two Lovers« war Wells der jugendlichen Sehnsucht nach einem festen Freund eindeutig entwachsen und verglich nun mit einer gewissen Reife ganz gelassen ihre »zwei Liebhaber« (eigentlich die zwei Charakterseiten des Mannes) miteinander. Wells' Singles, die auf »Two Lovers« folgten, plazierten sich in den Charts zwar etwas niedriger, doch mit der Veröffentlichung von »My Guy« (1964) konnte sie an ihren Erfolg anknüpfen. Das von Smokey Robinson geschriebene »My Guy« war Wells' größter Erfolg, ein Nummer-1-Smash-Hit (der erste Nummer-1-Hit für das Motown-Label), der sich zwei Monate lang in den Top 10 hielt. Motown baute diesen Erfolg noch weiter aus. Wells sang zusammen mit Marvin Gaye, und die beiden hatten im Mai und Juni 1964 mit »Once Upon a Time« und »What's the Matter with You Baby« zwei Top-20-Hits. Im Herbst 1964 ging Wells mit den Beatles auf Englandtournee und trat somit als erste Motown-Künstlerin außerhalb der USA auf.

Doch zu dieser Zeit war Wells' Run auf die Charts und ihre Zeit bei Motown bereits vorbei, denn sie war nicht nur Motowns erster Solostar, sondern auch Motowns erster Verlust. Auf Drängen ihres damaligen Mannes Herman Griffin (ebenfalls Angestellter und Songschreiber bei Motown) verhandelte Wells mit Twentieth Century Fox über einen Vertrag bei deren Platten-Label, wobei sie die Hoffnung hegte, auch ins Filmgeschäft einsteigen zu können. Als sie im Mai 1964 einundzwanzig wurde, verließ sie Motown und erklärte ihren Vertrag für ungültig, da sie ihn als Minderjährige unterzeichnet hatte. Nachdem sie sich nach einem Rechtsstreit offiziell von Motown getrennt hatte, unterschrieb sie einen Vertrag bei Fox, was sich jedoch als Katastrophe erwies. Nur eine einzige ihrer Singles schaffte den Sprung in die Top 40 (»Use Your Head«, 1965 auf Platz 34), und Filmverträge kamen auch nicht zustande. Wells wechselte 1966 zu der Atlantic-Tochter Atco, konnte jedoch auch dort ihre Karriere nicht wieder in Schwung bringen und landete schließlich bei den Oldies.

Trotzdem versuchte sie, ihre Situation positiv zu sehen: »Ich war ziemlich verletzt wegen dieser 'Odies but Goldies'-Sache«, erzählt sie Gerri Hirshey in *Nowhere to Run*. »Aber in Wirklichkeit heißt es doch wohl 'Oldies but *Goodies*', oder? Wir haben alle total viel Spaß … ich sage, komm, ich lehne mich einfach zurück und entspanne mich mit den Kids, geh du nur arbeiten.«

Martha Reeves and the Vandellas waren Motowns nächste Hitlieferantinnen. Reeves und ihre Gruppe, die Del-Phis (Gloria Williams, Rosalind Ashford und Annette Sterling), hatten bereits auf zahlreichen Motown-Platten die Background-Stimmen gesungen, so z.B. auf Marvin Gayes Hits »Stubborn Kind of Fellow« und »Hitch Hike«. Außerdem hatten sie einen Vertrag bei Check-Mate, einer Tochter von Chess Records, die eine Single der Gruppe herausbrachte. 1962 hatten die Del-Phis endlich Gelegenheit, eine Platte für Motown zu machen, als Mary Wells einen Aufnahmetermin verpaßte und die Del-Phis einsprangen, um »There He Is (At My Door)« aufzunehmen. Es gab allerdings Spekulationen, daß Wells die Aufnahme nur deshalb »verpaßte«, weil ihr der Song nicht gefiel. Da die Gruppe noch bei Chess unter Vertrag war, erschien die Platte unter dem Namen »The Vels« unter dem Motown-Label Melody (nicht mit dem Country-Label Melodyland zu verwechseln, das Motown in den siebziger Jahren gründete).

Wenn Wells absichtlich nicht zur Aufnahme erschienen war, hatte sie den richtigen Riecher bewiesen, denn »There He Is« hatte keinen sonderlichen Erfolg in den Charts, und kurz nach der Veröffentlichung des Songs verließ Gloria Williams die Del-Phis. Die Gruppe nahm dann noch einen Song auf, den Wells abgelehnt hatte: »I'll Have to Let Him Go«, und da sie nun bei Motown unter Vertrag waren, dachte sich Reeves einen neuen Namen aus. Sie kombinierte »Van« von der Van Dyke Avenue in Detroit mit »Della«, dem Namen der Sängerin Della Rose und machte daraus die Vandellas. Das unter dem Gordy-Label erschienene »I'll Have to Let Him Go« war zwar wieder ein Flop, doch die dritte Single der Gruppe, der 1963 erschienene Titel »Come and Get These Memories« schaffte den Sprung in die Top 30, und im Sommer desselben Jahres kam die Gruppe mit »Heat Wave« in die Top 10. Die Veröffentlichung von »Heat Wave« fiel zufällig mit einer tatsächlichen Hitzewelle zusammen, und der Song erreichte Platz 4 der Pop Charts und Platz 1 der R&B Charts. Doch mit seinen lebhaften, rockigen Tanzrhythmen wäre der Song bestimmt auch zu jeder anderen Jahreszeit ein Hit geworden. An diesen Erfolg schloß die Gruppe mit »Quicksand« gleich noch einen Top-10-Hit an, der Anfang 1964 Platz 8 erreichte.

Nach den beiden weniger erfolgreichen Platten »Live Wire« und »In My Lonely Room« landeten die Vandellas im Herbst 1964 mit »Dancing in the Street« wieder in den Top 10. Reeves hatte auf einem Demo gesungen, das für eine andere Motown-Sängerin, Kim Weston, vorgesehen war. Doch als Weston den Song ablehnte, durften die Vandellas ihn offiziell aufnehmen und veröffentlichen. Der Song erreichte Platz 2 und war somit ihr größter Erfolg bei Motown. »Dancing in the Street« verursachte einigen Aufruhr, da manche Leute den Song zu Reeves' Verwunderung als Krawallaufruf an die Schwarzen interpretierten. »Mein Gott, es war ein *Party*-Song!« sagte sie zu Gerri Hirshey, und obwohl ein paar Radiosender den Titel boykottierten, schien doch eine große Mehrheit Reeves Meinung zu teilen. Bei all ihrem Erfolg beschlich die Gruppe jedoch auch ein Gefühl von Unzufriedenheit. 1964 entwickelten sich die Supremes zu einer ganz großen Nummer, und die Vandellas kamen mit ihren beiden Top-40-Hits in diesem Jahr nicht gegen die vier Top-40-Hits (darunter drei auf Platz 1) der Supremes an.

Vor allem Reeves war der Auffassung, daß sich die Erfolgsaussichten der Vandellas verschlechterten, weil zuviel Energie in die Supremes investiert wurde. So wurde z.B. ihr Song »Jimmy Mack« (1967 ein Top-10-Hit) fast zwei Jahre lang nicht veröffentlicht, weil er angeblich zu große Ähnlichkeit mit den Aufnahmen der Supremes hatte. Und obwohl die Vandellas z.B. mit »Nowhere to run« (1965), »I'm Ready for Love« (1966) und »Honey Chile« (1967) nach wie vor Erfolge in den Charts hatten, waren diese Hits doch zu unregelmäßig, als daß sie zur Weiterentwicklung der Gruppe beigetragen hätten. Auch eine Reihe personeller Veränderungen erschwerte eine gewisse Kontinuität innerhalb der Gruppe: Annette Sterling verließ die Gruppe 1963 und wurde von Betty Kelly (von der Motown-Gruppe Velvelettes) ersetzt, Kelly ging 1968 und wurde von Reeves' Schwester Lois ersetzt, und Rosaling Ashford ging 1970 und wurde von Sandra Tilley, ebenfalls eine Velvelette, ersetzt.

Trotz dieser Schwierigkeiten, und obwohl ihr Motowns Verhalten gegenüber der Gruppe nach wie vor mißfiel, hielt Reeves durch. Sie hegte den Verdacht, daß man den Vandellas Songs gab, die die Supremes abgelehnt hatten. Das gleiche Mißtrauen brachte sie auch dem Buchhaltungssystem der Firma entgegen. »Ich glaube, ich war der erste Mensch bei Motown, der fragte, wo denn das Geld hingeht«, erzählte sie Gerri Hirshey. »Ob ich es herausfand? Sie sind lustig, ich fand lediglich den Weg zur Tür hinaus.« Daß sich die Gruppe 1967 in Martha Reeves and the Vandellas umtaufte (nach dem Muster anderer Motown-Gruppen, die ihre Leadsängerin besonders hervorhoben, z.B. Diana Ross and the Supremes), änderte am Schicksal der Vandellas auch nicht mehr viel. Nach »Honey Chile« hatte die Gruppe keine weiteren Hits in den Top 40. Die Vandellas lösten sich 1971 auf, und Reeves wird seitdem als Oldie gehandelt, genauso wie die unzähligen Varianten der »Vandellas«, die auf dem Markt sind.

Reeves und die Vandellas waren nicht die einzigen Künstlerinnen bei Motown, die sich durch den Erfolg der Supremes zurückgesetzt fühlten. Auch die Velvelettes, Brenda Holloway und Kim Weston fühlten sich übergangen. Die Velvelettes – Carolyn und Milly Gill, Bertha und Norma Barbee sowie Betty Kelly – kamen durch Gordys Neffen Robert Bullock, der mit zwei Bandmitgliedern an der Western Michigan University studierte, zu Motown. In den Charts waren ihre Singles nicht besonders erfolgreich. Ihre höchstplazierte Single, »Needle in a Haystack«, erreichte nur Platz 45, die Titel »There He Goes« und »He Was Really Sayin' Something« schafften es nicht einmal bis dorthin, obwohl letzterer in den R & B Charts immerhin Platz 21 erreichte und in den achtziger Jahren in Großbritannien sogar ein Nummer-5-Hit für Bananarama wurde. »Motown war produktorientiert, d.h. hauptsächlich an Ergebnissen interessiert und nicht so sehr an den Mitteln, mit denen man diese Ergebnisse erzielen konnte«, sagte Carolyn Gill gegenüber Charlotte Grieg – und beklagte sich damit über die typische Einstellung einer Plattenfirma zu ihren Girl Groups – ob die Firma nun in New York oder Detroit war, spielte keine Rolle.

Zunächst sah es so aus, als würde Brenda Holloway Mary Wells' Nachfolgerin. Sie wurde 1946 im kalifornischen Atascadero geboren und zog als Teenager nach Los Angeles Dort nahm sie für die Labels Catch und Minasa Singles auf. Ihr Traum war jedoch ein Vertrag bei Motown. 1964 besuchte sie eine DJ-Tagung in L.A. in der Hoffnung, dort jemanden von Motown zu treffen. Berry Gordy hörte ihre improvisierte Version von »My Guy«, die sie zur Platte sang, die gerade lief, und nahm sie unter Vertrag. Ihre erste Single, »Every Little Bit Hurts« (1964 unter dem Tamla-Label erschienen), erreichte Platz 13. Holloway schien zunächst gute Zukunftsaussichten zu haben, doch zwei Monate später hatten die Supremes ihren ersten Nummer-1-Hit, und Holloway mußte feststellen, daß ihre Karriere nun keinen Vorrang mehr hatte. Von ihren neun Nachfolgesingles kamen nur zwei in die Top 40, »When I'm Gone« und »You've Made Me So Very Happy« (geschrieben von Holloway, ihrer Schwester Patrice sowie Gordy und Frank Wilson), die 1967 bis auf Platz 39 kletterte. Mit »You've Made Me So Very Happy« hatte die weiße, jazzorientierte Gruppe Blood, Sweat and Tears 1969 einen Nummer-2-Hit. Ironischerweise wollte Holloway ihre Version einen etwas jazzigeren Touch geben, doch Gordy war dagegen. Andere Probleme, u.a. auch Streitereien wegen des Geldes, führten zu Holloways Entschluß, das Label nach Auslaufen ihres Vertrags 1967 zu verlassen.

Kim Weston war eine weitere Sängerin, die als mögliche Nachfolgerin für Mary Wells galt. Sie wurde als Agatha Natalie Weston in Detroit geboren, sang zuerst im Kirchenchor und schloß sich später den Wright Singers, einer Gospelgruppe, an. Nachdem Motown sie 1963 unter Vertrag genommen hatte, brachte sie ihre erste Single »Love Me All the Way« heraus. Der Titel plazierte sich auf Rang 24 der R & B Charts, in denen sie auch mit »Take Me in Your Arms« und »Helpless« Erfolge verzeichnen konnte. Außerdem nahm sie mit Marvin Gaye Duette auf, und die beiden erreichten 1967 mit »It Takes Two« Platz 14 der Top 40 Charts. Ein Soloerfolg in den Pop Charts blieb ihr jedoch verwehrt. Sie nahm eine Solo-LP auf, die jedoch nicht veröffentlicht wurde und verließ Motown 1967, als ihr Mann, Mickey Stevenson, seinen Job in der Firma kündigte.

Tammi Terrell gehörte ebenfalls zu den Motown-Sängerinnen, die zusammen mit Marvin Gaye eine Reihe von Duetten sangen und damit wesentlich mehr Erfolg hatten als mit ihrer Soloarbeit für die Firma. Die als Tammy Montgomery in Philadelphia geborene Terrell war von Luther Dixon, dem Produzenten der Shirelles, entdeckt worden und hatte für Wand Records, James Browns Label Try Me (sie tourte auch mit Brown) und Checker Records Aufnahmen gemacht, bevor sie 1965 von Motown unter Vertrag genommen wurde. Ihre erste Single mit Gaye, »Ain't No Mountain High Enough«, erschien 1967 bei Tamla und kletterte auf Platz 19. Es folgten sechs weitere Singles in den Top 30, von denen vier in die Top 10 kamen. Die meisten von ihnen, darunter »Your Precious Love«, »Ain't Nothing Like the Real Thing« und »You're all I Need to Get By«, wurden von dem Team Nick Ashford und Valerie Simpson geschrieben und/oder produziert. Allerdings wurde Terrells Karriere ein jähes Ende gesetzt, als sie 1970 an einem Hirntumor starb.

Sängerinnen wie Martha Reeves, Brenda Holloway und die Marvelettes waren verständlicherweise ohnehin schon verärgert genug über den Verlauf ihrer Karriere nach einem so vielversprechenden Anfang. Noch schlimmer war jedoch die Tatsache, daß sie ausgerechnet bei Motown so behandelt wurden. Für diejenigen, die für die Firma arbeiteten, war Motown mehr als nur eine Plattenfirma. Abgesehen davon, daß Motown einer der erfolgreichsten schwarzen Konzerne in den USA war, bot Motown den Schwarzen eine Fülle von Möglichkeiten in der Musikindustrie. Und auch wenn sich die KünstlerInnen beschwerten, so waren sie doch gleichzeitig stolz auf das, was Motown geleistet hatte. In einem Brief an Berry Gordy, in dem Brenda Holloway ihre Unzufriedenheit darüber zum Ausdruck bringt, wie Motown mit ihrer Karriere verfahren war, schreibt sie dennoch als Postskriptum: »Ich werde Motown und Sie immer *lieben*!« Doch der Stolz der KünstlerInnen auf Motown war auch der

Grund für ihre Annahme, sie würden bei Motown besser behandelt werden als in anderen Firmen. Wie Mary Wilson von den Supremes in ihrem Vorwort zu *Supreme Faith* bemerkt: »Natürlich behandelten andere Labels ihre Künstler schlecht; das wußten wir alle. Auch wir dachten, Motown sei anders.« Es war die Erkenntnis, daß Motown letztendlich doch nicht so anders war als andere Plattenfirmen, die die meisten so sehr traf.

Supreme Faith war Wilsons zweite Autobiographie. Ihr erstes Buch, *Dreamgirl* (der Titel ist dem Broadway-Musical *Dreamgirls* entnommen, das die Lebensgeschichte der Supremes erzählt), beschreibt detailliert die Anfänge und die ersten zehn Jahre der Gruppe und ist eines der ersten bedeutenden Bücher über die Supremes. Aus Wilsons Sicht hatte selbst die Tatsache, Mitglied einer der erfolgreichsten Gruppen der sechziger Jahre zu sein, ihre Schattenseiten. Spannungen rissen die Originalbesetzung der Gruppe auseinander und überließen die Sängerinnen ihrem jeweiligen Schicksal, das von absoluter Berühmtheit über Desillusionierung bis hin zum verfrühten Tod reichte. In ihrer Glanzzeit in den sechziger Jahren waren die Leistungen der Supremes jedoch wahrhaft bemerkenswert: Sie hatten insgesamt dreiundzwanzig Singles in den Top 40, denen in den siebziger Jahren noch einmal acht Top-40-Singles folgten. Als erfolgreichste Frauengruppe der Rockmusik durchbrachen die Supremes das Klischee des anonymen »Girl Group«-Gespanns. Jede Sängerin der Supremes war wichtig und, was von noch größerer Bedeutung war, die Leute kannten ihre Namen. Auf ihrem Höhepunkt Mitte der sechziger Jahre trugen die Supremes somit stark dazu bei, ein neues Image für Sängerinnen, insbesondere für schwarze Sängerinnen, zu schaffen.

Die Supremes schafften erstmals 1963 den Sprung in die Top 40, waren jedoch schon seit 1961 bei Motown und hatten Singles mit so wenig Erfolg herausgebracht, daß sie in der Firma als »No-Hit«-Supremes bekannt waren. Die Gruppe hatte sich Ende der fünfziger Jahre unter dem Namen Primettes formiert und bestand aus Florence (Flo) Ballard, Diana (eigentlich Diane) Ross, Betty Travis und Mary Wilson. Ballard, Ross und Wilson wohnten im selben Sozialwohnviertel von Detroit, der Brewster-Douglass Siedlung. Ballard und Wilson hatten sich bei einem Talentwettbewerb in der Schule kennengelernt (bei dem Wilson in Lederjacke die Mundbewegungen zu dem Hit »I'm Not a Juvenile Deliquent« von Frankie Lymon and the Teenagers machte und Ballard mit einem Standard auftrat). Als das Männervokalensemble Primes (die späteren Temptations) Ballard vorschlug, ein »Schwester«-Ensemble, die Primettes, zu gründen, holte sie Wilson dazu. Travis und Ross wurden von anderen Prime-Mitgliedern angesprochen, ob sie nicht auch mitmachen wollten. Bald darauf traten die Primettes mit aktuellen Hits, Standards und Balladen bei Sock Hops und verschiedenen anderen Veranstaltungen auf.

Die Primettes bekamen schließlich einen Termin zum Vorspielen bei Ross' früherem Nachbarn Smokey Robinson, der höflich zuhörte und dann ihren Gitarristen einstellte. Anschließend durften sie bei Berry Gordy persönlich vorspielen, der ebenfalls höflich zuhörte und vorschlug, sie sollten nach ihrem High School-Abschluß wiederkommen. Die Gruppe ließ sich davon nicht abschrecken, drückte sich nach der Schule vor dem Motown-Gebäude herum und hoffte, daß irgend jemand auf sie aufmerkam wurde. Travis verließ die Primettes jedoch bald, um zu heiraten und wurde von Barbara Martin ersetzt. Bevor Martin dazukam, nahm die Gruppe eine Platte für das Lu-Pine-Label in Detroit auf, die allerdings nicht veröffentlicht wurde. Die ständige Anwesenheit der Gruppe in der Nähe von Motown zahlte sich schließlich aus. Die Primettes wurden engagiert, um bei verschiedenen Aufnahmen die Background-Stimmen zu singen und zu klatschen. 1961 wurden sie dann als Motowns erste rein weibliche Gruppe unter Vertrag genommen (acht Monate bevor die Marvelettes »Postman« herausbrachten).

Auf Gordys Vorschlag hin änderte die Gruppe ihren Namen: Ballard wählte aus einer von der Gruppe zusammengestellten Liste den Namen »Supremes« aus. Auf ihrer ersten, bei Tamla erschienen Single »I Want a Guy« sang Ross die Leadstimme und setzte somit den Wegweiser für zukünftige Veröffentlichungen. Bis dahin hatten die Sängerinnen abwechselnd die Leadstimme gesungen, doch Gordy wollte Ross' Stimme groß herausbringen. Als die zweite Single der Gruppe, »Buttered Popcorn«, in Detroit relativ bekannt wurde, lehnte Gordy eine groß angelegte Werbeaktion ab, da Ballard die Leadstimme sang. Als Martin die Gruppe Ende 1961 verließ, beschlossen die übrigen Supremes, keinen Ersatz zu holen, sondern als Trio weiterzumachen, obwohl weder Ballard noch Wilson glücklich darüber waren, daß sie auf ihren Singles nicht die Leadstimme singen durften. Beide hofften immer noch, daß sich diese Situation in Zukunft ändern würde.

In den nächsten zwei Jahren nahmen die Supremes, die inzwischen zum Motown-Label gewechselt hatten, weitere Singles auf, die am unteren Ende der Top 100 herumkrebsten, wenn sie überhaupt hineinkamen. Ende 1962 gingen sie zusammen mit zahlreichen anderen MusikerInnen mit der Motor Town Revue (später zu Motown Revue abgekürzt) auf Tournee. Hierbei erhielten Ballard und Ross ihre ersten Eindrücke vom Leben im Süden. Wilson, die in Mississippi geboren wurde und dort ab und zu ihre Familie besuchte, hatte den Rassismus dort bereits aus erster Hand erfahren, doch für andere KünstlerInnen der Motown Revue war es das erste Mal, daß sie in Restaurants Hotels und Tankstellen nicht bedient wurden – oder daß beim Verlassen der Stadt auf den Bus geschossen wurde. Die Tournee endete zwar mit einem erfolgreichen Auftritt im Apollo Theatre, doch die Supremes waren enttäuscht, daß sie im Gegensatz zu den anderen KünstlerInnen der Motown Revue in den Charts nur langsam vorankamen. Sowohl die Marvelettes als auch Mary Wells hatten in jenem Jahr Top-10-Hits, während die höchstplazierte Supremes-Single, »Let Me Go the Right Way«, nur Platz 90 der Charts erreichte.

Im Oktober 1963 begannen die Supremes, mit dem Songschreiber/ Produzenten-Team Brian, Eddie Holland und Lamont Dozier (auch als Holland-Dozier-Holland oder H-D-H bekannt) zu arbeiten. Das Team hatte die meisten Hits der Vandellas geschrieben, u.a. »Heat Wave«, orientierte sich bei seiner Arbeit mit den Supremes jedoch eher am locker-fröhlichen Pop. Die erste Single der Supremes von H-D-H, das lebhafte »When the Lovelight Starts Shining Through His Eyes«, erreichte Platz 23 und war somit ihr erster Erfolg in den Top 40. Ihren endgültigen Durchbruch hatte die Gruppe jedoch erst mit »Where Did Our Love Go«. Ironischerweise hatten die Supremes diesen Song nur ungern aufgenommen (vor allem Wilson bezeichnet die frühen H-D-H-Stücke für die Supremes als »Teeny-Bop«). Eigentlich wollten sie einen Song, der ebenso temperamentvoll war wie die Hits der Vandellas. Außerdem hatte Wilson gehofft, diesmal die Leadstimme singen zu dürfen und wurde darin auch von Eddie Holland unterstützt. Dieser wurde jedoch von seinem Bruder Brian und von Lamont Dozier überstimmt. Die im Juni 1964 erschienene Single »Where Did Our Love Go« war der erste von fünf aufeinanderfolgenden Nummer-1-Hits der Gruppe. Es folgten »Baby Love« und »Come See About Me« (1964) sowie »Stop! In the Name of Love« und »Back in My Arms Again« (1965). Darüber hinaus hatten sie mit *Where Did Our Love Go* und *More Hits By The Supremes* auch in den LP Charts Top-10-Erfolge.

Da die Supremes bei Motown nun absoluten Vorrang hatten, ging es mit ihrer Karriere steil bergauf. Ende 1964 gaben sie ihr Debüt in der *Ed Sullivan Show*, und weitere bedeutende Engagements folgten: Sie waren zusammen mit Judy Garland die Stars bei der Einweihung des Astrodome in Houston[33], traten im Pariser Olympia sowie im Flamingo Hotel in Las Vegas auf und nahmen während ihres ersten Auftritts im New Yorker Club Copacabana ihre Top-20-LP *Live at the Copa* auf. Darüber hinaus waren sie häufig im Fernsehen zu Gast, z.B. in *The Tonight Show, The Sammy Davis Show, The Dean Martin Show* und in *Hullabaloo*. Sie machten Werbung für Coca Cola und das Deodorant Arrid, brachten mit »The

---

33 Große, überdachte Sporthalle in Houston.

Supremes White Bread« einen eigenen Nahrungsartikel auf den Markt und waren auf der Titelseite von *Time* und *Ebony* zu sehen. Außerdem produzierten sie einen Hit nach dem anderen, wie z.B. 1966/67 die aufeinanderfolgenden Nummer-1-Hits »You Can't Hurry Love«, »You Keep Me Hangin' On«, »Love is Here and Now You're Gone« und »The Happening« (alle von H-D-H).

Doch mit dem Erfolg kamen auch die Schwierigkeiten innerhalb der Gruppe. Die Tatsache, daß Ross die meiste Aufmerksamkeit zuteil wurde, war für die anderen Supremes ein wunder Punkt. Sie fühlten sich sowohl auf ihren Platten als auch bei ihren Auftritten aus dem Rampenlicht gedrängt, denn während die Supremes zu Motowns Favoritinnen wurden, avancierte Ross zu Gordys ganz spezieller Favoritin. Ballard, die Gründerin der Gruppe, nahm es besonders schwer und wurde immer wütender. Sie machte ihrem Ärger Luft, indem sie zu spät zu den Proben oder zu Pressekonferenzen erschien und soviel trank, daß bei den Auftritten der Supremes eine Sängerin der Andantes (eine von Motowns Background-Gruppen) für sie einspringen mußte. Ballard flog 1967 aus der Gruppe und wurde von Cindy Birdsong (von Patti LaBelle and the Bluebelles) ersetzt. Anschließend wurde die Gruppe in Diana Ross and the Supremes umbenannt.

Von nun an war Ross' Solokarriere nur noch eine Frage der Zeit. In den nächsten zwei Jahren arbeitete die Gruppe zwar noch genauso viel wie vorher, doch waren ihre Platten nicht mehr ganz so erfolgreich. Zusammen mit ihrer alten »Primes«-Bruderband, den Temptations, waren sie im Fernsehen zu sehen und nahmen gemeinsam Platten auf, u.a. den Nummer-2-Hit »I'm Gonna Make You Love Me« und den Soundtrack für ihr TV-Special *TCB* (Takin' Care of Business[34]), der auf Platz 1 kam. Darüber hinaus spielten sie in einer Folge von *Tarzan* ein Nonnentrio und traten bei einer Spendenaktion für Präsident Lyndon Johnson sowie später für den Präsidentschaftskandidaten Hubert Humphrey auf. Und auch wenn sie es nicht ganz bis zum Buckingham Palace schafften, so traten sie zumindest im Palladium Theatre in London vor der englischen Königsfamilie auf.

Doch zu ihrer Bestürzung stellte Wilson fest, daß sie und Cindy Birdsong immer mehr in den Hintergrund rückten. Ross probte nur noch selten mit der Gruppe und trat bei Interviews häufig allein in Erscheinung. Zeitweise war sie sogar die einzige, die auf den Platten der Gruppe sang, u.a. - und ironischerweise - auf ihrer letzten Single mit den Supremes,

---

34 Dieser Ausdruck der Schwarzen aus den fünfziger Jahren bedeutet sinngemäß, daß man etwas sehr sorgfältig, gekonnt und effektiv macht.

»Someday We'll Be Together«. Ende 1969 kam die offizielle Ankündigung, daß Ross die Gruppe im neuen Jahr verlassen werde. Am 14. Januar 1970 trat sie im Frontier Hotel in Las Vegas zum letzten Mal mit den Supremes auf. Ross wurde von Jean Terrell (nicht mit Tammi verwandt) ersetzt, und die Gruppe sang bis Mitte der siebziger Jahre nun wieder unter ihrem alten Namen Supremes. Anfangs hatten sie mit ihren Hits »Up the Ladder to the Roof«, »Stoned Love« sowie ihrem Top-30-Album *Right On* sogar mehr Erfolg als Ross in der ersten Zeit ihrer Solokarriere.

Für Ballard standen die Dinge nicht annähernd so gut. Ein Vergleich mit Motown sicherte ihr für die nächsten sechs Jahre nur zweitausenfünf-hundert Dollar pro Jahr zu. Außerdem mußte sie alle Rechte auf den Namen der Supremes abtreten und erhielt keine weiteren Tantiemen. Mit Hilfe eines Rechtsanwalts gelang es ihr, einen wesentlich besseren Ver-gleich auszuhandeln und unterschrieb anschließend einen Vertrag bei ABC Records. Dort brachte sie die beiden Singles »It Doesn't Matter How I Say It« und »Love Ain't Love« heraus. Die Singles erwiesen sich jedoch als Flops, und Ballard erlitt einen weiteren Schlag, als sie feststellte, daß ihr Anwalt ihre Gelder veruntreut hatte. Dem Anwalt wurde zwar die Lizenz entzogen, doch Ballard bekam letztendlich nur fünfzigtausend Dollar aus dem Vergleich zurück. Ihre finanzielle Situation verschlechterte sich rapide: Die Management-Firma, die sie mit ihrem Mann aufgebaut hatte, ging bankrott, sie verlor ihr Haus und war schließlich gezwungen, ihre drei Kinder von der Sozialhilfe zu ernähren. Als die *Detroit Free Press* und später die *Washington Post* über ihre verzweifelte Situation berichteten, bekam Ballard eine Flut von Briefen, in denen ihr Unterstützung und Arbeit angeboten wurden. Doch Ballard war so deprimiert, daß sie die meisten Angebote gar nicht annahm. Im Juni 1975 trat sie bei einem Benefizkonzert in Detroit mit »Come See About Me« und Helen Reddys »I Am Woman« zum letzten Mal auf. Im Februar 1976 fand man sie von der Hüfte abwärts gelähmt in ihrer Wohnung auf dem Boden, nachdem sie zuvor bereits über Schmerzen in der Brust, Kurzatmigkeit und Schweißausbrüche geklagt hatte. Sie wurde ins Krankenhaus gebracht, wo sie am nächsten Tag im Alter von zweiunddreißig Jahren an einem Herz-infarkt starb.

Die Supremes trennten sich 1977 nach der beachtlichen Zeit von sech-zehn Jahren. Der Einfluß der Gruppe war in den letzten Jahren etwas schwächer geworden, was zum Teil dem Aufkommen des Souls zuzu-schreiben ist, einem Musikstil, der wesentlich aggressiver war als der sanfte, modische Pop aus Hitsville (obwohl Motown 1976 auch ein Tochter-Label namens Soul gründete). Gegen Ende der sechziger Jahre bezeichnete der Begriff »Soul« nicht nur die fesselnde Mischung aus Blues und Gospel, sondern auch eine Art gemeinsamer Identität der Schwarzen oder, wie es Nelson George in *Where Did Our Love Go* ausdrückt: »eine besondere Qualität, die Schwarze besaßen und Weiße nicht.« Aus dieser Sicht heraus wurde Schwarzen, die im Mainstream-Pop erfolgreich waren, manchmal nachgesagt, sie würden ihre »Seele« verkaufen – ein Vorwurf, den sich auch die Supremes von einem britischen Journalisten gefallen lassen mußten, der den Vorschlag machte: »Geh doch wieder in die Kirche, Baby!«

Wie Mary Wilson in *Dreamgirl* etwas verzweifelt bemerkt (»Was sollte dieses ganze Gerede über Kirche?«), hatte keine der Supremes jemals in der Kirche gesungen – obwohl sie durchaus in den Gottesdienst gingen, um andere GospelsängerInnen aus Detroit, wie z.B. Aretha Franklin, singen zu hören. Und wenn sie dann stolz auf ihre Rassenzugehörigkeit waren, wurden sie von derselben Presse kritisiert, die so eifrig darauf bedacht war, daß sie zu ihren »Wurzeln« zurückkehrten. Als die Supremes im November 1968 vor der englischen Königsfamilie auftraten, baute Diana Ross in den Song »Something« (aus der *West Side Story*) eine kurze Lobrede an den im April ermordeten Bürgerrechtler Dr. Martin Luther King Jr. ein. Sofort entbrannte eine Auseinandersetzung. Die Sequenz wurde später für das Fernsehen herausgeschnitten, und Ross verteidigte sich in einer Pressekonferenz mit den Worten: »Die Rede sollte nicht schockieren ... Ich habe doch nichts Schlimmes gesagt, es war eher wie ein Gebet.« Anschließend bekundete sie ihre Sympathie für Stokely Carmichael, den früheren Kopf der aktivistischen Bürgerrechtsgruppe Student Nonviolent Coordinating Committee (SNCC) sowie für die in James Browns letztem Top-10-Hit vertretene Ansicht: »Say It Loud – I'm Black and I'm Proud«. Doch auch wenn sich die Supremes merkwürdigerweise verteidigen mußten, weil sie einigen KritikerInnen nicht »schwarz« genug und anderen zu militant waren, half ihr Erfolg doch, Rassenschranken in der Popszene abzubauen. Das bewies der Durchbruch der ersten bedeutenden schwarzen Solosängerin Aretha Franklin, die 1967 mit vier Top-10-Hits die Pop Charts stürmte.

Aretha Louise Franklin wurde 1942 in Memphis geboren, wuchs aber in Detroit auf. Sie kam schon sehr früh mit Musik in Berührung, da ihr Vater Clarence LaVaugh Franklin (auch als C.L. Franklin bekannt) Pfarrer der New Bethel Baptist Church in Detroit war. Franklins mitreißende Predigten, die regelmäßig für eine volle Kirche sorgten, wurden schließlich im Radio übertragen und von Chess Records als Schallplatte herausgebracht.

Aretha begann mit acht Jahren, Klavier zu spielen. Am Anfang nahm sie Klavierunterricht, hörte aber damit auf, weil sie ihn als zu große Einschränkung empfand – sie brachte sich das Klavierspielen lieber selbst bei.

Schon bald trat sie in der Kirche ihres Vaters auf (mit zwölf war sie Vorsängerin im Kirchenchor) und war sofort ein Bombenerfolg. Außerdem spielte sie für den Kirchenchor Klavier und sang zusammen mit ihrer Schwester Erma in einem Gospelquartett. Als ihr Vater ein Tourneeprogramm zusammenstellte, das aus Gospels und einer Predigt bestand, zog Aretha während der Schulferien mit durchs Land. Mit vierzehn nahm sie bei Chess ihre erste LP, *Songs of Faith*, auf.

Arethas Talent wurde ferner durch die Gäste ihres Vaters gefördert, unter denen viele bedeutende schwarze KünstlerInnen waren, z.B. Mahalia Jackson, Clara Ward, Art Tatum, Sam Cooke, Dinah Washington und der Pfarrer James Cleveland, der Aretha beibrachte, nach Gehör Klavier zu spielen. Ward inspirierte Franklin, Sängerin zu werden: »Clara haute mich um!« erzählt sie Mark Bego in *Aretha Franklin: The Queen of Soul*. »Von da an wußte ich, was ich machen wollte: singen! Ich mochte alle Schallplatten von Miss Ward.« Dinah Washington war ebenfalls eine ihrer LieblingskünstlerInnen, genauso wie Sam Cooke, dessen Wechsel von Gospel zum Pop einen Schritt darstellte, über den Franklin bald selbst nachzudenken begann.

Anfang 1960 entschloß sie sich, nach New York zu gehen und ihr Glück als Bluessängerin zu versuchen. Nicht lange nach ihrer Ankunft nahm sie ein Demo von »Today I Sing the Blues« auf, produziert von dem Bassisten Major »Mule« Holly, der für den Pianisten Teddy Wilson spielte und außerdem ein Freund ihres Vaters war. Der Autor des Songs, Curtis Lewis, gab das Demo dann zusammen mit ein paar anderen seiner Songs an John Hammond weiter, der damals bei Columbia Records arbeitete. Hammond, der die letzten Aufnahmen von Bessie Smith produziert und Billie Holiday entdeckt und produziert hatte, war von Franklins Demo beeindruckt und nahm sie bei Columbia unter Vertrag. Im folgenden Jahr wurde ihre erste LP *Aretha* veröffentlicht, die erste von insgesamt zehn LPs, die sie für das Label aufnahm. Doch obwohl einige ihrer Songs Hits in den R & B Charts wurden, schaffte nur einer den Sprung in die Top 40 der Pop Charts, und keine ihrer LPs war ein Crossover-Erfolg.

Columbia wollte Franklin zunächst als Jazzsängerin herausbringen, und so tingelte sie nach der Veröffentlichung von *Aretha* durch die Nachtclubs und trat 1962 beim Newport Jazz Festival auf. Als sie jedoch begann, mit verschiedenen Produzenten zu arbeiten, umfaßten ihre Songs bald ein breites Spektrum aus Jazz, Blues, Musicals, Standards und Balladen: »God Bless the Child«, »Over the Rainbow«, »Ol' Man River«, »Why Was I Born« und »Try a Little Tenderness«. Ihren einzigen Top-40-Hit bei Columbia hatte sie 1961 mit dem Song »Rock-A-Bye Your Baby with a Dixie Melody«, der Platz 37 erreichte. Sie coverte auch aktuelle

Hits dieser Zeit, wie z.B. »My Guy«, »Walk on By«, »Every Little Bit Hurts« sowie Betty Everetts »The Shoop Shoop Song (It's in His Kiss)« und nahm als Andenken an Dinah Washingtons Songs das Album *Unforgettable* auf, das 1964, ein Jahr nach dem Tod ihres Idols, veröffentlicht wurde. Auf einigen ihrer LPs spielt sie selbst Klavier und wird von den Warwick Singers mit Dionne Warwicks Schwester Dee Dee, Cissy Houston (Whitney Houstons Mutter) und Myrna Smith begleitet. Houston und Smith gründeten später ihre eigene Gruppe, die Sweet Inspirations, und wirkten auf Arethas Platten bei Atlantic als Background-Sängerinnen mit.

Franklins erster Ehemann Ted White war in ihrer Zeit bei Columbia auch ihr Manager. Sie lernte White kennen, als dieser während einer Tournee mit Dinah Washington im Haus ihres Vaters zu Besuch war. Die beiden heirateten 1961 und hatten zwei Kinder. Franklin brachte außerdem einen Sohn mit in die Ehe, den sie mit fünfzehn bekommen hatte. Als Franklins Manager hatte White mit Columbia immer wieder Meinungsverschiedenheiten daüber, welche Richtung Franklins Karriere nehmen sollte. Er war auch bei ihren Aufnahmen im Studio dabei, was einige der Produzenten, vor allem Clyde Otis, der ab 1964 Franklins Produzent war, störte, da Whites Anwesenheit Aretha seiner Meinung nach hemmte: »Er kam rein, und wenn sie gerade ein bißchen Quatsch machte und einfach drauflos sang, schaute er sie nur an, und das war's dann«, sagte Otis zu Mark Bego. Für White wiederum war Otis ein »Diktator«, der Franklin in die falsche musikalische Richtung drängen wollte. Alle waren sich jedoch darüber einig, daß Franklin nach Auslaufen ihres Vertrags 1966 nicht bei Columbia bleiben würde, und so wurde sie, nachdem sie Columbia verlassen hatte, sofort von Jerry Wexler von Atlantic Records unter Vertrag genommen.

Wexler hatte Franklins Karriere seit ihrer Zeit bei Chess Records verfolgt und war der Ansicht, daß ihr bei Columbia ein klarer Bezugspunkt gefehlt hatte. Außerdem wollte er sie als Blues-Star herausbringen, eine Richtung, die auch Aretha anstrebte. Nachdem Wexler Franklin unter Vertrag hatte, arrangierte er für sie eine Aufnahme in den Fame Studios in Muscle Shoals, Alabama, um ihre Musik mit einem authentischen Südstaaten-Sound anzureichern. Leider dauerte die Aufnahme nur eine Nacht. Bei dem Song »I Never Loved a Man (The Way I Loved You)« geriet White in Streit mit einem der weißen Trompeter, und am nächsten Morgen kehrten sowohl White als auch Franklin nach Detroit zurück. Franklin mußte den Rest ihres Debüt-Albums für Atlantic schließlich in New York aufnehmen. Auch auf diesem Album spielt sie bei einigen Stücken Klavier und läßt sich von ihren Schwestern Erma und Carolyn begleiten.

Als im Februar 1967 die Single »I Never Loved a Man« (gleichzeitig der Titel ihres ersten Atlantic-Albums) veröffentlicht wurde, hatte sie bald sowohl in den Pop- als auch in den R&B Charts Erfolg (Platz 9 bzw. Platz 1). Die LP erreichte Platz 2. Ihre zweite Single, »Respect« (geschrieben und aufgenommen von Otis Redding, dessen Version des Songs 1965 auf Platz 35 kam), war sogar noch erfolgreicher: Sie führte beide Charts an. Aretha und Carolyn hatten einige Zeit an einem eigenem Arrangement von »Respect« gearbeitet, das den Ausdruck »sock it to me«[35] enthielt (»einer der vielen sexuellen Ausdrücke aus dem Blues oder Jazz, die Eingang in die Alltagssprache gefunden haben«, wie die Zeitschrift *Time* hilfreich bemerkte) und den Titel des Songs buchstabierte. Der Kontrast zwischen Franklins gedämpften Stücken bei Columbia und den leidenschaftlichen neuen Songs, die sie für Atlantic aufnahm, wurde sofort ersichtlich: Ihre kraftvolle Stimme, die bei den Columbia-Stücken einfach nur klar und rein geklungen hatte, schäumte nun über vor Temperament – was das Publikum unwiderstehlich fand.

1967 traf »Respect« einen Nerv der Zeit. Im selben Jahr wurde der Aktivist der Black Power-Bewegung H. Rap Brown neuer Führer der SNCC. Während des ganzen Sommers kam es in den Schwarzenvierteln mehrerer amerikanischer Städte zu Ausschreitungen. Die Vandellas traten mit ihrer »aufrührerischen« Nummer »Dancing in the Street« genau an jenem Abend auf, an dem in Detroit ein viertägiger Aufruhr entstand, weil vierundsiebzig schwarze Männer mit der Begründung verhaftet worden waren, sie hätten in einem Lokal, das keine Schankkonzession besaß, nach Geschäftsschluß Alkohol getrunken. »Zeitungen, Zeitschriften und Fernsehreporter beschäftigten sich mit der Frage: 'Warum?' – dabei buchstabiert es Aretha Franklin doch in einem Wort: R-E-S-P-E-C-T!« schrieb Phil Garland in *The Soul Scene*, und *Ebony*-Journalist David Llorens bezeichnete den Sommer 1967 als »'Retha-, Rap- und Revoltensommer!« Doch »Respect« fand auch nicht zuletzt deshalb so großen Anklang, weil man den Song auf verschiedene Weise interpretieren konnte. »Es könnte sich um eine Rassensituation, eine politische Situation oder auch nur um eine Situation zwischen Mann und Frau handeln«, sagte der Toningenieur des Songs, Tom Dowd, gegenüber dem *Rolling Stone* und fügte hinzu: »Der Song war so bekannt, daß sich jeder damit identifizieren konnte.«

Nachdem Franklin fast das ganze Jahrzehnt über kaum kommerzielle Erfolge gehabt und daher auch nicht im Blickpunkt der Öffentlichkeit gestanden hatte, holte sie dies in den kommenden Jahren nach. Auf »Respect« folgten die Top-10-Hits »Baby, I Love You«, Goffin-King-Wexlers »(You Make Me Feel Like) A Natural Woman« sowie die LP *Aretha Arrives*.

---

35 Deutsch etwa: »gib's mir«.

Sie begann das Jahr 1968 mit der Smash-Hit-Single »Chain of Fools« (mit Ellie Greenwich als Background-Sängerin) und dem Album *Lady Soul*, die beide Platz 2 der Charts erreichten. Während des restlichen Jahres und im Jahr darauf hatte sie weitere elf Singles in den Top 40, drei weitere LPs in den Top 20 (darunter das Live-Album *Aretha in Paris* sowie ein Greatest Hits-Album) und gewann die ersten beiden von zehn aufeinanderfolgenden Grammys. Arethas Schwestern sangen nicht nur auf ihren Platten, sondern hatten auch eigene Plattenverträge. Carolyn machte Aufnahmen für RCA und Erma für die Labels Shout und Brunswick. 1967 hatte Erma einen Top-10-Hit in den R & B Charts mit »Piece of My Heart«, das später von Janis Joplin neu eingespielt wurde.

Ende der sechziger Jahre gehörte Aretha Franklin eindeutig zu Amerikas Top-Sängerinnen und war ein internationaler Star. Allerdings drängten sich immer wieder private Probleme in ihr Berufsleben. 1968 war sie schockiert über eine Titel-Story in der *Time*, die Franklin als glänzenden, wenn auch »untersetzten« Star darstellte, der »privat von Geistern« gequält wurde. Franklin wurde mit den Worten zitiert: »Ich bin zwar erst sechsundzwanzig, aber in Wahrheit bin ich eine verkleidete alte Frau – eine Sechsundzwanzigjährige, die fünfundsechzig wird.« Der Artikel stellte White außerdem als eine ihrer größten »Belastungen« dar und behauptete, White habe Franklin in der Öffentlichkeit tätlich angegriffen. White verklagte die Zeitschrift zwar wegen dieser Aussage (die Anklage wurde später fallengelassen), doch sein Status als »Belastung« war sowieso nur von kurzer Dauer, da sich das Ehepaar 1969 scheiden ließ. Wenn die damaligen Gruppen schon als leicht manipulierbar galten – wie einst die Girl Groups – so war dieses Problem für Solokünstlerinnen noch größer und betraf vor allem diejenigen, die von ihrem Ehemann oder einem Verwandten gemanagt wurden, von denen man annahm, daß sie ein »aufrichtiges« Interesse daran hätten, zum Nutzen der Künstlerin zu arbeiten. Da Frauen – auch als Stars – traditionsgemäß eine unterwürfige Rolle einzunehmen hatten, konnten sie noch weniger überprüfen, ob es überhaupt angebracht war, daß andere über ihre Karriere bestimmten. In Franklins Fall war es so, daß sie nach ihrer Scheidung von White eine eigene Identität aufbauen und ihren Talenten freien Lauf lassen konnte.

Im Gegensatz dazu war Tina Turner in einer zunehmend gewalttätigen Beziehung mit ihrem Manager-Ehemann gefangen, die schließlich alles zu zerstören drohte, was sie im Showbusineß innerhalb von achtzehn Jahren geleistet hatte. Turner sang als Teil der Ike and Tina Turner Revue weder lässigen Motown-Pop noch temperamentvolle Gospelsongs im Stil Aretha Franklins, sondern erdigen, schweißtreibenden Rhythm & Blues, dem man – wenn er nicht von Weißen gecovert wurde – im allgemeinen kaum eine Crossover-Wirkung zutraute. Tina Turner wurde 1939 als Annie Mae Bullock in Nutbush, Tennessee, geboren und arbeitete dort mit ihrer Familie auf den Feldern. Tinas Eltern trennten sich, als sie sechs Jahre alt war, und mit sechzehn zogen Tina und ihre drei Jahre ältere Schwester Alline zu ihrer Mutter nach St. Louis. Schon bald ging Alline häufig in die Clubs der Stadt. Einmal nahm sie Tina mit zu einer ihrer Lieblingsgruppen, den Kings of Rhythm mit dem Bandleader Ike Turner. Ike hatte seit seiner Kindheit Musik gemacht und Ende der vierziger Jahre die Kings of Rhythm gegründet. 1951 nahm die Band (unter dem Namen »Jackie Brenston with the Delta Cats«) »Rocket '88«, eine der ersten Rock 'n' Roll-Platten, auf und tourte mit Künstlern wie Howlin' Wolf und B.B. King. Die Kings of Rhythm nahmen Platten für verschiedene Indie-Labels auf und waren in den späten fünfziger Jahren eine der beliebtesten Live-Bands in St. Louis.

Obwohl sich Tinas Gesangserfahrung auf den Kirchenchor beschränkte (»Ich machte im Chor mit, sobald sie festgestellt hatten, daß ich singen konnte«, erinnert sie sich in ihrer Autobiographie *Ich, Tina*), hatte sie doch genügend Selbstbewußtsein, um Ike über ein anderes Bandmitglied mitzuteilen, daß sie gerne mit der Gruppe singen würde. Ike ignorierte ihre Bitten, bis sich Tina eines Abends, als die Band gerade Pause machte, ein Mikro schnappte und anfing zu singen. »Das haute [Ike] vom Hocker«, erzählte Tina. »Er rannte von der Bühne runter und hob mich einfach hoch! Er sagte: 'Ich wußte ja nicht, daß du wirklich singen kannst. Was kennst du denn sonst noch?'« Tina trat bald darauf in die Band ein und besang 1958 mit dem Song »Box Top«, die die Band auf einem örtlichen Indie Label herausbrachte, zum ersten Mal eine Schallplatte.

1960 nahm Tina ihre erste Platte als Leadsängerin auf. Die Sängerin, die von Ike vorgesehen war, seine Komposition »A Fool in Love« zu singen, erschien nicht zur Aufnahme und Tina sprang als Leadsängerin für sie ein. Ihre rauhe, heulende Interpretation trug dazu bei, daß der Song unter dem Namen Ike und Tina Turner (Ike hatte Annie Mae bereits umbenannt, obwohl die beiden erst 1962 heirateten) in die Top 30 kam und Platz 2 der R & B Charts erreichte. Die Kings of Rhythm wurden in Ike and Tina Turner Revue umgetauft, statteten sich mit einem weiblichen Trio namens Ikettes aus und nahmen in den sechziger Jahren unter verschiedenen Labels Platten auf. Doch obwohl sie gelegentlich in den Top 40 Charts vertreten waren, schien sich ihr Publikum auch weiterhin auf R & B-LiebhaberInnen zu beschränken. Eine Platte, die das Rockpublikum hätte erreichen können, war »River Deep, Mountain High« von Ellie Greenwich, Jeff Barry und Phil Spector. Spector hatte die Ike und Tina Revue für einen Auftritt in *The Big TNT Show* engagiert, einem Konzertfilm, der

1966 erschien. Anschließend produzierte er mit Tina als Sängerin »River Deep«. Und obwohl die Single unter dem Namen Ike and Tina Turner herauskam, ist Tina als einzige aus der Gruppe auf der Platte zu hören. Es war eine typisch extravagante Spector-Produktion in bester »Wall of Sound«-Tradition, der Tina mit ihrer leidenschaftlichen Interpretation ein neues, aufregendes Element hinzufügte. Doch die Platte kam in den USA nicht an und erreichte ihren Höchststand auf Platz 68. Nach diesem Fehlschlag zog sich Spector drei Jahre lang aus dem Musikgeschäft zurück.

Tina kam die Möglichkeit einer Zusammenarbeit mit Spector sehr gelegen, und zwar nicht nur, weil sich »River Deep« von dem »Geschrei und Geheul« des R & B unterschied, den sie von der Revue her gewohnt war. »Es war das erste Mal, daß ich alleine irgendwo hingehen durfte«, erklärt sie in *Ich, Tina*. »Ich durfte ja sonst nur ins Studio und zum Flughafen. Zum ersten Mal fühlte ich mich wie ein echter Profi.« Wider besseres Wissen hatte Tina nach ihrem Eintritt in die Band mit Ike ein Verhältnis angefangen. In den nächsten fünfzehn Jahren bewahrheiteten sich Tinas anfängliche Befürchtungen, und sie mußte immer wieder Ikes Prügel ertragen. Sie war schließlich so verzweifelt, daß sie mit achtundzwanzig einen Selbstmordversuch unternahm. Ikes Beleidigungen dehnten sich auch auf die Mitglieder der Revue aus. Die Fluktuation innerhalb der Gruppe war hoch, da die Musiker Schwierigkeiten hatten, mit Ike zu arbeiten. Bei den weiblichen Bandmitgliedern verhielt es sich umgekehrt. Sie, die häufig eine Affäre mit Ike hatten und dieselbe Gewalttätigkeit wie Tina erfuhren, hatten zuviel Angst, um einfach zu gehen. Ikes besitzergreifende Art wirkte sich auch auf das Berufsleben der Revue-Mitglieder aus. Als die Ikettes in den sechziger Jahren eigene Hits in den Top 40 hatten (zu dieser Zeit war die Revue bereits aus den Charts verschwunden), verbot Ike ihnen, auf Tournee zu gehen und für ihre Platten zu werben und engagierte falsche »Ikettes« für eine Tournee. Die echten Ikettes versuchten, sich zu wehren, indem sie 1965 die Revue verließen und eine eigene Tournee planten. Ike erwirkte jedoch eine einstweilige Verfügung, so daß sie nicht auftreten durften.

Gegen Ende der sechziger Jahre erholte sich die Revue wieder. 1967 war Tina Turner auf der Titelseite der zweiten Ausgabe der gerade in San Francisco neu erschienenen Zeitschrift *Rolling Stone* abgebildet. Wegen des Erfolgs von »River Deep« in England, wo der Song die Top 5 erreichte, bekam die Gruppe außerdem das Angebot, als Vorprogramm der Rolling Stones bei deren England-Tournee (1966) und USA-Tournee (1969) aufzutreten. 1970 hatten Ike and Tina Turner mit »I Want to Take You Higher« zum ersten Mal seit acht Jahren wieder einen Top-40-Hit in den USA, und

1971 konnten sie sich mit ihrer Cover Version von Creedence Clearwater Revivals »Proud Mary« auf Rang 4 plazieren. Ihren nächsten Sprung in die Top 40 schafften sie 1973 mit dem von Tina geschriebenen Song »Nutbush City Limits«, in dem sie ihre Heimatstadt verewigte. Der Song erreichte die Top 30 in den USA und wurde ein Nummer-2-Hit in Großbritannien. Bis zu ihrer Auflösung Mitte der siebziger Jahre war die Revue ein beliebte Live-Act mit Auftritten im Fernsehen und in Las Vegas. Ihre ausgefallenen Kostüme und das erotische Zusammenspiel von Ike und Tina stellte alles in den Schatten, was dem Mainstream-Publikum je von einer schwarzen (oder weißen) Gruppe geboten worden war. Doch Ike mißhandelte Tina auch weiterhin, und erst nachdem sie 1976 zu Beginn einer Tournee aus der Revue ausgestiegen war, konnte sie sich als Solosängerin eine erfolgreichere Karriere aufbauen.

Im Gegensatz zu der emotionsgeladenen Soulmusik, die Hymnen wie »Respect« hervorbrachte, ein Stück, das vor Stolz auf die schwarze Rassenzugehörigkeit überschäumte, war die von anderen KünstlerInnen in den sechziger Jahren verbreitete Folk Musik sehr viel gemäßigter. Doch diese so ungleichen Stilrichtungen hatten einen gemeinsamen Nenner: Beide traten mit ihren Texten für die Bürgerrechtsbewegung ein. Bereits ein Großteil der frühen Stücke von KünstlerInnen wie Woody Guthrie und den Weavers bestand aus der Verbindung zwischen Folk Musik und politischen Themen. Joan Baez und Peter, Paul and Mary gehörten zu den ersten FolksängerInnen der sechziger Jahre, die diese Tradition weiterführten und dazu beitrugen, das Bindeglied zwischen Musik und politischem Aktivismus für eine neue Generation wiederherzustellen. Dies geschah nicht nur durch die Unterstützung der Bürgerrechtsbewegung, sondern auch durch ihren Protest gegen den eskalierenden Militärkonflikt in Vietnam sowie gegen soziale Mißstände. Die KünstlerInnen drückten diesen Protest sowohl in ihrer Musik als auch durch ihre Teilnahme an Kundgebungen und Demonstrationen aus.

Joan Baez wurde 1941 auf Staten Island als Tochter eines mexikanischen Vaters und einer schottischen Mutter geboren und verbrachte, bedingt durch den Professorenberuf ihres Vaters, den größten Teil ihrer Kindheit mit Umzügen von einem Ort zum nächsten. Baez' Vater, der als Physiker in der Rüstungsindustrie tätig war, verließ diesen Bereich, nachdem er sich den Quäkern angeschlossen hatte. Als Baez als Teenager Gandhis Lehren von der Gewaltlosigkeit entdeckte, schlug sie eine ähnliche Richtung ein. 1957 fiel sie als Schülerin der High School im kalifornischen Palo Alto zum ersten Mal wegen »zivilen Ungehorsams« auf, da sie sich weigerte, das Gebäude während eines Probealarms zu verlassen. Nach diesem Vorfall brachte die Lokalzeitung ihr Bild auf der Titelseite sowie einen Artikel, in dem über »kommunistische Umtriebe« im Schulsystem spekuliert wurde.

Ungefähr zur gleichen Zeit bekam Baez auch ihre erste Gitarre, nachdem ihr ein Freund ihres Vaters bereits das Ukulelespielen beigebracht hatte. Außerdem sang sie im Schulchor und lauschte ihren Lieblings-R & B- und Doo-wop-Songs im Radio, z.B. »Earth Angel« von den Penguins und »Pledging My Love« von Johnny Ace. Als sie Gitarre spielen lernte, entdeckte sie die Musik von Harry Belafonte, Pete Seeger (von den Weavers) und Odetta. Nach ihrem High School-Abschluß zog Baez mit ihrer Familie nach Boston und schrieb sich an der dortigen Universität als Schauspielstudentin ein. Schon bald verließ sie die Uni jedoch wieder, um sich in der florierenden Folk Musikszene der Stadt zu engagieren. Mit ihrer hohen, klaren Stimme fand sie sofort eine große Anhängerschaft in den Cafés, in denen sie spielte. Baez nahm ihre Auftritte ernst und erwartete von ihrem Publikum dasselbe. »Wenn ein nichtsahnender Student ins Café geschlendert kam und dachte, daß er sich hier wie in den anderen Cafés ausruhen und lesen könne, hatte er sich getäuscht«, schreibt Baez in ihrem Buch *We shall overcome: mein Leben*. »Ich hörte mitten im Song auf und sagte ihm, daß er zum Lernen Lesen in die Bibliothek gehen solle.«

Baez nahm 1959 zusammen mit zwei anderen Folksängern die LP *Folksingers 'Round Harvard Square* auf, die unter einem kleineren Label erschien. Im selben Jahr trat sie mit Rob Gibson beim Newport Folk Festival auf, wo die beiden »Virgin Mary Had A-One Son« und »We Are Crossing Jordan River« sangen. Ihr Auftritt war ein Erfolg, und der Manager Albert Grossman versuchte daraufhin, Baez einen Plattenvertrag zu verschaffen. Er verhandelte mit Columbia Records, doch Baez war nicht begeistert davon, bei diesem Label zu arbeiten und unterschrieb schließlich bei dem kleineren Label Vanguard. Diese Firma war für Baez vor allem deshalb von Bedeutung, weil sie als einzige Plattenfirma dazu bereit war, Songs von den Weavers zu veröffentlichen, als drei Leute aus der Band der Mitgliedschaft in der Kommunistischen Partei beschuldigt wurden. Unter den Beschuldigten war auch Bob Seeger, der während der McCarthy-Hearings Mitte der fünfziger Jahre vom Senatsausschuß zur Untersuchung unamerikanischer Umtriebe unter Beschuß genommen worden war. Baez lehnte auch Grossmans Angebot ab, ihr Manager zu werden und entschied sich statt dessen für den Promoter und Manager Manny Greenhill, den sie aus Boston kannte.

Die LP *Joan Baez* (auf der Fred Hellermann von den Weavers bei einigen Stücken Gitarre spielt) erschien 1960 und entwickelte sich schnell zu einem der verkaufskräftigsten Alben, das je von einem weiblichen Folk-Star herausgebracht wurde. Sie war die erste von sechs goldenen

Schallplatten (eine Auszeichnung für 500 000 oder mehr verkaufte Exemplare), die Baez im Laufe ihrer Karriere erhielt. Baez war eine der wenigen MusikerInnen dieser Zeit, die in den LP Charts größeren Erfolg hatten als in den Singles Charts. Erst 1971 hatte sie mit der Single »The Night They Drove Old Dixie Down« einen Hit in den Top 40, während neun ihrer Platten in die Top 40 der LP Charts und drei davon in die Top 10 kamen. Darüber hinaus war sie eine der ersten Künstlerinnen, deren Aufmachung im Vergleich zu dem Make-up, den Perücken und Kostümen der meisten Künstlerinnen dieser Zeit eindeutig schlicht war, und die damit trotzdem Erfolg hatte. Mit ihren langen, glatten Haaren und ihrem einfachen, bequemen Kleidungsstil verstieß Baez gegen das gängige Image der Künstlerinnen, da sie den Schwerpunkt auf die Musik und nicht auf ihr Aussehen legte. Wegen ihres Äußeren wurde sie von den Medien auch eher als »ernstzunehmende« Musikerin betrachtet – obwohl diese nun trotzdem wieder das Aussehen der Künstlerinnen in den Mittelpunkt stellten: »Es ist nicht unbedingt nötig, die Haare bis auf die Hüfte herunterhängen zu lassen – aber es hilft«, begann ein Artikel mit der Überschrift »Folk Girls« in der *Time* vom Juni 1962. »Weitere Hilfsmittel: kein Lippenstift, flache Schuhe, Gitarre. Mit dieser Ausrüstung kann jedes zielstrebige Mädchen Karriere als Folksängerin machen.«

Im November 1962 erschien Baez auf der Titelseite von *Time*. Noch im selben Jahr brachte sie ihre dritte LP, *Joan Baez in Concert*, heraus. Ein Jahr darauf stellte Baez ihrem Publikum einen neuen Sänger vor: Bob Dylan, den sie 1961 im Gerde's Folk City-Club in Greenwich Village kennengelernt hatte. 1963 trat sie dann mit ihm beim Newport Folk Festival auf. Dylan hatte dort ebenso großen Erfolg wie Baez 1959 bei ihrem Festival-Debüt. Die beiden wurden ein Liebespaar und wurden fortan als »The King and Queen of Folk Protest« bezeichnet. Baez nahm Dylans Songs in ihr Repertoire auf und brachte 1968 die Doppel-LP *Any Day Now* heraus, auf der sie seine Songs singt.

Baez, die in ihren frühen Stücken noch keine klare politische Linie verfolgt hatte, wurde im Verlauf des Jahrzehnts politisch immer aktiver und war stets bestrebt, ihre politische Gesinnung als festen Bestandteil ihrer Karriere zu sehen. Da sie während ihrer Südstaatentournee 1962 nur dort live auftreten wollte, wo es keine Rassentrennung gab, sang sie ausschließlich an schwarzen Universitäten. Als glühende Anhängerin Dr. Martin Luther Kings Jr., dessen Reden Baez in der elften Klasse zum ersten Mal gehört hatte, marschierte sie mit King auf verschiedenen Demonstrationen und war eine der KünstlerInnen, die mit King bei dem historischen Marsch nach Washington im August 1963 auf dem Podium standen und »We Shall Overcome« sangen. Sie weigerte sich außerdem, in der TV-Folk-Sendung *Hootenanny*[36] aufzutreten, da ABC Pete Seeger auf die schwarze Liste gesetzt hatte, sie teilte dem Finanzamt mit, daß sie den für den Verteidigungshaushalt vorgesehenen Prozentsatz ihrer Steuern nicht bezahlen würde und saß zwei Gefängnisstrafen ab, weil sie vor Militärgebäuden demonstriert hatte. Ihre politischen Ansichten hatten zur Folge, daß sie 1967 als erste Künstlerin seit achtundzwanzig Jahren nicht in der Daughters of the American Revolution's Constitution Hall in Washington auftreten durfte[37] (die Sängerin Marian Andersen durfte 1939 nicht in der Halle auftreten, weil sie schwarz war). Baez sang nun verstärkt aktuelle Songs sowie politisch orientierte Stücke wie z.B. »What Have They Done to the Rain« und »Joe Hill«. Diese Richtung fand ihren Höhepunkt in der 1973 veröffentlichten LP *Where Are You Now, My Son?*. Die LP dokumentiert Baez' Besuch in Hanoi 1972, der mit einem heftigen Luftangriff der Amerikaner zusammenfiel.

Peter, Paul and Mary waren FolksängerInnen, die sich ebenfalls bei den damaligen politischen Aktivitäten engagierten. Peter Yarrow, Noel Paul Stookey und Mary Travers waren jeweils in der Folkszene von Greenwich Village aktiv gewesen, bevor Albert Grossman die drei zusammenbrachte: Der Solosänger Yarrow war u.a. 1960 beim Newport Folk Festival aufgetreten, Stookey war Alleinunterhalter, und Travers hatte mit verschiedenen Folkgruppen gearbeitet und in dem Broadway-Musical *The Next President* mitgespielt, das jedoch ein Flop war. Grossman ließ die Gruppe sieben Monate lang proben, bevor sie 1961 ihr Debüt im Bitter End Club in New York gab.

Als Teil einer Gruppe, in der alle Mitglieder sangen (Stookey und Yarrow spielten zusätzlich noch Gitarre), wäre Travers wegen ihres Geschlechts eigentlich gar nicht besonders aufgefallen, doch das Management hatte andere Vorstellungen: »Albert gab die Anweisung, daß Mary nicht sprechen sollte«, erzählt Yarrow in dem Buch *Off the Record*. »Er wollte, daß Mary etwas Geheimnisvolles blieb. Mary war das Sexobjekt für Studenten.« Es ist zweifelhaft, ob durch Grossmans »Anweisungen«

---

36 Der Begriff »Hootenanny« bezeichnete ursprünglich eine zwanglose Party mit Musik, Tanz, Essen und Trinken. Im 19. Jahrhundert wurde er dann von der aufkommenden Gewerkschaftsbewegung für zwanglose Treffen politisch Gleichgesinnter verwendet. 1941 übernahmen die *Almanac Singers* (u.a. Pete Seeger und Woody Guthrie) den Begriff für eine neue Veranstaltungsform in Greenwich Village: Bei den regelmäßig stattfindenden Veranstaltungen wurden Gewerkschafts- und Friedenslieder sowie Lieder gegen Rassismus gesungen, wobei das Publikum aktiv mitsang und auf diese Weise der politische Gemeinschaftssinn gefördert wurde. In den sechziger Jahren übernahm der Sender ABC den Begriff für eine TV-Folksendung. Innerhalb kürzester Zeit verwandelte ABC die Hootenannies in eine kommerzielle Show, bei der von dem ursprünglichen Charakter der Hootenannies mit ihrem spontanen Kontakt zwischen SängerInnen und Publikum nichts mehr übrigblieb.

37 Die »Daughters of the American Revolution« ist eine1890 gegründete, patriotische Organisation. Mitglieder sind u.a. direkte Nachfahren von Soldaten der Revolutionszeit.

das »Geheimnisvolle« an Travers wirklich an Bedeutung zunahm, da das Publikum Peter Paul and Mary im allgemeinen als Gruppe und nicht als Einzelpersonen betrachtete. Wie Baez kleidete sich auch Travers bei ihren Auftritten eher schlicht und zeigte damit, daß auch für sie die Musik im Vordergrund stand.

Auf ihren Auftritt im Bitter End folgten Shows in anderen Folk Clubs im ganzen Land, und 1962 brachten Warner Bros. die erste LP der Gruppe, *Peter Paul and Mary*, heraus. Das von *Billboard* als »moderner Klassiker« bezeichnete Album führte sieben Wochen lang die Charts an und blieb zwei Jahre lang in den Top 20. Wie das Kingston Trio, eine Männergruppe, deren Erfolg Ende der fünfziger Jahre das Publikumsinteresse an der Folk Musik wiedererweckt hatte, sangen auch Peter Paul and Mary Folksongs und Balladen, wurden jedoch bald von dem progressiven politischen Zeitgeist ergriffen. Nach ihrem bescheidenen Top-40-Erfolg mit »Lemon Tree« (1962), erreichte ihre aufwühlende, lebhafte Version von »If I Had a Hammer« von den Weavers die Top 10. »Peter Paul and Mary traten in die Fußstapfen der Weavers«, sagte Travers 1982 in *Wasn't That a Time*, einem Dokumentarfilm über die Weavers. »Wir haben von ihnen gelernt... daß die Folktradition nicht nur das altmodische 'zusammen Spaß haben', sondern auch soziales Engagement beinhaltet.«

Im darauffolgenden Jahr erreichte Peter, Paul and Marys Cover Version von Bob Dylans »Blowin' in the Wind« Platz 2 (damit schlugen sie Dylan, der ebenfalls von Grossman gemanagt wurde, und seine Version um zwei Jahre in den Singles Charts) und wurde zur inoffiziellen Hymne der Bürgerrechtsbewegung. Dieser Song stellte somit eine feste Verbindung zwischen der Gruppe und den progressiven politischen Ideen der Zeit her. Wie Baez nahmen auch Peter Paul and Mary an dem Marsch nach Washington im August 1963 und anderen Bürgerrechtskundgebungen und Demonstrationen gegen den Vietnam-Krieg teil. Außerdem boykottierten auch sie die Sendung *Hootenanny*. Und obwohl viele bekannte KünstlerInnen eine politische Stellungnahme scheuten, bewiesen Peter Paul and Mary, daß es möglich war, die eigenen Anschauungen zu vertreten und trotzdem beträchtliche kommerzielle Erfolge zu erzielen. Ihre ersten fünf Live-Alben schafften alle den Sprung in die Top 10 (die dritte LP der Gruppe, *In the Wind*, erreichte Platz 1). Darüber hinaus wurden sie mit goldenen Schallplatten ausgezeichnet.

Der Erfolg und die Popularität von SängerInnen wie Joan Baez, Bob Dylan und Peter Paul and Mary führten zu einer Mischung aus Musik und Politik, die es in dieser Form in der amerikanischen Pop-Kultur selten gegeben hatte. Aus denselben politischen Inhalten, die in den fünfziger Jahren die Weavers zu Fall gebracht hatten, konnten die FolksängerInnen

Anfang der sechziger Jahre nun Kapital schlagen. Sie waren es, die die Songs ihrer VorgängerInnen erst populär machten: Außer »If I Had a Hammer« sangen Peter Paul and Mary z.B. auch Woody Guthries »This Land is Your Land«. Darüber hinaus arbeiteten die KünstlerInnen der fünfziger und sechziger Jahre häufig zusammen. Nachdem Bernice Johnson Reagon (die später die schwarzen Frauengvokalgruppen Harambe Singers und Sweet Honey in the Rock gründete) 1962 mit Pete Seeger in der Carnegie Hall aufgetreten war, stellte sie Seegers Frau Toshi an, um sich um die Engagements für die Gruppe Freedom Singers zu kümmern, der sich Reagon kurz zuvor angeschlossen hatte. Auf Reagons Bitte hin begann Pete Seeger, bei Benefizvorstellungen für das SNCC aufzutreten, in dem Reagon mitarbeitete. Die Tatsache, daß die Glaubwürdigkeit von SängerInnen, die politische Angelegenheiten offen zur Sprache brachten, für ihre PlattenkäuferInnen sogar noch zunahm, beeinflußte auch andere UnterhaltungskünstlerInnen entscheidend.

Der Folk wirkte sich auch auf verschiedene Musikstile aus, vor allem, als zunehmend elektrisch verstärkte Instrumente eingesetzt wurden und aus Folk schließlich Folk Rock wurde. Bob Dylan wurde 1965 beim Newport Folk Festival ausgebuht, weil er elektrisch verstärkte Instrumente in seiner Band hatte, und im selben Jahr benutzte auch Joan Baez zum ersten Mal eine E-Gitarre auf ihrer LP *Farewell, Angelina*. Allerdings führte diese Verwischung musikalischer Grenzen dazu, daß politische Stellungnahmen allmählich aus den Texten der Folksongs verschwanden und der Schwerpunkt schließlich mehr auf der Musik als auf der Botschaft der Texte lag. Da die Texte nun nicht mehr so stark zur Auseinandersetzung anregten, wurde der Folk Rock für das Mainstream-Publikum immer attraktiver. Gleichzeitig sicherten sich KünstlerInnen, die sich ein cooles Outfit zulegten und einen coolen Sound produzierten, theoretisch das Interesse des jugendlichen Publikums. Sonny and Cher waren innerhalb dieser neuen Stilrichtung sowohl durch ihr Aussehen als auch durch ihren Sound erfolgreich. Sie waren das Folk Rock-Paar, das am höchsten im Kurs stand – und das trotz ihrer eindeutig uncoolen Konventionalität (schließlich waren sie auf dem Höhepunkt der »Swinging '60s« glücklich verheiratet, zu einer Zeit, da die »sexuelle Revolution« eheliche Verbindungen doch eigentlich überflüssig machen sollte).

Im Gegensatz zu den vielen Folk Rockbands, die ihre Wurzeln in der Folkszene an der Ostküste hatten, kamen Sonny & Cher aus der Rockszene in Los Angeles an der Westküste. Die 1946 als Cherilyn LaPierre im kalifornischen El Centro geborene Cher strebte eigentlich eine Schauspielkarriere an und nahm als Kind Schauspielunterricht. Sie lernte Salvatore Philip Bono kennen, als sie beide für Phil Spector arbeiteten. Bono, aufstrebender Songschreiber und Sänger, hatte vorher für Specialty Records gearbeitet und war nun als Promoter für Spector tätig. Cher war auf den Platten der Crystals und der Ronettes als Background-Sängerin zu hören (»Be My Baby« war ihre allererste Platte). Darüber hinaus arbeitete sie als eine von Spectors »AufpasserInnen« und begleitete Ronnie auf ihren Fahrten durch die Stadt, wenn sie nicht im Studio gebraucht wurde und außerhalb Phils Reichweite war.

Cher und Sonny heirateten 1964. Anschließend arrangierte Sonny für Spector die Veröffentlichung einer Solo-Single von Cher unter seinem Label Annette. Der Song, der auf der damaligen Beatlemania-Welle ritt, hieß »Ringo, I Love You« und erschien unter dem Namen Bonnie Jo Mason. Als sie damit keinen Erfolg hatten, machten Sonny & Cher für die Labels Vault und Reprise unter dem Namen Caesar and Cleo Aufnahmen. Doch auch ihre folgenden Singles erwiesen sich als Flops, so daß die beiden 1965 zur Atlantic-Tochter Atco wechselten und Cher schließlich bei Imperial einen Vertrag als Solosängerin unterschrieb. Ihre ersten Singles, Sonny & Chers »Just You« und Chers »Dream Baby« erinnern stark an die enorme Klangfülle auf Spectors Girl Group-Platten, doch auch diese Songs blieben in den Charts erfolglos. Das änderte sich allerdings entscheidend mit der Veröffentlichung von Chers Dylan-Cover »All I Really Want to Do« (Platz 15) und Sonny and Chers »I Got You Babe«, ihrem ersten und einzigen Nummer-1-Hit. Diese Hymne gegenseitiger Bewunderung wäre beinahe auf die B-Seite der Single verbannt worden, da man bei Atco der Ansicht war, »It's Gonna Rain«, ein Song über das Ende einer Beziehung, sei der bessere Titel.

Im Zuge ihres jüngsten Erfolgs erreichte auch »Just You« die Top 20, und die für Reprise aufgenommene Single »Baby Don't Go« wurde wiederveröffentlicht und kam in die Top 10. Cher hatte außerdem u.a. mit »Bang Bang (My Baby Shot Me Down)« (Platz 2) sowie »You Better Sit Down Kids« Solo-Hits. Obwohl ihnen ihre Vorliebe für Hüfthosen, gestreifte Hemden und Fellwesten eine gewisse Unkonventionalität verlieh, repräsentierten Sonny & Cher doch eine ungefährliche Seite der Jugendkultur. Wenn die beiden tatsächlich einmal aktuelle Themen ansprachen, so waren es keine kontroversen Themen wie der Vietnam-Krieg, sondern weniger brisante Dinge wie z.B. Scheidung in »You Better Sit Down Kids« und Sonnys Song »Laugh at Me«, in dem er erzählt, daß er einmal wegen seiner Kleidung aus einem Restaurant hinausgeworfen wurde. Ende 1967 verblaßte ihr fröhlicher Pop allmählich angesichts der etwas schwereren Klänge aus San Francisco, der neuen Heimat der Gegenkultur. Mit Sonny and Chers Karriere ging es zunächst bergab, bis sie sich Anfang der siebziger Jahre mit dem Erfolg ihrer Fernsehserie The Sonny & Cher Comedy

Hour wieder etwas erholten. Das Paar ließ sich schließlich 1974 scheiden, und Cher machte als erfolgreiche Solosängerin und Schauspielerin weiterhin Karriere und gawann 1987 einen Oscar für ihre Rolle in dem Film *Mondsüchtig*.

The Mamas and the Papas waren eine ebenso bunte, ungefährliche und kommerziell erfolgreiche Folk-Rockgruppe, die ihre Folkwurzeln auf den Popsektor ausweitete und damit in zwei Jahren neun Top-40-Hits landete. Die Gruppe hatte sich in New York formiert, wo ihre vier Mitglieder, Cass Elliot, Michelle und John Phillips sowie Denny Doherty mit verschiedenen folkorientierten Gruppen aufgetreten waren. Der Gitarrist der Gruppe, John Phillips, bagann seine musikalische Laufbahn in Virginia und ging schließlich nach New York. Dort trat er mit einer Gruppe auf, die u.a.als Abstracts, Smoothies und Journeymen Platten aufnahm. Während einer Tournee mit den Journeymen lernte John das Fotomodell Holly Michelle Gilliam kennen, die 1962 seine zweite Frau wurde. Als sich die Journeymen trennten, überredete John Michelle, Mitglied bei seinen New Journeymen zu werden, bei denen auch Denny Doherty mitmachte. Doherty, im kanadischen Halifax in der Provinz Nova Scotia geboren, hatte vorher mit einer Gruppe namens Halifax Three Aufnahmen gemacht, bevor er sich den Big Three – den späteren Mugwumps – anschloß, bei denen auch Cass Elliot mitmachte.

Cass Elliot wurde 1941 als Ellen Nomi Cohen in Baltimore, Maryland, geboren und wuchs in der Nähe von Washington auf. Als Kind lernte sie zunächst Klavier und wechselte später, als ihr Interesse an dem zunehmenden Folk-Boom wuchs, zur Gitarre. Nachdem sie kurze Zeit an der American University in Washington studiert hatte, gründete sie u.a. mit Tim Rose und Jim Hendricks The Big Three (Elliot heiratete Hendricks, damit er nicht zum Militär eingezogen wurde. Später ließen sie sich wieder scheiden). 1964 schloß sich Doherty der Gruppe an, die sich schließlich Mugwumps nannte (und bei der u.a. Zal Yanovsky und der spätere Gründer der Band Lovin' Spoonful, John Sebastian, mitspielten). Die Mugwumps wurden von Warner Bros. unter Vertrag genommen und brachten 1964 ihre erste Single heraus, die jedoch ein Flop war. Außerdem nahmen sie eine LP auf, die allerdings erst veröffentlicht wurde, als sich die Gruppe bereits getrennt hatte. Mit ihren nachfolgenden Gruppen hatten die ehemaligen Bandmitglieder mehr Erfolg. Im Anschluß an seine Arbeit mit den Journeymen begleitete Denny Michelle und John auf einer Reise zu den Jungferninseln, und obwohl Cass noch kein Bandmitglied war, schloß sie sich der Gruppe bald an, indem sie zunächst als Kellnerin in dem Club arbeitete, in dem das Trio auftrat.

Cass' Harnäckigkeit zahlte sich schließlich aus und John stimmte ihrer Aufnahme in die Gruppe zu. Durch die Kombination der Stimmen und Johns sorgfältige musikalische Arrangements entstand eine überaus klangvolle Mehrstimmigkeit, die zum Markenzeichen der Gruppe wurde. Wieder in den USA, zogen die vier nach Los Angeles. Dort stellte der Sänger Barry McGuire (der mit dem Anti-Kriegs-Credo »Eve of Destruction« einen Hit hatte) sie einem von Johns Freunden aus seiner New Yorker Zeit, dem Plattenproduzenten Lou Adler vor. Die Mamas and the Papas, wie sich die Gruppe nun nannte, waren zunächst als Background-SängerInnen auf McGuires LP *This Precious Time* zu hören und begannen dann ihre eigene Karriere mit dem Song »Go Where You Wanna Go«, der 1965 unter Adlers Label Dunhill Records erschien. Adler rief die Single jedoch kurz nach Erscheinen zurück und brachte eine andere Aufnahme der Gruppe heraus, von der er sich mehr erhoffte: »California Dreamin'«.

Das von John geschriebene Stück »California Dreamin'« (Michelle wurde anfangs als Co-Autorin genannt, auf späteren Samplern jedoch nicht mehr) war ursprünglich für Barry McGuires LP vorgesehen gewesen, und die Mamas and the Papas hatten bereits die Background-Stimmen aufgenommen. Adler nahm die Leadstimme jedoch dann mit Doherty auf, und »California Dreamin'« erschien im Winter 1966, zu einer Zeit, da die Schwärmerei des Songs für das warme Klima des Staates seine Wirkung bestimmt nicht verfehlen würde. Da sich die Westküste zum musikalischen und kulturellen Zentrum der Jugend entwickelte, spiegelte der Song auch den Glauben wider, daß das Nirwana alle wahren Gläubigen erwarten würde, die die Reise nach Westen antraten. Doch im Gegensatz zu Phillips anderer Westküsten-Hymne, »San Francisco (Be Sure to Wear Flowers in Your Hair)«, die er für seinen Ex-Kollegen von den Journeymen, Scott McKenzie, geschrieben hatte, ist »California Dreamin'« auch heute noch nicht überholt. Anstatt den »Golden State« wie in »San Francisco« mit Hippie-Attributen wie Blumen, Glocken und »netten Leuten« in Verbindung zu bringen, verspricht »California Dreamin'« einfach nur besseres Wetter (in den Charts plazierten sich beide Songs auf Rang 4). Die Mamas and the Papas setzten diesen Erfolg mit weiteren Top-5-Hits fort, darunter »Monday, Monday«, »Dedicated to the One I Love« von den Shirelles (dieser Song wurde ausgewählt, nachdem die Gruppe Michelles Vorschlag, »He's a Rebel« aufzunehmen, abgelehnt hatte) sowie »Creeque Alley«, ein humorvoller Bericht über die Entstehung der Gruppe. In den LP Charts waren sie genauso erfolgreich: Ihre ersten vier LPs erreichten alle die Top 5.

Der Sound der Mamas and the Papas hing natürlich von den gesanglichen Fähigkeiten aller vier Mitglieder ab, doch John und Cass nahmen aufgrund ihrer starken Persönlichkeit und schöpferischen Begabung bald eine dominante Rolle in der Gruppe ein. John war der einzige, der ein Instrument spielte und fast alle Songs schrieb, und Cass hatte von allen vier Bandmitgliedern die kräftigste Stimme. Elliots Gewicht stellte die Popwelt, die sich schon immer über das Aussehen eines Stars, (vor allem eines weiblichen Stars) Gedanken gemacht hatte, vor eine völlig neue Situation, mit der sie sich nun, da die Gruppe so erfolgreich war, auseinandersetzen mußte. Selbst die Liner Notes auf dem Debüt-Album der Gruppe, *You Can Believe Your Eyes and Ears*, (Nummer 1 in den Charts) befassen sich mit Elliots Gewicht. So heißt es z.B. in der Beschreibung der Gruppe: »Und als dickes Ende kommt Cass«. Obwohl zugegeben wurde, daß sie »dick« war, wurde diese Bemerkung doch gleich darauf mit dem Wort »liebenswürdig« gepaart. An anderer Stelle stellt der Manager der Gruppe, Bobby Roberts, fest: »Sie war zwar übergewichtig, aber sie ging damit um, als sei sie eine Schönheitskönigin.«

Elliot selbst sah die Sache etwas nüchterner: »Ich bin seit meinem siebten Lebensjahr fett«, sagte sie gegenüber dem *Rolling Stone*. »Fett zu sein heißt, nicht so wie die anderen zu sein, aber zum Glück war ich intelligent... Ich gewöhnte mir an, unabhängig zu sein, und aus dieser Gewohnheit wurde eine Lebensphilosophie.« Aufgrund dieses tief verwurzelten Unabhängigkeitsgefühls kämpfte Elliot gegen ein »Mama« Cass-Image, um das sie nie gebeten hatte. »Das Big Mama-Image stammt nicht von mir«, sagt sie. »Ich habe mein ganzes Leben als Folksängerin dagegen gekämpft... und dann kamen die Mamas and the Papas, und ich hatte es am Hals.« Daß das »Mama« Cass-Image eine Anspielung auf ihr Gewicht war, ist offensichtlich, denn Michelle Phillips wurde normalerweise nicht als »Mama« Michelle bezeichnet. Sie galt als ruhiges, sexy wirkendes, »nymphenartiges« Wesen der Gruppe. Und im Gegensatz zu ihrem Mann, der Cass wegen ihrer starken Persönlichkeit nur ungern in die Gruppe aufgenommen hatte (in den Liner Notes des Mamas and the Papas-Samplers *Creeque Alley* erklärt Michelle: »John wollte sie eigentlich nicht in der Gruppe haben, weil sie so unabhängig war«), bewunderte Michelle Cass' Selbstwertgefühl. »Cass war die erste wirklich emanzipierte Frau, die ich kannte«, sagte sie. »Sie hatte eine gewaltige Wirkung auf mich, sowohl persönlich als auch musikalisch... Sie gab mir das Selbstvertrauen, Stücke zu singen, von denen ich dachte, ich könnte sie nicht singen.«

Elliot war von allen auch am meisten daran gelegen, Solokarriere zu machen, und so brachte sie 1968 ihre erste Single, »Dream a Little Dream of Me« heraus. Der Song wurde zwar von den Mamas and the Papas aufgenommen, erschien jedoch unter dem Namen »Mama Cass With the

Mamas and the Papas«. Ende des Jahres trennte sich die Gruppe und fand sich 1971 nur noch einmal kurz zusammen, um *People Like Us* aufzunehmen und damit einer vertraglichen Verpflichtung nachzukommen. Elliot nahm vier LPs für Dunhill auf, verließ das Label allerdings 1970, frustriert über das seichte Material, das sie dort aufnahm. Nachdem sie zusammen mit Dave Mason für Blue Thump die LP *Dave Mason and Cass Elliot* gemacht hatte, wechselte sie 1971 zu RCA. Sie nahm nicht nur Stücke aus Broadway Musicals, Standards und Stücke von SongschreiberInnen wie z.B. Randy Newman, Bruce Johnston (»Disney Girls«) und ihrer Schwester Leah Kunkel auf, sondern arbeitete auch weiterhin daran, ihr Image als »Mama« Cass loszuwerden, wie ihre letzte LP bei RCA, *Don't Call Me Mama Anymore*, (1973) zeigt.

Obwohl die meisten ihrer Songs in den Charts nicht besonders erfolgreich waren (als Solosängerin hatte sie nur drei Top-40-Hits, darunter »It's Getting Better« und »Make Your Own Kind of Music«), wurde Elliot nach einem etwas wackeligen Start zu einer beliebten Live-Künstlerin. Als Vorbereitung auf ihren ersten Soloauftritt in Las Vegas im Herbst 1968 machte Elliot eine anstrengende Diät, bei der sie zwar hundertzehn Pfund abnahm, danach aber ernsthaft krank wurde. Am ersten Abend bekam sie gleich beim ersten Song Blutungen im Hals und war fast völlig orientierungslos. »Als ich auf die Bühne kam, wußte ich überhaupt nicht, was los war«, schrieb sie später in einem Artikel für das *Ladies Home Journal* mit der Überschrift »Wie man in drei Monaten 110 Pfund abnimmt«. »Da draußen waren 1 200 Leute, und ich konnte nicht singen. Ich konnte nur weinen.«

Die Vorstellungen wurden abgesagt, doch nachdem Elliot sich wieder erholt hatte, schaffte sie es, sich eine neue Karriere aufzubauen. Sie trat im Fernsehen auf und gab 1970 mit *Pufnstuf* ihr Filmdebüt. 1973 hatte sie ein erfolgreiches Engagement in Las Vegas und trat schließlich im ganzen Land in Nachtclubs auf. Ihre wohl bedeutendsten Auftritte hatte sie während ihres zweiwöchigen Engagements im Londoner Palladium Theatre im Juli 1974. Doch am 29. Juli, zwei Tage nach Ende ihres Engagements, wurde Elliot tot in der Wohnung gefunden, die sie während ihres Engagements bewohnt hatte. Sie war zweiunddreißig. Anfangs wurde berichtet, Elliot sei an einem Schinken-Sandwich erstickt, später wurde als Todesursache Herzinfarkt angenommen, herbeigeführt durch Elliots Gewicht, ihre durch die vielen Diäten bedingten Gesundheitsprobleme sowie durch Drogen. Doch obwohl ihr Gewicht während ihrer gesamten Karriere ständig in den Vordergrund gestellt wurde, hatte es Elliot geschafft, eine starke, zuversichtliche Persönlichkeit zu verkörpern und hatte als einzige von den Mamas and the Papas auch als Solokünstlerin Erfolg.

Sowohl die Existenz von Vokalgruppen und SängerInnen wie die Mamas and the Papas, Sonny & Cher, 5th Dimension, Spanky and Our Gang und Jackie DeShannon als auch der Erfolg der Motown-KünstlerInnen trugen dazu bei, daß Frauen nach dem Verschwinden der Girl Groups und der »British Invasion« weiterhin in den Charts vertreten waren. Allerdings verkörperten sie überwiegend traditionelle Rollenbilder, die nur selten in Frage gestellt wurden. Frauen wurden nicht dazu ermutigt, Songschreiberinnen zu werden, es gab so gut wie keine Frauen, die ein Instrument spielten, und Frauen unterlagen dem ständigen Druck, in der Öffentlichkeit als »weiblich« zu gelten. Als die sogenannten »Baby Boomers« der Sechziger jedoch allmählich erwachsen wurden, fingen sie an, gesellschaftliche Einstellungen zu allen möglichen Themen, von Rassismus über Sex bis hin zu den ethischen Aspekten des Vietnam-Krieges, in Frage zu stellen. Diese Einstellungen spiegelten sich in der Rockmusik wider, die sich nun vom »Rock« zum »Progressiven Rock« entwickelte, einer Fusion musikalischer Stile vom Blues über Folk Rock bis hin zu den monotonen indischen Râgas.[38] Im Zuge dieser Veränderungen durften theoretisch auch Frauen experimentieren. Doch da sich die gesellschaftlichen Rollenerwartungen an Frauen damals nicht im selben Maß veränderten wie die Musik, waren solche Experimente unweigerlich ein Widerspruch, und Frauen, die diese Einstellungen in Frage stellten, mußten für ihren Mut meist in irgendeiner Form bezahlen.

Janis Joplin, nach Aretha Franklin die nächste bedeutende Solosängerin, schaffte es nicht, diesem Widerspruch eine positive Alternative entgegenzusetzen, was sie schließlich das Leben kostete. Ihre Zeitgenossin Grace Slick, die aus der Musikszene in San Francisco kam, schaffte es und überlebte. San Francisco entwickelte sich nun zum Mittelpunkt der aufblühenden progressiven Rockkultur. Es war das Mekka der Hippies, die sich an der Kreuzung von Haight Street und Ashbury Street trafen. In der dortigen Szene waren außer Janis Joplins Big Brother and the Holding Company und Slicks Jefferson Airplane u.a. auch Grateful Dead, Country Joe McDonald and the Fish, Quicksilver Messenger Service vertreten, die in Konzerthallen wie dem Fillmore, Avalon oder Matrix auftraten. Außerdem spielten sie bei »kulturellen Anlässen« wie den »Trips Festivals«, die von Ken Kesey (dem Autor von *Einer flog über das Kuckucksnest*) veranstaltet wurden und die wichtigsten Zutaten der Rockmusik enthielten: Rockmusik, eine Light Show und einen Punsch mit einem Schuß LSD für

---

38 Ein Râga ist ein Modus oder eine Tonskala in der indischen Musik mit festen Intervallabständen. Nach vorgegebenen Regeln werden Melodien improvisiert, die bestimmte Zustände oder Gefühle (z.B. Tageszeiten, Jahreszeiten, Religion) symbolisieren und bei den ZuhörerInnen entsprechende Emotionen wecken sollen. Von zentraler Bedeutung ist der ständige Grundtonbezug, was der Musik ihren monotonen Charakter verleiht.

die Gläubigen. Die enge Bindung, die die Gegenkultur zwischen Rockmusik und Jugendkultur geschaffen hatte, wurde deutlich, als die neue, vierzehntäglich erscheinende Rockmusikzeitschrift *Rolling Stone* (deren erste Ausgabe im November 1967 in San Francisco herausgekommen war) folgende Anzeige in der *New York Times* brachte: »Rock and Roll ist mehr als nur Musik; er ist die Energie einer neuen Kultur und Jugendrevolution.«

Jefferson Airplane war die erste Gruppe aus San Francisco, die diese Energie im ganzen Land publik machte, da sie als erste Band von einem großen Label, RCA, unter Vertrag genommen wurde. Die Gruppe wurde Mitte der sechziger Jahre von Marty Balin gegründet und setzte sich aus Paul Kantner, Jorma Kaukonen, Jack Casady und Skip Spence zusammen. Balin engagierte noch eine Sängerin, Signe Toly (spätere Anderson), da er der Auffassung war, daß eine Frau in der Besetzung die Band von anderen in der Szene abheben würde. Airplanes ursprünglich eher folkiger Sound wurde nun immer rockiger, und 1966 lernte die Gruppe ihren ersten Manager, Bill Graham, kennen, der im Fillmore eine Benefizveranstaltung für die San Francisco Mime Troupe veranstaltete. Bald mietete Graham das Fillmore regelmäßig für Veranstaltungen und verhalf Airplane zu ihrem Plattenvertrag bei RCA. Ihr Debütalbum, *The Jefferson Airplane Takes Off*, erschien im August 1966, und obwohl die LP nicht in die Top 40 kam, verkaufte sie sich so gut, daß sie der Gruppe ihre erste goldene Schallplatte einbrachte.

Nach der Veröffentlichung der LP verließ Toly die Band. Sie hatte mittlerweile geheiratet und ein Kind bekommen. Die Gruppe fragte daraufhin die damalige Sängerin der Band Great Society, Grace Slick, ob sie Tolys Stelle einnehmen wolle (der Drummer Skip Spence wurde ebenfalls ersetzt; für ihn kam Spencer Dryden). Die 1939 in Evanston, Illinois, geborene Slick war in Chicago aufgewachsen und hatte als Model gearbeitet, um ihren ersten Mann Jerry, der studierte, finanziell zu unterstützen. Die beiden wohnten in Palo Alto, einem Vorort von San Francisco. Nachdem sie einen der ersten Auftritte von Jefferson Airplane gesehen hatten, hatten sie die Idee, Great Society zu gründen. Die Gruppe nahm zwei LPs für Columbia auf, die jedoch erst veröffentlicht wurden, nachdem Slick als Airplane-Sängerin erfolgreich war. Bei ihrem Eintritt in die Band brachte sie zwei ihrer Songs mit, die sie zuvor mit Great Society aufgenommen hatte: »Somebody to Love« und »White Rabbit« – die einzigen Singles, mit denen Jefferson Airplane in die Top 40 kam.

Slicks erste LP mit der Gruppe, *Surrealistic Pillow*, auf der beide Singles zu hören sind, erschien im Februar 1967. Sowohl die Singles als auch die LP plazierten sich in den Top 10. Slick spielte ihre Fähigkeiten als Songschreiberin herunter und bezeichnete ihre Songs als »Gedanken-fetzen, Anfälle von Wahnsinn« (obwohl sie 1989 in einem Interview zugab, in ihrem Hausfrauendasein deshalb unglücklich gewesen zu sein, weil »ich nicht vom Klavier wegbleiben konnte«). Auch von ihren Fähig-keiten als Sängerin hielt sie nicht viel und sagte, sie würde doch eher »sprechen« als »singen«. Über ihre Rolle in der Band äußerte sie sich gleichermaßen zurückhaltend: »Ich bin weiter nichts als vielleicht ein biß-chen aggressiver als andere Frauen in meinem Alter«, erzählte sie Aida Pavletich in dem Buch *Rock-A-Bye Baby* (das später unter dem Titel *Sirens of Song* veröffentlicht wurde). Doch ihre durchdringende Stimme (»Wenn sie einen hohen Ton singen wollte, war es, als würde sie etwas einkreisen, um sich dann darauf zu stürzen«, schreibt Charles Perry in *The Rolling Stone Illustrated History of Rock&Roll*) wurde genauso zu Jefferson Air-planes Markenzeichen wie ihr Song »White Rabbit«, eine meisterhafte Beschreibung eines Trips mit bewußseinserweiternden Drogen durch den surrealen Schleier von Lewis Carrolls *Alice im Wunderland*. Durch ihre sarkastische Art und ihr manchmal bedrohlich wirkendes Auftreten wurde Slick zu einer der stärksten weiblichen Rockpersönlichkeiten dieser Zeit.

Nachdem Jefferson Airplane bis Ende der sechziger Jahre LPs veröf-fentlicht hatte, gingen die Interessen der Bandmitglieder Anfang der siebziger Jahre immer weiter auseinander. Slick heiratete Kantner, bekam ein Kind, und die beiden begannen, neben den Airplane-LPs auch Solo-stücke aufzunehmen. Slick und Kantner gründeten schließlich Jefferson Starship – später einfach nur Starship –, eine Band, die kommerziell wesentlich erfolgreicher war als ihre Vorläuferin, obwohl ihr nicht die kulturelle Bedeutung zukam, die Jefferson Airplane auf ihrem Höhe-punkt Ende der sechziger Jahre hatte.

Im Gegensatz zu Slick, die bei der Band und ihrem »Airplane-Haus« Zuflucht fand, schien Janis Joplin, die ihren durchdringenden Blues allein ins Mikro sang, weitaus schutzloser zu sein. Letztendlich erwies sich die fehlende Unterstützung als fatal für die Sängerin, die es gewagt hatte, mit einer Hingabe zu singen wie noch nie eine weiße Frau vor ihr. Die 1943 in Port Arthur, Texas, geborene Joplin wurde von ihresgleichen als »anders« (oder, mit ihren eigenen Worten, als »abgehobener Typ unter lauter Idio-ten«) bezeichnet, weil sie sich für Musik, Lyrik und Kunst interessierte und gerne las. Außerdem hatte sie eine Abneigung gegen den Zeitvertreib, der sich »Nigger-Knocking« nannte (Schwarze aus dem fahrenden Auto heraus mit einem Holzbrett zu schlagen). Als Teenager machte sie bei einer Jungen-Gang mit und tat ihr Bestes, als »einer von den Jungs« zu gelten – eine herausfordernde Haltung im konservativen Port Arthur, die selbst für die anderen in der Gruppe nicht ohne weiteres akzeptabel war: »Wenn Janis unverschämt wurde, war sie total unverschämt«, erinnert sich einer aus der »Gang« in *Buried Alive* von Myra Friedman. »Daß eine Frau brüllte: 'Mensch, leck mich doch am Arsch!', hatte es vorher einfach noch nie gegeben. Selbst *uns* war das peinlich.«

Nach ihrem High School-Abschluß besuchte Joplin 1960 das Lamar College und später die University of Texas in Austin. Dort hörte sie die Musik von Odetta, Jean Ritchie, Leadbelly und Bessie Smith (deren Grabstein sie später zur Hälfte finanzierte), die sie sehr stark beeinflußte. Außerdem sang sie als Mitglied eines Trios namens Waller Creek Boys in den Clubs in Austin und machte ihre erste Aufnahme, einen Werbespot für eine Bank, zur Melodie von »This Land is Your Land«. Doch in Austin fand sie auch nicht mehr Anerkennung als in Port Arthur und verließ die Universität bald nachdem sie von ihren StudienkollegInnen zum »häßlichsten Mann auf dem Campus« gewählt worden war.

Anfang 1963 trampte Joplin mit ihrem Studienkollegen Chet Holms nach San Francisco. In San Franciscos ungezwungener Atmosphäre fühlte sie sich wesentlich mehr zu Hause und sang auch dort wieder in Clubs, trat beim Monterey Folk Festival auf und fuhr auch nach New York, um im Greenwich Village aufzutreten. Der ständige Kampf ums Überleben sowie ihr übermäßiger Alkohol- und Drogenkonsum forderten schließlich ihren Tribut, so daß sie 1965 in dem Versuch, wieder auf die Beine zu kommen, nach Port Arthur zurückkehrte und sich wieder in Lamar einschrieb. Doch schon bald sang sie wieder und ging nach Austin zurück, wo sie mit ihrer knisternden Bluesstimme sofort Aufmerksamkeit erregte. Kurz vor ihrem Eintritt in die Austiner Band Thirteenth Floor Elevators machte ihr Helms unverhofft das Angebot, Leadsängerin der Gruppe Big Brother and the Holding Company zu werden, die er zu der Zeit managte. Joplin war einverstanden und ging im Juni 1966 zurück nach San Francisco.

Zu einer Zeit, da die Supremes noch Abendkleider und Perücken trugen und Aretha Franklin Columbia noch nicht entflohen war, war das Publikum in San Francisco ganz verrückt auf eine Frau, die ihre Songs mit einer Inbrünstigkeit herausschrie, die wohl niemand einer weißen Sängerin zugetraut hätte. »Janis' Stimme war von der ersten Minute an, als sie bei uns als Sängerin anfing, genau das Richtige.« schreibt der Gitarrist von Big Brother, Sam Andrew, in einer unveröffentlichten Biographie. Bis zum September hatte die Gruppe einen Vertrag bei Mainstream Records, einem Label mit Hauptsitz in Chicago, unterschrieben und in Chicago und L.A. ihr Debütalbum aufgenommen. Schon bald bereute die Gruppe ihre Entscheidung für Mainstream, vor allem, als ihre LP *Big Brother and the Holding Company* einige Monate lang unveröffentlicht blieb. Doch das Jahr 1967 fing gut an: Big Brother trat am 14. Januar u.a. zusammen mit Jefferson Airplane und Grateful Dead vor 20000 ZuschauerInnen beim »First Human Be-In« auf, einem Festival im Golden Gate Park in San Francisco. Im Juni hatte die Gruppe einen noch unvergeßlicheren Auftritt beim ersten Monterey Pop Festival, das als Fest der »Musik, Liebe und Blumen« angekündigt und zum Teil von John Phillips und Lou Adler organisiert worden war. Neben den erwarteten »Stammgästen« (Big Brother, Airplane und Dead) wurden durch das dreitägige Festival auch Künstler wie Who, Otis Redding und Jimi Hendrix im ganzen Land berühmt.

Big Brother trat bei diesem Festival zweimal auf: freitags und sonntags, wobei sich am letzten Tag der weitere Werdegang der Gruppe abzeichnete. »Beim zweiten Auftritt in Monterey überschritten wir plötzlich die Grenze, die zwischen einer beliebten Regionalband und einem internationalen Phänomen bestand«, erzählt Andrew. »Reporter wollten Interviews und Fotografen baten uns um Autogramme auf den Platten« (ihr Auftritt wurde außerdem für den Dokumentarfilm *Monterey Pop* festgehalten). Die Band engagierte Albert Grossman als neuen Manager und bekam einen Vertrag bei Columbia. Dort erschien im Jahr darauf ihre Live-LP *Cheap Thrills* (die LP hieß ursprünglich *Sex, Dope and Cheap Thrills*, wurde jedoch auf Wunsch der Firma umbenannt). Auf dem Album sind eine Cover Version von Erma Franklins »Piece of My Heart« (Janis bezeichnete Ermas Schwester Aretha als »beste Sängerin seit Billie Holiday«), Joplins eigener »Turtle Blues« mit seiner melancholischen Honky Tonk[39]-Atmosphäre und als Höhepunkt eine erstklassige Interpretation von Big Mama Thorntons Song »Ball and Chain« (den Big Brother bei einem Auftritt Thorntons in einem Club in San Francisco gehört hatte) zu hören.*Cheap Thrills* wurde im Herbst 1968 veröffentlicht, schoß sofort auf Platz 1 und blieb acht Wochen auf dieser Position.

Ende des Jahres trennte sich Joplin von Big Brother und war nun selbst ein Star. Allerdings zweifelte sie ständig an ihrem Erfolg: »Was wird aus mir, wenn ich mal nicht mehr die Nummer 1 bin?« fragte sie Grossman einmal. Sie neigte dazu, bestimmte Aspekte ihrer Arbeit zu ignorieren. So spielte sie z.B. ihre Fähigkeiten als Songschreiberin herunter und behauptete, ihre Songs seien einfach nur etwas, das ihr »gerade eingefallen« sei. Gleichzeitig war sie jedoch frustriert, daß Medien und Öffentlichkeit

---

39 Der Slang-Ausdruck »Honky Tonk« bezeichnet eine Spelunke. Nach Aufhebung der Prohibition entstanden in den dreißiger Jahren viele dieser Honky Tonks, in denen Schwarze und Weiße der untersten Bevölkerungsschichten zusammenkamen. Für musikalische Unterhaltung sorgten u.a. kleinere Bands, ein Klavier oder schwarze und weiße BluessängerInnen.

häufig ihre Arbeit zugunsten ihres Images ignorierten. »Die Interviewer reden mehr über meinen Lebensstil als über meine Songs«, sagte sie gegenüber Mary Campbell von der Associated Press und fügte hinzu: »Vielleicht gefällt dem Publikum meine Musik besser, wenn die Leute daran denken, daß ich mich selbst kaputt mache.« Die Aufrechterhaltung ihres Images als Frau, die knallharte Sachen sagt und zuviel trinkt war eine Belastung, die ihr ganz und gar nicht gefiel (»Es ist nicht leicht, Janis Joplin gerecht zu werden, weißt du«), die sie ihrer Karriere zuliebe aber aushielt, wie Myra Friedman (die für Grossman arbeitete) bemerkte, als sie Joplin eine Pause vom Rockgeschäft vorschlug: »Janis schluchzte, lauter schreckliche, schmerzliche Schluchzer, und sagte immer wieder: 'Ich habe doch nichts anderes.'«

Joplin hatte nun auch angefangen, Heroin zu nehmen, und ihre immer stärker werdende Sucht beeinträchtigte sowohl die Aufnahmesessions für ihre zweite LP, *I Got Dem Ol' Kozmic Blues Again Mama* (aufgenommen mit der Kozmic Blues Band) als auch ihren Auftritt bei dem bedeutendsten Ereignis der Hippie-Generation, dem Woodstock Festival. In Woodstock erschien Joplin lediglich als blasse Kopie der temperamentvollen, herumwirbelnden Unruhestifterin, die sie noch zwei Jahre zuvor in Monterey gewesen war. Ende 1969 löste sich die Kozmic Blues Band auf, und im darauffolgenden Frühjahr stellte Joplin, die nun den Spitznamen »Pearl« hatte, die Full Tilt Boogie Band zusammen. Auch schaffte sie es, eine Zeitlang vom Heroin loszukommen. Nach außen hin schien ihre Karriere gute Fortschritte zu machen. Das *Kozmic Blues*-Album erreichte die Top 5, und schon bald ging Joplin mit der Full Tilt Boogie Band wieder auf Tournee. Doch die Publikumszahlen sanken. Nach ihrer Verhaftung im November des vorangegangenen Jahres wegen »vulgären, anstößigen« Sprachgebrauchs wollten einige VeranstalterInnen sie nicht mehr engagieren, während andere um die Einrichtung ihrer Hallen fürchteten, die ein allzu begeistertes Rockpublikum zertrümmern würde. Joplin reagierte auf die zweite Beschuldigung mit der entwaffenden Erwiderung: »Meine Musik soll euch nicht zum Randalieren bringen! Meine Musik soll euch zum Ficken bringen!« Doch es war offensichtlich, daß sich die Reaktionen auf ihr Verhalten seit ihrer Zeit in Port Arthur nicht wesentlich geändert hatten – so gab z.B. die Stadt Houston bekannt, welche RockkünstlerInnen nicht in der Stadt auftreten durften, darunter auch Joplin, die »wegen ihres Benehmens im allgemeinen« auf die Liste gesetzt worden war.

Im September 1970 begannen Joplin und Full Tilt Boogie, in Los Angeles Aufnahmen zu machen, die gut liefen. Joplin war außerdem mit den Vorbereitungen für ihre bevorstehende Hochzeit beschäftigt. Allerdings hatte sie wieder angefangen, Heroin zu nehmen. Nachdem sie am Abend zuvor getrunken hatte und mit ihren Bandkollegen von einer Bar zur nächsten gezogen war, kehrte Joplin in den frühen Morgenstunden des 4. Oktober 1970 in ihr Zimmer im Landmark Hotel in Los Angeles zurück und starb an einer Überdosis Heroin. Sie war siebenundzwanzig Jahre alt. *Pearl* wurde 1971 posthum veröffentlicht, und sowohl die LP als auch die Singleauskopplung »Me and Bobby McGee« erreichten Platz 1. Bald nach ihrem Tod wurden auch andere Joplin-Produkte auf den Markt gebracht: *Big Brother and the Holding Company* wurde 1971 von Columbia wiederveröffentlicht, die Doppel-LP *In Concert* kam 1972, ein Greatest Hits-Album 1973 heraus, und 1974 wurde der Soundtrack zu dem Dokumentarfilm *Janis* als Doppel-LP veröffentlicht. Darüber hinaus erschienen im selben Zeitraum vier Biographien, und auch der Film *The Rose* (1980) mit Bette Midler zeichnet angeblich Joplins Leben nach.

Tatsächlich zeichnet *The Rose* jedoch nicht so sehr bestimmte Begebenheiten aus Joplins Leben, sondern eher ihren masochistischen, hedonistischen Lebensstil nach, den Medien und Öffentlichkeit mit der Sängerin verbanden. Joplins Tod, der auf den Tod von Jimi Hendrix folgte und dem von Jim Morrison von den Doors voranging, wurde lediglich als weiterer Verlust für den Rock 'n' Roll angesehen, doch für Joplin als Frau hatte das schnelle Leben eine andere Bedeutung als für die Musiker. Auf ihre Art versuchte sie immer noch, wie »einer von den Jungs« zu sein, obwohl auch hier – genauso wie in der Schule – die Strafen für Mädchen anders waren: Mädchen konnten nur entweder »gut« oder »schlecht« sein, eine Kombination aus beiden gab es nicht. Joplin hatte sich für letzteres entschieden und pflegte mit dem Spitznamen »Pearl« ihr »schlechtes« Image. Es stellte sich jedoch heraus, daß die Rolle des »bad Girl« genauso eingeschränkt (wenn auch interessanter) war wie die des »good Girl«. Country Joe McDonald, der mit Joplin in San Francisco eine kurze Liebesaffäre hatte, verstand diesen Widerspruch. In Deborah Landaus *Janis Joplin* sagt er: »Der Sexismus hat sie umgebracht. Jeder wollte diese sexy Mieze, die echt sexy sang und total viel Energie hatte ... und die Leute sagten ständig, das Interessante an ihr sei, daß sie einfach wie 'einer von den Jungs' war ... das ist doch die totale sexistische Scheiße, weil sie damit verarscht wurde ... sie war doch eine Frau. Sie eine starke, irre Frau. Und schlau, weißt du. Aber sie wurde verarscht.« Es steckt sicher ein Körnchen Wahrheit in Joplins Rolle als Rock 'n' Roll-Märtyrerin, doch ihre Waghalsigkeit, die vorhandenen Rollenklischees für Rocksängerinnen zu durchbrechen und nach brauchbaren Alternativen zu suchen, stellt ein sehr viel würdigeres Vermächtnis dar.

Im Gegensatz zu den West Coast-Bands experimentierten die Bands an

Amerikas Ostküste mit einer ganz anderen Definition von »Rock«. Das
beste Beispiel für diese Experimentierfreudigkeit Ende der sechziger Jahre
ist die Gruppe Velvet Underground, die damals zwar häufig verrissen
wurde, heute jedoch als eine der einflußreichsten Bands der gesamten
Rockmusik gilt. Die Gruppe, die sich nach einem pornographischen
Roman benannte, wurde Mitte der sechziger Jahre in New York von dem
Gitarristen Lou Reed gegründet und setzte sich aus Reed, Sterling Morrison (Gitarre), John Cale (Baß und Viola) und Maureen Tucker (Drums)
zusammen. Tucker war damals eine der wenigen Drummerinnen in der
Rockszene. Außer ihr gab es nur noch Ginger Bianco von Goldie and the
Gingerbreads sowie Lily Lantree von der britischen Gruppe Honey-
combs. Allerdings stellte Tucker zu ihrer Überraschung fest, daß ihre
Rolle in der Band keine besonderen Reaktionen auslöste. »Ich bin sicher,
daß es im Publikum viele Leute gab, die sagten: 'Heiliger Strohsack, das ist
ja ein Mädchen!'«, erzählt sie. »Aber in Interviews war das kein großes
Thema, was eigentlich merkwürdig ist, wenn man darüber nachdenkt.
Oder vielleicht haben sie sich auch nicht getraut, zu fragen!«

Tucker wurde 1944 in Jackson Heights geboren und wuchs auf Long
Island auf. Ihre musikalischen Erfahrungen vor Velvet Underground be-
schränkten sich darauf, daß sie in der Schulband Klarinette spielte und als
Zwanzigjährige drei Wochen lang Drummerin in einer Band namens
Intruders war. »Das Spielen hat zwar Spaß gemacht«, sagt Tucker, »aber
der Umstand, sich in irgendeine lächerliche Bar auf Long Island zu quälen,
um dort Cover Songs zu spielen, war die Mühe nicht wert.« Als Teenager
hatte sich Tucker die Musik von Rock 'n' Roll-Klassikern wie Chuck
Berry und Bo Diddley angehört (später coverte sie als Solokünstlerin den
Song »Bo Diddley«) und sich mit achtzehn Jahren das Gitarrespielen beigebracht. Angeregt durch die »British Invasion«, sattelte Tucker auf
Schlagzeug um (»Ich kaufte mir eine Snare Drum[40] hörte stundenlang
Platten von den Stones und trommelte dazu«, erzählt sie), und kurz nachdem sie die Intruders verlassen hatte, stellte ihr Bruder, der mit Lou Reed
studiert hatte, sie Velvet Underground vor.

Die Velvets waren damals gerade auf der Suche nach Ersatz für ihren
Drummer Angus MacLise, der die Band kurz vor ihrem ersten Auftritt
im November 1965 verlassen hatte. »Sie sollten in der High School in
New Jersey spielen«, erklärt Tucker. »Also kam Lou zu uns nach Hause,
um zu sehen, ob ich tatsächlich irgendwas spielen konnte. Und er sagte:
'Ja, super', und wir übten die Songs ein paarmal und traten dann auf.« Der
nächste Gig der Band nach ihrem Debüt war eine kurzes Engagement im

---

40 Kleine Trommel.

Cafe Bizarre im Greenwich Village Anfang 1966. Dort wurde der Künstler Andy Warhol auf sie aufmerksam und engagierte die Band für seine Multi-Media Show »The Exploding Plastic Inevitable«. Außerdem paarte er die Gruppe mit der in Deutschland geborenen Sängerin Nico, deren blasses, europäisches Gesicht und emotionslose Stimme der Band eine weitere mystische Dimension verliehen.

Warhols Exploding Plastic Inevitable-Shows, die in einer ehemaligen polnischen Konzerthalle namens Dom am St. Mark's Place gezeigt wurden, stellten das East Coast-Gegenstück zu Ken Keseys Trips Festivals dar. »Wir spielten, und auf einer Leinwand hinter uns liefen Filme«, erinnert sich Tucker. »Natürlich Filme von Andy. Und dann gab es eine Light Show und manchmal auch Dias anstelle eines Films, und all das lief gleichzeitig ab. Es war sehr aufregend. Ich habe mir gewünscht, ich hätte meinen Körper verlassen und mich ins Publikum setzen können, um zu sehen, wie es war. Oft habe ich auf der Bühne Gänsehaut bekommen und gedacht: 'Meine Güte, das muß doch unglaublich sein!« Die Freiheit und Formlosigkeit von Warhols Werk regte die Gruppe zu weiteren musikalischen Experimenten an. »Die Songs entstanden während der Live-Show praktisch von selbst« erzählt Tucker. »Wir improvisierten sehr viel. Wir spielten zwar oft bestimmte Songs wie z.B. 'Heroin', aber genauso oft improvisierten wir eine halbe oder dreiviertel Stunde oder so. Es muß unheimlich interessant gewesen sein, weil Andys Filme so verrückt sind!«

1967 brachte die Gruppe bei Verve ihre erste LP heraus (die sie innerhalb von acht Stunden aufgenommen hatte): *The Velvet Underground & Nico*. Die Songs stellten eine Weiterführung des Garagen-Rock-Punks von Gruppen der frühen sechziger Jahre-Gruppen dar, wie z.B. den Kingsmen, den Standells und den Sonics. Die Thematik der Velvets unterschied sich jedoch drastisch von der anderer Bands: Der verschwommene, monotone, hämmernde Sound lieferte eine chaotische Grundlage für die schwermütigen Geschichten der Band über das heruntergekommene Leben in der Stadt. Die Songs von Velvet Underground, die häufig von Drogen (»Heroin«) und Sadomasochismus (»Venus in Furs«) handelten, hatten bereits Verwirrung und Alarm ausgelöst, wie die Zitate aus Kritiken ihrer Live-Shows auf der Innenseite des Plattencovers beweisen: »Ein Trip, der die Sinne zermürbt« (*Variety*) und »Ein Konglomerat, das vor Bedrohungen, Zynismus und Perversion nur so bebt. Es zu erfahren heißt, hilflos zu verrohen.« (*Chicago Daily News*) Doch solche Reaktionen hörte die Gruppe nicht ungern. »Bestimmt *war* es wie Verrohung... aber eine erfreuliche!« sagt Tucker. »Zu dieser Zeit gab es so viel Flower-Power-Musik und Liebe und Frieden. Es langweilte uns zu Tode. Nicht daß wir dunkle, brutale Typen gewesen wären, die einen Haß auf alles hatten – wir hatten einfach kein Interesse daran. Und wenn Lou einen Flower-Power Song geschrieben hätte, wäre es bestimmt interessant geworden, wenn wir ihn gespielt hätten!«

Die nächste LP der Band, *White Heat / White Light*, wurde im Dezember 1967 veröffentlicht. Zu dieser Zeit hatten sich Nico und Warhol bereits anderen Projekten zugewandt. Die Band ging ab und zu noch auf Tournee, doch 1969 verließ Cale die Gruppe, um Solokarriere zu machen und wurde von Doug Yule ersetzt. Nach der Veröffentlichung von *The Velvet Underground* (ebenfalls 1969), verließ Tucker die Gruppe, um ihr erstes Kind zu bekommen, und wurde von Dougs Bruder Billy ersetzt. Die Band löste sich schließlich 1970 kurz vor der Veröffentlichung von *Loaded* auf. Anfang der siebziger Jahre formierte sich die Gruppe in der Besetzung Tucker, Morrison, Doug Yule und dem Bassisten Walter Powers neu, blieb aber nur kurze Zeit bestehen. Morrison wurde bald von Willie Alexander ersetzt, und die Band löste sich 1972 nach einer Englandtournee endgültig auf. Tucker zufolge »hat es keinen Spaß mehr gemacht, und ich fühlte mich ein bißchen wie eine Schwindlerin, weil es doch gar nicht die echten Velvets waren.« Zu dieser Zeit testeten auch andere KünstlerInnen wie MC5 aus Detroit, die Stooges (deren erste LP von Cale produziert wurde) und Yoko Ono die Grenzen des Erträglichen im Rock aus. Sie legten den Grundstein für die Punk-Revolution der siebziger Jahre, eine Revolution, an der Frauen und Männer gleichermaßen beteiligt waren.

Als sich der Progressive Rock zu einem lukrativen Geschäft entwickelte, schlugen Plattenfirmen, VeranstalterInnen und Radiosender schlugen natürlich Kapital daraus. Dieser Entwicklung verdankte eine Rundfunkmoderatorin in New York, Alison Steele, eine unerwartete Chance. Steele war die erste Moderatorin bei einem großen Radiosender, WNEW, damals einer der führenden Radiosender in den USA. Ihre Karriere in der Unterhaltungsindustrie begann, als sie noch ein Teenager war: Sie war die erste Frau, die im Fernsehen Gymnastikübungen leitete und stieg später zum »Wettermädchen« auf. »Ich machte all das, was die Mädchen vor dreißig Jahren in den Anfängen des Fernsehens so machten«, erzählt sie. »Ich kam zufällig zum Radio, weil die FCC verfügt hatte, daß die Mittelwellensender von den UKW-Sendern getrennt werden sollten anstatt simultan zu senden. WNEW mußte für den UKW-Sender neue DJs einstellen, und die Bezahlung, die AFTRA [American Federation of Television and Radio Artists[41]] damals für den Sender angesetzt hatte, war 125 Dollar pro Woche. Die Jungs auf der anderen Seite des Gangs [beim

---

41 Amerikanische Gewerkschaft der Radio- und FernsehkünstlerInnen.

Mittelwellensender] bekamen 150 000 oder 200 000 Dollar – wen würden sie für 125 Dollar schon bekommen? Also kam irgend jemand auf die Idee, einen Radiosender einzurichten, bei dem nur Frauen arbeiten. Und ich wurde eingestellt.«

Als WNEW-FM am 4. Juli 1966 mit seiner Frauenbesetzung zum ersten Mal auf Sendung ging, stellte Steele fest, daß sie die einzige der wenigen Moderatorinnen war, die schon Sendeerfahrung hatte – außer einer Frau, die bei einem Radiosender auf den Bermudas gearbeitet hatte, waren alle DJs Schauspielerinnen oder Mannequins. So überraschte es nicht, daß das »große Experiment« schief ging. WNEW beschloß, sich von nun an auf Progressiven Rock zu spezialisieren und entließ im September 1967 alle weiblichen Angestellten. »Amerika, New York war noch nicht bereit für weibliche DJs«, erklärt Steele. »Und ich weiß immer noch nicht, wessen Idee es war, weil jeder die Idee für sich beanspruchte, bis sie in die Hose ging, und dann wollte es niemand mehr zugeben!« Doch Steele hatte es geschafft, die Situation zu ihrem Vorteil zu nutzen. Sie machte Interviews mit berühmten Persönlichkeiten und baute sie dann in ihre Sendung ein. Darüber hinaus arbeitete sie auch Theaterkritikerin. Die harte Arbeit zahlte sich aus: Sie war die einzige Moderatorin, die die Säuberungsaktion vom September überlebte. »Kurz bevor sie sich für den Wechsel entschieden, hatten sie eine Umfrage durchführen lassen und herausgefunden, daß neunzig Prozent der befragten Leute meinen Namen kannten und mich mochten«, erzählt sie. »Als sie also herausfanden, daß viele Leute mich mochten, sagten sie: 'Okay, wenn du bleiben willst, kannst du bleiben.' Und ich sagte: 'Danke, danke, danke.'«

Am 1. Januar 1968 sollte Steele mit einer Nachtschicht von Mitternacht bis sechs Uhr morgens anfangen. »Ich wußte überhaupt nichts über Rockmusik«, gibt sie zu. »Nicht über Progressiven Rock. Niemand wußte irgend etwas darüber, am wenigsten die Sendeleitung. So etwas wie Playlists[42] gab es nicht.« Nachdem sie um Hilfe gebeten hatte und ihr gesagt wurde, sie solle »ihr Ding« machen, nahm sich Steele vor, die späte Uhrzeit ihrer Schicht auszunutzen. »Ich wollte nachts etwas machen, das anders war«, erzählt sie. »Ich glaubte daran, daß die Nacht eine ganz besondere Zeit sei. Wenn man sich nicht gut fühlt, fühlt man sich nachts noch schlechter. Wenn man einsam ist, ist man nachts noch einsamer. Und ich dachte, wenn ich dieses Band zwischen Menschen, die nachts solche Dinge fühlen, sichtbar mache, dann hätte ich etwas erreicht. Und so kam mir die Idee mit 'The Nightbird' in den Sinn.«

---

42 Playlists sind Ende der vierziger Jahre im amerikanischen Rundfunk eingeführte Titellisten als Grundlage eines Musikprogramms. Mit Hilfe dieser Playlists spezialisierten sich die Sender auf jeweils eine bestimmte Musikrichtung und hoben sich somit von anderen Sendern hörbar ab.

Steeles Ansicht nach war es ebenfalls wichtig, ihr »Nightbird-Image« mit einem phantastisches Element auszuschmücken. »Für den Anfang der Sendung schrieb ich so etwas wie: 'Das Flattern der Flügel, die Klänge der Nacht, der Schatten über dem Mond, wenn der Nachtschwärmer seine Flügel hebt und hoch über die Erde steigt, in eine andere Bewußtseinsebene, in der wir nur existieren, um zu fühlen. Komm, flieg mit mir, Alison Steele, dem Nachtschwärmer bei WNEW-FM, bis zum Morgengrauen'«, erzählt sie. »Diese Eröffnungspoesie, die so beliebt wurde, stammte aus meiner Lebensphilosophie. Ich bin ein sehr positiver Mensch, und ich glaube, daß man im Leben alles machen kann, was man machen will – ich habe es bewiesen – und ich habe diese Philosophie an meine Hörer weitergegeben. Als ich anfing, wußte ich instinktiv, daß ich mein Publikum nicht belehren konnte, weil die Leute dann sagen würden: 'Wer zum Teufel ist denn das?' Also übersetzte ich meine Gefühle in die großen Werke: Shakespeare, die Bibel, John Donne, Robert Frost und alle, die dazwischen liegen. Ich suchte eine vierzigsekündige Gedichtpassage heraus, die deutlich machte, was ich sagen wollte und blendete anschließend Musik ein, und die Musik reflektierte immer die Gefühle des Gedichts. Und das wurde zu einer Religion für die Hippies.«

Es wurde auch prompt ein Hit bei den HörerInnen. »Am nächsten Morgen rief mich der Programmdirektor zu sich und sagte: 'Ich sehe, Sie haben mit dieser Sendung einen kleinen Treffer gelandet'«, erzählt Steele. »Und ich sagte: 'Ja, sieht ganz gut aus, oder?' Und er sagte: 'Und jetzt sage ich Ihnen, wie Sie die Sendung machen sollen', und ich sagte: 'Falsch!'. Und ich machte sie so, wie ich sie wollte. Aber lassen Sie mich erzählen, wie schwierig das war. Zuerst machten sie mich zur Programmgestalterin – für dasselbe Gehalt. Als der Sender dann einigermaßen lief, stellten sie noch einen Mann ein, damit die Schichten für die anderen kürzer wurden. Aber anstatt mir eine frühere Schicht zu geben, begruben sie mich um zwei Uhr nachts – von zwei Uhr nachts bis sechs Uhr morgens –, so eine Schicht hatte es vorher noch nie gegeben, obwohl sie heute nicht unüblich ist. Aber sie bezahlten eine Umfrage und fanden – wahrscheinlich zu ihrer Überraschung – heraus, daß ich um zwei Uhr morgens die Nummer eins im Dreistaatengebiet New York, New Jersey und Connecticut war, dort, wo die Unis sind. Und da wurde ihnen zum ersten Mal klar, daß sie etwas hatten. Endlich. Es hatte eine Weile gedauert. Anschließend ließen sie mich von morgens um zehn bis mittags um zwei arbeiten, und dabei blieb ich dann jahrelang.«

Steeles Wechsel zu einer früheren Schicht bedeutete auch, daß sie nicht länger als Programmgestalterin arbeiten mußte, eine Stelle, die sie als »Anhängsel der zwei bis sechs Uhr-Schicht« bezeichnete, »und die einen völlig auslaugte. Es war einfach eine gutklingende Bezeichnung für jemanden, der Platten heraussuchte und mehr arbeitete. Aber dadurch lernte ich mehr über Musik. Ich nahm nachts oft zehn Platten mit nach Hause und hörte mir jeden einzelnen Ton an, und schon bald kannte ich alles, was da war. Ich habe diesem progressiven Sound etwas gegeben, was die anderen nie geschafft hätten, nämlich eine poetische Betrachtungsweise der Musik.« Diese Tatsache war jedoch von geringer Bedeutung für ihre Kollegen, die sich, wie Steele feststellen mußte, von ihr nicht gerne etwas sagen ließen. »Es war furchtbar mit den Jungs«, erzählt sie. »Sie ärgerten sich gewaltig darüber, daß eine Frau diese Stelle hatte, und sie versuchten mit allen Mitteln, meine Tips zu ignorieren. Und die Sendeleitung unterstützte mich in keinster Weise, was sehr merkwürdig war. Ich meine, sie hatten mich für diesen Job eingestellt, sie sagten mir, was ich machen sollte, und wenn dann einer der DJs ins Büro des Chefs kam und sagte: 'Sie kann dies nicht machen, und sie kann jenes nicht machen', bekam ich keine Rückendeckung in der Art wie: 'Wir haben ihr gesagt, daß sie das machen soll.' Ich sage Ihnen mal, wie 'Rock-Frauen' damals behandelt wurden. Ich ging zum Sendeleiter, weil ich einen Bestellzettel wollte, um eine Trittleiter zu bestellen; ich kam nämlich nicht an Platten dran, die ganz oben im Regal standen. Und er sagte: 'Ich sage Ihnen, was wir machen. Wir stellen jemand größeren ein.' Sowas war typisch.«

Steeles »Nightbird« blieb bis zu ihrem Ausscheiden 1979 eine der beliebtesten Sendungen bei WNEW. Und obwohl sie 1978 als erste Frau von *Billboard* als »FM-Persönlichkeit des Jahres« ausgezeichnet wurde, machte sie sich kaum Gedanken darüber, daß Frauen in der Rundfunkbranche eine Seltenheit waren. »Ich war mir dessen überhaupt nicht bewußt«, sagt sie. »Ich habe nur meine Arbeit gemacht. Ich war damals der Liebling und wußte es nicht einmal. Was mich überraschte, war, daß andere Sender so lange brauchten, bis sie kapierten, was los war. Man hätte doch annehmen können, daß sie einen Monat oder ein Jahr nach meinem Erfolg noch eine Frau einstellen würden, aber das machten sie nicht. Aber ich habe es nicht so gesehen, daß ich es 'als Frau geschafft habe.' Ich wollte es einfach nur schaffen. Und ich habe es nie ausgenutzt, daß ich eine Frau bin, um irgend etwas zu erreichen. Wenn man nichts ist, hat man auch nichts zu verlieren; man folgt nur seinem Instinkt und nutzt jede Chance. Ich habe das gemacht, was ich für richtig hielt, und es hat funktioniert.«

Steele blieb lange genug beim Sender, um im selben Jahr, in dem sie ihre *Billboard*-Auszeichnung bekam, noch ein weiteres Erfolgserlebnis für sich zu verbuchen. »WNEW war damals der beliebteste Sender im Land, was den Progressiven Rock anging«, erinnert sie sich. »Wir waren die Nummer eins in New York. Und wir hatten öfter öffentliche Auftritte, und jener besonderer Auftritt fand bei einem Wohltätigkeitskonzert im Madison Square Garden statt. Ein Teil der Show bestand daraus, dem Publikum die Leute vom Sender vorzustellen. Sie fingen mit dem »Morgen-Mann« an, und dann kam der nächste auf die Bühne, bis sie dort alle in einer Reihe standen. Und da ich die letzte Sendung hatte, wurde ich auch als letzte vorgestellt. Sie standen also alle auf der Bühne, als ich vorgestellt wurde: 'Alison Steele, The Nightbird.' Und sie mußten da stehen, während 18 000 Kids zehn Minuten lang schrien, tobten und brüllten. Ich bekam stehende Ovationen, und die sechs anderen Jungs mußten dastehen und das schlucken. Wenn Blicke töten könnten, hätte ich bestimmt Löcher im Rücken gehabt, aber es war mir egal. Es war mein großer Moment. Ich hatte hart dafür gearbeitet. Ich ließ mir dafür ziemlich viel Scheiße gefallen. Und ich genoß jede Minute dieses Auftritts.«

Als sich die sechziger Jahre ihrem Ende zuneigten, hatten Frauen in der Musikbranche sowohl vor als auch hinter den Kulissen bedeutende Fortschritte erzielt. Sie waren nicht länger austauschbare Mitglieder von Vokalgruppen, sondern hatten einen Namen, ein Gesicht und eine Persönlichkeit. Frauen hatten es auch geschafft, die Zeit gesellschaftlicher Umwälzungen zu nutzen, um ihre Rolle im Musikgeschäft neu zu definieren und stereotype Erwartungshaltungen in Frage zu stellen. Doch ihrer Veränderung gesellschaftlicher Strukturen waren immer noch Grenzen gesetzt. Die Supremes waren »zu weiß«, Janis Joplin war im Grunde doch ein »bad Girl«, Cass Elliot wurde von ihrem »Mama«-Image eingeengt, und Steele hatte als Frau etwas mehr Macht, als man ihr zugestehen wollte. Zwar zahlte nicht jede einen so hohen Preis wie Janis Joplin für ihre Provokation bestehender Moralvorstellungen – doch kam die allgemeine Auffassung über den »angemessenen Platz der Frau« in der Branche deutlich an.

Frauen engagierten sich sehr stark in verschiedenen Bewegungen der sechziger Jahre, und die Musik von Künstlerinnen wie Aretha Franklin und Joan Baez spiegelte die Errungenschaften der Bürgerrechts- und Anti-Kriegsbewegung wider. Allerdings wurde die Rolle der Frau in der Gesellschaft kaum erwähnt, geschweige denn in Frage gestellt. Selbst die Freiheit der sogenannten »sexuellen Revolution« stand unter einer Bedingung: Eine Frau hatte zwar das Recht, ihre Sexualität auszuleben, doch am besten nur mit einem einzigen Mann. Frauen hatten begonnen, sich aktiv für ihre Rechte einzusetzen – 1966 war die National Organization for Women (NOW) gegründet worden – doch sahen weder die Gegenkultur noch die übrige Gesellschaft die Notwendigkeit einer Frauenbewegung. Obwohl damals noch kein Interesse an der Gleichberechtigung der Frau vorhanden war, wuchs hinter der Jugend- und Bürgerrechtsbewegung schon bald eine feministische Bewegung heran, die sich dann in den siebziger Jahren mit dieser Frage beschäftigte und entschlossen für Veränderungen kämpfte. Es war eine Bewegung, die das Leben von Millionen von Frauen beeinflußte und drastische Veränderungen in der Beziehung zwischen Frauen und Musikindustrie bewirkte.

4 »I Am Woman: Hear Me Roar«

»Die meisten männlichen Kulturvertreter behaupten, daß alles Wichtige in den Sechzigern passiert sei, und daß die Siebziger und Achtziger tote Hose waren. Ich glaube aber, das liegt daran , daß Frauen in den siebziger Jahren mehr Selbstwertgefühl und Anerkennung bekommen haben und eine Kultur entwickelten, in der die Männer nicht im Mittelpunkt standen. Also glauben sie, daß nichts passiert sei.«

Holly Near in dem Video *The Changer: A Record of the Times* (Olivia Records)

Im Dezember 1972 erreichte Helen Reddys »I Am Woman« Platz 1 der *Billboard* Charts. Es war, wie der Titel einer ihrer späteren LPs bestätigt, ein langer, anstrengender Aufstieg[43], sowohl für den Song als auch für Reddys Karriere. Der Song, Reddys vierte Single und ihr erster Top-10-Hit, bedeutete jedoch weitaus mehr als Reddys Aufstieg zum Star. Zwar hatten auch schon Lesley Gores »You Don't Own Me« und Aretha Franklins »Respect« die Unabhängigkeit der Frauen zum Thema, aber keiner der beiden Songs wurden so offen mit dem Feminismus in Verbindung gebracht wie »I Am Woman«. Der Song, den Reddy mitgeschrieben hatte, war eine direkte Reaktion auf die Frauenbewegung Anfang der siebziger Jahre und auf Reddys Engagement in dieser Bewegung. Und trotz seiner eingängige Pop-Rhythmen und seines unbeschwerten Textes war doch klar, worum es in dem Song ging: Von der ersten Zeile, »I Am Woman, hear me roar«, bis zum Refrain mit seiner wiederholten Behauptung: »If I have to, I can do anything/I am strong, I am invincible«[44], war »I am Woman« eine Erklärung an die Würde und die Solidarität der Frauen, wie sie in dieser Offenheit noch nie in den Top 10 zu hören gewesen war.

---

43 Die LP heißt *Long Hard Climb* und wurde 1973 veröffentlicht.

44 Deutsch etwa: »Ich bin eine Frau, hört mein Gebrüll [...] Wenn ich muß, kann ich alles machen/Ich bin stark, ich bin unbesiegbar«.

Anfang der siebziger Jahre entwickelte sich der Feminismus – oder die »Frauenbewegung« – zu einer einflußreichen gesellschaftlichen, kulturellen und politischen Kraft. Diese »zweite Welle« der Frauenbewegung im 20. Jahrhundert war das Ergebnis verschiedener Ereignisse des vorangegangenen Jahrzehnts, wie z.B. die Veröffentlichung von Betty Friedans *Der Weiblichkeitswahn oder die Mystifizierung der Frau* (1963; dt.: 1966), die Gründung der National Organization for Women (NOW) 1966 sowie der Anti-Kriegs- und Bürgerrechtsbewegung. Die in diesen Bewegungen engagierten Frauen hatten das Thema Gleichberechtigung zwar in studentischen Gruppen wie dem SNCC und SDS (Students for a Democratic Society) angesprochen, ihre Forderungen wurden von den Männern jedoch nicht ernst genommen. »Sowohl in der neuen Linken als auch der Bürgerrechtsbewegung gab es überwiegend Männer, die bestenfalls kein Interesse daran hatten, die Ungleichheit zwischen den Geschlechtern in Frage zu stellen«, schreibt Alice Echols in *Daring to Be Bad: Radical Feminism in America 1967-1975*. Und Judy Dlugacz, eine der Gründerinnen von Olivia Records, sagte gegenüber *New York Newsday*: »Ich habe aufgehört, für die Linken zu arbeiten, weil sie in *vielen* Bereichen Unzulänglichkeiten aufweisen.« Folglich verließen immer mehr Frauen die »neue Linke« und nutzten ihre dort erworbenen organisatorischen Fähigkeiten, um Frauengruppen zu gründen.

Die erste Aktion, mit der die »Women's Lib« in ganz USA auf sich aufmerksam machte, war eine Protestaktion bei der Miss Amerika Wahl in Atlantic City 1968 (ein Schönheitswettbewerb, der 1920 ins Leben gerufen wurde – im selben Jahr, in dem die Frauen das Wahlrecht erhielten). Ein fröhliches Flugblatt lud alle interessierten Frauen zur Teilnahme »zu einem tollen Tag auf der sonnigen Strandpromenade mit unseren Schwestern« ein, und so kamen etwa hundert Frauen, teilweise von weit her, um zu demonstrieren und beim »Guerilla-Theater« mitzumachen, d.h. sich an eine Miss Amerika-Puppe anzuketten, »Folterinstrumente« wie hochhackige Schuhe, Ausgaben von *Playboy* und *Cosmopolitan* und BHs (daher der Mythos der Feministinnen, die ihre BHs verbrennen) in eine »Freiheits-Mülltonne« zu werfen und ein lebendes Schaf zur »Miss Amerika« zu krönen. Im Saal, in dem der Wettbewerb stattfand, hielten sechzehn Demonstrantinnen (von denen später fünf verhaftet wurden) während der Abschiedsrede der letzten Miss Amerika ein Transparent mit der Aufschrift »Women's Liberation« hoch und riefen im Sprechchor »Freiheit für Frauen!« und »Keine Miss Amerika mehr!«

Diese dramatische Aktion rückte den Feminismus ins Rampenlicht der Öffentlichkeit und gab vielen Frauen den Anstoß, sich der Bewegung anzuschließen, eigene Gruppen zu gründen und selbst Aktionen zu

veranstalten. 1970 schloß sich die NOW mit anderen Gruppen der Frauenbewegung zu einem Frauen-Streik für Gleichberechtigung zusammen. Im
selben Jahr stürmten über hundert Frauen die Büroräume des *Ladies
Home Journal* zu einem »Sit-in« und forderten die Zeitschrift auf, mehr
Frauen einzustellen und ihre Artikel auf »die eigentlichen Probleme zu
konzentrieren, mit denen sich Frauen heutzutage auseinandersetzen
müssen.« Auch Kate Millets *Sexus und Herrschaft*, Shulamith Firestones
Frauenbefreiung und sexuelle Revolution sowie die Anthologie *Sisterhood is
Powerful*, herausgegeben von Robin Morgan, wurden 1970 veröffentlicht.
Germaine Greers *Der weibliche Eunuch* folgte 1971, und die feministische
Zeitschrift *Ms.* erschien 1972 zum ersten Mal. (Die erste Ausgabe mit einer
Auflage von dreihunderttausend Exemplaren war innerhalb von acht
Tagen vergriffen).

Die Pressereaktionen auf die Frauenbewegung waren nicht immer
positiv. Die Artikel ignorierten die von Feministinnen angesprochenen
Probleme und verzerrten die Tatsachen (so schrieb z.B. *Commentary*:
»Häßliche Frauen schreien sich im Fernsehen an«). 1970 schrieb *The
Atlantic*, daß ein Herausgeber von *New York Newsday* eine Kollegin mit
folgenden Worten beauftragt habe, eine Story über die Frauenbewegung
zu schreiben: »Sieh zu, daß du einen Verantwortlichen findest, der sagt,
daß das alles ein Haufen Scheiße ist.« Die Reaktionen der Jugendszene auf
den Feminismus spiegelten oft das Desinteresse der »neuen Linken« wider.
Andere betrachteten die Frauenbewegung als Weiterführung der sexuellen
Revolution. So wird z.B. Eldridge Cleaver von den Black Panthers in
Sisterhood is Powerful wie folgt zitiert: »Frauen? Ich finde, sie sollten ihre
Muschi-Macht ausüben.« Und Abbie Hoffman, Mitbegründer der Youth
International Party (»Yippie«) behauptete: »Das einzige Bündnis, das ich
mit der Frauenbewegung eingehen würde, wäre im Bett.«

Die sogenannte »sexuelle Revolution« wurde jedoch von vielen Frauen
skeptisch betrachtet. Diese »Revolution« wollte zwar alle Menschen von
überholten Einstellungen zur Sexualität befreien, stellte jedoch die gängigen Auffassungen von den »richtigen« Geschlechterrollen auch weiterhin
nicht in Frage. Anselma Dell'olio wies in ihrem 1972 in *Ms.* erschienen
Artikel »Die sexuelle Revolution war nicht unserer Krieg« darauf hin, daß
»die sexuelle Revolution ein Kampf war, der von Männern zum Wohl der
Männer gekämpft wurde. Für Frauen galt nach wie vor eine Doppelmoral.« Viele Frauen hatten diese Doppelmoral in ihren Rocksongs unterstützt, indem sie Unterwürfigkeit, auch wenn sie noch so entwürdigend
war, als höchsten Beweis ihrer Weiblichkeit anboten. Eine solche »Fuß-
abtreter«-Thematik wird in Songs wie »He Hit Me (And It Felt Like a
Kiss)« von den Crystals und »Johnny Get Angry« von Joanie Sommers

deutlich, obwohl natürlich nicht alle Songs solche masochistischen Extreme darstellten. So fordert z.B. Bobbi Martin in ihrem Hit »For the Love of Him« (1970) Frauen »nur« auf, den Mann zum absoluten Mittelpunkt ihres häuslichen Universums zu machen. In einer solchen Atmosphäre wurde ein Song wie Helen Reddys »I Am Woman«, der sich offen zum Feminismus bekannte, natürlich als äußerst radikal empfunden.

Helen Reddy wurde 1942 im australischen Melbourne Australien in eine SchauspielerInnen-Familie hineingeboren und trat ab ihrem vierten Lebensjahr sowohl mit ihren Eltern als auch mit anderen Schauspieltruppen vor Publikum auf. Reddy, die eigentlich Tänzerin werden wollte, stieg auf Gesang um, nachdem sie eine Karriere als Tänzerin wegen einer Nierenoperation aufgeben mußte. »Ich war mehr oder weniger gezwungen, mich auf irgend etwas zu spezialisieren«, erzählt sie. »Wenn man aus so einer Familie kommt wie ich, will man sich natürlich gegenseitig keine Konkurrenz machen. Und obwohl ich mich nicht daran erinnern kann, daß irgend etwas darüber gesagt oder auch nur bewußt gedacht wurde, suchten wir uns alle eine eigene kleine Nische. Ich ging zur Musik, und im Nachhinein glaube ich, daß Musikmachen auch das ist, was ich am besten kann.«

Obwohl Australien in den fünfziger Jahren sehr weit vom Rock 'n' Roll-Boom in den USA entfernt war, bekam Reddy 1958 eine verlockende Kostprobe der neuen Musik. Ihre Eltern brachten ihr von einer USA-Reise als Geschenk alle Singles mit, die zu dieser Zeit in den Top 40 waren. »Viel davon war in Australien überhaupt nicht erschienen, u.a. auch die sogenannte 'Race Music' nicht«, erzählt sie. »Also entdeckte ich plötzlich Chuck Berry und Ray Charles und viele andere, von denen ich noch nie was gehört hatte. Aber ich war ziemlich versnobt, weil ich eigentlich aus dem Jazz kam – obwohl ich mich nicht als Jazzsängerin bezeichnen würde. Ich habe ganz am Anfang mal in Jazzbands gesungen, und die Leute dort waren gegenüber den Rock-Emporkömmlingen verdammt hochnäsig, weil sie nur drei Akkorde spielten und ein Song klang wie der andere. Also stand ich dieser Musik vom Kopf her sehr ablehnend gegenüber, aber andererseits – wenn ich Rhythm & Blues hörte, hätte ich nur noch *Wow* machen können! Sie machte mich an!«

In den sechziger Jahren wechselte Reddy zum Pop über und bezeichnete ihn als »guten Mittelweg. Ich stelle mir Pop immer so vor, als würde man sich hier und da dieses und jenes Stück ausleihen.« Sie hatte auch eine eigene Radiosendung, *Helen Reddy Sings*, die zweimal pro Woche im australischen Rundfunk lief, hielt jedoch nach etwas Neuem Ausschau. 1966 nahm sie an einem »Bandstand International« Wettbewerb teil (der nichts mit *American Bandstand* zu tun hatte), bei dem als erster Preis eine

Reise nach New York und ein Plattenvertrag bei Mercury Records ausgesetzt war. Reddy gewann zwar den Wettbewerb, hatte aber Schwierigkeiten, an den Preis heranzukommen. »Ich habe vier Monate gebraucht, um die Leute auf einen Flugtermin festzunageln«, erinnert sie sich. »Ich hing völlig in der Luft. Ich verkaufte meine Möbel, weil ich nicht zurückkommen wollte. Und ich wollte keine Engagements annehmen, weil ich nicht garantieren konnte, daß ich sie auch wahrnehmen würde. Nachdem ich vier Monate lang jeden Tag angerufen hatte, rückten sie endlich das Ticket raus.«

Ihre Tochter aus erster Ehe, die als Zweijährige hätte umsonst fliegen können, war jedoch inzwischen drei geworden, was bedeutete, daß Reddy ein Ticket für sie kaufen mußte und somit kaum noch Geld aus ihrem Preis hatte. Nach ihrer Ankunft in den USA lief es auch nicht viel besser: Reddy mußte feststellen, daß ihre Karriere in den Augen ihrer neuen Plattenfirma »auf absolut gar nichts« hinauslief. »Als ich hier ankam, lud mich jemand aus der Plattenfirma zum Mittagessen ein«, erzählt sie. »Ich sagte: 'Was ist mit dem Plattenvertrag?' Und der Typ sagte: 'Na ja, der Preis war für ein Vorsingen ausgesetzt, und wir haben ein Band zugeschickt bekommen, und du singst auch ganz gut, aber eigentlich hatten wir auf eine Männerband gehofft. Ruf uns doch einfach an, bevor du wieder nach Australien fliegst – und ansonsten viel Spaß hier.' Ich hatte also ein Mittagessen bekommen. Wer sagt denn, es gäbe kein Essen mehr umsonst? Wenn ich als Geschäftsfrau daran zurückdenke, weiß ich natürlich, wo das herkam: Es gab damals außer Petula Clark keine Solosängerinnen in den Charts, und die Radiosender waren voll von Männerbands.«

Trotz allem war Reddy froh, in Amerika zu sein. »Wer um 1880 Maler war, wollte in Paris leben«, sagt sie. »Wer in den sechziger und siebziger Jahren Musik machte, wollte in Los Angeles sein. Wenn man in Amerika ein Star wird, ist man automatisch auch ein internationaler Star. Es ist der ganz große Einstieg! Ich wollte einfach in der Nähe all dieser tollen Musiker sein.« Reddy war nun gezwungen, ihren Lebensunterhalt für sich selbst und ihre Tochter zu verdienen. Das bedeutete, daß sie fast ununterbrochen arbeiten mußte, um von der Hand in den Mund zu leben. »Ich reiste ziemlich oft zwischen den USA und Kanada hin und her«, erinnert sie sich. »Ich hatte ein Engagement und arbeitete ein oder zwei Wochen da oben, bis ich ein bißchen Geld hatte, um wieder eine Woche in New York zu leben und die Agenten abzuklappern. Manche Agenten waren auch bereit, ein Auge zuzudrücken, weil ich keine Aufenthaltsgenehmigung hatte und engagierten mich für eine kleine Spaghetti-Kneipe, wo ich fünfzig Dollar oder sowas pro Abend bekam. Ehrlich gesagt weiß ich nicht mehr, wie ich es geschafft habe, aber man denkt ja immer nur von einem Tag zum nächsten. Genau das macht das Showgeschäft aus – es ist wie ein Lotteriespiel. Man denkt nie daran, daß es zwölf Jahre dauert. Man denkt, daß es morgen passiert, oder vielleicht nächste Woche, oder spätestens nächsten Monat! Nur so kann man weitermachen. Es ist nur knapp außer Reichweite. Nur um die Ecke. Man *weiß*, daß es passieren wird.«

Bei einer »Spenden-Party«, die ihre FreundInnen anläßlich ihres Geburtstags in New York gaben, lernte Reddy Jeff Wald kennen. Wald, der später Reddys Ehemann und Manager wurde, arbeitete damals bei der William Morris Agentur und managte außerdem Tiny Tim und George Carlin. Die beiden zogen nach Chicago, wo Reddy in einer Revue arbeitete und Wald für einen Club neue Talente einkaufte. 1968 zogen sie dann nach Los Angeles. Doch obwohl sie wiederum in einem der musikalischen Zentren des Landes lebte, hatte Reddy zunächst Schwierigkeiten, Arbeit zu finden. »Im Grunde ist in den ersten fünf Jahren in Amerika nichts passiert«, erklärt sie. »Jeff managte andere Leute und war oft mit anderen Künstlern auf Tournee. Ich kannte nicht viele Leute und verlor mehr oder weniger den Anschluß. Das war sicherlich entscheidend, und außerdem war es musikalisch eine Zeit, in der die Männerbands den Ton angaben.«

1970 hatte Reddy dann einen Auftritt in *The Tonight Show* mit dem Gastmoderator Flip Wilson. Dieser erste bedeutende Fernsehauftritt verhalf ihr zu einem Vertrag bei Capitol Records für eine Single. »Es war Druck«, sagt Reddy. »Mit anderen Worten: Du hast eine Chance, einen Hit zu landen.« Reddy war von einem Song beeindruckt, den Mac Davis in *The Tonight Show* gesungen hatte: »I Believe in Music«. Sie wählte diesen Song für die A-Seite der Single, und die Ballade »I Don't Know How to Love Him« aus der Rockoper *Jesus Christ Superstar* wurde für die B-Seite vorgeschlagen. Reddy machte sich nicht besonders viel aus dem Stück, war aber damit einverstanden, es aufzunehmen: »Sie erzählten mir, wenn es auf der B-Seite ist, ist es egal. Niemand hört sich je die B-Seite an.«

»Also ging ich ins Studio«, fährt sie fort. »Mein Gott, ich erinnere mich noch gut an diesen Abend! Noch nie im Leben hatte ich mich so unter Druck gefühlt. Und als ich mir später das Playback anhörte, klang »I Believe in Music« wie »I Believe in Terror«. Es kam einfach nicht rüber. Aber alle Gefühle, die ich hatte, kamen in »I Don't Know How to Love Him« perfekt raus. Selbst mir war klar, daß es die bessere Aufnahme war – daß dieser Song auf die A-Seite mußte. Und ich dachte, na gut, das war's dann, weil ich wirklich dachte, ich hätte damit keine Chance. Außerdem stellte ich fest, daß auch noch andere Leute den Song aufnahmen, von denen manche viel bekannter waren als ich.« Eine dieser anderen war Yvonne Elliman, die in *Superstar* mitgespielt und die Originalversion des

Songs aufgenommen hatte, doch es war die 1971 erschienene Version von Reddy, die groß herauskam und Platz 13 erreichte.

»Danach brach Panik aus!« erzählt Reddy. »Plattenfirmen verdienen ihr Geld nämlich mit LPs, und jetzt hatten sie also plötzlich eine Hit-Sängerin ohne Platten. Also konnten sie mich gar nicht schnell genug ins Studio scheuchen.« Reddy bekam eine Liste mit aktuellen Hits zur Auswahl, doch sie wartete noch, um ein paar Songs der neuen, aufstrebenden SängerInnen/SongschreiberInnen-Generation mit hineinzunehmen. Sie war jedoch damit einverstanden, daß das Album passend zur Single *I Don't Know How to Love Him* genannt wurde. Reddy veröffentlichte 1971 noch zwei weitere Singles, »Crazy Love« und »No Sad Song«, sowie die LP *Helen Reddy*, doch keine der Platten erreichte die Top 40.

In dieser Zeit fing Reddy an, sich in der aufblühenden feministischen Bewegung zu engagieren. Hier konnte sie sich mit Leuten austauschen, die ebenfalls der Meinung waren, daß Frauen in der Gesellschaft ungleich behandelt wurden. »Als die Frauenbewegung, wie wir sie nannten, anfing, fühlte ich mich so richtig zu Hause«, erzählt sie. »Endlich hatte ich Leute gefunden, die dasselbe dachten wie ich, nämlich, daß Frauen geachtet werden sollten. Ich erinnere mich noch an die Show, die ich als kleines Mädchen sah. In einem der Sketche malte ein Typ eine Frau, die ihm Modell stand. Aber er malte in Wirklichkeit gar nicht. Der Gag sollte sein, daß er kein Maler, sondern ein alter Lustmolch war. Und ich fühlte mich so beleidigt – und das als vierjähriges Kind! Ich konnte nicht sagen, warum, aber es beschäftigte mich. Es beschäftigte mich so sehr, daß ich mich jetzt, vierundvierzig Jahre später, noch daran erinnern kann! Was immer es auch ist, was immer es für ein Gefühl ist, es steckt tief in mir und hat schon immer tief in mir gesteckt.«

Auf Anregung ihrer Freundin, der australischen Rockkritikerin Lillian Roxon, gründete Reddy eine eigene Selbsterfahrungsgruppe. »Ich wohnte damals in Hollywood Hills, und wir riefen dort eine kleine Selbsterfahrungsgruppe ins Leben«, erzählt sie. »Ich ging zu vielen Treffen und engagierte mich. Ich hatte damals die 'richtige' Einstellung – ich wollte mich nicht unter den Armen rasieren und all sowas.« Darüber hinaus wollte sie einen Song über ihr Engagement in der Frauenbewegung in ihre erste LP integrieren. »Ich wollte mindestens einen Song auf dem Album haben, der etwas darüber aussagte, wie ich mich jetzt als Frau fühlte«, sagt Reddy, die schnell merkte, daß in den meisten Songs über »Erfahrungen von Frauen« das Klischee der »guten Frau« präsentiert wurde, die ihre Position als Unterdrückte tapfer hinnahm. »Haben Sie schon mal den Song 'If You're Born a Woman' von Sandy Posey gehört?« fragt sie. »Er handelt davon, daß ihr Mann sie wie ein Stück Scheiße behandelt, aber wenn er nach

Hause kommt, macht er sie damit glücklich und froh. Es ist einfach der *totale* Fußabtreter-Song! Und in jedem Song, den ich mir anschaute, stieß ich auf sowas. Irgendwann wurde mir klar, daß ich den Song selbst schreiben mußte, weil es so etwas einfach nicht gab. Und so entstand 'I Am Woman'. Er war mein Statement als Feministin.«

Als »I Am Woman« veröffentlicht wurde, war der Song, den Reddy zusammen mit Ray Burton geschrieben hatte, lediglich ein Stück auf *I Don't Know How to Love Him*, und man hatte nicht vor, ihn als Single auszukoppeln. »Ich habe in ihm jedenfalls keinen Hit gesehen«, gesteht Reddy. »Ich habe in dem Song keine Hymne gesehen.« Der Song wäre wohl ein LP-Stück geblieben, wenn Reddy nicht ein Jahr später von den Produzentinnen des feministischen Dokumentarfilms *Jede Stimme zählt* angesprochen worden wäre, die den Song im Film verwenden wollten. »Ich war einverstanden, und Capitol sagte: 'Warum koppeln wir ihn nicht als Single aus, die dann bei der Veröffentlichung des Films erscheint?'«, erzählt Reddy. »Der Song war zu kurz für eine Single, weil er nur zwei Strophen hatte. Also schrieb ich noch eine Strophe und nahm ihn neu auf. Das war dann die Version, die als Single erschien. Und so erschien der Film und lief eine Woche lang, und der Song wurde eineinhalb Jahre nach seiner Erstveröffentlichung ein Hit!«

Das im Mai 1972 erschienene »I Am Woman« stieß anfangs bei den Radiosendern auf Widerstand. »Ich bekam sehr viel persönliche Resonanz auf den Song, und er wurde auch in meiner Fanpost erwähnt, was etwas merkwürdig war, weil wir wußten, daß der Song überhaupt nicht im Radio gespielt wurde«, erzählt Reddy. »Aber offensichtlich hatten wir einen Nerv der Zeit getroffen. Da der Song nicht im Radio gespielt wurde, ging ich also zum Fernsehen. Damals gab es viele Unterhaltungssendungen, und ich sang 'I Am Woman' in neunzehn verschiedenen Shows. Danach riefen die Frauen bei den Radiosendern an und fragten nach dem Song – es waren also Frauen, die bewirkten, daß er gespielt wurde. Mein Sohn wurde in der Woche geboren, als der Song auf Platz 1 kam. Es war eine sehr turbulente Zeit in meinem Leben. Sowohl innerlich als auch äußerlich passierte eine Menge, so daß ich wirklich das Gefühl hatte, die Revolution sei da, und wir würden alles niederbrennen.«

Als Hymne unterschied sich »I Am Woman« von anderen Protestsongs der sechziger Jahre durch seine poppige Melodie. Außerdem strahlte er Optimismus und Hoffnung aus anstatt Frustration und Wut, so gerechtfertigt diese Gefühle auch gewesen sein mögen. Musikalisch gesehen kann man nur schwer nachvollziehen, was die Presse an »I Am Woman« so störte, aber der Feminismus als Thema dieses netten Popsongs machte ihn zur Zielscheibe der Kritik. Die Kritiker waren der Meinung, der Song habe »weder als Propaganda noch als Schund irgendeine Wirkung« und fanden Reddy selbst »unter aller Kritik«. Für sie war Reddy die »Verkörperung all dessen, was an der Frauenbewegung dumm und albern ist.« »Viele Männer fassen sich schützend an die Hose, wenn sie an die Frauenbewegung denken«, sagt Reddy. »Was soll ich dazu sagen? Ich habe nicht gesagt, daß wir ihnen den Schwanz abschneiden wollen oder sowas. Andererseits erzählte mir ein Medizinstudent, daß er diesen Song jeden Morgen gehört hat, einfach, um in die Gänge zu kommen. Also kam doch etwas rüber. Der Song war einfach eine positive Selbstdarstellung.«

Reddys Gottesdarstellung bei der Entgegennahme des Grammys für die »Beste Pop-Interpretation einer Frau« (für »I Am Woman«) handelte ihr erneut Schwierigkeiten ein. Sie dankte Gott, »weil sie alles erst möglich macht«. Als daraufhin böse Briefe kamen, von denen z.B. einer mit den Worten »Du dürre, blasphemische Hexe« begann, verteidigte sich Reddy in einem Interview mit dem Kommentar: »Ich wußte, daß jede Feministin verstehen würde, was ich sagte; es war für mich das einzige, das alles zusammenfaßte.« Während Reddy von einigen Leuten verachtet wurde, weil sie Feministin war, wurde sie von anderen aus der Frauenbewegung wiederum verachtet, weil sie ihnen nicht feministisch genug war. »Als ich berühmt war, hatte ich nicht mehr die ›richtige‹ Einstellung«, sagt sie. »Das passiert manchmal. Aber die Leute reden über die ›Frauenbewegung‹, als wäre sie eine einzige Organisation mit einem Parteibuch. Dabei besteht sie aus so vielen verschiedenen Menschen mit so vielen verschiedenen Ansichten. Ich bin in erster Linie Sängerin. Damit verdiene ich meinen Lebensunterhalt. Ich verdiene meinen Lebensunterhalt nicht als Feministin. Niemand anders spricht für mich, und ich kann nicht behaupten, daß ich für jemand anderen spreche. Wenn man zu dem, was ich sage, einen Bezug hat, ist das zwar schön, aber ich stehe nicht stellvertretend für die Menge X aller Frauen. Ich bin Feministin und werde es auch immer bleiben, aber ich lasse mir von niemandem mein Leben vorschreiben, der oder die sich anmaßt, über die ›richtigen‹ Einstellungen zu entscheiden.«

Die Kritiken – von welcher Seite sie auch immer kamen – hatten im großen und ganzen keine negativen Auswirkungen auf Reddys Karriere. So hatte sie bis 1976 mit Hits wie »Leave Me Alone (Ruby Red Dress)«, »You and Me Against the World«, »Ain't No Way to Treat a Lady« und den beiden weiteren Nummer-1-Hits »Delta Dawn« und »Angie Baby« sowie sieben Top-20-LPs Erfolge in den Charts. Darüber hinaus moderierte sie 1973 zum ersten Mal die TV-Rocksendung *The Midnight Special*, bei der sie dann ab 1975 regelmäßig Gastgeberin war und gab 1977 ihr Debüt als Schauspielerin in dem Walt Disney-Film *Elliot - Das Schmunzelmonster*.

Obgleich sie nie mit einer bestimmten feministischen Gruppe oder Organisation in Verbindung gebracht wurde und auch keine weiteren Songs im Stil von »I Am Woman« schrieb (obwohl »Don't You Mess With a Woman« aus der LP *Long Hard Climb* eine lebhafte Nummer zur Feier »der Frauensolidarität« war), galt Reddy auch weiterhin für viele Leute als Sprachrohr der Frauenbewegung und wurde in vielen Interviews zu ihren Ansichten über den Feminismus befragt. Die UNO verwendete 1975, im internationalen Jahr der Frau, »I Am Woman« als Erkennungsmelodie, und Reddy konnte auf ihrer Welttournee erleben, welche Emotionen ihr Song international geweckt hatte. »Bis zum heutigen Tag rechne ich nicht in Zahlen oder in Charts«, sagt sie. »Das ist für mich kein Erfolgsmaßstab. Zu sehen, wie sich Frauen, von denen man sich keine Reaktionen erhofft, in Neuseeland, Japan und an vielen anderen Orten unterhaken und vor der Bühnentür stehen und singen ... wenn man eine derart positive Wirkung auf das Leben von Leuten ausübt, dann hat man etwas erreicht. Wenn im Flugzeug jemand zu mir kommt und sagt: »Ich verdanke es Ihnen, daß ich Jura studiert habe« oder »Ich verdanke es Ihnen, daß ich es geschafft habe, meinen gewalttätigen Mann zu verlassen«, dann habe ich etwas erreicht. Darum geht es, und um sonst nichts.«

Andere Frauen nutzten die Zeit, in der Reddy ihre Top-40-Erfolge hatte, um Frauen den Einstieg ins Musikgeschäft zu erleichtern. Im selben Jahr, in dem Reddy ihren Grammy für »I Am Woman« entgegennahm, gründete ein Frauenkollektiv in Washington Olivia Records. Diese Plattenfirma, deren Besitzerinnen und Geschäftsführerinnen Frauen sind, trug zur Entstehung einer Musikbewegung, der sogenannten »Frauenmusik«[45] bei. Erwartungsgemäß kristallisierte sich diese Bewegung zur selben Zeit heraus, in der auch die Frauenbewegung entstand. »Ich glaube, daß es damals sehr viele Parallelen zur Frauenbewegung gab«, sagt Judy Dlugacz, eine der Gründerinnen und heutige Geschäftsführerin von Olivia. »Unter dem Begriff 'Frauenmusik', der aus diesem Zusammenhang heraus entstand, verstanden die Leute eine Musik, die von Frauen handelte und an Frauen gerichtet war«, sagt sie. »Diese Musik betrachtete das Leben der Frauen von einem weiblichen Standpunkt aus. Damals steckte dieses Konzept noch in den Kinderschuhen, und es war außerdem - auch wenn das vielleicht niemand wußte - eine äußerst gute Marketingstrategie. Die Frauen wußten sofort, daß hier etwas war, das für sie von Interesse sein könnte. Und zum damaligen Zeitpunkt war dieses Konzept von großer Bedeutung und sehr revolutionär.«

---

45 In Deutschland gab es — außer im Bereich der klassischen Musik — keine dieser »Women's Music« entsprechende Bewegung. Zwar wurden auch hier Frauenlabels gegründet, doch hatte das Zusammenwirken von Frauen in der Musikszene nicht den »Bewegungs-Charakter« wie die amerikanische »Women's Music«.

Obwohl sie selbst für ein großes Label Aufnahmen machte, teilte Reddy diesen Standpunkt. Als sie von der britischen Wochenzeitschrift *Melody Maker* gefragt wurde, ob ihr die ständigen Fragen zum Thema Feminismus etwas ausmachten, verneinte Reddy und betonte: »Ich singe Songs über das Leben von Frauen«. Damit machte sie deutlich, daß Feminismus auch etwas »mit dem Leben der Frauen zu tun hat« und nicht nur ein abstraktes Konzept war. Außerdem sah sie eine Notwendigkeit darin, daß Frauen durch den Aufbau eigener Unternehmen mehr Macht bekamen (ein Schritt, den Reddy in den achtziger Jahren vollzog, als sie ihre eigene Produktionsfirma Helen Reddy Inc. gründete). »Ich glaube, daß kleinere Unternehmen der richtige Weg sind, um in der Geschäftswelt voranzukommen – da es sowieso keine Möglichkeit gibt, bei den Großen mitzumischen«, sagt sie. »Das ist meine Meinung dazu. Und wenn man ein eigenes Untenehmen hast, spielt man nach seinen eigenen Regeln. Eigentlich erfindet man sogar neue Regeln.«

Auch Olivia Records baute auf dem Konzept auf, Frauen eine Chance zu geben und neue Regeln zu erfinden. »Wir von Olivia haben uns gesagt, daß Frauen nie die Möglichkeit hatten, sich an dieser Branche wirklich zu beteiligen und wollten daher solche Möglichkeiten schaffen«, erklärt Dlugacz. »Und wenn dazu laute, klare Aussagen nötig waren, haben wir sie eben gemacht – und sie waren in der Tat nötig! Die Beteiligung von Frauen an der Musikbranche war einfach lächerlich, sowohl was die Musik selbst, als auch was die Arbeit in den Plattenfirmen anging. Also sagten wir, daß wir versuchen würden, Frauen, die zusammen auftreten, LPs produzieren und selbst spielen wollten, eine Chance zu geben. Die Schaffung solcher Möglichkeiten war das Grundkonzept, auf dem Olivia aufgebaut war.«

Bei Olivias Gründung war Dlugacz zwanzig Jahre alt und lebte in Washington. Zwar war sie ein Fan von Motown, dem Progressiven Rock der späten sechziger Jahre und Sängerinnen wie Joplin, Laura Nyro und Joni Mitchell, doch hatte sie zunächst kein Interesse daran, ins Musikgeschäft einzusteigen. Sie arbeitete mit geistig behinderten Kindern, engagierte sich für den Feminismus und wollte Jura studieren. In dieser Zeit waren ein paar von Dlugacz' Freundinnen aus der Frauenbewegung auf der Suche nach einem neuen Projekt. »Mitten in diesen Diskussionen kam Cris Williamson in die Stadt und machte ein Interview mit zwei Frauen aus unserer Gruppe, Meg Christian und Ginny Berson«, erzählt Dlugacz. »Und sie fragten Cris, wie es denn so sei im Musikgeschäft [Williamson hatte ein Soloalbum für Ampex Records aufgenommen], und sie erzählte ein paar positive und ein paar negative Geschichten. Und aus diesem Gespräch heraus sagte Cris: »Mensch, warum macht ihr kein eigenes Label für Frauen? Eine Plattenfirma für Frauen?«

Mit dieser Idee hatte die Gruppe ein neues Ziel, und Olivias Leben begann – ganz im Sinne der damaligen Zeit – als Kollektiv aus zehn Frauen, schrumpfte jedoch schnell auf fünf zusammen, »als sich herausstellte, daß dieses Projekt großes Engagement erforderte.« Nachdem sie 4000 Dollar aus Spenden zusammenbekommen hatten, veröffentlichten sie Olivias erste Single: »If It Weren't for the Music«, gesungen von Williamson, mit Carole Kings »Lady«, gesungen von Christian, auf der B-Seite. Nach Erscheinen der Single beschloß das Kollektiv, seinen Standort in die San Francisco Bay zu verlegen und sich voll und ganz darauf zu konzentrieren, das neue Label auf dem Markt einfzuführen. »Die einzige Möglichkeit, um das zu erreichen, war, zusammen zu wohnen und zwölf bis sechzehn Stunden pro Tag zusammen zu arbeiten«, erklärt Dlugacz. »Wir gehörten zu den Leuten mit einer Mischung aus Optimismus und Idealismus; wir glaubten, daß wir die Welt verändern könnten und begeisterten uns für all die Möglichkeiten, die wir mit unserem Unternehmen hatten. Es war sehr aufregend.« Als das Kollektiv 1975 umzog, war Olivias erste LP, Meg Christians *I Know You Know* (mit einem typischen Song über eine Teenagerschwärmerei, »Ode to a Gym Teacher«) zur Veröffentlichung fertig, und die Platten trafen zur selben Zeit wie die neuen Besitzerinnen in Olivias Wohnzimmer in Oakland ein. Der Absatz der Platte übertraf schon bald die kühnsten Erwartungen des Kollektivs: *I Know You Know* verkaufte sich über siebentausendmal. »Wir dachten, wir würden 5000 Platten über einen Zeitraum von mehreren Jahren verkaufen – das wäre ein guter Anfang gewesen«, erinnert sich Dlugacz. »Wir hatten wirklich nicht viel Ahnung von geschäftlichen Dingen.«

Auch Cris Williamsons *The Changer and the Changed* kam 1975 heraus und wurde mit einer Viertelmillion verkaufter Exemplare zu Olivias erfolgreichster LP. Mit ihrer klaren Stimme und ihren melodiösen Songs hatte Williamson einen Klassiker der Frauenmusik geschaffen, dessen Songs (an allen außer einem hatte Williamson mitgearbeitet) Themen wie Leidenschaft (»Dream Child« und »Sweet Woman«), Frauensolidarität (»Sister«) und die Gefühlswelt (»Waterfall« und »Song of the Soul«) aufgriffen. Als Bestseller der Frauenmusik und eines der meistverkauften Alben eines Indie Labels, war *The Changer and the Changed* nicht allzu-weit von der meistverkauften kommerziellen LP dieser Zeit entfernt: Carole Kings *Tapestry*. Beide Platten zeichnen sich durch beeindruckende Gesangsleistungen, fließende Melodien mit Klavierbegleitung und Songs aus einer weiblichen Perspektive aus.

June Millington ist ebenfalls auf *The Changer and the Changed* zu hören und kam durch dieses Album mit der Frauenmusik, den Frauen in dieser Musikszene und dem Feminismus in Berührung. »Ich sage immer, daß Frauenmusik das weibliche Prinzip zum Vorschein brachte, weil die Zeit reif dafür war, daß es zum Vorschein kam«, sagt sie. »Und es wurde durch all die Frauen mit ihrer Musik zum Ausdruck gebracht. Die Songs sprachen ein sehr tiefes Gefühl und einen starken Impuls in vielen Frauen an, die ihr Leben selbst in die Hand nehmen wollten. Es war einfach erstaunlich. Es war wie der Anfang einer unglaublich schönen Liebesbeziehung, und es wird nie mehr so sein wie damals. Ich war einfach zufällig zur richtigen Zeit am richtigen Ort, an dem gerade etwas explodierte.«

Vor ihrer Arbeit für *The Changer and the Changed* war Millington im kommerziellen Bereich der Musikindustrie tätig. Sie spielte Leadgitarre in der Frauenband Fanny, die als erste rein weibliche Band einen Top-40-Hit hatte. Fanny gehörte zu der Welle aus Frauen- und gemischten Bands – in denen die Frauen im Gegensatz zu den reinen Frauenvokalgruppen auch Instrumente spielten –, die Ende der sechziger und Anfang der siebziger Jahre aufkamen, z.B. Joy of Cooking aus Berkeley und Deadly Nightshade an der Ostküste, und ebenfalls bei großen Labels unter Vertrag waren. Auch Gruppen wie die New Haven bzw. Chicago Women's Liberation Rock Band wurden im Zuge der Frauenbewegung gegründet.

Trotz der wachsenden Zahl von Musikerinnen in der Musikszene galten Frauen, die ein anderes Instrument als Akustikgitarre spielten, immer noch als Kuriosum. Die einzigen Frauen in der Rockszene, die den gängigen Vorurteilen auch weiterhin entsprachen, waren die Groupies, d.h. die jungen Frauen, die sich in der Nähe der Bands aufhielten, um ihren Idolen sexuelle oder andere Dienste wie z.B. Kochen oder Nähen anzubieten. Über diese Seite der Rockmusikszene, die zunächst streng geheimgehalten wurde, um Auseinandersetzungen zu vermeiden, redete man im Zuge der »sexuellen Revolution« etwas offener – obwohl traditionelle Moralvorstellungen auch weiterhin nicht in Frage gestellt wurden. »In der Groupiewelt hing der Status einer Frau davon ab, mit welchen Stars sie zusammen war, genauso wie der Status ihrer Mutter oder jeder anderen Frau in der ›normalen‹ Gesellschaft an den Mann gebunden war, den sie heiratete«, schreiben Steve Chapple und Reebee Garofalo in *Wem gehört die Rockmusik?* Auch wenn die Groupies selbst geglaubt haben mögen, sie würden sich »gegen die sterile Verklemmtheit der amerikanischen Spießergesellschaft auflehnen«, bestätigte ihre »Auflehnung« in Wahrheit nur ein Gesellschaftssystem, in eine Frau über den Mann definiert wurde, mit dem sie zusammen war.

Eine solche Definition bedeutete auch, daß Frauen die Möglichkeit, als Künstlerinnen in der Rockszene mitzumischen, für aussichtslos hielten. »Ich suchte nach künstlerischen Ausdrucksformen… [aber] ich wußte nicht, was ich machen sollte, oder wie ich es anstellen sollte«, schreibt Pamela Des Barres 1989 in ihrem Buch *Light my fire: Bekenntnisse eines Groupies*. »Das Nächstliegende war, mit den Leuten zusammen zu sein, die die Musik machten.« Des Barres war Mitglied der Groupie-Vereinigung GTO's (Girls Together Outrageously), die 1969 im Rahmen einer Titel-Story über das »Groupie-Phänomen« auf der Mittelseite des *Rolling Stone* abgebildet war (es war die fünfte Ausgabe der Zeitschrift mit Frauen auf der Titelseite). Des Barres konnte sich schließlich doch noch künstlerisch betätigen. Frank Zappa produzierte das GTO's-Album *Permanent Damage* und veröffentlichte es unter seinem Label Straight Records. Die »Songs« waren größtenteils gesprochene Stücke, deren Texte die GTO's selbst geschrieben hatten. Die Musik dazu stammte von Zappas Mothers of Invention, Jeff Beck und Rod Stewart. Heute ist die LP ein heiß begehrtes SammlerInnenstück, während sich die Anziehungskraft der GTO's damals auf ein Insider-Publikum in Los Angeles beschränkte.

Der 1970 entstandene Film *Blumen ohne Duft* von Sexfilm-Regisseur Russ Meyer zog ebenfalls ein großes Insider-Publikum an. Die Story (geschrieben von Russ Meyer und Filmkritiker Roger Ebert) ist zwar von der Groupie-Devise »Sex, Drogen und Rock 'n' Roll« geprägt, doch war (und ist) der Film einer der wenigen Rockfilme aller Zeiten, in dem eine Frauenband die Hauptrolle spielt. Als »Carrie Nations« werden »Kelly«, »Casey« und »Pet« in einer »von der Tellerwäscherin zur Millionärin«-Manier zu Superstars. Dabei werden sie jedoch mit den typischen Vorurteilen gegenüber ihren musikalischen Fähigkeiten konfrontiert. Als Kelly ihrer Tante erzählt, daß sie »mit Leuten aus einer Rockgruppe befreundet« ist, witzelt diese: »Erzähl mir bloß nicht, daß du ein Groupie bist!« Als Kelly erklärt: »Nein, es ist andersrum – es ist meine Gruppe«, sagt ein Anwalt ungläubig: »Nur um sicherzugehen, daß ich das eben richtig verstanden habe – *Sie* sind Rock 'n' Roll-Sängerin?« (Kelly erwidert mit aufgerissenen Augen: »Warum? Ist das was Schlimmes?«) Zwischen unzähligen Verwicklungen ihres Liebeslebens und Szenen, in denen sie nackt herumspazieren, finden die Bandmitglieder aber auch noch Zeit, Musik zu machen – eine Musik, die durchaus Ähnlichkeiten mit Fannys Musik Marke West Coast-Rock aufweist.

Die Erfahrungen der echten Frauenbands waren damals in vieler Hinsicht nicht allzuweit von den Erfahrungen entfernt, die »Carrie Nations« im Film machten – zumindest was die Reaktionen auf ihre musikalischen Fähigkeiten anging. »Damals passierte es oft, daß Leute in den Raum kamen, in dem wir gerade spielten und anfingen zu tanzen«, erinnert sich Pamela Brandt von Deadly Nightshade. »Und dann ging jemand raus und sagte: 'He, da drin spielt eine echt gute Band, lauter Frauen!' Und die

Leute meinten: 'Das kann nicht sein! Das gibt's doch gar nicht! Und dann gingen sie rein und sahen, daß es wirklich lauter Frauen waren, aber zuerst haben sie gedacht: 'Mensch, die hören sich so gut an, das können doch gar keine Frauen sein, die da spielen' Und die Typen kamen immer zu mir und erzählten mir das alles und meinten es als Kompliment! Ich lächelte dann und war nett, und anschließend dachte ich: Hier stehe ich nun und muß wieder mal meine Fähigkeiten unter Beweis stellen!«

Als Deadly Nichtshade Mitte der siebziger Jahre von RCA unter Vertrag genommen wurde, hatte ihre Bassistin Brandt bereits fast zehn Jahre »ihre Fähigkeiten unter Beweis gestellt«. Brandt wurde 1947 in Upper Montclair, New Jersey, geboren und spielte zehn Jahre lang Klavier, bevor sie auf Gitarre umstieg. Ihre Mutter bestand jedoch darauf, daß sie klassische Gitarre lernte, »weil das angesehener war.« Zwar war Brandt ein Fan von Peter, Paul and Mary und Ronnie Gilbert von den Weavers, doch kam ihr die Idee, Rockmusik zu machen, erst in ihrem zweiten Jahr am Mt. Holyoke College, als sie gefragt wurde, ob sie in einem Frauenquartett namens Moppets mitspielen wolle. »Damals fand ich die Vorstellung, in einer Rock 'n' Roll Band zu spielen, ziemlich lächerlich, weil ich nur brave Folk Musik und Klassik gut fand«, erzählt sie. »Aber eines Abends gab mir die Bassistin ziemlich viel Bier zu trinken, nahm mich mit ins Bootshaus, setzte mich auf einen Verstärker und gab mir eine Leadgitarre! Und sobald ich merkte, wie laut ich war, war ich wie gebannt. Fünf Minuten, nachdem ich bei den Moppets war, beschloß ich, mir meinen Lebensunterhalt als Musikerin zu verdienen.«

Die Moppets bestanden nun aus fünf Frauen und spielten eine Mischung aus Originalen und Cover Versionen, z.B. »Louie Louie«, »Woolly Bully« und Songs von den Beatles und den Supremes. Außerdem nahmen sie eine Cover Version von »Just a Little« von den Beau Brummels mit »Come See About Me« von den Supremes auf der B-Seite als Single auf. Die als »Amerikas führende College-Rock-Ladies« bezeichneten Moppets bekamen Kritiken in der *New York Times* und den Zeitschriften *Life* und *Look*, wurden von der William Morris Agentur unter Vertrag genommen und weckten das Interesse verschiedener Plattenfirmen. Da die Firmen jedoch Bedenken hatten, mit einer Frauenband zusammenzuarbeiten, bekam die Gruppe keinen Plattenvertrag und löste sich daher 1967 auf. Im Jahr darauf gründete Brandt zusammen mit zwei anderen Moppets-Mitgliedern eine neue Band namens Ariel, in der u.a. Helen Hooke und Anne Bowen mitspielten. Die Frauen probten einen Sommer lang in Vermont und vervollkommneten ihr »anmaßendes Material«, wie es Brandt ausdrückt. »Viele Songs waren von uns, aber wenn es Songs von jemand anderem waren, verwandelten wir sie immer in etwas Unmögliches.

Wenn ein Stück in einfachem Viervierteltakt war, schrieben wir es in Siebenviertel um, aber nur, wenn es nicht möglich war, einen Elfvierteltakt daraus zu machen! Wir hatten einfach ein Feeling dafür.«

Bald nachdem Ariel in New York in Bill Grahams Fillmore East aufgetreten war, interessierten sich Plattenfirmen für die Gruppe. Die Bandmitglieder mußten jedoch feststellen, daß sich die Einstellungen gegenüber Frauenbands seit den Moppets-Tagen nicht wesentlich geändert hatten. »Columbia hörte sich nicht einmal unser Demo an. Sie sagten, sie hätten schon eine Mädchenband«, erzählt Brandt. »Und wenn man dann zu ihnen sagte: 'Moment mal – ihr habt doch aber vierzig »Jungenbands« unter Vertrag. Ihr nennt sie nur einfach nicht so. Warum müssen wir Frauen uns alle um einen einzigen Platz in einer Außenseiterposition schlagen?', verstanden sie das nicht. Sie verstehen es *immer* noch nicht.« Die Begegnungen der Gruppe mit anderen Plattenfirmen verliefen ähnlich. »Einmal waren wir in einem Büro und verhandelten über einen Plattenvertrag«, erzählt Brandt, »und ein Typ, der Chefproduzent, steckte den Kopf zur Tür rein und sagte: 'Eddie, nimm keine Mädchenband unter Vertrag. Du mußt sowieso nur ihre Abtreibungen bezahlen!'«

Von solchen Vorurteilen entmutigt löste sich Ariel 1970 auf. Brandt und Hooke, die inzwischen eine Beziehung hatten, verbrachten die nächsten zwei Jahre in Northampton, Massachusetts, nahmen verschieden Jobs an (einmal hatten sie sogar ein eigenes Müllabfuhrunternehmen namens Wrecked Wrecking Company) und spielten als Duo. 1972 setzte sich Anne Bowen vom Frauenzentrum in Northampton zwecks Zusammenstellung einer Band für ein bevorstehendes Frauenkunstfestival mit ihnen in Verbindung. Bowen und Hooke spielten Gitarre, und Brandt spielte Baß (dieser Sound wurde zusätzlich mit einer Geige, einem Waschbrett und Brandts Stampfen auf einem Sperrholzbrett anstelle eines Schlagzeugs angereichert). Die Reaktionen auf diese Zusammenstellung bewog die drei, zusammenzubleiben. »Wir kamen ziemlich gut an, und die Leute sagten: 'He, damit könntet ihr doch Geld verdienen!'« erzählt Brandt. »Wir sahen uns an und sagten: 'Hm, das ist jedenfalls besser als Müll einsammeln!' Und so ging es dann weiter. Wir bekamen immer mehr Auftritte, obwohl wir uns gar nicht so sehr darum bemühten.«

Sie gruben den Namen »Deadly Nightshade« wieder aus, der aus einer Zeit stammte, in der Ariel Veranstaltern, die offensichtlich mehr Interesse an ihnen als Frauen und nicht so sehr als Musikerinnen hatten, falsche Bandnamen und Telefonnummern gegeben hatte. Die Band tingelte nun wieder durch die Clubs, während ihre Managerin (die ebenfalls bei Ariel gespielt hatte) versuchte, einen Plattenvertrag an Land zu ziehen. Obwohl die Gruppe anfangs mit den »üblichen Reaktionen auf eine

Mädchenband« zu kämpfen hatte, bekam sie schließlich einen Vertrag bei RCA, und die Firma brachte die LPs der Band unter ihrem Label Phantom Records heraus. Der Vertrag enthielt eine Klausel, die der Gruppe das Recht einräumte, sexistische Werbung von seiten der Plattenfirma zu verbieten. Auf diese Klausel beriefen sich die Bandmitglieder auch prompt, nachdem RCA in Boston mit einer Anzeige geworben hatte, die mit dem Satz: »Deadly Nightshade ist weibliches Dynamit« begann, die Gruppe als »Emanzen mit Sinn für Humor« beschrieb und versicherte, daß »Chauvinisten durch sie nicht beleidigt« würden. »Wir verlangten von ihnen, daß sie die Anzeige in der nächsten Woche noch einmal schalteten, wir jedoch vorher Textpassagen streichen und ändern würden«, erzählt Brandt. Das Ergebnis war »musikalisches Dynamit« anstatt »weibliches Dynamit« und »Emanzipierte Frauen« anstatt »Emanzen«. »Und natürlich strichen wir in der Zeile: 'Chauvinisten werden nicht beleidigt' das 'nicht' weg, unterstrichen das 'werden' dreimal und setzten ganz viele Ausrufezeichen dahinter. Danach schien der Plattenfirma sehr schnell ein Licht aufzugehen.«

Im Studio mußte die Gruppe noch mit ganz anderen Problemen fertig werden. »Beim Einspielen unserer LPs wurden wir größtenteils ignoriert«, erzählt Brandt. »Es war keine angenehme Erfahrung. Und unsere LPs hörten sich ganz anders an als die Band. Wir waren eigentlich eine Tanzband, eine total laute Boogie-Band aus West Massachusetts. Unsere Ecken und Kanten gefielen der Plattenfirma nicht – sie wollte uns umkrempeln. Wir sollten uns mehr wie alle anderen siebziger Jahre-Gruppen anhören. Ich kann Ihnen gar nicht sagen, was das für ein Gefühl war, ins Studio zu kommen und zu hören, wie der erste Toningenieur sagt: 'Ich sehe die kleinen, alten Männer aus Omaha, Nebraska, vor mir, denen diese LP total gut gefällt. Es hört sich an wie »Tie a Yellow Ribbon Round the Ole Oak Tree«. Und wir dachten, sie hätten uns unter Vertrag genommen, weil wir ihnen gefielen!«

»Zu ihrem großen Entsetzen bestanden wir darauf, unsere Instrumente selbst zu spielen«, fährt Brandt fort. »Aber wenn noch dreißig Studiomusiker im selben Raum sind, sieht man das dann doch nicht mehr so locker!« Auch bei dem Versuch, mit anderen Musikerinnen zu arbeiten, stießen sie auf Widerstand, z.B. als sie für ihr Debütalbum die Bläserinnen von Carol MacDonalds neuester Band Isis dazuholten. »Felix [Cavaliere, der Produzent] sagte zu uns: 'Okay, wir geben ihnen zwei Versuche. Und wenn sie es nicht hinkriegen, spielen es die Brecker-Brüder [zwei Studiomusiker]'«, erzählt Brandt. »Und wir versuchten zu verhindern, daß die Bläserinnen von Isis etwas von diesem Gerede mitbekamen, denn Sie können sich ja vorstellen, daß man völlig verkrampft ist, wenn man unter

151

solchen Umständen spielen muß.« Als die Gruppe »Dancing in the Street« für ihr zweites Album aufnahm, kam Brandt selbst in eine solche Lage: »Der Produzent arrangierte den Song, und ich mußte ihn von einer Partitur ablesen«, erzählt sie. »Und er zeigte auf den einen Typ – einen der besten Studiobassisten – im Abhörraum und sagte: 'Mach dir keine Sorgen. Wir haben ja ihn, und wenn du es nicht kannst, spielt er es für dich.' Und ich mußte dasitzen und versuchen, diese verdammte Tafel zu lesen und den Song irgendwie hinzubekommen und wußte die ganze Zeit, daß mir dieser Typ über die Schulter schaut.«

Obwohl die Gruppe der Ansicht war, daß ihr ursprünglicher Sound auf ihren LPs nicht getreu wiedergegeben wurde, bekamen sowohl *The Deadly Nightshade* (1975) als auch *Funky & Western* (1976) gute Kritiken: Die *Los Angeles Times* pries sie als »frischen Wind im Pop«, und im *Boston Phoenix* stand als Besprechung ihres ersten Albums: »Offensichtlich lieben sie Musik, und es liegt sowohl an ihrer Begeisterung als auch an ihrer Ideologie, daß sie damit Erfolg haben.« Die Band wurde 1975 als beste neue Gruppe für den Grammy nominiert und hatte 1976 mit einer ironischen Disco-Version des Titelsongs der TV-Serie *Mary Hartman, Mary Hartman* einen Regionalhit, der es landesweit bis auf Platz 68 schaffte. In ihren Songs griffen sie immer wieder feministische Themen auf. So sind z.B. auf ihrer ersten LP Songs wie »Dance, Mr. Big, Dance« zu hören, in dem eine ehemalige Sekretärin den Spieß umdreht, als sich ihr alter Chef in ihrer Firma um eine Arbeitsstelle bewirbt, oder »High Flying Woman«, eine Hymne an die Stärke und Würde der Frauen. Auf *Funky & Western* ist außer »Mary Hartman, Mary Hartman« und »Dancing in the Street« auch »Ain't I A Woman« zu hören, ein Song, der auf einer 1850 gehaltenen Rede der ehemaligen Sklavin und afroamerikanischen Aktivistin Sojourner Truth basiert.

Darüber hinaus begleiteten Deadly Nightshade Florence Ballard 1975 bei ihrem letzten Live-Auftritt in Detroit, einem Benefizkonzert für Joann Little, die des Mordes an einem Gefängniswärter angeklagt war, der sie vergewaltigt haben soll. »Es war einer der größten Momente meiner ganzen Musikkarriere«, sagt Brandt. »Wir haben die Supremes wirklich vergöttert – wir hatten sogar ein Bild von ihnen an der Wand unseres Proberaums!« Die Gruppe ging davon aus, daß Ballard eine Supremes-Nummer singen würde und war überrascht, als Ballard ankündigte, daß sie »I Am Woman« singen wollte, einen Song, den die Frauen von Deadly Nightshade nicht kannten.

Doch die Gruppe studierte das Stück hinter der Bühne kurz ein, und Ballard bekam an diesem Abend stehende Ovationen für den Song. »Das Publikum liebte sie wirklich sehr«, erzählt Brandt. »Natürlich warteten alle nur auf sie. Dann ging sie von der Bühne und stand an der Seite, und es war klar, daß sie noch mal rausgehen wollte, aber sie war sich total unsicher. Also lief ich rüber und sagte: 'Komm, du mußt noch mal rausgehen! Sie wollen dich unbedingt noch mal sehen!' und nahm ihre Hand und zerrte sie auf die Bühne. Sobald sie einen Fuß auf die Bühne gesetzt hatte, tobte das Publikum wieder. Sie verbeugte sich, richtete sich dann gerade auf, gewann ihre Selbstsicherheit zurück und stolzierte vor uns über die Bühne. Und als sie an uns vorbeiging, warf sie den Kopf zurück und flüsterte: 'Kennt ihr vielleicht zufällig »Come See About Me.«' Wir sagten: 'Ja, ja, ja, ja!' Sie sang die Leadstimme und wir ihre ehemalige und Mary Wilsons Stimme – sie war phantastisch!«

Als Anne Bowen die Gruppe zwei Jahre später verließ, führte das zur Auflösung von Deadly Nightshade. »Sie wollte ein Privatleben haben und ging«, erzählt Brandt. »Und wenn eine Person von einer drei-Personen-Band geht…« Brandt arbeitet heute als Journalistin und spielt auch weiterhin in Bands. 1991 veröffentlichte sie ihr erstes Buch, einen »Bildungsreiseführer Europa für Lesben und Schwule« mit dem Titel *Are You Two… Together?*, den sie zusammen mit ihrer Partnerin, Lindsy Van Gelder, geschrieben hatte. Hooke und Bowen arbeiteten ebenfalls an musikalischen Projekten. 1978 stellte das Smithsonian Institute als Teil seiner Sammlung zur Frauengeschichte auch die LPs und andere Erinnerungsstücke von Deadly Nightshade aus, ein Anzeichen dafür, daß die Gruppe nicht nur musikalische Wirkung hatte. »Manchmal haben wir uns einfach hingesetzt und so für uns gedacht: Na ja, wer weiß, was die Zukunft bringt«, sagt Brandt über die Karriere von Deadly Nightshade. »Vielleicht ist in zehn Jahren all das, was wir auf musikalischem Gebiet geleistet haben, völlig vergessen, und unser einziger Beitrag hätte dann darin bestanden, daß wir Frauen ein Stückchen weiter vorangebracht haben. Vielleicht hätten wir dann hauptsächlich einen politischen Beitrag geleistet, und das wäre auch in Ordnung.«

An der Westküste leistete die Gruppe Fanny einen ebenso bedeutenden Beitrag zur Rockgeschichte, da sie als erste Frauenband von einem großen Label unter Vertrag genommen wurde. Die Schwestern June und Jean Millington, die den Kern der Gruppe bildeten, wurden 1949 bzw. 1950 auf den Philippinen geboren und kamen 1961 nach Kalifornien. Die beiden hatten als Kinder zunächst Ukulele gespielt und lernten später Gitarre. Nach ihrem Umzug in die USA fanden June und Jean in der Musikszene der Westküste weitere Anregungen. Nachdem sie ein frühes Grateful Dead-Konzert gesehen hatte, erinnert sich June: »Ich war völlig fasziniert. Ich sah Jerry Garcias Hände übr die Gitarre fliegen und flippte echt aus. Mir wurde klar, daß Leute tatsächlich so auf einer E-Gitarre spielen konnten!« Weitere Vorbilder waren u.a. die Beatles, FolksängerInnen und Girl Group-Songs wie z.B. »Please Mr. Postman« und »Will You Love Me Tomorrow«. Durch ihre Mitarbeit beim örtlichen YWCA[46] traten die Schwestern bald selbst als Musikerinnen in Erscheinung und spielten bei Veranstaltungen des Vereins. Diese Tätigkeit bot ihnen außerdem die Möglichkeit, ein paar andere junge Frauen in ihrem Alter kennenzulernen. Mit einigen von ihnen gründeten sie später ihre erste Band, die Svelts.

»Alles ging Schlag auf Schlag«, sagt June. »Wir lebten praktisch in zwei verschiedenen Welten: Wir waren sehr, sehr schüchterne junge Mädchen, die unbedingt Rock 'n' Roll spielen wollten. Einerseits waren wir sehr unsichere Schülerinnen, die immer glatte Einsen hatten, und andererseits schlichen wir uns dann mit zwei Freundinnen davon und probten. Wir lernten 'Heat Wave' und all die anderen Songs nur vom Radiohören, und wir hatten Auftritte. Wir bekamen Anerkennung von all den Leuten, die uns in der Schule wegen unserer Schüchternheit links liegen ließen! Dann hatten wir Freunde, die in Surf-Bands spielten, und so gingen wir zu deren Auftritten und sangen in den Pausen – vier Mädchen mit vier Akustikgitarren, die Beatles-Songs sangen!«

Als die Svelts eine Drummerin bekamen, wurde ihnen klar, daß sie nun auch auf E-Gitarren umstellen mußten. Bald darauf fanden die gemeinsamen Auftritte von Freunden und Freundinnen jedoch ein Ende. Nach einem Probespiel für dasselbe Engagement fiel die Wahl auf die Svelts und nicht auf die Band ihrer jetzigen Ex-Freunde, die Psychics (außerdem wurden die Svelts nun auch vom Ex-Manager der Psychics betreut). Allerdings wechselte die Besetzung der Gruppe ständig, so daß ab und zu auch ein Namenswechsel erforderlich war – die Band trat auch unter dem Namen Wild Honey auf, und die Mitglieder spielten auch in anderen Gruppen wie den Freudian Slips. »Der Druck, uns vom Rockmusikspielen abzuhalten, war unglaublich stark«, erklärt June. »Damals, als es keine Vorbilder gab, konnten wir natürlich nicht sagen: 'Schau dir die-und-die an, die haben es geschafft!'« Diese Hindernisse bestärkten die Schwestern nur noch mehr in ihrem Entschluß. »Alles, was ich dazu sagen kann, ist, daß dadurch unser Widerspruchsgeist geweckt wurde«, sagt June. »Wir wollten unbedingt eine Mädchenband. Wir waren wie besessen von dieser Idee. Ich kann nicht sagen, warum. Ich glaube, wir wußten immer, daß wir etwas machen mußten. Wir wußten zwar nicht, was es war, aber irgend etwas gab uns ein Zeichen. Ich glaube, daß es unser Schicksal war. Wir waren dazu bestimmt, es zu tun.«

---

46 Young Women's Christian Association: Christlicher Verein junger Frauen.

Die Vorbehalte der Eltern gegen eine Rockmusikkarriere ihrer Töchter stellte an sich schon eine Belastung für die Bandmitglieder dar. Verstärkt wurde dies noch durch den Druck, als Novum zu gelten. Dieser Status stand auch bei lobenden Berichten über die Gruppe im Mittelpunkt: »Manchmal lachen die Leute bei dem Gedanken an eine Mädchenband«, war am Anfang eines Artikels über die Gruppe zu lesen, der jedoch folgendermaßen weitergeht: »Aber wenn sie die Svelts hören, lachen sie nicht. Sie hören zu.« Zwar waren nicht alle KritikerInnen bereit, die Verdienste einer Frauenband zu würdigen, doch störte das die Gruppe nicht besonders. »Sie dürfen nicht vergessen, daß wir ja schon mindestens fünf Jahre lang in Bands gespielt hatten, bevor wir Fanny gründeten«, sagt June. »Wir hatten also schon jeden nur erdenklichen Kommentar gehört. Nach einer Weile hörten wir es schon gar nicht mehr – es war etwas, auf das wir mit der Zeit stolz wurden. 'Los, wir sind jetzt einfach so verdammt gut, daß es völlig egal ist, was sie sagen!'« June stellte allerdings fest, daß »gut spielen« oft mit »wie Männer spielen« gleichgesetzt wurde. »Das, was wir als künstlerische Ausdrucksweise empfanden, war für das Publikum nur ein Beweis dafür, daß wir so gut wie die Männer spielen konnten« sagt sie. »Heutzutage kann man sich das zwar kaum noch vorstellen, aber Sie können mir glauben, genauso war es in den späten sechziger Jahren. Wir mußten beweisen, daß wir wie Männer oder so gut wie Männer spielen konnten. Das war alles, worauf es ankam. Das ganze Auftreten, was man anhatte, die Art und Weise, wie man jeden einzelnen Ton spielte, das alles war von den Männern vorgegeben.«

Während Junes letztem Jahr an der High School wurden die Svelts mit der harten Realität des Musikgeschäfts konfrontiert. Ihr Manager brannte mit dem Geld, das sie verdient hatten, nach Hawaii durch. Nach ihrem Schulabschluß überlegte June, Chirurgin zu werden und besuchte Vorbereitungskurse auf das Studium, spielte aber weiterhin in der Band. In der Hoffnung, bei den großen Labels auf Interesse zu stoßen, fuhr die Gruppe nun ab und zu nach Los Angeles, hatte damit jedoch keinen großen Erfolg. »Linda [Linda Kavars, die neue Managerin der Gruppe] weiß noch, daß sie wegen uns zu jeder Agentur und jedem namhaften Manager ging und nur ausgelacht wurde«, erzählt June. 1968 sah jedoch die Sekretärin des Warner Bros.-Produzenten Richard Perry einen Auftritt der Band im Troubadour Club in Los Angeles und rief am nächsten Tag ihren Chef an. »Sie rief Richard an einem Sonntagnachmittag an und sagte: 'Diese Mädels sind toll, Sie müssen sie sich unbedingt anschauen'«, erzählt June. Noch am selben Tag vereinbarten sie einen Termin zum Vorspielen, und Perry war beeindruckt. »Es warf ihn echt um, und er brachte Mo Ostin [Geschäftsführer von Warner Bros.'] dazu, uns unbesehen unter

Vertrag zu nehmen«, sagt June. »Niemand in der Plattenfirma hörte uns. Ich glaube, im ganzen ersten Jahr hörte niemand auch nur einen einzigen Ton von uns. Aber Richard war total gut drauf, weil er mit »Tiptoe Through the Tulips« von Tiny Tim gerade einen Mega-Hit gelandet hatte.«

Nun, da die Band unter Vertrag war, dachten die Frauen über einen neuen Namen nach. »Bei der Namenssuche fiel uns eine Mädchenband in L.A. ein, die einen Mädchennamen hatte«, erzählt June. »Ich dachte: 'Mensch, was für eine tolle Idee, ein Personenname!' Ich weiß noch, als ich eines Abends durch Hollywood fuhr und mir der Name Fanny in den Sinn kam. Ich sagte: 'Kommt, wir nehmen Fanny in unsere Liste auf', und der Name wurde dann genommen.« Die Gruppe wurde wegen der sexuellen Anspielung des Namens[47] kritisiert – von dem einige annahmen, er stamme von Perry (»Das ist ein Märchen«, sagt June) –, und die z.B. in dem Promotion-Aufkleber »Get Behind Fanny« ausgeschlachtet wurde. June sagt dazu allerdings, die Gruppe habe den Namen mehr als Spaß betrachtet. »Wir fanden ihn einfach witzig«, erklärt sie. »Er war ein Frauenname und gleichzeitig zweideutig. Wir hatten das Gefühl, als ob der Geist einer Frau über uns wachte. Wir dachten bei diesem Ausdruck nicht an 'Arsch' oder etwas Sexuelles! Ich glaube, wir brauchten das Gefühl, einen weiblichen Schutzengel zu haben, der über uns wachte, so wie eine russische Großmutter mit sanften Augen und einer Brille und weißem Haar, die sagt: 'Ich bin eure Tante Fanny, und ich helfe euch, da durchzukommen.'«

Die Band bestand nun aus June (Rhythmusgitarre), Jean (Baß), Addie Clement (Leadgitarre) und Alice De Buhr (Drums). Nach einem Streit über das Management verließ Linda Kavars die Gruppe, und Clement, die eine Beziehung mit Kavars hatte, ging mit ihr. »Ich weiß noch, als Addie die Gruppe verließ und Jean und Alice mich ansahen und sagten: 'Tja, jetzt mußt du wohl Leadgitarre spielen'«, erzählt June. »Und ich flippte echt aus. Ich ging spazieren und führte Selbstgespräche, solche Angst hatte ich. Und ich übte Tag und Nacht; ich nahm Platten von Jimi Hendrix und Eric Clapton, ließ die Solos langsamer ablaufen und übte. Es war hart, aber es war der einzige Weg für mich.«

Obwohl Fanny 1969 einen Plattenvertrag bekam, wurde ihre erste LP während der Suche nach einem vierten Mitglied auf Eis gelegt. Sie entschieden sich schließlich für Nicole (Nickey) Barclay als Keyboarderin und brachten 1970 ihr Debütalbum *Fanny* heraus. Die Songs (neun von den elf Songs stammten von verschiedenen Bandmitgliedern) zeichnen sich durch einen dynamischen, pulsierenden Rock-Beat aus, der von gelegentlichen Schreien unterbrochen wird, wenn die Musik richtig aufgeheizt ist,

---

47 Fanny kann im amerikanischen Englisch auch »Hintern« oder »Arsch« bedeuten.

wie z.B. in Barclays »Changing Horses«. Nach Erscheinen der LP wurde die Gruppe sofort auf Tournee geschickt, um Werbung für die Platte zu machen. »Aber nachdem wir das erste Mal auf Tour waren, ging es nonstop weiter!« sagt June. »Wir waren die einzige Mädchenband, die allmählich bekannt wurde, und da es kein MTV gab, mußten wir eben auf Tournee gehen. Der einzige Weg, die Leute davon zu überzeugen, daß Fanny spielen konnte, war, vor Publikum zu spielen!«

In den nächsten drei Jahren veröffentlichte die Gruppe die LPs *Charity Ball* (1971), *Fanny Hill* (1972) und *Mothers Pride* (1973), doch nur die Single »Charity Ball« erreichte Platz 40 der Charts (die Gruppe spielte außerdem Background auf *Barbra Joan Streisand*). June sieht die Ursache dafür, daß die Gruppe den Durchbruch zum Mainstream nicht schaffte, in der Wahl des Zeitpunktes: »Ich glaube, wir hatten einfach nicht den richtigen Song zur richtigen Zeit«, sagt sie. »Ich glaube, daß es nur auf das Timing dieser beiden Dinge ankommt. Und das hatten wir einfach nicht.« Dennoch übten Frauen, die elektrische Instrumente spielten, immer noch eine Wirkung auf das Publikum aus, auch wenn diese sich nicht in den Charts niederschlug. Lynne Shapiro kam 1974 in einem Artikel in *Ms.* zu dem Schluß: »Wenn es Fanny schon gegeben hätte, als ich sechzehn war, wäre ich heute vielleicht eine feministische Rockmusikerin.«

June selbst hatte der Frauenbewegung gegenüber ambivalente Gefühle und gibt zu, daß sie verlegen wurde, wenn die Bandmitglieder in Interviews zum Feminismus befragt wurden. »Ich kann beim besten Willen nicht sagen, daß wir uns als 'Feministinnen' bezeichnet hätten, als sich die Band auflöste«, sagt sie. »Es war so ein unanständiges Wort! Meine Auffassung war: 'Mann, ich tanze hier aus der Reihe, nur weil ich diese blöde E-Gitarre in der Hand halte. Also bring mich jetzt nicht noch mehr in Verlegenheit.'« Rassismus in der Musikindustrie war ein weiteres Thema, mit dem sich June als Fanny-Mitglied lieber nicht auseinandersetzte. »Wir machten uns nicht viele Gedanken über Rassismus«, sagt sie. »Sexismus war schon mehr als genug. Rassismus stand auf der Tagesordnung ziemlich weit unten, weil alles andere schon so viel war. Entweder eins nach dem anderen, oder ich geb mir die Kugel, so in der Richtung. Ich weiß, daß ich mich erst mit Rassismus beschäftigte, nachdem ich Holly Near produziert hatte. Damals engagierte ich mich schon seit sechs Jahren in der Frauenmusik. Ich erinnere mich noch an ein Gespräch mit Holly. Ich sagte ihr, daß ich gerade angefangen hätte, mich mit Rassismus zu befassen, und sie sah mich mit einem Gesichtsausdruck an, der sagte: 'Das darf doch nicht wahr sein!' Damals beschäftigte ich mich also immer noch nicht damit, und ich war schon zweiunddreißig!«

1973 war der Streß, in einer Rockgruppe zu spielen, für June zu groß geworden, und sie verließ die Band. »Ich hatte kein Privatleben und war völlig im Eimer«, erklärt sie. June zog zuerst nach Long Island und anschließend nach Woodstock, New York, wo sie eine musikalische Pause einlegte. Schließlich kehrte ihre Zuversicht jedoch zurück, und sie nahm wieder Demos auf und spielte in Bands. Wegen des zusätzlichen Drucks, den sie bei Fanny erfahren hatte, widerstrebte es ihr allerdings, noch einmal in einer Frauenband zu spielen. In Los Angeles veröffentlichte Fanny unterdessen in der Besetzung mit Jean, Nickey, Patti Quatro (Suzi Quatros Schwester) und Brie Howard (ein ehemaliges Svelts-Mitglied) 1974 ihre letzte LP, *Rock and Roll Survivors*. Anschließend löste sich die Gruppe auf, hatte jedoch 1975 mit dem Song »Butter Ball« von dieser LP, der Platz 29 erreichte, ihre höchstplazierte Single in den Charts. Als Jean dies erfuhr, besuchte sie June in Woodstock und überredete sie, nach Los Angeles zurückzukommen und eine Band für eine dreiwöchige Tournee zusammenzustellen. »Die Band bestand aus June und mir, einer Frau von den Smiles [eine Band, in der June zu dieser Zeit spielte], Brie und Wendy Haas von den Freudian Slips. Und es war so gut! Wir machten Nägel mit Köpfen. Ich fing an, Songs zu schreiben, und plötzlich machte es bumm! Wir hatten einen Manager und wollten einen Plattenvertrag.«

Leider fielen die Pläne für die Band, die sich nun L.A. All-Stars nannte, ins Wasser. »Eine Plattenfirma wollte uns einen Vertrag geben«, erzählt June. »Wir waren schon in [Rechtsanwalt] Michael Lippmans Büro und kurz davor, den Vertrag zu unterschreiben, als einer der Jungs sagte: 'Hm, äh, da ist noch eine Kleinigkeit. Wir wollen, daß ihr die Band Fanny nennt.' Jean und ich flippen aus. Weil es nicht Fanny war. Es war nicht Fanny! Und wir wußten, wenn wir uns Fanny nannten und auftraten, würden die Leute Fanny-Songs hören wollen, die wir aber gar nicht machen wollten. Es war etwas völlig anderes, wir spielten eher Pop-Funk mit ein bißchen Salsa und R&B. Oh, waren wir sauer! Also unterschrieben wir nicht. Jean und ich mußten zum Schluß zwölfhundert Dollar Strafe zahlen, weil wir den Vertrag nicht unterschrieben hatten, und als wir den Vertrag abgelehnt hatten, ging die Band auseinander.«

Zur selben Zeit lernte June über ihre damalige Freundin, die Bassistin und Cellistin Jackie Robbins, Cris Williamson kennen. »Und natürlich wußte ich nicht, wer Cris war«, sagt June. »Eigentlich wußte niemand, wer sie war. Es stellte sich heraus, daß Cris ein Fan von mir war, was ich natürlich auch nicht wußte, und sie sagte immer wieder: 'Warum spielst du nicht mit mir zusammen?' Ich brachte es nicht über mich, zu sagen: 'Mit dir? Mit dir? Du spielst doch Folk Musik!' Ich machte gerade Funk-Rock.« Als sie jedoch in Los Angeles mit den All-Stars arbeitete, spielte

June dann doch auf *The Changer and the Changed* und entschloß sich nach der Veröffentlichung der LP *Ladies on the Stage* (1978), die sie mit Jean (und Cris Williamson als Background-Sängerin) aufgenommen hatte, mit Williamson zu spielen und sich der Frauenbewegung anzuschließen. *Ladies on the Stage* war auch Junes erster Exkurs in die Produktion – sie hatte das Album zusammen mit ihrer Schwester Jean und Tom Sellers produziert. Die Platte kam zwar nicht an, doch bewirkte sie in June einen musikalischen Richtungswechsel. »Nach *Ladies on the Stage* war ich so frustriert, daß ich beschloß, nur noch mit Frauen zusammenzuarbeiten«, sagt June. »Ich war auf der Suche und hing völlig in der Luft. Also sagte Cris: 'Warum gehst du nicht mit mir auf Tour?' Und ich sagte: 'Okay'.«

»Das war mein Glück!«, fährt sie fort. »Es veränderte mein Leben. Es war schließlich doch ein Segen, weil Cris nämlich eine meiner besten Freundinnen wurde. Und ich sah und spürte aus tiefstem Herzen, was die Frauenbewegung mit dem Leben, dem wirklichen Leben der Leute zu tun hat. Sie war nicht einfach nur eine blöde Theorie. Ich glaube, das erste, was mir auffiel, waren Frauen ganz unterschiedlichen Alters, die ihr Leben lebten und mit genauso vielen Schwierigkeiten kämpften wie ich mit meiner E-Gitarre und sagten: 'Ich werde jetzt ein eigenes Leben haben.' Sie waren vielleicht schon über vierzig, hatten drei Kinder großgezogen und merkten plötzlich: 'Das bin ich nicht. Ich muß wieder studieren und was aus meinem Leben machen.' Und ich spürte eine Welle von Stolz, einfach Stolz. Plötzlich war ich stolz darauf, eine Frau zu sein.«

Junes Bemerkungen illustrieren, warum die Frauenmusik eine wichtige Entwicklung für alle Frauen darstellte und nicht nur für Musikerinnen von Bedeutung war. KritikerInnen der Frauenmusik konzentrierten sich häufig auf den Separatismus in der Bewegung, der als »unwirksamer« Weg bezeichnet wurde, um die Rechte der Frau in der Gesellschaft durchzusetzen. Ein 1984 im *Rock&Roll Confidential* erschienener Artikel über das zehnjährige Bestehen von Olivia hielt das Konzept der Frauenmusik für überholt und behauptete, daß die Idee von »Frauen, die sich von Männern isolieren… nur eine winzige Handvoll gesellschaftlicher Eremiten anspricht.« Wie Judy Dlugacz in Interviews wiederholt betont, ging es jedoch gerade nicht darum, Mittel und Wege zu finden, um sich von Männern zu isolieren, sondern darum, sich als Frauen zu integrieren. In einer Branche, in der fast alles Männern gehörte und von Männern geleitet wurde, sollten auch Frauen die Chance bekommen, ihre Fähigkeiten zu entwickeln. »Es wurden Fragen gestellt wie z.B. 'Diskriminieren Sie nicht die Männer?'« sagt Dlugacz in einem Interview mit der *San Francisco Business Times*. »Ich sage: 'Nein, nicht, wenn es ansonsten keine Möglichkeiten für Frauen [im Musikgeschäft] gibt.'« »Ich glaube, daß Separatismus notwendig war«, sagt June. »Weil die von Männern dominierte Rock-branche Frauen sowieso ausschloß, brauchten wir etwas, von dem wir sagen konnten: 'He, das gehört uns, wir haben Anspruch darauf. Das ist unser Gebiet, das ist unser ganzer Stolz, und wir werden uns einen sicheren Platz schaffen, an dem wir uns künstlerisch betätigen können und lernen können, wie man das macht.' Das *war* zwar unglaublich separatistisch, aber ich würde sagen, daß die Freude, die gleichzeitig zum Ausdruck kam, alles andere bei weitem überwog.«

»Immer, wenn es etwas gibt, das Frauen nur für Frauen wollen, regen sich alle auf und reden von Diskriminierung«, stimmt Holly Near zu, eine weitere Sängerin, die sich für die Frauenmusik engagierte und eben-falls Probleme wegen ihrer »Diskriminierung« hatte, da sie Auftritte nur für Frauen anbot. »Wahrscheinlich sind der Senat und das Oberste Bundes-gericht die separatistischsten Organisationen überhaupt! Frauen schließen sich nicht deshalb zusammen, weil sie sich gegen den Rest der Gesellschaft verschworen haben, sondern weil sie versuchen, sich gegenseitig einen sicheren Platz zum Arbeiten zu schaffen, an dem sie klar denken können und nicht ständig in Verteidigungsstellung gehen müssen.«

Andere führen den mangelnden kommerziellen Erfolg von Frauen-labels wie Olivia als weiteres Zeichen für ihr »Versagen« an. Doch ein solcher, über das bloße Überleben des Unternehmens hinausgehender Erfolg schien nie das Ziel der Labels gewesen zu sein. Nicht Zahlen waren wichtig, sondern die Bedeutung der Frauenmusik für die Beteiligten vor und hinter den Kulissen. Der *Rock&Roll Confidential* lobte den »breit an-gelegten Erfolg« von Platten wie »I Am Woman« und Donna Summers »She Works Hard for the Money«, weil sie die Unterdrückung der Frauen »auf eine für ein breites Publikum akzeptable Art und Weise ansprechen«, als ob das Erreichen eines breiten Publikums der einzige geltende Erfolgs-maßstab wäre. Für die Frauen in der Frauenmusik war eine Platte, die sich nur zu tausenden anstatt zu zehntausenden verkaufte, jedoch genauso be-deutsam für ihr Leben.

Mit dem Separatismus kam auch das Thema Lesben auf, ein sowohl in der konventionellen Gesellschaft als auch in der feministischen Bewegung problematisches und oft heiß diskutiertes Thema. In einem 1970 erschie-nenen Artikel über Kate Millets Bisexualität schrieb die *Time*, daß diese Enthüllung »sie als Sprecherin für ihre Sache zwangsläufig in Mißkredit bringt... und die Ansicht der Skeptiker bestätigt, die von vorneherein alle Feministinnen als Lesbierinnen abtun.« Im selben Jahr bezeichnete Betty Friedan Lesben in der Frauenbewegung als »lila Bedrohung« und »führte angeblich eine erfolgreiche Kampagne gegen die Wahl oder Wiederwahl von Lesben in ein Amt bei den NOW-Wahlen 1970 in New York an«, schrieb Alice Echols. 1971 änderte die NOW ihre Haltung und verabschiedete eine Resolution zur Unterstützung von lesbischen Frauen. Lesbische Feministinnen prägten den weniger bedrohlichen Ausdruck »frauenbezogene Frauen« (»Wir versuchten, einen Weg zu finden, Frauen etwas über das Lesbischsein zu erzählen, ohne das Wort lesbisch zu benutzen«, erklärt Jennifer Woodul – eine der Gründerinnen Olivias – in *Daring to Be Bad*), doch blieben die Spannungen in bezug auf die »Spaltung lesbisch-hetera« in der Frauenbewegung bestehen.

Auch die Frauen aus dem Bereich der Frauenmusik waren nicht frei von solchen Spannungen. Ruth Scovill schreibt in ihrem Kapitel über Frauenmusik in der Anthologie *Women's Culture: The Women's Renaissance of the Seventies*: »Frauenmusik spiegelt häufig das Bewußtsein von *Frauenbezogenheit* wider. Im Gegensatz zu der in der Popmusik weit verbreiteten Erniedrigung von Frauen vertritt die Frauenmusik die feministischen und humanistischen Ideale von Selbstbewußtsein und gegenseitiger Unterstützung.« Allerdings bemerkt Pamela Brandt in den *Soho News*: »Der Ausdruck *heißt* zwar 'Frauenmusik', aber, wenn Sie das nicht schon erraten haben, er *bedeutet* fast immer 'Lesbenmusik'.« Diese Unterscheidung hatte zweifellos Auswirkungen auf die Art und Weise, wie die Frauenmusik von der kommerziellen Musikindustrie interpretiert wurde. Und sie erklärt auch, warum Carole Kings *Tapestry* freien Zugang zu den Top 40 hatte, während die ebenso melodischen Songs auf Cris Williamsons LP *The Changer and the Changed* (auf der nur ein ausdrücklich an eine Frau gerichtetes Liebeslied zu hören ist) nur von alternativen Rundfunksendern gespielt wurden. Und auch bei den Musikfrauen gab es diese Unterscheidungen. Manche Frauen hatten einen direkten Draht zur lesbisch-feministischen Bewegung, wie z.B. die Olivia-Mitbegründerinnen Jennifer Woodul und Ginny Berson als Mitglieder im lesbisch-feministischen Kollektiv »Furien«. Dagegen fanden sich nicht nur Künstlerinnen, sondern auch Künstler von Holly Nears Label Redwood Records in den Plattenläden in der Rubrik »Frauenmusik« wieder. Dieser Umstand ist wohl auf Nears Engagement in der Frauenbewegung zurückzuführen, denn das Label war nie so »frauenbezogen« wie andere Frauenmusiklabels (an dem Label waren von Anfang an auch Männer beteiligt, u.a. Nears Vater).

Doch auch wenn ihre Anziehungskraft auf das Massenpublikum begrenzt war und sie kein Crossover schafften, konnten Lesben in der Frauenmusik ihre Sexualität zumindest freier ausleben als in der kommerziellen Musikindustrie, die ihnen riet, ihre sexuelle Identität am besten überhaupt nicht zu erwähnen. In ihrer Zeit bei Deadly Nightshade wich Pamela Brandt Fragen nach ihrer Sexualität aus. Sie erinnert sich, daß sie auf die Frage von DJ Cousin Brucie (Bruce Morrow): »Was würdest du sagen, wenn ich dich frage, ob du lesbisch bist?« antwortete: »Ich würde sagen, daß du dich um deine eigenen Angelegenheiten kümmern sollst.« »Das ist wahrscheinlich auch nicht schlimmer als das, was viele Leute heutzutage machen würden«, sagt sie. »Und wahrscheinlich würden viele Leute lügen. Wir logen zwar nie oder gingen mit Jungs oder sowas, aber eigentlich hätten wir auch nicht 'Kümmere dich um deine eigenen Angelegenheiten' sagen sollen. Wir hätten sagen sollen: 'Ja. Na und?' Ich glaube, daß die meisten Leute dazu bereit sind, Lesben und Schwule zu akzeptieren, es ist ihnen einfach nur peinlich. Lesbisch- oder Schwulsein muß ihnen so präsentiert werden, daß es ihnen normal und akzeptabel erscheint. Und wenn man Künstlerin ist, hat man doch schon die Waffe – nämlich das Charisma einer Künstlerin – um es für die Leute annehmbar zu machen. Ich glaube also, daß KünstlerInnen mehr als alle anderen zur Akzeptanz von Homosexualität beitragen können, und ich finde, sie sollten es auf einen Versuch ankommen lassen.«

Carol MacDonald hatte in ihrer Zeit bei Goldie and the Gingerbreads ihre sexuellen Vorlieben ebenfalls geheimgehalten, nahm sich aber bei der Gründung von Isis fest vor, das zu ändern, obwohl man ihr riet, nichts zu diesem Thema zu sagen. »Ich hatte zu viele Jahre Versteck gespielt«, sagt sie. »Ich spielte bei Goldie and the Gingerbreads Versteck, und es machte mich wahnsinnig! Ich haßte es.« Nach ihrer Rückkehr aus England spielte MacDonald in der kurzlebigen Frauenband Blithe Spirit, bevor sie Anfang der siebziger Jahre Isis gründete. »Ich wollte die erste Frauenband mit Bläsergruppe haben«, erklärt sie. »Ich wollte, daß es etwas ganz Irres wird. Ich habe Blasinstrumente schon immer gemocht, und ich sagte: 'Frauen, die Blasinstrumente spielen? Unmöglich – das hat noch niemand gemacht.' Also gründeten wir Isis.«

MacDonald gibt zu, daß ihre Offenheit hinsichtlich ihrer Sexualität der Band vielleicht geschadet hat. Sie schrieb viel Material für die Band, und Songs wie »She Loves Me« und »Bobbie and Maria« kamen bei den ProgrammgestalterInnen im Radio nicht immer gut an. »Ohne mein Coming-out hätte Isis es vielleicht geschafft«, sagt sie. »Vielleicht. Ich weiß es aber nicht. Nicht alle in der Band waren lesbisch, und dann hatten wir noch das Label. Die Mädels, die in die Band kamen, würden wegen mir bald alle als Lesben gelten, und das sagte ich ihnen von Anfang an – 'Ihr müßt es schon selbst beweisen, wenn ihr dieses Image nicht wollt!' – denn die meisten waren nicht lesbisch. Es sprach sich herum, daß nicht die ganze Band lesbisch war, und so hatten wir natürlich mehr Spielraum. Und gottseidank gab es The Nightbird [Alison Steele], die ständig unsere LP spielte. Sie liebte die Band, wirklich, und sie fand unsere Musik toll.«

Isis wurde auch zu einer Art »Ausbildungsplatz« für Musikerinnen –
die Gruppe hatte in sieben Jahren dreiundsiebzig Mitglieder. »Vor allem
für die Bläserinnen war es sehr schwierig, reinzukommen«, sagt Mac-
Donald über die Musikszene in New York. »Jobs wurden immer nur an
Männer vergeben. Also wurde Isis tatsächlich zu einer Schule. Und ich er-
mutigte die Frauen, auch mal woanders zu arbeiten, weil sie bei uns nicht
so viel zu tun hatten und wir auch nicht ständig Auftritte bekamen. Und
bald hatten sie einen bestimmten Ruf. Sie sagten: 'Ich habe bei Isis gespielt.'
Es war wie eine Referenz.« Nachdem sie es nicht geschafft hatte, Herb
Alpert, das »A« in A & M Records (der laut MacDonald sagte: »Die sind
zwar super, aber ich finde, daß Frauen albern aussehen, wenn sie Blasinstrumente spielen«) zu beeindrucken, nahm die Gruppe eine LP für
Buddah Records und eine weitere für United Artists auf (ihr Debütalbum
wurde von Shadow Morton produziert) und tourte als Vorprogramm für
Leon Russell und Three Dog Night. Den großen Durchbruch schaffte die
Band jedoch nicht. »In einer Formel müssen jede Menge Sachen stimmen«, sagt MacDonald. »Und ich glaube immer noch, daß wir nie ernst
genommen wurden. Ich glaube, sie wollten alle nur das schnelle Geld
machen und sich dann wieder zurückziehen.« Auch wurden sie zu Mac-
Donalds Enttäuschung von den Frauen nicht ohne weiteres akzeptiert.
»Herrje, ich schreibe über Frauen!«, sagt sie. »Aber das haben sie nicht so
ganz kapiert. Sie haben uns als Establishment-Gruppe angesehen, weil
wir im Fernsehen auftraten. Man sollte eigentlich annehmen, daß sie sich
das gewünscht hätten!«

Olivia, die anfangs ebenfalls Frauen ausgebildet hatte, schraubte nach
ein paar Jahren schließlich ihre Ansprüche herunter. »Wir wollten uns
nicht zugrunde richten«, erklärt Dlugacz. »Wir versuchten, etwas wirklich Gutes auf die Beine zu stellen, was ein ständiger Kampf war. Aber uns
wurde klar, daß wir zu klein waren, und es war zuviel verlangt, sowohl
Qualitätsarbeit zu leisten als auch Frauen diese Ausbildungsmöglichkeiten
zu bieten. Ich würde sagen, daß dies nach den ersten drei Jahren nicht
mehr im Mittelpunkt stand, und so wurde nicht mehr jeder Platz von
einer Frau ausgefüllt. Hätten wir ein eigenes Studio und ein Budget von
mehreren Millionen Dollar gehabt, hätten wir viel mehr Frauen ausbilden
können.« Aber selbst ohne ausreichende Mittel zog Olivias Präsenz in
der Musikszene noch Frauen an, die in irgendeinem Bereich der Musikindustrie arbeiten wollten. »Wie kommt man in einen Bereich rein, in
dem man nicht erwünscht ist?«, sagt Dlugacz. »Wie kann man eine fähige
Produzentin werden, wenn einem niemand die Gelegenheit dazu gibt?
Die erste Toningenieurin, mit der wir arbeiteten, hat uns gefunden. Und
so war es oft: Die Frauen haben uns schon gefunden.«

Manchmal genügte schon der bloße Anblick einer Frau, die etwas Ungewöhnliches machte, um Anregungen zu bekommen. Die Besitzerin und Mitbegründerin von Woman Sound Inc. in Washington (heute City Sound Productions) Boden Sandstrom begann ihre Karriere als Toningenieurin, nachdem sie Judy Dlugacz bei einem Olivia-Konzert in Washington am Mischpult gesehen hatte. Sandstrom wurde in Rochester, New York, geboren und lebt seit 1972 in Washington. Sie arbeitete als Bibliothekarin, hatte jedoch auch großes Interesse an Musik. »Ich hatte jahrelang Waldhorn gespielt«, sagt sie, »und ich wollte wieder Musik machen. Ich ging zu meinem ersten Frauenkonzert, das Olivia hier in Washington veranstaltete, bevor das Kollektiv nach Kalifornien ging, und ich sah eine Frau am Mischpult – es war Judy Dlugacz. Ich überlegte, daß ich das auch gerne machen würde. Also redete ich mit ihr darüber, und sie erzählte mir, daß es in der Stadt eine Sängerin gab, die einen Toningenieur oder eine Toningenieurin suchte und bereit war, die Person auszubilden. Das war Casse Culver. Ich rief sie an und sie war tatsächlich damit einverstanden, mich auszubilden.«

Durch ihre Arbeit mit Culver hatte Sandstrom bald einen Job in einem Club und bekam dort wiederum Angebote, bei Veranstaltungen und Benefizkonzerten als Tontechnikerin zu arbeiten. 1975 gründeten die beiden ihr eigenes Unternehmen (heute ist Sandstrom Alleinbesitzerin), zum Teil aus denselben Gründen wie das Olivia-Kollektiv: Frauen sollten eine Chance bekommen. »Ich gründete die Firma, weil mir klar war, daß es sehr schwierig sein würde, Arbeit von einer der PA-Firmen[48] in der Stadt zu bekommen. Sie waren totale Männerdomänen«, sagt Sandstrom. »Eigentlich gab es dort überhaupt keine Frauen, und es war schwierig, eingestellt zu werden und eine Ausbildung zu bekommen. Außerdem war es problematisch, Geräte zu mieten, ohne etwas über deren Qualität zu wissen, also wollten wir unsere eigenen Geräte haben.« Da die Gründung von Woman Sound Inc. mit dem Beginn der Frauenmusikfestivals zusammenfiel, hatte die neue Firma gleich viele Aufträge. »Ich war so ziemlich von Anfang an dabei«, erzählt Sandstrom. »Ich saß zum Beispiel mindestens zehn Jahre hintereinander beim National Women's Music Festival [das früher in Champaign-Urbana, Illinois, stattfand und jetzt in Bloomington, Indiana, abgehalten wird] am Mischpult. Und auch beim Michigan Womyn's[49] Music Festival. Manche Künstlerinnen habe ich von Anfang

---

48 PA(S) ist die Abkürzung für Public Address (System): Die für das Konzertpublikum bestimmte Lautsprecher- und Mischpultanlage (im Gegensatz zu den Monitoren auf der Bühne). PA-Firmen oder -Verleihunternehmen vermieten solche Beschallungsanlagen für Konzerte.

49 Da in »woman« das Wort »man« (bzw. Plural: »women« und »men«) enthalten ist, wurde im Zuge des Feminismus zur Abgrenzung die Schreibweise »womyn« eingeführt. Daneben gibt es auch den Plural »wimin«

an mitbekommen, z.B. im Rahmen von Konzerten, bei denen auch Nicht-Profis auftreten konnten. Tracy Chapman habe ich zum ersten Mal bei einem solchen Auftritt beim National Women's Music Festival gesehen.«

Darüber hinaus bekam die Firma auch Aufträge aus dem politischen Lager. Den Frauen war sowohl die andere Soundqualität der Firma als auch ihre Firmenpolitik sympathisch. Woman Sound lieferte z.B. den Sound für die Kundgebungen bei Lesben- und Schwulen-Demos und Demos gegen den Abtreibungsparagraphen sowie 1978 für die Kundgebung zum Equal Rights Amendment[50] (Gloria Steinem[51] schickte der Firma ein Dankschreiben, in dem stand: »Eine Grundvoraussetzung für diese Revolution ist, daß Frauen sich gegenseitig hören können, und Ihr schafft diese Möglichkeit, sowohl in geistiger als auch in technischer Hinsicht«).

Die Firma arbeitete auch bei anderen Gelegenheiten, z.B. auf einer Tournee für Lily Tomlin und der Verleihung der Mayor's Arts Awards in Washington. Doch in der kommerziellen Rockszene fanden die Frauen keine Anerkennung. »Die Rock & Roll-Welt wollte Woman Sound nicht engagieren«, sagt Sandstrom. »Manchmal hatte der betreffende Produzent einfach Angst davor, was wohl die Rock & Roll-Musiker aus der Stadt von einer PA-Firma halten würden, die nur aus Frauen besteht. Der Produzent befürchtete, daß die Musiker es nicht so gut finden würden, oder daß sie in diesem Bereich nichts mit Frauen zu tun haben wollten. Das ist dieser typische Männer-Klüngel: Sie wollen nur miteinander arbeiten und nicht mit Frauen. Aber es gab auch ein paar Männer in dieser Welt, die meinen Sound bei einem Festival gehört hatten, ihn super fanden und mich dann eher unterstützten. Durch all das mußten wir uns durchkämpfen.«

Woman Sound hatte bald einen Bestand an Toningenieurinnen aufgebaut, der zum Teil Sandstroms Kursen über das Abmischen von Sounds entstammte. »Am Anfang machte ich diese Kurse nur für Frauen«, sagt sie. »Ich setzte eine Anzeige in die Frauenzeitungen und sagte dann, daß jede, die im Anschluß an diesem Kurs arbeiten wollte, das gerne tun könnte. Fast alle, die für mich gearbeitet haben, wurden auf diese Weise ausgebildet, und diejenigen, die wirklich Interesse daran hatten, blieben.

---

50 Ein erstmals 1923 in den Kongreß eingebrachter Gesetzesentwurf zur Gleichberechtigung der Frauen. Nachdem der Entwurf jahrzehntelang auf Desinteresse gestoßen war, wurde er 1972 erneut dem Kongreß vorgelegt. 1973 — nur noch fünf Bundesstaaten hätten den Entwurf ratifizieren müssen — wurde der Prozeß durch eine ausgezeichnet organisisierte Kampagne konservativer Kräfte gestoppt. Die NOW und andere feministische Organisationen kämpften Ende der siebziger Jahre mit vereinten Kräften für den Verfassungszusatz. 1980 sprachen sich Ronald Reagan und seine Partei gegen das ERA aus, und der Ablauf der Ratifizierungsfrist am 30. Juni 1982 bedeutete das Ende für dieses Konzept.

51 Gloria Steinem spielt seit Ende der sechziger Jahre eine führende Rolle in der amerikanischen Frauenbewegung. Als Mitbegründerin und Herausgeberin der Zeitschrift *Ms.* nimmt sie in den USA eine ähnliche Position ein wie Alice Schwarzer in Deutschland. Steinem ist hauptsächlich durch ihre Artikel über Themen wie das Equal Rights Amendment, Frauen und Beruf, Frauennetzwerke und politische Themen bekannt geworden.

Auf Teilzeitbasis dauert es drei oder vier Jahre, bis man eine gute Toningenieurin ist. Es gibt einfach so vieles, das man lernen muß.« Nach ihrer
Ausbildung zogen viele Frauen in andere Städte, um ihre Karriere dort
fortzusetzen. Sandstroms Kurse wurden größer, als sie anfing, an der
American University in Washington zu unterrichteten, doch sie hält die
Zahl der Frauen, die tatsächlich als Toningenieurinnen arbeiten, noch
immer für enttäuschend gering. »In den PA-Firmen arbeiten immer noch
fast nur Männer«, sagt sie. »Vor allem in den größeren, und die Betreiber
der Firmen engagieren eher die Männer um sie herum als Frauen, die zumindest genauso gut, wenn nicht sogar besser sind.«

Frauen konnten durch ihr Engagement in der Frauenmusik nun auch
etwas über die Arbeit im Tonstudio lernen, ebenfalls eine Männerdomäne,
zu der sie nur sehr schwer Zugang hatten. Nach ihrer Arbeit als Co-Produzentin für *Ladies on the Stage*, begann June Millington, Platten für
Musikerinnen zu produzieren. Ihr erstes Projekt war Cris Williamsons
Strange Paradise. »Ich war zwar nervös, aber es war etwas, was ich unbedingt machen wollte«, sagt sie. »Ich weiß noch, als ich von Fanny wegging
und meiner Mutter sagte, ich wolle Platten produzieren, was natürlich
wieder so ein verrückter Traum war – den ich mir erfüllt habe!« Da die
Frauenmusik-Labels den Anspruch hatten, Frauen in so vielen Bereichen
wie nur möglich einzusetzen, konnte June bald feststellen, daß ihre Fähigkeiten gefragt waren, und so produzierte sie Williamsons *Lumiere* und
Mary Watkins' *Something Moving* für Olivia, Holly Nears *Fire in the Rain*
für Redwood Records und ihre Solo-LPs für ihr eigenes Label Fabulous
Records.

Auch Teresa Trulls Engagement in der Frauenmusik diente ihr als
Ausgangspunkt für ihre Tätigkeit als Produzentin, obwohl sie während
ihrer Zeit bei Olivia Records selbst nicht produzierte. Die in Durham,
North Carolina, geborene Trull hatte praktisch ihr ganzes Leben lang
gesungen. »Ich habe gleich von Anfang an im Kirchenchor gesungen«, erzählt sie. »Zuerst haben mich meine Eltern dazu gezwungen, aber dann
war ich hochmotiviert! Und wenn man im Süden Kirchenmusik macht,
ist sie gospelorientiert, und durch Gospel lernt man eine ganze Menge.«
Mit sechzehn begann Trull, Songs zu schreiben, sah diese Tätigkeit jedoch
nicht so sehr als möglichen Beruf, sondern eher als »persönliches Ventil«
an. »Ich sang als Hobby«, sagt sie. »Eigentlich war ich Künstlerin – ich
hatte fest vor zu studieren und Illustratorin zu werden.«

Auf der High School sang Trull als »Hobby« auch in Gruppen und
wurde 1972 bei einem Auftritt in einer Talentshow von einer professionellen Männer-Rockgruppe angesprochen, ob sie nicht bei ihnen
singen wolle. Bezeichnenderweise trat sie der Gruppe eher aus praktischen

Gründen bei. »Ich dachte: 'Mensch, da will mich jemand fürs Singen bezahlen, ich glaube, das mache ich'«, erzählt sie. »Es war eine total praktische Entscheidung. Als ich dann auf dem College war, bot mir die Band an, mit auf Tournee zu gehen, und ich dachte: 'Ich kann es nicht glauben, daß mich die Leute fürs Singen bezahlen. Ich singe einfach total gerne. Ich glaube, ich gehe einfach mit!' Ich brach mein Studium ab, um mit der Rockband auf Tour zu gehen. Das Verblüffende war, ich bekam eine solche Resonanz, daß mich das endgültig überzeugte, ins Musikgeschäft einzusteigen. Ich war erstaunt, als Leute auf mich zukamen und sagten: 'Hör bloß nie auf zu singen!' Ich hatte also viel Glück. Ich bekam viel Arbeit und viel Unterstützung vom Publikum.«

Während der Tournee mit der Band waren Trull und der Gitarrist der Gruppe in einer Radiosendung zu Gast, und die Moderatorin schickte ohne Trulls Wissen ein Band der Sendung zu Olivia, die sich mit ihr in Verbindung setzte. Frustriert von den sexistischen Songs der Band, verließ Trull 1975 die Gruppe und lebte in New York »so ziemlich ohne einen Pfennig Geld«, erzählt sie. »Also schrieb ich schließlich Olivia und erzählte den Frauen von meinen Schwierigkeiten, und sie boten mir sofort an, hinzufahren und für sie zu arbeiten.« Trull zog nach San Francisco arbeitete als A & R-Managerin für Olivia. Darüber hinaus nahm sie drei LPs unter dem Label auf, darunter auch ihr Debütalbum *The Ways a Woman Can Be*, das 1977 herauskam. Das von Linda Tillery produzierte Album mit Beiträgen von Meg Christian als Sängerin und June Millington als Gitarristin war wie geschaffen für Trulls bluesige, gospelgetönte Stimme. Sechs der acht Stücke auf der LP stammen von Trull, u.a. der wilde Song »Woman-Loving Women«, den sie laut Textheft »für die Lesben in meiner Heimatstadt« geschrieben hatte. »Ich hatte gehofft, daß er sich in harten Zeiten als 'Lesben-Stampfsong zum Mitsingen' eignen würde.« Trull nahm anschließend noch weitere LPs für Olivia auf, u.a. *Let It Be Known* sowie *Unexpected* mit Barbara Higbie.

Unexpected (1983) war die erste LP, die Trull produzierte, obwohl sie vorher schon vorher mit Ray Obiedo Songs geschrieben und Demos co-produziert hatte. Die beiden hatten sich 1980 kennengelernt und ein paar Jahre lang zusammengearbeitet. »Ray und ich verbrachten all die Jahre im Studio, nahmen LPs und soviel Material auf , daß es für ganz viele LPs gereicht hätte«, erzählt sie. »Wir waren in jedem Studio in der Stadt und versuchten, einen Vertrag zu bekommen, wir lernten Millionen von Toningenieuren und Musikern kennen. Und in diesen fünf Jahren oder so, in denen wir Songs aufnahmen, haben wir eine Menge Studioerfahrung gesammelt. Manchmal ist es gut, kein Geld zu haben. Man lernt sehr viel. Man probiert alles aus, was man je gehört hat, um einen Sound von guter

Qualität zu bekommen, ohne Geld auszugeben. Ich bekam mein technisches Know-how also durch meine Arbeit als Produzentin von Song-Demos.«

Trulls Arbeit auf *Unexpected* weckte das Interesse anderer KünstlerInnen, die sie als Produzentin engagierten, z.B. Romanovsky and Phillips, die Washington Sisters und Hunter Davies. Ihre Leistung als Produzentin von Deidre McCallas *Don't Doubt It* brachte ihr 1985 eine Nominierung als »Unabhängige Produzentin des Jahres« für die New York Music Awards ein, eine Form der Anerkennung, die sie für ihre Arbeit als Sängerin nur selten bekam. »Die größte Unterstützung bekam ich für meine Arbeit als Produzentin«, sagt Trull. »Als Künstlerin habe ich zwar viel Anerkennung von der Kritik bekommen, aber ich hatte nie soviel Unterstützung, um reißenden Absatz zu erzielen. Ich sitze immer zwischen zwei Stühlen. Ich bin etwas zu kommerziell für die Independent-Branche – zu der Frauenmusik und Folk und die Indies gehören, die anfangs Jane Siberry und solche Leute unterstützt haben – und nicht kommerziell genug für die Musikindustrie. Als Künstlerin habe ich mich also durch viel mehr Schwierigkeiten durchkämpfen müssen.«

Die Veröffentlichung von *A Step Away* (1986) bei Redwood Records war Trulls Versuch, eine »kommerziellere« Richtung einzuschlagen. »Für mich war das ein großes Projekt «, erzählt Trull. »Es war mein Traum, mit meinen Idolen zusammenzuarbeiten. Ich habe Leute engagiert, die ich mein ganzes Leben lang auf Schallplatten gehört hatte, Leute, die ich wirklich bewunderte.« Das daraus entstandene Album, eine gelungene Sammlung aus gekonnt gemachten Popstücken, bekam gute Kritiken: »Trull hat sich kopfüber in die Rock-Sounds gestürzt und damit wundervolle Ergebnisse erzielt … Sie verdient einen Platz in den Top 10 neben Huey Lewis«, schrieb Lary Kelp in Oaklands *Tribune*. Trulls Verbindung zu Huey Lewis ging noch über diesen Vergleich hinaus, denn die Musikerin und Songschreiberin Bonnie Hayes, die auf der LP auch Keyboards spielte, hatte einen Song auf dem Album, »Rosalie«, ursprünglich für Lewis geschrieben.

Hayes trat später mit ihrer Band als Vorgruppe auf einer Huey Lewis-Tournee auf und bot Trull eine Stelle in ihrer Band an. Trull nahm an, neugierig zu erfahren, wie sich das Leben für einen kommerziell erfolgreichen Top-40-Musiker wie Lewis gestaltete. »Ehrlich gesagt, ich war etwas entsetzt«, sagt sie. »Ich kam zu der schmerzlichen Erkenntnis, daß das Ziel, das ich all die Jahre erreichen wollte, mich vielleicht gar nicht glücklich machen würde. Was mich am meisten entsetzte, war, daß die Leute, die soviel Erfolg haben, zu einem absetzbaren Produkt werden. Sie verlieren das gewisse Etwas, die Spannung. Und ich glaube nicht, daß es ihre Schuld ist – ich glaube, das läßt sich nur schwer vermeiden. Sie stehen

unter Druck wegen der unglaublichen Unkosten, zum Beispiel für Steuerberater, Anwälte, Veröffentlichungen – manche Leute machen Platten
nicht deshalb, weil sie Lust dazu haben, weil sie viel neues Material haben,
sondern sie machen Platten, um ihre Steuerberater zu bezahlen und ihre
Manager zufriedenzustellen. Wenn man nämlich zu einem Unternehmen
wird, sind die beteiligten Leute Geschäftsleute. Sie sind nicht so sehr an
der Musik um ihrer selbst willen interessiert, sondern viel mehr daran,
wieviel Geld sie damit machen können.«

Durch ihre Erfahrungen auf Lewis' Tour fand Trull erneut Bestäti-
gung für ihre Beweggründe, außerhalb des Mainstreams zu arbeiten. »Der
Hauptgrund für mein Engagement in der Frauenmusikbranche liegt
nicht so sehr in meiner musikalischen Richtung als vielmehr in meiner
Einstellung«, sagt sie. »Ich bin nicht bereit, mich auf eine bestimmte Art
und Weise anzuziehen, ich bin nicht bereit, Songs zu machen, die mir
jemand vorschreibt, weil sie sich vielleicht besser verkaufen. Ich glaube
wirklich, daß etwas, das glaubhaft ist, auch funktioniert. Und man muß
ehrlich zu sich selbst sein. Wenn Künstler und Künstlerinnen aufhören,
ehrlich zu sich selbst zu sein, verkaufen sie auch keine Platten mehr.«

Auch Holly Near ist eine Sängerin, die die Anforderungen des kommerziellen Mainstreams als Einschränkung empfindet. »Die Hörer haben
keinen Zugang zur musikalischen Vielfalt in der Branche«, sagt sie. »Es
wird soviel Musik gemacht, aber wenn kein Geld hineingesteckt wird, bekommen die Leute diese Musik nicht zu hören. Das ist natürlich hart für
die Künstler, aber meiner Meinung nach sind es die Hörer, die am meisten
darunter leiden. Sie erfahren erst gar nichts über all die Möglichkeiten. Sie
bekommen nur die von den Plattenfirmen ausgewählte Musik zu hören,
in die eine Menge Geld investiert wurde. Und die Firmen investieren nur
dann Geld, wenn sie anschließend wieder Geld hereinbekommen. Mir gefallen manche Stücke im Top 40-Sender, aber was wäre, wenn Paul Simon
uns ein paar der Leute auf seinen letzten beiden Platten nicht vorgestellt
hätte? Was wäre, wenn Peter Gabriel Youssou N'Dour nicht hierher
geholt hätte? Wir als Hörer sollten nicht von Entscheidungen eines Paul
Simon oder Peter Gabriel abhängig sein, die solche Leute in ihre Band
integrieren, sondern wir sollten freien Zugang zu diesen bedeutenden
Künstlern haben. Ich meine, wir leben doch in einer High-Tech-Kommu-
nikationsgesellschaft – es besteht also kein Grund, warum wir keinen Zugang zu dieser Vielfalt haben sollten!«

Die Freiheit, die Near in der alternativen Musikszene fand, bewog sie
dazu, außerhalb des kommerziellen Mainstreams zu arbeiten, obwohl sie
diese Wahl eher zufällig traf. Nach ihrem Vietnamaufenthalt gründete Near
1973 Redwood Records, um eine LP mit politischen Songs zu veröffentlichen

und »es mir von der Seele zu schaffen.« »Bei jeder Platte, die ich für Redwood aufnahm, dachte ich: 'Das ist jetzt aber die letzte, und dann gehe ich zurück nach L.A.'«, erzählt sie. »'Danach mache ich dann was Richtiges.' Bis zur dritten Platte – bei der vierten sagte ich: 'Wer führt hier eigentlich wen an der Nase herum? Mein Platz ist hier.'« Als politisch progressives Label hatte Redwood in vieler Hinsicht dasselbe Anliegen wie andere Frauen-Labels: »Olivia setzte lesbisch-feministische Prioritäten und glaubte an den Weltfrieden. Für Redwood stand der Weltfrieden an erster Stelle, und wir glaubten an den lesbischen Feminismus«, schreibt Near in ihrer Autobiographie *Fire in the Rain... Singer in the Storm*.

Near wurde 1949 geboren und wuchs auf einer Ranch in Potter Valley auf, einer Kleinstadt nördlich von San Francisco. Musik war ein fester Lebensbestandteil im Hause Near, und Holly nahm als Kind Gesangsstunden.

Als sie zehn war, bekam sie durch Vermittlung ihrer Lehrerin, die auch Johnny Mathis unterrichtet hatte, einen Termin zum Vorsingen bei einem A&R-Manager von Columbia. Nachdem er Holly Komplimente wegen ihrer Stimme gemacht hatte, sagte er zu ihr, daß ihre Songs doch »ziemlich erwachsen« für ihr Alter seien – worauf Holly nüchtern erwiderte: »Ich bin gar nicht so jung, wie Sie denken.« Auch Near hatte als Kind mit Ukulele angefangen und stieg später auf Gitarre um, obwohl sie gesteht: »Ich hatte eigentlich gar kein Interesse daran, ein Instrument zu spielen. Ich fand Paul Robeson und die Weavers gut [Near widmete ihre zweite LP, *A Live Album*, Ronnie Gilbert], aber ich war eigentlich kein Folk-Typ. Ich fand es langweilig, in einem schwach beleuchteten Kaffeehaus ruhig und langhaarig auf einem Hocker zu sitzen, Akustikgitarre zu spielen und lange, traurige, nordeuropäische Balladen zu singen. Ich wollte Broadway-Sängerin werden, und Broadway-Sängerinnen spielen nicht Gitarre. Das brauchen sie nicht. Ich hätte in den dreißiger oder vierziger Jahren Sängerin sein sollen – an dieser Zeit hing mein Herz.«

Obwohl sie kein Interesse daran hatte, als »Folk-Typ« zu gelten, sang Near in der High School bei einer Folkgruppe namens Freedom Singers. Sie war das einzige weibliche Mitglied der Gruppe und übernahm die »Ronnie Gilbert«-Parts. Als Big Brother and the Holding Company bei einer Tanzveranstaltung in der Schule spielte, sah sie auch einen von Janis Joplins frühen Auftritten. Da Joplin nicht gleich zu Beginn mit der Band auf die Bühne kam, dachte Near zuerst, Joplin sei die Freundin eines der Bandmitglieder – bis sie dann anfing zu singen. »Es war toll, es war etwas Außergewöhnliches«, erinnert sich Near. »Als sie anfing zu singen, setzten sich die Leute hin. Wir hörten auf zu tanzen. Es war wie das erste Rockkonzert, bei dem alle sagten: 'Mensch, hör dir das an'.« Nach ihrem

High School-Abschluß 1967 studierte Near an der UCLA[52] Schauspiel und Politikwissenschaften, trat in Uni-Inszenierungen auf und schloß sich der Friedensgruppe Another Mother for Peace an.

Bei einem ihrer Auftritte wurde Near von einem Agenten »entdeckt«, der ihr 1969 zu ihrer ersten Filmrolle in *Angel, Angel, Down We Go* verhalf. Der Film, u.a. mit Songs von Barry Mann und Cynthia Weil, erzählt die Geschichte eines jungen Rocksängers, der in einer wohlhabenden Familie verheerenden Schaden anrichtet (Near spielt die Tochter der Familie). Nears nächster Film, *Stanley Sweetheart*, griff die »Belange der Jugend« – Einklinken, Aussteigen und Anmachen – auf. Ein Hauptdarsteller in diesem Film war der spätere *Miami Vice*-Star Don Johnson. Nach den Dreharbeiten zu *Sweetheart* in New York schaffte es Near schließlich mit einer Rolle in dem Dauerbrenner-Musical *Hair* doch noch zum Broadway. Wieder in Kalifornien, traten Near und ihre Schwester Timothy einer anderen Friedens-Organisation bei, der Entertainment Industry for Peace and Justice. Dort erfuhr sie von einer Anti-Kriegs-Show, die Jane Fonda unter dem Namen FTA für »Free the Army« (auch bekannt als »Fun, Travel and Adventure« und »Fuck the Army«) zusammengestellt hatte. Eigentlich war die FTA-Show für eine Tour durch Vietnam zusammengestellt worden, doch das Pentagon verweigerte seine Zustimmung. Statt dessen tourte die Show durch die USA, wobei die Auftritte wegen des Verbots, auf Militärgelände zu spielen, in der Nähe der Kasernen stattfanden.

Near war begeistert, als sie von dieser Gruppe erfuhr, in der sie ihr Interesse an Live-Auftritten mit politischer Arbeit verbinden konnte. Als sie hörte, daß ein Mitglied aussteigen wollte, sang sie vor und ging dann mit der Truppe auf Tournee – mit den Stationen Hawaii, Philippinen, Okinawa und Japan –, die auch als Film festgehalten wurde. Darüber hinaus schloß sich Near Fonda und deren zukünftigem Mann Tom Hayden in einer ähnlichen Truppe an, der Indochina Peace Campaign, die mit ihrer Show einmal 1972 und ein zweites Mal 1973 durch die USA tourte. Near ging außerdem ihrem »normalen« Beruf als Schauspielerin nach und spielte in dem Film *Schlachthof 5* und in Fernsehserien wie *The Partridge Family*, *The Mod Squad* und *All in the Family*. Gleichzeitig setzte sie ihre Gesangskarriere fort und trat in mit einem Freund aus der High School, dem Pianisten Jeff Langley, in Clubs auf.

Nears Clubauftritte erweckten bei den Plattenfirmen großes Interesse, obwohl sie nicht immer glücklich über Nears Songs waren. »Ich bekam oft Bemerkungen zu hören wie zum Beispiel: ʻIch glaube, du könntest es

---

52 University of California in Los Angeles.

wirklich schaffen, wenn du keine politischen Songs mehr singen würdest'«, erzählt sie. »Sowohl die Leute aus der Branche als auch Freunde meinten das. Sie sagten immer: 'Du hast doch so viel Talent. Warum machst du es selbst zunichte?' Ich glaube, daß sie einerseits echtes Interesse zeigten, weil die Clubs wegen mir ausverkauft waren. Aber andererseits meinten sie, ich müßte die Texte ändern. Und dann gab es noch Leute, die meinten, in meiner Stimme wäre nicht genug Unterwürfigkeit, um ein Star zu sein. Ich glaube, damals wählten die Frauen zwischen dem Image der 'scharfen Mieze' und dem des hilflosen verlassenen Kindes – es gab diese beiden Images, die an die in der Literatur erinnern. Eine Frau konnte entweder die Hure oder die Nonne oder die Jungfrau sein. Entweder war sie die eine Maria oder die andere.«

Near erinnert sich, daß ein paar bestimmte Kommentare zu ihrem Song »It Could Have Been Me« (in dem es um die StudentInnen an der Kent State University in Ohio geht, die von der National Guard erschossen wurden[53]), sie veranlaßten, den Unterschied zwischen einem »kommerziellen« und einem »politischen« Song herauszufinden. »Ein Typ sagte: 'Mein Gott, du schreibst einfach tolle Hook Lines[54] und tolle Melodien! Daraus könnte innerhalb einer Minute ein Hit werden! Nur die Strophen mit den politischen Sachen stören'«, erzählt sie. »Wenn ich die Hook Lines und die Melodie beibehalten und aus dem Song ein Liebeslied machen würde, hätte ich einen Hit. Ich dachte, ja, toll, ich bin froh, daß du glaubst, daß ich Ohrwürmer schreiben kann. Aber ich habe diesen Song für die Kids geschrieben, die an der Uni gestorben sind. Ich kann jetzt kein Liebeslied mehr daraus machen.« Near fand auch, daß sich Kontakte zu den Großen der Musikindustrie trotz der Aussicht auf kommerzielle Erfolge nicht lohnten. »Es war hart«, sagt sie. »Man mußte an die Tür klopfen und den Leuten die Füße küssen, um beachtet zu werden. Aber wenn ich politische Sachen machte oder in den Clubs spielte, mußte ich niemandem die Füße küssen. Dort waren Leute, die klatschten, jubelten und 'Zugabe' schrien. Ich habe ein Künstlerego und liebe es, geliebt zu werden. Ich fand es toll, wenn das Publikum sagte: 'Ja, wir haben die Weavers geliebt, wir haben Phil Ochs geliebt, wir haben Judy Collins geliebt, wir haben Joan Baez geliebt, wir haben Pete Seeger geliebt, wir haben Bob Dylan geliebt, und jetzt wollen wir mehr. Und jetzt wollen wir dich.' Alle sagten ja. Und es ist halt schwer, ein Ja abzulehnen.«

---

53 Bei einer Demonstration gegen die Invasion der USA in Kambodscha wurden 1971 vier StudentInnen erschossen und weitere zehn verletzt. Einige von ihnen hatten sich gar nicht aktiv an der Demonstration beteiligt.
54 Einprägsame melodische Phrase, die sofort mit dem Song identifiziert wird.

Near kam durch die Frauen, mit denen sie in ihrer FTA-Zeit zusammengearbeitet hatte, mit dem Feminismus in Berührung und engagierte sich im Laufe des Jahrzehnts immer mehr in der Frauenbewegung. 1975 trat sie zum ersten Mal bei einer reinen Frauenveranstaltung auf, einem Benefizkonzert für das Women's Building in Los Angeles, bei dem u.a. auch Cris Williamson, Meg Christian und Lily Tomlin auftraten. Außerdem war sie mit Williamson, Christian und der Sängerin/Songschreiberin Margie Adam in Lynne Littmans TV-Special *Come Out Singing* zu sehen und trat mit den drei anderen beim Women's Music Festival in San Diego auf. Nach ihrem Debütalbum *Hang In There* (1973) brachte Near 1975 *A Live Album* heraus. Als *You Can Know All I Am* 1976 veröffentlicht wurde, baute sie mehr feministische Stücke in ihre Show ein – und stellte fest, daß sie zwischen zwei Stühlen saß. Manche Leute im Publikum waren irritiert, feministische Songs bei einer – ihrer Meinung nach – politischen Veranstaltung zu hören, andere hörten nicht gerne politische Song bei einer – ihrer Meinung nach – feministischen Veranstaltung.

Diese Probleme ließen sich auch mit jetzigen Arbeitskolleginnen nicht leichter lösen. Nachdem sie auf Williamsons *The Changer and the Changed* Background gesungen hatte, bot sie Williamson an, auf ihrer eigenen LP *You Can Know All I Am* zu singen. Sie fragte auch Christian, die jedoch ablehnte, weil sie nur in reinen Frauenprojekten arbeiten wollte. Als Near, Williamson, Christian und Adam eine Tour unter der Bezeichnung »Women on Wheels« planten, mußten unzählige Fragen diskutiert werden, z.B. ob die Konzerte nur für Frauen stattfinden sollten, ob die Show als »Frauenmusik-Tournee« angekündigt werden könne, wenn alle Beteiligten weiß waren, ob die Presse eingeladen werden sollte und wenn ja, ob nur die Schwulen- und Lesbenpresse oder auch die Heteropresse, wieviel die Tickets kosten sollten, ob Kinderbetreuung angeboten werden sollte, und wer die Aufnahme- und/oder Filmgenehmigung für die Show bekommen sollte. Bei dem Versuch, sich über diese Fragen zu einigen, entstanden Spannungen, und da die Frauen für drei verschiedene Labels aufnahmen, kamen sie in der letzten Frage zu keiner Einigung. Das bedeutete, daß diese historische Tournee nicht aufgezeichnet wurde. In ihrem Buch bemerkt Near dazu: »Ich wünschte, wir hätten jemand Außenstehenden gebeten, die Show aufzunehmen und hätten das Band dann für die nächsten zwanzig Jahre in einer Kiste eingeschlossen.« Doch die ausverkaufte Show, mit der sie 1975 durch Kalifornien tourte, vermittelte Near einen Eindruck von der Wirkung der Frauenmusik auf ihr Publikum. Als sie bei einem Konzert in Sonoma unter wildem Applaus und Beifallsstürmen auf die Bühne kam, dachte sie: »Meine Güte, wir sind ja die Beatles der Frauenbewegung!«

MusikkritikerInnen haben festgestellt, daß sich durch Künstler wie David Bowie und Elton John und den Aufstieg der Discomusik von den Schwulenbars in Filme wie *Saturday Night Fever* ein Schwulen-Image in die kommerzielle Rock- und Popwelt einschleichen konnte, während Frauen nicht in der Lage waren, diesen Schritt auch für sich zu vollziehen. Allerdings weist Near darauf hin, daß es nicht einfach nur darum ging, Musik zu machen. »Frauenmusik war nicht einfach Musik, die von Frauen gemacht wurde«, sagt sie. »Diese Musik stellte das ganze System in Frage. Sie war also ein bißchen anders als Disco, ein bißchen anders als David Bowies Spiel mit der Androgynie. Außerdem haben Frauen kein Geld, zumindest Frauen, die Frauenmusik machen. Demzufolge war die finanzielle Grundlage sehr schwach. Die Schwulenbewegung hat in einigen Bereichen mehr Geld, weil sie das Einkommen der Männer haben. Sie sind keine alleinerziehenden Mütter oder bekommen fünfzig Prozent weniger Lohn bei gleicher Arbeit. Es gab also viele Klassenprobleme, es ging um Kinder und Familie und darum, wie Rassen- und Kulturschranken abgebaut werden können. Wir befaßten uns mit vielen Dingen, mit denen sich David Bowie nicht auseinandersetzte, mit Fragen, die sein Management erst gar nicht stellte. Es war also nicht nur die Musik. Es war, als ob wir einen Rundumblick auf verschiedene Systeme und Gesellschaftsformen geworfen hätten und aus diesen Fragen dann eine Musik entstehen ließen.«

Nachdem Near mit Meg Christian eine Beziehung eingegangen war, die drei Jahre dauerte, engagierte sie sich noch stärker in der Frauenmusik und feierte ihr »Coming-out« auf der LP *Imagine My Surprise* (1978). Jetzt kam es jedoch erneut zu Spannungen zwischen Redwood und Olivia, wo Christians Ex-Partnerin Ginny Berson immer noch arbeitete. Am Anfang ihrer Beziehung kam eine Vertreterin von Olivia zu Near und äußerte die Befürchtungen des Kollektivs, daß eine Verbindung zwischen Christian und Near zur Auflösung der Firma führen könnte. Und auch Redwood fühlte sich nicht wohl bei dem Gedanken, mit einem anderen Frauenlabel in einen Topf geworfen zu werden und als separatistische Firma zu gelten. »Es ist schon komisch«, sagt Near. »Die Seiten sind nicht immer klar definiert. Auch im kommerziellen Bereich gibt es Geschäftsführer verschiedener Plattenfirmen, die sich gegenseitig nicht leiden können. Warum sollte es bei Frauen anders sein? Ich vermute, es ist deshalb so überraschend, weil wir lange Zeit eine ziemlich einheitliche Front aufrechterhalten haben. Es hätte keinen Streit gegeben, wenn wir einfach zwei verschiedene Firmen auf der Welt gewesen wären. Der Anlaß war die Tatsache, daß wir zusammengeworfen wurden, und zwar nicht unbedingt freiwillig. Wenn Feminismus und Lesbentum und Frieden funktioniert hätten und all diese Dinge auf der ganzen Welt akzeptiert worden wären, hätten sie ihre Firma gehabt und wir unsere. Aber weil dem nicht so war, und weil die alternative Musik gegen Feindseligkeiten, Konflikte und Bedrängnisse ankämpfen mußte, waren die Leute gezwungen, Einigkeit zu demonstrieren. Oft wurden Leute in Bündnissen zusammengewürfelt, die ansonsten nicht unbedingt miteinander gearbeitet hätten. In diesem Fall mußten sie jedoch miteinander auskommen, weil sie eine einheitliche Front brauchten.«

Olivia und Redwood überlebten den Tumult und bestehen auch heute noch. Aus Redwood Records wurde eine Filiale der ohne Gewinn arbeitenden multikulturellen künstlerischen Organisation Redwood Cultural Work, die außer in der Plattenproduktion auch für Konzerte und andere Veranstaltungen arbeitet. In den achtziger Jahren machte Near mit einem ihrer ersten Idole, Ronnie Gilbert, Aufnahmen und Tourneen. Die beiden lernten sich nach der Veröffentlichung von Nears *A Live Album* kennen, das sie Gilbert gewidmet hatte. (Sie hatte eine Liste, auf der u.a. auch Janis Joplin, Odetta und Aretha Franklin standen und entschied sich dann für Gilbert). Nachdem sie zusammen in dem Film *Wasn't That a Time* gespielt hatten, gingen Near und Gilbert zusammen auf Tournee und brachten 1984 die Live LP *Lifeline* heraus. Im Jahr darauf gründeten die beiden mit Arlo Guthrie und Pete Seeger die Gruppe HARP (der Name setzt sich aus den Anfangsbuchstaben der Vornamen zusammen), die kurze Zeit tourte und ein Live-Album aufnahm. 1986 machten Gilbert und Near eine weitere LP mit dem Titel *Singing With You*.

Anfang der achtziger Jahre gründete Olivia das Label Second Wave, um ihr Angebot etwas breiter zu fächern. Bei ihrem zehnjährigen Bestehen war Olivia mit Recht stolz auf ihre Leistungen der letzten zehn Jahre, aber es war auch klar, daß die Stimmung in den Achtzigern völlig anders sein würde. In den siebziger Jahren galt die Sektion »Frauenmusik« in den Plattenläden noch als Auszeichnung. In den achtziger Jahren hingegen berichtete der *Women's Music Newsletter* aus Seattle, daß ein Ladenbesitzer Lucie Blue Tremblays Platten in die »Rock«-Sektion umstellte, nachdem er Blue bei Olivias Konzert zum fünfzehnjährigen Bestehen gesehen hatte, weil er »wirklich etwas für sie tun wollte, und in der Rocksektion stehen die LPs, die sich am besten verkaufen.« Ironischerweise versuchten die Frauen von Olivia nun, aus dem Genre »Frauenmusik« auszubrechen, an dessen Entstehung sie so hart gearbeitet hatten. Dazu kam noch, daß das Label aufgrund seiner geringen Einnahmen gegenüber der stärker werdenden Konkurrenz auf dem Markt immer im Nachteil blieb.

Dlugacz spürte diese Schwierigkeiten deutlich. Gegenüber der Zeitschrift *Musician* sagte sie, das Label werde ausschließlich unter dem Aspekt des Feminisumus betrachtet, und das »Problem« dabei sei, »wie der Rest der Welt mit Begriffen umgeht ... Ich muß mir also den Begriff 'Feminismus' anschauen und sagen: Na ja, was die Leute da machen [indem sie uns als Feministinnen bezeichnen], bedeutet, daß sie das, was ich mache, eingrenzen.« *Musician* zieht jedoch die Schlußfolgerung: »Der jüngeren Generation von Musikfans muß Olivia wie ein Anachronismus erscheinen«. Dieser Ansicht sind auch einige von Olivias Künstlerinnen. »Die Frauenmusik muß sich verändern. Als Konzept ist sie ein bißchen auf dem absteigenden Ast«, sagte Teresa Trull 1986 nach der Veröffentlichung von *A Step Away* in einem Interview. Allerdings ging sie dann doch zu Olivia zurück, um mit Cris Williamson bei Second Wave die LP *Country Blessed* (1989) aufzunehmen. Auch June Millington ist der Ansicht, daß Olivia wegen ihrer Identifikation mit der Frauenmusik nur mit Mühe kommerzielle Erfolge erzielen kann. »Ich glaube, daß ihre Geschichte schwer auf ihnen lastet«, sagt sie. »Sie werden so sehr als 'Oh, das Frauenlabel' identifiziert, und schon bist du in einer Schublade. Olivia hat als Plattenfirma von Frauen für Frauen angefangen. Die Sache ist die: Wenn sie ganz groß ins Geschäft einsteigen wollen, müssen sie verstärkt das machen, was die anderen Firmen auch machen, das heißt, sie müssen sich eine Mafia-Mentalität, wenn nicht sogar Mafia-Verbindungen zulegen. Das ist der Preis dafür. Als anständiger Mensch kommt man im Musikgeschäft eben nicht weit.«

Doch auch wenn die Künstlerinnen von Olivia den Sprung in den Kommerz nicht geschafft hatten, war Dlugacz die historische Bedeutung des Labels immer noch deutlich bewußt. »Meiner Meinung nach hat Olivia für Frauen das geleistet, was kleine Independent Labels in den Fünfzigern für die schwarze Musik geleistet haben«, sagte sie 1988 gegenüber der *New York Times*. »Wir haben dazu beigetragen, Frauen den Weg zu ebnen, indem wir einen Markt für starke, intelligente Frauen schufen.« Der Sängerinnen/Songschreiberinnen-Boom Ende der achtziger Jahre bestätigt Dlugacz' Behauptung. Damals profitierten Künstlerinnen wie Suzanne Vega, Tracy Chapman und Michelle Shocked eindeutig von Labels wie Olivia, die auf den Markt vorgedrungen waren. Auch war das Konzept der »Frauenmusik« nicht unbedingt veraltet. »Fragen wie: 'Ist die Frauenmusik tot, oder brauchen wir sie gerade jetzt, wo Frauen gleichgestellt sind?' überraschen mich«, sagte Holly 1991. »Wir müssen auch weiterhin Songs schreiben, die uns an die Aufrechterhaltung unserer Würde erinnern. Das ist Teil unseres Lebens und bleibt es auch weiterhin.«

Es gab ein paar Frauen hinter den Kulissen, die es schafften, sich zwischen dem alternativen Bereich der Frauenmusik und dem kommerziellen Bereich hin- und herzubewegen. Leslie Ann Jones arbeitete zuerst als Musikerin, dann als Artists Relations-Managerin und schließlich als Toningenieurin für Labels aus beiden Bereichen. Als Tochter des Musikers und Komikers Spike Jones verdankt Jones den Anstoß, ins Musikgeschäft einzusteigen, der musikalischen Arbeit ihrer Eltern. »Ich weiß nicht, ob ich diesen Weg gewählt hätte, wenn meine Eltern nichts mit Musik zu tun gehabt hätten, aber so schien es unvermeidlich zu sein«, erzählt sie. Jones lebte in Kalifornien und sang als Teenager in verschiedenen Vokalgruppen, z.B. bei Nobody's Children, einer Gruppe, die sie mit ihren ein paar Verwandten gegründet hatte. »Sie war eine Mischung aus Beach Boys und 5th Dimension«, erzählt sie. »Wir arbeiteten zwar mit vielen verschiedenen Produzenten zusammen, aber es war die klassische Hollywood-Geschichte. Jedes Mal, wenn wir einen Plattenvertrag hatten, kündigte der A & R-Mensch, der uns unter Vertrag genommen hatte, oder er wurde rausgeworfen, und wir mußten zusehen, wo wir blieben. Wir haben also nichts anderes gemacht als aufnehmen, und nichts ist dabei herausgekommen. Wir waren ständig im Studio. Als ich jung war, habe ich mehr Verträge unterschrieben als jetzt!«

Obwohl ihr Material nie veröffentlicht wurde, genoß Jones die Erfahrung, im Studio zu arbeiten, vor allem, weil ihre Gruppen mit einigen der besten Studiomusiker zusammenarbeiteten, die es damals gab, z.B. mit dem damaligen Studiogitarristen Glen Campbell und dem Drummer Hal Blaine, der auf Platten von den Beach Boys, den Mamas and the Papas und Nancy Sinatra spielte. Jones sang und spielte Gitarre in kalifornischen Rockbands und bekam schließlich Anfang der siebziger Jahre einen Job im Artists Relations-Bereich bei ABC Records. Gleichzeitig betrieb sie zusammen mit ein paar FreundInnen ein PA-Verleihunternehmen. Eine ihrer ehemaligen Rockbands (1974 tourte sie z.B. mit Fanny als deren Road-Managerin[55] und Tontechnikerin) hatte ihr eine PA-Anlage überlassen, und sie stellte fest, daß ihr die Arbeit mit Sounds mehr Spaß machte als ihr Job als Musikerin.

»ABC hatte ein eigenes Tonstudio«, erzählt sie, »und da ich alle kannte, die dort arbeiteten, bat ich um Versetzung.« Nach ihrer Tournee mit Fanny bot ABC ihr einen Job im Studio an. »Sie waren etwas besorgt, weil es nur so wenig Frauen in diesem Bereich gab«, sagt sie. »Wenigstens war mein Chef ehrlich. Er sagte, ich solle mal machen und schauen, wie die Kundschaft es findet. Er zeigte wirklich große Bereitschaft, es auf einen Versuch

---

55 Abkürzung: Roadie. Road ManagerInnen sind unentbehrliche Begleitpersonen einer Rockgruppe auf Tournee. Sie sind u.a. für die Organisation von Flügen und Fahrten, für den Transport der Instrumente und Zusatzgeräte und den rechtzeitigen Aufbau der Anlage auf der Bühne verantwortlich. Unter den Road ManagerInnen gibt es u.a. auch SpezialistInnen für die Licht- und Tonregie, für die Logistik oder das Catering (die Versorgung der gesamten Truppe mit Speisen und Getränken).

ankommen zu lassen.« Von ihren Studiokollegen bekam Jones genauso viel Unterstützung für ihre Arbeit. »Ich war immer von Jungs umgeben, die ihre Arbeit total gut machten«, erklärt sie, »und die - ich will nicht sagen, mich 'wie einen von ihnen' behandelten, aber sie behandelten mich nicht irgendwie anders, weil ich gar nicht anders war. Sie gaben mir nicht das Gefühl, blöd zu sein, nur weil ich nicht alles wußte, was sie wußten, und sie nahmen sich viel Zeit für mich. Wenn sie sich mir gegenüber anders verhalten hätten, hätte ich nie das machen können, was ich machen wollte. Aber ich hatte immer solche Leute um mich. Allerdings muß man was dafür tun. Es kommt nicht von selbst. Man muß bereit sein, Hilfe anzunehmen.«

Als Jones dann doch zum ersten Mal Schwierigkeiten bekam, weil sie als Toningenieurin in einem Männerberuf arbeitete, beschwerte sich nicht etwa jemand aus der Firma oder dem Projekt, in dem sie als Assistentin arbeitete. Jones war von ihrer Einstiegsposition im Schneideraum zur Vertretung für einen Assistenten aufgestiegen, der in einem Projekt wegen einer Zeitplanänderung nicht arbeiten konnte. »Ich arbeitete mit jemandem, dessen Frau anscheinend etwas verunsichert war, weil im Studio auch eine Frau arbeitete. Sie bat darum, mich aus dem Projekt abziehen zu lassen«, erzählt Jones. »Sie rief irgendwann an und ich war am Telefon, und ehe ich's mich versah, ließ mich mein Chef in sein Büro kommen und sagte: 'Wir wußten ja, daß es nur eine Frage der Zeit sein würde, und es tut mir wirklich leid, aber ich muß dich aus diesem Projekt abziehen.'« Nicht alle Reaktionen auf Jones' Anwesenheit in einem Projekt waren so extrem, doch es kam vor, daß Jones im Studio KünstlerInnen begegnete, die sie fragten, wo denn der Toningenieur sei und dann überrascht waren, wenn sie antwortete: »Ich stehe direkt vor Ihnen.«

»Das waren die Momente, in denen ich das Gefühl hatte, meine Fähigkeiten unter Beweis stellen zu müssen, weil sie ganz bestimmt nicht mich erwartet hatten«, erzählt sie. »Diese Annahme, daß du es nicht kannst, ist das Schlimmste, weil sie automatisch bedeutet, daß du nicht genug Talent hast, daß außer dir noch jemand anders da sein muß. Also hantierte ich in den ersten zwei Stunden mit ein paar eindrucksvollen Effekten herum, bis sie sich beruhigt hatten, und dann hatten wir viel Spaß zusammen. Sowas muß man aber machen, ohne sich vor den Leuten aufzuspielen. Man braucht viel Feingefühl, was natürlich idiotisch ist, weil ich diese ganze Scheiße eigentlich gar nicht mitmachen sollte, aber ich mache es eben.«

Jones verließ ABC 1977 und bekam anschließend eine Stelle in den Automat Studios in San Francisco. Dort arbeitete sie mit dem Toningenieur Fred Contero zusammen, der u.a. schon für Janis Joplin, Santana und Blood, Sweat and Tears gearbeitet hatte. »Mir wurde gesagt: 'Also, Fred ist der einzige Toningenieur, und wir wissen nicht so recht, ob du nur Assistentin oder Toningenieurin sein sollst, aber wir wollen, daß du hier anfängst«, erinnert sich Jones. »Und ich dachte, okay, es muß nur jemand ohne eigenen Toningenieur anrufen, und weg bin ich. Und genau das passierte. Danach wußten alle, daß ich tatsächlich Toningenieurin bin, und so fing es an. Zu dieser Zeit begann ich auch, in der Frauenmusik zu arbeiten. Ich machte eine LP mit Cris Williamson und anschließend die erste von neun LPs mit Holly Near.«

Jones erstes Projekt mit Near war die von June Millington produzierte LP *Fire in the Rain*. 1982 bekam Jones ihren ersten Job als Produzentin für das Album *Speed of Light* (das sie zusammen mit Evie Sands produzierte) und gelangte so in einen Bereich, an dem sie schon lange interessiert war. »Ich wollte gerne zuerst als Produzentin und Toningenieurin arbeiten und dann vielleicht irgendwann nur noch produzieren«, sagt sie. »Es ist schwierig, diese Grenze zu überschreiten. Wenn man Toningenieurin ist, wird man als Produzentin manchmal nicht ernst genommen, weil man immer noch als Toningenieurin angesehen wird.« Jones arbeitete auch mit anderen Künstlerinnen aus dem Bereich der Frauenmusik zusammen. Sie produzierte Platten für Margie Adam und Tret Fures LP *Terminal Hold* für Olivia. Darüber hinaus produzierte sie für andere Indie Labels, z.B. eine von Terry Garthwaites (von Joy of Cooking) Solo-LPs und Jane Fondas »Aerobic«-Platten sowie die Musik zu den dazugehörigen Videos. Als Managerin in Jeannie Bradshaws Club Great American Music Hall in San Francisco arbeitete Jones zwei Jahre lang mit Teresa Trull und Linda Tillery. »Es gefiel mir sehr gut«, sagt sie, »und ich hätte wahrscheinlich weitergemacht, wenn mir Capitol keine feste Stelle als Toningenieurin angeboten hätte, die ich natürlich nicht ablehnen konnte. Zurück zu den Großen! Ich nahm die Stelle an, weil ich dachte, daß ich bei einem großen Label auch Zugang zur A & R-Abteilung hätte und dadurch vielleicht eher das machen könnte, was ich machen wollte, nämlich produzieren.«

Trotz ihres Erfolgs in der Branche konnte Jones keinen Zuwachs an Frauen feststellen, die als Toningenieurinnen arbeiteten. »Was mich nach all den Jahren als Toningenieurin am meisten enttäuscht, ist die Tatsache, daß es nicht mehr Frauen in diesem Bereich gibt«, sagt sie. »Es gibt zwar ein paar, aber bestimmt nicht so viele, wie ich gedacht hätte. Bei Automat waren wir einmal zu sechst: drei Frauen und drei Männer. Das war einmalig – ich glaube nicht, daß es so etwas in einem Studio je gegeben hat. Ich weiß nicht, warum nicht mehr Frauen als Toningenieurin arbeiten. Wahrscheinlich liegt es zum Teil an der Sozialisation: Wenn eine Frau nicht mit dem Gedanken aufwächst, daß sie diesen Beruf ergreifen könnte, entwickelt sie auch kein Interesse daran. Wenn ich nicht die PA-Anlage gehabt hätte, wäre ich wahrscheinlich nie auf den Gedanken gekommen, Toningenieurin zu werden, aber dadurch habe ich gemerkt, daß ich das gut kann.«

Obwohl Frauen wie Leslie Ann Jones und Boden Sandstrom es schafften, in technische Bereiche der Branche vorzudringen, die Frauen normalerweise verschlossen waren, und obwohl andere Frauen durch die Entwicklung der Frauenmusik Starthilfe bekamen, veränderten sich die gesellschaftlichen Einstellungen im großen und ganzen nur sehr langsam. Die Frauenmusik und andere Indie Labels boten Frauen zwar einen Bereich, in dem sie diese Einstellungen umgehen konnten, doch stellten die Frauen, die später im kommerziellen Bereich arbeiteten, fest, daß sie wieder mit denselben Rollenerwartungen konfrontiert wurden.

Auch zu der Zeit, als Helen Reddy ihr Statement als starke und unabhängige Frau machte – ein Statement, von dem die Industrie nur zu gern profitierte – bestand die Dichotomie zwischen Heiliger und Hure weiter, manchmal mit tragischen Folgen. 1970 war sowohl das Todesjahr von Janis Joplin, dem prototypischen »Bad Girl« der Rockszene, als auch das Jahr, in dem Karen Carpenter, das prototypische »Good Girl« der Rockszene, nach oben kam. Die Musik und das Image der Carpenters symbolisierten eine Rückkehr zu den »tradionellen Werten« nach der Revolution durch die Gegenkultur und den gesellschaftlichen Umwälzungen der sechziger Jahre, wie aus den Liner Notes ihrer LP *The Singles: 1969-1973* hervorgeht. Hits wie »We've Only Just Begun« und »Top of the World« werden als »erfrischende Wohltat in unserem stürmischen Zeitalter des gesellschaftlichen Chaos« beschrieben. »...Während die Wildheit der Rolling Stones oder Janis Joplins eher dem Tempo der Zeit entspricht... erfüllen die Songs der Carpenters die zeitlose Sehnsucht, den Sorgen der Welt zu entfliehen.« Doch diese Rückkehr zu einer »erfrischenden Wohltat« bot Karen keine Möglichkeit, ihren eigenen Sorgen zu entfliehen, sondern führte sie statt dessen zu ihrem verfrühten Tod.

Karen Carpenter wurde 1950 in New Haven, Connecticut, geboren und zog 1963 mit ihren Eltern und ihrem älteren Bruder Richard nach Downey in Kalifornien. Sie begann ihre Musiklaufbahn als Drummerin in der Schulband und spielte 1965 in ihrer ersten Gruppe, dem Carpenter Trio, mit Richard an den Keyboards und ihrem gemeinsamen Freund Wes Jacobs am Baß. Das Trio gewann als ersten Preis des »Battle of the Bands«-Wettbewerbs im Hollywood Bowl einen Plattenvertrag mit RCA. Die Songs, die sie aufnahmen, wurden allerdings nicht veröffentlicht (Karen brachte jedoch 1966 unter dem Label Magic Lamp eine Solosingle heraus: »I'll Be Yours«/»Looking for Love«). Nachdem sich das Trio getrennt hatte, gründeten Karen und Richard eine größere Band namens Spectrum, die in den Clubs in Los Angeles spielte. Als sich Spectrum auflöste, beschlossen Karen und Richard, als Duo weiterzumachen.

Karen ließ sich schließlich dazu überreden, auf der Bühne nicht mehr Schlagzeug zu spielen, sondern nur noch zu singen. Später redete sie in einem Interview über ihr spezialangefertigtes Fiberglasschlagzeug, eines von drei Exemplaren auf der Welt (die beiden anderen gehörten Hal Blaine und Ringo Starr), das sie nicht mit auf Tournee nehmen konnte, »weil man mich dahinter nicht sah«. Ein Demo der Carpenters weckte schließlich Herb Alperts Interesse, der das Duo bei A & M unter Vertrag nahm. 1969 veröffentlichten die Carpenters ihre erste LP, *Offering*, zusammen mit der Single »Ticket to Ride«, die jedoch beide nicht in die Charts kamen. Ihre nächste Single, Burt Bacharach und Hal Davids »(They Long to Be) Close to You« (die früher von Dionne Warwick und Dusty Springfield gecovert und auf Vorschlag von Alpert aufgenommen worden war) schoß jedoch 1970 als erster einer bemerkenswerten Serie von Hits an die Spitze der Charts. Innerhalb der nächsten fünf Jahre hatten die Carpenters fünfzehn Singles in den Top 40 (elf davon in den Top 5), sechs LPs in den Top 40 (fünf davon in den Top 5) und gewannen drei Grammys.

Karens warme, weiche Stimme wurde auf den Platten der Carpenters durch mehrfaches Overdubbing[56] verstärkt, so daß eine abgerundete, volle Mehrstimmigkeit erzeugt wurde. Die angenehme, ruhige Atmosphäre der Songs bringt laut einer frühen Pressemitteilung »die drei Hs zurück: Hoffnung, Heiterkeit und Harmonie – die in der Musik des letzten Jahrzehnts mit ihrer als 'tiefsinnig' getarnten Dissonanz, ihrem Zynismus und ihrer Verzweiflung fehlten.« Da die Carpenters selbst eindeutig keinen Wert darauf legten, als »tiefsinnig« zu gelten, wurden sie damals von der breiten Masse mit offenen Armen empfangen: Präsident Nixon bekundete seine Anerkennung sogar damit, daß er sie zu einem Auftritt im Weißen Haus einlud und sie dann als »das Beste, was die amerikanische Jugend zu bieten hat« pries. Eine *Billboard*-Beilage bestärkte die beiden 1973 in ihrer völligen Normalität mit den Worten: »Soft-Rock-Stars wie die Carpenters sind stolz darauf, zum Establishment zu gehören. Sowohl ihr Lebensstil als auch ihre Musik reflektiert die Werte der amerikanischen Mittelklasse.«

Doch dieser erbarmungslose Optimismus hatte auch eine Kehrseite. Der Druck, sowohl zu Hause als auch im Ausland als Aushängeschild der amerikanischen Jugend angesehen zu werden, forderte bald seinen Preis.

---

56 Overdubbing ist das im Tonstudio praktizierte Mehrspursynchronverfahren, bei dem einzelne Stimmen nacheinander auf getrennte Spuren einer Mehrspur-Bandmaschine aufgenommen und anschließend zusammengemischt werden.

Wegen Karens schlechten Gesundheitszustands wurde 1975 eine achtund-dreißigtägige, ausverkaufte Tournee durch Großbritannien abgesagt. In einem Interview im *Melody Maker* mit der Überschrift: »Karen: Warum ich zusammenbrach«, gab Karen mutig zu: »Ich bin mit Bronchitis und Fieber und allen möglichen anderen Krankheiten herumgereist«, nach dem Motto: Es muß trotz allem weitergehen. Die tatsächliche Ursache für Karens Gesundheitsprobleme lag jedoch in ihrem Kampf mit der Mager-sucht. Karens Magersucht war durch ihren Diätwahn entstanden (einer der Hauptauslöser von Magersucht), und da ihre Besorgnis über ihr Ge-wicht lediglich im Zusammenhang mit der »natürlichen« Besorgnis einer Frau (insbesondere einer Künstlerin) über ihr Aussehen betrachtet wurde, war zunächst niemand über Karens Gewichtsverlust beunruhigt. »Mein Gott, ich weiß noch, als sie zwischen den Auftritten reinkam und einfach umfiel«, erzählte Richard der *Los Angeles Times*. »Sie wog nur noch achtzig Pfund, und dann ging sie raus auf die Bühne und sang mit einer absolut phantastischen Stimme. Wir waren zuerst ganz ehrfürchtig. Aber im Jahr darauf mußten wir dann zwei Tourneen absagen.«

Magersucht entsteht durch psychische Probleme und führt zudem zu körperlichen Beeinträchtigungen. Die dadurch entstehende Doppelbe-lastung zehrte sowohl an Karens Selbstbewußtsein als Künstlerin als auch an ihren körperlichen Kräften, die sie als Künstlerin brauchte. Das hatte zur Folge, daß bald auch die Karriere der Carpenters darunter litt. Sie hatten zwei Jahre lang keinen Top-40-Hit, und Richard machte 1979 eine Entziehungskur, um seine Tablettensucht zu bekämpfen. Während Richard, wie es Karen taktvoll ausdrückte, »in Urlaub« war, unternahm sie einen der seltenen Versuche, sich unabhängig zu machen und eine Solokarriere aufzubauen. Sie unternahm einen für sie völlig untypischen Schritt, indem sie ihre Heimatstadt und Ausgangsbasis Downey verließ, nach New York ging und dort mit dem Produzenten Phil Ramone ihr Debütalbum aufnahm. Es war ein Schritt, an den sie mit Beklommenheit dachte. »Ich stand schon vorher Todesängste aus«, gesteht sie. »Ich kann nicht besonders gut allein von zu Hause weg sein.« Doch nachdem sie mit dem Projekt begonnen hatte, stellte sie fest, daß sie die Arbeit genoß: »Es hat Spaß gemacht, die Platte aufzunehmen und zu sehen, daß ich das alles konnte – eine andere Art von Songs singen und mit anderen Leuten arbeiten«, sagte sie 1981 in einem Interview mit Paul Grein, das nach ihrem Tod in *Goldmine* erschien.

Bei ihrer Rückkehr nach Kalifornien war Richard gekränkt, daß Karen ohne ihn gearbeitet hatte. Als sich Richard, Herb Alpert und A & M Mitbegründer Jerry Moss (das »M«) die LP vor ihrer Veröffentli-chung anhörten, waren sie überhaupt nicht begeistert von dem Gedanken, die Platte herauszubringen. Vor allem Richard machte unmißverständlich klar, daß er lieber an einem neuen Carpenters-Album arbeiten wollte. Karen fügte sich und tat später ihr Solo-Projekt mit einem Achselzucken ab: »Es hat mir nicht so viel bedeutet. Es war einfach etwas, womit ich mich beschäftigen konnte.« Ramone ist völlig anderer Meinung über Karens Gefühle. »Karen war frustriert von dem Image der Musterkinder«, sagt er in *Goldmine*, und während seines Urlaubs mit Karen in Mexiko sah er, wie verzweifelt sie darüber war, ihr Plattenprojekt aufgeben zu müssen. »Ich sah zu, wie dieses Mädchen vor meinen Augen zerfiel«, erzählt er. »Sie hatte Schwierigkeiten, ihre Wut auszudrücken, aber manchmal saß sie da und sagte: 'Warum muß das passieren? Was habe ich falsch gemacht? Sollen wir uns das Band anhören?'«

Karens kurze Ehe mit Tom Burries, den sie 1980 geheiratet hatte, und von dem sie sich kurz vor ihrem Tod wieder scheiden ließ, trug kaum zur Verbesserung ihrer seelischen Verfassung bei. Mit der Singleauskopplung »Touch Me When We're Dancing« aus ihrer LP *Made in America* (1981) hatten die Carpenters jedoch zum ersten Mal seit fast vier Jahren wieder einen Hit in den Top 40. Anschließend begannen sie mit der Arbeit an ihrer nächsten LP, doch Karen wurde zu krank, um sie fertigzustellen und ging schließlich, nachdem sie sich zu ihrer Magersucht bekannt hatte, wieder in den Osten des Landes, um eine Therapie zu machen. Sie kehrte zu ihren Eltern zurück, um das Therapieprogramm zu beenden, doch ihr Herz war wegen ihrer jahrelangen Diäten geschwächt, und am 4. Februar 1983, einen Monat vor ihrem dreiunddreißigsten Geburtstag, starb Karen nach einem Zusammenbruch im Krankenhaus an Herzinfarkt. Der 1973 von ihrer Plattenfirma angepriesene »aufrichtige, natürliche, schlichte« Lebensstil der Carpenters war für eine junge Frau zur Farce geworden, die nicht in der Lage war, sich über gesellschaftliche Schönheitsideale in bezug auf den weiblichen Körper hinwegzusetzen.

Magersucht wirkt sich auch auf das feministische Ziel der Selbstbestimmung aus, vor allem auf das Recht einer Frau, selbst zu definieren, was sie als attraktiv empfindet und sich nicht an ein von Männern definiertes, beschränktes Schönheitsideal zu halten. Doch in grausamer Ironie ging Karen Carpenter, die nie gegen diese Gesellschaft eingestellt war, an eben jenen traditionellen Werten zugrunde, die sie anscheinend verkörperte. Für solche Werte hatten die Leute aus der Rockszene nur Verachtung übrig. »Janis war eine Heldin«, schreiben Robyn Archer und Diana Simmonds in *A Star is Torn*. »Miss Karen dagegen war ein Witz. Und nun war auch dieser Witz tot.« Zwischen den beiden gab es eine Parallele, die von vielen übersehen wird: Karen Carpenter wurde durch die Einschränkungen, die ihre Rolle als »Good Girl« mit sich brachte, genauso zerstört wie Janis Joplin durch die Einschränkungen in ihrer Rolle als »Bad Girl«.

Die Frauenbewegung arbeitete an der Aufdeckung und Abschaffung solcher Einschränkungen und diente den Frauen in der Bewegung als gemeinsames Sprachrohr. Frauen mit einer Karriere in der Musikindustrie konnten dieses Sprachrohr entweder dazu verwenden, einem breiten Publikum feministische Ideen zu präsentieren, wie Helen Reddy mit »I Am Woman« oder aber mit Labels wie Olivia eine Alternative zur kommerziellen Musikbranche zu schaffen. Und während die Frauen in der Frauenmusik »versuchten, herauszufinden, welche Möglichkeiten es gab«, um eine solche Alternative zu schaffen, stellten sie auch den Begriff »Erfolg« in Frage und überlegten sich neue Definitionen. »Die Leute sagen: 'Wenn du kommerzieller geblieben wärst, hättest du es schaffen können'«, sagt Holly Near. »Aber wer weiß? Viele Leute, die gut sind, schaffen es nicht. Aber wenn sie es schaffen, dann kommen sie ganz groß raus. Wenn du es dagegen in der alternativen Szene schaffst, kommst du finanziell gesehen nie ganz groß raus, aber in geistiger Hinsicht kommst du groß raus. Vielleicht hatte ich nie das Zeug zu einem berühmten Rockstar, aber ich kann wahrscheinlich mein ganzes Leben lang arbeiten und bin nicht dem Druck oder Streß ausgesetzt wie die Leute, die oben bleiben wollen.«

Von einer solchen Auffassung von »Erfolg« wollte man im kommerziellen Bereich natürlich nichts wissen.Und trotzdem hatte die Frauenmusik Auswirkungen auf die Rolle der »Rock-Frauen«, die sich auch auf den kommerziellen Bereich übertrugen. Durch die Möglichkeiten, die Frauen-Labels – vor allem im technischen Bereich – boten, konnten Frauen Kenntnisse erwerben, die sie dann woanders einsetzen konnten. Frauen wie June Millington, Leslie Ann Jones und Teresa Trull bauten sich durch ihre Arbeit in der Frauenmusik eine zweite Karriere auf, und durch Boden Sandstroms Kurse über die Arbeit im Tonstudio konnten Frauen im ganzen Land Arbeit in Clubs und Konzerthallen finden. Die Musikerinnen selbst konnten musikalische Alternativen ausschöpfen, indem sie Frauen aus einer Perspektive ansprachen, die normalerweise in den Top 40 nicht vertreten war. Die von diesen Künstlerinnen erzeugten Rollenbilder beeinflußten unzählige Frauen, ob sie selbst nun weiterhin »Frauenmusik« machten oder nicht. Schließlich regte der Feminismus Frauen dazu an, selbst die Initiative zu ergreifen. Als Helen Reddy keinen Song finden konnte, der ihre feministischen Neigungen ausdrückte, schrieb sie ihn eben selbst. Frauen waren nun bereit, einen Schritt weiter zu gehen. Sie eroberten sich einen eigenen Platz in der Musikindustrie oder schufen sich diesen Platz selbst.

Big Mama Thornton 1965
Foto: Chris Strachwitz mit freundlicher Genehmigung der Arholic Productions, Inc.

Ruth Brown in den 50er Jahren
Mit freundlicher Genehmigung von Ruth Brown

Lady Bo und Bo Diddley 1973 in Denver, Colorado
Foto: Lady Bo Archiv, mit freundlicher Genehmigung von Lady Bo

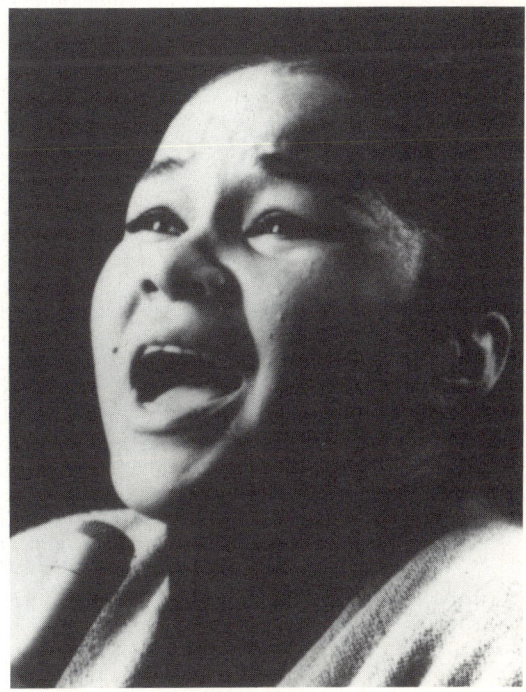

Etta James
Foto: MCA

Cordell Jackson
„Rockens First Lady of the '50s"
Mit freundlicher Genehmigung von
Cordell Jackson

Cordell Jackson 1990
Foto: Pat Blashill, mit freundlicher Genehmigung von Cordell Jackson

The Shirelles, ca.1962
Mit freundlicher
Genehmigung aus der
Sammlung von
David A. Young

The Chiffons, ca.1963
Mit freundlicher
Genehmigung aus der
Sammlung von
David A. Young

The Shangri-Las, ca.1962
Mit freundlicher Genehmi-
gung aus der Sammlung von
David A. Young

The Ronettes, ca.1964
Mit freundlicher
Genehmigung aus der
Sammlung von
David A. Young

The Crystals , ca.1962
Mit freundlicher Genehmigung aus der
Sammlung von
David A. Young

Goldie and the Gingerbread , ca.1965
Mit freundlicher Genehmigung aus der
Sammlung von
David A. Young

IT'S MY
PARTY
Lesley Gore

Hi –
Thanks to you and
my many wonderful
friends for making
my first record a
hit! Love, Lesley Gore

Mercury RECORDS

72119

Leslie Gore, ca.1963
Mit freundlicher Genehmigung aus der Sammlung von David A. Young

Mary Wells, ca.1964
Mit freundlicher Genehmigung aus
der Sammlung von
David A. Young

The Supremes, September 1966 im Flamingo, Las Vegas
Mit freundlicher Genehmigung des Las Vegas News Bureau

Martha Reeves and the Vandellas, ca.1966
Mit freundlicher Genehmigung aus der Sammlung
von David A. Young

Allison Steele Ende der 60er Jahre im Studio mit John Lennon
Foto: Bill Stone, mit freundlicher Genehmigung von Alison Steele

Maureen „Moe" Tucker während der
Aufnahmesessions zur dritten Velvet
Underground-LP in Los Angeles, 1969
Mit freundlicher Genehmigung
der Velvet Underground
Appreciation Society

Aretha Franklin, Juni 1969 im
Cesar's Palace, Las Vegas
Mit freundlicher Genehmigung
des Las Vegas News Bureau

Janis Joplin 1969

Tina Turner, Dezember 1973 im Hilton, Las Vegas
Mit freundlicher Genehmigung des Las Vegas News Bureau

Deadly Nightshade, ca. 1975. Von links: Helen Hooke, Anne Bowen, Pamela Brandt
Foto: Bonnie Unger, mit freundlicher Genehmigung von Pamela Brandt

Helen Reddy 1986 im Genetti's in
Hazelton, Pennsyvania
Foto: Mark Reinhart/RFU
Mit freundlicher Genehmigung
von Jim Keaton

June Millington und Chris Williamson, Frühjahr 1974
Mit freundlicher Genehmigung der Olivia Records, Inc.

Holly Near 1989
Foto: Irene Young

Joni Mitchell, November 1976 im
Winterland, San Francisco
Foto: Peter Stupar

Joan Armatrading
Foto: Ian Astle
Mit freundlicher
Genehmigung von
A&M Records

Ann Wilson von Heart, 1985 auf Tournee hinter der Bühne
Mit freundlicher Genehmigung von Lou Wilson

Nancy Wilson von Heart
auf Tornee 1985
Mit freundlicher Genehmigung von
Lou Wilson

5 Verschiedene Richtungen

»Ich warte, ich warte darauf, daß eine Musikerin kommt, so wie der Messias. In den nächsten drei oder vier Jahren wird eine Musikerin kommen, die alle umwirft... Eine Frau wird kommen, die jetzt vielleicht erst dreizehn oder vierzehn ist, und sie wird alle vom Hocker reißen. Ich kann's gar nicht erwarten.«

Linda Ronstadt, 1974

Carole King trat 1971 aus ihrem Schattendasein als Songschreiberin heraus und ließ mit der Veröffentlichung von *Tapestry* auf spektakuläre Weise ihre Gesangskarriere wiederaufleben: Sowohl die LP als auch die Singleauskoppelung »It's Too Late«/»I Feel the Earth Move« führten die Charts an. Weitere Songs auf dem Album sind »You've Got a Friend«, ein Nummer-1-Hit für James Taylor (der ebenfalls auf *Tapestry* spielte), »So Far Away« (Platz 14) sowie eine neue Version von »Will You Love Me Tomorrow«, eine Hommage an Kings Girl Group-Vergangenheit. *Tapestry* war ein Bombenerfolg. Das Album hielt sich bis 1976 in den LP Charts und brachte King vier Grammys ein: »LP des Jahres«, »Beste Popsängerin«, »Song des Jahres« für »You've Got a Friend« und »Schallplatte des Jahres« für »It's Too Late«. Es wurde zu einem der meistverkauften Alben, nicht nur der siebziger Jahre, sondern aller Zeiten, von dem bis zu den neunziger Jahren mehr als dreizehn Millionen Exemplare verkauft wurden.

Kings Durchbruch als Solokünstlerin fiel mit dem Aufkommen einer Reihe von Sängerinnen/Songschreiberinnen[57] Anfang der siebziger Jahre

---

57 Abgeleitet von der amerikanischen Bezeichnung Singer/Songwriter für LiedermacherInnen, d.h. für Leute, die komponieren, Texte schreiben und singen. Der Ausdruck wird häufig mit der Protestsongbewegung der sechziger und siebziger Jahre in Verbindung gebracht.

zusammen, die sowohl eine etwas sanftere Musik als auch anspruchsvollere Texte in die Rockszene brachten. Die SängerInnen/SongschreiberInnen-Bewegung verlieh dem akustischen Folk der sechziger Jahre eine poppigere Note. Der Hauptunterschied zwischen beiden Bewegungen bestand jedoch in den Gefühlen, die durch die Musik zum Ausdruck gebracht wurden: Die FolkkünstlerInnen arbeiteten in einem etablierten Genre mit einer langen Tradition, während die Musik der SängerInnen/Song-schreiberInnen aus einer sehr persönlichen Perspektive heraus entstand. Einige Sängerinnen/Songschreiberinnen kamen aus der Folkszene z.B. Joni Mitchell, Judy Collins, Janis Ian (die 1967 mit fünfzehn Jahren ihren ersten Hit hatte: »Society's Child«, produziert von Shadow Morton. In dem Song geht es um eine Liebesgeschichte zwischen zwei Menschen verschiedener Rassenzugehörigkeit) sowie Carly Simon, die in den Folkclubs im Greenwich Village mit ihrer Schweste Lucy als Duo sang, bevor sie in den siebziger Jahren mit Songs wie »You're So Vain« und »Anticipation« auch als Solokünstlerin Erfolg hatte. Andere, wie Carole King, kamen aus der Popszene, obwohl King bis zu ihrem Durchbruch mit *Tapestry* als Songschreiberin am erfolgreichsten gewesen war.

Vor ihrer Solokarriere war King in der Girl Group-Zeit an zahlreichen verschiedenen musikalischen Unternehmungen beteiligt. Mitte der sechziger Jahre gründete sie mit ihrem Mann Gerry Goffin und dem Journalisten Al Aronowitz das Label Tomorrow, unter dem Platten von Myddle Class sowie eine Solo-Single von King (»Road to Nowhere«) erschienen, das dann jedoch bankrott ging.

King ließ sich von Goffin scheiden und heiratete den Bassisten von Myddle Class, Charlie Larkey, mit dem sie eine neue Gruppe gründete: City. City nahm für das Label des Produzenten Lou Adler, Ode Records, die LP *Now That Everything's Been Said* auf, die 1969 veröffentlicht wurde und u.a. eine frühe Version von »You've Got a Friend« enthielt. Da das Album ein Flop war, löste sich City auf, und King und Larkey zogen nach Los Angeles.

Nach ihrem Umzug an die Westküste konzentrierte sich King zunächst auf die Studioarbeit. Sie spielte Klavier auf John Stewarts LP *Willard*, James Taylors *Sweet Baby James* sowie auf zwei Alben der Gruppe Jo Mama. 1970 veröffentlichte sie dann unter dem Ode-Label eine Solo-LP, *Writer: Carole King*, produziert von Lou Adler. King nahm für *Writer* nicht nur neue Stücke auf, sondern griff schon damals - wie auch auf ihren späteren LPs - auf ihr eigenes Songbuch zurück. So sind auf dem Album eine Version von »Goin' Back« von den Byrds sowie »Up on the Roof« von den Drifters zu hören. Die LP hatte zwar keinen sonderlichen Erfolg in den Charts, doch war die Zeit nun reif für das - ebenfalls von

Lou Adler produzierte – Album *Tapestry*, das King teilweise mit denselben Musikern aufnahm, die auch auf *Writer* gespielt hatten.

Tapestry erschien 1971, und King ging sofort nach der Veröffentlichung als Vorprogramm von James Taylor auf Tournee, um für die LP Werbung zu machen. Als *Tapestry* die Charts hinaufstürmte, stieg sie jedoch bald zum Top Act auf. Das Album mit seinen zwölf Songs blieb über ein Jahr lang in den Top 40. Die Songs, die King selbst geschrieben oder an denen sie mitgearbeitet hatte, stellen eine Kombination aus anspruchsvollen Texten, beeindruckenden Melodien und Kings weicher, ausdrucksvoller Stimme dar. Ihre Interpretation von »Will You Love Me Tomorrow« hebt den melancholischen Unterton des Songs hervor, der durch das »Sha-la-la« in der Originalversion der Shirelles etwas verdeckt wurde. (Sie nahm außerdem noch eine eigene Version von Aretha Franklins Hit »(You Make Me Feel Like) A Natural Woman« auf). Die schnellen Stücke der LP, z.B. das optimistische »Beautiful« und das folkloristische »Smackwater Jack« trugen zu *Tapestry*s gelunger Mischung aus Romantik und Realismus bei.

Obwohl King in den siebziger Jahren weitere sieben Top-20-Alben (u.a. die Nummer-1-LPs *Carole King Music* und *Wrap Around Joy*) sowie Single-Hits mit den Songs »Sweet Seasons«, »Jazzman« und »Nightingale« hatte und 1980 mit einem weiteren Girl Group-Klassiker, »One Fine Day« auf Platz 12 landete, erwies sich *Tapestry* als Höhepunkt ihrer Solo-Karriere. King war zwar weiterhin im Studio aktiv und veröffentlichte in den Siebzigern jedes Jahr eine LP, ging jedoch nur selten auf Tournee und schränkte im Laufe des Jahrzehnts auch ihre Live-Auftritte ein. Ende der siebziger Jahre zog King zum Teil deshalb nach Idaho, weil sie dem Streß der Musikszene in Los Angeles entfliehen wollte und trat fast nur noch bei Benefizveranstaltungen auf. Und obwohl Kings spätere LPs nicht an die Wirkung von *Tapestry* heranreichten, trug der phänomenale Erfolg des Albums dazu bei, nachfolgenden Sängerinnen/Songschreiberinnen den Weg zu weisen.

Wie Carole King zog sich auch Laura Nyro aus dem harten Geschäftsleben der Musikbranche zurück, weil sie vermeiden wollte, zur »Ware« zu werden, wie sie es ausdrückte. Obwohl sich Nyros Platten nicht so gut verkauften wie Kings, war auch Nyro eine anerkannte Songschreiberin. Sie lieferte vielen KünstlerInnen Top-10-Hits, die ihr selbst versagt blieben. 1947 in der Bronx als Laura Nigro geboren, schrieb sie schon als Kind Songs und las mit Begeisterung Gedichte. Später besuchte sie die High School of the Performing Arts in New York und tingelte als Teenager durch die New Yorker Clubs. Mit neunzehn veröffentlichte sie bei Verve ihre erste LP, *More Than a New Discovery* (1966) und trat im Jahr darauf beim Monterey Pop Festival auf, wo sie jedoch schlechtere Erfahrungen machte als Janis Joplin. Dem Publikum gefiel Nyros Musik nicht, die im Vergleich zu den wilden Darbietungen von Janis Joplin, Jimi Hendrix und den Who eher unaufdringlich war, und sie wurde ausgebuht.

Wieder in New York, wandte sich ihr Schicksal in der Musikindustrie zum Guten, als sie David Geffen kennenlernte, der zu dieser Zeit als Musikagent für die Ashley Famous-Agentur in New York arbeitete. Ein Bandmitschnitt von Nyros Auftritt in Monterey hatte Geffen so beeindruckt, daß er seinen Job aufgab, um ihr Manager zu werden: »Alle, die sich so gut anhören und so ein öffentliches Fiasko hinter sich haben, sollten eine Chance bekommen«, sagte er später gegenüber der Illustrierten *Vanity Fair*. Durch Geffen kam Nyro zu Columbia, wurde unter Vertrag genommen und veröffentlichte dort 1968 ihre erste, von ihr co-produzierte LP, *Eli and the Thirteenth Confession*.

Nyros Platten zeichnen sich durch eine große Bandbreite musikalischer Stilrichtungen und Texte von eindringlicher Metaphorik aus. Ihre dramatische Stimme schlägt, meist völlig unerwartet, von einem bluesigen, gospelhaften Heulen in ein Flüstern um. Daher galt Nyros Musik als exzentrisch und fand nur bei einem Insider-Publikum Anklang: »Ihre Stimme erreichte einen Siedepunkt, der nicht nur beeindruckend, sondern auch beängstigend war«, schrieb die Kritikerin Janet Maslin. Columbias damaliger Geschäftsführer Clive Davis sah Nyros musikalische Kompromißlosigkeit als Ursache dafür, daß sie den Sprung in den Mainstream-Rock nicht schaffte. »Wenn sie eine LP fertig hatte, war es klar, daß ein bestimmter Song mit ein oder zwei Änderungen ein großer Single-Hit geworden wäre«, schreibt er in seiner Autobiographie *Clive: Inside the Music Business*. »Aber sie weigerte sich, die Songs zu ändern.« Die Zahl der KünstlerInnen, die mit Cover Versionen ihrer Songs Hits hatten, macht das kommerzielle Potential von Nyros Material deutlich: 5th Dimension hatte Top-30-Hits mit »Stoned Soul Picnic«, »Sweet Blindness«, »Blowing Away« und »Wedding Bell Blues« (Platz 1), Blood, Sweat and Tears hatten mit »And When I Die« einen Nummer-2-Hit, Barbra Streisands »Stoney End« erreichte Platz 6 und Three Dog Nights Version von »Eli's Coming« Platz 10. Dagegen schaffte Nyro den Sprung in die Top 40 nur mit der LP *New York Tendaberry*, die 1969 Platz 32 erreichte. Ihre Platten wurden schließlich zu einer Quelle für andere KünstlerInnen, die Nyros Songs dann in Hits verwandelten.

Das 1969 veröffentlichte Album *New York Tendaberry* stellt eine hervorragende Verschmelzung von Rock- und Jazzeinflüssen dar, die hauptsächlich von Nyros Stimme und dem Klavier zusammengehalten und ab und zu mit komplexen Bläserarrangements angereichert werden. »Ich hatte furchtbar viel musikalische Energie, und ich vertiefte mich ins

Schreiben. Und in den Songaufbau. Und in die Gegebenheiten«, sagte sie später gegenüber der Zeitschrift *Musician*. Für ihr nächstes Album, *Christmas and the Beads of Sweat* (1970) stellte Nyro ein Aufgebot der verschiedensten Musiker zusammen, u.a. Mitglieder der Rascals sowie den Gitarristen Duane Allman. *Gonna Take a Miracle* (1971), eine Hommage an die Girl Group-Klassiker der sechziger Jahre, nahm sie zusammen mit Labelle auf, die damals gerade dabei war, ihr Image aus der Girl Group-Zeit mit »Patti LaBelle and the Bluebelles« hinter sich zu lassen. Nach der Veröffentlichung von *Gonna Take a Miracle* zog sich Nyro 1972 jedoch aus dem Musikgeschäft zurück. Sie zog nach Neuengland, heiratete (inzwischen ist sie wieder geschieden) und bekam ein Kind. Ihre Enttäuschung über die geschäftliche Seite der Musikbranche hatte ihren »Rücktritt« beschleunigt: Zwischen Nyro und Geffen kam es zu Spannungen, weil er ihren Verlag an Columbia verkaufen wollte. Ein Streit darüber, ob Nyro bei Columbia bleiben oder zu Geffens neuem Label Asylum wechseln solle, führte schließlich zum Bruch zwischen den beiden. Außerdem war Nyro »dieser ganze Erfolgstrip« als Künstlerin zuwider. »Als ich noch ganz jung war, ging alles so schnell«, sagte sie gegenüber *Musician*. »Ich hatte mir nie überlegt, berühmt zu werden. Ich schrieb Musik; und war in diesem Alter einfach nur an der künstlerischen Seite interessiert. Als das alles dann passierte, wußte ich nicht, wie ich damit umgehen sollte.«

Nyro nahm weiterhin sporadisch Platten auf und veröffentlichte 1976 *Smile*, 1978 *Nested* sowie 1979 das Live-Album *Season of Lights*, bevor sie sich erneut zurückzog und erst 1984 mit *Mother's Spiritual* eine weitere LP herausbrachte. Zwar war keine dieser LPs besonders erfolgreich in den Charts (obwohl Melissa Manchester mit ihrer Version von »Midnight Blue« aus *Smile* ihren ersten Top-10-Hit hatte), doch durchbrachen sie die Konvention der Branche, nach der KünstlerInnen unbedingt regelmäßig Platten herausbringen müssen. Noch 1965 veröffentlichten Spitzenstars wie die Supremes fünf LPs und sechs Singles pro Jahr. Ende der sechziger Jahre brauchten die KünstlerInnen jedoch länger, um eine LP aufzunehmen, und der Druck wurde etwas abgeschwächt. Natürlich sahen die Plattenfirmen es lieber, wenn eine LP ein Hit wurde, doch zeigten KünstlerInnen wie Nyro, daß man auch ein kleineres Publikum – wie das Publikum, das weiterhin Nyros Platten kaufte und zu ihren seltenen Live-Auftritten kam – so erziehen konnte, KünstlerInnen treu zu bleiben, selbst wenn sie nicht ständig neue Platten auf den Markt brachten.

Joni Mitchell, die ihre größten kommerziellen Erfolge in der SängerInnen/SongschreiberInnen-Ära der siebziger Jahre feierte, begann ihre Karriere als Folksängerin, obwohl sie 1979 gegenüber dem *Rolling Stone* sagte: »Ich war nur ungefähr zwei Jahre lang Folksängerin, und das war Jahre bevor ich eine Platte gemacht habe.« Bald nachdem sie 1968 ihre erste Platte herausgebracht hatte, verließ Mitchell das SängerInnen/Song-schreiberInnen-Genre (oder, wie sie es nannte, die »Kunst-Songs, was mir am besten gefiel«) und überschritt im Verlauf ihrer Karriere viele musikalische Grenzen. Mitchell wurde 1943 in Fort McLeod in der kanadischen Provinz Alberta als Roberta Joan Anderson geboren und wuchs mit den Songs von Rock 'n' Roll-Künstlern wie Chuck Berry, Ray Charles und Elvis Presley auf. Zunächst war sie jedoch mehr an Kunst interessiert und besuchte das Alberta College of Art mit dem Ziel, Werbegraphikerin zu werden. In ihrer Collegezeit begann sie, Ukulele und später Gitarre zu spielen. Das Spielen brachte sie sich mit Hilfe einer von Pete Seeger her-ausgebrachten Schallplatte mit Gitarrenlehrkurs selbst bei. Schon bald stand nicht mehr Kunst, sondern Musik für sie an erster Stelle, und nach ihrem Auftritt beim Mariposa Folk Festival in Toronto (1964) zog Mitchell nach Toronto und spielte in Clubs und Cafés. Im darauffolgenden Jahr heiratete sie Chuck Mitchell, und die beiden zogen nach Detroit, wo sich Mitchell eine neue Fangemeinde aufbaute. Nach ihrer Scheidung 1966 zog Mitchell nach New York und ließ sich schließlich 1968 in Laurel Canyon in der Nähe von Los Angeles nieder.

Während ihres New York-Aufenthalts hatte Mitchell zahlreiche wichtige Kontakte geknüpft, u.a. zu Elliott Roberts, der ihr Manager wurde und David Geffen, der Mitchell später bei seinem Label Asylum unter Vertrag nahm. Außerdem lernte sie David Crosby kennen, der 1968 ihr Debütalbum *Joni Mitchell* für Reprise Records produzierte. Zunächst hatte Mitchell jedoch nicht als Sängerin, sondern als Songschreiberin Erfolg in den Singles-Charts: Judy Collins erreichte mit Mitchells »Both Sides Now« 1968 Platz 8, und Crosby, Stills, Nash and Young hatten 1970 mit Mitchells »Woodstock« einen Hit in den Top 20. Mitchells zweite LP, *Clouds* (mit ihrer eigenen Version von »Both Sides Now«), landete dann als erste ihrer Platten in den Top 40 und gewann außerdem den Grammy als »Beste Folkplatte des Jahres«. *Clouds* war auch die erste LP, die Mitchell selbst produziert hatte (sie produzierte oder co-produzierte dann alle ihre nachfolgenden LPs). Außerdem verwertete sie bei einem Großteil ihrer Alben eigenes Bildmaterial für die Covergestaltung.

Mitchells nachfolgenden LPs, *Ladies of the Canyon* und *Blue* (1971) stiegen in den Charts jeweils ein Stück höher (für *Blue* bekam Mitchell zum ersten Mal Platin für über eine Million verkaufter Exemplare), doch Ende des Jahres legte Mitchell eine Pause ein und trat nicht mehr live auf. Ihr Erfolg war überraschend gekommen – gegenüber dem *Rolling Stone* sagte sie, daß sie sie ihre Musik als »Hobby, das schlagartig zum Erfolg wurde«, ansah – und die Vermarktung ihres Images durch Warner Bros ärgerte sie. Besonderen Anstoß nahm sie an einer Werbung für ihre erste LP, in der sie als »99 % Jungfrau« bezeichnet wurde. »Ein Mann in der Werbeabteilung kritisierte meine Musik, weil sie nicht männlich genug war«, beschwert sie sich. »Sie sagten, ich hätte ja keine Eier. Seit wann haben Frauen denn Eier? Warum muß ich denn so sein?« Sie reagierte auch sauer, als ihre Songs über zerbrochene Liebesgeschichten als Ratespiele mißbraucht wurden. Nachdem im *Rolling Stone* ein Diagramm erschien, das ihre angeblichen Affairen darstellte, und sie außerdem den Titel »Alte des Jahres« erhielt, gab sie der Zeitschrift acht Jahre lang kein Interview mehr.

Anfang der siebziger Jahre entwickelte sich Mitchells Musik weg von den früheren akustischen Klängen, und die 1972 bei Asylum erschienene LP *For the Roses* zeigt deutliche Jazz- und Rockeinflüsse. Das Album enthielt auch Mitchells erste Top-40-Single, »You Turn Me On, I'm a Radio«, die sich auf Rang 25 plazierte. Mitchells Texte waren schon immer geschliffener als die anderer SängerInnen/SongschreiberInnen der Zeit, und bereits 1967 wurden schmeichelhafte Vergleiche zwischen ihr und Bob Dylan gezogen: »Sie ist das Yang zu Bob Dylans Yin. Ihre Metaphorik kommt in ihrer Reichhaltigkeit und Fülle der Bob Dylans gleich und übertrifft sie in Präzision und Treffsicherheit.« Das 1974 erschienene Album *Court and Spark*, auf dem Mitchell weitere Rock- und Jazzelemente integrierte, wurde zu ihrer erfolgreichsten LP. Sie erreichte Platz 2 der LP Charts und enthielt zwei Top-40-Singles: »Help Me« (Platz 7) und »Free Man in Paris«. Mitchells Promotion-Tournee für das Album stieß auf begeisterte Reaktionen. Ihre anschließende LP *Miles of Aisles* erreichte Platz 2 in den Charts, und die Live-Version von »Big Yellow Taxi« schaffte den Sprung in die Top 30.

Als Reaktion auf ihren Erfolg von *Court and Spark* und *Miles of Aisles* schlug Mitchell – nach Auffassung ihrer Fans – eine völlig neue Richtung ein. Auf *The Hissing of the Summer Lawns* (1975) schöpfte sie noch mehr Jazzrhythmen aus, und ihre Texte hatten nun nicht mehr den bekennenden Charakter ihrer früheren Werke. Darüber hinaus experimentierte sie mit ungewöhnlichen Zusammenstellungen: Auf »The Jungle Line« kombiniert sie einen Moog-Synthesizer mit afrikanischen Trommeln, Jahre bevor andere PopkünstlerInnen ähnliche »Ethno-Rhythmen« in ihre Stücke aufnahmen. Die LP erreichte immerhin Platz 4 der Charts, wurde jedoch bei ihrer Veröffentlichung verrissen. Auch auf ihren nächsten Alben, *Hejira* (1976), *Don Juan's Reckless Daughter* (1977) und *Mingus* (1979), verwendete Mitchell Jazzelemente. 1991 sagte sie allerdings: »Ich habe in einem Genre gearbeitet, das weder das eine noch das andere war.

Die Leute wußten nicht mehr, wo sie mich einordnen sollten, und so wurde ich gar nicht mehr gespielt.« Die mit dem Jazzbassisten Charles Mingus (der kurz vor der Fertigstellung des Projekts starb) aufgenommene gleichnamige LP verblüffte Leute in beiden Stilrichtungen: »In der Popmusik wurde ich als Exilmusikerin betrachtet«, erzählte sie dem *Rolling Stone.* »Während die Jazzleute dachten: 'Wer ist denn *diese* weiße Mieze?'«

Mitchell nahm in den achtziger Jahren (als sie bei David Geffens neuem Label Geffen unter Vertrag war) insgesamt nur vier LPs auf, während es in den siebziger Jahren neun gewesen waren. Sie hatte nach wie vor mehr Interesse daran, sich als Künstlerin weiterzuentwickeln, als kommerziellen Erfolgen nachzujagen. »Es gibt zwei Möglichkeiten«, erklärte sie im *Rolling Stone.* »Entweder man verändert sich nicht und behält sein Erfolgsrezept bei. Dafür wird man dann gesteinigt. Wenn man sich verändert, wird man dafür auch gesteinigt. Aber sich nicht zu verändern ist langweilig. Und Veränderung ist interessant. Wenn ich also diesen beiden Möglichkeiten habe, lasse ich mich lieber für Veränderung steinigen.«

Auch Bonnie Raitt wollte ihre künstlerische Integrität nicht um den Preis kommerzieller Erfolge unterdrücken. Obwohl sie strenggenommen keine akustisch orientierte Sängerin/Songschreiberin war, war sie doch eine der wenigen Künstlerinnen dieser Zeit, die als Instrumentalistin, insbesondere wegen ihrer Slide Guitar[58]-Technik, hoch geschätzt wurde. Raitt wurde zuerst vom Folk und später vom Blues inspiriert und sammelte ihre ersten Tournee-Erfahrungen bei ihren Auftritten mit Blues-Legenden wie Buddy Guy und Junior Wells. Sie wurde 1949 im kalifornischen Burbank in eine sehr musikalische Familie hineingeboren: Ihre Mutter Marjorie war Pianistin und ihr Vater John Broadway-Star, der in Produktionen wie *Oklahoma, Carousel* und *Kiss Me, Kate!* auftrat. Nachdem sie mehrmals zwischen der Ost- und der Westküste hin- und hergezogen waren, ließen sich die Raitts schließlich in Coldwater Canyon in der Nähe von Los Angeles nieder.

Raitt bekam mit acht Jahren zu Weihnachten ihre erste Gitarre. Jedes Jahr fuhr sie in ein Sommer-Ferienlager und holte sich dort musikalische Anregungen. Sie brachte sich das Gitarrespielen bei, indem sie sich die Odetta-Platten einer Betreuerin anhörte. Später »verliebte« sie sich in Joan Baez, und es war ihr sehnlichster Wunsch, in der Folkszene an der Ostküste zu spielen. »Sie war das genaue Gegenteil der Beach-Boy-Szene in

---

58 Slide Guitar bezeichnet eine Gitarrenspielweise, bei der ein harter Gegenstand, z.B. ein abgebrochener Flaschenhals (Bottleneck) oder ein im Handel erhältliches Metallröhrchen gleicher Bezeichnung auf den kleinen Finger der linken Hand gesetzt wird und dieser Gegenstand dann die Saite dicht über dem Bundstäbchen auf der Saite berührt. Das Charakteristische an dieser Technik ist das Gleiten (engl.: slide) der Töne.

Kalifornien, die ich nicht ausstehen konnte«, sagt sie in dem Buch *Baby,
Let Me Follow You Down*. Ihre Familie zog später wieder in den Osten, und
Raitt machte dort in Poughkeepsie, New York, ihren High School-Abschluß. Anschließend visierte sie ein College in Cambridge, Massachusetts,
an, weil sie unbedingt in die Folkszene einsteigen wollte, in der auch Baez
angefangen hatte. »Ich konnte es gar nicht erwarten«, erzählt sie. »Ich
spielte Gitarre, und ich war richtig folkig drauf. Ich wollte gar nicht mal
so sehr Gitarre spielen, sondern einfach dabei sein. Ich entschied mich für
das Radcliffe College wegen Cambridge und dem Club 47 und fuhr im
Herbst '67 hin.«

Leider kam Raitt erst am Ende der Folkbewegung nach Cambridge,
und der Club 47 machte nach ihrem ersten Semester zu. Doch zu dieser
Zeit hatte Raitt bereits Dick Waterman kennengelernt, mit dem sie eine
Beziehung einging, und der später ihr Manager wurde. Da Waterman
außerdem viele BlueskünstlerInnen managte, leistete Raitt bald einigen
ihrer Idole Gesellschaft: Son House, Fred McDowell, Sippie Wallace und
Muddy Waters. Schließlich begann sie, etwas ernsthafter über eine eigene
Karriere nachzudenken. »Eines Abends war ich in einem Club und sah
ein Mädchen, das '500 Miles' sang«, erinnerte sie sich. »Und ich sagte:
'Wir haben 1969. Es gibt doch wirklich bessere Sachen, die man machen
könnte. Wenn sie zwanzig Dollar dafür bekommt, kann ich das auch.'«
Mit Watermans Hilfe begann sie, in Clubs zu spielen. »Ich war das seltsame weiße Mädchen, das Songs von Robert Johnson spielte«, sagte sie
sich 1991 gegenüber der Zeitschrift *Q*. »Sie fanden es ganz toll, daß ein
Mädchen Slide Guitar spielte, und dann auch noch eine Achtzehnjährige
mit Pausbacken und roten Haaren!«

Raitt hatte bald einen Plattenvertrag bei Warner Bros. und veröffentlichte dort 1971 ihr Debütalbum *Bonnie Raitt*, auf dem Cover Versionen
von Songs der BlueskünstlerInnen Robert Johnson und Sippie Wallace
sowie Instrumentalbeiträge von Junior Wells und A.C. Reed zu hören
sind. Raitts Geschmack beschränkte sich jedoch nicht nur auf den Blues.
Zwar brachte sie auch weiterhin regelmäßig LPs heraus, hatte jedoch Probleme damit, ihren Sound auf einer Platte festzuhalten und arbeitete mit
verschiedenen Produzenten, um einen geeigneten »musikalischen Über-
setzer« zu finden. »Ich habe ganz bestimmte Vorstellungen von dem, was
ich will und was ich mag, aber ich weiß nicht, wie ich es sagen soll, wenn
ich etwas anders haben möchte«, sagte sie, »während ein Produzent das
kann.« Raitts Stilmischung aus Blues, Rock und Country eignete sich
anscheinend nicht für eine Verbreitung durch das Radio, so daß sie nur
wenig Chancen auf einen Single-Hit hatte. Zwar war ihr Interesse an
großen kommerziellen Erfolgen nicht besonders stark ausgeprägt, doch

war sie enttäuscht, daß sie in den Playlists der Radiosender nicht will-kommen war. »Alle sagten immer: 'Mensch, ich finde deine Platte echt toll. Zu schade, daß sie nicht im Radio läuft.' Diese Erfahrung habe ich ständig gemacht«, sagte sie gegenüber dem *Rolling Stone*.

Neben ihrer Arbeit als Musikerin war Raitt in den siebziger Jahren eine der wenigen KünstlerInnen, die nie ein Blatt vor den Mund nahmen, wenn es um politische Belange ging. Dieses Bewußtsein stammte zum Teil aus ihrer Quäkererziehung: »Seit ich elf war, wollte ich die Welt retten«, sagt sie. Raitt trat (und tritt) jedes Jahr regelmäßig bei zahlreichen Benefiz-konzerten auf und war 1979 eine der Gründerinnen der Anti-Atomkraft-Organisation Musicians United for Safe Energy. Und obwohl sie ihre Be-wunderung für diejenigen ausdrückte, die lieber für Indie Labels arbeiten, wie z.B. Holly Near (»Sie könnte jederzeit einen Vertrag bei einem großen Label bekommen«), sieht sie ihre Wahl, für ein großes Label zu arbeiten, nicht als Verrat. »Ich bin inzwischen eine Persönlichkeit«, sagte sie 1976 im *Melody Maker*. »Bei einer kleineren Firma wäre ich in künstlerischer und politischer Hinsicht zwar ehrlicher, aber so habe ich von beidem etwas. Meine Platten werden zwar keine Hits, aber ich bin nach fünf Jahren ununterbrochener Tourneen erfolgreich genug, um Einfluß auf die politischen Belange zu haben, für die ich mich engagiere.«

Dennoch blieb in den Augen der Plattenfirmen ein handfester Pop-Erfolg das erstrebenswerte Ziel. Linda Ronstadt kam aus einer Folk-Rock-band der sechziger Jahre und wurde zur kommerziell erfolgreichsten Solosängerin des Jahrzehnts. Sie wurde 1946 in Tuscon, Arizona, geboren und sammelte als Mitglied der Three Ronstadts, einem Folktrio, das sie mit ihrer Schwester und ihrem Bruder gegründet hatte, erste Erfahrungen als Sängerin. 1964 zog Ronstadt nach Los Angeles, um eine Gesangskarriere aufzubauen. Dort wurde sie Mitbegründerin der Stone Poneys, einer Folk-Rockgruppe im Stil von Peter, Paul and Mary. Die Gruppe unter-schrieb 1966 einen Plattenvertrag bei Capitol, doch da ihre drei LPs nicht besonders gut ankamen, lösten sich die Ponies kurz nach ihrem einzigen Chart-Erfolg, »Different Drum« (1968 ein Top-20-Hit) auf. Ronstadt blieb als Solokünstlerin bei Capitol, obwohl die drei LPs, die sie für das Label aufnahm, keinen Erfolg in den Charts hatten. Lediglich »Long Long Time« aus ihrer zweiten LP *Silk Purse* schaffte den Sprung in die Top 40.

Anschließend wechselte Ronstadt zu Asylum und brachte dort 1973 ihre LP *Don't Cry Now* heraus. Sie schuldete Capitol jedoch noch eine Platte und hatte mit ihrem letzten Album für Capitol, *Heart Like a Wheel*, ihren großen Durchbruch. Die 1974 veröffentlichte LP wurde Spitzen-reiter der Charts, und die beiden Singleauskoppelungen »You're No Good«

und »When Will I Be Loved« erreichten Platz 1 bzw. Platz 2. Obwohl sie damals selbst keine Songs schrieb, war Ronstadt eine der wenigen SängerInnen, die ältere Songs covern und ohne jegliche Spur von Nostalgie neu aufbereiten konnte. Ihr Material deckte ein breites musikalisches Spektrum ab: Rock 'n' Roll der fünfziger Jahre (Buddy Hollys »That'll Be the Day« und »It's So Easy«), Motown (»Heat Wave« von Martha and the Vandellas, »The Tracks of My Tears« von den Miracles) und R & B (Betty Everetts ehemaliger R & B-Hit »You're No Good«).

Aufgrund ihrer Vielseitigkeit konnte Ronstadt sowohl auf dem Pop- als auch auf dem Country-Sektor Erfolge verzeichnen: 1975 gewann sie mit ihrer Version von Hank Williams' »I Can't Help It« den Grammy als »Beste Country-Gesangsdarbietung einer Frau«, und 1976 trug ihr das Album *Hasten Down the Wind* den Grammy als »Beste Pop-Gesangsinterpretation einer Frau« ein. Ronstadt schrieb dann auch eigene Stücke (z.B. »Lo Siento Mi Vida« zusammen mit ihrem Vater und dem Stone Poneys-Bassisten Kenny Edwards). Sie war zwar hauptsächlich als Song-Interpretin bekannt, hatte jedoch auch mühelos in anderen Bereichen Erfolg. In den achtziger Jahren spielte sie in der Operette *The Pirates of Penzance* am Broadway eine Hauptrolle, trat in einer New Yorker Inszenierung der Oper *La Boheme* als »Mimi« auf und nahm zusammen mit dem Nelson Riddle Orchestra eine Reihe überaus erfolgreicher Alben mit klassischen Balladen auf. Und trotz ihres Images als süßes, wehrlos aussehendes Mädchen – ein Image, das durch die Coverfotos ihrer frühen LPs, auf denen sie vertrauensselig lächelt, noch verstärkt wird – ging Ronstadt immer ihren eigenen Weg und bewies in Interviews ihre starke Persönlichkeit. »Ich hatte nicht vor, ein Star zu werden«, sagte sie im *Rolling Stone*. »Ich wollte Sängerin werden. Ich hätte gesungen, ganz egal, was. Die Starrolle ist einfach nur etwas, das 1930 in Hollywood erfunden wurde.«

In Großbritannien gab es Anfang der siebziger Jahre einen ähnlichen Zuwachs an Sängerinnen/Songschreiberinnen, von denen einige aus der britischen Folktradition kamen. In diesem Bereich war es für Frauen schon lange legitim, mit einer Gitarre aufzutreten und eben jene »traurigen, nordeuropäischen Balladen« zu singen, die Holly Near davon abgehalten hatten, Folksängerin zu werden. Sandy Denny, die allgemein als eine der besten Sängerinnen Großbritanniens galt, trat zunächst in den Londoner Folkclubs auf, sang Ende der sechziger Jahre kurze Zeit bei den Strawbs und anschließend bei der Folk-Rockgruppe Fairport Convention. 1970 gründete sie die kurzlebige Band Fotheringay, ging Mitte der siebziger Jahre für kurze Zeit zurück zu Fairport Convention und arbeitete anschließend als Solosängerin, bis sie 1978 mit dreißig Jahren starb. Dennys Songs wurden u.a. von Judy Collins gecovert, die »Who Knows Where the

Time Goes« als Titelsong für ihre 1969 erschienene LP verwendete. Eine andere Künstlerin, Maddy Prior, bildete mit Tim Hart ein Folkduo und sang dann bei Steeleye Span, einer weiteren langlebigen Folkgruppe im Stil von Fairport Convention. Später brachte sie Solo-LPs heraus und tat sich mit der Folksängerin June Tabor zusammen, um 1976 *Silly Sisters* und 1989 *No More to the Dance* aufzunehmen.

Mary Hopkin war wegen des internationalen Erfolgs ihrer ersten Single »Those Were the Days«, erschienen 1968 bei dem Beatles-Label Apple Records, beim amerikanischen Publikum bekannter als Denny und Prior. Hopkin, ein Fan von Joan Baez und Judy Collins, sang als Teenager in einer Folk-Rockband in ihrer Heimat Wales. Als die Band auseinanderging, macht Hopkins als Solosängerin weiter und nahm für ein Label in Wales Volkslieder in englischer und walisischer Sprache auf. Durch einen Auftritt in der britischen TV-Talentshow *Opportunity Knocks* wurde Paul McCartney auf sie aufmerksam und veranlaßte sie, »Those Were the Days« aufzunehmen. Der Song wurde in verschiedenen Sprachen aufgenommen und führte weltweit die Charts an. Allerdings wurde Hopkin ihr Erfolg bald verleidet. Im Gegensatz zu den meisten, wesentlich fügsameren Girl Groups der sechziger Jahre ärgerte sich Hopkin sowohl über ihr Image als auch über die Songs, die sie singen mußte. »Es war schon schlimm genug, daß ich frisch von der Schule kam ... aber dann hat [Apple] das alles noch weiter getrieben«, sagte sie gegenüber der Zeitschrift *Record Collector*. »Sie gaben sich große Mühe, mir ein gräßlich braves Image zu verschaffen ... und dann blamierte ich sie, weil ich nicht so 'hip' war.« Hopkins Enttäuschung über das Musikgeschäft und die Belastung, ihr Image als »süßes Mädchen aus Wales« aufrechtzuerhalten, wurden immer stärker: »Verdammt noch mal, ich benutze seit meinem sechsten Lebensjahr Schimpfwörter!«, sagt sie. Apple lehnte ein Angebot für eine Rolle in *Hair* ab und verbot ihr sogar, sich mit einem Weinglas in der Hand fotografieren zu lassen. Auch über die Entwicklung ihrer Plattenkarriere war sie nicht glücklich. Hopkins frühe Platten wurden von Paul McCartney produziert, ihre späteren Aufnahmen mit dem Produzenten Mickie Most fand sie jedoch unbefriedigend: »Er besuchte mich«, erzählt sie in *Record Collector*, »und fragte, in welcher Tonart ich gerne singen würde. Dann nahm er das ganze Stück ohne mich auf und mischte zum Schluß meine Stimme dazu. Und da ich mir so etwas unter gar keinen Umständen gefallen ließ, hielt er mich für extrem schwierig.« Auch ihr Auftritt beim Grand Prix d'Eurovision 1970 war eine entmutigende Erfahrung: Hopkin bezeichnete ihren Song »Knock, Knock, Who's There« als »einen der entsetzlichsten Songs aller Zeiten ... er war wirklich furchtbar.«

Hopkins Frustration, keine Songs angeboten zu bekommen, die sie singen wollte sowie die übertriebene Fürsorge ihres Vaters, der sie managte, führten dazu, daß sie 1972 ihre Solokarriere aufgab. Trotzdem machte sie auch weiterhin Aufnahmen, z.B. als Background-Sängerin für Leute wie David Bowie und Thin Lizzy, die von ihrem damaligen Mann Tony Visconti produziert wurden. Auch als sie in den achtziger Jahren in den Gruppen Sundance bzw. Oasis sang, war sie nach wie vor fest entschlossen, sich nicht manipulieren zu lassen: »Sie wollten [Sundance] als Begleitband für eine Shirley-Bassey-Tournee«, erinnerte sie sich. »Ich lehnte sofort ab und flog auf der Stelle raus!« Hopkin war nicht bereit, für kommerzielle Erfolge ihre Unabhängigkeit aufzugeben, eine Auffassung, die in der Girl Group-Zeit niemand auch nur in Erwägung gezogen hätte.

Joan Armatrading, die 1972 ihr erstes Album herausbrachte, war eine der anerkanntesten britischen Sängerinnen/Songschreiberinnen Owohl sie in Amerika keine großen kommerziellen Erfolge hatte, konnte sie doch im Verlauf ihrer Karriere auf eine treue Anhängerschaft zählen. Die 1950 in der Karibik geborene Armatrading zog 1958 mit ihrer Familie nach Birmingham in England. Obwohl ihr Vater Musiker war, förderte er die musikalischen Ambitionen seiner Tochter nicht. Er versteckte zu Hause sogar seine Gitarre vor ihr. Armatrading brachte sich jedoch das Klavierspielen selbst bei und kaufte sich schließlich eine Gitarre, die sie ebenfalls ohne Unterricht spielen lernte. Mit vierzehn sah sie Marianne Faithfull im Fernsehen und wurde dadurch inspiriert, selbst Songs zu schreiben. Bald darauf fing sie an, durch die Clubs in Birmingham zu tingeln, war aber zunächst mehr daran interessiert, sich als Songschreiberin zu etablieren, als zu singen.

Als sie achtzehn war, bekam Armatrading eine Rolle in der Londoner Inszenierung von *Hair*. Anschließend begann sie eine musikalische Zusammenarbeit mit Pam Nestor – ebenfalls Mitglied der Hair-Truppe –, und die beiden wurden von Cube Records unter Vertrag genommen. Ihr Debütalbum, *Whatever's For Us*, wurde 1972 veröffentlicht, doch da Cube Armatrading als »Star« des Duos herausstellen wollte, erschien die LP nur unter ihrem Namen, was zur Trennung zwischen Armatrading und Nestor führte. Die nächsten Jahren waren eine Art Übergangsphase für Armatrading. Sie versuchte, aus verschiedenen Platten- und Managementverträgen herauszukommen und unterschrieb schließlich einen Vertrag bei A&M. Armatradings erste Platte unter diesem Label war eine Neuauflage von *Whatever's For Us*, auf die 1975 ihre erste Solo-LP, *Back to the Night*, folgte.

Back to the Night erweckte das Interesse des Publikums an Armatrading wieder zum Leben, und schon bald darauf arbeitete sie an ihrer nächsten

Platte. A&M plante eine große Werbeaktion für das neue Album und be-schloß, Armatradings Hautfarbe in der Plattenwerbung hervorzuheben, da es so gut wie keine schwarzen SängerInnen/SongschreiberInnen gab. »*Joan Armatrading* ist eines der originellsten Alben des Jahres 1976«, war in der ganzseitigen Anzeige für die LP im *Melody Maker* zu lesen. »Aber denkt bloß nicht, sie sei einfach irgendwer. Sie ist eine mutige schwarze Lady, die keine Kompromisse eingeht.« Das Album wurde in Großbritan-nien sofort ein Erfolg und die Single »Love and Affection« Armatradings erster Top-10-Hit. Mit seiner Mischung verschiedener Musikstile, seinen hervorragenden Texten und Armatradings weicher, voller Stimme ge-wann das Album viele Fans. Die britische Wochenzeitschrift *Sounds* schrieb: »Wir brauchen Joan Armatrading, so wie wir Bob Dylan und die Beatles gebraucht haben. Diese Platte wird man bis in alle Ewigkeit immer wieder mal auflegen.«

Nachdem sich ihr Erfolg gefestigt hatte, mußte sich Armatrading bald mit den obligatorischen Frage über ihren Status als »Rock-Frau« ausein-andersetzen. Sie wich der Frage über den Feminismus aus, indem sie 1977 sagte: »Ich glaube, man kann auch helfen, ohne ein Banner zu schwenken. Eine Frau, die Erfolg hat, hilft anderen Frauen.« Allerdings mußte sie fest-stellen, daß ihr Erfolg ihr nicht half, Vorurteile hinsichtlich ihrer Fähig-keit als Gitarristin zu ändern. »Ich bin daran gewöhnt, daß die Leute denken, auf meinen Platten würde ein Mann Gitarre spielen – dabei spiele ich selbst«, sagte sie. »Ich glaube, viele Frauen denken, daß von ihnen nicht mehr erwartet wird, als einfach nur ein bißchen herumzuklimpern – also gerade so das Nötigste zu können – aber es ärgert mich, daß die Leute automatisch annehmen, auch meine Fähigkeiten würden sich darauf be-schränken.« Armatrading beantwortete Fragen nach ihrem Privatleben ebenfalls ungern und zog es vor, über ihre Musik zu reden – obwohl das nicht bedeutete, daß sie es besonderes gut fand, wenn ihre Stücke analy-siert wurden: »Ich wünschte, die Leute würden einfach die Songs hören und mich in Ruhe lassen«, sagte sie gegenüber der britischen feministischen Zeitschrift *Spare Rib*.

Eine weitere Frustrationsquelle war ihr mangelnder Erfolg in Amerika. Dort bekam sie zwar gute Kritiken, verkaufte aber nur wenig Platten. Auf der Suche nach einem kommerzielleren Sound wechselte Armatrading Ende der siebziger Jahre ihren Poduzenten. Richard Gottehrer, Produzent der ersten beiden LPs von Blondie, wurde engagiert, um das Album *Me Myself I* (1980) zu produzieren, auf dem u.a. die Instrumental-Talente Chris Spedding und Clarence Clemons zu hören sind, und das bis dahin Armatradings eindrucksvollste Pop-Leistung war. Der Titelsong ist eine optimistische Unabhängigkeitserklärung einer eigenständigen Frau der achtziger Jahre, die mutig zugibt, sechs Tage in der Woche ein paradiesisches Leben in Einsamkeit zu genießen – ein gelungene Fortsetzung von Helen Reddys »I Am Woman«.

Armatradings nachfolgende, von Steve Lillywhite produzierte LPs *Walk Under Ladders* (1981) und *The Key* (1985) – mit dem frechen »(I Love It When You) Call Me Names« – wurden zunehmend poppiger. Anfangs zahlte sich Armatradings Wechsel zu einem etwas kommerzielleren Sound aus. Ihre Alben verkauften sich in Amerika nun besser, und *Me Myself I* und *The Key* kamen in die Top 40. Trotzdem hatte sie in den USA keinen durchschlagenden kommerziellen Erfolg.

Joan Armatradings Karriere macht deutlich, daß es schwarze KünstlerInnen beim weißen Publikum immer noch schwer hatten. Ihre Songs gehörten nicht zum R&B, fanden jedoch auch in den Pop Charts keinen Platz. Armatradings Musik hätte in den Charts gut zu den anderen SängerInnen/SongschreiberInnen der siebziger Jahre gepaßt, die kommerzielle Erfolge hatten, doch vielleicht war das amerikanische Publikum noch nicht bereit, eine Schwarze zu hören, die »weiße« Musik machte. Ironischerweise wurde Tracy Chapman bei ihrem Durchbruch 1988 von den KritikerInnen als »neue Joan Armatrading« gepriesen, und fast sieht es so aus, als hätte Armatrading dadurch mehr Aufmerksamkeit bekommen als ihr für ihre eigene Arbeit in den siebziger und achtziger Jahren zuteil wurde.

Auch in anderen musikalischen Stilrichtungen konnten schwarze KünstlerInnen kaum beständige Chart-Erfolge verbuchen. Die meisten hatten nur einige wenige Hits, bevor sie auf Nimmerwiedersehen verschwanden. Immerhin hatten schwarze Künstlerinnen in den siebziger Jahren mehr Freiheiten als ihre Kolleginnen in den Sechzigern und waren somit eher in der Lage, Klischees in Frage zu stellen. Ein Beispiel hierfür sind Patti LaBelle and the Bluebelles, die ihr Girl Group-Image ablegten und in den siebziger Jahren als Labelle neu anfingen. Ende der sechziger Jahre war die Gruppe zu einem Trio geschrumpft, nachdem Cindy Birdsong 1967 als Ersatz für Florence Ballard zu den Supremes gewechselt hatte. »Wir merkten plötzlich, daß wir in der Gruppe nie vierstimmig gesungen hatten«, erklärte Patti dem *Rolling Stone*. »Cindy hatte immer nur eine Stimme gedoppelt. Also brauchten wir eigentlich gar keine weitere Stimme. Und so fanden wir zu unserem Sound mit drei Stimmen.« Die Gruppe galt zwar noch immer als Live-Attraktion, doch war ihre Plattenkarriere weniger erfolgreich verlaufen. Als sich die Bluebelles aus ihrem Vertrag mit Atlantic Records befreit hatten, setzten sie sich mit der *Ready, Steady, Go!*-Produzentin Vicki Wickham in Verbindung, die daran interessiert war, als Produzentin für die Gruppe zu arbeiten.

Wickham war seit dem Auftritt der Bluebelles in *RSG* Mitte der sechziger Jahre mit der Gruppe befreundet und war einverstanden, ihr Image aufzupolieren. Darüber hinaus wurde Wickham trotz eigener Bedenken Managerin der Gruppe: »Ich habe zu ihnen gesagt: 'Ich habe keine Ahnung von Management. Ich weiß nicht so viel über Amerika. Das ist Quatsch, ihr braucht einen Profi'«, erzählt sie. »Daraufhin sagten sie: 'Unser letzter Profi war ein Schlägertyp, der jetzt im Gefängnis sitzt, du bist also auf jeden Fall besser als er.'« Die Bluebelles selbst hatten das Gefühl, daß es an der Zeit war, etwas Neues auszuprobieren. »Wir hatten das Talent und die Fähigkeit und die Möglichkeit, uns zu verändern und die siebziger Jahre neu zu beginnen, anstatt die Sechziger in die Siebziger hineinzutragen«, erklärt Nona Hendryx. »Und ich glaube, wir hatten alle das Gefühl, daß wir etwas Neues brauchten – ansonsten würden wir immer noch 'Over the Rainbow' singen.«

Neben der Abkürzung des Gruppennamens zu »Labelle« sollte auch ihr Image verändert werden. »Ich war der festen Überzeugung, daß nun, nach den Supremes und den Shirelles, eine neue Zeit angebrochen war«, erklärt Wickham. »Warum konnten schwarze Frauen nicht einfach genauso eine Gruppe sein wie die Animals oder Who?« Sarah Dash nannte beim New Music Seminar 1991 weitere Gründe der Gruppe für ein neues Image: »Als wir noch Patti LaBelle and the Bluebelles waren, trugen wir alle die gleichen Perücken, die gleichen Kleider und die gleichen hochhackigen Schuhe«, sagte sie. »Und dann setzten wir uns zusammen und meinten, daß es an der Zeit wäre, mit dieser Tradition zu brechen. Warum müssen schwarze Frauen alle gleich aussehen, nur weil sie zusammen singen? Und natürlich darf man nicht vergessen, daß damals die Supremes den Ton angaben – und sie hatten drei Perücken, drei Kleider und drei Paar Schuhe, die alle zueinander paßten! Nicht, daß ich das verurteile, aber wir wollten von diesem Image wegkommen und die gesamte Einstellung ändern, wie schwarze Frauen in dieser Branche auftreten sollten.«

In ihrem ersten Versuch, »mit der Tradition zu brechen«, ließen sich die Mitglieder von Labelle für das Cover ihres von Wickham produzierten gleichnamigen Debütalbums, das 1971 erschien, in Jeans ablichten. Doch schon bald merkten sie, daß diese »einfacheren Klamotten« nicht zu ihrer Persönlichkeit paßten. »Sie fühlten sich nicht wohl«, gibt Wickham zu. »Aber zum Glück sagte Larry LeGaspi, ein fabelhafter Typ und ein großer Fan von ihnen: 'Bitte laßt mich ein paar Kleider machen; ich habe ein paar echt tolle Ideen.' Und er entwickelte das ganze Silberkonzept. Später machte er die Kostüme für Kiss und George Clinton, aber erst mal konzipierte er den ganzen Labelle-Look. Und dann wurde mir plötzlich klar, daß es falsch war, sie in einfachere Klamotten zu stecken, daß sie eigentlich drei total gutaussehende Frauen waren, also sagten wir uns: Gehen wir doch den umgekehrten Weg – nehmen wir total ausgefallene Sachen. Wir wollen Spaß haben und eine theatralische Show machen, aber mit etwas Tiefgang; es soll auch etwas ausgesagt werden. So kam das also alles zustande.«

Ihr aufwendiges, futuristisches Outfit verlieh Labelle ein überzeugendes Image, das in die »Glitter-Ära« Mitte der siebziger Jahre paßte, als Künstler wie David Bowie, Elton John und Alice Cooper ausgefallene Glitterkostüme trugen und ausgeklügelte Shows inszenierten. Schon allein Tatsache, daß Labelle praktisch die einzige rein weibliche Gruppe war, die genauso extravagant auftrat wie die männlichen Glitterstars, wäre ausreichend gewesen, Labelle als etwas Außergewöhnliches anzusehen. Und tatsächlich hatte die Gruppe mit ihren ausgefallenen Live-Shows bald eine treue Fangemeinde, wie im *Rolling Stone* 1974 zu lesen war: »New York gehört Labelle. Die Stadt, die bei den Künstlern als größte Eroberung gilt, verneigt sich jedes Mal, wenn die Gruppe die Bühne betritt, in aufrichtiger Ergebung.« Darüber hinaus war Labelle die erste schwarze Rockgruppe, die in der Metropolitan Opera in New York auftrat. Ihre Platten, zu denen inzwischen auch die mit Laura Nyro aufgenommene LP *Gonna Take a Miracle* sowie *Moonshadow* (1972 bei Warner Bros. erschienen) und *Pressure Cookin'* (1973 bei RCA erschienen) gehörten, hatten indessen keinen großen Erfolg in den Charts.

1974 hatte die Gruppe mit ihrem von Allen Toussaint produzierten Album *Nightbirds* dann doch noch einige große Hits. Die LP erreichte Platz 7 und die Singleauskoppelung »Lady Marmalade« sogar Platz 1. Nona Hendryx hatte die Hälfte der zehn Songs auf der LP geschrieben, u.a. den Titelsong »Nightbird«, eine Janis Joplin gewidmete Ballade. Doch anstatt ein Wegbereiter für weitere Erfolge zu sein, war *Nightbirds* bereits den Höhepunkt ihrer Karriere. Die Verteilung schwarzer und weißer KünstlerInnen auf den Playlists der Radiosender ließen Labelle nicht viel Spielraum: Die weißen Sender spielten sie nicht, weil sie schwarz waren, und die schwarzen Sender spielten sie nicht, weil Rock weiße Musik war. Schwarze KünstlerInnen, die Rock spielten – oder, wie im Fall von Joan Armatrading, irgendeinen Musikstil, der als »weiß« definiert wurde – wurden mit einem nur schwer zu lösenden Widerspruch konfrontiert.

Das mangelnde Airplay war zunächst kein so großes Problem, da Labelle als Live-Act fest etabliert war. »Es war frustrierend«, sagt Hendryx, »aber wir waren zum Glück eine Gruppe, die nicht in erster Linie auf das Radio angewiesen war, um Platten zu verkaufen oder aufzutreten. Natürlich erreicht man durch das Airplay ein breiteres Publikum, aber es war nicht so, daß wir ohne nicht hätten existieren können. Unser Publikum war immer da; die Leute kamen, und sie sagten, daß sie uns liebten. Und wir verkauften immer genug Platten, so daß wir eine solide Basis hatten.« Doch als die nächsten Alben von Labelle, *Phoenix* (1975) und *Chameleon* (1976) nicht auf den Erfolg von *Nightbirds* aufbauen konnten, beschloß die Gruppe nach fast fünfzehn Jahren Zusammenarbeit, auseinanderzuge-hen. »Es hat keinen Spaß mehr gemacht«, erklärt Hendryx. »Und wir stritten uns über alles mögliche. Wir kannten uns schon so lange, daß sich eine Menge Aggressionen angestaut hatte, und es gab viele Streitpunkte! Und so war es das beste, sich zu trennen.« Auch musikalische Meinungs-verschiedenheiten spielten eine Rolle. »Irgendwann war musikalisch über-haupt keine Einigung mehr möglich«, sagt Wickham. »Irgendwann war es Zeit, daß alle ihren eigenen Weg gingen. Wir alle werden erwachsen. So einfach war das.«

Nach der Trennung ging jedes Labelle-Mitglied einer Solokarriere nach. Neben ihren Plattenaufnahmen spielte Patti LaBelle Anfang der achtziger Jahre am Broadway in *Your Arms Too Short to Box with God* die Hauptrolle und war in Filmen wie z.B. *Sergeant Waters - Eine Soldaten-geschichte* zu sehen. Darüber hinaus landete sie einige Hits mit »New Attitude« (aus dem Film *Beverly Hills Cop*), 1985 ein Top-20-Hit, sowie dem Album *Winner in You*, das 1986 die Charts anführte und dessen Singleauskoppelung »On My Own« (ein Duett mit Michael McDonald) ebenfalls Platz 1 der Charts erreichte. Auch Sarah Dash brachte eigene LPs heraus und war für zahlreiche KünstlerInnen wie z.B. die Rolling Stones, Keith Richards und ihre früheren Bandkolleginnen als Back-ground-Sängerin tätig.

Vicki Wickham entschloß sich, weiterhin Nona Hendryx zu managen. »Eigentlich hätte ich sehr gerne Pat gemanagt und hätte auch Gelegenheit dazu gehabt«, sagt sie, »aber ich wußte, was sie machen würde, und ich wußte, was sie machen sollte – nach Vegas gehen. Mit Nona war es anders. Ich wußte, daß sie nichts Konventionelles machen würde. Also beschloß ich, mit Pat befreundet zu bleiben und Nona zu managen.« Auf Hendryx' hauptsächlich Tanz-Rock-orientierten Solo-LPs (die sie auch co-produ-ziert hatte) sind so unterschiedliche Künstler wie Peter Gabriel, George Clinton und Keith Richards als Gaststars zu hören. Die Besetzung von »Design for Living« (ein Titel aus *Nona Hendryx* [1983] ist besonders beeindruckend: Nancy Wilson von Heart an der Gitarre, Tina Weymouth von den Talking Heads am Baß, Gina Schock von den Go-Go's am Schlagzeug, Laurie Anderson spielt Violine, Valerie Simpson Klavier, und Patti LaBelle singt die Background-Stimmen. Hendryx arbeitete auch als Produzentin für andere KünstlerInnen, z.B. für Sophia Jones aus Groß-britannien. 1991 sangen LaBelle, Hendryx und Dash zum ersten Mal seit

Labelles Auflösung zusammen den Titel »Release Yourself« (an dem Hendryx mitgeschrieben hatte) auf Patti LaBelles Album *Burnin'*.

Auch die Pointer Sisters waren eine rein weibliche Vokalgruppe, die das »traditionelle« optische Erscheinungsbild schwarzer KünstlerInnen in den siebziger Jahren in Frage stellten. Ruth, Anita, Bonnie und June Pointer wurden zwischen 1946 und 1954 im kalifornischen Oakland geboren. Ihre Eltern waren Pfarrersleute der West Oakland Church of God. Die Schwestern sangen zunächst im Kirchenchor und beschlossen Ende der sechziger Jahre, die Popmusiklaufbahn einzuschlagen. Ihr Einstieg ins Showgeschäft war allerdings nicht ganz einfach: Nach ihrer Ankunft in Houston für ihren ersten Auftritt außerhalb der Stadt hatten sie kein Geld mehr, da sich die Engagements, die sie in Aussicht hatten, zerschlagen hatten. In ihrer Not riefen sie einen Produzenten in Kalifornien an, den sie kannten: David Robinson. Er schickte ihnen Geld, damit sie nach Hause fahren konnten und besorgte ihnen Arbeit als Background-Sängerinnen für KünstlerInnen wie Grace Slick, Esther Philips, Boz Scaggs, Dave Mason und Taj Mahal.

Anfang der siebziger Jahre brachten die Pointer Sisters bei Atlantic ihre ersten beiden Singles unter ihrem Namen heraus. Als die Singles keinen Erfolg hatten, unterschrieben sie einen Plattenvertrag bei Blue Thumb und veröffentlichten dort 1973 ihr Debütalbum *The Pointer Sisters*. Zu dieser Zeit hatten sich die Schwestern mit ihren Federboas und Kleidern im Stil der vierziger Jahre bereits ein unverwechselbares Erscheinungsbild zugelegt. Dieses Image erwies sich als erfolgreich: Sowohl die LP als auch die Singleauskoppelung, Allen Toussaints »Yes We Can Can«, schafften den Sprung in die Top 20, und nach einem gefeierten Auftritt im Troubadour Club in Los Angeles strömten die Angebote für Live- und Fernsehauftritte nur so herein.

Bette Midler hatte 1973 mit ihrer Version von »Boogie Woogie Bugle Boy« von den Andrew Sisters ebenfalls einen Top-10-Hit, und die Pointer Sisters und Midler galten für kurze Zeit als neu aufpolierte Nostalgie-Künstlerinnen. Das Repertoire der Pointer Sisters umfaßte jedoch mehr als das jazzige Scat-Singen[59], das ihr Vierziger-Jahre-Image widerspiegelte. »Fairy Tale« (geschrieben von Anita und Bonnie) erreichte 1974 nicht nur die Top 20 der Pop Charts, sondern hatte auch auf dem Country-Sektor Erfolg und gewann den Grammy als beste Country-Gesangsinterpretation eines Duos oder einer Gruppe. Ihr zweites Album, *That's a Plenty*, zeichnet sich durch eine große musikalische Vielfalt aus: ihr Markenzeichen,

---

59 Scat ist eine Gesangsform, bei der kein zusammenhängender Text, sondern einzelne, laumalerisch improvisierte Silben gesungen werden. Das Scat-Singen hatte seinen Höhepunkt im Bebop (Ella Fitzgerald).

das Scat-Singen, auf »Salt Peanuts«, Bonnies souliges »Shaky Flat Blues« und eine freche Interpretation von »Steam Heat« aus dem Musical *Pajama Game*. Weitere Hits hatte die Gruppe 1975 mit dem Album *Steppin* (Platz 22) und der Single »How Long (Betcha' Got a Chick on the Side)«, eine weitere Eigenkomposition (Platz 20). Der ständige Tournee-Streß machte den Schwestern jedoch zu schaffen, und sie empfanden ihr Image als einengend. »Wir entwickelten uns als Sängerinnen nicht weiter«, erklärt June. »Wir wußten eigentlich gar nicht, was wir alles mit unseren Stimmen machen konnten.«

Nach der Veröffentlichung von *Steppin* verließ Bonnie die Pointer Sisters (später ging sie als Solosängerin zu Motown), und nach Erscheinen des Albums *Having a Party* löste sich die Gruppe 1977 für kurze Zeit auf. Doch Ruth, June und Anita taten sich schon bald erneut zusammen, unterschrieben einen Vertrag bei Richard Perrys Label Planet Records, und das jetzige Trio hatte mehr Erfolg als das frühere Quartett. Ihren bis dahin größten Hit hatten sie 1977 mit dem von Bruce Springsteen geschriebenen Titel »Fire«, der Platz 2 erreichte und 1981 von einem weiteren Nummer-2-Hit, »Slow Hand«, gefolgt wurde. Der Durchbruch kam 1983 mit dem Album *Break Out*, das Platz 8 der Charts erreichte. Vier aufeinanderfolgende Singleauskoppelungen erreichten die Top-10, und die Gruppe bekam für das Album zwei Grammys. Durch ihre Leistungen als Sängerinnen, Songschreiberinnen und Live-Künstlerinnen hatten die Pointer Sisters eine neue Richtung gefunden, nachdem ihr »Nostalgie«- Image sowohl für sie selbst als auch für ihr Publikum seinen Reiz verloren hatte.

Der Motown-Konzern, der in den sechziger Jahren unzähligen schwarzen KünstlerInnen zu kommerziellem Erfolg verholfen hatte, hatte es dagegen trotz eines vielversprechenden Anfangs wesentlich schwerer, in den siebziger Jahren eine neue Richtung für seine KünstlerInnen zu finden. Anfang der siebziger Jahre verlegte Motown seinen Firmensitz nach Los Angeles und plante eine Geschäftserweiterung auf andere Gebiete der Unterhaltungsindustrie. Zunächst sah es so aus, als könne die Firma ihren Einfluß aus den sechziger Jahren beibehalten. Sie produzierte eine Reihe erfolgreicher TV-Specials für Motown-KünstlerInnen, investierte in das Broadway-Musical *Pippin*, das den Tony Award gewann und machte 1972 ihren ersten Exkurs ins Filmgeschäft mit *Lady Sings the Blues*. Diana Ross wurde für ihre Rolle der Billie Holiday für den Oscar nominiert. Ende der siebziger Jahre änderte sich die Situation jedoch gravierend, da zahlreiche Motown-Stars, darunter auch Diana Ross, die Firma verlassen hatten.

Die Supremes, Motowns Aushängeschild, trennten sich 1977, sieben Jahre, nachdem Ross die Gruppe verlassen hatte. Obwohl spekuliert wurde, daß die Gruppe ohne Ross nicht überleben würde, konnten sich die »neuen« Supremes, Mary Wilson, Cindy Birdsong und Jean Terrell bis in die frühen siebziger Jahre halten. Ihre erste Single nach Ross' Weggang, »Up the Ladder to the Roof«, war ein Top-10-Hit, und bis Ende 1972 hatte die Gruppe weitere sechs Singles in den Top 40 sowie eine LP in den Top 30 (*Right On*, 1970). 1973 gab es bei den Supremes dann die ersten Besetzungsschwierigkeiten. Cindy Birdsong verließ die Gruppe als erste und wurde von Lynda Laurence (später Lawrence) ersetzt. Doch Wilson, Terell und Lawrence waren schon bald enttäuscht daüber, daß sie von Motown kaum noch Unterstützung bekamen. Sie hatten das Gefühl, daß Motown kein Interesse mehr daran hatte, die Supremes in den USA zu vermarkten, obwohl sie im Ausland weiterhin Hits hatten und ihre Konzerte nach wie vor sehr gefragt waren. Die drei zogen einen Wechsel der Plattenfirma in Erwägung, doch Wilson wollte nicht die einzige Firma zu verlassen, bei der sie bisher gearbeitet hatte, so daß nur Terrell und Lawrence kündigten. Birdsong kam zusammen mit einem neuen Mitglied, Scherrie Payne, zurück, kündigte 1976 jedoch zum zweiten Mal und wurde von Susaye Greene ersetzt. Der ständige Besezungswechsel machte eine Kontinuität fast unmöglich, und so hatten die Supremes 1976 mit »I'm Gonna Let My Heart Do the Walking« ihren letzten Hit in den Top 40. Nach der endgültigen Auflösung der Gruppe kämpfte Wilson noch jahrelang gegen Motown um die Rechte an dem Namen »Supremes« (sie verlor das Verfahren schließlich).

Mit Diana Ross' Karriere, die in den siebziger Jahren nur langsam in Gang gekommen war, ging es inzwischen stetig bergauf, und Ross entwickelte sich zu einer Allround-Unterhaltungskünstlerin. Ihre erste Solosingle, »Reach Out and Touch (Somebody's Hand)«, kam 1970 in die Top 20, und ihre nächste Single, eine Cover Version des Gaye-Terrell-Hits »Ain't No Mountain High Enough«, kletterte an die Spitze der Charts. Ihren nächsten Top-10-Hit hatte sie dann allerdings erst 1973, als »Touch Me in the Morning« die Charts anführte. Der Rest des Jahrzehnts verlief dann immer erfolgreicher, und Ross hatte u.a. mit »Theme from *Mahogany* (Do You Know Where You're Going To)« und dem Disco-Titel »Love Hangover« zwei weitere Nummer-1-Hits. Ihre Filmkarriere hingegen verlief nicht so erfolgreich: Ihr zweiter Film, *Mahogany*, fand weniger Beifall als *Lady Sings the Blues*. *The Wiz* (eine Version von *Der Zauberer von Oz*, in der nur Schwarze spielten) mit Ross in der Hauptrolle als »Dorothy« wurde ein totaler Reinfall, obwohl die Broadway-Inszenierung (mit Stephanie Mills in ihrer ersten Broadway-Rolle als Dorothy) ein Renner war und den Tony Award gewann. Doch das Jahrzehnt ging für Ross trotzdem erfolgreich zu Ende: Ihre LP *Diana* (1980) erreichte Platz 2, und alle drei Singleauskoppelungen kamen in die Top 10. Ihr letzter Hit bei Motown war der Titelsong aus dem Film *Endlose Liebe*, ein Duett mit Lionel Ritchie, das Platz 1 erreichte. 1981 wechselte sie zu RCA, kehrte jedoch Ende der achtziger Jahre zu Motown zurück und kaufte sich schließlich mit einem Anteil von zwei Prozent in die Firma ein.

Im Gegensatz zu den Supremes zögerte Gladys Knight nicht, Motown in den siebziger Jahren aus Enttäuschung über die mangelnde Unterstützung ihrer Gruppe Pips zu verlassen. Knight, 1944 in Atlanta, Georgia geboren, sang als Kind im Kirchenchor und zog als Vierjährige mit dem Morris Brown Choir durch Alabama und Florida. Nachdem sie in der TV-Show *Ted Mack's Talent Hour* den ersten Platz gewonnen hatte, bekam sie zahlreiche Angebote für Fernsehauftritte, Werbespots und Live-Auftritte. Ende der fünfziger Jahre gründeten Knight, ihr Bruder Merald, ihre Schwester Brenda, ihr Cousin und ihre Cousine William und Elenor Guest die Gruppe Gladys Knight and the Pips, deren Live-Auftritte bald ein großes Publikum anzogen. Anfang der sechziger Jahre nahm die Gruppe Platten für ein paar kleine Labels auf und hatte mit den Songs »Every Beat of My Heart«, »Letter Full of Tears« und »Giving Up« Top-40-Hits. In dieser Zeit verließen Brenda und Elenor die Gruppe und wurden von Edward Patten, ebenfalls ein Cousin, ersetzt. Auch Knight verließ die Gruppe kurzzeitig, als sie ihre beiden Kinder bekam, kehrte jedoch 1963 zurück.

Gladys Knight and the Pips unterschrieben 1965 entgegen Knights Einverständnis einen Plattenvertrag bei Motown. Da sie selbst nicht aus der Stadt kamen, waren sie Gladys Meinung nach im Nachteil gegenüber anderen KünstlerInnen aus Detroit. Doch Knight wurde überstimmt, die Gruppe unterschrieb einen Vertrag bei Motown und machte Aufnahmen für die Motown-Tochter Soul. In den folgenden Jahren hatte die Gruppe ein paar ansehnliche Erfolge, darunter drei Top-10-Singles, von denen zwei, »I Heard It Through the Grapevine« (1967) und »Neither One of Us (Wants to Be the First to Say Goodbye)« (1972) Platz zwei der Charts belegten. Knight zufolge wurde die Gruppe allerdings nicht so sehr als Pop-, sondern eher als R & B-Gruppe eingeordnet. Ihre Version von »Grapevine« war ein Crossover aus dem schwarzen Radio, während Marvin Gayes Version (1968 erschienen) sofort ein Pop-Hit war und sieben Wochen auf Platz 1 blieb. Zudem war Knight enttäuscht darüber, daß die Gruppe nicht mit dem Songschreiber/Produzenten-Team Holland-Dozier-Holland zusammenarbeiten durfte.

1973 wechselte die Gruppe zu Buddha Records, und eine Zeitlang schien es, als habe sie dort endlich den dauerhaften Erfolg in den Pop Charts, den sich Knight gewünscht hatte: »Midnight Train to Georgia«

war die erste Nummer 1 der Gruppe und der erste von vier aufeinander-folgenden Top-10-Hits. Darüber hinaus gewannen sie zwei Grammys, einen für »Neither of Us« als »Beste Pop-Gesangsinterpretation« und den anderen für »Midnight Train« als »Beste R&B-Gesangsinterpretation«. 1975 hatte die Gruppe ihre letzte Top-40-Single in den siebziger Jahren, und nachdem sie aus den Charts verschwunden war, trat sie auch seltener live auf. Ein Streit mit Buddha über Tantiemen bereitete zusätzliche Probleme, da die Gruppe in dieser Zeit nicht auftreten durfte, und Knights erster Film, *Pipe Dreams* (eine Liebesgeschichte vor dem ungewöhnlichen Hintergrund einer Pipeline in Alaska), war ein kommerzieller Flop. Doch Knight und die anderen Gruppenmitglieder waren hartnäckig. Sie unterschrieben 1980 einen Plattenvertrag bei CBS und 1985 bei RCA. Dort hatten sie 1988 mit »Love Overboard« ihren ersten Top-20-Hit seit fast dreizehn Jahren. In einem Interview mit dem *Rolling Stone* im selben Jahr beschwerte sich Knight erneut über die Trennung von Rock und R&B im Radio. »Es scheint notwendig zu sein, Schwarze in ihre Schranken zu weisen, egal was sie machen«, sagte sie. »Ich muß immer noch zuerst in die R&B-Top 10 kommen, bevor ich in den Pop Charts Erfolg haben kann. Das ärgert mich.«

Anfang der siebziger Jahre, gelang es den Detroiter Labels Hot Wax und Invictus für kurze Zeit, die Kluft zwischen Rock und R&B zu über-brücken Sie brachten zahlreiche Platten schwarzer KünstlerInnen heraus, die sowohl in den Pop- als auch in den R&B Charts landeten, z.B. von Honey Cone, Freda Payne (Scherrie Paynes Schwester) und Laura Lee. Da beide Labels von Holland-Dozier-Holland gegründet und betrieben wurden, dem Team, das Motown zu seinem Erfolg verholfen hatte, über-raschte es natürlich nicht, daß die Musik von Hot Wax und Invictus ein so breites Publikum ansprach. H-D-H verließen Motown 1968 wegen der schlechten Bezahlung und gründeten im darauffolgenden Jahr Hot Wax und Invictus. Zu dieser Zeit waren H-D-H in einen Prozeß mit Motown verwickelt (der Fall wurde schließlich außergerichtlich geklärt) und durften ihre Acts nicht produzieren. Trotzdem hatten die Labels einen guten Start: Hot Wax' erste Veröffentlichung, »While You're Out Looking for Sugar« von Honey Cone, kam in die Top 30 der R&B Charts.

Honey Cone wurde von Edna Wright gegründet, die für ein Andy Williams-TV-Special eine Vokalgruppe zusammenstellen sollte. Wright, Darlene Loves Schwester, hatte unter dem Namen Sandy Wynns eine Single aufgenommen und war als eine von Ray Charles »Raelettes« aufge-treten. Carolyn Willis und Shellie Clark, die von Wright gefragt wurden, ob sie mitmachen wollten, hatten ebenfalls bereits die unterschiedlichsten Erfahrungen gesammelt. Willis war früher Mitglied bei Bob B. Soxx and the Blue Jeans und Background-Sängerin für KünstlerInnen wie Barbra Streisand und Lou Rawls gewesen. Shellie Clark hatte als Ikette in der Ike und Tina Turner Revue gesungen und war außerdem bei Little Richard und Cab Colloways Cotton Club Revue aufgetreten. Nachdem Eddie Holland den Auftritt des Trios im Andy Williams-Special gesehen hatte, nahm er die Gruppe unter Vertrag und nannte sie »Honey Cone«.

Die ersten drei Singles von Honey Cone wurden von dem SongschreiberInnenteam Edith Wayne und Ronald Dunbar geschrieben und plazierten sich in den Top 30 der R & B Charts. Ihren Durchbruch in den Top 40 der Pop Charts hatte die Gruppe dann mit ihrer vierten Single, »Want Ads«, die sowohl die Pop- als auch die R & B Charts anführte. »Want Ads« ist eine humorvolle Nummer, in der sich die Trio-Mitglieder über des Medium Zeitungsanzeigen selbst um Liebe und Romantik bemühen, nachdem sie entdeckt haben, daß ihr Mann ihnen untreu ist. In Honey Cones nächstem Song, »Stick Up« (Platz 11 in den Pop Charts und die zweite Nummer 1 der R & B Charts), greift die Gruppe auf eine etwas konventionellere weibliche List zurück. Der Mann wird zwecks einer »unerwarteten« Schwangerschaft und anschließender Heirat verführt. Demgegenüber wird auf der darauffolgenden Single, »One Monkey Don't Stop No Show« (ein Top-20-Hit in den Pop Charts und Platz 5 in den R & B Charts) eine gescheiterte Liebesaffäre ganz cool und ohne großes Bedauern als erledigt betrachtet. »The Day I Found Myself«, der letzte Top-40-Hit der Gruppe in den Pop Charts, hat die Entwicklung zur Selbständigkeit nach einer Trennung zum Thema.

Freda Payne konnte bei H-D-Hs Label Invictus ebenfalls eine Reihe von Crossover-Erfolgen verzeichnen. Den Anfang bildete der Titel »Band of Gold«, der 1970 Platz 3 der Top 40 Charts erreichte. Payne wurde 1945 in Detroit geboren und ging mit Brian Holland zur Schule, über den sie dann dessen Bruder Eddie kennenlernte. Eddie machte sie wiederum mit Berry Gordy bekannt, als dieser gerade anfing, sein Motown-Empire aufzubauen. Paynes Mutter war allerdings der Ansicht, daß ihre Tochter noch zu jung sei, um als Profi zu arbeiten. Payne zog schließlich nach New York, wo sie reichlich musikalische Erfahrung sammelte, indem sie mit Leuten wie Pearl Bailey, Duke Ellington und Quincy Jones auftrat. Darüber hinaus nahm sie eine Single für das Label Impulse und als Mitglied von Bob Crosbys Bobcats zwei LPs für MGM auf. Als Payne 1969 zu Besuch in Detroit war, traf sie Brian Holland auf einer Party. Als dieser erfuhr, daß sie keinen Plattenvertrag hatte, bot er ihr an, sie bei seinem neuen Label unter Vertrag zu nehmen. Payne nahm an.

Der von Edith Wayne und Ronald Dunbar geschriebene Song »The Unhooked Generation« war Paynes erste Single und wurde 1969 veröffentlicht. Payne feiert in diesem Song vergnügt ihr Dasein als Single (»ungebundene Frau«), doch in den Charts hatte die Platte keinen Erfolg. Das änderte sich aber mit der Veröffentlichung ihrer zweiten Single, »Band of Gold«. Das Thema des Songs macht deutlich, wie weit sich H-D-H von der stilisierten Coolheit der Supremes entfernt hatten: In »Band of Gold« muß Payne in der Hochzeitsnacht mit der Impotenz ihres Mannes fertigwerden. Payne wollte den Song zuerst nicht aufnehmen, lieferte dann jedoch eine überzeugende Darstellung der verzweifelten Ehefrau, und »Band of Gold« erreichte nicht nur die Top 5 der Pop Charts (und Platz 20 der R & B Charts), sondern wurde auch über fünf Millionen mal verkauft. Paynes nächster Einstieg in die Top 40 war »Deeper and Deeper«, das 1970 Platz 24 erreichte. 1971 hatte sie mit der denkwürdigen Single »Bring the Boys Home« ihren letzten Top-40-Hit. Der Song ist eine offene Kritik des Vietnamkrieges, den Payne als »sinnlosen Krieg« verurteilt. Sie verlangt von der Regierung, daß sie »die Jungs lebend nach Hause bringt«. Paynes von Herzen kommender Appell wurde vom Plattenpublikum bereitwillig angenommen: »Bring the Boys Home« erreichte Platz 12 der Pop Charts, Platz 3 der R & B Charts und wurde mit einer goldenen Schallplatte ausgezeichnet.

Laura Lee genoß zwar nicht denselben Crossover-Erfolg wie Freda Payne oder Honey Cone, doch zeigten ihre Singles bei Hot Wax, z.B. »Women's Love Rights« und »Wedlock is a Padlock«, daß der Feminismus die Popmusik auch außerhalb des Bereichs der Frauenmusik beeinflußte. Lee wurde 1945 in Chicago geboren und im Alter von neun Jahren von der Familie Rundless aus Detroit adoptiert. Sie begann ihre Gesangskarriere als Mitglied der Gospelgruppe ihrer Mutter, den Meditation Singers, und nahm 1954 mit der Gruppe ihre erste Platte auf (ihr Vater Ernest war ebenfalls Gospelsänger und sang bei den Soul Stirrers). 1966 nahm sie für das Detroiter Label Ric-Tic ihre erste Pop-Single auf. Es folgten weitere Aufnahmen für Chess und Cotillion, bevor sie von Hot Wax unter Vertrag genommen wurde.

»Womens Love Rights« (1971) war Lees einzige Single, die den Sprung in die Top 40 der Pop Charts wie auch der R & B Charts schaffte (Platz 36 bzw. 11). Nachdem sie »Frauenrechtlerinnen und sympathisierenden Männern« die Gründung einer eigenen Organisation zum Kampf um »das Recht der Frauen auf Liebe« angekündigt hat, fordert sie die Frauen auf, bei ihrer Suche nach Liebe genauso draufgängerisch zu sein wie die Männer. Am Anfang von »Wedlock is a Padlock«, ebenfalls 1971 erschienen, klingt der Hochzeitsmarsch auf der Orgel an, bevor Lees Stimme einsetzt. Doch trotz seines Titels[60] beklagt »Wedlock« nicht den Ehestand

---

[60] »Wedlock is a Padlock« bedeutet sinngemäß »Die Ehe als Gefängnis«.

selbst, sondern lediglich die Ehe mit dem falschen Mann. Der Song erreichte Platz 37 der R&B Charts. Ihren größten R&B-Erfolg hatte Lee 1972 mit »Rip Off«. In diesem Song plant Lee mit unverhohlener Schadenfreude, ihren Mann abblitzen zu lassen. Lächelnd begrüßt sie ihn mit seinen Hausschuhen in der Hand an der Tür, während sie heimlich ihre Flucht vorbereitet. So will sie z.B. alle »gemeinsamen« Besitztümer mitnehmen, u.a. auch *beide* Fernsehgeräte. Trotz der mutigen Unabhängigkeitserklärungen ihrer Songs leugnete Lee jede Verbindung zu »dem Frauenbewegungskram«. »Darin finde ich mich überhaupt nicht wieder«, sagte sie im selben Jahr, in dem »Rip Off« Platz 3 der R&B Charts erreichte. »Ich glaube, eine Frau sollte in erster Linie eine Frau sein, aber ich finde, daß ein Mann eine Frau akzeptieren und sie richtig behandeln soll. In einer Beziehung sollte nie ein Partner über den anderen bestimmen.«

Nach den ersten Jahren stagnierte der anfängliche Erfolg von Hot Wax und Invictus. Die Firma hatte Liquiditätsprobleme, und die Situation wurde durch Klagen und Gegenklagen ihrer KünstlerInnen (darunter auch Freda Payne) noch verschlimmert. Nach der Schließung von Hot Wax und Invictus löste sich Honey Cone auf, Laura Lee sang wieder Gospels, und Freda Payne arbeitete als Schauspielerin und moderierte Anfang der achtziger Jahre die senderübergreifende Talk Show *For You, Black Woman*. Zwar hinterließen Hot Wax und Invictus nicht denselben nachhaltigen Eindruck in der Musikbranche wie die Motown-Labels, doch dafür hatten die Songs von Honey Cone, Freda Payne und Laura Lee eine andere Aussagekraft: Obwohl die Songs nicht ausdrücklich politisch waren (»Bring the Boys Home« natürlich ausgenommen), traten die Frauen darin stolz für mehr Selbständigkeit ein und machten andere Frauen vergnügt auf die Vorteile aufmerksam, die diese Unabhängigkeit für sie bringen würde. Solche »radikalen« Ansichten führten, wenn sie poppig aufbereitet waren, mühelos zu kommerziellem Erfolg.

Ende der siebziger Jahre kam eine neue Musikform, die ihre Wurzeln sowohl in der Schwarzen- als auch in der Schwulenszene hatte, mit spektakulärem Erfolg in den Mainstream und wurde zum Symbol für den überspannten Narzißmus und den mutwilligen Exzeß der siebziger Jahre: Die Discomusik. In den sechziger Jahren war eine Discothek ein Club, in dem keine Live-Musik gespielt wurde, sondern Platten aufgelegt wurden. Dagegen entwickelte sich »Disco« in den siebziger Jahren zu einem eigenen Musikstil mit dem einzigen Ziel, das Publikum zum Tanzen zu bringen. Auf den Partys der Schwarzen gehörten zwei Plattenteller und DJ-Sprüche schon lange zum Inventar, und Anfang der siebziger Jahre begann man, in den Schwulenclubs in Manhattan und Schwulentreffs wie dem nahegelegenen Fire Island, Discoplatten aufzulegen, auf denen Songs zu längeren Tanzversionen neu abgemischt waren. Dank der Bemühungen von Radio-DJs wie Frankie Crocker vom New Yorker Sender WBLS kamen die Disco-Mix-Versionen auch ins Radio, so daß das Interesse an der Discomusik wuchs. Ende 1977 stellte der Film *Saturday Night Fever*, in dem ein Jugendlicher der Arbeiterklasse seinen Frust am Wochenende in einer Disco wegtanzt, das Disco-Phänomen dem Kinopublikum in ganz Amerika vor und wurde ein Knüller. Im darauffolgenden Jahr führte A Taste of Honey, ein Quartett u.a. mit Janice Marie Johnson (Gitarre und Gesang) und Hazel Payne (Baß und Gesang), die Charts mit dem Disco-Hit »Boogie Oogie Oogie« an und war damit die erste schwarze Gruppe, die als »Bester Nachwuchskünstler« den Grammy bekam.

Trotz zunehmender Beliebtheit wurde die Discowelle auch kritisiert, und zwar nicht nur von den konservativen Kräften der Gesellschaft, die gegen die sinnlichen Rhythmen und Texte der Musik waren, sondern auch von der Rockszene selbst. Weiße Rockfans, die das Elitedenken der Discofans (ein anschauliches Beispiel dafür sind die sogenannten »Nobel-Discotheken« wie z.B. das Studio 54 in New York) sowie die Verbindung zwischen der Discomusik und der Schwarzen- und Schwulenszene befremdete, reagierten mit Feindseligkeit. Es gab »Anti-Disco-Demos«, bei denen Discoplatten verbrannt und zerbrochen wurden. Die Gruppe Village People, die in ihren Songs Schwulenthemen aufgriff, wurde sogar während eines Konzerts in Chicago mit Marshmallows beworfen, die ein homophobischer DJ im Publikum verteilt hatte. Zahlreiche MusikkritikerInnen warfen der Discomusik vor, sie habe aufgrund ihres »hirnlosen« und »monotonen« Beats keinen musikalischen Wert und könne unmöglich nennenswerte Stars hervorbringen, da schließlich die ProduzentInnen die Hauptarbeit leisteten.

In letzterem Vorwurf steckt ein Körnchen Wahrheit: Ein Produzent oder eine Produzentin konnte eine Gruppe anonymer MusikerInnen oder SängerInnen zusammenstellen und am laufenden Band Tanzmusik produzieren. Ein Beispiel dafür ist die deutsche Gruppe Silver Convention, deren Hits »Fly, Robin, Fly« und »Get Up and Boogie (That's Right)« ihrem Publikum wahrscheinlich eher ein Begriff waren als die Gesichter oder Namen der Sängerinnen – Penny McLean, Ramona Wolf und Linda Thompson. Anderen KünstlerInnen, wie z.B. Sister Sledge, gelang es jedoch, die für die Discomusik typische Anonymität zu überwinden und sich von anderen Gruppen abzuheben. Vor ihrem Wechsel zur poporientierteren Musik landete Sister Sledge – die Schwestern Debra, Joan, Kim und Kathie Sledge – 1979 mit »We Are Family« einen Disco-Hit auf Platz 2. Der Song wurde von Bernard Edwards und Nile Rodgers für die Gruppe geschrieben (Edwards und Nile hatten als Mitglieder der Gruppe

Chic mit den Songs »Dance, Dance, Dance (Yowsah, Yowsah, Yowsah)« und »Le Freak« ebenfalls Disco-Hits). Wie schon Aretha Franklins »Respect«, wurde der Appell zur Solidarität in »We Are Family« zur Hyme sowohl der Schwarzen- als auch der Frauenbewegung (in dem Dokumentarfilm *Lily Tomlin* singen Tomlin und ihre Crew »We Are Family« hinter der Bühne, um sich für ihren Auftritt an diesem Abend hochzuputschen). Die Glorifizierung der »Sisterhood«, also der Frauen-solidarität, wurde durch den Familienstatus der Schwestern noch hervor-gehoben.

Die »Disco-Queen« war jedoch unbestritten Donna Summer. Sie hatte in der Disco-Ära dreizehn Tanz-Hits, darunter zehn in den Top 5 und neun LPs in den Top 40. Die 1948 als Adrian Donna Gaines in Boston ge-borene Summer war ein Fan von Mahalia Jackson und sang zunächst im Kirchenchor. Dann wuchs ihr Interesse an der Rockmusik, und als Teen-ager schloß sie sich der Bostoner Rockgruppe Crow an. 1967 zog Summer zuerst nach New York und anschließend nach Deutschland. Dort bekam sie eine Rolle in der deutschen Inszenierung von *Hair*. Die nächsten Jahre verbrachte sie in Europa und trat in den deutschen Produktionen von *Godspell* und *The Me Nobody Knows* sowie in den Inszenierungen von *Porgy and Bess* und *Showboat* der Wiener Volksoper auf. Summer heiratete einen österreichischen Schauspieler namens Sommer (von dem sie später wieder geschieden wurde) und bekam eine Tochter, Mimi.

In München arbeitete sie als Background-Sängerin und lernte das Songschreiber/Produzententeam Giorgio Moroder und Pete Bellotte kennen. Die beiden nahmen Summer als Solosängerin unter Vertrag, änderten »Sommer« in »Summer« um und brachten eine Reihe von Singles heraus, die in Europa überaus erfolgreich waren. 1975 nahm Moroder einen Song, den er und Bellotte für Summer geschrieben hatten, »Love to Love You Baby«, mit in die USA, in der Hoffnung, einen Plattenvertrag dafür zu bekommen. Neil Bogart war bereit, Summer bei seinem Label Casablanca Records unter Vertrag zu nehmen. Nachdem ein Band mit »Love to Love You Baby« auf einer Party von Bogart für Aufregung gesorgt hatte, bat er Moroder, einen Extended Mix für die Tanzclubs zu produzieren.

Das 1975 erschienene »Love to Love You Baby« war sowohl auf den Tanzflächen als auch im Radio (dort erreichte der Titel Anfang 1976 Platz 2) ungeheuer erfolgreich. Der Song mit seiner Standard-Disco-Formel aus pausenlosem rhythmischem Stampfen und einem Text, der über eine endlose Wiederholung des Titels kaum hinausgeht, geriet durch Summers orgiastisches Stöhnen während des gesamten Stücks noch mehr in Verruf und verursachte dadurch den erwarteten Aufruhr. In Florida wurden Exemplare der »dämonischen« Single verbrannt, und die BBC verbot den Song. Auf ihrer nächsten Single, »I Feel Love« (1977), wiederholte Summer ihr Erfolgsrezept und erreichte Platz 6. Weitere Hits hatte sie mit den Songs »Heaven Knows«, »MacArthur Park« und »Last Dance« aus dem Film *Gottseidank, es ist Freitag* (1978), der als »Bester Filmsong« einen Oscar und als »Beste R & B-Gesangsinterpretation einer Frau« einen Grammy gewann. Summer war die erste Sängerin, die 1980 mit »Hot Stuff«, »Bad Girls« und »No More Tears (Enough is Enough)«, einem Duett mit Barbra Streisand, in einem Jahr drei Nummer-1-Singles hatte.

Als die Beliebtheit des Disco-Sounds nachließ, versuchte Summer, ihren Ruf als »Disco-Queen« loszuwerden. In einem 1978 im *Rolling Stone* erschienenen Artikel mit der Überschrift: »Donna Summer: Gibt es ein Leben nach der Discowelle?« bezeichnet sie »I Feel Love« als »Popcorn-Titel« und wies auf weitere Unstimmigkeiten ihres Images hin: »Ich konnte diese sanften Songs nicht mehr singen. Ich habe mein ganzes Leben lang Gospels und Broadway-Musicals gesungen, und dafür braucht man eine kräftige Stimme. Und weil meine Haut schwarz ist, werde ich als schwarze Sängerin eingeordnet, was nicht stimmt. Ich bin ja nicht mal Soulsängerin. Ich bin eher Popsängerin.« Außerdem wurde sie immer mißtrauischer, was die Verwaltung ihrer Finanzen anbelangte. Als Summer in die USA zurückgekehrt war, um »Love to Love You Baby« auf den Markt zu bringen, hatte sie keine/n ManagerIn, und Neil Bogart empfahl ihr nur zu gerne jemanden: seine Frau Joyce. Doch trotz Casablancas großzügiger Werbeaktionen für Summer (einmal ließ das Label eine lebensgroße »Summer-Torte« für eine Party von New York nach Los Angeles fliegen, wo sie am Flughafen von einem Tiefkühlwagen abgeholt und zur Party gebracht wurde), empfand sie die enge Verbindung zwischen ihrer Managerin und ihrer Plattenfirma als beunruhigend und behauptete später, daß all ihre AnwältInnen von den Bogarts ausgesucht – und für gut befunden – wurden. Sie nahm sich schließlich einen Rechtsbeistand, der keine Verbindungen zu dem Label hatte und verklagte Casablanca wegen Betrugs. Die Firma strengte eine Gegenklage wegen Vertragsbruchs an (Bogart starb an Krebs, bevor das Verfahren entschieden wurde).

Von da an gestaltete Summer das Material für ihre Aufnahmen und Auftritte abwechslungsreicher. So sind auf der 1980 erschienene LP *Bad Girls* nicht nur Disco-Stücke, sondern auch Balladen und langsamere Songs zu hören. Summer arbeitete nun auch als Produzentin und co-produzierte eine LP für die Gruppe Brooklyn Dreams (die mit Summer auf der Single »Heaven Knows« zu hören ist). Nach ihrem Weggang von Casablanca wurde Summer als erste Künstlerin von David Geffen für sein neues Label Geffen unter Vertrag genommen. Nach ihrer Rückkehr zum christlichen

Glauben integrierte Summer auch Gospels in ihre LPs (und gewann 1980 zwei Grammys für die »Beste künstlerisch besonders wertvolle ('inspirierte') Interpretation«). Doch auch Summers Pop-Aufnahmen hatten weiterhin Erfolg: Ihren größten Single-Hit nach ihrem Weggang von Casablanca hatte sie 1983 mit dem Song »She Works Hard for the Money«, der zusammen mit einem beeindruckenden Video erschien. Es beschreibt einen Tag im Leben einer alleinerziehenden Mutter, die abwechselnd als Kellnerin, Putzfrau und in einer ausbeuterischen Bekleidungsfabrik arbeitet. Summers Output bei Geffen war zwar nicht so eindrucksvoll wie in ihren Jahre bei Casablanca, doch trug ihre Entschlossenheit, die Kontrolle über ihre Karriere zu behalten, nicht nur dazu bei, daß sie auch nach der Disco-Zeit als Plattenkünstlerin überleben konnte, sondern verhinderte auch, daß sie »zur Ware wurde«. »Es kann ziemlich beängstigend sein, wenn man merkt, daß man ein Teil der Maschinerie ist«, sagte sie gegenüber dem *Rolling Stone*, »aber das kann man jederzeit ändern.«

Die Entwicklung der Frauenbewegung in den siebziger Jahren hatte alle Bereiche der Musikindustrie für Frauen geöffnet, die somit mehr Einfluß auf ihre Karriere nehmen konnten. Obwohl im kommerziellen Bereich der Branche immer noch weniger Frauen in den sogenannten Männerberufen arbeiteten als auf dem alternativen Sektor, gab es auch hier Frauen, die sich von ihren Sekretärinnen-Jobs in den sechziger Jahren zu wichtigeren Positionen in den siebziger Jahren hochgearbeitet hatten. Dies war zum Teil deshalb möglich, weil die Branche damals noch keine starren Unternehmensstrukturen hatte. »Damals konnte man das Metier nicht 'lernen'«, sagt Ivy Bauer, die sich ihre eigenen Erfahrungen in der Branche nur durch Praxis erwarb. Sie arbeitete sich von ihren Jobs als Sekretärin und Assistentin bis zur Road Managerin, Konzertveranstalterin und Managerin hoch. »Es gab keine Schulen, keine Kurse an der Uni in New York. Also fingen spätere Toningenieure als Mädchen für alles an. Sie brachten den Kaffee und lernten in ihrer Freizeit, wie man ein Mischpult bedient. So lernten damals die meisten ihren Beruf.«

Bauer wuchs in Brooklyn auf und zog Ende der sechziger Jahre als Achtzehnjährige nach Greenwich Village, wo sie in einem Modesalon im New Yorker Bekleidungsviertel arbeitete und jeden Abend Alison Steeles Radiosendung »Nightbird« hörte. »Ich kam durch Zufall in die Musikbranche«, sagt sie. »Meine Zimmergenossin Beverly kam eines Tages nach Hause und sagte: 'Du wirst es nicht glauben, aber ich habe einen Job in einem Tonstudio. Ich kann um zehn Uhr morgens zur Arbeit gehen und Jeans anziehen!' Und ich dachte: 'Mensch, das ist ja toll!' Um es kurz zu machen, Beverly haute mit einem Typen ab, kündigte ihren Job, und ich nahm ihn. Das Studio nahm Platten mit Jimi Hendrix und die Stimmen

für die Mattel-Puppen auf. Es war also eine interessante Erfahrung, mitzubekommen, für was ein Studio so gemietet wird! Und sobald ich diesen
ersten Job hatte, kam es mir nie mehr in den Sinn, etwas anderes zu
machen. Ich wußte zwar nicht, was ich nun genau in der Branche machen
wollte, aber ich wollte so viele Seiten kennenlernen wie möglich.«

Bauers Wissensdurst führte sie in viele verschiedene Bereiche der
Musikindustrie. Während ihrer Tätigkeit für Kama Sutra Music, den Ver-
lagszweig von Buddah Records, lernte sie zuerst etwas über das Verlags-
wesen und Copyright. Anschließend ging sie ins Management und arbeitete
schließlich Anfang der siebziger Jahre für Larry Goldblatt, der zu dieser
Zeit Blood, Sweat and Tears managte. »Ich fing dort als Assistentin an«, erzählt Bauer. »Larry war Unternehmer. Er brachte mir bei, Engagements
für die Band zu bekommen, mit Veranstaltern zu arbeiten, Verträge auszuhandeln, auf Tournee zu gehen, Konzerttermine zu machen. Er hatte die
Einstellung: Je mehr du lernst, desto mehr Zeit kann ich in aller Ruhe auf
meinem Boot auf dem Hudson River verbringen. Ich hatte also wirklich
Schwein, daß jemand meine Intelligenz erkannte und bereit war zu sagen:
'Wenn du lernen willst, zeige ich dir alles, was man wissen muß'.«

Goldblatts Bereitschaft, Bauer so viel arbeiten zu lassen wie sie nur
konnte, hatte zur Folge, daß Bauer mit zweiundzwanzig Jahren eine der
wenigen – wenn nicht sogar die einzige – Road Managerin der damaligen
Zeit war. »Es war unheimlich«, erinnert sie sich an ihre erste Zeit auf Tour.
»Ich war überrascht, weil es keine Frauen gab! Es kam mir nie in den Sinn,
mich zu fragen, wo die Frauen in der Branche waren, warum sie in den
Unternehmen keine leitenden Positionen hatten, warum sie keine Ge-
schäftsführerinnen von Plattenfirmen waren. Ich dachte damals nicht an
Frauen im Geschäftsleben, ich dachte nicht über Diskriminierung nach.
Ich dachte erst mit Mitte dreißig über diese Dinge nach.«

Bauer mußte schließlich feststellen, daß ihre Freiheit Grenzen hatte,
und es frustrierte sie, daß sie in der Firma, die nun auch Mott the Hopple
und Lou Reed managte, nicht vorankam. Sie erledigte ihre Arbeit immer
öfter von zu Hause aus und entschloß sich dann, nach Seattle zu ziehen
und John Bauer zu heiraten, einen Veranstalter, den sie in ihrer Tournee-
zeit mit Blood, Sweat and Tears kennengelernt hatte. Sie schlug ihrem
Mann vor, zusammen eine Konzertagentur aufzumachen und damit ihr
Wissen über die Musikbranche mit seinen Marktkenntnissen im Nordwesten zu vereinen. John war einverstanden, und ihre Firma wurde unter
dem Namen John Bauer Concert Company gegründet, obwohl John und
Ivy PartnerInnen waren. »Auch damals hatte ich noch kein Frauen-
bewußtsein und vertrat die Einstellung: 'Was geht mich das an? Es bleibt
doch in der Familie'«, erklärt Bauer und fügt hinzu: »Im nachhinein

würde ich natürlich nie wieder so denken! Doch damals dachte ich, es würde keinen Unterschied für mich machen.«

Der Unterschied wurde Bauer deutlich vor Augen geführt, als sie und John sich 1984 scheiden ließen: Ivy verlor ihre gesamten Anteile an der Firma (die ihren Geschäftsbereich inzwischen auf das Management erweitert hatte) und durfte westlich des Mississippi nur noch beschränkt als Veranstalterin arbeiten. Außerdem verlor sie Johns männlichen »Schutz«, den sie als verheiratete Frau genossen hatte. »Eine Frau mit Partner wird nicht so schnell angegriffen wie eine Frau ohne Partner«, sagt sie. »Als ich alleine war, sagten die Anwälte Dinge zu mir, die sie früher, als ich mit John verheiratet war, nie zu mir gesagt hätten. Eigentlich war es eine Beleidigung. Als die Scheidung lief, sah mich der Anwalt an und sagte: 'Wissen Sie, ich weiß gar nicht, wo ihr Problem liegt. Warum nehmen Sie nicht einfach das Geld, bleiben zu Hause und ziehen ihr Kind groß?' Ich wurde total sauer und sagte: 'Wenn Sie meinen, daß das so toll ist, warum bleiben Sie dann nicht zu Hause und ziehen Ihr vierjähriges Kind groß?' Ich wüßte nicht, daß das so ein wichtiger Verhandlungspunkt gewesen wäre! Und während ich als Managerin arbeitete, bekam ich unglaublich viele Macho-Sprüche zu hören: 'Du solltest zu Hause bei deinem Kind sein. Warum reist du denn herum, wenn du ein einjähriges Kind hast?' Niemand fragt einen Vertreter, warum er herumreist, wenn er ein Kind hat.«

In England wurde Gail Colson während ihrer Karriere im Musikgschäft mit ähnlichen Vorurteilen konfrontiert. Colson arbeitete in verschiedenen Bereichen der Branche und wurde schließlich Managerin. Auch sie kam durch »Zufall« zu ihrem ersten Job in der Musikindustrie. »Ich habe Musik schon immer gemocht, dachte jedoch nicht unbedingt daran, in diesem Bereich zu arbeiten«, erzählt sie. Colson stieg 1965 ins Musikgeschäft ein, als ihr jemand von einem Job als Sekretärin bei der PR-Agentur Jonathan Rowlands Associates erzählte, die u.a. Tom Jones und Engelbert Humperdinck betreute. »Ich arbeitete ungefähr sechs Monate lang für Jonathan«, erzählt sie. »Er teilte sich ein Büro mit einem amerikanischen Plattenproduzenten namens Shel Talmy, und es stellte sich heraus, daß Jonathan überhaupt kein Geld hatte und Shel die ganze Zeit mein Gehalt gezahlt hatte. Als Jonathan wegging, blieb ich und arbeitete für Shel.«

Talmy war einer der ersten unabhängigen Plattenproduzenten in England. Er arbeitete mit den Kinks, Who (die sich damals High Numbers nannten) und produzierte Platten für Goldie and the Gingerbreads. Da Talmys Sehvermögen nachließ, diente Colson als Ersatz für seine Augen und lernte auf diese Weise das Metier aus einer einzigartigen Perspektive kennen. »Shel brachte mir alles bei«, erzählt sie. »Ich mußte seine Verträge lesen und lernen, was drin stand, weil er selbst nicht mehr lesen konnte; ich mußte darauf achten, daß sie absolut in Ordnung waren.« In dieser Zeit arbeitete Colson auch für den Manager Tony Stratton-Smith, der damals Nice und die Bonzo Dog Doo-Dah Band managte. »Wir haben oft zusammengesessen, etwas getrunken und über das Musikgeschäft geklagt«, erzählt sie. »Zu dieser Zeit arbeitete ich schon nicht mehr für Shel und hatte keinen Job; ich wußte nicht, was ich machen sollte, und Tony sagte: 'Machst du mit mir zusammen eine Firma auf?' Und ich sagte: 'Was soll das denn heißen, Firma? Du hast doch gar kein Geld!'« Doch Colson änderte ihre Meinung, als sie sah, wie schlecht die Kommunikation zwischen Stratton-Smiths Bands und ihren Plattenfirmen funktionierten, als die Bands auf Tournee in den USA waren. »Wir schickten Nice nach Amerika, und Immediate [ihre Plattenfirma] hatte die ganze Zeit den Anrufbeantworter an, als die Gruppe in Amerika war. Sie hatte tatsächlich die ganzen drei Wochen über den Anrufbeantworter an. Und so saßen wir abends zusammen und sagten, daß wir das besser machen könnten, und dann gründeten wir eine Plattenfirma namens Charisma.«

Obwohl Colson und Stratton-Smith schon einige Jahre in der Musikbranche gearbeitet hatten, hatten sie nur wenig Erfahrung mit Plattenfirmen. »Wir waren enthusiastische Amateure«, gibt Colson zu. »Damals waren wir Manager, Agenten und Plattenfirma, und daraus ist dann alles entstanden. Aus zwei Leuten wurden vier, und aus vier Leuten wurde eine Firma.« Als Charismas erste Single erschien im Dezember 1969 »Sympathy« von Rare Bird. Das Label nahm KünstlerInnen aus den verschiedensten Bereichen unter Vertrag und veröffentlichte Platten von Nice, Van Der Graaf Generator, Lindisfarne, Comedy-LPs von Dame Edna Everidge und Monty Python, drei Platten mit Gedichten des Poeta laureatus Sir John Betjeman sowie Genesis.

Genesis wurde Charismas Zugpferd, und mit dem Vermögen des Labels wuchs auch Colsons Position innerhalb der Firma. Sie wurde 1974 zur Geschäftsführerin ernannt, und obwohl sie als erste Frau in Großbritannien eine Plattenfirma leitete, machte sie sich zunächst nicht viele Gedanken über diese Auszeichnung. »Ich fühlte mich eigentlich nicht anders«, sagt sie. »Der Aufstieg von Produktgruppenmanagerin über Abteilungsleiterin zur Geschäftsführerin machte gar keinen großen Unterschied, weil die Firma wuchs und sich jemand um diese Bereiche kümmern mußte. Ich wußte, daß ich die einzige Frau war, aber Charisma war auch eine sehr unabhängige Firma. Wir fanden es gut, ein Indie Label zu sein: Wir gegen EMI und CBS. Wir verhandelten nie mit diesen Firmen, weil wir selbständig waren. Wir verhandelten mit Polygram, die den Vertrieb für uns machten, und da uns die Leute dort sowieso für einen Haufen Hippies und Verrückter hielten, machte es keinen Unterschied, daß eine Frau für dieses ganze Chaos verantwortlich war.«

Außerhalb des Independent-Bereichs beschränkten sich die Reaktionen auf Colsons Position in der Firma allerdings wieder auf die üblichen Vorurteile über die Aufstiegsmöglichkeiten einer Frau in der Musikindustrie, wie sie bei einem Interview für die britische Ausgabe des *Cosmopolitan* feststellen mußte: »Ein Typ rief mich an und bat mich um ein Interview, weil ich die einzige Frau war, die eine Plattenfirma leitete«, erinnert sie sich. »Er kam, um das Interview zu machen, und das erste, was er fragte, war: 'Welche Beziehung haben Sie zu Stratton-Smith?' Ich sagte: 'Was meinen Sie damit? Ich arbeite seit Jahren mit ihm zusammen, und wir haben die Firma zusammen aufgebaut.' Und er sagte: 'Schlafen Sie mit ihm?' Das war die zweite Frage. Und ich sagte: 'Wie bitte?' Und er sagte: 'Schlafen Sie mit ihm?' Und ich sagte: 'Nein, ich schlafe nicht mit ihm', und er sagte: 'Ist er dann vielleicht schwul?' Ich hätte aufstehen und sagen sollen: 'Verpiß dich!' Aber ich konnte nicht richtig damit umgehen. Ich war eingeschüchtert. Anschließend konnte ich es nicht glauben, und von da an sagte ich: Das war's. Ich gebe nie mehr ein Interview!«

In Amerika stieß Colson zu ihrer Überraschung auf ähnliche Schwierigkeiten. »So wie Shel redete, nahm ich an, daß Amerika viel fortschrittlicher war als wir«, sagt sie. »Ich dachte immer, amerikanische Männer seien viel mehr für die Frauen, bis ich nach Amerika kam und feststellte, daß nichts davon stimmte. Es ist genau dasselbe wie in England. Ich weiß noch, als ich zu Atlantic ging und mich absichtlich etwas zurückhaltender anzog. Ich ging also in Jeans und ohne Make-up rein. Ich weiß noch, als ich mit Tony Smith [nicht mit Tony Stratton-Smith verwandt] reinkam und sich die Männer vor ihm verbeugten, weil er der Manager von Genesis war und mich für seine Sekretärin hielten. Und er sagte: 'Nein, nein, das ist Gail Colson, die Geschäftsführerin der Plattenfirma in England, von der wir die Lizenzen für unsere Platten bekommen.' Und auf einmal nahmen sie auch mich wahr.«

»Im Laufe der Jahre gewöhnte ich mich daran – es prallte alles an mir ab«, fährt sie fort. »Ich erinnere mich noch an den A & R-Mann in Amerika, der mir ein Band vorspielte und dann nach der Hälfte das Band abstellte und mich fragte: 'Welches Parfüm haben Sie an sich?' Und ich sagte: 'Entschuldigen Sie, aber ich bin hier, um das Band zu hören. Was meinen Sie damit, welches Parfüm ich an mir habe? Wenn ich ein Mann wäre, würden Sie dann hier sitzen und mich fragen, welches Aftershave ich benutze?' Und derselbe Mann saß außerdem da und schaute mir auf die Brüste. Ich sagte zu ihm: 'Hören Sie mal zu: Wenn ich Ihnen die ganze

Zeit auf die Hose starren würde, wie würden Sie sich dann vorkommen?' Und er entschuldigte sich doch tatsächlich.«

Sowohl Bauer als auch Colson arbeiten immer noch als Managerinnen in der Branche, obwohl beide der Ansicht sind, daß sich die Einstellungen bezüglich der Positionen von Frauen im Musikgeschäft nicht wesentlich geändert haben. Als Colson Terence Trent D'Arby (einer ihrer Schützlinge) in den achtziger Jahren zu einem Festival nach Brasilien begleitete, sagte die Dolmetscherin zu ihr, der Mann in der dortigen Filiale von D'Arbys Plattenfirma habe angenommen, Colson sei seine Freundin, nicht seine Managerin. Bauer gibt zu, daß sich ihre Ansicht über den Sexismus in der Branche erst änderte, als sie persönlich betroffen war. »Ich habe Diskriminierung gar nicht als solche betrachtet, bis ich selbst diskriminiert wurde«, sagt sie. »Als ich über dreißig war, sah ich mich irgendwann in der Branche um und merkte, daß es nur sehr wenig Frauen in Spitzenpositionen gab – und die waren alle in der Werbung. Ich glaube, es hat sehr lange gedauert, bis Frauen verlangt haben, daß ihre Arbeit respektiert wird. Und daraus hat sich einiges entwickelt. Es gibt zwar viele erfolgreiche Frauen in der Branche, aber ich finde, es könnten noch viel mehr sein – in jeder Branche, nicht nur im Musikgeschäft.«

Frauen wie Gail Colson und Ivy Bauer, die in den siebziger Jahren mit gutem Beispiel vorangingen, bewiesen, daß die Karrierechancen für Frauen zunehmend stiegen. Sängerinnen wie Joan Armatrading und Labelle stellten Rassenklischees in Frage und zeigten Möglichkeiten auf, die außerhalb der bestehenden »Tradition« für schwarze KünstlerInnen existierten. Und Mitte der siebziger Jahren legten weiße Künstlerinnen das Image als Sängerin/Songschreiberin ab, um sich als Rockkünstlerinnen zu etablieren, ein Genre, in dem Frauen immer noch bestenfalls als Sängerinnen und nicht als Musikerinnen arbeiten durften.

Suzi Quatro war eine der ersten Künstlerinnen, deren Outfit sich radikal von dem anderer Rock-Frauen unterschied. Es genügte ihr nicht, traditionelle Frauenbilder mit einer lässigen Garderobe aus Jeans und T-Shirt in Frage zu stellen; sie packte ihre kleine Statur in eine hauteng Lederkluft, die gewöhnlich mit Rockern in Verbindung gebracht wurde und sagte gegenüber dem *Melody Maker* mutig: »In Kleidern und Röcken fühle ich mich unwohl.« Sowohl amerikanische als auch britische KritikerInnen taten Quatro als Außenseiterin ab – die englische Musikwochenzeitschrift *New Musical Express* schrieb, Quatro sei »mit ihrem Schmatzmund und geilen Lederklamotten eigentlich nur mieses *Penthouse*-Futter«, und der *Rolling Stone* bezeichnete sie als »Pop-Flittchen« – doch stieß Quatros Image in den USA auf noch größeren Widerstand, was zur Folge hatte, daß nur eine ihrer Singles den Sprung in die Top 40 schaffte (ihr

Duett mit Chris Norman, »Stumblin' In«, das 1979 Platz 5 erreichte). Quatros Status in den USA als Karikatur männlicher Rocker wurde durch ihre Rolle als »Leather Tuscadero« in der TV-Serie *Happy Days*, die selbst nicht mehr als eine Karikatur der fünfziger Jahre war, besiegelt.

Quatro war jedoch eine ernsthafte Künstlerin und nicht der auf ein Publikum zurechtgestutzte Medientraum, zu dem ein Teil der Presse sie machte. Vor ihrem Durchbruch in England hatte sie fast zehn Jahre lang in Bands gespielt. Quatro, 1950 in Detroit geboren, kam aus einer musikalischen Familie und fand als Achtjährige zum ersten Mal Geschmack am KünstlerInnenleben, als sie mit der Jazzband ihres Vaters auftrat. Nachdem sie 1964 ein Beatles-Konzert gesehen hatte, war sie so begeistert, daß sie eine Baßgitarre nahm und mit ihren Schwestern eine eigene Band gründete, die Pleasure Seekers. Sie waren regelmäßig im Detroiter Club The Hideout zu sehen und nahmen 1966 eine Single für das Label des Clubs, Hideout Records, auf: »Never Thought You'd Leave Me«/»What a Way to Die«. Die Band spielte schließlich auch außerhalb von Detroit, tourte durch Nachbarstaaten und amerikanische Militärstützpunkte in Vietnam und nahm die Single »Good Kind of Hurt«/»Light of Love« für Mercury Records auf.

Bis 1968 wandte sich die Band immer mehr dem progressiven Rock zu und taufte sich in Cradle um. In dieser Formation sah der Produzent Mickie Most die Band, als er 1971 in Detroit war, um mit Jeff Beck Aufnahmen zu machen. Quatro hatte es Most besonders angetan, und er wollte ihr beim Aufbau einer Solokarriere in England helfen, was Quatro zunächst ablehnte. Als sich die Band jedoch kurze Zeit später auflöste, setzte sich Quatro mit Most in Verbindung und zog im Oktober desselben Jahres nach London. Most nahm sie bei seinem Label RAK Records unter Vertrag. Quatros erste Single, »Rolling Stone« (geschrieben von Phil Denny, Errol Brown und Quatro) kam bei ihrer Veröffentlichung 1972 nicht besonders gut an. Anschließend engagierte Most das Hit-Songschreiberteam Nicky Chinn und Mike Chapman, das am laufenden Band Teenie-Glitter-Rock für Hit-Gruppen wie Sweet, Mud und Smokie produzierte. Ihr Konzept funktionierte auch bei Quatro: »Can the Can« wurde 1973 Spitzenreiter der britischen Charts. Im selben Jahr folgten »48 Crash« (Platz 3) sowie »Daytona Demon« (Platz 14), und auch 1974 hatte sie weitere Top-20-Hits.

Allerdings näherte sich Quatros Run auf die Charts 1975 seinem Ende. Außerdem schien es, als habe der Erfolg für die Sängerin auch seine Schattenseiten, denn im *Melody Maker* sagte sie: »Es ist immer leichter, einen Traum zu haben, als ihn zu leben. Leider.« In den achtziger Jahren behauptete die Zeitschrift *Greatest Hits* zwar: »Suzi Quatro stellte eine willkommene Abwechslung zu den farblosen Folk-Mädels dar, die damals die einzige weibliche Alternative in der Rockmusik waren«, doch war Quatro in ihrer Glanzzeit von den KritikerInnen ganz anders aufgenommen worden. Ihr Image als »Rockerbraut« wurde von KritikerInnen angegriffen, die nicht ihre Musik, sondern ihr Aussehen in den Vordergrund stellten. Andere verharmlosten Quatros subversives Potential, indem sie ein weiches Herz unter all dem »Mist« hervorholten. »Im Grunde genommen sollte jede Mutter froh sein, wenn ihr Sohn ein solches Mädchen zum Traualtar führt« behauptete der *Melody Maker* im selben Artikel. Dies war ein Versuch, den Drachen Quatro in die ihr zugehörigen Schranken zu weisen: unter die Herrschaft eines Mannes (und zwar verheiratet, wie sich das gehört). Zu einer Zeit, da männliche Stars wie David Bowie, Elton John und Freddie Mercury von Queen mit einem Image spielten, das gesellschaftlich akzeptierte »männliche« und »weibliche« Verhaltensweisen in Frage stellten, mußten Frauen einen hohen Preis zahlen, wenn sie sich dieselbe Freiheit nahmen.

Trotzdem orientierten sich nachfolgende Künstlerinnen an Quatros Beispiel. Joan Larkin war beispielsweise so von Quatro beeindruckt, daß sie Gitarre spielen lernte und Mitte der siebziger Jahre als »Joan Jett« die Runaways gründete. Wie die Runaways tatsächlich entstanden sind, ist aufgrund der widersprüchlichen Berichte der Bandmitglieder und ihres Managers Kim Fowley nicht mehr nachvollziehbar. Fowley behauptet, er habe bereits einige Jahre, bevor er Jett kennenlernte, die Idee gehabt, Teenager für eine Frauen-Rockgruppe anzuwerben. Jett hingegen behauptet, daß Fowley ihr lediglich bei der Verwirklichung ihres Traums, eine Band zu gründen, geholfen habe. Beide sind sich jedoch einig, daß sie sich 1975 in Los Angeles kennenlernten und beschlossen, eine Gruppe zusammenzustellen. Zuerst engagierten sie Sandy West, die seit ihrem neunten Lebensjahr Schlagzeug spielte, sowie Michael (Micki) Steele als Sängerin. Steele blieb jedoch nicht bei der Gruppe, was verschiedentlich auf ihre »süße Art« und/oder die Tatsache zurückgeführt wurde, daß Fowley zur besseren optischen Wirkung lieber eine Blondine als Frontliner[61] haben wollte. Steele wurde schließlich von Cherie Currie ersetzt, tauchte jedoch in den achtziger Jahren in der Pop-Band Bangles wieder auf.

Mit Jackie Fox (Fuchs) am Baß (nachdem sie zuerst auf der Gitarre vorgespielt hatte) und Lita Ford, die seit ihrem zehnten Lebensjahr Gitarre spielte, an der Leadgitarre war die Gruppe dann vollzählig. Die Runaways tingelten durch die Clubs, und ihr Debütalbum *The Runaways* erschien

---

61 Frontliner sind die MusikerInnen oder SängerInnen, die vorne auf der Bühne (also vor der Rhythmusgruppe) stehen.

im Mai 1976 bei Mercury Records. Dort hatten sie einen Plattenvertrag bekommen, nachdem ein paar Leute aus der Firma die Band beim Proben gehört hatten. Die bereits vorhandenen Spannungen in der Gruppe (Ford stieg drei Tage nach ihrem Eintritt in die Band Fowleys wegen zunächst wieder aus: »Er war primitiv und ordinär. Ich hielt ihn für ein Schwein«, sagte sie später gegenüber *BAM*) wurden wegen des Coverfotos der LP, einer Einzelaufnahme von Sängerin Currie, noch verstärkt. »Es war zwar eine LP, aber kein Foto von den Runaways«, murrte Fox gegenüber Craig Rosen. »So fing alles an.« Außerdem gab es ständig Reibereien darüber, wer in der Gruppe nun eigentlich »das Sagen hatte«. Fowley, der die Band managte, produzierte und teilweise die Musik schrieb, wollte Machtansprüche geltend machen, doch die Gruppe widersetzte sich sofort: »Er hat wirklich viel geleistet, aber wir waren keine Marionetten«, beharrte Jett in einem Interview und betonte, daß die Gruppe auch eigene Beiträge zur Musik der Runaways geleistet hatte.

Doch obwohl die Gruppe, vor allem in Japan, live sehr erfolgreich war, kamen ihre harten Stücke im Mainstream nicht an. Das lag zum Teil zweifellos an der Selbstdarstellung der Gruppe. Der Gruppenname und das Rockerbraut-Image vermittelten ein Bild von jungen Ausreißerinnen (»Runaways«), ein Bild, das die Medien natürlich leicht ins Lächerliche ziehen konnten (»Neunzig Prozent der amerikanischen RockkritikerInnen benutzten die Runaways als Zielscheibe«, schrieb die Zeitschrift *Creem* 1984). Daß sie für einige Presseleute eigentlich nichts weiter als ein Witz waren, trug natürlich auch nicht gerade zum Abbau von Spannungen in der Band bei, und im Anschluß an eine Japantournee (die auf ihrer LP *Live in Japan* festgehalten wurde) verließen Currie und Fox 1977 die Gruppe. Fox wurde von Vicki Blue ersetzt, und Jett, die ohnehin schon einen Teil der Gesangsparts von Currie übernommen hatte, wurde Leadsängerin. 1979 löste sich die Gruppe dann endgültig auf. Jett und Ford machten als Solistinnen weiter, Currie wurde Schauspielerin und schrieb ihre Autobiographie, *Neon Angel: The Cherie Currie Story*, und Fox wurde Rechtsanwältin und spezialisierte sich auf Musikfragen.

Als die Runaways auseinandergingen, wurde die Musikszene gerade vom Punk ergriffen, der den Musikerinnen ein Betätigungsfeld mit etwas mehr Gleichberechtigung bot. Zudem war Punk eine Möglichkeit, sich zu sozialen und politischen Fragen zu äußern, was in der Musik der frühen siebziger Jahre meist zu kurz gekommen war. Auch die Künstlerinnen selbst nahmen zu solchen Fragen nicht unbedingt freimütig Stellung. Sowohl Quatro als auch die Runaways distanzierten sich z.B. vom Feminismus: »Ich finde es wirklich nicht gut, eine Gruppe von Emanzen zu haben, die alle dasselbe denken«, sagte Quatro 1975 gegenüber dem *Melody Maker*, und die Runaways nahmen eine »was ich nicht weiß, macht mich nicht heiß«-Haltung ein und behaupteten: »Wir sind viel zu jung, um zu verstehen, worum es in der Frauenbewegung eigentlich geht.« Als sie dann alt genug waren, tat Jett in einem Interview 1981 den Feminismus mit dem Kommentar ab: »Ich brauche keine solche Bewegung, um als Mensch etwas wert zu sein.« Obwohl sich die Musikerinnen so geringschätzig über den Feminismus äußerten, machten sie doch ohne zu zögern ihrem Ärger über sexistische Einstellungen in der Musikbranche Luft: »Wenn du eine gute Platte gemacht hast, versuchen sie, dich dazu zu bringen, ein Abendkleid anzuziehen und Schlager zu singen«, beschwerte sich Quatro, und Jett erinnert sich an die Erfahrungen der Gruppe mit Interviews: »Die erste Frage war meistens: 'Ich habe gehört, ihr Mädels seid alle Schlampen, stimmt das?' Es war eine Qual.«

Wenn Suzi Quatro und die Runaways die Einstellungen gegenüber Rockmusikerinnen im Mainstream schon nicht ändern konnten, so hatte die gemischte Band Heart mehr Erfolg damit, und die Schwestern Ann und Nancy Wilson wurden in den Medien wegen ihrer Rolle als Leadsängerin bzw. Gitarristin der Band nicht so heftig kritisiert. Da sie sich bemühten, ihr Frausein nicht über ihre Rolle als Musikerinnen zu stellen, hatten es die Wilsons leichter und wurden nicht primär als Frauen, sondern lediglich als zwei Mitglieder einer fünfköpfigen Band angesehen. Bands wie Fleetwood Mac und Abba hatten zwar ebenfalls eine weiblich/männliche Besetzung, doch zum einen unterschied Hearts Hardrock-Stil die Gruppe musikalisch von ihren ZeitgenossInnen, und zum anderen hatten die Wilsons in der Band eine bedeutend kreativere Funktion. Schließlich waren die Schwestern Autorinnen oder Co-Autorinnen der meisten Songs der Gruppe.

Die Integration der Wilsons in die Band war ebenfalls ein wichtiger Punkt. In Interviews betonte Ann wiederholt, daß Heart eine *Band* war – daß sie keine Sängerin war, die vor einer anonymen Background-Gruppe stand. Die Schwestern bemühten sich, dieses Gleichgewicht auch in ihrer Rolle als »Rock-Frauen« aufrechtzuerhalten. Als sie 1976 gefragt wurden, warum Rock-Frauen vor ihnen von der breiten Öffentlichkeit keine Anerkennung bekommen« hatten, sagte Ann gegenüber dem *Melody Maker*: »Entweder haben sie versucht, Rocker und damit männlich zu sein, so wie Suzi Quatro, die so männlich war wie nur was, oder sie waren hypersexuell, d.h. sie strahlten so viel Sex aus, daß kein normaler Mensch mehr eine Beziehung zu ihnen finden konnte.« Umgekehrt sagte Ann gegenüber der *Los Angeles Times*, daß sie und Nancy versuchten, ein »reales Frauenbild« zu vermitteln: »Wir versuchen zwar nicht, wie Männer zu sein, machen aber auch diese übertriebene Weiblichkeit nicht mit.«

Die Wilson-Schwestern teilten bereits als Kinder ihr Interesse an Musik und begannen ihre Karriere mit dem Vorteil, in einer musikalischen Umgebung aufgewachsen zu sein. »Unsere Familie war sehr musikalisch«, sagt Nancy. »Wir kommen aus einer Militärfamilie, das heißt, wir sind immer durch's Land gefahren und haben im Auto gesungen. Niemand hat versucht, uns von irgend etwas abzubringen – im Gegenteil, wir hatten das Glück, gefördert zu werden. Wirklich Glück, weil viele Leute, mit denen ich bisher gespielt habe, Familien hatten, in denen Musiker gar nicht gern gesehen waren.« Die »British Invasion« sorgte in den sechziger Jahren für weitere musikalische Anregungen, und nach der Ankunft der Beatles in Amerika beschlossen die Schwestern, selbst ein Instrument spielen zu lernen. »Vor allem ich flippte bei den Beatles völlig aus«, erinnert sich Nancy. »Wir mußten uns einfach sofort Gitarren besorgen und versuchen, sie so gut nachzumachen, wie wir konnten.« Anschließend stellten die beiden eine eigene Gruppe zusammen, indem sie andere Mädchen als zukünftige Mitglieder engagierten. »Wir hatten keine Brüder, so daß wir überhaupt keine Beziehung zu Jungen hatten«, erzählt Nancy. »Also zeigten wir unseren Freundinnen, wie es in unserer Band war: 'Hier. Hier ist eine Gitarre, so spielt man sie, und jetzt mach in unserer Band mit.' Wir hatten ziemlich viele verschiedene Bands, Folk-Rockbands, und spielten alle möglichen Songs von Simon and Garfunkel und den Beatles, in Kirchen, in Schulen und in Wohnzimmern. Wir spielten in *vielen* Wohnzimmern – unter anderem auch in unserem eigenen!«

Zu dieser Zeit wohnte die Familie in Bellevue, einer Nachbarstadt von Seattle im Bundesstaat Washington. Dort nahm Ann 1968 mit ihrer Gruppe Daybreak ihre ersten beiden Singles auf, »I'm Gonna Drink my Hurt Away«/»Through Eyes and Glass« (der letztere Titel war eine Komposition der Wilson-Schwestern, obwohl Nancys Name nicht erwähnt wurde) und »Wonder How I Managed«/»Standin' Watchin' You«. Der Altersunterschied zwischen den Schwestern führte zu einer vorübergehenden Trennung. »Ich ging noch zur High School«, erzählt Nancy, »und da ich vier Jahre jünger war, konnte ich nicht in Anns Fußstapfen treten, weil sie anfing, in Bands mit elekrischen Gitarren, Drums, Jungs und solchem Zeug zu spielen.« Aber auch nach ihrem Schulabschluß schob Nancy die musikalische Wiedervereinigung mit ihrer Schwester auf. »Wir wußten immer, daß wir irgendwann zusammen spielen würden«, erklärt Nancy. »Das Angebot, bei Heart mitzumachen, stand die ganze Zeit, und ich zögerte es hinaus, weil ich mich erst mal um meine eigene Karriere kümmern wollte. Ich war immer die kleine Schwester gewesen und mußte mich erst mal mit mir selbst als Individuum auseinandersetzen, bevor ich in der Gruppe mitmachte.«

Nancy studierte zwei Jahre lang und trat mit ihrer Akustikgitarre in Cafés und Kneipen auf. Inzwischen hatte sich Ann einer Band namens White Heart angeschlossen, die den Kern von Heart bildete. Anfang der siebziger Jahre verlegte die Gruppe ihren Standort ins kanadische Vancouver in der Provinz British Columbia, um der Einberufung der männlichen Mitglieder zum Militär zu entgehen. Anschließend trat Nancy der Gruppe als Gitarristin und Sängerin bei, und die beiden begannen eine Liaison mit zwei Brüdern: Nancy mit Roger Fisher, ebenfalls Gitarrist bei Heart, und Ann mit Rogers Bruder Mike, dem Road Manager. Steve Fossen spielte Baß, und während sie ihr erste LP aufnahmen, kamen noch Drummer Michael Derosier und Leadgitarrist Howard Leese hinzu. Ann erweiterte ihre Rolle als Leadsängerin, indem sie noch Gitarre, Keyboard und Querflöte spielte.

Die Gruppe tingelte durch die Clubs in der Gegend, nahm einige Songs auf und war auf der Suche nach einem scheinbar unerreichbaren Plattenvertrag. Wegen ihrer Zusammensetzung stieß die Band überall auf Widerstand und Verwirrung. Anns Position als Leadsängerin war wohl kaum ein neues Konzept, doch die einheitliche Front der Band und Anns Bündnis mit ihrer gitarrespielenden Schwester ergaben ein völlig neues Image. »Heart hatte wirklich eine ganz neue Struktur«, sagt Nancy. »Die Frauen waren die Frontliner, und es spielten auch Männer in der Band. Es ging so nach dem Motto: 'Ja, also, wir wissen nicht genau, wo wir die Frauen hintun sollen... in welche Kategorie gehört denn sowas?' Wir wurden von jeder großen amerikanischen Plattenfirma abgelehnt. Aber wir suchten und suchten immer weiter und ackerten und ackerten wie verrückt und hofften, daß wir irgendwo mal Resonanz bekommen würden.«

Die Resonanz kam schließlich aus ihrer Wahlheimat Vancouver, als Mushroom Records die Gruppe unter Vertrag nahm. Hearts Debütalbum, *Dreamboat Annie*, wurde zuerst in Kanada und 1976 in den USA veröffentlicht. Die LP stellt eine verlockende Mischung aus Balladen und Hardrock dar, doch das Cover vermittelt ein sanfteres Image: Es zeigt die Schwestern vom Kopf bis zu den nackten Schultern jeweils rechts und links von einem roten Herz, was Ann zu der berechtigten Beschwerde veranlaßte, daß das Publikum aus ihrer Darstellung als »niedliche, rosige, romantische Mädchen« nur schließen konnte, daß auch ihre Musik »niedlich, rosig und romantisch« war. Auch die Tatsache, daß auf dem Cover keine anderen Bandmitglieder abgebildet waren, rückte die »Mädels in der Band« in den Mittelpunkt des Interesses, anstatt die Gruppe als gleichberechtigte Einheit darzustellen Erwartungsgemäß führte das zu Anspielungen, selbst von seiten ihrer Plattenfirma: Als Parodie auf den

National Enquirer [62] setzte sie eine ganzseitige Anzeige auf, die die Überschrift trug: »Wilson-Schwestern von Heart gestehen: 'Es war das erste Mal für uns!'« Vor allem Ann fand solche Darstellungen »vulgär«, und mit einer solchen Haltung machte sich Mushroom bei den Schwestern auf lange Sicht nicht gerade beliebt. Die Konzentration auf die Frauen der Band kam zunächst auch auf ihrer Debütsingle »Magic Man« deutlich zum Ausdruck, die unter dem Namen »Heart Featuring Ann Wilson« erschien, eine Unterscheidung, die man später wegließ. Trotz allem gibt Nancy zu, daß der »ungewöhnliche« Aspekt, Frauen in einer Rockband zu haben, auch seine Vorteile hatte. »In der Rockmusik wird man als Frau im großen und ganzen nicht ernst genommen, das ist der Nachteil«, sagt sie. »Niemand glaubt, daß du Künstlerin bist oder so gut spielen kannst oder daß du überhaupt die Berechtigung dazu hast. Aber du kannst das Gegenteil beweisen! Durch den Status als Frau in der Rockmusik verkauft man aber auch LPs, vor allem, als wir kamen. Weil wir damals die einzigen waren, fand man das echt 'interessant'. Auch wenn es damals als etwas Ausgefallenes galt, fanden wir dadurch doch zumindest Beachtung.«

Hearts Musik war jedoch nicht nur »interessant«, sondern auch kommerziell erfolgreich. *Dreamboat Annie* wurde in Kanada sofort ein Hit: Heart gewann 1976 zwei Junos (der kanadische Grammy) als »Beste Gruppe«, und Michael Flicker wurde als »Bester Produzent einer Gruppe« für seine Arbeit auf der LP ausgezeichnet. Anschließend wollte sich die Band auch den Durchbruch auf dem amerikanischen Markt schaffen. »Wir gingen Region für Region vor«, erzählt Nancy. »Wir tourten mit dem Album durch die USA und gingen zu jedem Radiosender und lernten alle Leute in allen Plattenläden in ganz Amerika kennen. Die Idee dazu kam von einem Typ bei Mushroom, der so sehr an uns glaubte, daß er uns drängte und sagte: 'Wenn wir das und das machen, passiert dies und jenes.' Also überlegten wir uns: Was haben wir zu verlieren? Wir tun, was wir können, koste es, was es wolle. Und so zogen wir los… und es funktionierte!«

Von *Dreamboat Annie* wurden über vier Millionen Exemplare verkauft. Die Singleauskoppelungen »Magic Man« und »Crazy On You« erreichten Platz 9 bzw. Platz 35, die LP selbst plazierte sich auf Rang 7. Mit diesem Absatz der Platte konnte sich die Gruppe als Top-40-Erfolg etablieren, eine Position, die durch ihren Vertrag mit der CBS-Tochter Portrait Records gefestigt wurde. Dieser Schritt verwickelte die Gruppe jedoch auch in einen Rechtsstreit mit Mushroom, da die Firma mit Heart nun eine ihrer erfolgreichsten Gruppen verloren hatten. 1977, als das

---

[62] Eine der Bild-Zeitung sehr ähnliche amerikanische Zeitung.

große Label gerade Hearts Debütalbum *Little Queen* veröffentlichte, brachte Mushroom mit der LP *Magazine* ihr eigenes Heart-Produkt auf den Markt, eine Zusammenstellung aus nur zum Teil fertiggestellten Titeln und Live-Aufnahmen eines Clubauftritts. Die Gruppe konterte mit einem einer gerichtlichen Verfügung, und die LP mußte vom Markt genommen werden. Heart nahm dann die Songs selbst neu auf und mischte sie neu ab, bevor Mushroom eine Neuauflage herausbringen konnte. Anschließend beendete die Band offiziell ihre Zusammenarbeit mit dem Label.

Während die Gruppe mit Songs wie »Barracuda« und »Straight On« eifrig Top-20-Hits produzierte, konzentrierte sich die Berichterstattung in den Medien wieder einmal auf die offensichtliche Tatsache, daß Ann und Nancy Frauen waren. Dies stellte für alle Bandmitglieder eine Belastung dar. »Wie drücke ich das am besten aus?«, sagt Nancy. »Es ist schwer für einen Mann, in einer Band zu sein, in der die Frauen im Mittelpunkt stehen und somit automatisch die ganze Aufmerksamkeit bekommen. Das ist etwas, wogegen wir machtlos sind, wirklich. So ist das eben einfach mit manchen Leuten. Je mehr die Leute also mit Ann und mir und nicht mit den Jungs aus der Band reden wollen, desto schwieriger ist es für die Jungs, das zu schlucken. Wir reden sehr oft darüber, weil Ann und ich so etwas gar nicht wollen. Wir geben uns wirklich besonders viel Mühe, weil wir eine Band sind und auch als solche anerkannt werden wollen. Aber man kann einfach nichts dagegen machen. Selbst in einer Band, die nur aus Männern besteht, wie zum Beispiel Led Zeppelin, dreht sich alles um Jimmy und Robert. Es ist in den meisten Bands dasselbe, aber die Tatsache, daß wir Frauen sind, macht es wahrscheinlich noch ein bißchen schlimmer.«

Solche Spannungen wurden durch die Beziehung der Wilsons mit den Fisher-Brüdern noch verstärkt. »Wir waren den Belastungen, denen wir ausgesetzt waren, einfach nicht gewachsen«, sagt Nancy. »Sie sind schlimmer, als sich manche Leute vielleicht vorstellen. All die internen Kleinigkeiten, die Eifersüchteleien und Machenschaften können wirklich zur Belastung werden. Um sich darüber hinwegzusetzen, müssen die Leute in einer Gruppe schon sehr stark sein und klar denken können. All das hat dazu beigetragen, daß sich die Band in dieser Besetzung auflöste. Aber wenn man gerne Musik macht und die richtigen Leute um sich herum hat und die Chemie im Team stimmt, gibt es nichts, was einen aufhalten kann. Daß wir das als Gruppe überlebt haben – dafür verdienen wir eine Medaille! Es gibt uns immer noch.«

Die Schwestern versuchten, diese Probleme in den siebziger Jahren abzubauen, indem sie die weiblich-männliche Aufteilung der Band herunterspielten und Extreme vermieden – und so ist es nicht verwunderlich, daß zu diesen »Extremen« auch die Frauenbewegung zählte, mit der sie nicht in Verbindung gebracht werden wollten. Selbst die Presseankündigung für *Bebe Le Strange* (1980), eine LP, zu der Ann und Nancy von weiblichen Fans inspiriert wurden, die ihnen im Laufe der Jahre geschrieben hatten, wieviel Anregungen sie der Gruppe verdankten, machte diese ablehnende Haltung gegenüber der Frauenbewegung deutlich. Ann wurde mit den Worten zitiert: »Der Name *Bebe Le Strange* steht für alle jungen Leute, die uns geschrieben haben; er ist ein Name wie 'Johnny B. Goode' – beinhaltet also sehr viel mehr als nur ein 'feministisches Statement' über die Rockmusik. Er geht darüber hinaus.«

Doch Hearts unpolitische Haltung der siebziger Jahre änderte sich im darauffolgenden Jahrzehnt ebenso wie die Einstellung der Wilsons zu »Frauen in der Rockmusik«. In den siebziger Jahren sagte Ann gegenüber dem *Melody Maker*: »Ich habe festgestellt, daß dort, wo Rockmusikerinnen sein sollten, Leere herrscht... Je mehr Frauen aber in die Rockmusik kommen, desto besser werden die Leute Rock-Frauen verstehen.« Allerdings merkten die Schwestern in den achtziger Jahren, daß die Realität für Frauen, die noch immer als Abweichung von der Norm galten, ganz anders aussah. »Es scheint immer noch etwas besonderes zu sein«, sagt Nancy. »Es ist fast so, als würde man Frauen nicht in die Musik, sondern in eine ganz andere Kategorie einordnen. Wir hatten erwartet, daß Frauen irgendwann eher akzeptiert würden, aber das scheint selbst jetzt nicht so zu sein. Vor allem im Rock & Roll; in Rockbands, in der Rockmusik, in der echt harten, fetzigen Rockmusik, findet man nicht viele Frauen. Vielleicht fangen sie gerade erst an, an der Oberfläche zu kratzen.«

Die siebziger Jahre werden heute von RockkritikerInnen wegen ihres angeblichen Mangels an musikalischen Innovationen häufig abqualifiziert. Zum Teil wird diese Kritik durch das Fehlen einer erkennbaren »Jugendkultur« gestützt: Als die Gegenkulturbewegung der Sechziger in den siebziger Jahren in verschiedene Splittergruppen zerfiel, breitete sich auch die Musikszene in verschiedene Richtungen aus. Das hatte zur Folge, daß das Maß der Veränderung in einem solchen fragmentarischen musikalischen Klima scheinbar gering war. Tatsächlich kamen Frauen in der Musikbranche aber weiter voran als je zuvor. Sängerinnen/Songschreiberinnen wie Carole King und Joni Mitchell trugen dazu bei, daß zum ersten Mal seit der Girl Group-Zeit eine eindeutig weibliche Sichtweise in den Pop Charts vertreten war. Künstlerinnen wie Labelle und Joan Armatrading versuchten, auch weiterhin Rassenschranken abzubauen, die die Musik in eine »weiße« und eine »schwarze« Kategorie unterteilten, und Suzi Quatro, die Runaways und Heart rüttelten an den Vorurteilen gegenüber Frauen, die ein Instrument spielten. Von noch größerer Bedeutung ist jedoch, daß

Künstlerinnen als Autorinnen und Produzentinnen mehr Kontrolle über ihre Arbeit erlangten. Auch Frauen, die im geschäftlichen Zweig der Branche tätig waren, machten weiterhin Fortschritte und eroberten Bereiche, die Frauen zuvor »verschlossen« gewesen waren. Das Ausmaß der Fortschritte, die Frauen in der Musikindustrie machten, wurde jedoch erst im nächsten Jahrzehnt deutlich. Und mit dem Aufkommen des Punk, der die Branche für kurze Zeit auf den Kopf stellte, wurden die Errungenschaften der Frauen sogar noch größer.

6 Die Punk-Revolution

»Im Punk ging alles.«

June Miles-Kingston (Mo-Dettes), Q

Das Jahr 1976 gilt als Ausgangspunkt der »Punk-Revolution«, die in Großbritannien begann und schon bald den Atlantik überquerte und die USA erreichte. Die Definition von »Punk« war jedoch schon immer problematisch. Der Begriff »Punk Rock« bezeichnete ursprünglich Musik amerikanischer Herkunft, insbesondere den im Zuge der »British Invasion« der sechziger Jahre entstandenen Garagen-Rock zahlloser US-Bands, u.a. der Kingsmen, Seeds, Thirteenth Floor Elevators, Trashmen, Sonics und unzähliger anderer. Als der Begriff in den siebziger Jahren wieder auftauchte, wurde er willkürlich auf viele aufstrebende Bands angewandt, nur weil sie neu oder jung waren, anders klangen oder eine Kombination dieser Faktoren darstellten. Auf der Titelseite einer Zeitschrift wurde sogar Blondie als »Punk-Rockgruppe« bezeichnet, was damals wahrscheinlich ebenso lächerlich schien wie heute (selbst das etwas verlotterte Aussehen der Gruppe auf ihrem Debütalbum (1977) wurde durch die ausgeprägten Pop-Untertöne der Musik abgeschwächt). Auch die Gruppe Jam wurde zunächst dem Punk zugeordnet, obwohl sie eher wie Mods[63] aussahen und auch ihre Musik die Rock-Sounds der sechziger Jahre nachahmte.

---

63 Bezeichnung für die modisch gekleideten Halbstarken der sechziger Jahre.

Oberflächlich gesehen ging die Musikbranche 1976 ihren gewöhnlichen Geschäften nach. Donna Summer war mit »Love to Love You Baby« weit oben in den Charts, die Discowelle rollte an, erreichte ihren Höhepunkt und flaute wieder ab (Rick Dees »Disco Duck« wurde im Herbst 1977 Spitzenreiter der US-Charts), und die Musikindustrie verdiente auch weiterhin kräftig. Technologiebegeisterte Rockbands türmten bei ihren Konzerten Instrumente über Instrumente auf, denn Technik und Können genossen bei der Rock-Elite nun höheres Ansehen als bloße Emotion. Doch nicht alle Musikfans hotteten begeistert zur Discomusik oder groovten zu den Sounds der spöttisch als »Dinosaurier-Bands« bezeichneten Rockgruppen. Eine aufstrebende neue, jüngere Generation wollte den Rock 'n' Roll zu seinen Wurzeln aus drei Akkorden zurückführen, die alle Leute verstehen (und, was noch wichtiger war, spielen) konnten. Diese Generation trachtete danach, den großen Labels das Geschäft aus der Hand zu reißen, indem sie eigene Indie Labels gründete und eigene Zeitschriften wie z.B. die im Billigverfahren hergestellten Publikationen namens »Fanzines«[64] herausbrachte. Im Gefolge der Sex Pistols, die den Begriff »Punk« maßgeblich prägten, hielten sich unzählige junge Leute an die Devise: »Was die können, kann ich auch«, so daß Punk-Bands wie Pilze aus dem Boden schossen. Im Punk (und später im New Wave, einem gemäßigten, etwas melodischeren Ableger des Punk) hatte Initiative einen höheren Stellenwert als Technik. Musikalisches Können war unwichtig – wichtig war nur der Wunsch, Musik zu machen. Und da man sowieso gegen alle Regeln verstieß, und sei es nur aus Trotz, wurde es Frauen zum ersten Mal leicht gemacht, von Anfang an in dieser neuen Bewegung mitzumachen und sich genauso daran zu beteiligen wie ihre männlichen Pendants. Warum auch nicht? Es gab ja buchstäblich nichts zu verlieren.

Der Punk der siebziger Jahre stellte nicht nur eine musikalische Weiterführung des Garagen-Rocks dar, sondern symbolisierte auch den Zeitgeist, den diese und nachfolgende Bands, z.B. Velvet Underground und MC5, verkörpert hatten. Auch Yoko Onos Musik spiegelte sich im Punk wider, obwohl Ono in den Rocklexika im Gegensatz zu Velvet Underground nur selten eine musikalische Einflußnahme zugesprochen wird. Der Grund dafür liegt zweifellos in ihrer Verbindung zu John Lennon, den sie 1966 kennenlernte und 1969 heiratete. Angesichts der großen Verehrung für die Beatles verwundert es nicht, daß Ono wegen

---

64 Fanzines sind von Fans für Fans einer Rockgruppe bzw. einer bestimmten Musikrichtung privat hergestellte und vertriebene Zeitschriften (z.B. *Madonnale* für Madonna-Fans). Außer Tourneedaten enthalten sie, häufig in verklärender Form, alle möglichen personellen Informationen über die jeweiligen Stars. Fanzines sind meist als Fotokopie, manchmal jedoch auch als aufwendiger gestaltete Farbdrucke bei Rockkonzerten, auf Flohmärkten, in Plattenläden und bei den Fan-Clubs (die die Fanzines zumeist herausgeben) erhältlich.

ihrer Liaison mit Lennon allgemein verachtet und verurteilt wurde. Einer der Hauptgründe für die Feindseligkeit gegenüber Ono war, daß sie keine Angst hatte, ihre Meinung zu äußern und sich im Gegensatz zu den anderen Beatles-Frauen weigerte, im Hintergrund zu bleiben. Linda Eastman, die Paul McCartney acht Tage vor Onos und Lennons Hochzeit heiratete, teilt sich mit Ono die Last als »die Frauen [zu gelten], die die Beatles auseinandergebracht haben«. Die beiden Frauen mußten außerdem darum kämpfen, bei den Songs, die sie später zusammen mit ihren Männern schrieben, als Songschreiberinnen erwähnt zu werden. EMI glaubte einfach nicht, daß Ono und Eastman in der Lage waren, mit Lennon oder McCartney zu komponieren.

Darüber hinaus wurde Ono mit offenem Rassismus konfrontiert, der in Überschriften wie »Rennons Exkrusives Gloupie« in *Esquire* zum Ausdruck kam. Allerdings war das keine neue Erfahrung für sie. Onos Familie hatte vor dem Zweiten Weltkrieg in den USA gelebt, kehrte jedoch in ihre Heimat Japan zurück, als es zwischen den beiden Ländern zu Spannungen kam. Ono wurde 1933 in Tokyo in eine wohlhabende Familie hineingeboren. Die Familie ihrer Mutter war im Bankgeschäft tätig, und ihr Vater hatte seine Karriere als Pianist aufgegeben, um als Banker in Japan und später in Zweigstellen in San Francisco und New York zu arbeiten. Ono nahm als Kind klassischen Klavierunterricht und begann als Teenager, ihre schriftstellerischen Arbeiten in Notizbüchern festzuhalten. Nach zwei Semestern an einer japanischen Universität zog Ono 1953 mit ihrer Familie zum Vater, der inzwischen wieder in New York arbeitete. Sie lebte in Scarsdale und besuchte das nahegelegene Sarah Lawrence College (an dem auch Linda Eastman später studierte). Zwar schrieb sie auch weiterhin, fand in ihrer neuen Umgebung jedoch kaum Unterstützung. »Jedesmal, wenn ich ein Gedicht schrieb, sagten sie, es sei wie eine Kurzgeschichte«, sagte sie später. »Und eine Kurzgeschichte sei wie ein Gedicht. Ich fühlte mich in jedem Genre fehl am Platz.«

Sie entdeckte auch Avantgarde-Künstler wie Arnold Schönberg und Anton von Webern und traf sich mit dem Julliard[65]-Studenten Toshi Ichiyanagi, der ihr Interesse an der Arbeit dieser Komponisten und neuerer Persönlichkeiten wie John Cage teilte. 1956 heiratete sie Ichiyanagi gegen den Wunsch ihrer Eltern, und die beiden zogen nach New York. Ono richtete sich später einen Dachboden in der Chambers Street in der Lower West Side von Manhattan ein. In dieser Zeit schlug sie sich mehr schlecht als recht durch und ging ihren künstlerischen Interessen nach. Anfang der sechziger Jahre wurde Onos Dachboden zum Schauplatz einer Reihe von

---

65 Die Julliard School ist ein Musik-College in New York.

künstlerischen Ereignissen, die sich »Happenings« nannten. Diese umfaßten eine beliebige Anzahl von gleichzeitig stattfindenden Aktivitäten: Musik, DichterInnenlesungen und andere Arten von »Performance«. So warf die als »Hohepriesterin des Happenings« bezeichnete Ono getrocknete Erbsen ins Publikum, während sie ihre langen Haare als »musikalische Begleitung« dazu herumwirbelte. Das Publikum durfte – oft mußte es sogar – bei diesen »Happenings« mitmachen.

Mitte der sechziger Jahre hatte sich Ono in der Underground-Kunstszene einen Namen gemacht. Sie gab Musikstücke zum besten, inszenierte mit einer lose zusammengeschlossenen KünstlerInnengruppe namens Fluxus »Aktionen«, veröffentlichte ein Buch mit »Lehrgedichten«, das den Titel *Grapefruit* trug (»Schlagen Sie einen Nagel in die Mitte einer Glasscherbe. Senden Sie jede Scherbe an eine beliebige Adresse«) und machte Filme. Allerdings wurden ihre Arbeiten oft heftig kritisiert. Als sie z.B. 1962 in Japan als Solokünstlerin auftrat, sagte ein amerikanischer Kritiker, sie habe ihre Ideen von John Cage gestohlen. Während ihres Japanaufenthalts ließ sich Ono von ihrem ersten Mann scheiden, heiratete den ehemaligen Kunststudenten Tony Cox und brachte 1963 ihr gemeinsames Kind Kyoko zur Welt. 1966 erhielt sie eine Einladung nach London, um an einem Symposium über das Thema »Zerstörung in der Kunst« teilzunehmen. Dort führte sie u.a. ihr mittlerweile berühmtes Stück »Cut Piece« auf, bei dem sie auf der Bühne kniet und das Publikum auffordert, ihre Kleidung mit einer Schere zu zerschneiden. Ihr Auftritt war ein Erfolg, und anschließend bekam sie ein Angebot für eine eigene Ausstellung in der Indica Gallery in London. Am 9. November 1966 lernte sie bei einer Vorschau zu dieser Ausstellung John Lennon kennen.

Die beiden sagten später, daß schon damals eine gegenseitige Anziehungskraft bestanden habe. Sie wurden jedoch erst im Frühjahr 1968 ein Liebespaar, obwohl Lennon Onos »Half a Wind«-Ausstellung finanzierte (Alltagsgegenstände wie Tassen und Tische, die weiß angestrichen und halbiert waren), die im Oktober 1967 eröffnet wurde. In der Zwischenzeit blieb Ono in London, wo sie als Produzentin und Regisseurin an dem Film *Bottoms* arbeitete, in dem eine Folge von 365 menschlichen Hinterteilen gezeigt wurde (und der vom British Board of Film Censors nicht freigegeben wurde, da er »für die Aufführung in der Öffentlichkeit nicht geeignet« sei). Bei einer weiteren »Aktion« wickelte sie die Löwen am Fuße der Nelsonsäule am Trafalgar Square in weiße Tücher ein. Außerdem trat sie mit Ornette Coleman bei einem Konzert in der Londoner Royal Albert Hall auf. Im Mai 1968 lud Lennon Ono schließlich zu sich nach Hause ein, und die beiden verbrachten die Nacht mit der Aufnahme der bizarren Bänder, die im November desselben Jahres unter dem Titel *Unfinished Music No. 1: Two Virgins* als LP veröffentlicht wurden. Zwar stellte schon der Inhalt der Platte, die avantgardistischen »Geräusche« und gesprochenen Wortfetzen der beiden, das Publikum vor ein Rätsel, doch das Cover, auf dem Ono und Lennon von vorn und von hinten nackt zu sehen sind, verursachte einen wahren Aufruhr. Obwohl die Platte bei dem Beatles-Label Appel gepreßt wurde, weigerten sich die amerikanischen Apple-Vertriebsfirmen EMI und Capitol, die Platte auf den Markt zu bringen, und so wurde sie schließlich in einer einfachen, braunen Hülle von zwei kleineren Firmen vertrieben. Später wurde behauptet, die LP sei in Wahrheit ein Top-20-Hit in den USA gewesen, doch seien wegen des Covers keine Angaben über die Verkaufszahlen vorgelegt worden.

Ono und Lennon ließen anschließend eine Reihe von Auftritten, Aufnahmen und »Aktionen« auf ein Publikum los, das abwechselnd mit Unverständnis und Empörung reagierte. Nur wenige schienen Verständnis für den unterschwelligen Humor in Onos und Lennons »Aktionen« zu haben, z.B. als sie sich während eines Auftritts die ganze Zeit über in Säcken versteckten, um gegen die Beurteilung eines Menschen nach seinem Äußeren zu protestieren. Darüber hinaus veranstalteten sie sogenannte »Bed-Ins«. Ihr erstes »Bed-In for Peace« wurde für den März 1969 in ihrer Flitterwochen-Suite im Amsterdamer Hilton Hotel angekündigt. Die Presse, die sich Einlaß erkämpft hatte und auf Sexspiele für die Kameras hoffte, fand ein frisch verheiratetes Paar, das im Pyjama auf dem Bett saß und unbedingt über den Weltfrieden reden wollte. Bei einem anderen »Bed-In« in Montreal entstand ihre ersten Single, »Give Peace a Chance«, ein Top-20-Hit für die frisch getaufte »Plastic Ono Band«. Außerdem machten die beiden auch Filme und setzten ihre musikalischen Experimente fort. Im März, kurz vor ihrer Heirat, traten sie in der Cambridge University zum ersten Mal gemeinsam öffentlich auf. Dieser Auftritt manifestierte die Spaltung ihres Publikums: Die anwesenden Kunst-Fans konnte nicht verstehen, warum Ono mit einem Rockmusiker zusammenarbeitete, und den Beatles-Fans widerstrebte es, Onos Stücke als Musik zu bezeichnen.

Obwohl ihre musikalische Zusammenarbeit viele Leute verwirrte, stellte sie eine erfrischende Erfahrung für Lennon dar, der einerseits das konventionelle Image der Beatles satt hatte, andererseits aber nicht wußte, in welche Richtung er seine Musik lenken sollte. Mit Ono zu spielen befreite ihn, und in Interviews pries er begeistert ihre Auffassung von Musik. »Wenn sich jemand, der rockorientiert ist, ihre Sachen auch nur anhören kann, weiß er, was sie sagen will«, erklärte er gegenüber dem *Rolling Stone.* »Es ist phantastisch. Sie macht Musik, wie man sie auf Erden noch nie gehört hat. Sie ist ihrer Zeit um zwanzig Jahre voraus.«

Die beiden brachten 1970 ihre ersten eigentlichen Solo-LPs heraus, *Yoko Ono/Plastic Ono Band* und *John Lennon/Plastic Ono Band*. Diese Platten waren etwas konventioneller als ihre experimentellen LPs, zu denen inzwischen auch *Unfinished Music No. 2: Life with the Lions* und *The Wedding Album* zählten, eine großzügige LP-Box, die ihre Ehe mit einem Heft aus Zeitungsausschnitten, Fotos und einem Stück Hochzeitstorte aus Pappe dokumentierte. Eine Live-LP ihres Auftritts bei der Rock 'n' Roll Revival Show in Toronto 1969 vermittelt einen Eindruck davon, wie sich ihre späteren Solo-LPs anhören sollten: Die zweite Seite besteht aus einer ausgedehnten Jam Session[66] zu Onos Stücken »Don't Worry Kyoko (Mummy's Only Looking for Her Hand in the Snow)« und »John, John (Let's Hope for Peace)«. Letzteres war die Schlußnummer der Gruppe, ein zwölf-Minuten-Stück, bei dem Onos Stimme und Lennons Gitarre zu einem endlosen Rückkoppelungspfeifen kulminierten, in dessen Verlauf die Musiker die Bühne verließen.

Yoko Ono/Plastic Ono Band stellt nicht nur den Ausgangspunkt für den späteren Punk Rock dar, sondern *ist* bereits Punk Rock, ein harter, trotziger Geräuschhagel, der Instrumente und Stimmen nur mit Mühe davor bewahrt, in völligem Chaos zu versinken. Über einem gleichbleibenden Grundrhythmus der von Ringo Starr gespielten Drums, einem pulsierendem Baß, gespielt von dem langjährigen Künstler-Kollegen Klaus Voormann und Lennons frenetischer, kratzender Gitarre besteht Onos Stimme fast ausschließlich aus sich wiederholenden, widerhallenden, heulenden Schreien, deren Texte auf das Allernotwendigste reduziert sind. »Why?« ist nicht nur ein Songtitel, sondern auch das einzige Wort in diesem Song. Das Album wäre wahrscheinlich als innovativ und aufregend gepriesen worden, wenn es fünf Jahre später und ohne einen Beatle erschienen wäre. Doch so wurden die KritikerInnen, die Anfang der siebziger Jahre versuchten, die LP als Rockalbum zu beurteilen, natürlich in Verwirrung gestürzt, da sie absolut keinen Bezugsrahmen für Onos Musik hatten. Onos zweites Soloalbum, *Fly* (1971) verfolgte mit Stücken wie der Rock 'n' Roll-Parodie »Midsummer New York« und dem Soundtrack zu ihrem Kurzfilm *Fly* eine ähnliche Linie. Doch nicht alle Songs von Ono waren »Urschreie«. Ihr Material enthielt auch ruhige Balladen wie z.B. das sanfte »Listen the Snow Is Falling« und das schwermütige »Mrs. Lennon«.

Überdies bekannte sich Ono freimütig zum Feminismus, und befaßte sich in vielen ihrer Songs aus den frühen siebziger Jahren mit der

---

66 Eine Jam Session ist eine zwanglose Zusammenkunft von MusikerInnen, die ohne feste Besetzung und Arrangements einfach nur improvisieren. Festgelegt werden lediglich Thema, Harmoniefolge und Tempo.

Gleichberechtigung der Frau. Ihr erster ausdrücklich feministischer Song war das Reggaestück »Sisters O Sisters«, eine Hymne an die Frauensolidarität. Der Song war zum ersten Mal 1971 auf einer Kundgebung zur Befreiung des Autors und Managers John Sinclair zu hören. Ono machte auch Lennon mit dem Konzept des Feminismus bekannt und schrieb mit ihm zusammen den Song »Woman is the Nigger of the World«, der auf der gleichnamigen Zeile eines von Onos Interviews basiert. Der Song (von Lennon gesungen), erschien auf der Ono/Lennon-LP *Some Time in New York City* (1972). Auf dieser LP sind außerdem »Sisters O Sisters« und eine destruktive Live-Version von »Don't Worry Kyoko« zu hören, aufgenommen 1969 während eines Wohltätigkeitskonzerts, bei dem Ono und Lennon die Frontliner einer »Plastic Ono Supergroup« bildeten, die u.a. aus George Harrison, Eric Clapton und Keith Moon bestand.

Onos 1973 erschienene Alben, *Approximately Infinite Universe* und *Feeling the Space*, waren sowohl ihre zugänglichsten als auch ihre feministischsten Platten in diesem Jahrzehnt. Auf *Approximately Infinite Universe* steht in Songs wie »What a Bastard the World Is« die Ungleichheit in Beziehungen zwischen den Geschlechtern im Mittelpunkt, »I Want My Man to Rest Tonight« befaßt sich mit den Problemen der Männer im Umgang mit ihren eigenen sexistischen Einstellungen. »I Have a Woman Inside My Soul« und »Death of Samantha« sind bewegende Darstellungen von Frauen, die all ihre Gefühle verdrängen, nur um den Schein zu wahren. Im Juni 1973 nahmen Ono und Lennon in Cambridge, Massachussetts, an einer internationalen feministischen Tagung teil (unter der Schirmherrschaft von NOW), bei der die Anwesenden aufstanden und mit ihnen »Woman Power« aus der LP *Feeling the Space* (die im November erschien) sangen. Auf diesem Album sind außerdem »Women of Salem«, ein Song über die Hexenverfolgungen im Amerika der Kolonialzeit, sowie der Titel »Angry Women« zu hören, der auf der Lebensgeschichte einer Frau basiert, die Ono bei der NOW-Tagung kennengelernt hatte. Doch keins von Onos Werken war in den Charts vertreten, außer der LP *New York City*, die Platz 48 erreichte. Ono veröffentlichte auch Solo-Singles, und ihre Songs erschienen auf der B-Seite der meisten Singles von Lennon.

In den ersten gemeinsamen Jahren hatten Ono und Lennon eine Reihe privater Probleme. Vor allem Lennon wurde wegen der Scheidung von seiner Frau von der britischen Öffentlichkeit fertiggemacht; Ono bekam nach ihrer Scheidung von Cox zwar das Sorgerecht für ihre Tochter, verlor sie jedoch, als Cox das Mädchen entführte und mit ihm verschwand. Ono und Lennon zogen schließlich nach New York, wo Lennon sofort in einen Rechtsstreit um seine Aufenthaltserlaubnis in den USA verwickelt wurde, der fünf Jahre dauerte. Während dieser Zeit trennten sich Ono und Lennon und versöhnten sich anschließend wieder. Ono hatte mehrere Fehlgeburten, bevor sie an Johns Geburtstag im Oktober 1975 Sean Taro Ono Lennon zur Welt brachte, und sowohl Ono als auch Lennon hatten Drogenprobleme. Über diese wiederholten Krisen berichtete die Presse wesentlich ausführlicher als jemals über Onos – ja, selbst Lennons – Musik. Als die beiden nach Seans Geburt ihre musikalische Arbeit unterbrachen, um sich um die Familie zu kümmern, beklagte die Presse erwartungsgemäß nicht Onos, sondern Lennons Verschwinden aus der Rockszene. Selbst als Ende der siebziger Jahre wieder »onoeske« Gesänge in Punkbands auftauchten, wurde Onos Einfluß erst anerkannt, als Ono und Lennon 1980 in die Musikszene zurückkehrten und Lennon ausdrücklich auf Onos Einfluß hinwies. Eine vollständige Anerkennung ihrer Musik steht allerdings noch aus.

1975, als sich Ono und Lennon zurückzogen, veröffentlichte Patti Smith ihre erste LP und baute damit auf der Kombination von Rock und Lyrik auf, mit der auch Ono experimentiert hatte. Ungefähr zur selben Zeit, als Ono und Lennon ihre gemeinsame Arbeit begannen, kam Patti Smith nach New York und stürzte sich in die avantgardistische Kunstszene der Stadt. Dort hatte sie, frei von den Sticheleien der Medien, denen Ono ausgesetzt war, eine unmittelbarere und größere Wirkung auf die Rockmusik als Ono. Smith wurde 1946 in Chicago geboren und wuchs in Pitman im Staat New Jersey unter einer Vielzahl verschiedener musikalischer Einflüsse auf. Ihre Liebe zu den Kultfiguren der sechziger Jahre, z.B. Jim Morrison, Bob Dylan, Jimi Hendrix und den Rolling Stones ging Hand in Hand mit ihrer Begeisterung für Dichter wie William Blake, William Burroughs, Charles Baudelaire und Arthur Rimbaud. Als sie schwanger wurde, brach sie ihr Studium ab (sie gab das Kind zur Adoption frei) und nahm einen Job in einer Fabrik in New Jersey an. Dort sparte sie genug Geld zusammen, um ihren Umzug nach New York Ende der sechziger Jahre finanzieren zu können. Smith fand schnell Anschluß an die Kunstszene der Stadt und lernte den Fotografen Robert Mapplethorpe kennen. Nach einer Paris-Reise 1969 teilte sie sich mit ihm ein Zimmer im Chelsea Hotel, das damals ein Ausgangspunkt für viele New Yorker KünstlerInnen war.

Smith arbeitete als Verkäuferin in einer Buchhandlung und war gleichzeitig als Rockjournalistin tätig (für die Zeitschriften *Creem* und *Rock*), schrieb Theaterstücke (das autobiographisch gefärbte *Cowboy Mouth*, das sie zusammen mit dem Dramatiker Sam Shepard schrieb und aufführte) und Gedichte. Für ihre Lesungen engagierte Smith den Gitarristen und Rockjournalisten Lenny Kaye zur musikalischen Untermalung.

Zu dieser Zeit entwickelte sich die Musikszene in Manhatten weg vom Progressiven Rock der späten sechziger Jahre. Junge, aufstrebende Bands mit einem originellen Musikstil, allen voran die punkige Glitter-Rockgruppe New York Dolls, suchten in der Lower East Side nach Auftrittsmöglichkeiten. Eine solche Möglichkeit bot das Mercer Arts Center, das nicht nur als Zufluchtsstätte für originelle Rockbands galt, sondern auch für andere künstlerische Vorhaben geeignet war. So hatte z.B. das Performance-Kollektiv »The Kitchen« ursprünglich seinen Sitz im Center, passenderweise in der alten Küche. Als das Arts Center 1974 schließen mußte, wurde eine kleine Kneipe in der Bowery namens CBGB and OMFUG (das für »Country, Bluegrass, and Blues and Other Music for Urban Gourmets« stand) zusammen mit einem anderen Club, Max's Kansas City, zum neuen Zentrum der wachsenden Musikszene. 1973 engagierte Smith den Pianisten Richard Sohl für die Gruppe, die sie gerade zusammenstellte und lernte die Publizistin Jane Friedman kennen Diese schlug ihr vor, ihre Gedichte nicht nur vorzulesen, sondern auch zu singen. Sie engagierte die Gruppe für das Mercer Arts Center und wurde Smiths Managerin. 1974 nahm die Band, nun noch mit Tom Verlaine von Television an der Gitarre, ihre erste Single auf, »Hey Joe (Version)«/»Piss Factory«. »Hey Joe« war eine Garagen-Rock-Cover Version mit einem Monolog, den Smith für Patty Hearst geschrieben hatte. Smith's »Piss Factory« war ein gesprochenes Stück über ihre Fließbanderfahrungen in der Fabrik in New Jersey.

Die erste Auflage der Single (1600 Exemplare) war schnell vergriffen und erhöhte Smiths Bekanntheitsgrad erheblich. Die Gruppe fühlte sich nun als Trio zu klein und engagierte Ivan Kral (Gitarre und Baß) und Jay Dee Daugherty (Drums). 1975 trat sie im CBGB auf und wurde als erste Gruppe der neuen Rockband-Generation aus Manhattan von einem großen Label unter Vertrag genommen: Clive Davis, der als Geschäftsführer von Columbia Records schon mit Laura Nyro und Janis Joplin gearbeitet hatte, nahm Smith bei seinem neuen Label Arista unter Vertrag. Ende 1975 erschien ihr von John Cale (Velvet Underground) produziertes Debütalbum *Horses*, das in der Rockszene großen Eindruck machte. Das Cover (von Mapplethorpe fotografiert) ließ keinen Zweifel daran, daß Smith keine gewönliche Sängerin war: dünn, in Jeans und weißem T-Shirt mit einer Krawatte um den Hals starrt Smith trotzig und kompromißlos in die Kamera. Mit ihrer gebieterischen, androgynen Ausstrahlung vermittelte sie ein Bild einer Künstlerin, das es auf einem Cover noch nie zuvor gegeben hatte. Die Musik der Platte ist ebenso auffällig. *Horses* beginnt mit Smiths Behauptung: »Jesus starb für die Sünden von jemandem, aber nicht für meine«. Anschließend folgt eine Cover Version von Jim

Morrisons »Gloria«. Smiths offensichtliches Desinteresse an konventionellen Songformen wird auf der Platte durch eine Verschmelzung aus Rock und Lyrik widergespiegelt. »Ich stehe nicht auf's Songschreiben«, sagte sie gegenüber dem *Melody Maker*. »Ich finde das echt langweilig.« Obwohl Smiths bissige Vortragsweise etwas Neues für eine Sängerin war, fand ihre Musik dennoch bei einem breiten Rockpublikum Anerkennung.

Ihr starkes Auftreten provozierte natürlich ebenso starke Reaktionen. In Großbritannien verkündete der *New Musical Express (NME)*, *Horses* sei als Debütalbum besser als das der Beatles, der Rolling Stones und das von Bob Dylan, doch der *Melody Maker* fand das gar nicht komisch und bemerkte beleidigt: »Der gekünstelte, affektierte 'Dilettantismus' von *Horses* kann auf gar keinen Fall als guter Rock 'n' Roll bezeichnet werden.« Des weiteren faszinierte und/oder verärgerte Smith die Presse, indem sie sich weigerte, sich an die Spielregeln zu halten. So antwortete sie z.B. nicht auf Fragen, die sie langweilig fand. Wegen ihrer häufigen Anspielungen auf die Rockstars und französischen Dichter, die sie inspirierten, hielten manche Leute sie zwar für arrogant, doch ihr Publikum hing begeistert an ihr, und selbst die Presse ließ sich manchmal von der Stimmung mitreißen. »Als ich mich das erste Mal an die Schreibmaschine setzte, wollte ich einfach nur schreiben: 'Es war phantastisch' – immer wieder, bis ich einschlief«, schrieb ein Kritiker in *Sounds* über Smiths erste Auftritte 1976 in Großbritannien. Der Londoner *Evening Standard* bemerkte etwas nüchterner: »Sie ist die einzige Sängerin, die ich je auf der Bühne habe spucken sehen.«

Smiths zweites Album, *Radio Ethiopia* (1976) verursachte bei den KritikerInnen jedoch nicht so viel Aufregung wie *Horses*. Im Januar 1977 erlitt ihre Karriere einen schweren Rückschlag, als sie bei einem Auftritt in Tampa, Florida, von der Bühne fiel und sich einen Halswirbel brach. Alle musikalischen Aktivitäten waren vorerst auf Eis gelegt, da sich Smith ein Jahr lang ärztlicher Behandlung unterziehen mußte. In dieser Zeit schrieb sie auch den Lyrikband *Babel*. 1978 trat Smith zum ersten Mal wieder live auf und gab an Ostern mit Bruce Brady als neuem Keyboarder im CBGB ein »Wiederauferstehungs«-Sonderkonzert, auf das die Veröffentlichung ihrer dritten LP, *Easter*, folgte. Mit ihrem Auftritt – und ihrem Album – kehrte Smith in Höchstform zurück und hatte mit *Easter* ihre ersten Top-40-Hits: Sowohl *Easter* als auch »Because the Night«, zusammen mit Bruce Springsteen geschrieben, als sie ihre jeweiligen LPs *Easter* bzw. *Darkness on the Edge of Town* im selben Studio aufnahmen, erreichten die Top 20. Smiths Comeback war an sich schon eine angenehme Überraschung, doch eine Platte in den Top 20 zu haben, war ein Bonus, über den sich Smith ganz besonders freute. »Ich finde es toll, daß ich eine

Hit-Single habe«, sagte sie gegenüber dem *Rolling Stone*. »Die Leute sagen zu mir: 'Meinst du, du hast dich verraten?' Sie sollten lieber sagen: 'He, Mensch, du bist ja im Radio.' Ich finde, wir gehören ganz an die Spitze.« Denn trotz der Sticheleien, die sich Smith zu ihrer Person und ihrer Musik gefallen lassen mußte, nahm sie den Rock 'n' Roll sehr ernst und sah in ihm nichts geringeres als einen Erlöser. »Er ist die einzige Religion, die ich habe«, erklärt Cavale, Smiths Alter ego in *Cowboy Mouth*, Slim (Shepard), ihrem Möchtegern-»Rock 'n' Roll-Jesus mit Cowboy-Mund.« »Jeder verdammte, tolle Rock 'n' Roll-Song bringt mir mehr als alle Offenbarungen. Wir haben den Rock 'n' Roll nach unserem Bild geschaffen, er ist unser Kind... ein Kind, das aus dem Mund eines Erlösers geboren wird.«

Sie überschritt nicht nur die Grenzen der in der Rockmusik als zulässig geltenden künstlerischen Ausdrucksweise, sondern erzielte mit ihrer herausfordernden Außenseiterinnenhaltung auch bei ihrem Publikum die gewünschte Wirkung, wie sie im *Rolling Stone* bemerkte: »Ich bin mehr durch Europa getourt als durch Amerika«, erklärte sie. »Aus den Kids, die *Horses* oder 'Piss Factory' kauften oder vom CBGB hörten, wurde Clash, wurden die Sex Pistols, wurde eine Million anderer Bands – manche von ihnen werden es schaffen und andere nicht. Aber das Wichtigste ist, daß sie überhaupt entstanden sind.« Smiths Ankunft in Großbritannien 1976 fiel in die Zeit, in der die Sex Pistols immer berüchtigter wurden. Ihr stärker werdender Einfluß regte viele Kids an, sich möglichst schnell zu einer Band zusammenzutun. Smith selbst wollte jedoch aus der Rockszene aussteigen. Nach der Veröffentlichung von *Wave* (1979), produziert von Todd Rundgren, ging die Patti Smith Group zum letzten Mal auf Tournee. Im März 1980 heiratete Smith Fred »Sonic« Smith, den Gitarristen von MC5, und zog mit ihm an den Stadtrand von Detroit. Smith zog sich aus der Musikbranche zurück, um eine Familie zu gründen und veröffentlichte erst 1988 wieder eine LP, *Dream of Life*. Nachdem sie ihr Ziel erreicht hatte, konnte sie ihre Karriere ohne jegliches Bedauern aufgeben – eine Haltung, die die anderen Bandmitglieder teilten. »Ich glaube, wir haben alles geschafft, was wir uns vorgenommen hatten«, erklärte Kaye in einem Interview mit *Goldmine*. »Unser erster Auftritt fand im Februar 1971 in der St. Mark's Church vor 200 Leuten statt, und unser letztes Konzert gaben wir in Florenz im September 1979 vor 70 000 Kids. Unsere Geschichte ist also irgendwie abgeschlossen.«

Auch andere Gruppen stürzten sich nun mit Begeisterung in die wachsende Punkwelle, und sowohl die Öffentlichkeit als auch das Rock-Establishment waren gehörig schockiert. Vor allem die Sex Pistols waren in Großbritannien gleichbedeutend mit dem Begriff Punk Rock und den dazugehörigen Skandalen. Die Sex Pistols waren zunächst eine Underground-Band, die mit Hilfe ihres Managers, dem »Berufsprovokateur« Malcolm McLaren Ende 1975 auftauchte. McLaren hatte schon lange nach Möglichkeiten gesucht, um die Öffentlichkeit zu schockieren. Die Boutique, die er zusammen mit seiner Freundin Vivienne Westwood auf der Londoner King's Road betrieb, hatte sich von Teddy Boy-Kleidung (die von den britischen Rock 'n' Roll-Fans der fünfziger Jahre bevorzugten langen Jacketts mit Samtkragen und Schuhe mit Kreppsohlen) zunächst auf Rockerkleidung und dann auf S&M-Artikel umgestellt (und hieß nun passenderweise »Sex«). McLaren hatte sich außerdem als Manager für die New York Dolls in den letzten Monaten ihres Bestehens versucht. Als er seine Aufmerksamkeit auf die Sex Pistols richtete, die aus Johnny Rotten (John Lyndon), Steve Jones, Paul Cook und Glen Matlock (der später von Sid Vicious [John Simon Ritchie] ersetzt wurde) bestanden, hielt er mit seinen Motiven nicht hinter dem Berg: »Rock 'n' Roll ist nicht nur Musik. Man verkauft eine Einstellung«, sagte er 1977 gegenüber dem *Rolling Stone*. In einem anderen Interview sagte er, daß es nicht darauf ankomme, Platten zu verkaufen (»Das war nur das i-Tüpfelchen«), sondern darauf, »Chaos anzurichten« und »Geld von einer Industrie zu bekommen, die die Sex Pistols unbedingt in ihrer lahmen Maschinerie haben wollte. Das war das Aufregende daran.«

Sicherlich lag es eher an der »Einstellung« der Sex Pistols als an ihrer Musik, daß sie schließlich zu einem Begriff wurden. Am 1. Dezember 1976 forderte Bill Grundy, Moderator der britischen Fernsehshow *Today*, die Sex Pistols auf, »etwas Unverschämtes zu sagen«, und Jones entgegnete liebenswürdig: »Du dreckiges Arschloch.« »Dieser Abschaum!« schrie am nächsten Tag die Schlagzeile in *The Daily Mirror*, und die Pistols waren auf dem besten Weg, Staatsfeind Nr. 1 zu werden, wie es Bernard Brooke Partridge vom Greater London Council in dem »Dokudrama« der Sex Pistols, *The Great Rock 'n' Roll Swindle* ausdrückt. Doch die Herrschaft der Pistols war kurz. Nachdem sie ein weiteres Jahr lang die britischen Inseln empört hatte, brach die Gruppe Anfang 1978 mitten im Chaos ihrer USA-Tournee zusammen, einer Tournee, bei der sie das amerikanische Zartgefühl empfindlich verletzten, indem sie Metropolen wie New York oder Los Angeles mieden und dafür lieber in Bibel-Hochburgen wie Memphis, Atlanta und Dallas auftraten. Doch der Punk hallte noch eine Weile nach, sowohl als Musikstil als auch als »Einstellung«.

Das galt insbesondere für Großbritannien, das als Geburtsort des siebziger Jahre-Punks angesehen wurde – trotz der Einflüsse des amerikanischen Garagen-Rocks der sechziger Jahre und späterer KünstlerInnen wie Velvet Underground, Yoko Ono, den New York Dolls, Patti Smith, den Ramones und Richard Hell von den Voidoids, der den untrennbar mit dem Punk verbundenen zerrissenen T-Shirt-Look erfunden haben soll. Selbst der Filmemacher John Waters (*Pink Flamingos, Female Trouble, et al.*) ließ seine Stars, allen voran den üppigen Divine, Kleidung tragen, die heute als Punk-Mode gilt. Im Gegensatz zu Großbritannien breitete sich der Punk in Amerika nur langsam aus. Da Großbritannien ein ganzes Stück kleiner ist als die USA, konnten sich neue Trends und Moden dort schneller durchsetzen. Außerdem wurde die Musikszene von einer ganzen Flut wöchentlich erscheinender Musikzeitschriften unterstützt (*NME, Melody Maker, Sounds, Record Mirror*). Da die Magazine so häufig erschienen, waren die JournalistInnen ständig auf der Suche nach neuem Material, so daß eine Band größere Chancen hatten, Publicity zu bekommen, wenn sie erst einmal in der Clubszene war oder eine Platte herausgebracht hatte. Selbst amerikanische Gruppen fanden es leichter, in Europa Publicity zu bekommen als im eigenen Land. Frauen, die für Musikzeitschriften arbeiteten, nutzten die Punk-Revolution, um sich einen Namen zu machen. Caroline Coon, Mitarbeiterin beim *Melody Maker*, sicherte sich einen Platz als Punk-Verfechterin und managte kurzzeitig sogar The Clash, obwohl sie dabei aufgrund ihres Geschlechts auf Schwierigkeiten stieß (»Die Tatsache, daß ich Titten hatte, machte mir bei allem, was ich tat, einen Strich durch die Rechnung«). Andere Journalistinnen entwickelten ihren eigenen, sehr individuellen Stil, wie z.B. Julie Burchill, die mit Tony Parsons in *The Boy Looked at Johnny* die Punkszene bissig dokumentiert (der Titel ist einer Zeile des Songs »Land« von Patti Smiths LP *Horses* entnommen).

Zudem hatte die Punkszene in Großbritannien einen politischen Aspekt, der in den USA fehlte. Deirdre Rockmaker weist in einem Artikel über die Sex Pistols in *Goldmine* darauf hin, daß viele Bands aus der Arbeiterschicht kamen und Punk somit »eine als Jugendbewegung verkleidete Klassenbewegung« war. Das 1977 erschiene »God Save the Queen« von den Pistols, ein bissiger Kommentar zu den Feierlichkeiten anläßlich des fünfundzwanzigjährigen Thronjubiläums der Königin, war nicht nur ein Angriff auf die Monarchie, sondern auch auf das britische Klassensystem. Da die Arbeitslosigkeit in Großbritannien das ganze Jahrzehnt hindurch stieg, sahen immer mehr Jugendliche nach ihrem Schulabschluß kaum eine andere Möglichkeit, als sich sofort arbeitslos zu melden. Die Sex Pistols drückten die Wut und Frustration über die »No Future«-Perspektive in Songs wie »Anarchy in the U.K.« und »Pretty Vacant« aus. Andere Gruppen, wie z.B. X-Ray Spex, verwendeten satirische Elemente in ihren Stücken und stellten dadurch die Gesellschaft dieser Zeit genauso kritisch auf den Prüfstand.

X-Ray Spex, eine der ersten Punk Bands mit einer dynamischen Frau im Vordergrund, wurde von Marion Elliot gegründet, die sich gleich zu Anfang in »Poly Styrene« umtaufte. Da sie weder dünn, noch weiß, noch »feminin« im herkömmlichen Sinne war, wirkte Styrene bereits durch ihre bloße Anwesenheit in einer Rockband provozierend. Verstärkt wurde diese Provokation noch durch ihre Songs, die fröhliche Angriffe auf den Materialismus der modernen Welt darstellten. Styrene wurde in London als Kind von Eltern verschiedener Rassenzugehörigkeit geboren. Bereits mit zwölf Jahren begann sie, Songs zu schreiben. Während ihrer Ausbildung zur Einkäuferin für Bekleidung arbeitete sie kurze Zeit hinter der Süßwarentheke bei Wollworth, bevor sie sich zu einem weniger traditionellen Lebensstil entschloß. Nachdem sie mehrmals den Wohnort gewechselt hatte, eröffnete Styrene auf dem Beaufort Market auf der King's Road einen eigenen Kleiderstand namens »X-Ray Spex« und entschloß sich bald darauf, eine Band zu gründen. »Ich weiß nicht, wie – ich machte es einfach!« sagt sie in *The Boy Looked at Johnny*. »Es war die Zeit, in der jeder eine Band gründen konnte.« Mit Hilfe einer Annonce fand sie Mitglieder, u.a. Susan Whitby, eine fünfzehnjährige Saxophonistin, die, angeregt durch Styrene, ihren Namen prompt in Lora Logic änderte.

Die erste Plattenaufnahme der Band ist auf dem Sampler *Live at The Roxy, London WC2* (1977) zu hören. Sie spielte den Song, der ihre erste und beste Single wurde: das 1977 bei Virgin Records veröffentlichte, explosive »Oh Bondage, Up Yours!«. Der Song beginnt mit einem wahren Schlachtruf: Styrene schreit den Titel freudig heraus und nimmt dann kein Blatt vor den Mund, wenn sie sich über die Vorstellung von der Frau als Sexualobjekt ausläßt. Allerdings wurde die Ironie in den Strophen teilweise mißverstanden, so daß die Single von der BBC boykottiert wurde. »Die Art und Weise, wie die erschreckte Presse diesen Song gegen Unterdrückung absichtlich falsch als Aussage für Unterdrückung auslegt, spiegelt sich auch in der Haltung gegenüber Poly wider«, schreiben Burchill und Parsons in *The Boy Looked at Johnny*. »Da sie zwar gut aussah, auf der Bühne jedoch entschieden asexuell wirkte, wurde Poly von Kritikern, die sich in ihrer Männlichkeit bedroht fühlten, dafür angegriffen, daß sie Hosenträger trug, über Verstand verfügte und anscheinend keinen Freund hatte.« Die Single kam zwar nicht in die Charts, entwickelte sich jedoch rasch zu einem Muß für jede vernünftige Punk-Plattensammlung.

Die nächsten Singles der Band, die bei EMI veröffentlicht wurden, beschäftigten sich mit Themen wie »The Day the World Turned Day-Glo«[67], einer Identitätskrise in »Identity« (beide Singles kamen in die Top 30) sowie

---

67 Deutsch etwa: Der Tag, an dem die Welt knallbunt wurde.

mit Styrenes Vergangenheit in »Warrior in Woolworth's«. Die einzige LP der Band, *Germ Free Adolescents*, kam 1978 heraus und erreichte Platz 30. Styrene war jedoch schon bald dem Druck nicht mehr gewachsen, dem Publikum zu »gehören« und löste die Gruppe 1979 auf. 1980 veröffentlichte sie ein Soloalbum (*Translucent*) und zog sich anschließend aus dem Musikgeschäft zurück, um sich der Hare Krishna-Sekte anzuschließen. 1986 brachte sie die EP *Gods and Goddesses* heraus (aufgenommen im eigenen Krishna-Studio, das der Krishna-Anhänger George Harrison gestiftet hatte). Logic, die X-Ray Spex nach der Veröffentlichung von »Oh Bondage« verlassen hatte, gründete eine eigene Band namens Essential Logic und machte Solokarriere. Wie Styrene wurde auch sie Krishna-Anhängerin. Obwohl X-Ray Spex (wie die meisten anderen Punk Gruppen dieser Zeit) nur kurze Zeit existierte, stellte sie doch ein gutes Vorbild für nachfolgende Gruppen dar. So trug Styrenes rauher, stümperhafter Gesangsstil dazu bei, daß sich wilde, idiosynkratische gesangliche Ausdrucksformen als eine Art Norm etablierten und Raum für neue Experimente schafften.

Im Gefolge von X-Ray Spex schossen zahlreiche Künstlerinnen aus dem Boden. Siouxsie and the Banshees veröffentlichten ihre erste Single im August 1978 bei Polydor, und Lene Lovichs erste Single erschien im Februar '79 bei Stiff Records. Allerdings waren Siouxsie Sioux und Lovich, wie Styrene, in erster Linie Sängerinnen. In der damaligen energiegeladenen Atmosphäre tauschten die Bands auch häufig ihre Mitglieder untereinander aus. Die Originalbesetzung der Frauenband The Slits bestand aus der Sängerin Arianna Forster (Ari Up), Suzi Gutsy (Baß), Kate Korus, vormals Mitglied der Frauenband Castrators (Gitarre) und Palmolive, die mit Sid Vicious bei den Flowers of Romance spielte (Drums). Gutsy wurde von einem anderen Castrators-Mitglied, Tessa Pollitt, ersetzt, und für Korus, die die Slits verließ und sich der Frauenband Mo-Dettes anschloß, kam Viv Albertine, die ebenfalls bei den Flowers of Romance gespielt hatte. Wie schon Fanny vor ihnen gerieten auch die Slits wegen ihres zweideutigen Namens unter Beschuß[68] (»Er gefiel niemandem«, sagte Albertine. »Alle fanden ihn obzön«). Ihr Live-Debüt gaben sie 1977 als Vorprogramm von The Clash auf deren »White Riot«-Tournee. Bis zur Aufnahme ihrer ersten LP *Cut*, die 1979 bei Island Records erschien, entfernte sich ihre Musik jedoch drastisch von ihrem früheren Rock-Ansatz und zeigte nun deutliche Reggae-Einflüsse. Schon das LP-Cover war umstritten, da es die Gruppe »oben ohne«, schlammbedeckt und in Lendenschurzen zeigte. »Niemand konnte die Stärke, den

---

68 »Slit« bedeutet Schlitz oder Spalt.

Witz, die kleine Verrücktheit darin sehen, daß wir alle ein bißchen fett waren«, erklärte Albertine. Andere Künsterinnen dieser Zeit waren u.a. die Frauenband Raincoats (der sich Palmolive nach ihrem Weggang von den Slits 1978 anschloß), die Adverts mit Gaye Advert am Baß, Penetration mit Leadsängerin Pauline Murray (die später die Invisible Girls gründete), Delta 5, die Au Pairs, Toyah Willcox und viele andere.

Die Frauen in den späteren Bands erkannten rasch, was sie den früheren Wegbereiterinnen verdankten. Die Raincoats nannten sowohl die Slits als auch Patti Smith als Vorbilder, und Lesley Woods von den Au Pairs gab Styrene und Sioux an. Sioux selbst unterstützte die schottischen Band Altered Images, als deren Leadsängerin Clare Grogan Sioux ein Band schickte und sie bat, bei einem Konzert der Banshees in Glasgow als Vorprogramm auftreten zu dürfen. Altered Images bekam nicht nur den Gig, sondern auch das Angebot, im Sommer 1980 mit den Banshees Tournee zu gehen. Außerdem war der Bassist der Banshees, Steve Severin, an der Produktion der ersten Altered Images-LP beteiligt.

Die Banshees waren eine der wenigen Bands aus der Punk-Zeit, die es schafften, sich eine langfristige Karriere aufzubauen. Siouxsie Sioux (Susan Ballion) war Mitglied bei »Bromley Contingent«, einer Gruppe von Fans, die den Sex Pistols von Auftritt zu Auftritt folgten. Sie war auch bei dem berüchtigten Auftritt der Pistols in der *Today*-Show zugegen und plänkelte mit Grundy (sein Vorschlag an Sioux: »Wir treffen uns nach der Show, ja?« veranlaßte Steve Jones von den Pistols, Grundy ein »altes Schwein« zu nennen). In Anbetracht des do-it-yourself-Geistes der Punk-Bewegung war es nur eine Frage der Zeit, bis Sioux selbst die Bühne betreten würde, was sie im September 1976 im Rahmen des Punk-Festivals im Londoner 100 Club dann auch tat. Der kurze Auftritt der Band, in einer frühen Besetzung mit Sioux, Marco Pirroni, Sid Vicious und Steve Severin (den sie 1975 bei einem Roxy Music-Konzert kennengelernt hatte), bestand aus einem Medley aus »The Lord's Prayer«, »Twist and Shout« und »Knocking on Heaven's Door«. Ein A&R-Manager von Island Records wurde mit den Worten zitiert: »Mein Gott, es war furchtbar«, und die Banshees wurden in der anfänglichen Hast der großen Labels, nach dem Erfolg der Sex Pistols Punkbands unter Vertrag zu nehmen, zunächst übergangen. 1978 bekamen sie schließlich einen Vertrag bei Polydor in Großbritannien, doch wurden ihre Platten erst in den achtziger Jahren in den USA veröffentlicht.

Das im August 1978 erschienene »Hong Kong Garden« kam in die britischen Top 10, und im Oktober erschien das Debütalbum der Banshees, *The Scream*. Sioux untermalte ihre coole, durchdringende Stimme mit ihrem äußerst theatralischen, stilisierten Make-up und dazu passendem

Outfit. Als Mitglied von Bromley Contingent war sie wegen ihrer faschistischen Accessoires wie Armbinden mit Hakenkreuzen sowie ihrer S&M-Lederkleidung und durchsichtigen BHs berüchtigt. Als Mitglied der Banshees versuchte sie hingegen, dem Medienrummel um die Leadsängerin, der so häufig zu ungewollten Spannungen in einer Band führte, zu entgehen und bestand darauf, daß die Gruppe nur gemeinsam interviewt wurde. Allerdings gab Sioux später zu, daß es schwierig war, die Leute von ihrer festen Meinung über den richtigen Umgang mit einer Gruppe abzubringen. »Wir haben alles mögliche versucht, um das Band-Konzept rüberzubringen«, sagt sie in *New Women in Rock*. »Aber es war unmöglich, zu viert ein Interview zu machen, und außerdem war es Zeitverschwendung, weil alle Zitate sowieso nur mir zugeschrieben wurden.«

Doch trotz des egalitären Zeitgeistes wurden immer noch dieselben Tricks angewandt wie früher. Gaye Advert stellte fest, daß sie für Werbefotos »nackt« posiert hatte: Stiff Records fotografierte ihren Kopf, klebte ihn über einen nackten Frauenkörper und setzte Gaye als Preis für den Vertreter aus, der die meisten Adverts-Platten verkaufte. Und obwohl die Punk-Bewegung Frauen die Türen geöffnet hatte, arbeiteten die einzigen kommerziell wirklich erfolgreichen Frauen im Mainstream und hielten sich an die Tradition der Frau als Sängerin, wie z.B. Debbie Harry oder Kate Bush. Dabei bot die vergleichsweise große Freiheit der KünstlerInnen bei den Indie Labels Frauen durchaus die Möglichkeit, neue Wege als Musikerinnen zu gehen und ihre Meinung zu sozialen und politischen Themen zu äußern. Auch wenn die Texte einer Gruppe nicht ausdrücklich politisch waren, konnten die KünstlerInnen ihre gesellschaftskritischen Ansichten freier äußern. »Ich wollte nicht glauben, daß es irgendwas ausmachen würde, eine Frau zu sein, aber auch ich bin von der Diskriminierung nicht ausgenommen«, sagte Siouxsie Sioux in einem Interview mit einer Beiläufigkeit, die bei den Sexismus-Diskussionen der frühen siebziger Jahre undenkbar gewesen wäre. »Sogar die Wörter für Frauen sind scheußlich. Wie z.B. alte Jungfer für eine unverheiratete Frau. Es hört sich alles so vertrocknet an. Aber das Wort für einen Mann ist Junggeselle, und das hört sich so unbeschwert an.«

Einige Gruppen waren sowohl in ihrer Aufmachung als auch in ihrer Musik ausgesprochen politisch. Das 1979 in Coventry gegründete Indie Label 2-Tone brüstete sich mit der Rassenintegration seiner Gruppen, wie z.B. der Frauenband Bodysnatchers (aus denen später die Belle Stars wurden) oder The Selecter mit der Leadsängerin Pauline Black. The Selecter stürmte die britischen Charts mit einer Reihe von zündenden Songs über Rassismus, Krawalle und die Unzufriedenheit der Jugendlichen. All das war in Großbritannien mittlerweile zum festen Bestandteil des täglichen Lebens geworden. Der wachsende Rassismus hatte zur Gründung von Organisationen wie Rock Against Racism (RAR) geführt, die Konzerte mit dem Ziel veranstaltete, schwarze und weiße Bands sowie ihr jeweiliges Publikum zusammenzubringen[69] (das feministische Gegenstück zu RAR war Rock Against Sexism). 2-Tone fing die daraus entstehende Mischung aus Reggae und Punk-Einflüssen geschickt auf, und Songs wie »Ghost Town« von den Specials, 1981 zu Beginn der Rassenaufstände in London und Liverpool erschienen, sind deutliche Spiegelbilder ihrer Zeit. 1982 befaßte sich eine der letzten 2-Tone-Singles, »The Boiler«, auf besonders erschütternde Weise mit dem Thema »Date Rape«[70] (lange bevor dieser Ausdruck in die englische Alltagssprache aufgenommen wurde). In diesem Song von Ex-Bodysnatcher Rhoda Dakar mit einem leicht jazzigen Background von Special A.K.A. trägt die Erzählerin des Songs ihre Geschichte mit fast unbewegter Stimme vor, die sich dann zu entsetzlichen Schreien steigert, als sie ihren Angreifer nicht abwehren kann. Die Single wurde aufgrund ihres Themas vom britischen Radio boykottiert, erreichte aber dennoch Platz 35 der britischen Charts.

Während Gruppen wie die Raincoats, die für das Indie Label Rough Trade Platten machten, feministische Belange ansprachen, zeigten Bands wie Delta 5 (ebenfalls bei Rough Trade) und die Au Pairs neue Wege für die Zusammenarbeit zwischen Musikern und Musikerinnen auf. Die Au Pairs, die dem Londoner Publikum durch RAR-Konzerte bekannt waren, vertraten besonders kompromißlose Einstellungen, obgleich ihre Gitarristin Lesley Woods (in der Gruppe spielten außerdem noch Paul Foad, June Munro und Pete Hammond) erklärte, die Band habe sich nicht vorgenommen, die Bühne »als politische Plattform« zu benutzen. *Playing With a Different Sex*, 1981 bei Human Records erschienen, beginnt mit einem heftigen Instrumentalangriff: Gitarre, Baß und Drums bilden den messerscharfen Grundrhythmus, zu dem die deutlichen Texte hervorragend passen. Häufig werden die Geschlechterrollen unter die Lupe genommen: »We're So Cool« reduziert die Freiheit einer offenen Beziehung zynisch auf einen Refrain, in dem die jeweiligen Besitzansprüche in der Partnerschaft dann doch wiederhergestellt werden. »Repetition« befaßt sich mit den Zwängen einer gewalttätigen Ehe, und Woods und Foad singen gemeinsam »Come Again«, einen Song über ein langweiliges sexuelles Erlebnis.

---

69 In Deutschland wurden (und werden) solche Konzerte unter dem Slogan »Rock gegen Rechts« veranstaltet.

70 Date Rape bedeutet, daß ein Mann mit einer Frau ein »Date« hat, also mit ihr ausgeht, und sie dann zum Sex zwingt. Diese Art der Vergewaltigung beruht auf der Annahme des Mannes, daß eine Frau, die sich mit ihm verabredet, auch Sex mit ihm will.

Sense and Sensuality (1982) war zwar musikalisch etwas gemäßigter, doch hatten die Texte nichts von ihrer Intensität eingebüßt. »Stepping Out of Line« ist eine gelungene Zusammenfassung der Einstellungen, die Frauen zu Sexualobjekten reduzieren:

You're a frivolous female
A femme fatale with an evil intention
You're a neo-hysteric
A neurotic with a problem it's better not to mention...
We've got you summed up, we've got you defined
And you're stepping out of line...[71]

Andere Themen, die kritisch beleuchtet wurden, waren z.B. das Gefängnis in Armagh auf *Different Sex* sowie die Reagan-Regierung auf *Sensuality*. Unmittelbar nach der Veröffentlichung ihres zweiten Albums löste sich die Gruppe jedoch auf. Die Gründe waren »Geldmangel, Nervenzusammenbrüche und Drogen... die übliche Rock 'n' Roll-Geschichte«, gestand Wood 1991. Wie viele andere Gruppen dieser Zeit waren zwar auch die Au Pairs nur eine kurzlebige Band, allerdings mit überzeugenden musikalischen Leistungen. Die straffen Rhythmen und aggressiven Texte auf *Different Sex* sind ein klassisches Beispiel dafür, wie Rockmusik durch Punk-Einflüsse in neue, aufregende Bereiche geführt werden kann.

Im Gegensatz zu einigen ihrer Zeitgenossinnen, die mit ihrer Musik eine politische Richtung verfolgten, standen Sängerinnen wie Nina Hagen und Lene Lovich offensichtlich eher in der avantgardistischen Tradition Yoko Onos, ein Vergleich, den Lovich bereits gehört hatte, bevor sie Musikerin wurde. »Natürlich war mir klar, was sie und John machten«, sagt sie, »weil sie in den Medien war. Und sie war eine Frau, die ihr eigenes künstlerisches Betätigungsfeld hatte. Bevor ich überhaupt etwas mit Musik zu tun hatte, riefen mir Leute auf der Straße zu, ob ich versuchen würde, sie nachzumachen. Mein Gott, als ob jeder Mensch, der ein bißchen ungewöhnlich aussieht, John oder Yoko wäre!« Andere stellten schnell Gemeinsamkeiten zwischen Hagen und Lovich fest, vor allem, was ihre Stimmakrobatik anging. Die Musikerin und Schauspielerin Ann Magnuson ging sogar so weit, ihre Stile, Sounds und Namen zu einer Video-Persiflage einer Sängerin namens »Lene Haagendaasovich« zu vermischen.

---

71 Deutsch etwa: Du bist eine frivole Frau / Eine Femme fatale mit bösen Absichten / Du bist eine Neo-Hysterikerin / Eine Neurotikerin mit einem Problem, das man besser erst gar nicht erwähnt / Wir wissen, wer du bist, wir haben dich definiert / Und du tanzt aus der Reihe.

Hagen wurde 1955 in Ostberlin geboren und ging 1976 nach West-deutschland. Bei ihrer Ankunft im Westen war sie bereits Berufssängerin und unterschrieb einen Plattenvertrag bei CBS. Anschließend ging sie nach London, lernte dort die Slits kennen und nahm mit ihnen einige Stücke auf. 1977 gründete sie die Nina Hagen Band und veröffentlichte ihre ersten LPs in deutscher Sprache. Mit so einfallsreichen Cover Ver-sionen wie »TV Glotzer« (eine Bearbeitung von »White Punks on Dope« von den Tubes) und »Gott im Himmel« (ein Cover des Top-10-Hits »Spirit in the Sky« von Norman Greenman) führte sie ihre wilde, kehlige Stimme vor. Lovich und Hagen lernten sich 1979 bei den Dreharbeiten zu dem Film *Cha Cha* kennen und haben seitdem sowohl privat als auch beruflich ein gutes Verhältnis. »Wir hatten einfach ein gutes Gefühl zueinander«, beschreibt Lovich ihr Kennenlernen. »Es ist so, als wenn man jemanden vom selben Planeten wiedererkennt, eine Art Vertrautheit.« Hagen integrierte eine deutsche Version von Lovichs New Wave-Hit »Lucky Number« in ihre LP *Unbehagen* (1980), und später sangen die beiden zusammen »Don't Kill the Animals«, einen TierrechtlerInnen-Song, der auf verschiedenen Samplern zu hören ist.

Lovich wurde als Marlene Peremilovich als Tochter einer Engländerin und eines Jugoslawen in Detroit geboren und hatte als Kind kaum Interesse an Musik, war jedoch stolz auf die Errungenschaften von Motown Records in ihrer Heimatstadt. »In Detroit war jedes Kind auf der Straße stolz auf Motowns Erfolg«, sagt sie. »Es schien wie ein Wunder, daß gewöhnliche Kids Musik machen konnten und damit Erfolg hatten. Stevie Wonder war ungefähr genauso alt wie ich, und in diesem Alter einen Hit zu haben, war wirklich aufregend für die Kids! Wir fanden das ganz toll! Plötzlich schien es im Leben etwas besseres zu geben, was man machen konnte, obwohl ich selbst nie daran dachte, Sängerin zu werden.«

Als Lovich dreizehn war, ließen sich ihre Eltern scheiden, und ihre Mutter ging mit Lovich, ihren zwei Schwestern und ihrem Bruder nach England zurück. 1968 zog Lovich nach London, und studierte von 1970 bis 1973 Bildhauerei an der Londoner Central School of Art. Leider mußte Lovich feststellen, daß sie sich in ihrer schöpferischen Umgebung nicht so frei entfalten konnte wie sie gehofft hatte. »Es wurden nur bestimmte Arten von Kunst akzeptiert«, sagt sie. »Im Fachbereich für Bildhauerei waren es entweder leuchtend angemalte Skulpturen aus zusammenge-schweißtem Schwermetall – abstrakt natürlich – oder Konzeptarbeiten, bei denen alle herumsaßen und diskutierten.« Lovichs Jahre an der Kunst-schule waren jedoch nicht ganz umsonst, da sie ihren zukünftigen Band-kollegen und Partner Les Chappell kennenlernte, mit dem sie seither zusammenarbeitet. Außerdem lernte sie Leute aus den Bereichen Theater und Musik kennen und faßte schließlich den Entschluß, es selbst einmal mit der Musik zu versuchen. »Musik war aufregend, weil die direkter war«, erklärt sie, »und sie schien sich nicht in einer so kleinen Welt zu bewegen. Musik hatte so viele verschiedene Kategorien, die alle akzeptiert wurden. Man konnte alles machen, was man wollte.«

Anfangs mußte Lovich jedoch feststellen, daß ihre Stimme nicht unbedingt das war, was akzeptiert wurde oder gar gefiel. »Singen war etwas, das jeder konnte«, sagt sie, »also dachte ich: 'Ich kann meinen Mund aufmachen, ich kann einen Ton erzeugen, also kann ich in einer Band singen.' Aber so einfach war das nicht. Die Bands, bei denen ich gerne mitgemacht hätte, wollten mich nicht, weil kein Mensch so gesungen hat wie ich. Also mußte ich weggehen und ungefähr fünf Jahre lang Erfahrungen sammeln, in den Bands anderer Leute mitmachen, ein Instrument lernen. All das hat mir geholfen, etwas sicherer zu werden, ein bißchen mehr Selbstvertrauen zu bekommen.« Lovichs Erfahrungen führten sie auch nach Europa, wo sie mit ihrer scheinbar so exzentrischen Stimme bald lernte, viele unterschiedliche Mainstream-Stücke zu singen. »Ich arbeitete in Hotel-Bands, die fünf Stunden pro Abend spielten«, erklärt sie. »Wir spielten alles: Bossa Nova, Walzer, Abba-Stücke... es war eine super Ausbildung.«

Lovich probierte auch verschiedene Instrumente aus. »Ich fing mit Gitarre an«, erinnert sie sich. »Ich lernte ziemlich viele Akkorde und spielte auch Gitarre in der Band, aber die Leute aus der Band sagten, daß mein konzentrierter Gesichtsausdruck das Publikum nerven würde!« Lovich stieg auf Geige und schließlich auf Saxophon um. Darüber hinaus nahm sie ein paar Stücke mit dem französischen Disco-Star Cerrone auf und arbeitete als Synchronsprecherin für Horrorfilme. Als sie nach London zurückkam, schrieb sie mit Chappell Songs und arbeitete zunächst in einer Band namens Diversions, die unter den Labels Gull und Polydor Singles veröffentlichten. 1978 – Lovich arbeitete bereits als Solokünstlerin – spielte DJ Charlie Gillett von Radio London dem Betreiber des Indie Labels Stiff Records, Dave Robinson, ein Demoband mit Lovichs »I Think We're Alone Now« vor. Robinson nahm sie sofort unter Vertrag und veröffentlichte den Song mit einer frühen Version von »Lucky Number« auf der B-Seite als Single, die nur über den Versand zu beziehen war.

Stiff, 1976 von Robinson und Jake Riviera gegründet, war keine rein punkorientierte Firma, profitierte aber von dem Interesse am Punk. Die Slogans des Labels, wie z.B. »If it ain't Stiff, it ain't worth a fuck«[72] hatten

---

72 Ein schönes Wortspiel, das sich im Deutschen leider nicht so wiedergeben läßt. Wörtlich übersetzt heißt der Satz: »Wenn er nicht steif ist, ist er keinen Fick wert«, auf das Platten-Label übertragen hieße es dann etwa: »Es muß schon Stiff sein, sonst ist die Platte nichts wert«.

die gleiche Wellenlänge wie die Aussagen im Punk. Lovich hat diese Jahre als aufregende Zeit der Freiheit in Erinnerung. »Es war wirklich toll, weil alle Plattenfirmen total durcheinander waren«, erzählt sie. »Sie wußten überhaupt nicht, was abging. Zum ersten Mal seit langer Zeit bestimmte das Publikum, was es wollte, anstatt sich mit dem zufrieden zu geben, was es vorgesetzt bekam. Natürlich wurde das sehr schnell zum Klischee, und selbst heute kann man in der Carnaby Street noch Punksachen kaufen. Aber am Anfang ging es darum, genau das zu machen, was man wollte, und das war wirklich aufregend. Und die Leute, die nicht spielen konnten, spielten trotzdem, weil sie unbedingt spielen wollten. Es gab gute Spontanreaktionen. Also ließen die Plattenfirmen ihre Türen offen, weil sie einfach mußten. Und sobald sie konnten, machten sie sie dann wieder zu. Es war wirklich nur eine kurze Zeit.«

Lovich stellte allerdings auch fest, daß die Einstellungen gegenüber Frauen in vieler Hinsicht doch dieselben blieben. Einmal bot eine Band ihr eine Jam Session auf der Bühne an. Lovich wurde von der Bühne geworfen, weil die Roadies »anscheindend dachten, ich sei nur ein Groupie. Und ich hatte mein Saxophon um den Hals!«, ärgert sie sich. »Mir war klar, daß Frauen zwar durchaus Beachtung finden können, weil sie was Besonderes sind. Aber ernst genommen zu werden oder auch nur irgendwie als glaubwürdig zu gelten, ist sehr viel schwieriger. Ich glaube, der Grund dafür ist, daß Musik ein Teil der Gesellschaft ist, und man warten muß, bis die Gesellschaft bereit ist, sich zu ändern. Ich glaube, daß viele Frauen gerne Musik gemacht hätten, aber sie mußten damit einverstanden sein, sich total manipulieren zu lassen, weißt du. 'Zieh dieses Kleid an, spiel nicht Trompete, spiel entweder Gitarre oder Klavier, du kannst dich bewegen, solange du mit den Titten wackelst' – es war total einengend. Stereotypen, echt. Ich glaube, solche Stereotypen sind fest im Gehirn der Leute eingeprägt, besonders der Leute, die Plattenfirmen haben.«

»Das ist zwar auch heute noch der Fall, aber man kann jetzt seinen eigenen Weg gehen«, fährt sie fort. »Man hat zwar keine Erfolgsgarantie, aber man kann seinen eigenen Weg gehen, weil es zumindest ein paar Vorbilder gibt. Erfolgreiche Pop- oder Rockmusik ist sehr traditionell. Man braucht nur an all die Bands zu denken, die zur Zeit in den Charts sind. Sie spielen traditionelle Musik nach einem traditionellen Muster. Für Frauen ist es schwierig, in dieser Tradition mitzuhalten, weil sie nicht von Anfang an dabei waren. Ich glaube, es wird noch sehr lange dauern, bis es wirklich völlig normal ist, daß Frauen Musik machen. Frauen sehen immer noch ein bißchen unbeholfen aus, wenn sie Gitarre spielen oder so, weil sie nicht diese lange Tradition haben; sie haben immer noch so eine Art Außenseiterposition.«

Lovich konnte ein paar Vorurteile gegenüber Musikerinnen abbauen, als ihr eine Rolle in dem Film *Breaking Glass* angeboten wurde, der 1980 in Großbritannien herauskam. Zu dieser Zeit hatte Lovich bereits zwei LPs, *Stateless* und *Flex*, veröffentlicht sowie eine Anzahl von Singles herausgebracht, u.a. »Lucky Number«, die 1979 Platz 3 der britischen Charts erreichte. Darüber hinaus hatte sie erfolgreiche Tourneen sowohl durch Großbritannien als auch durch die USA hinter sich (in den USA wurde ihr exzentrischer New Wave-Pop merkwürdigerweise mit der provokativeren Musik Patti Smiths verglichen). *Breaking Glass* erzählt die Geschichte einer Punk-Rockerin, die es zu nationalem Erfolg bringt. Die Hauptrolle des Films war ursprünglich für einen Mann geschrieben worden. Auf Drängen von Charlie Gillett traf sich Lovich mit den Produzenten, die sich später einen ihrer Auftritte ansahen. »Sie sagten mir, daß sie nach meinem Konzert fanden, daß die Hauptrolle von einer Frau gespielt werden müsse«, erzählt sie. »Sie löcherten mich ziemlich. Zum Beispiel fragten sie mich, wie sich die Musik meiner Meinung nach in den nächsten fünf Jahren entwickeln würde und all solches Zeug.« Als Lovich die Rolle angeboten wurde, lehnte sie jedoch ab. »Sie benutzten mich als Vorlage für die Hauptrolle und wollten unbedingt, daß ich sie spielte«, erzählt sie. »Aber ich fand, daß mir die Rolle zu ähnlich war – und trotzdem fand ich mich darin nicht richtig wieder. Die Leute würden denken, daß es meine Lebensgeschichte war, und doch war sie es nicht. Außerdem fehlte es dem Film für meine Begriffe an Phantasie. Ich mag nun mal keine Filme über das Alltagsleben. Sie interessieren mich nicht. Ich sehe mir nie Filme über Scheidungen an.«

Letztendlich wurde die Rolle der »Kate« in *Breaking Glass* an die Sängerin Hazel O'Connor vergeben, die auch alle Filmsongs schrieb und sang und dadurch drei Top-40-Hits in den britischen Charts hatte. Trotz des Erfolgs in Großbritannien kam aus einigen Ecken die Kritik, *Breaking Glass* stünde zu sehr in der *A Star is Born*-Tradition und wirke dadurch kitschig. Ärgerlicher ist jedoch, daß der Film die Fortschritte, die Frauen im Punk- und New Wave-Bereich erzielt haben, einfach ignoriert. »Kate« entpuppt sich als ebenso leicht manipulierbar wie jede andere typische Musikerin. Trotz ihrer Proteste – sie braucht und will keinen Manager oder Plattenvertrag – steht sie am Ende doch mit beidem da. Aus ihr wird genau die Art von Musikerin, die sie eigentlich verachtet: ein hübsch verpacktes »Image«, aufgebaut von den skrupellosen Managern einer Plattenfirma mit dem prophetischen Namen »Overlord«. »Kate« stirbt schließlich beinahe an einer Überdosis Drogen, faßt jedoch neuen Lebensmut, als ihr Ex-Manager und -Freund »Danny« (Phil Daniels, der Star aus *Quadrophenia*) sie im Krankenhaus besucht und ihr geliebtes tragbares

Keyboard mitbringt (der Schluß – Überdosis und anschließende Genesung – wurde aus den Kopien für die USA herausgeschnitten).

Breaking Glass war jedoch zumindest nicht ganz so realitätsfern wie z.B. die britische Fernsehserie *Rock Follies*, in der es um die Abenteuer eines Vokal-Trios namens »Little Ladies« ging. Die »Little Ladies« der Serie, die auf dem Höhepunkt der britischen Punk-Ära gezeigt wurde, spielen nicht einmal ein Instrument, und der Kurzhaarschnitt der Figur Julie Covington ist das einzige Indiz für die Existenz des Punk. Im Vergleich dazu zeigen Filme wie Derek Jarmans *Jubilee* Rock-Frauen aus einer ganz anderen Perspektive. Der Film, 1978 in Großbritannien erschienen, war einer der ersten Beiträge ohne Dokumentationscharakter zum Thema Punk. Die Handlung spielt in Großbritannien irgendwann in der Zukunft. London bietet ein ausgesprochen trostloses Bild: Die Straßen sind bis auf ein paar herumziehende Gangs verlassen, die Königin ist einem Attentat zum Opfer gefallen und der Buckingham Palace zu einem Tonstudio umgebaut worden. Der Film erzählt in lockerer Abfolge die Abenteuer einer Gruppe von FreundInnen, die auf einem baufälligen Dachboden leben, wobei die dominanten – und gefährlichen – Figuren hier eindeutig die Frauen sind, die aus Rache oder purer Langeweile mörderische Raubzüge unternehmen. Viele der Frauen aus *Jubilee* hatten direkte Verbindungen zur Punkszene: Little Nell spielte in dem Musical *The Rocky Horror Show*, einer überzogenen Horrorfilm-Aufbereitung, die in der Songzeile »Don't dream it, be it« die do-it-yourself-Devise des Punk perfekt trifft (außerdem veröffentlichte sie Solo-Singles und spielte in *Rock Follies* mit). Toyah Willcox, die in *Jubilee* mit einer Frauenband namens Maneaters auftritt, brachte später selbst Platten heraus und hatte eine Rolle in *Quadrophenia*. Jordan, eine legendäre Punk-Persönlichkeit, hatte schon in Malcolm McLarens Boutique gearbeitet, Adam Ant gemanagt (der ebenfalls in *Jubilee* mitspielte) und Leute schockiert, indem sie einfach in völlig ausgeflipptem Aufzug durch London spaziert war. Auch The Slits und Siouxsie and the Banshees sind in dem Film kurz zu sehen.

Als *Jubilee* 1979 in den USA veröffentlicht wurde, ergab der Film keinen Sinn, weil mehrere Szenen herausgeschnitten waren. Jarman hatte im selben Jahr noch ein anderes Projekt in petto, drei Kurzfilme, die er zur Musik von Marianne Faithfull gedreht hatte. Faithfull hatte 1979 ein Comeback mit *Broken English*, einer Song-Kollektion, deren Direktheit und Aussagekraft alle überraschte. Seit ihrer Zeit als Kultfigur der sechziger Jahre war es mit ihr ständig bergab gegangen, und so war sie für viele nur noch ein Name aus vergangenen Zeiten. Ihre Liaison mit Mick Jagger hatte zu einer endlosen Folge von Problemen geführt. Die berühmte

Drogenrazzia in Keith Richards Haus 1967 hatte sie wohl mehr in Verruf gebracht als Richards oder Jagger (die eigentlichen Beschuldigten), nur weil sie nichts weiter als einen Bettvorleger aus Fell trug. Die Kirchen in ganz Großbritannien verurteilten sie, weil sie offen mit Jagger zusammenlebte und sich auch dann noch weigerte, ihn zu heiraten, als sie schwanger war (sie hatte später eine Fehlgeburt). Nach einem Selbstmordversuch 1969 trennte sie sich schließlich 1970 von ihm und lebte allein.

Auch Faithfulls Plattenkarriere hatte während ihrer Beziehung zu Jagger gelitten. »Damals verstand ich nicht, daß es für mich sehr wichtig war, zu arbeiten, was auch immer in meinem Leben passierte«, gestand sie später. 1967 erschien ihre letzte LP der sechziger Jahre, *Loveinamist*, und 1969 ihre letzte Single, Goffin und Kings »Something Better« mit ihrem selbstgeschriebenen »Sister Morphine« auf der B-Seite, von dem sie später sagte, es sei »eigentlich mein erster Song« gewesen. Im Gegensatz zu der späteren Cover Version der Rolling Stones (Jagger hatte ursprünglich die Musik geschrieben, und wegen ihrer Schwierigkeiten mit den Stones erhielt Faithfull später jahrelang keine Tantiemen), klingt Faithfulls Version traurig und verzweifelt und damit untypisch für die »good vibrations« der sechziger Jahre. Der Song deutete bereits auf ihre immer stärker werdende Drogenabhängigkeit hin. Faithfull arbeitete auch als Schauspielerin und spielte in den Londoner Theaterinszenierungen von Tschechows *Drei Schwestern* mit Glenda Jackson, *Early Morning*, *Hamlet*, einer Filmversion von *Hamlet* sowie als Rockerin ganz in Leder in *Girl on a Motorcycle*. Doch auch ihre Schauspielkarriere war wegen ihrer Drogensucht nur von kurzer Dauer.

David Bowie bat Faithfull 1974, in seiner Fernsehsendung *1980-Floor Show* aufzutreten, in der sie drei Stücke sang. »Bowie war der erste Mensch, der auf mich zukam und versuchte, mich zurückzuholen«, sagte sie in einem Rundfunkinterview. »Eigentlich wollte ich gar nicht. Aber wenn ich jetzt daran zurückdenke, ist mir klar, daß es entscheidend war. Er hat mir etwas gegeben: Selbstachtung.« 1975 veröffentlichte sie die Single »Dreamin' My Dreams«, gefolgt von der Country-LP *Faithless* (1978), auf der sie mit einem Cover von Jackie DeShannons »Vanilla O'Lay« zu hören ist. »Dreams« wurde zwar ein Nummer-1-Hit in Irland, doch für Faithfull bestand der Erfolg ihrer Platten eigentlich darin, wieder arbeiten zu können. »[Country Music] war eigentlich nicht das, was ich machen wollte«, erklärte sie später. »Ich war immer noch auf der Suche nach Möglichkeiten, das auszudrücken, was ich sagen wollte.« Als der Punk aufkam, hatte sie die Antwort gefunden. »Ich fand ihn gut, weil er ungekünstelt und einfach war«, sagte sie. »Und es war auch eine Menge Wut dabei, mit der ich mich identifizieren konnte. Ich hatte einfach den

Eindruck, daß ich auf diesem Gebiet wahrscheinlich arbeiten könnte.« Sie nahm Demos von »Broken English« und »Why D'ya Do It?« auf, das der Dramatiker Heathcote Williams ursprünglich für Tina Turner geschrieben hatte. »Ich lachte nur«, erinnerte sich Faithfull in *Interview*. »'Meinst du, Tina Turner würde sowas singen? Du bist ja verrückt. Du findest niemand anderen dafür, also gib es mir'.« Chris Blackwell hatte Interesse an den Demos, nahm Faithfull bei seinem Label Island Records unter Vertrag und brachte 1979 *Broken English* heraus.

Für diejenigen, die *Faithless* verpaßt hatten, schien es, als hätte Faithfulls Stimme auf »Broken English« eine unglaubliche Wandlung durchgemacht. Nichts erinnerte mehr an ihr süßes Schulmädchen-Geträllere aus ihrer »As Tears Go By«-Zeit. Ihre rauhe, gebrochene Stimme zeugt auf eindringliche Weise von dem harten Leben, das sie hinter sich hatte. Die Songs der LP (drei von den acht Songs hatte Faithfull mitgeschrieben) waren ebenso überwältigend und machten *Broken English* zu einem der wenigen Alben, auf denen praktisch jedes Stück ein Klassiker ist. Während der Titelsong am Anfang der LP eher schwermütig ist, schäumt der letzte Song, »Why D'ya Do It?«, vor Wut – jener Wut, die Faithfull am Punk so bewunderte. »Guilt« bebt vor unterschwelliger, ungelöster Spannung, und unter ihren ausdrucksvollen Cover Songs finden sich u.a. überzeugende Versionen von John Lennons »Working Class Hero« und Shel Silversteins »The Ballad of Lucy Jordan«. Dieser Song erzählt die Geschichte einer Hausfrau, die am Ende vor Langeweile ihres häuslichen Lebens verrückt wird (der Song wurde später für den Film *Thelma & Louise* verwendet). Obwohl *Broken English* nicht in die Charts kam, bekam die LP hervorragende Kritiken. Das Album zeugt von Faithfulls musikalischer Reife und etabliert sie ein für allemal als ernsthafte Künstlerin, an die sich die Leute nie wieder nur als bloße Freundin eines Mick Jaggers erinnern würden. In den achtziger Jahren veröffentlichte sie *Dangerous Acquaintances*, *A Child's Adventure* und *Strange Weather* (u.a. mit einer Neuaufnahme von »As Tears Go By«). 1990 brachte sie ihr eindrucksvolles Live-Album *Blazing Away* heraus, aufgenommen in der St. Anne's Cathedral in Brooklyn.

Trotz Wegbereiterinnen wie Yoko Ono und Patti Smith engagierten sich in den USA im Gegensatz zu Großbritannien nur relativ wenig Frauen in der Punkszene. Die wenigen Frauen, die es gab, waren in ihren Bands allerdings gleichberechtigte Mitglieder. Daß Poison Ivy Rorschach, Gitarristin der Cramps, und Tina Weymouth, Bassistin der Talking Heads Frauen waren, wurde z.B. kaum besonders beachtet. Außerdem gründete sich die Musik eher auf künstlerischen Experimenten oder der Aufbereitung von Rock 'n' Roll-Ursprüngen und hatte nicht den politischen Anspruch, der zur britischen Musikszene gehörte.

Vor allem die Cramps spielten eine wüste Mischung aus Rockabilly der fünfziger und Punk der siebziger Jahre (von der Gruppe als »Psychobilly« bezeichnet, »um die Leute in unsere Shows zu treiben«). Die Stücke waren voll von Anspielungen auf Amerikas Schattenseiten, z.B. drittklassige Science Fiction- und Horrorfilme und Comics. Mit dieser Kombination wurden die Cramps nicht nur zu den Lieblingen der KritikerInnen, sondern hatten auch ein großes Insider-Publikum. Die Band wurde Mitte der siebziger Jahre von Ivy (Kristy Wallace) und ihrem »Komplizen« Lux Interior (Erick Purkhiser) gegründet, die zwar beide von drittklassigen Amerikana und dem Rock 'n' Roll der fünfziger Jahre fasziniert waren, in ihrer damaligen Heimatstadt Cleveland jedoch nur begrenzte musikalische Möglichkeiten sahen. »Es gab in ganz Ohio keinen Ort, an dem man eine gute Band sehen konnte«, sagte Ivy gegenüber der Zeitschrift *Guitar Player*. »Wir wußten vom CBGB ... wir standen auf die New York Dolls ... wir hatten langweilige Jobs, wir nahmen Speed, und mit dieser Kombination gingen wir schließlich nach New York.« In einer frühen Besetzung mit Lux als Sänger, Ivy und Bryan Gregory an der Gitarre und Miriam Linna an den Drums (sie wurde allerdings kurz darauf von Nick Knox [Stephanoff] ersetzt) gaben die Cramps 1976 ihr Debüt im CBGB und veröffentlichten im April 1978 bei Vengeance Records ihre erste Single, »The Way I Walk«/»Surfin' Bird«.

Mit Lux als Leadsänger stand Ivy nicht ganz so im Mittelpunkt des Interesses, obwohl manchmal mehr Kommentare über ihre hautenge Kleidung als über ihre musikalischen Fähigkeiten gemacht wurden. Andere KritikerInnen vermißten den Humor in den anzüglichen Texten der Gruppe, was Ivy darauf zurückführte, daß »Leute Sexismus mit sexy verwechseln.« »Unserer Band ist Sexismus vorgeworfen worden«, sagt sie, »was nun wirklich absurd ist, weil die Frauen in unserer Band etwas ganz Neues machen [in den verschiedenen Besetzungen der Band haben schon viele Frauen mitgespielt]. Sie imitieren nichts, was Männer oder was andere Frauen gemacht haben. Ich versuche nicht, mir eine bestimmte Frauenrolle auszudenken, die ich dann spiele. Ich widme mich einfach nur mit Leib und Seele dem Rock 'n' Roll. Ich liebe Rock 'n' Roll. Schließlich habe ich ihn mein ganzes Leben lang gehört.« Sie tat ihre eigenen Erfahrungem mit Sexismus zwar als »ziemlich belanglos« ab (»Ich komme in einen Gitarrenladen und werde Schätzchen genannt«), gab jedoch zu, daß Bemerkungen wie: »Du spielst ja genauso gut wie ein Typ« sie ärgerten. »Das ist eine Beleidigung«, sagte sie gegenüber *Guitar Player*. »Kein Typ hat mir das Spielen beigebracht. Ich hab's mir selbst beigebracht ... Ich bin sicher, daß auch im bloßen Frausein schon ein Funke Originalität steckt und Frauen sollten versuchen, das in ihrem Spiel aus zudrücken.«

Im Vergleich zu Ivy, die Managerin und Alleinproduzentin der Cramps wurde, blieb Tina Weymouth von den Talking Heads im Hintergrund. Die Band war ein Abkömmling der Artistics (die gelegentlich als »Autistics« angekündigt wurde), die von Gitarrist David Byrne und Drummer Chris Frantz gegründet wurde, als beide Anfang der siebziger Jahre an der Rhode Island School of Design studierten. Die Kunstschule hatte auf Byrne und Frantz, wie schon auf Lene Lovich vor ihnen, eine ernüchternde Wirkung, so daß sich die beiden schließlich der Musik zuwandten. Sie baten noch eine andere Studentin, Martina Weymouth, mitzumachen, obwohl Byrne später zugab, daß er Bedenken hatte, eine Frau in die Gruppe aufzunehmen (»Rock 'n' Roll gilt als männliche Musik. Ich wußte nicht so recht, wie man es auffassen würde«, sagte er zu Caroline Coon im *Melody Maker*). Als die Band von Sire Records unter Vertrag genommen wurde, ließ Byrne Weymouth noch einmal vorspielen, um ihren Platz in der Gruppe zu sichern. Weymouth für ihren Teil gab zwar zu, daß Sexismus existierte, leugnete aber, daß sie Probleme damit hatte. »Kritiker tendieren dazu, Musikerinnen wie Autofahrerinnen zu behandeln«, sagte sie. »Wenn sie nicht besonders gut sind, heißt es, na ja, was kann man schon erwarten? Und wenn sie ganz große Klasse sind, dann sind sie toll, obwohl sie Frauen sind.« Sie fügt hinzu: »Ich habe einfach nichts dafür übrig, alles feministisch zu analysieren.« Ein 1981 in *The Face* erschienenes Interview zeigt jedoch, daß sie sich sehr wohl über ihr Image als Vorbild im klaren war und sich bewußt entschieden hatte, ihren Status als Frau herunterzuspielen. »Jetzt im Nachhinein bin ich froh darüber, daß ich nie über die Probleme gesprochen habe, die ich als Frau hatte«, sagte sie. »Ich wollte Frauen, die dieselbe Idee hatten, nicht entmutigen. Ich wollte nicht, daß es wie ein anstrengender Kampf aussah, was es aber in Wirklichkeit war.«

Die Artistics gingen 1975 nach New York und nannten sich nun Talking Heads. Mit von der Partie war auch der Gitarrist und Keyboarder Jerry Harrison, ein früheres Mitglied von Jonathan Richmans Modern Lovers. Die Band fand schnell einen Platz in Manhattans aufblühender Szene. Sie spielte im CBGB und trat zusammen mit Bands wie den Ramones und Blondie auf. 1977 wurde sie von Sire Records unter Vertrag genommen und veröffentlichte im selben Jahr ihre erste Single, »Love Goes to a Building on Fire« sowie ihre erste LP, *Talking Heads: '77*. Die größtenteils von Byrne geschriebenen Songs waren satirischer und weniger aggressiv als das Material ihrer Punk-KollegInnen und wurden daher von den KritikerInnen als »gebildeter Rock« bezeichnet. Ihren ersten Top-40- Hit hatten die Talking Heads 1978 jedoch mit einer Cover Version von Al Greens »Take Me to the River« aus ihrer zweiten LP *More Songs About Buildings and Food*.

Da sie keines der bekannten extremen Images verkörperte (Rocker-braut, knurrender Punk, Mainstream-Sängerin), wurde Weymouths Rolle in der Gruppe eher als asexuell interpretiert. »Sie strahlt keusche Selbst-sicherheit aus«, war im *NME* zu lesen, und ein anderer britischer Journalist sah in ihr »eine Art freundliche Mutter Oberin«. Dennoch führte die Auf-merksamkeit, die Weymouth als »Frau in der Band« zuteil wurde, zu Spannungen und verstärkte die Reibereien zwischen Byrne und den anderen Mitgliedern, die mit zunehmender Popularität der Band ent-standen waren. »David steckte für alles, was bei den Talking Heads passierte, die Anerkennung ein«, erklärte Weymouth später gegenüber dem *Rolling Stone*. »Und wir ließen es zu.« Nach der Veröffentlichung von *Remain in Light* 1980 (mit Nona Hendryx als »Special Guest«) beschlossen Weymouth und Frantz, die 1977 geheiratet hatten, ihre Unabhängigkeit wiederherzu-stellen und gründeten The Tom Tom Club. Die Gruppe, u.a. mit zwei von Weymouths Schwestern als Sängerinnen, brachte ihre erste Single, »Wordy Rappinghood«, 1981 heraus. Im selben Jahr erschien ihr Debütalbum *The Tom Tom Club* sowie eine weitere Single, »Genius of Love«, die sich in den Top 40 plazierte. Die Musik der Gruppe baute auf dem Interesse der Talking Heads an afrikanischer Polyrhythmik[73] auf (deutlich zu hören auf *Remain in Light*) und war daher ebenso rhythmisch und zum Tanzen geeignet wie die Musik der Talking Heads. »Wordy Rappinghood« lieferte dem weißen Publikum einen Vorgeschmack auf Rap, einen Musikstil, der in der schwarzen Bevölkerung New Yorks entstand. Die Band bot Weymouth und Frantz außerdem ein musikalisches Betätigungsfeld für die Zeiten, in denen die Talking Heads nicht aktiv waren.

Die B-52's hatten es leichter, als einheitliche Band angesehen zu werden. Zwar standen die beiden Frauen der Gruppe, Cindy Wilson und Kate Pierson, als Sängerinnen im Vordergrund, doch war Fred Schneider eben-falls Sänger, so daß das exzentrische Image der Band von allen dreien gleichermaßen ausging. Die fünf Mitglieder (außer den oben genannten waren noch Wilsons Bruder Ricky und Keith Strickland dabei) gründeten die Gruppe 1976 in Athens, Georgia, der Geburtsstadt Stricklands und der Wilsons. Obwohl ihre musikalischen Erfahrungen sehr unterschied-lich waren – Pierson war mit einer Folkgruppe, den Sun Donuts, aufge-treten, Schneider hatte in verschiedenen Regionalbands gespielt und Strickland war in seiner High School-Zeit Drummer in verschiedenen Rockgruppen gewesen – beschlossen die fünf über ein paar Drinks in einem chinesischen Restaurant, eine eigene Band zu gründen. Ihren ersten

---

73 Unter Polyrhythmik versteht man das gleichzeitige Ablaufen mehrerer verschiedener, eigenständiger Rhyth-men, insbesondere die vielschichtigen Rhythmuslinien afrikanischer Trommlergruppen.

Auftritt hatten sie auf einer Party am Valentinstag 1977. Cindy Wilson sang und spielte Gitarre und Percussion, Pierson und Schneider sangen und spielten Gitarre bzw. Keyboard, Ricky Wilson spielte ebenfalls Gitarre, und Strickland saß am Schlagzeug. Zu dem verrückten, ironischen Image der Gruppe gehörten auch die reichhaltige Ausstattung mit Second-hand-Klamotten sowie Wilsons und Piersons hoch auftoupierte Perücken. Diese »Bienenkorb«-Frisuren wurden im Süden der USA umgangssprachlich als »B-52's« bezeichnet. Noch im selben Jahr fuhren die B-52's zusammen mit einer anderen Gruppe aus Athens, den Fans, nach New York und gaben im Club Max's Kansas City ein Demoband ab, dem sie ihren ersten Auftritt in New York im Dezember 1977 verdankten. Pierson erinnerte sich später daran, daß das Publikum sie und Wilson wegen ihrer Perücken für Transvestiten gehalten hatte.

1978 erschien die erste Single der Gruppe, der Klassiker »Rock Lobster«, unter dem Label Boo-Fant. »Rock Lobster«, in gewisser Hinsicht immer noch *der* Song der B-52's, stellt eine vollendete Mischung der Grundzutaten der Gruppe dar: Er ist skurril, unkonventionell, experimentell und eignet sich hervorragend zum Tanzen. Wilsons und Piersons frenetisches Geträllerere wäre auch auf Yoko Onos »Why?« nicht fehl am Platz gewesen, und tatsächlich heißt es, der Song habe John Lennon musikalisch inspiriert, als er ihn in einer Discothek auf den Bermudas hörte und sagte: »Schnapp dir die Gitarre und ruf Yoko!« Später sagte er zu Ono: »Jetzt sind sie bereit für dich« (die B-52's coverten später Onos »Don't Worry Kyoko«). 1979 unterschrieb die Gruppe einen Vertrag bei Warner Bros. und veröffentlichte ihr Debütalbum *The B-52's*, produziert von Chris Blackwell, dessen Label Island Records die Platten der Gruppe im Ausland herausbrachte. Dort fand ihre kitschige Aufmachung sofort großen Anklang, vor allem beim britischen Publikum. Das zweite Album der B-52's, *Wild Planet* (1980), wurde ihr erster Top-40-Hit, doch ihr großer kommerzieller Durchbruch kam erst 1989, als sowohl ihre LP *Cosmic Thing* als auch zwei Singleauskoppelungen die Top 10 erreichten.

Die Frau, die wohl am meisten mit dem Aufkommen von Punk und New Wave in Amerika verbunden wurde, war jedoch Blondies Leadsängerin Debbie Harry. Blondie ließ den Pop und das Girl Group-Image der sechziger Jahre zwar wiederaufleben, machte sich aber gleichzeitig auch darüber lustig. Ihren Durchbruch in Amerika hatte Blondie mit der Disco-Single »Heart of Glass«. Harry wurde 1946 in Miami, Florida, geboren und wuchs in New Jersey auf. Ende der sechziger Jahre zog sie nach New York, um dort als Sängerin zu arbeiten und hatte ihren ersten Auftritt mit der Folkgruppe Wind in the Willows. Gesang war für Harry allerdings nur eine der vielen Möglichkeiten, die sie für sich sah. »Ich glaube, ich habe deshalb angefangen, zu singen, weil ich einfach eine geborene Sängerin war«, sagt sie. »Das machte es natürlich ziemlich leicht. Aber ich legte auch großen Wert auf den Ausdruck. Mein Stil war besser als meine Technik, obwohl ich auch meine Technik im Laufe der Jahre verbessert habe.«

Wind in the Willows brachte 1968 eine LP heraus und löste sich anschließend auf. Harry nahm viele verschiedene Jobs an (z.B. als Playboy-Bunny oder als Kellnerin im Max's Kansas City), während sie auf ihre nächste Chance wartete. 1974 sang sie in dem Frauentrio Stilettos und hatte sich zwischenzeitlich auch als Songschreiberin versucht. Unter anderem hatte sie die »Erkennungsmelodie« der Stilettos, »I Want to Be a Platinum Blonde«, geschrieben. Der ehemalige Kunststudent Chris Stein schloß sich der Grupp als Gitarrist an, und bald darauf beschlossen Harry und Stein, eine neue Gruppe zu gründen. Zusammen mit dem Bassisten Gary Valentine, dem Keyboarder James Destri und dem Drummer Clement Burke gründeten sie Blondie und erkämpften sich einen Platz in Manhattans Musikszene. »Es war eine aufregende Zeit«, erinnert sich Harry. »Der damalige Zeitgeist und diese Art Renaissance zwischen Malern, Fotografen und Musikern beeindruckte mich tief. Ich hatte wirklich Glück, das alles mitzubekommen und war froh, zur richtigen Zeit am richtigen Ort zu sein.«

Private Stock nahm Blondie 1976 unter Vertrag und veröffentlichte im selben Jahr ihr Debütalbum *Blondie*, produziert von dem Girl Group-Veteranen Richard Gottehrer. Ellie Greenwich sang die Background-Stimmen, obgleich sie von dem Demoband der Gruppe nicht sonderlich beeindruckt war. »Sie waren wirklich nicht besonders gut, und ich suchte eigentlich eher eine etwas kräftigere Stimme«, gab Greenwich in *Will You Still Love Me Tomorrow?* zu. »Aber ich hatte ja keine Ahnung!« Blondies kratzbürstiger Plastik-Pop hatte zwar nur wenig mit der Aufdringlichkeit des Punk gemeinsam, doch für Harry war er genauso radikal. »Musikalisch war es eine Rückkehr zum Pop der Sechziger«, sagt sie. »Und der war damals, Mitte der Siebziger, kaum zugänglich; es gab kaum Platten davon. Und da unsere Musik eine Neufassung war, schockierte sie die Leute so gesehen.« Sie äußert sich auch dazu, wie sie mit ihrer Rolle in der Band bestehende Konventionen herausforderte. »Es war ein sehr aggressiver Pop, und dann noch mit einer Frau als Frontliner«, erklärt sie. »Und im Pop hatte es eigentlich noch nie eine aggressive Frau als Frontliner gegeben. Es war damals sehr schwierig, in dieser Position zu sein – es ist schwer, eine Vorkämpferin zu sein.«

Obwohl *Blondie* im Ausland gut ankam, und die Single »In the Flesh« in Australien Platz 2 erreichte, hatte die Band in Amerika zunächst keinen großen Erfolg. Dort wurde Blondie nicht einmal im Radio gespielt, was Harry auf einen »Boykott« zurückführte. »Ich glaube, daß alles Neue erst mal auf einen gewissen Widerstand stößt«, sagt sie. »Man muß erst mal glaubwürdig werden. Eigentlich ist das ja auch ganz gut so, weil man dadurch härter arbeitet und es richtig macht.« Blondie wechselte dann ohne Gary Valentine zu Chrysalis und veröffentlichte dort 1977 die wiederum von Gottehrer produzierte LP *Plastic Letters*. Obwohl die Platte nicht ganz so ausgefallen war wie ihre Vorgängerin, brachte sie der Gruppe weitere Hits im Ausland, u.a. eine Cover Version des Songs »Denis« (Anfang der sechziger Jahre ein Hit für Randy and the Rainbows), den Harry gegen den Willen der Gruppe ausgesucht hatte sowie »(I'm Always Touched by Your) Presence, Dear«. Beide Songs schafften den Sprung in die britischen Top 10, und auch die LP erreichte Platz 10. Trotzdem zeigte Amerika immer noch kein Interesse. Das änderte sich 1978 mit der Veröffentlichung von *Parallel Lines* allerdings drastisch. Die LP wurde von Suzi Quatros Produzent Mike Chapman produziert, dessen Vorliebe für das Professionelle Harry etwas ironisch kommentiert: »Ich glaube, er dachte, es sei eine Comedy-Platte, und dann stellte sich heraus, daß es Musik war.« Chapmans Einfälle paßten jedoch gut zu Blondies Material, und zudem bekam die Gruppe mit ihren neuen Mitgliedern Nigel Harrison und Frank Infante zwei weitere musikalische Talente, so daß das Album 1979 Platz 6 in den USA erreichte. Die Singleauskopplung »Heart of Glass« war ein internationaler Smash-Hit und die erste Nummer 1 der Gruppe in den USA.

Als Blondies Leadsängerin und einziges weibliches Mitglied wurde Harry von den Medien natürlich ausführlich beäugt. Ihre Plattenfirma Chrysalis hatte dies in Europa bereits ausgenutzt, indem sie den Titel »Rip Her to Shreds« aus *Blondie* als Überschrift zu einem Werbeposter von Harry benutzt hatte: »Wouldn't You Like To Rip Her To Shreds?«[74]. Harry selbst war jedoch der Auffassung, daß der von ihrem ersten Manager geprägte Slogan »Blondie ist eine Gruppe« im Endeffekt mehr Aufmerksamkeit auf sie als Frau gelenkt habe: »Durch diesen Hinweis machte er ein Problem daraus, denn eigentlich war es gar keins, bis er diesen Slogan machte«, behauptet sie. Außerdem fand sie, daß ihre Rolle als eine der Haupt-SongschreiberInnen der Band (sie war verantwortlich für die besten Stücke der Gruppe, wie z.B. »X Offender«, »One Way or Another«, »Heart of Glass«, »Call Me« und »Dreaming«) von ihrer Rolle als Sexsymbol der Gruppe überschattet wurde. »In der Anfangszeit wurden nicht viele ernsthafte Artikel über unsere Musik geschrieben«, sagt sie.

---

74 »Wollt ihr sie nicht in Stücke reißen?«

»Die kamen etwas später. Ich glaube, daß Patti Smith als Intellektuelle und Dichterin ernstgenommen wurde und ihre Arbeit als Schriftstellerin gelobt wurde. Und weil ich als Pop-Figur auftrat, wurde meine Arbeit zunächst übersehen.«

Nach Harrys Auffassung war es die ausschließliche Konzentration auf ihre Person, die sich nachteilig auf die Gruppe auswirkte. »Wir versuchten, das Gruppen-Image in den Mittelpunkt zu stellen, und das war total schwierig«, sagt sie. »Es ist automatisch so, daß der Sänger oder die Sängerin herausgestellt wird und meistens Sprecher oder Sprecherin der Band ist. Ich glaube, es wäre etwas einfacher gewesen, wenn wir eine reine Frauen- oder eine reine Männerband gewesen wären. Offensichtlich sind wir damit nicht allzu gut fertig geworden, denn die Gruppe ist ja nicht mehr zusammen!« Blondie hatte Schwierigkeiten, ihren Erfolg in den achtziger Jahren fortzusetzen, auch wenn zunächst gar nicht so aussah. *Eat to the Beat* (1979) kam zwar nicht an den Erfolg von *Parallel Lines* heran, und auch die Singleauskoppelungen »Dreaming« und »Atomic« (auf beiden ist Ellie Greenwich wieder als Background-Sängerin zu hören) plazierten sich in den Charts nicht so weit oben. Mit »Call Me«, dem Titelsong aus dem Film *American Gigolo – Ein Mann für gewisse Stunden* hatte die Gruppe jedoch wieder einen Hit auf Platz 1, auf den mit dem Reggae-Titel »The Tide Is High« und »Rapture« aus der LP *Auto American* (1980) zwei weitere Nummer-1-Hits folgten.

»Rapture« war einer der ersten Songs, der das Mainstream-Publikum mit Rap[75] bekanntmachte – ein Jahr nachdem Sugarhill Gangs »Rapper's Delight« Platz 36 der Charts erreicht hatte. Harrys und Steins Interesse an New Yorks Graffiti- und Breakdance-Subkultur sowie ein Treffen mit dem Graffiti-Künstler Fab 5 Freddie regte die beiden zu dem ausgedehnten Rap in der Mitte von »Rapture« an (in dem sowohl Fab 5 Freddy als auch der DJ Grandmaster Flash erwähnt werden). *Auto American* war jedoch das letzte Hoch der Band, die sich nach Erscheinen von *The Hunter* (1982) und der Singleauskoppelung »Island of Lost Souls« auflöste. Weder die LP noch die Single war in den Charts besonders erfolgreich, und die Situation wurde durch Steins dreijährigen Kampf mit einer Hautkrankheit noch komplizierter. »Wir wuchsen alle aus der Band heraus«, erklärt Harry. »Wir waren tatsächlich zu einem Pop-Phänomen geworden, also hatten wir unser Ziel erreicht. Wenn man das dann erst mal erreicht hat, und die Gruppe aus Leuten besteht, die kreativ sind und nicht einfach stehenbleiben, will man irgendwann ein eigenes Projekt machen. Jimmy

---

75 Der Begriff Rap ist übrigens von dem amerikanischen Slangausdruck »to rap« abgeleitet, was soviel wie »quasseln« bedeutet.

machte eine Soloplatte, ich machte eine Soloplatte [*KooKoo* (1981)], und alle spielten auf den Platten anderer Leute, und Chris gründete ein eigenes Label und arbeitete als Produzent. Ich glaube, es war zum Teil das, zum Teil Geschäft, und zum Teil Persönliches.« Doch obwohl Blondie nicht mehr existierte, gab es schon wieder einen Zustrom von New Wave- und Post Punk-Bands, die aus dem Plastik-Pop-Sound der Gruppe Kapital schlugen und den Einfluß der Band ins nächste Jahrzehnt trugen.

Auch an der Westküste hatte der Punk seine Spuren hinterlassen, obwohl die Musik hier härter und schneller war (daher der Name »Hardcore«) und nicht die künstlerischen Elemente der Szene and der Ostküste aufwies. Außerdem gab es bemerkenswert wenig Frauen in dieser Szene. Eine Frau war für die Punkszene an der Westküste zu ihrer Blütezeit jedoch von unschätzbarem Wert – Penelope Spheeris. Sie wurde in New Orleans geboren und hatte seit ihrer Kindheit großes Interesse an Musik. »Ich hörte Musik, um meine Probleme zu vergessen, also als Flucht«, erzählt sie. »Und ich glaube, daß das auch heute noch der Grund ist, warum die Kids Musik hören.« Ihr Interesse wurde stärker, als sie als Filmstudentin der University of California in Los Angeles entdeckte, was ihr »den absoluten Kick« gab. »Ich finde es toll, Musik zu einem Film zu machen – das ist meine Droge, seit ich es zum ersten Mal gemacht habe«, erzählt sie. »Ich war an der Uni und gründete die Band Traffic mit meiner Schwester, die ein Motorrad fuhr. Eine Harley. Es war super. Und ich sagte: 'Ja, das ist genau mein Ding, Musik zu einem Film zu machen.' Ich finde es immer noch toll. Ich bin hier, um all den Frauen den Weg zu ebnen, die später vielleicht auch mal darauf abfahren!«

Spheeris und die Filmregisseurin Donna Deitch (die später in dem Film *Desert Hearts* Regie führte) waren zwei der wenigen Studentinnen des Filminstituts an der UCLA. Spheeris selbst war die erste Frau, die dort in der technischen Abteilung arbeitete, in der sich die Studierenden Geräte ausleihen konnten. Der Mangel an weiblichen Vorbildern hinderte Spheeris trotz ihrer eigenen Arbeit beim Film daran, sich »Regisseurin« zu nennen. »Ich sagte eigentlich nie, daß ich Filmregisseurin werden wollte, weil es damals keine Regisseurinnen gab«, erklärt sie. »Die einzigen Regisseurinnen waren Lina Wertmüller und Leni Riefenstahl. Und da ich keinen deutschen Namen hatte, dachte ich, na gut, ich darf keine Regisseurin sein. Ich habe Jahre gebraucht, bis ich mich Regisseurin nannte.« Nach dem Studium arbeitete Spheeris für verschiedene pädagogische Filme als Regieassistentin und gründete eine eigene Firma, Rock 'n' Reel, die Filme für die Musikindustrie produzierte, darunter auch Promotion-Filme (Vorläufer der Videos) für KünstlerInnen wie die Doobie Brothers, Fleetwood Mac, Kenny Rogers und David Essex.

Im Rahmen ihrer Zusammenarbeit mit Albert Brooks produzierte sie Mitte der siebziger Jahre seine Kurzfilme für *Saturday Night Live* und Spielfilme, u.a. *Real Life* (1979). »Ein logisch denkender, praktisch veranlagter Mensch hätte damit weitergemacht, Spielfilme zu produzieren«, sagt sie. »Schließlich hatte ich einen Fuß in der Tür zum Establishment. Aber nein, ich muß mich wie üblich auflehnen. Ich muß statt dessen einen Dokumentarfilm über Punk Rock-Musik machen.« Der Film hieß *The Decline... of Western Civilization*, dessen Entstehung eine doppelte Faszination zugrunde lag, zum einen für das Genre des Dokumentarfilms und zum anderen für die Punkbewegung. »Ich hatte sowas noch nie gesehen«, sagt sie über ihre Trips zu den Punk Clubs. »Es war eine Bewegung, die mich einfach absolut verblüffte. Mir wurde klar, daß sie dokumentiert werden mußte. Die ganze Szene war wie ein einziger großer Karneval der Anarchie.«

Als Musikfan ließ sich Spheeris von der kritischen Haltung vieler Punks in L.A. nicht so leicht einschüchtern. »Die meisten waren ziemlich intelligent«, sagt sie. »Sie setzten neue Trends und brachen mit der Tradition. Sie wollten einfach was Neues machen.« Spheeris beobachtete auch eine »Gleichheit« der Geschlechter, die eher auf der Verleugnung als auf der Herausforderung der Geschlechterrollen zu basieren schien. »In der Punk Rock-Zeit schnitten sich die Mädels die Haare ab, trugen schwere Stiefel, ließen sich tätowieren und zogen breite Gürtel an wie die Jungs. Ich glaube, daß Teenager im allgemeinen nach einer Identität suchen, sogar verzweifelt suchen. Und ein Teil dieser Suche hat mit der sexuellen Identität zu tun. Aber in der Punk- Zeit, wollten die Kids anscheinend nichts davon wissen, daß es Sex gab, was sich heute ziemlich lustig anhört, weil sie heute alle Kinder haben.« Spheeris brachte ihren Blick auf die Musikszene in Los Angeles später mit *The Decline of Western Civilization Part 2: The Metal Years* auf den neuesten Stand (und führte außerdem 1992 Regie in der etwas ironischeren Darstellung der Heavy Metal-Szene in dem Kino-Hit *Wayne's World*), war jedoch enttäuscht über die Aufnahme ihres ersten *Decline*-Films, der 1980 herauskam. »Er wurde wie irgendein ganz gewöhnlicher Rebellenfilm behandelt«, erinnert sie sich. »Jetzt, zehn Jahre später, hat er eine Art Klassiker- Status erreicht, und alle bringen ihm nun den Respekt entgegen, den sie damals bei seiner Veröffentlichung bestimmt nicht für ihn hatten. Aber es war gut für mich als Filmemacherin, diese Erfahrung zu machen, denn jedes Mal, wenn ich heute schlechte Kritiken bekomme, denke ich nur: 'Na ja, wer weiß? Vielleicht ist das, was ich jetzt mache, in zehn Jahren ein Klassiker'.«

Eine der Bands aus Spheeris' Dokumentarfilm war X, eine energiegeladene Truppe mit Exene Cervenka, die sich mit ihrem damaligen

Mann John Doe den Gesangspart teilte. Christine Cervenka wurde 1956 in Chicago geboren, zog später nach Florida und 1976 nach Los Angeles. Als Lyrikerin hatte Cervenka zunächst kein Interesse daran, ins Musikgeschäft einzusteigen, zumal sie damals außer Patti Smith keine Frauen als Vorbilder fand und sich nicht vorstellen konnte, irgendwann einmal als Patti Smith ihrer Generation zu gelten. 1977 lernte Cervenka John Doe bei einem Lyrik-Workshop in der Bibliothek der kleinen Zeitung kennen, bei der sie arbeitete. Der Bassist Doe spielte dort mit zwei Freunden, dem Gitarristen Billy Zoom und dem Drummer Mick Basher und bot Cervenka an, als Sängerin in die Band einzusteigen. Die anderen Mitglieder gaben später allerdings zu, sie seien anfangs nicht allzu begeistert davon gewesen, mit einer Frau zusammenzuarbeiten, die sie nicht so sehr als Musikerin, sondern eher »Johns Freundin« ansahen. Die Songs und atonalen Harmonien, die Cervenka und Doe produzierten, stimmten sie jedoch rasch um, und die Band nannte sich fortan X, abgeleitet von Cervenkas neuem Vornamen Exene.

X hatte sich in Los Angeles bald eine Fangemeinde aufgebaut. Die Gruppe trat in Punk-Etablissements wie dem legendären Masque auf, einem Schuppen im Keller eines Pornokinos, dessen Wände Graffitis wie »Hippies Go Home!« zierten.

1978 wurde Basher am Schlagzeug von D.J. Bonebrake ersetzt, und die Gruppe brachte unter dem Label Dangerhouse ihre erste Single, »Adult Books«/»We're Desperate«, heraus. Nachdem sie von den großen Labels abgewiesen wurde, bekam X einen Vertrag bei dem Indie Label Slash und veröffentlichte 1980 ihre erste LP, *Los Angeles*. Das Album wurde, wie auch die drei folgenden LPs, von Ray Manzarek von den Doors produziert. Auf dem vor wilder Energie sprühenden *Los Angeles* nimmt die Gruppe die Stadt mit bissigen Äußerungen auseinander: »Man spürt einfach, daß dort alle verrückt sind«, sagte Cervenka gegenüber dem *Rolling Stone*. Abgesehen von ihrem wilden Hardcore-Beat schöpfte die Gruppe aus so unterschiedlichen musikalischen Quellen wie Rockabilly, Blues und Country Music und coverte, als kleinen Tribut für ihren Produzenten, »Soul Kitchen« von den Doors.

Das Album bekam sehr gute Kritiken, und nach der Veröffentlichung von *Wild Gift* (1981) konnte X zu einer großen Plattenfirma (Elektra) wechseln, die dann ihre nachfolgenden Platten herausbrachte. Cervenka schrieb auch weiterhin Gedichte: Ihre Werke erschienen zusammen mit denen der Sängerin, Gitarristin und Lyrikerin Lydia Lunch in dem Buch *Adulterers Anonymous*. X demonstrierte ihr soziales Bewußtsein durch Auftritte bei Benefizkonzerten, die, wie Cervenka später sagte, sie und Doe zur Gründung der akustischen Gruppe The Knitters (in Anlehnung an die Weavers benannt[76]) anregten. Der Gedanke dabei war, daß die Band hauptsächlich bei Benefizveranstaltungen spielen sollte.

1985 kam der langersehnte Dokumentarfilm über die Band, *The Unheard Music*, heraus (Regie führten Christopher Blakely und Everett Greaton), und die Gruppe veröffentlichte ihre fünfte LP, *Ain't Love Grand*. Der Titel entbehrt heute nicht einer gewissen Ironie, da sich Cervenka und Doe Ende desselben Jahres scheiden ließen. Obwohl die Band weiter zusammen auftrat, merkte Cervenka, daß sich die Einstellungen ihr gegenüber geändert hatten. »Ich habe bei X eigentlich nicht viel Sexismus zu spüren bekommen, was aber vor allem daran lag, daß ich mit John verheiratet war«, sagt sie. »Und ich glaube, die Leute haben uns nicht so sehr als Einzelpersonen, sondern eher als Ehepaar behandelt. Als John und ich uns trennten, fiel mir auf, daß sich die Kritik an X eigentlich gegen mich richtete. Leute, denen Johns Stimme sehr gut gefiel, weil sie in klassischer, kommerzieller Hinsicht angenehmer war, meinten, nun das sagen zu müssen, was sie schon die ganze Zeit gedacht hatten – 'Ich kann Exene überhaupt nicht leiden. John konnte ich schon immer leiden. Ich wünschte, er würde eine Soloplatte machen'.« »Es gibt sehr viel Sexismus [in der Musikindustrie]«, sagt sie zum Schluß. »Aber ich versuche, mich mit Leuten zu umgeben, die nicht sexistisch sind. In unserer Gesellschaft gibt es überall Sexismus, und ich glaube, daß alle, besonders Frauen, alles dafür tun sollten, damit die Leute merken, daß Sexismus nicht in Ordnung ist.«

Zwar versetzte der Punk der kommerziellen Musikindustrie durch sein Unabhängigkeitsstreben einen unerwarteten Schlag, doch bestand zu keiner Zeit die Gefahr, daß die Musikindustrie hätte entmachtet werden können. »Es war ein netter Ausbruch«, sagt Vicki Wickham, die damals Nona Hendryx' Solokarriere managte. »Ich fand es gut, daß die Leute schrien und brüllten und die Königin schlechtmachten. Es war ziemlich amüsant. Aber es ging auch wieder vorbei, und das hatte ich mir gedacht.« Als die großen Labels sahen, daß die Punks trotz ihrer Dreistigkeit Umsätze machen konnten, verschwendeten sie keine Zeit mehr, um sie an sich zu reißen. Außerhalb des Punks liefen die Geschäfte für die großen Labels normal weiter. Sie nahmen nach wie vor KünstlerInnen, die ausgetretenen Pfaden folgten, unter Vertrag und bauten sie auf. Sheena Easton und Kate Bush, beide bei EMI in Großbritannien, waren zwei Sängerinnen, die während der Punk-Ära einen solchen Pfad beschritten. Bush unterschrieb ihren Vertrag bei der Firma im ersten wilden Punk-Jahr 1976, Easton 1979. Obwohl das Aussehen beider Frauen anfangs genauso vermarktet

---

76 »Weaver« heißt WeberIn und »Knitter« dann entsprechend »StrickerIn« von engl. »knit« (stricken).

wurde wie ihre Musik, schaffte es Bush, ihr Medien-Image loszuwerden, demzufolge sie kaum mehr als ein attraktiver Körper mit einer hohen Stimme war, und schließlich allein über ihre Karriere zu bestimmen. Easton hatte es dagegen schwerer, ihr Image als gut verpacktes Produkt abzulegen.

Zum Teil hatten diese Schwierigkeiten damit zu tun, wie Eastons Karriere aufgebaut wurde. Als Vorbilder dienten der 1959 im schottischen Glasgow geborenen Easton klassische Sängerinnen wie Barbra Streisand, und während sie an der Royal Scottish Academy of Music and Drama studierte, spielte sie in regionalen Rockgruppen. Nach ihrem Abschluß war sie in der Fernsehsendung der BBC, *The Big Time*[77], zu sehen, die ihre Schritte zu einer erfolgreichen Sängerin dokumentierte. Easton wurde beim Vorsingen bei den EMI-Bossen (»You Light Up My Life«, »I Got the Music in Me« und »Feelings«) und bei der Aufnahme ihrer ersten Single, »Modern Girl«, gezeigt. Man sah, wie sie angesehene ManagerInnen und KünstlerInnen (z.B. Dusty Springfield) aufsuchte, um sie um Rat zu fragen und sich vollkommen ummodeln ließ. Während dieser Dokumentation war deutlich zu spüren, daß Easton nicht als Sängerin, sondern als Produkt vermarktet werden sollte. So ging es z.B. einmal um die Schwierigkeiten, Interesse für eine unbekannte Künstlerin zu wecken, und anstatt Easton in dieser Hinsicht mit anderen, etablierten KünstlerInnen zu vergleichen, zog man einen Vergleich zwischen Nahrungsmitteln wie Baked Beans[78] und Margarine.

Trotz der gezielten Promotion war das Produkt Sheena Easton auf dem Pop-Markt zunächst nicht erfolgreich: »Modern Girl« erschien im Februar 1980 in England, erreichte die Top 60 und verschwand wieder. Nach der Ausstrahlung von *The Big Time* im Sommer erschien eine Wiederveröffentlichung von »Modern Girl«, und diesmal schaffte der Titel den Sprung in die Top 10, gefolgt von Eastons zweiter Single »Nine to Five«. Easton war somit die erste britische Sängerin, die zwei Singles gleichzeitig in den Top 10 hatte. »Modern Girl« (zugegebenermaßen ein Ohrwurm) erzählt die etwas gewagte Story einer jungen Frau, die so emanzipiert ist, daß sie an einem Abend mit ihrem Freund schläft und ihn am nächsten abblitzen läßt, weil sie lieber allein sein möchte. Mit der Veröffentlichung von »Nine to Five« (in den USA unter dem Titel »Morning Train« erschienen) wurden die Prioritäten jedoch schnell wieder zurechtgerückt. In diesem Song ist Easton ganz zufrieden damit,

---

77 Eine Sendung, in der Leuten die Gelegenheit gegeben wird, über ihre Zukunftspläne zu sprechen.
78 Weiße (gebackene) Bohnen in Tomatensoße. Eine in Großbritannien sehr beliebte Konserve — gibt es auch in Deutschland.

zu Hause zu bleiben und darauf zu warten, daß ihr Mann nach seinem achtstündigen Arbeitstag nach Hause kommt. 1981 wiederholte Easton ihren Erfolg in den USA, als »Morning Train« Platz 1 wurde und »Modern Girl« und der Titelsong des neuesten James-Bond-Films *James Bond 007 - In tödlicher Mission* die Top 10 erreichten. Darüber hinaus wurde sie als »Bester Nachwuchskünstler« mit dem Grammy ausgezeichnet. Als erfolgreich etablierte Schlagersängerin demonstrierte Easton plötzlich eine unerwartete musikalische Vielseitigkeit und machte u.a. Exkurse in die Bereiche Country, Latino und schwarze Musik: »Me Gustas Tal Como Eres«, ein Duett mit dem mexikanischen Sänger Luis Miguel, gewann 1984 einen Grammy als »Beste amerikanisch-mexikanische Gesangsinterpretation«, während das von Prince co-produzierte »Sugar Walls« Platz 3 der Black Music Charts erreichte.

Vielleicht wäre EMI glücklich gewesen, wenn Kate Bush sich als Sängerin ebenso entwickelt hätte. Ihre Entschlossenheit, bei Entscheidungen, die ihre Arbeit betrafen, mitzureden und ihre Bereitschaft, Entscheidungen anzufechten, mit denen sie nicht zufrieden war, verhinderten jedoch ihre Entwicklung zu einem bloßen Pop-Produkt. Bush hatte zudem den Vorteil, daß sie nicht nur Sängerin, sondern auch Musikerin und Songschreiberin war. Sie wurde 1958 in der englischen Grafschaft Kent geboren und wuchs in einer künstlerischen Familie auf. Ihr Vater spielte Klavier, ihre Mutter war früher Volkstänzerin gewesen, und ihre älteren Brüder beschäftigten sich mit Lyrik, Fotografie und Musik. Bush lernte als Kind zunächst Violine und brachte sich mit elf Jahren das Klavierspielen selbst bei. Bald darauf begann sie, Songs zu schreiben, was sie zuerst sorgfältig vor ihren FreundInnen geheimhielt, obwohl die Familie ihre musikalische Entwicklung förderte. Als ein Freund ihres Bruders David Gilmour von Pink Floyd ein Demoband gab, das Bush aufgenommen hatte, ermöglichte und finanzierte Gilmour Bush die Aufnahme eines professionellen Demobandes. Produziert wurde diese Aufnahme von Andrew Powell, der auch bei ihren beiden ersten LPs als Produzent fungierte. Das Demo und Gilmours Empfehlung waren ausschlaggebend, daß Busch als Siebzehnjährige von EMI unter Vertrag genommen wurde.

Wegen ihres jugendlichen Alters war EMI damit einverstanden, daß Bush noch ein paar Jahre darauf verwendete, ihre Stimme sowie ihre Fähigkeiten als Songschreiberin und Tänzerin weiterzuentwickeln. Während dieser Zeit gründete Bush die KT Bush Band, um Live-Erfahrungen zu sammeln und trat z.B. mit Cover Versionen von »I Heard It Through the Grapevine« und »Come Together« in Pubs auf. Im Sommer 1977 begann Bush mit den Aufnahmen zu ihrer ersten LP, *The Kick Inside* (auf der u.a. zwei ihrer Demo-Songs zu hören sind, die sie mit Gilmour

aufgenommen hatte). Nach der Fertigstellung hatte sie so viel Selbstvertrauen, daß sie darauf bestand, »Wuthering Heights« als erste Single
auszukoppeln. EMI hätte zwar lieber das rockigere »James and the Cold
Gun« ausgekoppelt, doch während Bush mit ein paar Managern des
Labels über das Thema diskutierte, kam ein anderer Manager herein und
sagte beiläufig: »Hallo, Kate, die LP ist toll! 'Wuthering Heights' wird
doch bestimmt die erste Single, oder?« »Das war so ein gutes Timing, fast
so, als hätte ich den Typ dafür bezahlt«, erinnerte sich Bush in einem
Interview mit Q. »Offensichtlich hielten sie mich zwar für ein willens-
starkes Mädchen, vertrauten dann aber doch seiner Meinung.« Bei der
Auswahl des Cover-Designs für das Album war sie ebenso hartnäckig,
und wieder setzte sie sich durch, obwohl das bedeutete, daß sich die Veröffentlichung der LP verzögerte. *The Kick Inside* erschien schließlich im
Februar 1978 und erreichte Platz 3. Bushs hatte bezüglich der ersten
Singleauskoppelung eine gute Intuition bewiesen. Der im Januar 1978
erschienene Titel »Wuthering Heights« wurde im März Spitzenreiter der
Charts. Das britische Publikum konnte der Kombination aus Bushs
hoher Stimme, die eine ätherische Darbietung der Geschichte von Cathy
und Heathcliff lieferte, und ihrem wirkungsvollen Äußeren nicht wider-
stehen.

EMI vermarktete Bushs Aussehen mit einem Plakat, auf dem das Bild
zu sehen war, das die Firma als Cover für *The Kick Inside* verwenden
wollte (und das für die japanische Version der LP auch tatsächlich verwendet wurde). Es zeigte Bush in einem eng anliegenden Top, das ihre
Brüste betonte. Bush war sich damals der Wirkung einer solchen Werbung
anscheinend nicht bewußt und sagte 1978 gegenüber dem *Melody Maker*:
»Diese Sex-Symbol-Sache fiel mir eigentlich gar nicht auf, bis ich merkte,
daß mich die Leute in fast jedem Interview fragten: 'Fühlst du dich als Sexsymbol?'« In späteren Interviews zeigte sie wesentlich deutlicher, daß sie
über ihre Vermarktung als Sexsymbol Ende der siebziger Jahre im klaren
war. Sie wies darauf hin, daß dieselben Techniken auch bei Debbie Harry
angewandt worden waren: »Wir wurden beide auf der Grundlage vermarktet, daß wir sowohl einen weiblichen Körper hatten als auch Sängerinnen waren«, sagte sie 1982 gegenüber dem *NME*. »Ich wurde nicht als
Sängerin/Songschreiberin angesehen. Den meisten Leuten war nicht
einmal klar, daß ich meine Songs selbst schrieb oder Klavier spielte. Die
Medien vermarkteten mich als weiblichen Körper. Es war, als hätte ich
beweisen müssen, daß ich ein Künstler in einem Frauenkörper war.«

Bush gab zu, daß auch sie selbst traditionellen Vorstellungen von
Frauen in der Rockmusik zum Opfer fiel. »Wenn ich Klavier spiele, hasse
ich den Gedanken, eine Frau zu sein, weil die Leute dann automatisch

Vorurteile haben«, sagte sie 1977 gegenüber dem *Melody Maker*. »Die Frauen, die man am Klavier sieht, sind entweder Lynsey DePaul oder Carole King. Und die Musik von Männern – nicht alles, aber die guten Sachen – hauen dich wirklich um, und das ist genau das, was ich machen möchte. Ich möchte mich mit meiner Musik einmischen. Es gibt nicht viele Frauen, die das schaffen. Ich identifiziere mich eher mit Musikern als mit Musikerinnen, weil ich dazu neige, Musikerinnen als… äh… Frauen anzusehen.« Bei der Aufnahme ihres zweiten Albums, *Lionheart*, kam es zwischen Bush und ihrem Produzenten Andrew Powell zu Differenzen, und sie mußte feststellen, daß sich Vorurteile gegen Musikerinnen auch auf ihre Musik auswirkten. »Wenn du in diesem Geschäft jung bist [Bush war zwanzig, als sie *Lionheart* aufnahm] und dann auch noch eine Frau, wird vieles von dem, was du sagst, nicht ernst genommen«, erklärte sie in der britischen Radiosendung *Small Beginners*. »Und so kam es, daß ich vieles von dem, was ich eigentlich durchsetzen wollte, nur vorschlug. Wenn ich dann gesagt bekam, daß das nicht ginge, versuchte ich nicht weiter, es durchzusetzen. Aber jetzt würde ich auf jeden Fall versuchen, es durchzusetzen! Das ist nämlich meine Art.«

Bei der Arbeit an *Lionheart* (Dezember 1978), gab es noch weitere Probleme. Der Zeitraum von zwei oder drei Jahren, den Bush gebraucht hatte, um *The Kick Inside* aufzunehmen, wurde für *Lionheart* auf zwei oder drei Monate komprimiert. Zudem war Bush frustriert, weil die Aufnahmen ständig für Werbearbeiten unterbrochen wurden. Und so überraschte es nicht, daß die LP wie ein Abklatsch von *The Kick Inside* wirkte und auch Bush selbst nicht gefiel. Als Konsequenz daraus bemühte sie sich verstärkt darum, mehr Kontrolle über ihre Karriere zu bekommen und gründete einen eigenen Verlag und eine Management-Firma (Kate Bush Music und Novercia). In beiden Unternehmen war sie selbst Geschäftsführerin und setzte ihre Familie als Vorstandsmitglieder ein. Bush erreichte ihre Unabhängigkeit dadurch, daß sie sich nach und nach von den Geschäftsleuten in der Musikindustrie distanzierte und deren Rollen entweder mit Familienmitgliedern besetzte oder selbst übernahm. Als nächstes plante sie ihre erste Tournee. Mit ihrer typischen Aufmerksamkeit für Details war Bush an allen Aspekten des Unternehmens beteiligt. Sie entwarf die Bühnenbilder und Kostüme, choreographierte die einzelnen Nummern und engagierte MusikerInnen und Roadies. Doch obwohl die Tour im Frühjahr 1979, die aus achtundzwanzig Auftritten bestand, von den KritikerInnen gepriesen wurde und auch kommerziell ein Erfolg war, fand Bush die Vorbereitungen so anstrengend, daß sie erst über zehn Jahre später wieder auf Tournee ging.

1980 begann sie mit den Aufnahmen für ihre dritte LP, *Never for Ever* und betätigte sich erstmals als Co-Produzentin. Bei ihrer Arbeit als Background-Sängerin für Peter Gabriels dritte LP hatte sie Rhythmusgeräte und den Fairlight kennengelernt, einen Musik-Computer und Sampler[79], der auf ihrem ersten Nummer-1-Album *Never for Ever* eine bedeutende Rolle spielte. Auf ihrer ersten, vollständig von ihr selbst produzierten LP *The Dreaming* (1982) zeigt Bush völlig neue musikalische Ansätze. Obgleich sie wohl kaum die naive, romantische »Vorstadtprinzessin« war, als die sie manchmal dargestellt wurde – in ihren frühen Stücken geht es um Themen wie Inzest, Ehebruch, Mord und Atomkrieg – gab sie auf *The Dreaming* ihre vormals so reichhaltige Melodik zugunsten einer insgesamt härteren, perkussiven Musik auf. Die im Juni 1981 erschienene Vorab-Single »Sat in Your Lap« gab einen Vorgeschmack auf die LP. Aus der frischen Neunzehnjährigen, die 1978 in »Them Heavy People« noch optimistisch das geistige Wachstum besungen hatte, war plötzlich eine eher desillusioniert klingende vierundzwanzigjährige Frau geworden, die mit einem Aufschrei der Enttäuschung ihre Einsicht darüber beklagt, daß das Streben nach Wissen unwiderruflich zum Scheitern verurteilt ist.

Auch in den übrigen Songs der LP klingt Bush wilder und wütender als auf ihren früheren Alben, z.B. als sie sich in einen Vietkong-Soldaten oder die Frau des Illusionisten Harry Houdini verwandelt, das Verschwinden der Aborigines beklagt und in »Get Out of My House« eine Affäre mit einem besonders energischen Türeknallen beendet. Das Album stellte das britische Publikum vor ein Rätsel und verkaufte sich schlechter als alle vorherigen LPs von Bush. Trotzdem erreichte es Platz 3 der britischen Charts. »Das war mein 'Sie ist verrückt geworden'-Album«, sagte Bush gegenüber *Q*. Interessanterweise wurde die LP ausgerechnet in Amerika – wo die Reaktionen auf *The Kick Inside* so schwach gewesen waren, daß EMI *Lionheart* und *Never for Ever* in Amerika erst gar nicht herausbrachte – als »Meisterstück« und »musikalische Glanzleistung« gepriesen. In Großbritannien war EMI jedoch nicht gerade glücklich, und Bushs Reaktion war, wie immer, ein Schritt zu noch mehr Selbständigkeit. So erklärte Gail Colson, die als Peter Gabriels Managerin Bush kennenlernte: »Kate erzählte mir, daß sich die Leute von EMI nach *The Dreaming* mit ihr hinsetzten und von ihr verlangten, daß sie mit einem Produzenten zusammenarbeitete, weil sie nicht produzieren könne. Darüber war sie so sauer, daß sie nach Hause ging, sich ein Studio einrichtete und *Hounds of Love* machte.«

---

79 Mit einem Sampler werden natürliche oder künstliche Klänge aufgenommen und digital gespeichert. Anschließend können sie über eine Tastatur in jeder Tonstufe wieder abgespielt und außerdem beliebig manipuliert werden.

Ein eigenes Studio verlieh Bush nicht nur völlige Kontrolle über ihre Arbeit, sondern gab ihr auch die Möglichkeit, sich so viel Zeit für die Fertigstellung eines Projekts zu nehmen, wie sie brauchte. Folglich lagen drei Jahre zwischen *The Dreaming* und *Hounds of Love* (1985), und es dauerte weitere vier Jahre, bis sie ihre nächste LP, *The Sensual World* (1989), herausbrachte. Obwohl man Bush nie mit Punk Rock in Verbindung bringen würde, war sie eine der KünstlerInnen, die sich konsequent an die do-it-yourself-Devise des Punk hielt, indem sie zwar ihre Verbindungen zu einem großen Label aufrechterhielt, gleichzeitig jedoch einen völlig unabhängigen Arbeitsansatz entwickelte. Punk war mehr als nur eine kurze Energiespritze: Er gab KünstlerInnen die Möglichkeit, die Fäden selbst in die Hand zu nehmen. Und für die Frauen, die sich diese Möglichkeiten zunutze machten, war Punk eine höchst befreiende Erfahrung.

7 Post-Punk-Wellen

»Warum Bitch?
Weil vieles von dem, was über Frauen in der Rockmusik geschrieben wird, immer
dasselbe ist. – Die sexistischen Artikel: 'Mädels taugen nichts als Rockmusikerinnen'
hängen mir zum Hals raus. – Die Mainstream-Artikel: 'He, Mädels können ja Rock-
musik machen' hängen mir auch zum Hals raus. – Vor allem, weil sie ständig über
dieselben zehn Frauen berichten und so den Eindruck erwecken, es gäbe in der Rock-
musik ansonsten keine Frauen.«

Lori Twersky in der ersten Ausgabe von *Bitch*, August 1985

Die Go-Go's waren die erste Frauenband in der Geschichte der Rockmusik, die 1982 mit *Beauty and the Beat* eine LP auf Platz 1 hatten. Es hatte
sieben Monate gedauert, bis die LP an die Spitze der Charts geklettert war
und damit zum Höhepunkt des »Blitz«-Erfolgs dieser Band wurde.
Begleitet wurde ihr Erfolg von den beiden Top-20-Singles »Our Lips Are
Sealed« und »We Got the Beat«. Letztere, die Anfang 1982 Platz 2 erreichte,
war ein Achtziger-Jahre-Pendant zu »Rock Around the Clock« – allerdings
hatten Frauen fünfundzwanzig Jahre gebraucht, um in die Top 10 zu
kommen und selbst den Ton anzugeben. Die Go-Go's formierten sich
Ende der siebziger Jahre als direkte Reaktion auf die Punk-Revolution
und aus demselben Grund, der auch für die Entstehung vieler anderer
Punkbands verantwortlich war: Jede/r konnte Musik machen, trotz mangelnder Erfahrung. Und im Gegensatz zu den meisten ihrer KollegInnen
schafften die Go-Go's den Sprung von ihren Punk-Anfängen in den Mainstream – wie schon die B-52's und Blondie vor ihnen. Ihr Erfolg hatte
jedoch auch noch eine andere Komponente: Die Go-Go's waren eine reine
Frauenband. Noch nie zuvor hatte eine solche Band – im Gegensatz zu
einer Vokalgruppe – einen so großen kommerziellen Erfolg gehabt, eine
Leistung, die für Musikerinnen einen Wendepunkt in der Geschichte der
Rockmusik markierte.

273

Der Erfolg der Go-Go's demonstrierte, welchen Einfluß sowohl die Frauen- als auch die Punkbewegung auf die Musikindustrie hatten, obwohl die Go-Go's selbst keine Feministinnen waren und auch ihre Musik nicht als Punk bezeichnet werden kann. Zwar hatte schon der Feminismus Frauen dazu angeregt, sich eigene Bereiche zu schaffen, doch stellte der Punk für Frauen einen ganz speziellen Bereich dar, in dem sie neue Wege als Musikerinnen gehen konnten. Obwohl praktisch keine Künstlerin aus der Zeit der Frauenmusik den Sprung in den kommerziellen Mainstream schaffte und auch die Punkbands meist nur wenige Jahre überlebten – wenn überhaupt so lange – konnten sich Künstlerinnen in den achtziger Jahren die Errungenschaften des Feminismus und des Punks zunutze machen und immer öfter eine erfolgreiche Karriere aufbauen. Und auch wenn die Go-Go's ungewollt ein neues Rock-Frauen-Klischee schufen, so war es doch zumindest ein Klischee, das es vorher noch nie gegeben hatte. Vor den Go-Go's galten Frauenbands im allgemeinen kommerziell nicht als lebensfähig – so wie Frauenvokalgruppen wie die Chantels in den fünfziger Jahren als nicht »marktfähig« galten. Die Go-Go's räumten mit diesem Vorurteil ein für allemal auf, so daß Frauenbands in der Folge nicht mehr als Anomalien galten.

Der spritzige, sprudelnde Pop, mit dem die Go-Go's drei LPs in den Top 20 landeten, war weit entfernt von ihren Punk-Wurzeln der späten siebziger Jahre. Belinda Carlisle, die nördlich von Los Angeles aufwuchs, betätigte sich die Woche über als Cheerleader in ihrer High School. Am Wochenende war sie in L.A.s Punk-Clubs wie dem Masque oder dem Starwood anzutreffen. Sie lernte Jane Wiedlin kennen, ebenfalls Stammgast in den Clubs, und die beiden fuhren zusammen nach San Francisco, um sich das letzte Konzert der Sex Pistols anzusehen. Nach ihrer Rückkehr gründeten sie mit Carlisle als Leadsängerin, Wiedlin an der Gitarre, Margot Olaverra am Baß und Elissa Bello am Schlagzeug eine eigene Band und nannten sich, auf Wiedlins Anregung hin, Go-Go's. Zwei Monate später, im Mai 1978, baten sie eine weitere Freundin, Charlotte Caffey, mitzumachen. »Sie haben mich gebeten, mitzumachen, weil ich so viel Erfahrung hatte«, erzählt Caffey, die vorher in einer Reihe verschiedener Bands gespielt hatte, u.a. bei den Eyes mit D.J. Bonebrake von X. »Ich spielte ja schon in anderen Bands, aber die anderen Mädels dachten: 'Also, wenn all unsere Freunde es können, können wir das auch'«, beschreibt Caffey die Entstehung der Band. »Die Band entstand eigentlich aus einer Laune heraus. Es hat Spaß gemacht. Als wir zum ersten Mal probten, wußten sie noch nicht mal, wie sie ihre Geräte anschließen mußten.«

Caffey war einverstanden, in der Band mitzuspielen, tourte jedoch erst noch mit einer anderen Band aus Los Angeles, den Dickies, durch

England und wurde erst im Juli 1978 Vollzeit-Mitglied. Die Go-Go's gaben ihr Debüt bei einer Party im Masque also ohne Caffey. Die Gruppe stellte jedoch schon bald fest, daß sich die angebliche Freiheit dieser Zeit nicht ohne weiteres auch für Musikerinnen galt. »Im Grunde wollte niemand etwas von uns wissen, und alle machten sich über die Idee einer reinen Frauenband lustig«, sagt Caffey. »Es hatte zwar Fanny gegeben und die Runaways, aber ich glaube, weil wir eine eigene Band gründeten, all unsere Songs selbst schrieben und alle Instrumente selbst spielten, dachten sie, es würde nie funktionieren. Es gab gewaltige Hindernisse, aber je mehr Hindernisse es gab, desto härter arbeiteten wir und desto entschlosse-ner waren wir.«

Trotz ihrer Entschlossenheit löste sich die Band 1979 beinahe auf, doch ihr Schicksal wendete sich, als die Drummerin Elissa Bello von Gina Schock abgelöst wurde. Die in Baltimore geborene Schock hatte bereits in verschiedenen Bands gespielt, bevor sie an die Westküste zog. Sie war zwar skeptisch, was die Fähigkeiten der Band anging, hielt sie jedoch für aus-baufähig. Die Gruppe ließ sich nun von Ginger Canzoneri managen und bekam ein Engagement im Whiskey a-Go-Go, wo sie als Vorprogramm für die Ska-Band Madness auftrat. Die britische Gruppe war so beeindruckt, daß sie den Go- Go's anbot, mit ihr 1980 auf Englandtournee zu gehen. Der Sound der Gruppe entwickelte sich nun von Punk zu Pop, und während ihres Englandaufenthalts nahmen die Go-Go's bei Stiff, der Plattenfirma von Madness, »We Got the Beat« auf. Wieder in den USA, hatten die Go-Go's noch immer Schwierigkeiten, die Aufmerksamkeit von Plattenfirmen auf sich zu ziehen, obwohl sie mittlerweile ein Publi-kumsknüller waren. Ein Auftritt im Starwood, der eigens als Vorstellung der Gruppe für A&R-Leute gedacht war, brachte den Go-Go's kein einziges Angebot ein.

Ende 1980 engagierte die Gruppe auch eine neue Bassistin, Kathy Valentine (vormals Mitglied der britischen Heavy Metal-Frauenband Girlschool und den Textones aus Los Angeles). Sie sprang für Margot Olaverra ein, als diese krank war und ersetzte sie dann ganz. Schließlich nahm Miles Copeland die Gruppe am ersten April 1981 bei seinem Label I.R.S. Records unter Vertrag: »Er war der einzige, der bereit war, uns eine Chance zu geben«, sagt Caffey. Richard Gottehrer, der die ersten beiden LPs von Blondie produziert hatte, wurde zusammen mit Rob Freeman als Produzent engagiert, und im Spätsommer erschien *Beauty and the Beat*. Caffey war Autorin bzw. Co-Autorin von acht der elf Songs des Albums, u.a. auch von »We Got the Beat«.

Die Go-Go's arbeiteten mit ihren ständigen Promotion-Tourneen für die LP (von der über zwei Millionen Exemplare verkauft wurden) zwar hart, doch der große Erfolg von *Beauty and the Beat* überraschte die Gruppe und ihr Label dann doch. »Wir hatten wirklich keine Ahnung, daß wir so viel Erfolg haben würden«, sagt Caffey. »Wir dachten: 'Gott, wenn wir nur hunderttausend LPs verkaufen könnten, wären wir überglücklich'. Wir waren einfach naiv; wir hatten ja keine Ahnung. Und als es dann passierte, hatten wir ziemlich viel Streß. Es war sowohl unsere als auch I.R.S.' erste Erfahrung mit einem solchen Erfolg, also taten wir alles, was wir konnten. Und die Leute vom Label sagten immer wieder: 'Ich glaube, wir haben eine Lawine ins Rollen gebracht, also machen wir besser dies und jenes'. Innerhalb von zwei Jahren machten wir dann zwei LPs und fühlten uns völlig ausgepumpt.«

Zudem hatte die Gruppe nicht daran gedacht, welche Wirkung sie als erste erfolgreiche Frauenband haben würde. »Wir waren zufällig die ersten«, sagte Caffey 1990. »Ich glaube, es liegt einfach daran, daß es nicht viele Frauenbands gibt. Wenn es erst einmal mehr gibt, machen die Leute auch nicht mehr so viel Aufhebens davon.« Ann Wilson von Heart hatte in einem Interview schon einmal etwas Ähnliches gesagt – dreizehn Jahre vorher. Trotz ihres Erfolgs mußten die Go-Go's feststellen, daß manche Leute eine Frauenband immer noch nicht richtig ernst nahmen. Vor allem die musikalischen Fähigkeiten der Gruppe wurden aus verschiedenen Lagern der Musikpresse auch weiterhin scharf kritisiert. Darüber hinaus schreckte ihre spielerische Selbstdarstellung – das Cover von *Beauty and the Beat* zeigt die Go-Go's in Handtüchern und mit Gesichtsmasken, das Cover von *Rolling Stone* in Unterwäsche, und auf *Vacation* sind sie als Wasserski-Team in Ballettröckchen abgebildet – einige Feministinnen ab, die Frauen, die einfach nur Spaß haben wollten, noch nicht ohne weiteres akzeptieren konnten. Andere Artikel, wie z.B. die erste Titel-Story über die Go-Go's im *Rolling Stone*, wiesen unbeabsichtigt auf den Balance-Akt hin, den eine Frauenband vollführen mußte, um »natürlich« zu wirken: »Wir werden es weder erleben, daß sie ihre weiblichen Reize zur Schau stellen wie die Runaways, noch, daß sie sie ignorieren wie Fanny; sie fühlen sich einfach wohl als Frauen«, schrieb Steve Pond, der zum Schluß noch hervorhob, daß von den Go-Go's keine sichtbare Bedrohung ausging: »Sie sind ungefährlich, natürlich und überaus stolz auf ihren Erfolg.«

Ironischerweise stellten die Go-Go's nach ihrem Durchbruch fest, daß sie mit ihrem Erfolg lediglich ein neuen Klischee geschaffen hatten, dem sich andere Musikerinnen beugen mußten. Zwar wurden Frauen nun als Musikerinnen akzeptiert – aber nur, wenn sie dem Image der Go-Go's entsprachen. Anstatt Künstlerinnen einen größeren Spielraum zu ermöglichen, hatte der Erfolg der Go-Go's ihre Möglichkeiten eingeschränkt. Frauenbands, die direkt nach den Go-Go's aufkamen, wurden letztendlich immer mit ihnen verglichen (vor allem, wenn sie aus Kalifornien kamen), und sei es nur, um festzustellen, daß sich die Band X, obwohl sie ausschließlich aus Frauen bestand, lange nicht so gut anhörte wie Amerikas Frauenband Nummer 1.

Die Gruppe reagierte auf den Druck, den ihr Erfolg mit sich brachte, in altbewährter Show-Biz-Manier: mit Drogen- und Alkoholmißbrauch: »Ende der siebziger und Anfang der achtziger Jahre war Kokain in der Musikbranche sehr beliebt ... Die Leute warfen es dir nach, um sich beliebt zu machen«, erinnerte sich Jane Wiedlin 1988. Weitere Probleme gab es, als die Band behauptete, I.R.S. enthielte ihnen Tantiemen vor. Dieser Streit wurde schließlich außergerichtlich beigelegt. Die nachfolgenden LP der Go-Go's, *Vacation* und *Talk Show*, fanden nicht so viel Beifall wie ihr Debütalbum, obwohl die Singles »Vacation«, »Head Over Heels« und »Turn to You« in die Top 40 kamen. 1984 war von dem ursprünglichen Enthusiasmus der Gruppe nichts mehr übrig. Wiedlin verließ die Gruppe Ende des Jahres, um Solokarriere zu machen, und Caffey und Carlisle lösten die Band im darauffolgenden Jahr auf, jedoch nicht ohne Ressentiments der anderen Bandmitglieder.

Nach der Trennung ging jedes Bandmitglied einer Solokarriere nach, wobei Carlisle am erfolgreichsten war. Kathy Valentine tat sich wieder mit ihrer früheren Girlschool-Kollegin Kelly Johnson zusammen und gründete The World's Cutest Killers. Caffey, die mit Carlisle für deren Solo-LPs zusammengearbeitet hatte, gründete Ende der achtziger Jahre mit Meredith Brooks und Gia Ciambotti eine eigene Band, die Graces, obwohl sie eigentlich nicht mehr in einer »Mädchenband« spielen wollte. »Ich hatte Angst, wieder mit Frauen zu arbeiten«, erklärte sie gegenüber der *Los Angeles Times*. »Ich wollte mich nicht mehr mit den Problemen auseinandersetzen, mit denen eine Frauenband konfrontiert wird. Allerdings ist die Situation für Frauenbands heute viel besser.« Sie stellte auch fest, daß sie von den Veränderungen profitierte, die die Go-Go's bewirkt hatten, z.B. daß der Begriff »Musikerin« nicht mehr ganz so stark als Widerspruch in sich angesehen wurde. »Die Graces werden immer noch als Frauenband hervorgehoben«, sagt sie. »Dagegen wird U2 nicht als Männerband bezeichnet. Aber ich glaube, daß die Go-Go's den Graces den Weg geebnet haben, und deshalb glaube ich, daß uns das, was damals passierte, jetzt hilft. Ich glaube, daß die Leute heutzutage viel aufgeschlossener sind.« Die Go-Go's überwanden schließlich die Bitterkeit ihrer Trennung und kamen 1990 für einen Auftritt bei einem Benefizkonzert und eine anschließende kurze Tournee wieder zusammen.

Anfang der achtziger Jahre feierte eine ganze Reihe von Künstlerinnen ihren kommerziellen Durchbruch. Eine von ihnen war Chrissie

Hynde von den Pretenders. Sowohl das Debütalbum der Pretenders als auch die Single »Brass in Pocket« führten 1980 die britischen Charts an (in den USA erreichte die LP Platz 9 und »Brass in Pocket« die Top 20). Hynde wurde 1951 in Akron, Ohio, geboren und wurde musikalisch von »all dem [geprägt], was ein Kind in Ohio mit einem Transistorradio eben so empfangen konnte.« Sie lernte zunächst Ukulele und später Gitarre. Nach drei Jahren College entfloh sie 1973 dem Leben der amerikanischen Mittelschicht und ging nach London. Dort arbeitete sie als Kellnerin, Journalistin für den *NME* und in Malcolm McLarens und Vivienne Wetwoods Boutique auf der King's Road. Außerdem spielte sie in einer Combo in Paris namens Frenchies und ging kurz in die USA zurück, um mit der R & B-Gruppe Jack Rabbit aus Cleveland zu spielen.

Nach ihrer Rückkehr nach London arbeitete Hynde weiterhin mit verschiedenen Bands. Sie spielte mit Mick Jones, der später bei The Clash einstieg, den zukünftigen Damned-Mitgliedern Dave Vanian und Rat Scabies und fungierte als Background-Sängerin, z.B. für das Ex-New York Dolls-Mitglied Johnny Thunders. 1978 lernte sie Dave Hill kennen, einen früheren A & R-Manager, der gerade sein eigenes Label, Real Records, gegründet hatte. Hill wurde Hyndes Manager, und bis zum Sommer hatte Hynde die Pretenders (der Name stammte von ihr) zusammengestellt: James Honeyman-Scott (Gitarre), Pete Farndon (Baß), Jerry McIeduff (Drums) und Hynde (Rhythmusgitarre). Die Pretenders hatten einen guten Start. Ihre im Januar 1979 unter Hills Label veröffentlichten Single, eine Cover Version von »Stop Your Sobbing« von den Kinks, erreichte die britischen Top 30. Durch ihre vielen Live-Auftritte und die Veröffentlichung zweier weiterer Singles, »Kid« (die ebenfalls die britischen Top 30 erreichte) und »Brass in Pocket«, konnte die Gruppe ihren Erfolg ausbauen. Der Drummer McIeduff wurde von Martin Chambers ersetzt.

Das Debütalbum der Gruppe, *The Pretenders* (in Großbritannien bei Real Records, in den USA bei Sire Records erschienen), fand bei seiner Veröffentlichung fast überall Beifall. Der dynamische Rock 'n' Roll der Pretenders war aufregend genug, um anders zu sein, doch nicht so hart, daß er diejenigen abgeschreckt hätte, denen Punk zu aggressiv war. Die zwölf Songs der LP (Hynde hatte zehn davon selbst geschrieben bzw. daran mitgearbeitet) reichten vom mittleren Tempo früherer Singles bis zu heftigen, rockigen, »alles ist erlaubt«-Attacken in Songs wie »Tattooed Love Boys« und »Precious«. Dazu kam Hyndes dominante Ausstrahlung als Leadsängerin der Gruppe, die Aufmerksamkeit verlangte oder aber den ZuhörerInnen vorschlug, »sich zu verpissen« (»fuck off« in »Precious«), wenn sie es nicht aushielten. Die Pretenders waren überdies eindeutig eine Gruppe, nicht nur eine Begleitband für Hynde, wie der *Rolling Stone* in seiner Kritik des Debütalbums der Gruppe bemerkte: »Die übrigen Pretenders verhalten sich Hynde gegenüber weder unterwürfig noch herablassend; die Pretenders sind eine Gruppe, und im Gegensatz zu anderen Bands, die diesen Anspruch haben, gibt es bei ihnen auch keinen Zweifel darüber.«

Hynde ließ das »Rockerbraut«-Image in der Rockmusik wieder aufleben, das vor ihr schon Suzi Quatro und die Runaways verkörpert hatten. Diesmal bestand allerdings kein Zweifel, daß sie die Fäden in der Hand hatte. Als im Laufe des Jahrzehnts verschiedenene Bandmitglieder die Gruppe verließen, hinausgeworfen wurden oder starben, schaffte es Hynde trotzdem, die Band zusammenzuhalten und weiterzumachen. Und zu einer Zeit, da nur wenige Frauen in einer Rockband eine Doppelrolle aus Leadsängerin und Musikerin verkörperten (und schon gar nicht in einer kommerziell so erfolgreichen Band wie den Pretenders), diente Hynde vielen als Vorbild. Als Hynde Mutter wurde, nahm sie ihre Kinder mit auf Tournee, was in der Musikbranche ebenfalls ungewöhnlich war. Damit demonstrierte sie, daß sich Mutterschaft und eine Karriere als Rockmusikerin nicht unbedingt ausschließen müssen.

Mit dem Feminismus wollte Hynde allerdings nichts zu tun haben, was ihr von manchen als Pluspunkt angerechnet wurde: »Chrissie Hynde hatte noch nie etwas mit militanten Frauen zu tun, außer, daß sie als Beispiel herhalten muß. Von daher ist sie wirklich etwas Besonderes«, schrieb Giovanni Dadomo mit einem hörbaren Seufzer der Erleichterung in *New Women in Rock*. Wenn man bedenkt, daß man unter dem Begriff »Feministin« eine aggressive »Männerhasserin« verstand wurde – ein Klischee, dem Hynde mit ihrer Lederjacke und ihrem energischen Auftreten durchaus entsprach – entbehrt es nicht einer gewissen Ironie, daß sich Helen Reddy, die wohl kaum das Bild einer bedrohlichen Persönlichkeit vermittelte, als einzige Frau im Mainstream-Rock offen als Feministin bezeichnete. Hynde selbst vertrat eher traditionelle Ansichten, was die Position von Frauen in der Rockmusik anbelangte. In einem Interview mit *Pulse* führte sie 1990 nicht Sexismus, sondern fehlende Geburtenkontrolle durch die Pille als Grund dafür an, daß es in der Rockszene weniger Frauen als Männer gab und fügte hinzu: »Es ist nicht sexistisch, wenn man sagt, daß eine Frau zu Hause bleiben und sich um die Kinder kümmern soll.« Dennoch schaffte es Hynde, Mutter zu sein (und später auch alleinerziehende Mutter), ohne dafür ihr Leben als Rockmusikerin zu opfern.

Den weiblichen Fans, die sich an Hyndes Beispiel orientierten und selbst eine Gitarre in die Hand nahmen, war ihr Status als Musikerin jedoch wichtiger als ihre Ansichten über den Feminismus. Abgesehen von den Platten, die Hynde in den achtziger Jahren herausbrachte (sie landete fünf LPs in den Top 30 und hatte u.a. mit »Back on the Chain Gang« und »Don't Get Me Wrong« Hit-Singles), bewahrte sie sich ihren ausgeprägten Sinn für Unabhängigkeit und weigerte sich, den »Berühmtheitskult« eines Rockstars mitzumachen: »Mein Image als Popstar interessiert mich einfach nicht«, sagte sie zu Tom Hibbert von der Zeitschrift *Q*, der zudem anmerkte: »Sie zischt das Wort 'Pop' immer heraus wie ein häßliches Schimpfwort.« Hynde machte sich auch zunehmend für Tierrechte und vegetarische Ernährung stark und entwickelte für diese Themen eine Leidenschaft, die ihre Gefühle für die Rockmusik noch zu übertreffen schien. »Über meine Musik darf man sagen, was man will«, sagte sie 1990. »Aber *niemand* sollte es wagen, die Sachen durch den Kakao zu ziehen, für die ich mich einsetze.«

Pat Benatar stellte eine etwas leichter verdauliche (und in den USA auch eine kommerziell erfolgreichere) Version der Sängerin mit dem »Rockerbraut«-Image dar als Chrissie Hynde. Trotz ihrer musikalischen Vorliebe für »harte, schnelle Sachen« verkörperte Benatar ein konventionelles Frauenbild. Benatar wurde 1953 als Patricia Andrzejewski in Lindenhurst auf Long Island geboren. Ihre Mutter war Opernsängerin, und auch Benatar machte eine klassische Gesangsausbildung. Zu ihren Idolen zählten u.a. Judy Garland und die Beatles. Pat heiratete Dennis Benatar, als sie noch keine zwanzig war und zog mit ihm nach Virginia, da er dort seinen Militärdienst leisten mußte. Benatar arbeitete die nächsten zweieinhalb Jahre als Bankangestellte, kündigte dann jedoch, um sich wieder der Musik zuzuwenden und sang in Bars und Kneipen in Richmond.

Da Benatar eine Gesangskarriere anstrebte, ging sie 1975 nach New York. Einen ihrer ersten Auftritte hatte sie im Rahmen einer Talent-Veranstaltung in dem Club Catch a Rising Star. Mit ihrer Darbietung von Judy Garlands »Rockabye Your Baby« gewann sie ein festes Engagement im Club. Der Besitzer des Clubs, Rick Newman, wurde Pats Manager. In den nächsten Jahren bemühte sich Benatar um einen Plattenvertrag bei einem großen Label, jedoch ohne Erfolg. Laut Benatar half ihr diese Erfahrung bei der Entwicklung ihres forschen Auftretens auf der Bühne. »Alle sagten, ich sei toll und hätte Talent. Und weiter nichts«, sagte sie. »Wenn man süß ist, kann man noch lange nicht davon leben. Ich fing an, mich zu wehren. So ist mein Bühnen-Image entstanden.«

Benatar bekam 1978 schließlich doch noch einen Plattenvertrag bei Chrysalis, und im darauffolgenden Jahr erschien ihr Debütalbum, *In the Heat of the Night*. 1980 hatte die LP die Top 20 erreicht, und die beiden Singles »Heartbreaker« und »We Live for Love« schafften den Sprung in die Top 30 (während dieser Zeit ließ sich Benatar von ihrem Mann scheiden und heiratete Neil Giraldo, einen Gitarristen aus ihrer Band). Benatars nächste LP, *Crimes of Passion* (1980) war sogar noch erfolgreicher und erreichte Platz 2. Die Singleauskoppelung »Treat Me Right« plazierte sich in den Top 20, und »Hit Me with Your Best Shot« erreichte Platz 9. Mit dem Album gewann Benatar den ersten von vier aufeinanderfolgenden Grammys für die »Beste Rock-Gesangsinterpretation einer Frau«. Die folgenden Jahre brachten weitere Erfolge: elf Top-40-Singles und sechs Top-30-LPs, von denen *Precious Time* (1981) Platz 1 erreichte.

Benatar verkörperte einen für den Mainstream akzeptablen Hardrock-Frauentypus. Im Gegensatz zu Chrissie Hynde war es nicht Benatars Art, in einem Song ein verächtliches »fuck off« von sich zu geben. Doch gerade ihr Erfolg wurde von manchen KritikerInnen dazu benutzt, sie abzu-servieren und ihr vorzuwerfen, sie würde sich dem kommerziellen Geschmack anpassen. »Ihre Musik und ihr Auftreten sind nur insofern originell, als sie eine Frau *ist*«, heißt es in einem Eintrag in *The Harmony Illustrated Encyclopedia of Rock* in der Auflage von 1988. »Ob nun die Power-Chord-Klischees[80] und die humorlosen Posen des Heavy Metal allein dadurch interessanter werden, wenn sie von einer kleinen, rothaarigen Frau im Stretch-Dress dargeboten werden (auch wenn sie ein Naturtalent ist) anstatt von den üblichen Macho-Mackern, ist fraglich.«

Tatsächlich wirkte Benetar, zusammen mit Ann Wilson und Chrissie Hynde, aufgrund ihres eindrucksvollen Stimmumfangs und ihrer bissigen Interpretationen härter als die meisten anderen Sängerinnen in den Top 40. Sie schrieb auch viele ihrer Stücke selbst bzw. war als Co-Autorin daran beteiligt und befaßte sich z.B. in »Hell is for Children« aus der LP *Crimes* mit dem Thema Kindesmißhandlung – acht Jahre bevor Suzanne Vega in ihrem Top-5-Hit »Luka« dasselbe Thema aufgriff. Und sie genoß die Macht ihres Bühnen-Images. »Es gefällt mir, auf der Bühne hart zu sein«, erzählte sie der *Los Angeles Times*. »Ich möchte nicht niedlich sein. Ich kann nicht über die Liebe am Nachmittag auf einer sonnigen Blumen-wiese singen. Ich möchte über Dinge singen, die mich wütend machen, z.B. Beziehungen, in denen etwas faul ist. Die Leute denken vielleicht, ich würde selbst so behandelt werden wie die Frauen in einigen meiner Songs. Überhaupt nicht. Wenn mich jemand so behandeln würde, würde ich dem Typ ein paar ernsthafte Verletzungen beibringen.«

Da die Medien Benatar lediglich als Sexsymbol vermarkteten, wurden ihre wahren Stärken häufig übersehen. Benatar selbst war mit diesem Image nicht glücklich. »Ich dachte immer, ich könnte auf der Bühne

---

80 Ein Power-Chord ist ein im Heavy Metal bevorzugter terzloser Akkord auf der Gitarre. Anstatt einer Terz wird meist die Quarte oder Quinte gespielt.

geschlechtslos sein«, sagte sie gegenüber dem *Rolling Stone*. »Es funktioniert nicht. Ich bin eine Frau, und das kommt immer durch, egal, was ich mache.« Sie gab auch zu, daß sie die Werbeaktionen ihrer Plattenfirma, die ihr Image als Sexsymbol hochspielte, »peinlich« fand. »Als ich von der letzten Tournee zurückkam, entdeckte ich, daß sie eine Ausschneidepuppe gemacht hatten, die mich in Strumpfhosen zeigt. Was soll das denn? Außerdem brachten sie eine Anzeige im *Billboard* und retuschierten einen Teil meines Oberteils weg... Wenn sie *damit* Platten verkaufen können, finde ich das ziemlich traurig.« Als Reaktion auf solche Einstellungen trug Benatar auf der Bühne keine Strumpfhosen mehr und ließ sich die Haare kurz schneiden. Benatar war ständig auf Tournee oder nahm Platten auf, und nach zehnjähriger Hardrock- und Pop-Karriere, schlug sie in den neunziger Jahren mit *True Love*, einer »Jump Blues«[81]-LP, auf der sie u.a. Songs von Big Maybelle und B.B. King coverte, eine neue Richtung ein.

Obwohl Künstlerinnen wie die Go-Go's, Chrissie Hynde und Pat Benatar am Anfang ihrer Karriere nicht mit Punk in Verbindung gebracht wurden, profitierten sie eindeutig von der Punk-Revolution. Hätten sie ihre Karriere ein Jahrzehnt früher begonnen, wären sie wahrscheinlich nicht so erfolgreich geworden wie in den achtziger Jahren. Während Künstlerinnen wie Fanny, Deadly Nightshade, Suzi Quatro und die Runaways Schwierigkeiten hatten, kommerzielle Erfolge zu erzielen, waren Künstlerinnen in den achtziger Jahren – vor allem diejenigen, die ein Instrument spielten – schon eher akzeptiert und wurden nicht mehr so häufig als Außenseiterinnen abgetan. Doch nicht alle Künstlerinnen benutzten die Punkwelle oder die »alternative Musik«, wie sie später in den USA bezeichnet wurde, als Sprungbrett in die Top 40. Die do-it-yourself-Devise des Punk regte auch Künstlerinnen aus anderen Bereichen an, Musik in ihre Arbeit einfließen zu lassen. Einige Künstlerinnen, z.B. Karen Finley, sahen in der Musik lediglich einen weiteren Aspekt ihrer Arbeit. Andere, z.B. Laurie Anderson, begannen eine zweite Karriere als Musikerinnen.

Yoko Ono, deren innovative musikalische Projekte der Punk-Ära vorausgegangen waren, tauchte in den achtziger Jahren nach fünfjähriger Unterbrechung ihrer künstlerischen Aktivitäten wieder auf. In dieser Zeit hatte sich John Lennon um ihren gemeinsamen Sohn Sean gekümmert, während sich Yoko der Finanzen der Familie angenommen und gewinnbringende Investitionen getätigt hatte. Im Sommer 1980 wurde

---

81 Jump Blues ist eine vom Swing beeinflußte Bluesversion, die in den dreißiger Jahren aus einer Verschmelzung des Blues mit Jazzelementen entstand. Kennzeichnend für diesen Stil sind ein sehr rhythmischer, swingender Gesangsstil sowie Big-Band-Begleitung.

angekündigt, daß Ono und Lennon wieder ins Studio gehen würden, und im Oktober erschien ihre Single »(Just Like) Starting Over«/»Kiss Kiss Kiss« nach dem Muster früherer Veröffentlichungen mit einem Lennon-Titel auf der A-Seite und einem Ono-Titel auf der B-Seite. Innerhalb eines Monats nach Erscheinen der Single kam dann die LP *Double Fantasy* heraus.

Wie schon ihr Album *Some Time in New York City* (1972) enthielt auch *Double Fantasy* sowohl Songs von Ono als auch von Lennon, jedoch mit wesentlich besseren Ergebnissen. Diesmal hatten sie ihre Beziehung als Thema gewählt, und zum ersten Mal erntete Ono für ihre Arbeit mehr Lob als Lennon. »Die interessantesten Stücke auf *Double Fantasy* stammen alle von Yoko«, sagte Charles Shaar Murray in einer Kritik des *NME* und fügte hinzu: »In den Achtzigern – post-Slits etc. – klingt ihre Musik überaus modern und wesentlich interessanter als Lennons.« Diese Woge der Neubewertung endete mit Lennons Ermordung am 8. Dezember 1980. Onos musikalische Karriere, die früher im Schatten von Lennons physischer Präsenz gestanden hatte, schien nun dazu bestimmt zu sein, im Schatten seines Geistes zu stehen.

Das wurde deutlich, als im Februar 1981 Onos erste Solosingle seit sieben Jahren, »Walking on Thin Ice«, erschien, die das Paar in der Nacht vor Lennons Ermordung neu abgemischt hatte. Solange Onos Songs mit denen von Lennon gepaart waren, war es jedoch aussichtslos, dem Publikum glauben machen zu wollen, es sei »bereit« für Onos Musik. Daher plante man nach dem Album *Double Fantasy* die Veröffentlichung der »Yoko Only«-Single mit »Thin Ice« auf der A-Seite und der leidenschaftlichen Ballade »It Happened« auf der B-Seite. Außerdem wurde sie auch als Maxisingle für die Club-DJs veröffentlicht. Anstatt ein Aushängeschild für Ono zu sein, wurde die Single jedoch zu einer Art Hommage an Lennon, da sie als erste Platte nach seinem Tod neues Material enthielt (Lennon war auf dem Song mit einer zum Titel passenden, kratzenden Gitarre zu hören). Das Cover trug den Untertitel »For John«, und als »Finishing Note« war auf der Rückseite u.a. zu lesen: »Nach dem, was passiert war, fiel es mir schwer, diese Platte zu machen. Aber ich wußte, daß Johns Geist keinen Frieden finden würde, wenn ich sie nicht gemacht hätte. Ich hoffe, sie gefällt Dir, John. Ich habe mein Bestes gegeben.« »Thin Ice«, einer von Onos besten Songs, war mit seinem pulsierenden Rhythmus wie geschaffen für die Tanzclubs, und der schwermütige, rätselhafte Text wirkte durch die erst vor kurzem geschehene Tragödie noch eindringlicher. Der Song erreichte Platz 58 der Top 100 sowie Platz 13 in den Disco Charts des *Billboard* und wurde später für den Grammy nominiert.

In Interviews unmittelbar nach Lennons Tod strahlte Ono noch eine beherrschte Ruhe aus, doch ihr nächstes Soloalbum, das von Ono und Phil Spector gemeinsam produzierte *Seasons of Glass* (Juni 1981), enthüllte das ganze Ausmaß ihrer Trauer und Wut. Das fing schon bei dem auffälligen Cover an, das Lennons blutbeschmierte Brille zeigte. Die relativ gedämpfte A-Seite beginnt mit der bittersüßen Ballade »Goodbye Sadness« und ist mit kurzen, von Ono und dem damals fünfjährigen Sean gesprochenen Passagen durchsetzt. Die B-Seite steht in krassem Gegensatz dazu. Hier läßt Ono ihrer Wut geradewegs freien Lauf. Das erste Stück, »I Don't Know Why«, steigert sich von einem verhaltenen Trommelwirbel zu Onos Wutgeschrei am Schluß: »Ihr *Scheißer*! Haßt uns, haßt mich! Wir hatten *alles*!« Es folgt das nervöse »Extension 33«, das direkt in die vier Schüsse am Anfang von »No, No, No« einmündet, während Ono »No!« schreit. *Season of Glass* war Onos erste Solo-LP, die in den oberen Bereichen der *Billboard*-Charts rangierte (sie erreichte Platz 49) Allerdings betrachtete Ono die Anerkennung, die sie neuerdings vom Publikum bekam, etwas sarkastisch: »Wenn es John zurückbringen würde, könnten mich die Leute ruhig weiter hassen«, sagte sie zu Ray Coleman in seinem Buch *John W. Lennon: eine Biographie.*

Ono veröffentlichte vier weitere LPs, bevor sie sich eine Zeitlang in ihre Rolle als, wie sie es ausdrückte, »Hüterin des Wunschbrunnens« zurückzog. Zwei davon waren Ono-Lennon-Produktionen (*Milk and Honey* [1984] und *John Lennon Live in New York City* [1986]), die beiden anderen, *It's Alright* (1982) und *Starpeace* (1985), waren Solo-LPs. Auf letzterer ist der Song »Hell in Paradise« zu hören, eine dynamische Tanz-Rock-Nummer mit Nona Hendryx als Background-Sängerin. Der Song wurde Onos größter kommerzieller Erfolg. Die Maxisingle erreichte Platz 16 der *Billboard*-Disco Charts und Platz 13 der Club Play Charts. Nach der Veröffentlichung von *Starpeace* begab sich Ono auf eine kurze Europatournee (sie war bereits zuvor solo aufgetreten: 1973 bei einem einwöchigen Engagement im New Yorker Club Kenny's Castaways und 1974 auf ihrer Japantournee), stellte ihre musikalischen Aktivitäten jedoch anschließend wegen der häufig so schlechten Kritiken zurück. »Nach [der Tour] dachte ich nur: 'Okay, vergiß es eine Zeitlang. Mach mal Pause'«, sagte sie gegenüber *Goldmine*. »Und es war gut, mal Pause zu machen. Wenn die Dinge so total gegen einen stehen, will man natürlich nicht weitermachen.«

In den neunziger Jahren kehrte Ono mit einer Neuaufnahme von »Give Peace a Chance« ins Musikgeschäft zurück. Sie wurde 1991 mit einem neuen, von Onos Sohn Sean geschriebenen Text während des Golfkonflikts zwischen den USA und dem Irak veröffentlicht. Im Jahr darauf kam *Onobox* heraus, eine aufwendige CD-Box ihrer Werke, erschienen unter dem Label Rykodisc. Die Box besteht aus sechs CDs mit Songs aus jeder ihrer Solo-LPs sowie unveröffentlichten Stücken (*Walking on Thin Ice*, eine CD mit den Highlights aus der Box ist ebenfalls auf dem Markt). KritikerInnen, die Onos Stücke bei ihrer Erstveröffentlichung vor zwanzig Jahren verachtet hatten, spendeten nun großzügig Lob. *Billboard* pries die Songs als »musikalisch ihrer Zeit um Jahre voraus«, während *Entertainment Weekly* schrieb: »Ihr Erfindungsgeist für das, was andere als selbstverständlich betrachteten... läßt diese Kollision primitiver Rockmusik-Energie mit der Selbstinszenierung aus dem Performance-Bereich als Vorahnung auf musikalische Mischformen erscheinen.« Die Veröffentlichung des Buches *Yoko Ono: Arias and Objects* (eine Studie über Onos künstlerische Arbeit) von John G. Hanhardt und Barbara Haskell im selben Jahr deutet darauf hin, daß Onos Arbeit nun die schon seit langem fällige Aufmerksamkeit zuteil wird.

Im selben Jahr, in dem Yoko Ono und John Lennon *Double Fantasy* aufnahmen und herausbrachten, wechselte Danielle Dax in Großbritannien mit der Veröffentlichung von *We Buy a Hammer for Daddy*, ihrem ersten Aufnahmeversuch mit ihrer neuen Band Lemon Kittens, von der bildenden Kunst zur Rockmusik über. Dax, im englischen Southend geboren, hatte schon als Kind Spaß an der Schauspielerei. Da sie in der Schule bei Theateraufführungen mitgemacht hatte, überlegte sie zunächst, zum Fernsehen zu gehen. »Als ich jung war, wollte ich Regisseurin werden«, erinnert sie sich. »Ich wollte unbedingt in diesem Bereich arbeiten. Aber als ich vierzehn oder fünfzehn war, wurde mir plötzlich klar, daß ich keinen Job bei der BBC bekommen konnte, weil ich ein Mädchen war. Sie stellten nämlich keine Mädchen als Auszubildende ein. Das hat mich so abgeschreckt, daß ich praktisch das Interesse daran verlor.« Dax zog als Teenager nach Reading und arbeitete dort weiter im Bereich der bildenden Kunst; sie malte und veranstaltete Solo-»Aktionen«. »Ich weiß noch, daß ich eine merkwürdige Phase durchmachte, in der ich mich komplett einfarbig anzog«, erzählt sie. »Es war schon fast wie Performance. Ich machte das ganz allein, verkleidete mich so verrückt wie nur möglich, spazierte betont langsam durch Reading und wartete ab, was passierte. Irgendwann wurde ich dann von einem Haufen Kinder verfolgt und mußte mich in einen Laden flüchten. Es machte mir einfach Spaß. Es macht mir immer Spaß, etwas Außergewöhnliches zu tun, nur um die Leute für einen kurzen Augenblick zum Nachdenken zu bringen.«

Dax' Interesse an Musik war damals nicht so stark ausgeprägt (»Musik war nur eine Folge abstrakter Klänge«), doch durch eine zufällige Begegnung mit einem Musiker wurde ihr klar, daß Musik ebenfalls kreative

Ausdruckmöglichkeiten bot. Nachdem sich Karl Blake wegen der Gestaltung eines Plattencovers für seine Band Lemon Kittens an Dax gewandt hatte, besuchte Dax Blake ein paar Tage später und geriet über das improvisierte Tonstudio in seiner Wohnung in Verzückung. »Ich war total begeistert«, sagt sie. »Es war Liebe auf den ersten Blick. Etwas in mir machte 'klick', und ich merkte plötzlich, daß ich ein Ziel hatte.« Dax schloß sich schließlich Blakes Band an, obwohl sich ihre musikalischen Erfahrungen auf ein paar kurze Experimente mit dem Saxophon beschränkten (»Ich konnte tatsächlich einen Ton herausholen, und so dachte ich, daß das wahrscheinlich ein Omen war«) und sie anfangs unter fast lähmendem Lampenfieber litt. »Ich hatte fürchterliche Angst«, beschreibt sie ihre erste Vorstellung. »Es war so schlimm, daß ich beinahe nicht auf die Bühne gegangen wäre. Aber die Art dieses Auftritts, daß ich nämlich von Kopf bis Fuß vollkommen verkleidet war, so daß mich niemand erkennen konnte, half mir ziemlich. Es ist immer so, als ob man sich zwingen müßte, ins kalte Wasser zu springen – wenn ich zu viel darüber nachgedacht hätte, hätte ich wohl nicht weitergemacht.«

Dax' mangelnde Vertrautheit mit Instrumenten hielt sie nicht davon ab, kurz nach ihrem Eintritt in die Gruppe die erste LP der Kittens, *We Buy a Hammer for Daddy*, aufzunehmen. Das Studio dafür fand sie über eine Anzeige im *Melody Maker*, in der eine kostenlose Benutzung des Studios an der Guildford University angeboten wurde. »Wir nahmen von elf Uhr abends bis sechs Uhr morgens auf«, erinnert sich Dax, »und zwar nur Karl und ich. Es war mitten im Winter. Wir mußten mit unserer gesamten Ausrüstung von Reading aus mit dem Zug fahren und zwischendurch umsteigen, so daß die Fahrt eine Ewigkeit dauerte. Danach mußten wir bergauf durch eine trostlose Gegend laufen, eine der schlimmsten architektonischen Landschaftsverschandelungen in ganz Großbritannien. Unsere Aufnahmen machten wir dann in einem riesengroßen Raum, der eigentlich für ein Orchester gedacht war, und in dem Kesselpauken und überall Notenständer herumstanden. Und wir hatten buchstäblich keine Ahnung. Wir gingen einfach in diesen großen, leeren Raum und spielten, was wir wollten. Ich verstand überhaupt nichts von Musik, als ich anfing. Ich wußte nicht, wie Akkorde aufgebaut sind und warum sich etwas richtig oder falsch anhört. Am Anfang hörte ich auf einer Platte noch nicht mal den Unterschied zwischen einer Bass Drum und einer Baßgitarre.«

Das Album, das daraus entstand und 1980 veröffentlicht wurde, war weder Mainstream-Rock, noch die damals gängige Punk- oder New Wave-Musik. Zwar gaben, wie Dax sagt, Kinderbücher die Anregungen zu den Texten und Songtiteln, doch vermitteln sie zusammen mit der bruchstückhaften, polternden Musik einen eher mysteriösen Gesamteindruck.

Als nächstes veröffentlichte die Band, die ihren Standort inzwischen nach London verlegt hatte, eine Single und wirkte auf verschiedenen Samplern mit, bevor sie 1982 ihre zweite LP *The Big Dentist* herausbrachte. Bald darauf löste sich die Gruppe wegen interner Streitigkeiten auf, und Dax fand es an der Zeit, eigene Wege zu gehen. »Ich hatte in der Band genügende Erfahrung gesammelt und fühlte mich stark genug, mein musikalisches Nest zu verlassen«, erklärt sie. Dax begann mit der Arbeit an ihrer ersten Solo-LP, *Pop Eye*, die 1983 veröffentlicht wurde. Sie übernahm alle damit verbundenen Aufgaben – schrieb und spielte nicht nur alle Stücke selbst (insgesamt mehr als zehn Instrumente, von Gitarre und Trompete bis hin zu »Spielsachen«), sondern produzierte auch –, was für sie jedoch kein großes Problem darstellte. »Weil sonst niemand da war, machte ich es eben selbst«, sagt Dax. »Damals wußte ich überhaupt nichts über das Musikgeschäft. Mir war weder klar, welche Macht und Verantwortung Produzenten oder Toningenieure hatten, noch wußte ich irgend etwas über das Schneiden. Es war einfach normal für mich. Es ging nur einen Schritt weiter als das, was ich zu Hause in Karls Zimmer gemacht hatte. Ich habe mit niemandem zusammengearbeitet. Ich bin am Ball geblieben. Ich wollte es machen, also lernte ich, wie es ging und erreichte das Ziel, das ich mir gesteckt hatte. Es schien gar keine große Sache zu sein. War es eigentlich nie.«

Dax' Arbeitsweise mag für sie selbst zwar »keine große Sache« gewesen sein, doch erkannte sie die Bedeutung ihrer Arbeit für andere Künstlerinnen in der Musikbranche. »Ich glaube, die Art, wie ich an die Sache herangegangen bin, war für die damalige Zeit sehr wichtig«, sagt sie über die LP. »Ich meine, es gab buchstäblich keine anderen Frauen, die damals so arbeiteten, also in Bereiche gingen, die vorwiegend Männerdomänen waren, vor allem das Abmischen und die technische Seite der Dinge, und die nicht nur Lead- oder Background-Sängerinnen waren oder immer von einer ganzen Bastion von Musikern oder Geschäftsmännern unterstützt wurden. Einfach nur das machten, was sie wollten. Und wenn es für Frauen schwierig war, mit Männern zu arbeiten, können sie mich mal am Arsch lecken – sollen sie es doch alleine machen. Ich glaube, inzwischen machen sie das auch zunehmend. Seit ich angefangen habe, hat sich viel verändert, verdammt viel.«

Die Musik auf *Pop Eye* war zusammenhängender als Kittens Stücke, doch Dax' Ideen waren genauso unheimlich, vor allem das ebenfalls von ihr entworfene Cover. Es zeigte ein makabres Mosaik aus Körperteilen, die zu einem furchterregenden Gesicht zusammengesetzt waren. Da sich die PlattenhändlerInnen weigerten, das Album mit dem Original-Cover ins Regal zu stellen, wurde die LP mit einem weniger provokanten Cover versehen. Dax selbst war mit ihrer Arbeit jedoch zufrieden. »Ich konnte Sachen machen, die sehr ehrlich waren«, sagt sie. »Das Album schien nur deshalb merkwürdig zu sein, weil alle sagten, es sei merkwürdig. Ich glaube, es war ein gutes Album. Ich glaube zwar, daß es ein sehr naives Album war, aber ich bin stolz darauf.« Ihre nächste LP, *Jesus Egg That Wept* (1984) stellt gegenüber der spärlichen, harten Instrumentierung von *Pop Eye* eine starke Weiterentwicklung dar. »Evil Honky Stomp«, ein Angriff auf den Fanatismus, wirkt in seiner gräßlichen Verzerrung bedrohlich, wobei Gitarren und Klavier über einem Tape-Loop[82] eines alten Blues Titels, »Jukebox Boogie«, spielen. »Pariah« beschreibt in äußerst beklemmender Weise einen Fall von Lynchjustiz. In diesem Stück verwendet Dax eine Fülle von Synthesizer-Sounds als Hintergrund für das makabre Szenarium. Und mit der Veröffentlichung ihrer Maxisingle »Yummer, Yummer Man«/»Bad Miss 'M'«/»Fizzing Human Bomb« Ende 1985 wurde ihr Ziel zunehmend deutlicher: Sie verarbeitete traditionelle Musikstile zu neuen Formen, wie z.B. die Tanz-Rockmusik in »Fizzing Human Bomb« und Country&Western in »Bad Miss 'M'«, in dem sich Dax zu einem schwindelerregenden Rhythmus zu der damaligen Premierministerin Margaret Thatcher äußert.

Dax schreibt diese Entwicklung zum Teil der Verbesserung ihrer musikalischen Ausrüstung zu. Zudem baute sie ihre Autonomie aus, indem sie nicht mehr nur ihre Musik selbst spielte (allerdings arbeitete sie nun mit ihrem Gitarristen David Knight zusammen), sondern auch ein eigenes Label gründete und alles, was sonst noch zu ihrer Karriere gehörte, selbst in die Hand nahm – sowohl aus der Notwendigkeit heraus, als auch, weil sie selbst bestimmen wollte. »Ich wollte einen Manager, aber niemand wollte das damals machen«, erklärt sie. »Sie dachten, die Musik sei zu merkwürdig. Also organisierte ich meine Tourneen, arrangierte Pressetermine, stellte die Bands zusammen. Ich dachte eigentlich gar nicht darüber nach, weil ich viel zu sehr damit beschäftigt war, mit all der Arbeit voranzukommen. Der einzige Grund für einen Manager wäre gewesen, einen besseren Plattenvertrag zu bekommen. Den Rest konnte ich mehr oder weniger sowieso allein machen.«

Selbst zu Beginn des Punk war es eine Seltenheit, daß jemand, egal ob Künstler oder Künstlerin, praktisch alle mit der Karriere verbundenen Aufgaben selbst übernahm. Auch Dax wurde mit den Vorurteilen konfrontiert, die sich häufig gegen Künstlerinnen richten, nur weil sie Frauen sind. Dadurch wurde sie, so sagt sie, zu dem Song »Flashback« inspiriert (auf der 1987 veröffentlichten LP *Inky Bloaters*). »Es geht einfach darum,

---

82 Wörtlich: Bandschleife. Ein Tape-Loop ist ein Tonsignal, das ständig wiederholt wird.

etwas zu wollen und eben auch durchzusetzen«, sagt sie. »Daß ich eine Frau bin, die das macht, und die Art, wie ich es mache, verkraften die Leute nur schwer. Es ist so schwierig, denselben Respekt und dieselbe Publicity zu bekommen wie die Männer, die das gleiche machen. Es schreckt die Leute ab. Viele Frauen geben den Kampf schon sehr früh auf, weil es manchmal so ist, als würde man mit dem Kopf gegen eine Wand rennen. Aber die Frauen, die da durchkommen, sind wirklich stark und wirklich gut, weil sie es geschafft haben. Sie haben wahrscheinlich doppelt so viel geschwitzt und gearbeitet, um dasselbe zu erreichen.«

Dax mußte noch zwei weitere Singles und die LP *Inky Bloaters* herausbringen, bevor sich ihre Hartnäckigkeit auszahlte. Sie schloß schließlich einen Plattenvertrag mit dem großen Label Sire in den USA ab, unter dem 1988 ein Sampler mit frühen Stücken, *Dark Adapted Eye*, und 1990 *Blast the Human Flower* erschien. »Mir ist zwar ein Stein vom Herzen gefallen, aber es ist ein bißchen so, als ob ich nun nicht mehr mit einer bösen Katze spielen würde, sondern meinen Kopf ins Maul des Löwen gesteckt hätte!« sagt sie über ihren Wechsel zu einem großen Label. Allerdings kam ihr die größere Publicity, die die Arbeit bei einem solchen Label mit sich bringt, durchaus gelegen. »Ich bin nicht auf diesem Kunst-Trip, ein unbedeutendes Arschloch sein zu wollen und immer und ewig vor zweihundert Leuten zu spielen«, sagt sie. »Ich glaube, das ist sinnlos. Ich glaube daran, daß das, was ich mache, wichtig ist. Es ist wichtig für mich, aber ich glaube, es ist auch allgemein wichtig. Ich finde nämlich, daß ich ein Geschmacks- und Integritätsniveau habe, das nicht immer in der Musik vorhanden ist, die zum Mainstream durchdringt. Deshalb glaube ich, daß mein Versuch, in den Mainstream zu kommen, wichtig ist, damit meine Musik zur Verfügung steht, also einfach nur, damit die Leute eine Auswahl haben.« Ebenso bedeutsam war Dax' Wille zum Erfolg, ein Wille, der durch »einen absoluten, fast unerschütterlichen Glauben an das, was ich gemacht habe« angefacht wurde, wie Dax sagt. »Ich glaube nicht an den Mißerfolg. Das habe ich noch nie getan. Ich habe schon immer daran geglaubt, daß, wenn man etwas lange genug macht und sich wirklich Mühe gibt, es sich irgendwann auszahlt. Man muß nur daran glauben. Die Alternativen sind undenkbar.«

Laurie Anderson, die ihre Karriere ebenfalls als bildende Künstlerin begann, bevor sie sich der Musik zuwandte, stellte ihre Werke in den siebziger Jahren hauptsächlich in Gallerien aus und trat in einschlägigen New Yorker Treffpunkten wie The Kitchen auf. Obwohl ihre Werke meist musikalisch untermalt wurden, stand die Musik doch nie im Mittelpunkt. »Als ich noch viele Filme machte – so fing alles an –, nahm ich oft an 'Film Festivals' teil, bei denen sich ungefähr acht Leute auf einem

Dachboden trafen«, erinnert sie sich. »Ich war immer zu spät dran und hatte nie Zeit, um den Soundtrack zu machen, also stand ich vor der Leinwand, spielte Geige und erzählte Geschichten. Und so kam die Musik hinein – eigentlich waren es Soundtrack-Songs.« 1981 hatte Anderson jedoch einen Überraschungs-Hit mit dem selbst veröffentlichten Song »O Superman«, der in den britischen Charts Platz 2 erreichte. »Es war schon seltsam«, erinnert sie sich. »Die Singles waren größtenteils auf meinem Dachboden gestapelt, ungefähr tausend Stück. Wir verkauften sie über Versand, und ich dachte: ›Wir werden die Dinger nie los‹. Dann bekam ich auf einmal Anrufe aus England: ›Ja, wir möchten vierzigtausend von diesen Platten bestellen‹. Ich sah den Stapel an und sagte: ›Oh, kein Problem! Sofort. Ich setze mich wieder mit Ihnen in Verbindung‹. Es war so, daß mich Warner Bros. wegen Plattenaufnahmen angesprochen hatte, aber ich wollte nicht mit einer Plattenfirma arbeiten, und deshalb bin ich nicht darauf eingegangen. Aber jetzt rief ich dort an und sagte: ›Hören Sie zu, können Sie das nicht übernehmen? Ich kann nämlich nicht so viele Briefmarken ablecken.‹«

Anderson wurde 1947 in Chicago geboren und hatte als Kind klassischen Geigenunterricht. Später besuchte sie das Barnard College und die Columbia University und machte dort 1972 einen Abschluß als M.F.A.[83] in Bildhauerei. Im selben Jahr inszenierte sie in Rochester, Vermont, ihre erste Performance, *Automotives*, bei der sie ein »Orchester« aus Autohupen dirigierte, die von Einheimischen gespielt wurden. Sie setzte ihre Arbeit in New York fort, wohnte in Soho und war Teil der wachsenden »Performance«-Bewegung, einer Weiterführung der »Aktionen« und »Happenings« der sechziger Jahre, die jetzt jedoch mehr mit den verschiedenen Medien experimentierte, insbesondere mit Film und Video. Obwohl das Publikum den Begriff verwirrend fand, sah sich Anderson als Teil einer langen Tradition. »Ich glaube nicht, daß ich in einer neuen Kunstform arbeite«, sagt sie. »Die Leute denken, Performace sei etwas Neues. Dabei gibt es sie eigentlich schon seit – hm, Bauhaus; da wurde sowas gemacht. Aber es ist einfach so, daß es keine Performance-Ensembles gibt, wie z.B. Opern-Ensembles, die diesen Bereich repräsentieren. Und so denken die Leute, daß sie ständig neu erfunden werden. Aber ich bin eigentlich nichts Bestimmtes von Beruf. Na ja, vielleicht eine professionelle Geschichtenerzählerin, aber Musik und Filme sind auch eine Art, Geschichten zu erzählen.«

1978 veränderte sich Andersons Bild von sich als »Geschichtenerzählerin«, als sie feststellte, daß es auch außerhalb der engen Grenzen der

---

83 Master of Fine Arts, entspricht im Deutschen dem Magisterabschluß im Fach Bildende Kunst.

Kunstszene noch Platz für ihre Arbeiten gab. »Künstler in den USA haben es sehr schwer«, sagt sie. »Und dazu haben die Kunstwelt und die Avantgarde in gewisser Weise selbst beigetragen. Ich habe zwar davon profitiert, aber letzten Endes ist es arrogant. Die Einstellung: Alles, was nicht avantgardistisch ist, ist Unsinn, und Pop-Kultur ist Schund, ist ein bißchen extrem. Mir wurde klar, in welcher Rolle ich mich sehen könnte, als ich das Konzert in Houston gab. Es sollte eigentlich in einem Museum stattfinden, agber wir hielten es dann in einer Country & Western-Kneipe ab, weil nicht genug Platz war. Natürlich waren auch viele Stammgäste der Kneipe da und standen um die Bar herum, und das Kunst-Publikum drängte sich woanders, und mitten in der Show merkte ich, daß die Stammgäste alles total gut verstanden. Weil das ganze nämlich auch als Country-Fiddle-Show angekündigt worden war. Das war zwar etwas merkwürdig, aber ich spielte ja Geige und erzählte Geschichten. Die Geschichten waren zwar ein bißchen verrückt, aber die Geschichten aus Texas sind ja auch total verrückt. Und mir wurde klar: 'Moment mal! Diese Leute hier kapieren, was ich sage! Ich muß es eigentlich gar nicht so machen wie vorher.' Ich habe viel von ihnen gelernt.«

Während sich Anderson in der New Yorker Kunstszene etablierte, entwickelte ihre zukünftige Produzentin Roma Baran gerade ihre eigenen Talente. Baran wurde 1947 in Polen geboren und zog mit ihrer Familie ins kanadische Quebec, als sie fünf war. In ihrer Schulzeit begann sie, Gitarre zu spielen, zum einen als Auflehnung gegen ihre Eltern, die wollten, daß sie Klavier spielte, und zum anderen, weil sie in einen Mitschüler verliebt war. »Ich glaube, den Anreiz, Gitarre spielen zu lernen, gab ein Junge namens Tommy Pendon; ich war in ihn verknallt«, erzählt sie. »Ich glaube, ich besorgte mir eine Gitarre, um ihm irgendwie näher zu kommen. Aber meine Eltern bezahlten mir keinen Gitarrenunterricht, und so brachte ich mir das Spielen auf eine etwas merkwürdige Weise selbst bei – Ich erfand eine Stimmung und lernte, auf dem Schoß zu spielen, eine Art Schoß-Stil. Ich habe eine Weile gebraucht, um mir das wieder abzugewöhnen! Dann machte ich bei einer Band mit. Die Jungs trugen taubenblaue Smoking-jacken mit schwarzen Revers aus Satin, und ich trug ein taubenblaues, schulterfreies Etwas und hatte mein Haar seitlich zurückgekämmt und zu einer Rolle aufgesteckt. Ich spielte in ein paar Bands, und dann, in meinem ersten Jahr am College, spielte ich in einem Folktrio.«

Wieder war es Verliebtheit, die Baran in der Musik mehr als nur ein »Hobby« sehen ließ. »Ich verliebte mich in eine Frau, die in einer Band spielte, der Penny Lang Band«, erzählt sie. »Dasselbe Gefühl, ein anderes Geschlecht! Also hing ich bis tief in die Nacht in dem Club in der Nähe der McGill University herum. Irgendwann wurde ich tatsächlich Mitglied der Band, und danach verschoben sich die Prioritäten ein bißchen. Ich betrachtete mich nun eher als Musikerin und nicht mehr als jemand, der erwachsen wurde und studierte, um etwas anderes zu werden. Aber trotzdem ging ich ab und zu noch ins College, wenn ich nicht wußte, was ich sonst machen sollte.« Baran zog schließlich nach Kalifornien, um am San Francisco Music Conservatory Musik zu studieren, besuchte dann die University of New Hampshire, um ihren Magisterabschluß zu machen und landete 1976 schließlich in New York. Dort schloß ihr Studium an der New York University mit dem Doktortitel ab.

Sie war auch weiterhin musikalisch aktiv und spielte mit vielen verschiedenen KünstlerInnen, u.a. mit der Folksängerin Rosalie Sorrels und den Kanadierinnen Kate und Anna McGarrigle. Durch ihre Arbeit mit den McGarrigles bekam sie ihren ersten Auftrag als Produzentin. Das Folktrio Huxtable, Christensen and Hood bat sie 1977, ihre LP für Philo Records zu produzieren. »Sie hatten mich ein paarmal mit Kate und Anna spielen sehen«, erzählt Baran. »Ich kann nicht gut nein sagen – und ärgere mich dann oft darüber. Also sagte ich: 'Ja, klar' und fuhr nach Burlington, und es graute mir vor all dem, was ich nicht wußte. Ich glaube, ich leide unter einer Art Größenwahn: Ich sehe eine Aufgabe, bekomme sie und komme auf der Stelle irgendwie damit zurecht. Aber natürlich geht das nicht so, nie. Der Toningenieur war sehr lieb. Er versuchte zwar, mir irgendwie zu helfen, aber es war sehr schwierig, sich auf alles einzustellen. Es hat total viel Spaß gemacht, und ich fand die LP super, und alles ging gut. Ich hatte einen enormen Wissensdurst.«

Während dieser Zeit sah Baran Laurie Anderson zum ersten Mal bei einem Auftritt in New York und lernte sie später kennen, als sie als Produzentin und Toningenieurin bei ZBS Media angestellt war, einem Studio im Norden des Bundesstaates New York, in dem auch Anderson arbeitete. »Ich glaube, die Abkürzung stand ursprünglich für 'Zero Bullshit'[84], aber das war allen peinlich, und niemand wollte es zugeben«, sagt Baran. »Das Studio bekam staatlich Subventionen für ansässige Künstler, also kamen alle dorthin: Phil Glass, Meredith Monk, Laurie Anderson, alle, die im Bereich Avantgarde und Performance später bekannter wurden. Ich lernte Laurie auf diese Weise privat kennen, arbeitete dort aber nicht mit ihr zusammen.« Baran schlug Anderson bald darauf vor, eine Platte zu machen, doch da Anderson zu der Zeit kein Interesse daran hatte, arbeitete Baran bei ihren Live-Shows mit. »Schließlich tourte ich mit ihr, mischte ihren Live-Sound, spielte Keyboards und war oft bei ihr zu Hause«, erzählt sie. »Und all das ist von dem, was als Produzieren bezeichnet

---

84 Bedeutet etwa: »absolute Scheiße«.

wird, sowieso nicht weit entfernt. Auf diese Weise lerne ich sie und ihre Arbeit kennen.«

Nachdem sie Ende der achtziger Jahre bei einem Soundcheck »O Superman« gehört hatte, versuchte Baran, Anderson erneut zu überreden, eine Platte zu machen. »Als ich es zum ersten Mal hörte, flippte ich aus«, erinnert sie sich. »Und dieses Gefühl habe ich selten für einen Künstler oder ein Musikstück. Ich fand es einfach nur phantastisch. Und ich sagte mir: 'Okay, das ist es jetzt. Ich werde sie mir schnappen und es jetzt durchziehen!' Sie hatte gerade angefangen, an einer Platte zu arbeiten. Mit Hilfe eines kleinen Zuschusses sollte sie für ein ganz kleines Label eine Platte mit gesprochenen Stücken oder Gedichten aufnehmen, hatte aber Schwierigkeiten, dieses Projekt zu Ende zu führen. Das frustrierte sie, und so gesehen habe ich einfach einen günstigen Moment erwischt. Also sagte ich: 'Komm, wir nehmen diesen einen Song und machen eine Single.' Und Laurie meinte: 'Hm, mal sehen, nach Weihnachten besorge ich ein Studio und treibe ein bißchen Geld auf ...' Und ich sagte: 'Wie wär's denn mit jetzt gleich?' Ich glaube, es war Samstag, und die Geschäfte hatten zu, also nahmen wir die Platte gleich bei ihr zu Hause mit ihren Geräten und einem gebrauchten Band auf. Eigentlich war ich ziemlich schnell fertig. Ich glaube, ich ging mehrmals nach Hause, um frische Unterwäsche anzuziehen – es war sehr intensiv!«

Das für vierhundert Dollar aufgenommene »O Superman« erschien 1981 mit einer weiteren Komposition von Anderson, »Walk the Dog«, auf der B-Seite, privat unter dem Label 110 Records. »O Superman« zeichnet über einem Tape-Loop mit Andersons konstantem »Ah-ah-ah« ein subtiles Portrait von Macht und Technik, verkörpert von traditionellen Autoritäts-symbolen (Militär, Mutter) und Haushaltsgeräten (Anrufbeantworter). Nach der Veröffentlichung brachte Baran, die anscheinend stärker an den Song glaubte, »O Superman« zu verschiedenen Plattenfirmen. »Ich hatte sozusagen einen Anfall von Blindheit: Ich wußte, wer in der Branche war und was die Leute normalerweise dachten und kauften, aber ich glaubte einfach daran«, erklärt sie. »Ich ging mit der Platte zu jedem großen Label und bekam überall so ziemlich die gleiche Antwort. Die Leute sagten: 'Es gefällt mir wirklich total gut. Es ist das Beste, was ich je gehört habe, aber wie können wir den Song vermarkten? Wie kann ich meinem Chef klarmachen, daß ich nicht verrückt geworden bin?' Es spricht für Karen Berg von Warner Bros., daß sie sofort großes Interesse bekundete und sagte: 'Und jetzt müssen wir nur noch überlegen, wie wir das durch-drücken.' Sie kam zu einem von Lauries Auftritten und weinte, weil sie so ergriffen war. Auch Laurie hatte einen guten Ruf, und ich glaube, daß Warner auch an ihrem Ansehen als Prestigekünstlerin für das Label interessiert war. Und so nahm Warner sie nach langen Verhandlungen unter Vertrag.«

Andersons erstes Projekt bei Warner war die LP *Big Science*, auf der Ausschnitte aus ihrer achtstündigen Multimedia-Show *United States* zu hören sind. Die Platte wurde von Baran und Anderson produziert, die bis dahin nur für »O Superman« zusammengearbeitet hatten. Glücklicherweise hielt Andersons ungewöhnliche Arbeitsweise die Plattenfirma davon ab, sich in ihre Arbeit einzumischen. »Ich weiß, daß manchmal ein paar Leute dabei sind«, sagt Anderson, »aber vor allem in meiner Anfangszeit bei Warner wußten sie nicht, was sie machen sollten. Sie konnten nicht vorbeikommen und sagen: 'Mehr Baß', weil es in dem Stück sowieso keinen Baß gab. Also ließen sie mich in Ruhe, was ich ihnen hoch anrechnete.« Es gab noch einen anderen Aspekt, der Anderson an der Arbeit bei einem großen Label gefiel. »Es war wirklich eine immense Erleichterung, aus der Kunstszene herauszukommen«, sagt sie, »weil ich mich, was die geschäftliche Seite der Kunstwelt angeht, nie wohlgefühlt habe. Wissen Sie, da verkauft ein Maler ein Bild für fünfhunderttausend Dollar, und dann läßt es jemand einfach als Investition verbuchen und hängt es im Wohnzimmer auf. Und schon bald muß sich der Künstler doch fragen: 'Moment mal! Für wen ist das? Für was mache ich das?' Ich mag Schallplatten, weil sie billig sind. Und Konzerte auch – verhältnismäßig. Ich finde es also gut, wenn das Geschäftliche so ganz direkt ist.«

Big Science (1982) ist eine Kurzfassung der *United States*-Show. Die »Songs« sind eher eine Folge von surrealen Geschichten, in denen Anderson mit variationsreicher Stimme kühle Bemerkungen über die amerikanische Gesellschaft macht – über Isolation, über die Faszination, die Baumaßnahmen auf die Gesellschaft ausüben (im Titelsong wird der Weg in die Stadt anhand von Gebäuden beschrieben, die noch gar nicht existieren) und die scheiternde Technologie. Auch Andersons Image, das sie als »typische New Yorker Künsterin!« bezeichnet, war etwas Neues für das Rockpublikum, das sich von ihren Arbeiten allmählich angezogen fühlte. In zahlreichen Artikeln wird ihre »Androgynie« erwähnt. »Ich glaube nicht, daß das beabsichtigt war«, sagt sie. »Ich war noch nie ein besonders weiblicher Typ mit rosa Kleidern und Puffärmeln. Ich habe mich so angezogen wie jetzt auch. Als Geschichtenerzählerin wollte ich die Geschichten aus verschiedenen Blickwinkeln erzählen.« Andersons weiße Hemden, schlichte Anzüge und ihr kurzgeschorener Haarschopf lassen ihre Geschlechtszugehörigkeit nicht nur zweideutig, sondern sogar völlig unbedeutend erscheinen. Mit Hilfe ihrer vielen Mikrophone verwandelt sie sich von einer Frau in einen Mann oder von einer Geschichtenerzählerin über eine Autoritätsperson in eine Background-Gruppe. Ihre Songs enthalten auch subtile Bemerkungen über die Beziehungen zwischen den Geschlechtern, z.B. das Stück »Let X = X«, in dem der Versuch einer Frau, ein Gespräch anzufangen, immer wieder von der Äußerung ihres Gesprächspartners: »Ist das nicht typisch Frau?« unterbrochen wird.

Obwohl keine von Andersons Platten in den Charts besonders erfolgreich war, konnte sie ihren Status als Prestigekünstlerin für ihr Label beibehalten. Zwar kam sie nicht in die Top 10, doch war ihre Anhängerschaft groß genug, daß sich die Veröffentlichung ihrer Platten lohnte. »Ich glaube, sie behalten mich, weil den Leuten dort gefällt, was ich mache«, sagt sie, »aber ich bin kein Millionenseller, obwohl mir das nichts ausmacht. Und solange es ihnen auch nichts ausmacht, ist es in Ordnung. Ich bin überhaupt nicht an Verkaufszahlen interessiert. Wenn ich denken würde, die Musik wäre um so besser, je mehr Leute sie gut fänden, hätte ich wohl mehr Interesse daran, aber wenn ich das denken würde, wäre ich auch der Meinung, daß Guns 'n' Roses und Bon Jovi die beste Musik unserer Zeit machen. Was ich aber nicht finde. Ich meine, die Musik ist okay, aber die Gleichung: je populärer, desto besser, geht für mich nicht auf.«

Baran arbeitete auch für die nächsten LPs, *Mr. Heartbreak, United States Live, Home of the Brave* und *Strange Angels* mit Anderson zusammen. Darüber hinaus produzierte sie auch Platten für andere KünsterInnen der New Yorker Kunstszene, z.B. für den Perkussionisten David van Tieghem (der auf Andersons LPs die Schlaginstrumente spielte). Später wandte sie sich auch dem Film zu und arbeitete als Musikproduzentin oder Tontechnikerin für Filme, wie z.B. Andersons Konzertfilm *Home of the Brave*, *Swimming to Cambodia*, einen Dokumentarfilm über Spaulding Gray's Einmann-Show, Lizzie Bordens *Working Girls* sowie *Bluthunde am Broadway* (in dem auch Madonna mitspielte). In den neunziger Jahren kehrte sie außerdem zur Universität zurück, diesmal als Jurastudentin.

Auch Karen Finley war eine Multimedia-Künstlerin, die Anfang der achtziger Jahre im Zuge ihrer Aktivitäten in der New Yorker Kunst- und Clubszene mit Musik experimentiete. In erster Linie ist sie jedoch für ihre Performance-Arbeiten bekannt. »Ich wollte Songtexte dazu verwenden, die Musik weiterzubringen, weil ich glaube, daß sie ziemlich rückständig ist«, erklärt Finley. »Für meine Begriffe ist die Musik gegenüber allen anderen Kunstformen im Rückstand – und das um mindestens siebzig Jahre, würde ich sagen. Erstens wegen der FCC, und weil die Leute eigentlich nur Musik machen, um Geld zu verdienen und im Radio gespielt zu werden. Außerdem wird Musik zensiert und die anderen Kunstformen nicht. Wenn man einen vulgären Ausdruck in der Musik benutzt – vergiß es, das ist verboten. Aber wenn man einen vulgären Ausdruck in der

Literatur oder in Filmen oder Theaterstücken verwendet, ist es in Ordnung. Ich hatte das Gefühl, daß ich das ändern müßte. Ich engagierte mich also nicht unbedingt aus musikalischen, sondern aus politischen Gründen.«

Finley wurde in Chicago geboren und studierte am San Francisco Art Institute Performance und Video. 1981 machte sie ihren Abschluß als M.F.A. und ging anschließend nach New York. »Ich zog dorthin, um Presse zu bekommen«, sagt sie, »und ich bekam sie. Ich wollte, daß Performance genauso ernst genommen wurde wie Malerei oder andere Kunstformen und war der Meinung, daß ich das nur erreichen konnte, wenn ich in New York lebte.« Bei einem ihrer ersten Auftritte im Performance-Treffpunkt P.S. 122 lernte sie Lori Seid kennen, die, wie es Baran bei Anderson gemacht hatte, Finley anbot, ihr bei den technischen Seiten ihrer Auftritte zu helfen. »Ihr Stück hatte mich so aufgewühlt, daß ich nach der Show zu ihr ging und sagte: 'Hör mal, ich weiß zwar nicht sehr viel, aber ich werde alles für dich tun'«, erinnert sich Seid. »Und wir wurden nicht nur Freundinnen, sondern ich arbeite immer noch für sie. Sie sagte, ich sei der allererste Mensch gewesen, der ihr jemals Hilfe angeboten hätte.«

Seids Karriere als Technikerin (sie machte die Light Show, den Sound, arbeitete als Inspizientin und übernahm viele andere Aufgaben) begann Anfang der achtziger Jahre, als ihre Freundin in der New Yorker Underground-Kunstszene aktiv war, die die Musikszene der späten siebziger Jahre ablöste. »Also, ich arbeitete in einem Copy-Shop und lernte eine Frau kennen, in die ich mich verliebte«, erzählt sie. »Wir hatten zwar eine ganz tolle Beziehung, aber sie verschwand jeden Tag für sechs Stunden, und allmählich nervte mich das. Sie war bei den Proben zu Tim Millers *Democracy in America*, also trieb ich mich auch dort herum, um zu sehen, um was es ging und half ein bißchen – machte Besorgungen, brachte den Leuten Essen und all sowas. Ehe ich mich's versah, war ich – bumm! – Hilfs-Inspizientin beim nächsten New Wave Festival im November. Das war das erste, was ich machte.« Seids erster Job blieb nicht der einzige, und schließlich arbeitete sie für verschiedene Avantgarde-KünstlerInnen in der Stadt. »Ich habe mit allen gearbeitet!«, erinnert sie sich. »Tim Miller, Eric Bogosian, Ethyl Eichelberger, Holly Hughes – Leute, die jetzt ganz oben sind. Zu dieser Zeit waren alle gerade auf dem Weg nach oben. Ich hatte immer noch meinen Vollzeit-Job, aber die Leute engagierten mich nachts zum Arbeiten, und wir trafen ein Abkommen, daß ich umsonst arbeiten würde, wenn sie mir dafür etwas beibrachten. Ich machte alles umsonst, wenn es mir nur jemand zeigte.«

Während sie versuchte, sich als Künstlerin zu etablieren, arbeitete Karen Finley u.a. auch als Barkeeperin im Danceteria, einem der etwas coolleren Tanzclubs in New York. Dort lernte sie ihren zweiten Mann kennen, Michael Overn, einen der Club-VJs (»Video Jockeys«). Overns Zugang zu Videos führte zur Entstehung von »Bad Music Video«, einer Multimedia-Show von Overn, Finley, Seid und einem weiteren Freund, bei der »miese« Videos (»Die *miesesten* Videos«, sagt Seid. »George Michael Thomas von *Miami Vice*, Jermaine Jackson und Pia Zadora, und wir machten eine ganze Serie über Königliche Hoheiten – Elvis und Prinzessin Stephanie«) in Verbindung mit einer Live-Performance präsentiert wurden. Finleys Erfahrungen im Club waren für sie ein Anreiz, selbst Platten zu machen. »Ich hörte sehr viele Texte von Tanzstücken«, sagt sie, »und mir hing diese Einseitigkeit zum Hals raus Es ging immer gegen die weibliche Sexualität, und Frauen wurden als Sexualobjekte dargestellt, die sexuell nichts zu sagen hatten. Also fing ich einfach an, Platten zu machen.«

Finleys erste Single war »Tales of Taboo«, produziert von einer weiteren Danceteria-Bekanntschaft, dem DJ Mark Kamins, der auch Madonnas frühe Platte produzierte. Finley beschreibt den Song, in dem sie in einer harten, herausfordernden Sprache sexuelle Befriedigung verlangt, angemessen als »extrem radikal. Ich glaube, daß es der aggressivste Song in der ganzen Musikgeschichte ist, weil er die Position der Frau in eine sexuell dominante Rolle verwandeln will.« Auch in ihrer Performance-Arbeit setzte sie sich mit sexuellen Vorurteilen auseinander und war bald für dieses Thema berüchtigt. Ein Stück, bei dem sich Finley eingelegte Yams[85] auf den Hintern schmiert, entfachte eine heftige Debatte zwischen der *Village Voice*-Journalistin C. Carr, die Finleys Performance lobte, und Pete Hamill, der sie verurteilte. Finley behauptet, daß ihre Kritiker ihr Werk nicht verstanden hätten: »Sie erwähnten mit keinem Wort, daß ich über Vergewaltigung, Kindesmißhandlung und die Unterdrückung der Frau gesprochen habe«, sagt sie. »Sie wollten nicht darüber reden. Meine intellektuellen Fähigkeiten interessierten sie überhaupt nicht.«

Finley machte später in »Gringo« aus *The Truth is Hard to Swallow* eine scherzhafte Anspielung auf diese Situation. In dem Song zählen Männer ihre sexuellen Vorlieben auf, und einer von ihnen fordert fröhlich: »Rein ins Arschloch mit den Yams!« Doch wie Anderson sieht auch Finley ihre Arbeit als Teil einer festen Performance-Tradition. »Ich komme aus einer festen Tradition der Performance, die schon seit Jahren besteht«, sagt sie. »Es gibt noch andere Leute, die wie ich seit Jahren am Rand der Szene arbeiten und alles mögliche mit ihrem Körper anstellen.« Finley glaubt außerdem, daß ihr drastischer Sprachgebrauch auch die Songtexte anderer KünstlerInnen beeinflußt, obwohl ihre Platten hauptsächlich

---

85 Süßkartoffel, die es in den USA auch als Konserve gibt.

in Tanzclubs gespielt werden (ihr Duett mit Sinéad O'Connor auf O'Connors »Jump in the River« wurde wegen Finleys »zweifelhaften« Rufs nur in Tanzclubs gespielt). »Die Öffentlichkeit weiß nicht viel von mir«, gibt sie zu, »aber viele DJs in den Tanzclubs und Leute im Musikgeschäft wissen von mir, und das finde ich gut. Ich habe festgestellt, daß die Texte etwas offener werden. Es gibt jetzt viel mehr Wörter in Songs, die die Leute vorher nicht benutzt hätten.«

Auch sieht Finley ihre Platten nicht als einzige Möglichkeit, die Musikindustrie zu provozierern. »Irgendwann würde ich die FCC gerne vor Gericht bringen«, sagt sie. »Ich glaube, das ist mal nötig. Ich glaube, daß die Musik gerade wegen ihrer Zugänglichkeit so zensiert wird. Für acht Dollar kann man schon eine Platte kaufen, und mehrere Leute können eine Platte auch gleichzeitig hören. Die Musik wirkt auf das Unterbewußtsein, und ich glaube, die Regierungen wissen, daß Musik einen großen Einfluß ausübt und die Regierung und die Gesellschaft in Frage stellen kann.«

In den achtziger Jahren fanden Finley und andere Leute der alternativen Musikszene ein neues Diskussionsforum: das New Music Seminar, ein Musikkongreß, der einmal im Jahr in New York stattfindet. Das erste Seminar fand 1980 statt, damit die Leute aus der Musikindustrie zusammenkommen konnten, um über allgemeine Veränderungen zu diskutieren, die die Punk-Revolution in der alternativen Musikszene bewirkt hatte – Veränderungen, die von den großen Labels und dem kommerziellen Mainstream ignoriert wurden. Am ersten Seminar nahmen zweihundert Leute teil. Im Laufe der Jahre erhöhte sich diese Zahl um ein Vielfaches, und das Seminar wurde zur größten Tagung der Musikindustrie in den USA. Darüber hinaus war es ein Treffpunkt für Leute aus der alternativen New Yorker Kunstszene: Michael Overn arbeitete dort Mitte der achtziger Jahre als Ausstellungsleiter und Videoberater und engagierte Lori Seid als Assistentin. Finley beteiligte sich dagegen regelmäßig an den Diskussionen.

Obwohl Seid die VeranstalterInnen des Seminars für »sehr nette Leute, die sehr hart arbeiten« hielt, hatte sie nach ihrer ersten Begegnung mit den Ausstellern zunächst einen schlechten Eindruck vom Musikgeschäft. »Es war natürlich das erste Mal, daß ich mit der Musikindustrie richtig in Berührung kam«, erzählt sie. »Und ich fand sie sehr sexistisch. Als ich im ersten Jahr dort arbeitete und zu den Ständen ging und fragte: 'Kann ich Ihnen irgendwas bringen?', wurde meistens über Sex gesprochen. Genaugenommen über's Blasen. Da rastete ich echt aus. Ich bin zwar nur eine Außenseiterin und habe keinen großen Einblick, aber in den ersten zwei Jahren, in denen ich auf dem Seminar arbeitete, fiel mir sehr stark auf, daß Frauen in der Musikindustrie immer noch zweitrangig sind.«

Trotz des Sexismus, den Seid bei einigen Teilnehmern feststellte, wirkten Frauen von Anfang an bei der Organisation des Seminars mit, z.B. Una Johnston, die ab dem zweiten Jahr dabei war, 1986 eine Vollzeitstelle bekam und schließlich Geschäftsführerin wurde und für die internationalen Beziehungen zuständig war. Johnston wurde in Irland geboren und wuchs in einer Familie auf, die ihre musikalischen Interessen förderte – solange sie daraus keinen Beruf machen wollte. »Mein Vater tat sein Bestes, um uns davon abzubringen, Musik als Berufsmöglichkeit zu sehen, weil so ein Beruf ja keinerlei Sicherheit bietet«, sagt sie. Außerdem wurde sie ausgesprochen feministisch erzogen Ihre Mutter eine der Gründerinnen der irischen Frauenbewegung (Irish Women's Liberation Movement). »Ich war vollkommen vom Feminismus geprägt«, sagt sie. »Ich habe Betty Friedan gelesen, als ich fünfzehn war, und Kate Millet, all diese Frauen.« Vor diesem Hintergrund sah Johnston die Freiheit, die sich Frauen während der Punk-Ära erkämpften, als logische Konsequenz der Errungenschaften der Bürgerrechts- und Frauenbewegung. »Ich glaube, daß die Bürgerrechts- und Frauenbewegung den Grundstein für die jungen Erwachsenen der achtziger Jahre gelegt haben«, sagt sie. »Es spielte alles eine Rolle. Ich glaube, alle Frauen in der Musikindustrie, die in meinem Alter sind, müssen von der Bürgerrechts- und Frauenbewegung und der Punk-Rebellion beeinflußt worden sein.«

Johnston zog 1977 von Irland nach New York und gründete, nachdem sie als Agentin für verschiedene Clubs gearbeitet hatte, mit ihrem Freund, einem Toningenieur, eine Produktionsfirma, die vier Jahre lang bestand. Während dieser Zeit erlebte sie den Wechsel von Musik zu Kunst in der Szene von Manhattan. »Anfang der achtziger Jahre war ich in der Club- und Performance-Szene sehr aktiv«, erzählt sie. »Sie war damals sehr dynamisch. Ich wohnte im East Village, also genau am richtigen Ort: Die Clubs waren überfüllt, die Clubs mit Nachtkonzession waren überfüllt, es gab New Wave. Diese ganze Energie war auch im New Music Seminar spürbar. Und als ich 1984 mal ausstieg, wurde innerhalb kürzester Zeit deutlich, daß die Kunstszene das East Village übernommen hatte. Clubs sind wegen der Gesetze zugemacht worden, und auch die Clubs mit Nachtkonzession wurden geschlossen. Der Szene wurde der Boden unter den Füßen weggezogen. Und zur selben Zeit machten sich die Kunstszene und die Gallerien und anschließend die Performance-Szene breit. Diese beiden Szenen schienen aus der Asche der Clubszene zu steigen.«

Johnstons Produktionsfirma ging ein, als sie und ihr Freund sich 1984 trennten. In den darauffolgenden Jahren arbeitete sie für Konzerte lateinamerikanischer und afrikanischer MusikerInnen sowie irischer MusikerInnen, mit denen sie in Kontakt geblieben war, bevor sie 1986 als Vollzeit-

Büroleiterin im Seminar einstieg. Wie Lori Seid findet es auch Johnston manchmal schwierig, mit Leuten zu arbeiten, die nicht zum harten Kern der Seminar-MitarbeiterInnen gehören. »Ich bin schon mit Sexismus konfrontiert worden, darüber gibt es gar keinen Zweifel«, sagt sie. »Aber ich glaube, wenn man von dem, was man macht, überzeugt bist, wenn man genügend Selbstvertrauen hat, stellt man eine ebenbürtige Konkurrenz dar und braucht keine Angst zu haben, in den Bereich der Männer einzudringen. Ich glaube nicht an die weit verbreitete Auffassung, daß eine Frau besser sein muß als ein Mann. Wenn du davon überzeugt bist, daß du deinen Job gut machst, spricht das für sich selbst. Ich finde, persönliche Verantwortung sollte die Devise aller Menschen sein.«

Ein häufig angeführter Kritikpunkt am Seminar, der auch während der Diskussionen zum Ausdruck gebracht wird, ist der Frauenmangel bei den Diskussionsrunden. So rief z.B. 1987 jemand bei der Gesprächsrunde der RockkritikerInnen: »Sind im Rockjournalismus weiße Männer genauso in der Überzahl wie hier in dieser Runde?«, und nach einer Pause gaben die TeilnehmerInnen zu, daß das der Fall war. »Sie können mir glauben, daß sich die Funktionäre über die Notwendigkeit ausgewogener Diskussionsrunden im klaren sind«, sagt Johnston. »Und es sind nicht nur Frauen, sondern auch andere Minderheiten und verschiedene Ansichten, die vertreten werden sollen – so müssen z.B. auch die amerikanischen Standpunkte ein internationales Gegengewicht bekommen. Das ist das Ziel dieser Diskussionen: Ein ganzes Spektrum von Meinungen soll vertreten werden. Es soll also nicht nur Workshops mit ein paar Alibi-Frauen geben, bei denen sowieso alle einer Meinung sind. Aber ich glaube, da der Frauenanteil im mittleren und gehobenen Management geringer ist, kommt es leider vor, daß der Frauenanteil bei den Diskussionsrunden ebenfalls geringer ist.« Sie bestätigt auch, daß es keine Programmrednerinnen gibt. »Die Person, die eine Programmrede hält, ist in einer sehr schwierigen Position«, sagt sie, »und all die Gründe, warum es so schwierig ist, machen es sowieso schon zu einer Herausforderung, die richtige Person zu finden. Ich bezweifle jedoch nicht, daß es eines Tages eine Frau sein wird.« Und beim elften New Music Seminar 1990 war es dann eine Frau, die die Programmrede hielt. Eine Frau, die ihre Karriere als Musikerin zur selben Zeit begonnen hatte, in der auch das Seminar ins Leben gerufen wurde: Laurie Anderson.

Nicht nur Künstlerinnen profitierten von dem »Übungsplatz Punk« als Einstieg ins Musikgeschäft. Die Punk-Zeit inspirierte Frauen, die keine Musikerinnen waren, eigene Fanzines und Zeitschriften herauszugeben, Managerinnen zu werden oder Plattenfirmen zu gründen. Wie die Punkbands waren auch viele dieser Unternehmungen nur kurzlebig, doch sammelten Frauen dort Erfahrungen, die ihnen für eine spätere Karriere in der Musikbranche oft von Nutzen waren. In den achtziger Jahren konnten sich immer mehr Frauen auf der Basis der Do-it-yourself-Devise des Punk eine Langzeit-Karriere aufbauen.

Lisa Fancher begann ihre Karriere als Journalistin und schrieb in Fanzines über die Musikszene in Los Angeles. 1980 gründete sie eine eigene Plattenfirma, Frontier Records, die im Gegensatz zu den anderen Indie Labels, die in der Punk-/New Wave-Zeit aus dem Boden schossen, auch heute noch besteht. »Schon als kleine Göre fuhr ich auf Musik ab«, sagt Fancher, die sich ihre musikalische Bildung mit Hilfe ihrer Schwestern erwarb. »Sie standen auf total unterschiedliche Sachen, und das war gut«, erzählt sie. »Eine war total cool und stand deshalb nur auf Soulmusik, weil alle coolen Mädchen auf Soulmusik standen; eine hörte nur British Invasion-Zeug; eine stand auf die Szene in L.A. und mochte Love und die Byrds. Ich bekam das, was sie ausrangierten, so daß ich einen umfassenden Überblick hatte, was natürlich gut ist für eine Rockkritikerin. Und meine Mutter konnte Rockmusik natürlich nicht ausstehen. Sogar die Beatles konnte sie nicht ausstehen.«

Als Teenager begann Fancher zu schreiben und arbeitete sich von Fanzines zu Tageszeitungen hoch, u.a. zur *Los Angeles Times* und dem *Herald Examiner*, während sie die aufblühende Punkszene in Los Angeles verfolgte. »Die Hardcore-Szene gefiel mir total gut. Ich sah mir Bands wie Redd Kross und die Circle Jerks und Black Flag an, all solche Leute, als der Punk in L.A. noch neu war. Die Pistols hörten sich im Vergleich zu den Circle Jerks, die rasend schnelle Musik machten, wie eine lahme Heavy Metal-Band an. Mit Black Flag war es dasselbe. Und die Anfangszeit von Fear war ziemlich amüsant, weil sie einfach nur grauenhafte, rassistische und sexistische Witze erzählten und vom Publikum angespuckt wurden und zurückspuckten. Und sie warfen mit Flaschen, und man warf Flaschen zurück. Es war ziemlich interessant. Obwohl alle darüber lachten, daß L.A. eine Punk-Stadt war und sagten: 'Oh, ihr sitzt doch alle nur auf euren Sofas und trinkt Margaritas.«

Fancher strebte schon bald einen Einstieg in die Musikszene an. »Es ging mir im Kopf herum, daß ich irgendwie ins Geschäft einsteigen wollte«, sagt sie, »und mehr sein wollte als nur Journalistin, denn das Schreiben – ich fand es nicht effektiv genug, um die Meinungen von Leuten außerhalb von L.A. zu ändern oder sie auf irgendwas aufmerksam zu machen.« So beschloß sie, eine Plattenfirma zu gründen und nannte sie Frontier. 1980 brachte sie die erste Platte, eine Single von den Fly Boys, heraus. »Es war eine erbärmliche Katastrophe«, gesteht sie. »Ich brauchte ungefähr sechs oder acht Monate, um die Platte herauszubringen, und als es dann schließlich soweit war, trennte sich die Gruppe. Ich verkaufte die Platten, die ich hatte, kam aber zu dem Schluß, daß es vielleicht doch nicht so toll war, Besitzerin eines Plattenlabels zu sein.«

Trotzdem wagte sie im Sommer einen neuen Versuch. »Ich hörte, daß die Circle Jerks ein Band hatten«, erinnert sie sich. »Also rief ich sie an und sagte, daß ich Interesse daran hätte. Der Drummer war damals der einzige, der sich um ihre Geschäfte kümmerte, und er sagte – ich zitiere: 'Kein Mädchen bringt meine Platte heraus.' Für jemanden, der Anwalt werden wollte – er war Jurastudent – hielt ich das für außerordentlich sexistisch. Aber ich beschimpfte ihn nicht oder so, ich sagte nur: 'Na gut, in Ordnung.' Jedenfalls ließen sie mich aus anderen Quellen überprüfen und kamen zu dem Schluß, daß ich in Ordnung sei und riefen mich dann ungefähr eine Woche später zurück und sagten, sie hätten es sich anders überlegt – ein Mädchen *könnte* ihre Platte herausbringen!«

»Group Sex« von den Jerks erschien im November 1980 und wurde sofort ein Hit. Die Platte verkaufte sich fast 100 000 mal, und dieser Erfolg überzeugte Fancher, mit Frontier weiterzumachen. Allerdings arbeitete sie auch in den nächsten fünf Jahren in Plattenläden und betrieb das Label von ihrer Wohnung aus. »Da ich schon mal eine Band, die bekannteste Band in L.A., an der Angel hatte, war es leichter, auch an andere Leute zu herankommen«, sagt sie. Die Vorurteile gegenüber ihrer Position bei dem Label belasteten sie nicht allzusehr: Nachdem sie am Telefon die Werbetrommel für Frontier gerührt hatte, hörte Fancher manchmal: »Ihr Label hört sich interessant an – kann ich mit dem Geschäftsführer sprechen?« »Die Leute sind nun mal so, und es hat mir eigentlich nichts ausgemacht«, sagt sie. »Ich hatte bisher ehrlich noch nie mit Leuten zu tun, die extrem sexistisch waren oder mich fertigmachen wollten oder sowas – aber das würde natürlich auch niemand wagen! Es sei denn, sie wollten sterben!«

Frontier war anfangs auf Hardcore Acts wie die Jerks, Suicidal Tendencies und Christian Death spezialisiert, wandte sich dann aber von den vom sechziger-Jahre-Pop beeinflußten Bands wie den Long Ryders, Three O'Clock, den Pontiac Brothers, Thin White Rope, EIEIO und den Young Fresh Fellows zu. Fancher führt diesen Umschwung sowohl auf ihren eigenen Geschmack als auch auf den Charakter der Szene in Los Angeles zurück. »Wenn man älter wird, ändert sich der Geschmack«, sagt sie. »Und außerdem gab es in der Szene einen Wandel von den punkigen Sachen zu melodischen Popbands.« Fancher stellte jedoch fest, daß sich »melodische Popbands« nicht so gut verkaufen ließen wie die Hardcore Acts. Zudem bekam sie im Laufe des Jahrzehnts Konkurrenz von den großen Labels, die sich das kommerzielle Potential der alternativen Musik zunutze machten. »Als sich die großen Labels in die alternative Musik-welt drängten, ging alles sehr schnell«, sagt sie. »Auf einmal richteten große Labels eigene Abteilungen für alternative Musik ein, weil viele ihrer Bands kein Airplay bekamen und nur im College-Radio[86] gespielt wurden. Sie fingen an, den Markt zu erobern, der unsere Existenz war. Und dann dämmerte es mir, daß wir kein Indie Label bleiben konnten; wir mußten entweder mehr gesellschaftskritische Platten herausbringen, die von den jungen Kids gekauft werden, was aber einen Rückschritt bedeuten würde, oder versuchen, mit einen großen Label zusammen-zuarbeiten.«

Nachdem sie mit mehreren verschiedenen Labels gesprochen hatte, kam sie schließlich mit der Firma BMG ins Geschäft, die Platten zweier Frontier-Acts (Thin White Rope und American Music Club) unter ihren Label RCA herausbrachte. Ein weiterer Vertrag sicherte die Produktion und den Vertrieb für andere Frontier-Acts. »Es ist zweifellos ein günstiger Deal für RCA, aber das stört mich nicht, weil ich nicht zweihundert-tausend Dollar ausgeben will, um Platten zu machen«, sagt Fancher. »Ich möchte lieber versuchen, den Bands mit dem Geld des großen Labels auszuhelfen und meinen künstlerischen Einfluß und unsere engen, persönlichen Bindungen aufrechterhalten. Denn so können sie direkt mit mir am Telefon reden und müssen nicht mit irgendeinem ätzenden Unter-nehmen verhandeln.«

Ende der achtziger Jahre hatten Fanchers »ätzende Unternehmen« – die großen Labels – so viel Macht, daß neunzig Prozent des Plattenmarktes von sechs großen Firmen kontrolliert wurden. Obwohl sich die Zahl der Indie Labels keineswegs verrringerte, hatten nur wenige von ihnen den Ruf und den Einfluß, den Indies wie Sun und Motown genossen hatten. Größere »Indies«, wie z.B. A&M, Chrysalis und Virgin, wurden an die großen Labels verkauft (Motown wurde 1988 von MCA aufgekauft). Wie in den fünfziger Jahren schlugen die großen Labels auch jetzt aus den Trends Kapital, die ursprünglich von den Indie Labels entdeckt und vermarktet worden waren. Es war die logische Folge eines vertrauten Schemas in der Musikindustrie. Aufgrund der immer größer werdenden Kluft zwischen den großen Labels und den Indies fanden die Indies kaum noch Absatzmärkte, und der Schwerpunkt der großen Labels entwickelte sich vom musikalischen Interesse immer mehr zu einem rein geschäft-lichen Interesse. Dies zeigt sich anhand der steigenden Tendenz, die Werke von KünsterInnen als »Produkte« zu bezeichnen, besonders deutlich.

---

86 Einige Universitäten in den USA haben eigene Radiosender, die von Studierenden für Studierende gemacht werden.

Doch nicht nur Leute aus dem Indie-Bereich hatten eine Abneigung gegen den rein profitorientierten Unternehmensgeist, der sich in die Musikindustrie einschlich. Auch Holly Knight, Songschreiberin für KünstlerInnen großer Labels, z.B. Pat Benatar, Heart, Tina Turner, Aerosmith und Bon Jovi, steht dieser in den achtziger Jahren entstandenen Entwicklung einer zunehmend rigiden Unternehmensstruktur in der Musikindustrie eher ablehnend gegenüber. »Für meine Begriffe ist die ganze Branche heute sehr stark von Unternehmensstrukturen durchzogen und sehr geschäftsmäßig geworden«, sagt sie. »Obwohl ich sehr gern in dieser Branche arbeite, habe ich momentan eine starke Abneigung gegen verschiedene Aspekte. Diese Entwicklung war in den letzten Jahren stärker als je zuvor. Die Labels wollen immer alles perfekt haben. Sie wollen den perfekten Song, das perfekte Aussehen, das perfekte Image. Und das endet dann damit, daß sie ein Produkt herstellen.«

Knight, die an der Ostküste aufwuchs, erhielt als Kind klassischen Musikunterricht, hörte aber außerdem verschiedene Musikrichtungen, von Broadway-Musicals bis Motown. »Am liebsten hörte ich aber immer die Stones; ich fand, daß sie die Verkörperung des Rock 'n' Roll waren«, sagt sie. Als Teenager spielte sie in Regionalbands und wurde 1978 Keyboarderin der Gruppe Spider, mit der sie zwei LPs aufnahm. Darüber hinaus begann sie, Songs zu schreiben. »Es war nicht so, als hätte ich mein Leben lang davon geträumt«, erklärt sie. »Es war nur so, daß alle anderen Leute schrieben. Und da sie keine tollen Songs schrieben, dachte ich, ich könnte es ja auch mal versuchen. Und so wurde ich Songschreiberin!« In dieser Zeit lernte Knight Mike Chapman kennen, der damals gerade mit Blondie arbeitete und mit dem Gedanken spielte, nach Kalifornien zu ziehen. Als Knight Spider 1981 verließ, bot Chapman ihr einen Vertrag sowie eine Zusammenarbeit mit ihm in Los Angeles an. Knight, die damals Mitte zwanzig war und in New York lebte, war einverstanden und stellte schon bald fest, daß sie in Chapman einen ausgesprochen passenden Songschreiber-Partner gefunden hatte. »Ich hatte Glück, daß ich Chapman getroffen habe, weil sich daraus eine sehr fruchtbare Beziehung entwickelte«, erzählt sie. »Chapman war wie ein Lehrer für mich. Durch ihn sammelte ich Erfahrung und lernte sehr viel, wozu ich alleine wahrscheinlich doppelt so lange gebraucht hätte.«

Aus Knights erster Zusammenarbeit mit Chapman enstand der später von Tina Turner aufgenommene Song »Better Be Good to Me«. Ihrer Meinung nach stellte jedoch ein Pat Benatar-Song einen besonderen Wendepunkt in ihrer Karriere dar. »Pat Benatar rief an und bat Chapman, einen Song für ihre nächste LP zu schreiben«, erinnert sich Knight (Chapman hatte bereits Songs für Benatars Debütalbum produziert). »Und er fragte mich, ob ich ihn mit ihm zusammen schreiben wolle. Also schrieben wir schließlich den Song 'Love Is a Battlefield' [ein Nummer-5-Hit für Benatar], und dann riefen plötzlich ständig Leute an, und die ganze Sache kam ins Rollen.« Knight arbeitete auch weiterhin als Musikerin, obwohl sie sich hauptsächlich auf's Songschreiben konzentrierte. »Immer, wenn ich Aufnahmen machte, litt meine Arbeit als Songschreiberin darunter«, erklärt sie. »Und ich hatte den Eindruck, es gab in diesem Bereich so viel Konkurrenz, daß es nicht genügte, einfach eine talentierte Musikerin zu sein. Weil es so viele talentierte Musiker gibt. Ich fand, daß ich als Songschreiberin mehr zu bieten hatte.«

Zudem hatte Knight den Eindruck, bei ihrer Tätigkeit als Musikerin würde die Tatsache, daß sie eine Frau war, besonders hervorgehoben, was ihr als Songschreiberin nicht passierte. »Die Leute sagen nie: 'Sie ist eine tolle Frau, die Songs schreibt'«, sagt sie. »Als Songschreiberin habe ich diese Unterscheidung noch nie zu hören bekommen. Als Musikerin ist es mir ein- oder zweimal passiert, und immer von Leuten, mit denen ich zusammengearbeitet habe. Ich mußte mit Rod Stewart an einem Song arbeiten [Knight schrieb 'Love Touch' für Stewart, 1986 ein Top-10-Hit], und sie nahmen mich drei Wochen lang mit auf Tournee. Diese Typen waren aus Schottland und England; es waren wirklich chauvinistische, aufgeblasene, eitle Gecken. Es war schwierig, mit ihnen zu arbeiten. Mit Rod war es nicht so schlimm; er war ziemlich aufgeschlossen. Ich glaube allerdings, daß seine Kumpels total eingeschüchtert waren, weil eine Frau mit ihnen arbeitete.«

Knight stößt auch häufig bei den Männern auf Schwierigkeiten, mit denen sie geschäftlich zu tun hat. »Ich weiß, wie ich etwas machen will und lasse mich nicht manipulieren oder überreden, es auf eine bestimmte Art und Weise zu machen«, sagt sie. »So war ich eigentlich schon immer. Und am Ende hast du dann den Ruf, schwierig oder frech zu sein – aber ich vertrete die Einstellung, daß mich jemand anruft, wenn er immer noch einen Hit-Song von mir haben will. Und das machen die Leute auch.« Knights Angewohnheit, ihre Meinung zu sagen, führte zu Reibereien zwischen ihr und Chapman, so daß die beiden sich schließlich trennten. Zu dieser Zeit war sie jedoch selbst schon als Songschreiberin erfolgreich (Tina Turner erreichte mit Knights »One of the Living« aus dem Film *Mad Max – Jenseits der Donnerkuppel* 1985 Platz 15) und hatte außerdem vor, als Produzentin zu arbeiten. »Ich kam dahinter, daß Chapman Produzent wurde, weil er Songschreiber war«, erklärt sie, »und er es satt hatte, seine Songs anderen Produzenten zu geben, die dann die Melodie verpfuschten oder den Song anders interpretierten als er. Und das kann ich jetzt verstehen. Deshalb will ich Platten produzieren.«

Knight ist sich des Mangels an Produzentinnen durchaus bewußt. »Es gibt keine einzige, die vollzeit arbeitet und alle möglichen Acts produziert«, sagt sie. »Und ich hoffe, daß ich das ändern kann.« Auch hat sie nicht vor, sich von den profitorientierten Strukturen der Branche abschrecken zu lassen, obwohl sie sich darüber ärgert. »Verstehen Sie mich nicht falsch«, sagt sie. »Ich finde es toll, zur Branche zu gehören, weil ich das Glück habe, mein Geld mit einer Arbeit zu verdienen, die mir wirklich Spaß macht. Aber ich kenne ein paar Songschreiber, die sehr erfolgreich sind, weil sie die ganze Zeit nett labern und Spielchen spielen. Ich bin darin nicht so gut. Zum Glück habe ich damit nicht allzuviel zu tun. Ich habe ein Studio in meinem Haus, und ich arbeite nur mit Leuten, mit denen ich gern zu tun habe. Ich glaube, das ist wirklich der einzige Weg, um dem zu entgehen. Ich meine, wenn du nur sagst: 'scheiß drauf' und den Mund hältst, kriegen sie dich doch unter, oder?«

Obwohl es Anfang der achtziger Jahre noch nicht den Anschein hatte, nahm die Zahl von Frauen und damit auch ihr Einfluß in der Musikindustrie beträchtlich zu. Zwar wurden die Leistungen der Frauen hinter den Kulissen im allgemeinen immer noch ignoriert, doch berichteten die Medien im Rahmen ihrer Beiträge über »Rock-Frauen« zunehmend mehr über verschiedene Sängerinnen und Musikerinnen. Auch Bücher erschienen zu diesem Thema, obwohl sie meist auf einen bestimmten Zeitraum beschränkt sind: Alan Betrocks *Girl Groups: The Story of a Sound* bietet einen detaillierten Einblick in die Girl Group-Zeit, während sich zwei andere Bücher, beide mit dem Titel *New Women in Rock*, hauptsächlich auf die Punk/New Wave-Jahre konzentrieren und auch Vorläuferinnen wie Joan Armatrading, Patti Smith und Heart erwähnen.

Mit der Zeitschrift *Bitch* wurde 1985 wurde eine neue, frische Stimme laut, die sich mit dem Thema Rock-Frauen aus einem völlig anderen Blickwinkel heraus befaßte. Die erste Ausgabe von *Bitch* erschien im August 1985 mit dem Untertitel »The Women's Rock Newsletter [später 'Mag'[87]] With Bite«[88] mit dem Ziel, auch über jene Künstlerinnen zu berichten, die nach Auffassung der *Bitch*-MitarbeiterInnen von den Medien deshalb ignoriert wurden, weil sie nicht den gängigen Klischeevorstellungen von Frauen in der Rockmusik entsprachen. »Wir sind in einer Position, in der wir praktisch permanent als etwas Außergewöhnliches angesehen werden«, sagt Lori Twersky, eine der Gründerinnen der Zeitschrift, über die traditionellen Rollenklischees, die Frauen in der Rockmusikbranche zugewiesen werden. »Schon die Art und Weise, wie

---

87 »Mag« ist die Abkürzung für engl.: »magazine« (Zeitschrift).
88 Deutsch etwa: »Das Frauen-Rock-Infoblatt mit Biß«.

die Geschichte dargestellt wird, ist ein Problem. Frauen kommen in den Rocklexika nicht vor, und wenn du mit Rockzeitschriften aufgewachsen bist, denkst du immer, Frauen seien etwas Besonderes, weil sich die Leute nicht die Mühe machen, darauf hinzuweisen, daß es auch vorher schon Frauen gab. Es gibt jede Menge Bands, aber niemand hat Lust, über sie zu schreiben. Die Leute scheinen der festen Überzeugung zu sein, daß es 'sowieso niemanden interessieren würde'.«

Die Herausforderung für *Bitch* bestand nicht darin, über Musikerinnen zu berichten, sondern herauszufinden, wie und warum die gängigen Klischees über Frauen in der Rockmusik verhindern, daß Frauen in den Rocklexika Beachtung finden. »Die vorherrschende Meinung war, daß Frauenbands etwas Außergewöhnliches waren«, erklärt Twersky. »Wenn man zurückschaut, bekamen die Bangles erst dann Publicity, als die Go-Go's auseinandergingen. Sie wurden einfach in die Lücke gesteckt, den die Go-Go's freigemacht hatten. Das Ausmaß, in dem sich Frauen immer und immer wieder unter Beweis stellen müssen – es ist, als ob sie mit jeder LP wieder ganz von vorn anfangen müßten, wenn sie auch nur irgend etwas anders machen. Wenn du in die Sängerinnen/Songschreiberinnen-Kategorie paßt, hast du eine Weile Ruhe, weil die Medien dann sagen: 'Na gut, dieses Klischee kennen wir.' Aber wenn du auch nur irgendwie aus diesem Bild ausbrichst, mußt du dich immer wieder unter Beweis stellen.«

Lori Twersky wurde 1954 im kalifornischen Palo Alto geboren und begann in den frühen siebziger Jahren als Teenager zu schreiben. Außerdem war sie als Straßenmusikerin aktiv und betätigte sich kurze Zeit als Sängerin in einer Rockband. »Als ich vierzehn war, sang ich in einer halbpsychedelischen Rockband in San Jose«, erzählt sie. »Wir traten in einer klitzekleinen Kneipe in der Nähe der Uni auf, die tagsüber ein Schnellrestaurant war. Abends wurden die Rolläden heruntergelassen, und es war eine Art privater Musik-Club. Ich schlich mich von zu Hause weg, um dort hinzugehen. Ich sagte zu meinen Eltern, daß ich früh schlafen ginge und kletterte dann aus dem Schlafzimmerfenster.«

Twersky fing zwar als Sängerin an, entschloß sich dann aber, Songs zu schreiben. Nachdem sie ihr Studium abgebrochen hatte, wurde sie Mitarbeiterin der Zeitschrift *Good Times* in Santa Clara. Sie fing als Kunst- und Theaterkritikerin an und übernahm auch andere Ressorts wie z.B. Frauensport, Restaurants oder Essen und Trinken, wenn die jeweiligen JournalistInnen weggingen. »Ich hatte eine etwas merkwürdige Rubrik 'Essen und Trinken'«, erinnert sie sich. »Einmal bekam ich eine Todesdrohung, weil ich für ein Rezept Orangenschalen empfohlen hatte. Ein Typ rief an und sagte, ob ich denn nicht wüßte, daß in Orangenschalen roter Farbstoff sei, und daß Faschisten wie ich für die Empfehlung, unschuldigen Kindern so etwas zu verabreichen, bestraft werden sollten. Die Zeit, als ich über Kochrezepte und ähnliches schrieb, war aufregender als alles andere. Als ich damit anfing, hätte ich nie gedacht, daß dieser Bereich so umstritten sein könnte.«

Twersky zog schließlich wieder nach San Jose und setzte ihre Eskapaden als Gourmet-Kritikerin bei einer anderen Lokalzeitung, *Metro*, fort (»So kennen mich wohl die meisten Leute. Ich bin wahrscheinlich am bekanntesten dafür, daß ich über's Essen schreibe!«). Darüber hinaus schrieb sie auch über Rockmusik. Sie merkte, daß ihre musikalischen Interessen nicht immer mit den Interessen der Rockmusikpresse übereinstimmten, obwohl ein Artikel für die *Trouser Press*, »Engel oder Teufel? Über das weibliche Teenager-Publikum«, wegen seiner Erkenntnisse über dieses Thema große Aufmerksamkeit erregte. »Dem gängigen Vorurteil zufolge war der einzige Grund, warum sich Frauen für Rockmusik interessierten, Sex und sonst nichts«, sagt sie. »Alle Musikerinnen waren bessere Groupies. Und wenn die Leute das wirklich glaubten, und das taten viele, dann *war* das, was ich sagte, etwas Neues: Mensch, vielleicht mögen Frauen Musik einfach.« Da nicht alle Zeitschriften so empfänglich waren, wurde *Bitch* ins Leben gerufen. »Irgendwann gab es mal ein paar Frauenbands, die mit total gut gefielen – vor allem Girlschool und die Pandoras – und über die absolut nichts herauszubekommen war«, sagt Twersky. »*Bitch* ist zum Teil deshalb entstanden, weil wir nicht in der Lage waren, etwas über diese Bands zu erfahren.«

Bitch entstand zum Teil jedoch auch als Nebenprodukt einer anderen Zeitschrift, die Twersky und eine Gruppe anderer JournalistInnen planten. »Wir wollten eine Regionalzeitschrift im Stil von *Good Times* herausgeben, jedoch insgesamt informativer«, erklärt Twersky. Nachdem sie an der Organisation der geplanten Wochenzeitschrift gearbeitet hatten, überlegten sich die JournalistInnnen, zum Spaß eine Zeitschrift über Rockmusikerinnen zusammenzustellen. »Es war ein 'Was wäre, wenn'-Spiel«, sagt Twersky. »'Wäre es nicht toll, eine Zeitschrift namens *Bitch*[89] zu haben?' Aber wir erwarteten eigentlich nicht, daß etwas daraus werden würde. Wir machten fünfzig Fotokopien von der ersten Ausgabe und verteilten nur etwa die Hälfte davon. Ich hatte eigentlich gedacht, *Bitch* würde sich auf zehn Ausgaben beschränken, die wir an Bekannte verschicken würden.« Zur Überraschung der MitarbeiterInnen wurde *Bitch* jedoch sofort ein Renner, vor allem, als die Zeitschrift *Musician* einen

---

89 Deutsch: »Blöde Ziege«, »Miststück«, »gemeines Stück« etc. Als Slangausdruck hat »bitch« jedoch auch die Bedeutung: »etwas ganz Tolles«.

kurzen Artikel über sie brachte. Die Erstausgabe bewies auf sechzehn Seiten eine erstaunliche Vielfalt. Es gab u.a. eine Rubrik mit Nachrichten, Platten- und Buchkritiken (darunter eine Kritik eines Comicbuchs über die Abenteuer der Frauenband Josie and the Pussycats), eine Diskussion über das Live-Aid-Konzert, einen Artikel über Janet Gambino, Drummerin einer sechziger Jahre-Band aus New Jersey namens Bluesettes sowie einen Bericht über Girlschool (»Nicht als Heavy-Metal-Miezen, sondern die Echten«, war als Überschrift zu lesen).

»Wir bekamen eine Flut von Briefen«, erzählt Twersky. »Wir hatten, eigentlich eher als Witz, eine Abo-Anzeige aufgegeben, und dann standen wir plötzlich mit Geld in der Tasche da. Und wir dachten: 'Mensch, wir können diese Leute ausnehmen. Also machen wir das mal lieber.' Ich hoffte auch weiterhin, daß sich das alles wieder legen würde. Ich dachte, wir würden warten, bis es sich gelegt hätte und dann mit unserer Wochenzeitschrift weitermachen. Aber *Bitch* wurde immer größer, und wir waren darauf überhaupt nicht vorbereitet und völlig unterbesetzt.« Die Auflagenhöhe von *Bitch* pendelte sich schließlich bei etwa siebentausend ein, und die Zeitschrift entwickelte sich mit ihren kostenlosen Kleinanzeigen, Postern, mit denen Bands für ihre Gigs werben konnten und Tips zu den technischen Aspekten bei der Herausgabe von Fanzines schnell zu einer ergiebigen Quelle für Musikerinnen. *Bitch* enthielt auch längere Essays (»Sind weibliche Fans dasselbe wie Groupies? Gib die richtige Antwort oder stirb. Ein Symposium«) und forderte die LeserInnen mit Diskussionen, die in der nächsten Ausgabe fortgesetzt wurden, zum Mitmachen auf. Twersky setzte sich dafür ein, daß auch andere Aspekte des Musikgeschäfts behandelt wurden. »Das Thema Jobs ist mir sehr wichtig«, sagt sie. »Einerseits finde ich, daß Frauen im Rockjournalismus heute nicht mehr als Groupies, sondern viel eher als legitime Musikerinnen dargestellt werden. Aber wenn ich mir andererseits das Impressum des *Rolling Stone* anschaue, stelle ich fest, daß die ausgesuchteren, besser bezahlten Jobs in der Redaktion anscheinend alle an Männer vergeben sind.«

»Es kotzt mich echt an, wenn ein weißer Rockkritiker große Reden schwingt und sich darüber beklagt, daß MTV nicht genügend Platz für Musikerinnen oder schwarze Musik bietet«, fährt sie fort. »Und ich sage dann: 'Und was ist mit deinem Job? Wieviele Schwarze oder Frauen, die schreiben, arbeiten denn bei deiner Zeitung? Wieviele Leute sitzen denn in der Redaktion? Wieviele von ihnen sind denn Mitherausgeber oder -herausgeberinnen und wieviele Redaktionsassistenten oder -assistentinnen?' Ich glaube, das ist etwas, worüber die Leute nicht nachdenken, weil sich in diesem Geschäft so vieles ums Image dreht. Und ich bin im Grunde genommen weniger an einem Image interessiert als daran, was sich hinter den Kulissen abspielt. Heute gibt es zwar eine Menge Künstlerinnen, die ganz oben in den Charts sind, aber ich weiß nicht, was sie für Verträge haben. Ich weiß nicht, ob sie nächstes Jahr Tantiemen bekommen. Ich weiß nicht, ob sie überhaupt jemals ihre Tantiemen ausbezahlt bekommen. Ich weiß nicht, ob sie auf Namensrechte verzichtet haben. Und das ist wichtiger als die Frage, ob sie in den Charts nun ganz oben sind oder nicht. Was bringt es dir denn, daß du an der Spitze der Charts stehst, wenn du nie im Leben Tantiemen zu sehen bekommst?«

Die Arbeit an *Bitch* wurde 1989 für die Zusammenstellung eines Rockmusikerinnen-Lexikons mit dem vorläufigen Titel *Who's That Girl: The Bitch Guide to Women in Rock&Pop* unterbrochen. Leider erlebte Lori Twersky das Resultat ihrer jahrelangen, harten Arbeit nicht mehr. Am dritten November 1991 starb sie mit siebenunddreißig Jahren an Eklampsie[90], nachdem sie vorher bereits zwei Jahre lang an Lupus[91] gelitten hatte. Twerskys Vermächtnis sind die fünfundzwanzig Ausgaben von *Bitch*, an denen sie mitgearbeitet hat. Diese Arbeit beweist, daß es ein Publikum gibt – sowohl Frauen als auch Männer –, das nicht nur daran interessiert ist, etwas über Musikerinnen zu lesen, das aus einer anderen Perspektive geschrieben ist als die Beiträge in den Mainstream-Rockpublikationen. Dieses Publikum will auch etwas über die unzähligen Künstlerinnen erfahren, die entweder bis dahin »verlorengegangen« waren oder in den Rocklexika kaum Beachtung gefunden hatten.

Nach den turbulenten Punk-Jahren konnten Frauen die Übergangszeit der frühen achtziger Jahre zu ihrem Vorteil nutzen. Frauen, die in der Punkszene angefangen hatten, konnte ihre Karriere nun, da die Punkwelle zu Ende war, auf der Grundlage ihrer Erfahrungen noch erfolgreicher gestalten, wie z.B. die Go-Go's als Musikerinnen und Lisa Fancher mit ihrem Plattenlabel Frontier. Daüber hinaus regte der Punk andere Künstlerinnen wie z.B. Laurie Anderson und Karen Finley dazu an, musikalische Elemente in ihre Arbeiten einfließen zu lassen. Und als die großen Plattenfirmen die alternative Musik dann »kommerzialisierten«, waren mehr Frauen als je zuvor in der Lage, die Karriereleiter der Musikunternehmen hinaufzuklettern. Der Beginn der MTV-Ära und die damit verbundene Entwicklung von Musikvideos als neuer Marketingstrategie eröffneten weitere innovative Möglichkeiten, die es auszuschöpfen galt. Und jetzt konnten Frauen die sowohl vom Feminismus als auch vom Punk gestellte Forderung nach mehr Autonomie verwirklichen und die Zügel auf dem Musikmarkt selbst in die Hand nehmen.

---

90 Plötzlich auftretende, lebensbedrohende Krämpfe während der Schwangerschaft, der Geburt oder nach der Geburt.

91 Eine meist chronisch verlaufende, tuberkulöse Hauterkrankung mit Narbenbildung (meist im Gesicht).

8 | Bitte recht freundlich

»Auch wenn ich mich vielleicht wie ein typisches Flittchen anziehe - ich bestimme über mich selbst... Die Leute halten mich nicht für einen Menschen, der nicht über seine Karriere oder sein Leben bestimmt. Und das ist doch der Sinn des Feminismus, oder? Bin ich nicht selbst für mein Leben verantwortlich, für alles, was ich mache, für alle Entscheidungen, die ich treffe?«

Madonna in der Sendung *Nightline* der ABC, 3. Dezember 1990

Am 1. August 1981 um Mitternacht gab Music Television, besser bekannt als MTV, sein Debüt mit dem Videoclip »Video Killed the Radio Star« von der britischen Gruppe The Buggles. Nachdem MTV anfangs von nur zwei Millionen Haushalten in den USA empfangen wurde, vergrößerte sich das Publikum innerhalb der letzten zehn Jahre auf 249 Millionen Haushalte in 41 Ländern (eine Publicity, »die keine amerikanische Institution außer der Regierung selbst je erreicht hat«, wie das New Yorker Stadtmagazin *Village Voice* anmerkte). Auch wenn das Medium Video den »Radio-Star« nicht völlig verdrängt hat, so ist es doch zu einem einflußreichen gesellschaftlichen und kulturellen Phänomen avanciert und hebt die bedeutende Rolle hervor, die die optische Präsenz der InterpretInnen in der Rockmusik schon immer gespielt hat.

Film-Clips, in denen SängerInnen nur die Mundbewegungen zu ihrem neuesten Hit machten, waren wohl kaum eine neue Entwicklung der Musikindustrie. Schon in den vierziger Jahren waren MusikerInnen wie Louis Armstrong in sogenannten »Soundies« zu sehen, die auf speziell dafür konstruierten Musikboxen gezeigt wurden. Diese Neuerung wurde in den sechziger Jahren von den sogenannten »Scopitones« abgelöst. Das waren Filmausschnitte, die ebenfalls auf einer Musikbox vorgeführt wurden und zum Beispiel die Exciters oder Nancy Sinatra zeigten. Anfang der sechziger Jahre waren Clips von RockmusikerInnen in TV-Shows zu sehen. Dies zeigte, wie wirkungsvoll eine Kombination aus Rockmusik und starken optischen Eindrücken sein konnte: Wer kann schon »Stop! In the Name of Love« von den Supremes hören, ohne sich dabei die drei Sängerinnen mit erhobenen Händen in der »Stop«-Pose vorzustellen? Und als die Rockmusik zu einem immer größeren Unternehmen wurde, nutzten aufstrebende RegisseurInnen wie Penelope Spheeris mit ihrer Rock 'n' Reel Company die Chance, durch die Arbeit an solchen Clips Erfahrungen zu sammeln. »Schon lange vor 1974 gelangten die Plattenfirmen zu der genialen Schlußfolgerung, daß sie keine ganze Band nach Australien zu schicken brauchten – sie konnten einfach ein Stück Film hinschicken«, beschreibt Spheeris die Arbeit ihrer Firma, in der Clips produziert wurden, die man damals als »Promotion-Filme« bezeichnete – im Gegensatz zu den auf Videoband hergestellten »Videos«.

Anfangs gab es für die Promotion-Filme außer den Fernsehshows jedoch kaum Absatzmöglichkeiten, und die Einrichtung eines Senders oder auch nur eine Fernsehsendung für Promotion-Filme war auch nicht geplant. In Musiksendungen wie *American Bandstand* und *Midnight Special* wurden solche Clips zwar gezeigt, doch waren die MusikerInnen darin überwiegend im Studio zu sehen. Mit dem Aufkommen des Kabelfernsehens und seinen unzähligen Sendern, die für jeden Geschmack etwas zu bieten hatten, war die Idee eines Kanals, der rund um die Uhr Videos zeigte, jedoch realisierbar und für die Plattenfirmen zu einem potentiell mächtigen Werbemittel geworden. Die Macht dieses Werbemittels zeigte sofort Wirkung, denn Bands mit relativ viel Sendezeit in MTV konnten praktisch zusehen, wie ihre Plattenverkäufe proportional dazu stiegen. Überraschenderweise waren es Bands, die bis dahin in den USA kaum bekannt gewesen waren, Bands aus Großbritannien und dem übrigen Europa, wo Videos schon seit ein paar Jahren zur Musikszene gehörten. Da die ProgrammgestalterInnen bei MTV 24 Stunden zu füllen hatten, mußten sie sich Material aus Europa zu besorgen, bis die amerikanischen Plattenfirmen mit der laufenden Videoproduktion ihrer eigenen KünstlerInnen anfingen.

Folglich bot MTV in den ersten Jahren eine musikalische Vielfalt, die dem herkömmlichen Radio einfach fehlte. Allerdings wurde diese Vielfalt zwangsläufig homogenisiert, als immer mehr KünstlerInnen der größeren Labels in das Geschäft mit den Videos einstiegen. Ein Nachteil der großen Publicity, zu der MTV den Bands verhalf, war, daß die Videos optisch etwas hermachen mußten. Für Musikerinnen, die versucht hatten, das optische Erscheinungsbild der KünstlerInnen – vor allem das der Frauen – zugunsten ihrer musikalischen Leistung aus dem Mittelpunkt des Blickfelds

Patti Smith, August 1988
Fotos: Ariola/Arista

Exene Cervenka von X (links: John Doe) im Oktober 1982 in der Showbox, Seattle
Foto: Pete Kuhns

Debbie Harry
von Blondie
Oktober 1989
im Moore Theater
in Seattle
Foto: Cam Garrett

Nina Hagen, Januar 1984 im Skoochies, Seattle
Foto: Cam Garrett

Laurie Anderson
Foto: Gilles Larrain
Mit freundlicher Genehmigung
der WEA

Laurie Anderson
Mai 1984 in Chicago
Foto: David Tulsky

Joan Jett, 1980 in der Showbox, Seattle
Foto: Cam Garrett

Danielle Dax 1990 in New York City
Foto: Michelle Taylor

Cyndi Lauper 1993
Foto: Sony Music

Kate Bush

Tracy Chapman 1988

Melissa Etheridge 1989
Foto: BMG/Ariola

Tina Turner, Mitte der 80er Jahre

Ruth Brown Ende der 80er Jahre
Mit freundlicher Genehmigung von Ruth Brown

Chaka Khan und Whitney Houston, Februar 1993
Foto: BMG Ariola

Whitney Houston 1993
Foto: Ariola/Arista

Madonna, Juli 1987 im Kingdom, Seattle
Foto: Pete Kuhns

Michelle Shocked 1990 auf dem Bumbershoot Festival in Seattle
Foto: Mark Van S

Janet Jackson, Juni 1990 im Tacoma Dome, Tacoma, Washington
Foto: Cam Garrett

Sinead O'Connor

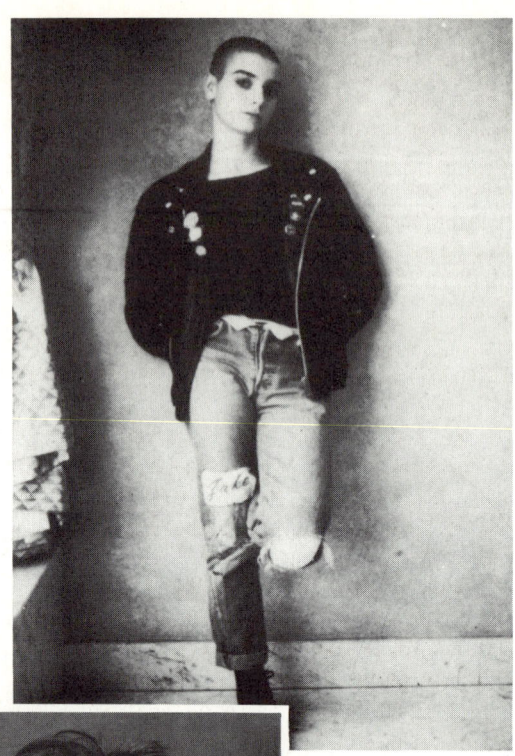

k.d. lang
Foto: Albert Sanchez
Mit freundlicher Genehmigung der WEA

Salt'N'Pepa
Mit freundlicher
Genehmigung der
Metronome

Yo-Yo, 1991 bei der
„Black Women in Rap"-
Performance in der
Sports Arena, Los Angeles
Foto: Malcolm Payne Sr.

Queen Latifah 1991 bei der „Black Women in Rap"-Performance
in der Sports Arena, Los Angeles. Foto: Malcolm Payne Sr.

Diamanda Galás
April 1992 im Doghouse Restaurant, Seattle
Foto: Cam Garrett

zu rücken, bedeutete MTVs Aufstieg einen Rückschritt zu konventionellen Mustern. Frauen, die mehr Wert auf Gehalt als auf Äußerlichkeiten legten, waren auf dem Videosektor entweder so gut wie gar nicht existent oder bestenfalls unterrepräsentiert – im Gegensatz zu ihren männlichen Kollegen, die eine ähnliche Auffassung vertraten, wie z.B. Bruce Springsteen, John Cougar Mellencamp und Sting.

Für phantasie- und humorvolle Künstlerinnen gab es jedoch noch eine andere Möglichkeit: Sie konnten sich traditioneller Frauenbilder bedienen und sie durch maßlose Übertreibung ins Lächerliche ziehen. Das visuelle Medium Video bot eine ausgezeichnete Gelegenheit, Geschlechterrollen zu analysieren, zu interpretieren und in Frage zu stellen. Viele KünstlerInnen nutzten diese Gelegenheit, auf eine große Öffentlichkeit zu wirken, eine Gelegenheit, die es in der Rockgeschichte in diesem Ausmaß bis dahin noch nie gegeben hatte. Annie Lennox, Sängerin der Eurythmics, sowie Cyndi Lauper gehörten zu den ersten Künstlerinnen, die von der Publicity durch MTV profitierten. Die Eurythmics hatten ihren ersten Top-40-Hit in den USA 1983, Lauper 1984. Lennox spielte außerdem wie keine andere Künstlerin vor ihr mit der Androgynie, einem als »Gender Bending«[92] bezeichneten Trend, der durch Künstler wie Boy George von Culture Club und den »Cross-Dressing«[93]-Sänger »Marilyn« populär wurde.

Lennox, 1954 im schottischen Aberdeen geboren, bekam als Kind Klavier- und Flötenunterricht und war eine glühende Anhängerin von Motown-KünstlerInnen wie den Supremes und Marvin Gaye. Mit siebzehn bekam sie eine Zusage von der Royal Academy of Music in London und zog 1972 in die englische Hauptstadt. Sie verließ die Academy nach drei Jahren, da diese ihr nicht genügend Entfaltungsmöglichkeiten bot und wandte sich ihrem wachsenden Interesse am Singen und Songschreiben zu. Zunächst schloß sie sich einer Folk-Rockgruppe namens Dragon's Playground an, trat anschließend mit der Jazz-Rockgruppe Redbrass auf, mit der sie auch eine LP aufnahm *(Silence's Consent)* und bildete dann für kurze Zeit zusammen mit einer anderen Frau, Joy Dey, ein Gesangsduo namens Stocking Tops. In Zeiten, in denen sie keine Engagements hatte, arbeitete Lennox als Kellnerin. Bei ihrer Arbeit im Vollwertrestaurant Pippins lernte sie David Stewart kennen, einen Gitarristen, der vormals in der Band Longdancer gespielt hatte. Stewarts erste Worte an Lennox waren angeblich: »Willst du mich heiraten?« – ein Angebot, das Lennox ablehnte, obwohl sie dann zu ihm zog.

---

92 »Gender Bender« sind entweder Männer, die feminin wirken, oder Frauen, die maskulin wirken.
93 »Cross-Dressing« bedeutet, daß entweder Männer Frauenkleidung oder Frauen Männerkleidung tragen.

Die beiden gründeten ihre erste Gruppe, The Catch, zusammen mit einem Freund von Stewart, dem Gitarristen Peet Coombes. The Catch veröffentlichte im Herbst 1977 bei Logo Records die Single »Black Blood«/»Borderline« (das erste Stück wurde von Stewart und Coombes geschrieben, das zweite von Lennox. Beide Songs erschienen jedoch unter Lennox-Stewart-Coombes). Anschließend kamen der Drummer Jim Toomey und der Bassist Eddie Chin dazu, und die Gruppe nannte sich nun Tourists. Die Tourists brachten im Mai 1979 (ebenfalls bei Logo) ihre erste Single, »Blind Among the Flowers«/»He Who Laughs Last«, heraus und veröffentlichten im Juni ihr Debütalbum *The Tourists*. Die Band ritt nicht auf der Punk- und New Wave-Welle der damaligen Zeit, sondern spielte relativ einfachen, von den sechziger Jahren beeinflußten Rock. Lennox' Stimme, die später den Sound der Eurythmics prägte, war zwar kräftig, aber noch nicht entwickelt und auf seltsame Weise emotionslos.

Die Gruppe veröffentlichte noch zwei weitere LPs, *Reality Effect* (1979) und *Luminous Basement* (1980), denen 1981 der Sampler *Tourists* folgte. Zudem hatte sie vier Hits in den britischen Top 40, darunter die im Oktober 1979 erschienene Cover Version von Dusty Springfields »I Only Want to Be with You«, die Platz 4 erreichte – dieselbe Position, die 1963 auch Springfields Version erreicht hatte. 1980 gab die Gruppe vierzig Konzerte in den USA (dort erschien ihre zweite und dritte LP bei Epic) und unterschrieb einen Vertrag bei RCA. Probleme innerhalb der Band führten 1981 jedoch schließlich zur Auflösung. Obwohl Lennox und Stewart ihre Beziehung beendeten, arbeiteten sie doch weiterhin zusammen. Sie legten sich einen neuen Namen zu, Eurythmics, der auf eine griechische Tanzbewegung namens »Eurhythmia« zurückgeht. »Der Name drückte aus, wie wir gerne sein wollten«, sagte Stewart, »europäisch und rhythmisch«.

Da Lennox und Stewart die Gründung einer neuen Band als zu große Einschränkung empfunden hätten, beschlossen sie, mit verschiedenen MusikerInnen zusammenzuarbeiten. Außerdem wollte Lennox mehr Beteiligung an ihrem neuen Projekt. An einer untergeordnete Rolle als »Girl Singer«, wie sie sich bei den Tourists gefühlt hatte, war sie nicht interessiert. »Ich bin nicht nur Sängerin, sondern auch Songschreiberin. Außerdem bin ich teils Schauspielerin, teils Designerin, teils Modeschöpferin«, sagt sie in dem Buch *Sweet Dreams*. Die erste LP der Eurythmics, *In the Garden*, wurde in Deutschland mit einer Reihe verschiedener Musiker aufgenommen, darunter auch Marcus Stockhausen (Sohn des Komponisten Karlheinz Stockhausen), der Blondie-Drummer Clement Burke und Mitglieder der deutschen Kultband Can. Das Album wurde von Conny Plank produziert, mit dem Lennox bereits eine LP für die italienische Sängerin Gianna Nannini produziert hatte. Der experimentelle Elektronik-Charakter der 1981 bei RCA erschienenen LP stellte einen krassen Gegensatz zur Musik der Tourists dar. Zwar waren weder das Album noch die Singles daraus in den Charts erfolgreich und wurden auch nicht in den USA veröffentlicht, doch machten sie neugierig darauf, was das Duo wohl in Zukunft zu bieten hatte.

In dieser Zeit kam eher Lennox zufällig zu ihrem auffälligen Image, mit dem sie schon sei ihrer Tourists-Zeit gespielt hatte, und auf das die Presse damals mit den Worten reagierte: »Ihre grellen Klamotten und platinblonden Haare machen Annie zum tollsten Glamourgirl der Popmusik.« Als die Eurythmics eines Abends in einem Club auftraten, riß jemand aus dem Publikum Lennox die Perücke vom Kopf und enthüllte ihr kurzgeschorenes, angeklatschtes Haar, was vom Publikum begeistert aufgenommen wurde. Lennox präsentierte sich nun auch in Anzügen und stellte ihren neuen Look in dem Video zu »Sweet Dreams (Are Made of This)« (geschrieben von Stewart, der auch Regie führte) erstmals einem größeren Publikum vor. »Sweet Dreams« war der Titelsong ihrer zweiten LP, die im Januar 1983 zusammen mit der Single erschien. Lennox' unterstreicht mit iher dominanten Ausstrahlung den Zynismus des Songs: Im Video schwingt Lennox – mit orangefarbenem Bürstenschnitt – eine Reitgerte, was sowohl scherzhaft als auch bedrohlich wirkt. In eingeschobenen, surrealen Bildern wird gezeigt, wie Lennox und Stewart auf einer Kuhweide Cello spielen oder in einem Besprechungsraum bei RCA sitzen, während eine Kuh um sie herumläuft. Der hypnotisierende »Euro-Pop«-Beat von »Sweet Dreams« zog die amerikanischen PlattenkäuferInnen magisch an und wurde Nummer 1, während die LP Platz 15 erreichte (in Großbritannien erreichten der Song und das Album Platz 3 bzw. 2).

Nach dem Erfolg von »Sweet Dreams« brachte die Gruppe den Song »Love Is a Stranger«, der bei seiner Erstveröffentlichung in Großbritannien nur wenig Beachtung gefunden hatte, erneut heraus. Diesmal schaffte er, unterstützt von einem weiteren auffälligen Video, den Sprung sowohl in die britischen als auch in die amerikanischen Charts. Das Video zeigt Lennox in verschiedenen Verkleidungen, u.a. als langhaarige, betörende Blondine, als brünette Domina ganz in Leder sowie kurz als Mann im Anzug. Als das Video zum ersten Mal in den USA gezeigt wurde, schnitt MTV die Sequenzen heraus, in denen sich Lennox von einer Frau in einen Mann »verwandelt« (sie nimmt ihre Perücke ab). Der Grund dafür war, daß man Lennox für einen männlichen Transvestiten hielt, und so mußte sie den rechtlichen Beweis dafür liefern, daß die Figur tatsächlich von ihr selbst dargestellt wurde.

Da nun auch andere britische Gruppen, deren Videos in MTV gezeigt wurden, Erfolg in den US-Charts hatten, brachte *Newsweek* am 23. Januar 1984 eine Story mit dem Titel: »Rockmusik aus Großbritannien erschüttert Amerika – schon wieder«. Die Titelseite zeigte Lennox und Boy George als die beiden bedeutensten »Gender Bender« ihrer Generation. Lennox' maskulines Auftreten erreichte einen neuen Höhepunkt, als sie mit Elvis-Frisur – inklusive Koteletten – bei der Grammy-Verleihung 1984 mit Stewart »Sweet Dreams« sang. Die Eurythmics wollten mit dieser Aufmachung zum Teil ihr schlechtes Gewissen beruhigen, das sie hinsichtlich ihres Auftritts bei der Verleihung hatten. »Wir standen der Sache sehr zurückhaltend gegenüber«, erklärte Lennox gegenüber der *Los Angeles Times*. »Wir gehörten nicht zur konventionellen Musikszene… Wir suchten nach einer Möglichkeit, uns so darzustellen, daß unsere Plattenfirma zufrieden war und wir selbst uns wohl dabei fühlten.«

Die nächste LP der Eurythmics, *Touch*, bestand wiederum aus kühlem Elektronik-Pop mit guten Instrumental-Arrangements und umfaßte alle möglichen Stilrichtungen, von sentimentalen Liebes- Balladen bis zu Calypso. *Touch* erreichte Platz 7 und war somit das höchstplazierte Album der Band in den USA. Lennox präsentierte sich auch weiterhin gerne androgyn. Das Cover der LP zeigt eine dramatische Aufnahme von Lennox, die ihre nackten Armmuskeln spielen läßt und aus einer Ledermaske in die Kamera starrt. In dem turbulenten Video zu »Who's That Girl« (die Single erreichte in Amerika die Top 30) spielt Lennox eine Nachtclubsängerin mit blonder Perücke, die sich darüber beklagt, daß ihr Mann sie verlassen hat. Unterdessen wird sie von einem dunkelhaarigen Mann im Publikum (den sie ebenfalls spielt) beäugt. In der Zwischenzeit vergnügt sich Stewart in einem anderen Club mit mehreren Frauen, darunter auch Mitglieder von Bananarama (Stewart heiratete später Siobhan Fahey), Hazel O'Connor, eine Doppelgängerin von Debbie Harry und »Marilyn«. Am Schluß des Videos kommt Lennox mit ihrem männlichen Alter ego zusammen und küßt sich quasi selbst.

Nach der Veröffentlichung des geplanten Soundtracks zu einem Remake von *1984* (die Musik wurde im Film dann schließlich doch nicht verwendet, und der Song »Sexcrime« wurde von einigen Radiosendern wegen seines »umstrittenden« Titels nicht gespielt) betrat das Duett mit *Be Yourself Tonight* (1985), einer Kollektion dynamischer Songs mit temperamentvollen Bläserarrangements, souligeren Boden. Neben den Singles »Would I Lie to You« (Platz 5) und »There Must Be an Angel«, einem Top-30-Hit, bei dem Stevie Wonder Mundharmonika spielt, sang Lennox zusammen mit Aretha Franklin »Sisters Are Doin' It for Themselves«, das in die Top 20 kam. Der Song erschien auch auf Franklins höchstplaziertem Album seit über zehn Jahren, *Who's Zoomin' Who*, und brachte sie damit wieder in die Top 20. Des weiteren hatte Franklin mit dem Titelsong (an dessen Entstehung sie mitgearbeitet hatte) und »Freeway of Love« zwei Top-10-Hits in den Singles Charts. »Sisters« proklamiert zwar die Stärke der Frauen, vermeidet jedoch wieder einmal ein direktes Bekenntnis zum Feminismus, was dem Song sicherlich mehr kommerzielle Anziehungskraft verlieh. Tina Turner, die »Sisters« ursprünglich mit Lennox singen sollte, lehnte das Angebot allerdings ab, weil ihr der Song »zu feministisch« war.

Die Eurythmics veröffentlichten in den achtziger Jahren noch drei weitere LPs. Ihr letztes Album, *We Too Are One*, erschien 1989, nachdem die Gruppe von RCA zu Arista gewechselt hatte. Wie *Be Yourself Tonight* betont auch *We Too Are One* Lennox' und Stewarts Liebe zum Soul und stellt einen scharfen Kontrast zu ihren früheren Synthi-Pop-Stücken dar. Die LP, die in den britischen Charts sofort Platz 1 belegte, war in Amerika nicht so erfolgreich und erreichte nur Platz 34. Ihr zuvor erschienenes Album, *Savage*, hatte nicht einmal den Sprung in die amerikanischen Top 40 geschafft. Trotz schlechter Verkaufszahlen genoß die Gruppe noch immer hohes Ansehen: Eine Konzertkritik im *Hollywood Reporter* pries Lennox 1989 als »beste weiße lebende Soulsängerin«. Ende des Jahrzehnts legten Lennox und Stewart die Eurythmics jedoch auf Eis, um an Soloprojekten zu arbeiten (Lennox veröffentlichte 1992 ihr Solo-Debüt *Diva*).

Als erster großer, weiblicher MTV-Star hatte Lennox die Möglichkeiten optischer Präsentation ausgenutzt, um das traditionelle Image von Frauen in der Rockmusik in Frage zu stellen. Lennox wußte nur zu gut, daß Künstlerinnen tendenziell nach ihrem Äußeren beurteilt werden. »Sie können sich nicht vorstellen, wie oft ich mit Debbie Harry verglichen wurde, als ich blond war! [in ihrer Tourists-Zeit]«, sagt sie in *Sweet Dreams*. Die Entstehung ihres Images als »Gender Bender« beschrieb sie folgendermaßen: »Einer der Hauptgründe, warum ich diese Kleidung trage und ein androgynes Image habe, ist, daß ich keine niedliche Sängerin in hübschen Kleidern sein möchte. Ich will die Geschlechterdefinition nicht verändern, sondern umgehen und die Leute ein bißchen durcheinanderbringen, indem ich etwas Ausgefallenes, weniger Klischeehaftes mache.« Anstatt Videos lediglich als weiteres Werbemittel zu betrachten, verwendeten die Eurythmics dieses Medium als neues, künstlerisches Ausdrucksmittel und lernten, ihr Image zu manipulieren, anstatt sich *von* ihrem Image manipulieren zu lassen.

Cyndi Lauper, die ihre Karriere ebenfalls mit Hilfe des Mediums Video aufbaute, gibt in ihrem Video zu »Girls Just Want to Have Fun« ein energisches feministisches Statement für die Frauensolidarität ab. Lauper wurde 1953 in Queens, New York, geboren und verbrachte ihre frühe Kindheit in Brooklyn, bevor sie nach der Scheidung ihrer Eltern wieder nach Queens zog. Ihre ältere Schwester brachte ihr, der Brenda Lee- und späteren Beatles-Anhängerin, das Gitarrespielen bei, und mit elf Jahren schrieb sie ihre ersten Songs. Lauper brach ihr Studium ab, um in der Musikbranche zu arbeiten und fing 1974 als Background-Sängerin für die Tanzband Doc West an, die Songs von Labelle und Janis Joplin spielte. Anschließend gründete Lauper eine andere Begleitband namens Flyer. Nach drei Jahren in der Clubszene hatte ihre Stimme jedoch so großen Schaden erlitten, daß Lauper ihre Karriere nur fortsetzen konnte, indem sie professionellen Gesangsunterricht nahm.

1978 lernte Lauper den Saxophonisten und Keyboarder John Turi kennen. Die beiden schrieben zusammen Songs und gründeten die Band Blue Angel, die sich mit ihrer Mischung aus New Wave und Rock 'n' Roll in der New Yorker Clubszene schnell beliebt machte: »Stellt euch die Crystals mit Punkfrisur und Fender-Gitarren vor, dann habt ihr's«, schrieb der *Rolling Stone*. Die Band bekam 1979 einen Vertrag bei Polydor und veröffentlichte im darauffolgenden Jahr ihre erste (und einzige) LP. Doch trotz guter Kritiken verkaufte sich *Blue Angel* nicht so wie erwartet, und musikalische Differenzen zwischen den Bandmitgliedern führten 1982 schließlich zur Auflösung der Gruppe. Lauper fand in David Wolff einen neuen Manager (die beiden heirateten, ließen sich aber später wieder scheiden), bekam ein Engagement in einer japanischen Piano-Bar und arbeitete in einem Secondhand-Laden namens Screaming Mimi's. Gleichzeitig war sie auf der Suche nach einem neuen Plattenvertrag. Sie bekam schließlich ein Angebot von Portrait (einer Tochter von CBS) und brachte dort Ende 1983 ihre erste Solo-LP, *She's So Unusual*, heraus.

Die erste Singleauskoppelung, »Girls Just Want to Have Fun«, ist eine übermütige Darstellung weiblicher Kameradschaft. Im Video dazu verkörpert Lauper das Teenager-Ideal der »besten Freundin«: In aufgedonnertem Secondhand-Outfit tanzt sie, umgeben von einer wilden Mädchen-Gang, durch die Straßen einer Stadt (auch Laupers Mutter hatte eine Rolle in dem Video). Die Originalversion des von Robert Hazard geschriebenen Songs war völlig anders, und Lauper lehnte laut der Zeitschrift *Jump Cut* den Vorschlag ihres Produzenten Rick Chertoff, den Song für *She's So Unusual* aufzunehmen, zunächst ab. »Der Song war im Grunde ziemlich chauvinistisch«, erinnerte sich Lauper. »[Chertoff] sagte: 'Warte doch, denk darüber nach, was der Song bedeuten *könnte*... vergiß alles andere und denk darüber nach, was er bedeuten könnte'.« Also dachte Lauper darüber nach und verwandelte die männliche Sichtweise des Songs in eine weibliche.

Ihre Entscheidung zahlte sich aus: »Girls« kletterte auf Platz 2, und Lauper dankte Hazard in den Liner Notes des Albums dafür, »daß ich deinen Song ändern durfte.« Von der LP, die Platz 4 erreichte und auf der Ellie Greenwich als Background-Sängerin zu hören ist, wurden über viereinhalb Millionen Exemplare verkauft. Das Album enthält vier Songs, die Lauper geschrieben oder an denen sie mitgearbeitet hatte und zudem soviele Hits wie kaum ein anderes Debütalbum. Alle vier Nachfolgesingles zu »Girls« landeten in den Top 40, drei von ihnen sogar in den Top 5. Auf jeder Single präsentierte sich Lauper von einer anderen musikalischen Seite: »Time After Time« (ein Nummer-1-Hit) und »All Through the Night« sind Balladen, die Cover Version des Brains-Titels »Money Changes Everything« ist eine eher schlichte Rocknummer, und in »She-Bop« preist Lauper ironisch die Freuden der Masturbation.

Da sie typische Mädchenthemen offen zur Sprache brachte und Sinn für Humor hatte, nahm Lauper das Publikum schnell für sich ein. Außerdem machte sie sich auch für ihren Lieblingssport stark: Profi-Wrestling (sie managte sogar die World Wrestling Federation-Meisterin Wendi Richter) und wurde dafür von der Zeitschrift *Ms.* in ihrer »Frauen des Jahres«-Ausgabe im Januar 1985 geehrt (zusammen mit Holly Near, der Vizepräsidentschaftskandidatin Geraldine Ferraro und neun anderen Frauen). Im Gegensatz zu Annie Lennox, die vor einer feministischen Interpretation von »Sisters Are Doin' It for Themselves« zurückschreckte, hatte Lauper keine Bedenken, mit der Frauenbewegung in Verbindung gebracht zu werden und führte Kirche, Familie und Staat als »die drei größten Unterdrücker der Frauen aller Zeiten« an. »Während es in Helen Reddys 'I Am Woman' um Wut und einen neu entdeckten, gemeinsamen Stolz geht«, schrieb *Ms.*, »handelt 'Girls Just Want to Have Fun' von einer noch neueren, herausfordernden Freude und preist unsere Stärke.«

Leider hatte Lauper wegen ihres Hangs zur Übertreibung, der sich von der Garderobe bis zu ihrer Piepsstimme in ihrer ganzen Persönlichkeit äußerte, das Image einer verrückten Exotin – ein Image, das sie später nur schwer wieder loswurde. So konnte sie mit ihren nachfolgenden LPs auch nicht an ihre Erfolge von 1984 anschließen (u.a. bekam sie den Grammy als beste Nachwuchskünstlerin). *True Colors* (1986), die erste LP, an der Lauper als Co-Produzentin mitgearbeitet hatte, wurde allgemein schwächer eingestuft als ihr Debütalbum. Trotzdem hatte Lauper auch diesmal wieder zwei Top-5-Hits (darunter den Titelsong auf Platz 1), und *True Colors* konnte sich an vierter Stelle der LP Charts plazieren. Bis zur Veröffentlichung ihres nächsten Albums, *A Night to Remember*, vergingen jedoch drei Jahre, was erhebliche Erfolgseinbußen für Lauper mit sich brachte. Obwohl die Single »I Drove Through All Night« den Sprung in die Top 10 schaffte, erreichte die LP nur mit Mühe die Top 40. Auch Pläne für eine Filmkarriere mißglückten zunächst, als ihr Filmdebüt *Vibes - Die übersinnliche Jagd nach der glühenden Pyramide* 1988 verrissen wurde. Da Lauper jedoch unverzagt und zielstrebig weiterarbeitet, hat sie sicherlich eine Chance, ihre Karriere wieder zum Guten zu wenden.

Von allen Stars - ob weiblich oder männlich - verstand es wohl Madonna zweifellos am besten, aus den Möglichkeiten des Mediums Video Kapital zu schlagen, insbesondere aus der Möglichkeit, traditionelle Geschlechterrollen und Einstellungen zu Sexualität zu kritisieren und in Frage zu stellen. Madonna stürzte sich kopfüber in die Sex-Manege und kultivierte als eine ihrer vielen Rollen das Image einer modernen Marilyn Monroe - obwohl sie, abgesehen von ihrem Äußeren, nicht viel mit Monroe gemeinsam hatte. Während Monroes Verletzlichkeit und Unsicherheit durch ihren Sex-Appeal noch verstärkt wurde, schöpfte Madonna aus ihrer sexuellen Ausstrahlung ihre Stärke. Ihr anfänglicher »Gassenjungen«-Look mit zerrissenen Jeans, »obendrauf« getragener Unterwäsche, Schmuckgehängen, einer Gürtelschnalle mit der Aufschrift »Boy Toy« und nacktem Bauch (eine ebenso nachlässige Aufmachung wie Laupers Secondhand-Chic, obwohl Lauper als nettes »good Girl« angesehen wurde, während Madonna das geile »bad Girl« verkörperte) wurde im ganzen Land von »Möchtegern-Madonnas« nachgeahmt. Die Mainstream-Presse benutzte Madonnas Aufmachung natürlich sofort als Zielscheibe (»Um den berühmten Nabel der MTVenus formt sich ein kleiner Bauchspeck-Hügel, bemerkte *Entertainment Weekly*). Feministinnen fühlten sich von dem Image einer Frau, die ihre Machtposition mit Hilfe ihrer Sexualität erreicht hatte und nun ein ganzes Heer von Kindern zwischen zehn und zwölf zum Nachahmen animierte, entweder angezogen oder abgestoßen.

Künstlerinnen, die darum kämpften, als Sängerinnen oder Musikerinnen und nicht als Sexobjekt angesehen zu werden, erschien Madonnas Taktik reaktionär und rückschrittlich. »Das, was die Leute an ihr so toll finden, ist, daß sie es in einer Männerwelt geschafft hat und jetzt Multimillionärin ist«, sagte Exene Cervenka gegenüber *Option*. »Na gut, sie hat Erfolg, und das ist natürlich gerade für eine Frau was ganz Tolles. Aber diesen Erfolg hat sie nur dadurch erreicht, daß sie den Reißverschluß ihrer Hose immer offen ließ.« Auch Karen Finley gehört zu den Frauen, die für Madonnas unbestrittene Stärke keine uneingeschränkte Bewunderung empfinden können. Sie beurteilt die angebliche Botschaft hinter Madonnas Gehabe eher kritisch. »Ich glaube, daß sie sehr viel Einfluß hat, und ich mag sie«, sagt Finley, »aber ich finde ihre Strategie extrem abstoßend. Sie weiß überhaupt nicht, wie sie sich in der Öffentlichkeit darstellen soll.

Die einzige Möglichkeit für sie ist, sich sexuell begehrenswert zu geben. Und darauf stehen die Plattenfirmen natürlich.«

Madonna selbst behauptete, ihre Rolle nicht so ernst zu nehmen. »Ich hatte nie die Absicht, ein Vorbild für Mädchen oder Frauen zu sein«, sagte sie gegenüber dem *Cosmopolitan.* Zu den Vorwürfen gegen ihr »rückschrittliches« Image äußerte sie sich mit den Worten: »Sie haben den Witz nicht verstanden. Es ist doch so, daß ich eben *nicht* jedermanns Spielzeug bin. Die Leute nehmen immer alles so wörtlich.« Darüber hinaus verweist sie auf die Doppelmoral, die sich ihrer Meinung nach hinter den Angriffen auf die Vermarktung ihrer Sexualität verbirgt. »Wenn Leute wie Prince, Elvis oder Jagger dasselbe machen, sind sie ehrliche, sinnliche Menschen«, sagte sie in einem 1985 erschienenen Artikel über »Neue Rock-Frauen« in *Newsweek* (mit Cyndi Lauper auf der Titelseite). »Aber wenn ich das mache, heißt es: 'Oh, bitte, Madonna, du wirfst die Frauenbewegung um eine Million Jahre zurück'.«

Die als Madonna Louise Veronica Ciccone 1958 in Bay City, Michigan, geborene Madonna wuchs in einer Familie mit fünf Brüdern und zwei Schwestern auf. Schon als Kind wirkte sie bei Aufführungen mit und trat während ihrer Schulzeit in einer katholischer Schule in Theaterstücken auf. Sie überredete ihren Vater, sie Tanzunterricht anstatt Klavierstunden nehmen zu lassen und arbeitete schließlich als Tanzlehrerin für die Kinder aus der Nachbarschaft. Nach ihrem High School-Abschluß bekam sie ein Tanzstipendium für die University of Michigan, ging dann aber 1978 nach New York. Sie nahm zunächst Unterricht in Alvin Aileys American Dance Center und arbeitete später mit der Choreographin Pearl Lang, der Mitbegründerin des Dance Centers, in deren eigener Tanztruppe. Madonna sah jedoch ihre beschränkten Möglichkeiten in der Tanzwelt und bekam ein Engagement in einer Disco-Revue in Paris als Background-Sängerin für den französischen Sänger Patrick Hernandez. Die Produzenten waren so begeistert von ihr, daß sie eigens für sie den Titel »She's a Real Disco Queen« schrieben.

Wieder in New York, spielte Madonna in verschiedenen Bands. 1979 war sie zunächst Drummerin in einer Band namens Breakfast Club, verlegte sich jedoch schon bald auf's Singen. Anfang der achtziger Jahre unterschrieb eine ihrer Bands einen Management-Vertrag. Kurz darauf kam es zwischen Madonna und den anderen Bandmitgliedern jedoch zu musikalischen Differenzen, die zur Auflösung der Gruppe führten. Anschließend begann Madonna, mit Stephen Bray, einem Freund vom College, Tanz-Nummern zu schreiben und aufzunehmen und war häufig im Danceteria-Club zu Gast, in dem Karen Finley als Kellnerin arbeitete. Madonna lernte den DJ Mark Kamins kennen, der ein Demo ihrer ersten

Single »Everybody« im Club spielte. Nachdem der Song gut ankam, verhalf Kamins Madonna zu einem Plattenvertrag bei Sire Records.

Das von Kamins produzierte »Everybody« erschien im April 1982 und erfreute sich, ebenso wie ihre Nachfolge-Maxisingle »Burning Up«/»Physical Attraction«, in den Tanzclubs großer Beliebtheit. Keine von beiden Singles schaffte jedoch den Sprung in die Top 40. 1983 brachte Madonna ihr Debütalbum *Madonna* heraus, das wiederum häufig in den Tanzclubs gespielt wurde, in den Charts jedoch keinen Erfolg hatte, bis dann Ende des Jahres die Single »Holiday« erschien. Anfang 1984 erreichte die Single Platz 16 und wurde von den Top-10-Hits »Borderline« und »Lucky Star« gefolgt. Die LP erreichte Platz 8 und wurde über neun Millionen mal verkauft. Durch diesen Erfolg verzögerte sich die Veröffentlichung von *Like a Virgin* bis 1985.

Nach diesem Sprung in den Pop-Mainstream baute Madonna ihren Erfolg 1985 aus und entwickelte sich zum ausgewachsenen Popstar. *Like a Virgin* erreichte als erste ihrer LPs Platz 1 (abgesehen von einem Album mit Single-Remixes, das Platz 14 erreichte, kamen alle ihrer bisherigen LPs in die Top 10) und verkaufte sich neun Millionen mal. Vier Singles aus der LP schafften den Sprung in die Top 5, darunter auch der Titelsong. *Like a Virgin*, produziert von Nile Rodgers von Chic, war ausgefeilter als *Madonna* und enthielt fünf Songs, die Madonna geschrieben oder an denen sie mitgearbeitet hatte. Nun stieg Madonna auch ins Filmgeschäft ein (ihr Debüt hatte sie 1980 in der Softporno-Billigproduktion *Madonna - A Certain Sacrifice* gegeben): Ihre Rolle in Susan Seidelmans *Susan - Verzweifelt gesucht* wurde selbst von KritikerInnen, die keine Madonna-Fans waren, gewürdigt, und mit dem Song »Crazy for You« aus dem gleichnamigen Film landete sie einen weiteren Nummer-1-Hit. Auch ihre erste Tournee erwies sich, was nicht überraschte, als durchschlagender Erfolg und war sofort ausverkauft.

Der Wirbel um Madonna schlug sich in einer ständigen Berichterstattung in den Medien nieder (u.a. brachte *Time* 1985 eine Titelstory), die Madonnas aufregende Mischung aus Sex und Erfolg unwiderstehlich fanden, ganz abgesehen davon, daß sich diese Mischung hervorragend vermarkten ließ. Obwohl Sex schon immer zur Rockmusik gehört hatte, verstanden es nur wenige, ihn so wirksam als Mittel zur Provokation einzusetzen wie Madonna. Sie schien Gefallen daran zu finden, ihre Sexualität einzusetzen, um von Männern das zu bekommen, was sie wollte und sie anschließend wieder fallenzulassen. Ein anschauliches Beispiel dafür lieferte Madonna in ihrem Video zu »Material Girl«: Sie nimmt von ihren vielen Bewunderern Schmuck, Brieftaschen und Geld an und wirft die Männer anschließend eine Treppe hinunter. Normalerweise vertraten nicht Frauen, sondern Männer eine solche Einstellung, und so provozierte Madonna sowohl die Konservativen, die ein solches Verhalten bei einer Frau »schamlos« fanden, als auch einige Feministinnen, die an Madonnas offensichtliche Freude an der weiblichen List Anstoß nahmen. Madonna bekannte sich offen zur Vermarktung ihres Images und behauptete abermals, daß die Leute beider Lager die Ironie ihres Images nicht verstünden. »Ich weiß, daß sich mein Image als Drachen, Herzensbrecherin und unglaubliche Provokateurin hervorragend vermarkten läßt«, sagte sie in *People*. »Aber es ist nicht unehrlich. Man darf es nur nicht ernst nehmen.«

Auch wenn Madonna mit den Figuren, die sie in ihren Videos und auf der Bühne verkörperte, nur spielte, verstand sie jedoch, was ihre beruflichen Ambitionen betraf, keinen Spaß. Diese Seite an ihr wurde zunächst zugunsten anderer Themen übersehen, von denen sich die Medien mehr versprachen. So veröffentlichten sie z.B. lieber Nacktfotos von Madonna, die aus der Zeit vor ihrem Erfolg als Sängerin stammten oder berichteten über ihre turbulente Ehe mit dem Schauspieler Sean Penn (die beiden heirateten 1985 und ließen sich 1989 wieder scheiden). Donna Russo, Leiterin der Abteilung für Öffentlichkeitsarbeit und Werbung bei Warner Bros., gehört zu den Leuten, die Madonnas Karrieregeist bewundern. »Sie ist eine Geschäftsfrau«, sagt Russo. »Sie ist unglaublich diszipliniert; sie weiß genau, was sie macht, wo sie hin will und wie etwas gemacht werden soll. Sie hat den Überblick über ihre gesamten Finanzen und all ihre Verträge. Es ist unmöglich, Madonna zu bestehlen! Sie ist eine Perfektionistin ersten Ranges. Und ich bewundere das, weil es so schwierig ist, dermaßen diszipliniert zu sein. Es ist, als ob sie ihr früheres Leben in einem buddhistischen Tempel oder sowas verbracht hätte.«

Für *True Blue* (1986) arbeitete Madonna erstmals als Co-Produzentin. Die LP, die stärker poporientiert ist als ihre vorherigen Alben, landete an der Spitze der Charts, enthielt fünf Top-5-Singles und verkaufte sich über siebzehn Millionen mal. 1989 veröffentlichte Madonna ihr bisher ausgereiftestes Album *Like a Prayer*. Neben so fröhlichen Nummern wie »Express Yourself« und »Keep It Together« sowie »Love Song«, einer Co-Produktion mit Prince, trägt das Album (das wieder Platz 1 erreichte) auch autobiographische Züge. Es greift Themen wie Madonnas unruhige Ehe, den Tod ihrer Mutter sowie ihre Beziehung zu ihrem Vater auf. Diesem ehrgeizigen Projekt folgte *I'm Breathless: Songs From and Inspired by the Film Dick Tracy*, ein Film, in dem sie ebenfalls mitspielte. Auf dieser LP, die Platz 2 erreichte, singt sie Stücke, die von den komplizierten Werken des Broadway-Komponisten Stephen Sondheim bis hin zu ihrer Hymne auf die Nachtclub-Poseure in »Vogue« (Platz 1) reichen. Die LP ist ein Beweis dafür, daß sich ihre Stimme seit ihrer Disco-Zeit enorm weiterentwickelt hat. 1992 gab Madonna die Gründung von Maverick bekannt, einem eigenen Unterhaltungskonzern in Zusammenarbeit mit Time Warner. Angeblich brachte Madonna dieses Geschäft sechzig Millionen Dollar ein. Im Verlauf ihrer Karriere nutzte Madonna auch weiterhin ihre Medienwirkung, um sich mit dem Thema Sex auseinanderzusetzen, einem Thema, das im Zeitalter von Aids jedoch eine völlig andere Bedeutung erhielt.

Während Madonnas Aufstieg das Image der Frau als Solosängerin wieder in den Vordergrund rückte (zu dieser Zeit kamen auf dem Popmarkt eine Reihe von Solosängerinnen heraus, u.a. Debbie Gibson und Tiffany), präsentierten sich andere Künstlerinnen als erfolgreiche neue Versionen altbewährter Rollen. Joan Jett ließ als Solokünstlerin die »Rockerbraut« wiederaufleben, die Bangles traten als neueste Frauenband in Erscheinung, und Whitney Houston feierte als neue Rock-Diva Dauererfolge. Allerdings waren diese Künstlerinnen im Gegensatz zu ihren Vorgängerinnen wesentlich stärker an der Entstehung ihrer Musik beteiligt. Diese Situation wurde nun für immer mehr Mainstream-Künstlerinnen zur Regel. Viele von ihnen schrieben ihre Songs selbst und einige, wie z.B. Joan Jett, Cyndi Lauper und Madonna, produzierten sogar ihre Platten selbst. Selbst Whitney Houston, hauptsächlich als Sängerin bekannt, arbeitete für ihre dritte LP, *I'm Your Baby Tonight* (1991), als Produzentin.

Jett hatte 1982 mit dem Nummer-1-Hit »I Love Rock 'n' Roll« ihren Durchbruch als Solostar. Zwar war sie nach der Auflösung der Runaways niedergeschlagen, arbeitete aber dennoch weiter. Sie ging nach England, wo sie mit den Ex-Sex Pistols Steve Jones und Paul Cook Aufnahmen machte und produzierte in Los Angeles die LP *GI* von den Germs. Sie ließ sich nun von Kenny und Meryl Laguna managen, obwohl Kenny später zugab, er habe Joan als Gitarristin nicht gleich ernstgenommen und ihr anfangs vorgeschlagen, sie solle auf ihren Demos einen Studiogitarristen spielen lassen. Joan lehnte diesen Vorschlag jedoch kategorisch ab. Jetts Solokarriere begann mit der Veröffentlichung ihrer LP *Joan Jett* (1980) in Europa. Da sie in den USA keinen Plattenvertrag dafür bekam, brachte Jett das Album, das später in *Bad Reputation* umbenannt wurde, unter ihrem eigenen Label Blackheart Records heraus und verkaufte die Platte bei ihren Konzerten. Neil Bogart nahm sich der LP schließlich an und veröffentlichte sie 1981 unter seinem Label Boardwalk Records.

Im selben Jahr nahm Jett mit ihrer neuen Band namens Blackhearts auch ihre erste LP für Boardwalk auf, *I Love Rock 'n' Roll*. Nicht nur der Titelsong wurde ein Hit, sondern auch zwei weitere Titel des Albums kamen in die Top 20, die Cover Versionen von »Crimson and Clover« und »Do You Wanna Touch Me (Oh Yeah)«. Die LP selbst erreichte Platz 2.

Jett war eine der wenigen Musikerinnen, die ohne Rücksicht auf neue musikalische Trends unbeirrt weiter Rock spielte. Zwar erreichte Jett 1982 ihre höchsten Chart-Plazierungen, doch brachte sie anschließend noch drei weitere LPs und fünf Singles heraus, die ebenfalls in die Top 40 kamen. Darunter war auch der Top-20-Hit »Light of Day«, der Titelsong des 1987 erschienenen Films *Light of Day - Im Lichte des Tages*, in dem sie mit Michael J. Fox die Hauptrolle spielte. Jetts Konzerte haben bis heute nichts von ihrer Attraktivität verloren, und aufgrund der Langlebigkeit ihrer Karriere gelang es ihr, das »Außenseiterinnen-Image« abzuschütteln.

Leider konnte man bei den Bangles, die sich drei Jahre nach ihrem Sprung in die Top 40 1986 wieder auflösten, nicht von Langlebigkeit sprechen. Die Gruppe war nach den Go-Go's die einzige kommerziell erfolgreiche Frauenband und schaffte es eigentlich nie, aus dem Schatten der Go-Go's herauszutreten, da sie wegen ihrer Gemeinsamkeiten erbarmungslos mit ihnen verglichen wurde: Beide Bands machten Popmusik, beide kamen aus Süd-Kalifornien, beide hatten unter dem I.R.S.-Label Platten herausgebracht, und beide waren Frauenbands, die ihre Instrumente selbst spielten.

Solche Vergleiche ergaben jedoch keine vollständiges Bild. Obwohl die Bangles Anfang der achtziger Jahre in der Clubszene von Los Angeles aktiv waren, bevorzugten sie im Gegensatz zu den Punk-Anfängen der Go-Go's eindeutig den sechziger-Jahre-Pop. Ihr mehrstimmiger Gesang erinnerte eher an die Beatles, eine ihrer Lieblingsgruppen, deren Einfluß auf die Musik der Bangles unverkennbar war. Die Bangles wurden 1981 gegründet, als die Gitarristin Susanna Hoffs auf eine »MusikerInnen gesucht«-Anzeige einer Frau antwortete, die zuvor mit Vicki und Debbi Peterson in einer Gruppe gespielt hatte. Als sie die Frauen, die zusammen wohnten, kennenlernte, entschied sie sich jedoch für Petersons Gruppe. Hoffs war nicht nur Musikerin, sondern auch Schauspielerin und Tänzerin, und die Petersons hatten seit ihrer Teenie-Zeit zusammen in Bands gespielt, Vicki als Gitarristin und Debbi am Schlagzeug (das Vicki für sie gekauft hatte).

Anschließend kam noch die Bassistin Annette Zalinskas dazu, und die Band spielte als Colours, Supersonic Bangs und zuletzt nur noch als Bangs in den Clubs in Los Angeles. Nachdem sie die Single »Getting Out of Hand« unter ihrem eigenen Label aufgenommen hatten, bekamen die Bangs von Miles Copeland das Angebot, eine Platte unter seinem Label Faulty Products herauszubringen. Die Gruppe hatte wegen Copelands Verbindung zu den Go-Go's zunächst Bedenken (»Ich dachte: 'Oh, jetzt geht's los: Er will aus uns Go-Go's der kleinen Leute machen'«, sagte Vicki gegenüber dem *Rolling Stone*), unterschrieb dann aber doch einen

Vertrag und veröffentlichte 1982 eine EP bei I.R.S., von der vierzigtausend Exemplare verkauft wurden. Wegen des guten Absatzes der EP nahm Columbia die Gruppe ein Jahr später unter Vertrag. Nachdem die Bangs erfahren hatten, daß eine Band aus New Jersey unter demselben Namen auftrat, tauften sie sich in Bangles um. Zalinskas verließ die Gruppe und wurde von Michael (Micki) Steele ersetzt, einer Veteranin, die schon in unzähligen Bands in Los Angeles, u.a. bei den Runaways, gespielt hatte.

All Over the Place (1984) demonstriert die Liebe der Band zum Pop der sechziger Jahre. Die LP beginnt mit »Hero Takes a Fall« und sprudelt vor Pop-Harmonien und einprägsamen Melodiephrasen und erinnert mit Songtiteln wie »Going Down to Liverpool« sogar an die »British Invasion« der sechziger Jahre. *All Over the Place* erreichte zwar nur Platz 80 der Charts, bekam aber gute Kritiken, und die Band gewann als Vorprogramm von Cyndi Lauper immer mehr Fans. Ende 1985 erschien *Different Light*, und im Februar 1986 hatte die Gruppe mit »Manic Monday« (von Prince unter dem Pseudonym »Christopher« geschrieben) ihren ersten Erfolg in den Singles Charts. Sowohl die Single als auch die LP erreichten Platz 2. Zwei weitere Auskoppelungen kamen in die Top 40, darunter »Walk Like an Egyptian«, das den Sprung auf Platz 1 schaffte.

Die Bangles konnten ihren Erfolg allerdings nicht ungetrübt genießen, da sie mit der Arbeit an der LP unzufrieden waren, die nach ihren monatelangen Tourneen überstürzt produziert wurde. Die Band durfte nicht so viel eigene Stücke verwenden, und Debbi, die im Studio mehrmals mit dem Produzenten David Kahne aneinandergeriet, war sauer, daß ihre Songs Kahne zugeschrieben wurden. Besonders enttäuscht war sie darüber, daß sie bei »Walk Like an Egyptian« weder sang noch Drums spielte. »'Walk' ist für mich ein netter kleiner, etwas ausgefallener Song... aber ich habe nicht das Gefühl, daß er von uns kommt«, sagte sie dem *Rolling Stone*. Vickis Äußerungen zur LP drücken ebenfalls Unzufriedenheit aus: »Ich habe in vieler Hinsicht eine distanzierte Einstellung zu der Platte«, gab sie zu. Da die Band keine feste Leadsängerin hatte (die Mitglieder wechselten sich sowohl mit der Leadstimme als auch mit den Background-Stimmen ab), kam es zu Spannungen, als Hoffs in den Mittelpunkt gerückt wurde. Sie hatte auf »Manic Monday« die Leadstimme gesungen und ihre Mutter hatte sowohl bei Videos der Band als auch in dem Film *Die Nachtschwärmer - The Allnighter* (1987), in dem ihre Tochter mitspielte, Regie geführt. Für ihr nächstes Album ließ sich die Gruppe etwas mehr Zeit, und *Everything* erreichte bei seinem Erscheinen 1988 Platz 15. Zwei Singles kamen in die Top 5, darunter »Eternal Flame« auf Platz 1. Innerhalb eines Jahres lösten sich die Bangles wegen des Drucks, dem sie ausgesetzt waren, jedoch auf. »Die Bangles wurden wegen all der Bestimmungen und Einschränkungen zum Gefängnis«, sagte Hoffs in *The Rocket* und erklärte, daß der frühere Kameradschaftsgeist verschwunden war: »Alle gingen zu verschiedenen Zeiten ins Studio und arbeiteten an *ihren* jeweiligen Songs.« Nach der Auflösung nahm Hoffs 1991 mit der Veröffentlichung der LP *When You're a Boy* eine Solokarriere in Angriff.

Im Gegensatz zu anderen Künstlerinnen wie Joan Jett und den Bangles mußte Whitney Houston nie beweisen, daß sie kein »Außenseiterin« war. Das lag einerseits daran, daß sie keine Rockmusikinstrument wie Gitarre oder Schlagzeug spielte und andererseits an ihrer seriösen musikalischen Herkunft. Houston wurde 1963 in New Jersey geboren und sang als Kind im Chor der Hew Hope Baptist Church, den ihre Mutter Cissy leitete. Sie begleitete ihre Mutter zu den Aufnahmen ihrer Background-Gruppe, den Sweet Inspirations, die für Künstlerinnen wie Aretha Franklin oder Dionne Warwick, einer Cousine der Houstons, sang. Mit fünfzehn machte Houston als Background-Sängerin Aufnahmen mit Chaka Khan und Lou Rawls, und es war abzusehen, daß sie über kurz oder lang selbst eine Karriere in Angriff nehmen würde. Noch als Teenager unterschrieb sie einen Management-Vertrag, war sich jedoch mit ihrer Familie und ihrem Manager, Gene Harvey, darüber einig, daß sich ihr Talent ruhig noch ein paar Jahre lang entwickeln sollte. »Als sie gerade achtzehn geworden war, wollten zwei große Labels sie unter Vertrag nehmen, aber das war meiner Meinung nach zu früh«, sagte Harvey gegenüber der *Los Angeles Times*. »Ich wollte sie zu diesem Zeitpunkt nicht diesem ganzen Druck aussetzen.«

In den nächsten Jahren arbeitete Houston als Model und Background-Sängerin (sie sang auch weiterhin im Chor ihrer Mutter und übernahm bei den Club-Auftritten mit ihrer Mutter Solo-Parts), bis Clive Davis sie 1983 bei seinem Label Arista unter Vertrag nahm. Es dauerte jedoch weitere zwei Jahre, bis ihr Debütalbum *Whitney Houston* erschien. Die musikalische Vielfalt der LP sollte jedem Geschmack gerecht werden, und auch die Singleauskopplungen wurden entsprechend geplant. Davis sagte gegenüber der *Los Angeles Times*, daß »You Give Good Love«, eine sanfte Ballade, die Houstons Stimmumfang wirkungsvoll zur Geltung bringt, gezielt als Debütsingle ausgewählt worden sei, denn »Wir wollten sie zuerst auf dem schwarzen Musikmarkt einführen. Sonst sitzt man nämlich zwischen zwei Stühlen, weil das Stück nicht im Top 40-Sender gespielt wird und auch nicht zum R&B zählt.« Der Top 40-Sender war jedoch nur zu gern bereit, »You Give Good Love« zu spielen Der Titel erreichte Platz 3 und machte den Weg für die nachfolgenden Nummer-1-Hits frei: »Saving All My Love for You« (mit der Houston einen Grammy für die »Beste Pop-Gesangsinterpretation einer Frau« gewann), »How Will

I Know« und »Greatest Love of All«. Die LP blieb vierzehn Wochen auf Platz 1, hielt sich anschließend über ein Jahr lang in den Top 40 und wurde damit zu einem der absatzstärksten Debütalben einer Solosängerin bzw. eines Solosängers.

Die Zeitschrift *People* prophezeite: »Nur ein neues Gesetz könnte verhindern, daß diese Frau zum Megastar wird«, was *Whitney* (1987) hinreichend bewies: Das Album schaffte – als erste LP einer Künstlerin – sofort den Sprung auf Platz 1 und wurde von den Nummer-1-Singles »So Emotional«, »Didn't We Almost Have It All« sowie »I Wanna Dance with Somebody (Who Loves Me)«, mit der Houston 1987 wiederum den Grammy für die »Beste Pop-Gesangsinterpretation einer Frau« gewann, begleitet. Auch die LP *I'm Your Baby Tonight* (1990), die Platz 2 erreichte (Platz 1 in den R&B Charts), brachte Houston zwei Nummer-1-Singles: den Titelsong und »All the Man that I Need«. Houstons Erfolg war dem kommerziellen Mainstream sehr willkommen. Im Gegensatz zu Madonna verkörperte sie das Image des frischen, natürlichen Mädchens von nebenan und stellte traditionelle weibliche Verhaltensmuster nicht in Frage. Sie war völlig »ungefährlich« und gehörte damit zu jenen KünstlerInnen, mit denen die Plattenfirmen am liebsten zu tun haben: KünstlerInnen, die nicht umstritten sind und die Kasse klingeln lassen.

Da sich Houston als eine der wenigen jungen, schwarzen Frauen im Pop-Mainstream profilierte, war sie auch bei MTV ein gerngesehener Gast. MTV war zweifellos froh, einen schwarzen Star gefunden zu haben. Dem Sender wurde seit Anfang der achtziger Jahre wegen des eindeutigen Mangels an Videos schwarzer KünstlerInnen häufig vorgeworfen, er sei rassistisch. So sagte z.B. Ed Steinberg, der beim Video-Monopol Rock-America arbeitete, in *The Rolling Stone Book on Rock Video*: »MTV hat drei Möglichkeiten, Abwechslung zu garantieren: keine Schwarzen, schöne Frauen und rasante Gitarrensolos.« MTV konterte zwar mit der Behauptung, daß die meisten schwarzen KünstlerInnen keinen »Rock« spielten, doch sah die Sache für die Leute, die sich um eine für den Sender akzeptable Musik bemühten, oft ganz anders aus. 1983 berichtete *Rock&Roll Confidential*, daß Keith Williams, der das Skript zu Donna Summers Video »She Works Hard for the Money« geschrieben hatte, »für MTV« eine weiße Familie in den Mittelpunkt des Videos stellen sollte. Nach der Veröffentlichung von Michael Jacksons LP *Thriller* (1982) wurden MTVs Rassenschranken ein Stück weit geöffnet, obwohl sich der Sender anfangs gegen die Ausstrahlung der Videos zu *Thriller* gesträubt hatte – wieder mit dem Argument, daß Jacksons Musik kein »Rock« sei. Wegen der enormen Popularität des Albums mußte MTV jedoch schließlich kapitulieren (Jacksons Label Epic setzte MTV angeblich mit der Drohung unter

Druck, Videos seiner anderen Stars zurückzuziehen, wenn MTV Jacksons Videos nicht zeigte).

Auch andere KünstlerInnen hatten Schwierigkeiten, sich an die beschränkten Vorgaben der MTV-Playlists und der Top 40 Charts anzupassen. Obwohl der kurze Punk- und New Wave-Aufruhr vorüber war, strömten ständig neue KünstlerInnen in die Musikszene, und wieder griffen die Indie Labels Trends auf, die von den großen Plattenfirmen noch ignoriert wurden. Mit Unterstützung eines Indie Labels konnte sich eine Band eine Zeitlang halten, ein gewisses Maß an Publicity erreichen und damit weiterarbeiten, in der Hoffnung, irgendwann zu einem großen Label und einem größeren Publikum aufzusteigen. Unter solchen Umständen konnte eine Band zwar oft jahrelang ohne große Kompromisse arbeiten, doch waren viele Bands von den zermürbenden Club-Auftritten ausgelaugt und gingen kaputt.

Ein Beispiel für eine solche Gruppe war Uncle Bonsai. Die 1981 in Seattle gegründete Gruppe bestand aus zwei Frauen, Arni Adler und Ashley Eichrodt, und einem Mann, Andrew Ratshin. Obwohl sie als Begleitung nur eine Akustikgitarre und gelegentlich Percussion verwendeten, gingen ihre humorvollen und aggressiven Songs über das typische SängerInnen/SongschreiberInnen-Material hinaus. Während ihres achtjährigen Bestehens interessierten sich zwar mehrere große Labels für die Gruppe, ein Plattenvertrag kam jedoch nie zustande. Adler führt dies teilweise darauf zurück, daß die Plattenfirmen Probleme mit Bonsais Image hatten. »Ich glaube, es gibt ein bestimmtes Image, nach dem die Plattenfirmen suchen, ein Image, das sie gut verkaufen können«, sagt sie. »Ich maße mir nicht an zu sagen, welches Image Suzanne [Vega] oder Tracy [Chapman] haben, aber es ist leicht zu durchschauen. Für uns war es schwieriger. Ich glaube, man braucht eine mutige Person in einer Plattenfirma, die sagt: 'Kommt, wir gehen einfach mal ein Risiko ein. Hier ist mal was anderes – ich glaube, das könnte ankommen'.«

Uncle Bonsai entstand durch eine Anzeige, die Eichrodt zwecks Gründung einer Folkgruppe in einer Zeitung in Seattle aufgegeben hatte, und auf die Adler und Ratshin antworteten. Es war ein interessanter Zufall, daß alle drei zur selben Zeit am Bennington College in Vermont studiert hatten – sich dort jedoch nur flüchtig gekannt hatten – und nach dem Studium unabhängig voneinander nach Seattle gegangen waren. Adler, die Theaterwissenschaften studiert hatte, hatte vorher noch nie daran gedacht, in einer Gruppe zu singen und schloß sich Bonsai zum Teil deshalb an, weil sie zu dieser Zeit arbeitslos war. »Ich hatte nichts in Aussicht«, erklärt sie. »Ich hatte keinen Job, ich hatte kein Geld, und ich fand es toll, zu singen! Wir sangen alle total gerne, und es hörte sich super an, wenn wir mehrstimmig sangen. Es war etwas, was man eine Weile machen konnte. Niemand von uns dachte, daß wir acht Jahre dabei bleiben würden. Ich glaube, wir dachten alle, daß es einfach ganz nett wäre, bis wir das jeweils Richtige für uns gefunden hätten.«

Die Gruppe sang zunächst ausschließlich Cover Versionen, die sie jedoch mit ausgefallenen Spielereien anreicherte, um ihren Arrangements eine besondere Note zu geben. So hämmerten sie z.B. bei »Wild Thing« auf Spielzeug-Xylophonen oder sangen Songs aus Cartoons, nachdem sie ihre Stimme durch das Einatmen von Helium verzerrt hatten. Allerdings erwies sich Ratshin, der durch seine Club-Auftritte schon viel Erfahrung gesammelt hatte, als überaus produktiver Songschreiber. Er schrieb sowohl konventionelle Stücke wie z.B. »Suzy« (das von einer frustrierten Büro-angestellten handelt) als auch Songs, die etwas schärfere Bemerkungen über die moderne Gesellschaft enthielten, wie z.B. »Billboard Love«, »Cheerleaders on Drugs« und »Penis Envy« (die beiden letztgenannten schrieb Ratshin zusammen mit Adler). »Penis Envy« geriet schnell in Verruf, nachdem es 1984 auf der ersten LP der Gruppe, *A Lonely Grain of Corn*, unter einem Indie Label erschienen war. Der Text von »Penis Envy« besteht aus einer amüsanten Aufzählung der Veränderungen, die der Be-sitz dieses wertvollen Körperteils für die weiblichen Gruppenmitglieder von Bonsai mit sich bringen würde. Die Schlußzeilen lauten: »Wenn ich einen Penis hätte, wäre ich zwar immer noch ein Mädchen/Aber ich würde viel mehr Geld verdienen und die Welt erobern«. Der Song wurde wegen seines »abstoßenden Textes« von einigen KritikerInnen verurteilt und 1989 in der von der FCC gegen die Radiosender WIOD und WZTA in Florida eingereichte Klage gegen die Verbreitung pornographischer Inhalte angeführt. Adler erwiderte auf den Vorwurf, der Text sei »ab-stoßend«, in einem Interview: »Besser abstoßend sein als geistlos. Aber ich finde ihn lustig. Und außerdem drückt er die allgemeine Bonsai-Einstellung aus.«

Bis zur Veröffentlichung ihrer zweiten LP, dem Live-Album *Boys Want Sex in the Morning* (1986), hatte sich Bonsai im Nordwesten des Landes bereits als zugkräftige Gruppe etabliert, die immer in ausver-kauften Häusern spielte. Diese Basis baute sie durch ständige Tourneen aus, u.a. durch regelmäßige Auftritte im New Yorker Club Bottom Line. Doch trotz großer Beliebtheit beim Publikum und guter Kritiken (u.a. schrieb der *New York Times*-Kritiker Stephen Holden begeisterte Berichte), schaffte es die Gruppe nicht, einen Plattenvertrag bei einem großen Label zu bekommen. »Zwar hatten viele verschiedene Labels Interesse an uns«, sagt Adler. »Aber wegen unserer merkwürdigen Besetzung wußten sie nicht, was sie mit uns anfangen sollten. Wir wußten, wir würden uns gut verkaufen. Wir hatten uns von einer völlig unbekannten Gruppe zu einer Gruppe hochgearbeitet, die in Seattle vor vollen Häusern spielte, und die nach ein oder zwei Auftritten in einer anderen Stadt schon eine beachtliche Fangemeinde hatte. Und wir wußten, daß noch wesentlich mehr Leute zu unseren Konzerten kommen würden, wenn wir erst einmal im Radio gespielt werden würden. Das wußten wir einfach.«

1988 schien es dann, als würde sich Bonsais Schicksal wenden. Der damalige A & R-Manager Joel Webber (einer der Gründer des New Music Seminars) beschloß, die Gruppe unter Vertrag zu nehmen. Doch vier Tage vor der Unterzeichnung verlor Webber seinen Job und starb bald darauf an einem angeborenen Herzleiden. Da Webber Bonsais wichtigste Kontaktperson bei Island gewesen war, hatte die Gruppe nun keinen Fürsprecher mehr. »Als er von Island wegging, ließ die Firma viele Gruppen fallen, die er betreute«, erzählt Adler. Innerhalb eines Jahres löste sich Bonsai auf. »Ich glaube, wir fingen an, uns zu langweilen«, sagt Adler. »Die Luft war einfach raus.« Zu dieser Zeit zog eine neue Generation von SängerInnen/SongschreiberInnen die Aufmerksamkeit der Plattenindustrie auf sich, doch obwohl Bonsai häufig mit solchen Leuten aufgetreten war (z.B. mit Suzanne Vega und Tracy Chapman), fanden sie keine Plattenfirma, die mit einer ernsthaft lustigen Akustikgruppe umgehen konnte. »Tracy Chapman trat in *Saturday Night Life* nur mit ihrer Akustikgitarre auf. Und wir waren doch genauso – drei Leute mit einer Akustikgitarre«, erklärt Adler. »Nur, daß unsere Musik eben Humor hatte, und ich glaube, daß die Leute manchmal nicht wissen, wie sie damit umgehen sollen.«

Selbst wenn eine junge Band Unterstützung von einer Plattenfirma bekam, konnte sie immer noch an dem Dauerstreß zerbrechen, dem sie ausgesetzt war, vor allem, wenn ihre Plattenfirma sie entgegen ihrem Wunsch in eine bestimmte Ecke hineindrängen wollte. Wednesday Week, eine Gruppe aus Los Angeles mit der üblichen Rockband-Besetzung – Leadgitarre, Rhythmusgitarre, Baß und Drums – wurde z.B. immer mit den Go-Go's und den Bangles verglichen, obwohl die Band aus drei Frauen und einem Mann bestand. »Dauernd wurden wir mit den Mädchenbands verglichen«, erinnert sich Kristi Callan, Rhythmusgitarristin und Leadsängerin der Gruppe. »Die Leute sagten immer: 'Mädchenband – sie hören sich an wie die Bangles'. Mein Gott, hören wir uns denn nicht vielleicht ein bißchen so an wie R.E.M. oder so? Jetzt verstehe ich es – die Leute in dieser Branche suchen immer einen Aufhänger, eine Möglichkeit, um die Band einzuordnen, und genau das hat die Plattenfirma versucht. Aber damals habe ich es nicht verstanden. Ich hatte das Gefühl, wir hatten keine Chance, wir selbst zu sein.«

Wednesday Week wurde von Kristi und ihrer Schwester Kelly aus Oklahoma gegründet, die sich beide schon als Kinder für Musik interessierten. Kristi war »die Sängerin in der Familie«, und Kristi, Kelly und ihr Bruder spielten Gitarre. Nach der Scheidung ihrer Eltern zogen die Geschwister 1976 mit ihrer Mutter nach Los Angeles, gerade rechtzeitig zur Punk-Revolution, die die Schwestern in verschiedenen Clubs ausführlich miterlebten. »Wir gingen an fünf Abenden pro Woche weg, und Kelly und ich hatten immer falsche Ausweise, weil man in viele Clubs erst ab einundzwanzig rein durfte.«

Schließlich beschlossen die Callans, eine eigene Band zu gründen. »Seit ich fünf war, wollte ich Sängerin werden«, sagt Callan. »Ich hatte Sängerinnen im Fernsehen gesehen, in Unterhaltungssendungen, und ich dachte: 'Au ja, das mache ich auch!' Als wir uns dann Bands ansahen, war es total aufregend, weil sie praktisch die Brücke zwischen mir und den Leuten im Fernsehen waren. Sie zeigten uns, wo's langging. Und dann gab es natürlich auch noch den Punk mit der Einstellung, daß jeder Musik machen konnte. Das hat uns sehr viel Mut gemacht.« Kellys Zimmer wurde in einen Übungsraum umfunktioniert, doch die ersten Versuche mit Kristi an der Gitarre und Kelly am Schlagzeug waren nicht sehr ermutigend. »Ich werde nie den ersten Tag vergessen, als ich meinen Verstärker in Kellys Zimmer geschleppt hatte, damit wir spielen konnten«, erinnert sich Callan. »Es war so deprimierend – es war so furchtbar, daß ich den Verstärker wieder in mein Zimmer stellte und monatelang nicht mehr spielte!«

1981 waren die beiden dann soweit, daß sie unter dem Namen Goat Deity zusammen mit einer Freundin im Wohnzimmer ihrer Mutter ihr Debüt gaben. Im Herbst tingelte die Band unter dem Namen Narrow Adventure durch die Clubs und nahm 1982 für einen Sampler ihre ersten Songs als Wednesday Week auf. Die Schwestern spielten zunächst mit verschiedenen Musikern, bis 1983 die Bassistin Heidi Rodewald in die Band eintrat. Ursprünglich wollten die Callans Rodewald gar nicht aufnehmen, da sie nicht als »Mädchenband« abgestempelt werden wollten. »Wer waren denn damals die Mädchenbands? Die Go-Go's?«, sagt Callan. »Ich meine, ich fand die Go-Go's wirklich gut – als ich sie zum ersten Mal sah, fand ich sie toll – aber wir standen nun mal nicht auf diese niedliche Masche, und wir dachten, die Leute würden uns dann auch so sehen.«

Rodewald konnte die Schwestern jedoch überzeugen und wurde in die Band aufgenommen. Die Gruppe spielte zunächst als Trio und holte sich hin und wieder jemanden für die Leadgitarre dazu. Sie nahm Songs für verschiedene Sampler auf und brachte 1983 die EP *Betsy's House* heraus. Callan stellte fest, daß ihre Bedenken, für eine Frauenband gehalten zu werden – und zwar in dieser Reihenfolge: erst Frauen, dann Musikerinnen – nicht unbegründet waren. »Nachdem wir Heidi dazubekommen hatten, traten wir ständig mit anderen Mädchenbands auf«, sagt sie. »Sobald eine Band nur eine einzige Frau hatte, z.B. eine Bassistin oder eine Leadsängerin, standen wir mit auf dem Programm, auch wenn wir gar nichts mit ihnen zu tun hatten. Zuerst war ich sauer, aber dann sagte ich, komm, es ist schließlich ein Auftritt – es war einfacher, Auftritte zu bekommen.« Als die Band 1985 David Nolte als neues Mitglied aufnahm, reagierten viele Leute negativ und regten sich nun darüber auf, daß die Gruppe keine reine Frauenband mehr war. Aus Spaß behaupteten die Bandmitglieder, Nolte sei Rodewalds Bruder. »Irgend jemand sagte, daß sie Ähnlichkeit miteinander hätten, und wir dachten: 'Ja klar, Bruder und Schwester'«, erzählt Callan. »Von da an war es in Ordnung. Dann akzeptierten die Leute es, ich schwör's bei Gott.«

Bei Noltes Einstieg war die Band gerade kurz davor, einen Vertrag bei Enigma Records zu unterschreiben, die Ende 1986 *What We Had* herausbrachten. Der melancholische Rock-Pop der von Don Dixon produzierten LP wurde von der Kritik gut aufgenommen. So schrieb z.B. *Goldmine*: »Wenn diese LP ein Hinweis darauf ist, in welche Richtung sich die Popmusik bewegt, haben wir allen Grund, optimistisch zu sein.« Im *Stereo Review* war zu lesen: »Eines der besten Debütalben, die wir in letzter Zeit gehört haben.« Allerdings wurden auch die erwarteten und (zumindest von der Band) gefürchteten Vergleiche in Hülle und Fülle gezogen. *Rockpool* schrieb: »Es sind nicht die Go-Go's oder die Bangles. Es ist richtiger Rock-Pop«, *New Paper* schrieb: »Ich bin sicher, daß Wednesday Week das 'Wort mit B' und das 'Wort mit G-G' nicht mehr hören kann, also verwende ich hier keins von beiden«, *Boston Globe* schrieb: »Man muß sie einfach mit den Bangles vergleichen. Also dann mal los: *What We Had* ist nicht so melodiös wie die letzte LP der Bangles, aber sie haben einen härteren Gitarrensound… und die Frontfrau Kristi Callan singt wohl besser und leidenschaftlicher als Susanna Hoffs von den Bangles«. Der *Melody Maker* schlug schließlich gleich mehrere Fliegen mit einer Klappe: »Wednesday Week sind couragierte Bangles. Melodiöse Runaways. Die Go-Go's auf Speed. Und Debbie Harry sollte ihre Songs demnächst besser in der Garage aufnehmen.«

Trotz dieser Anerkennung verkaufte sich die Platte nicht so gut wie erwartet, so daß Enigma einer weiteren Zusammenarbeit ablehnend gegenüberstand. »Ich weiß noch, daß der Geschäftsführer von Enigma sagte: 'Wenn ihr noch mal so eine Platte wie die letzte aufnehmen wollt, lehnen wir ab'«, erzählt Callan. »Er sagte: 'Alle haben sich angestrengt, und trotzdem hat sie sich nicht gut verkauft. Wie soll ich die Leute denn dazu bringen, eine ähnliche Platte zu verkaufen, wenn alle so hart gearbeitet haben und es trotzdem nicht geklappt hat?'« Callans Auffassung nach wirkte sich der Druck, sofort groß herauszukommen, nachteilig auf die Band aus. »Ich glaube, daß alles zu schnell ging«, sagt sie. »Es war keine allmähliche Entwicklung.«

Im Sommer 1987 verließ Rodewald die Band, da sie den ständigen Tournee-Streß satt hatte. In den nächsten drei Jahren spielten zwar verschiedene Leute in der Band, ohne daß eine feste Besetzung zustandekam. Callan stellte eine Veränderung innerhalb der Gruppe fest, als das Verhältnis von Frauen zu Männern nicht mehr drei zu eins, sondern zwei zu zwei betrug: »Ich fand es sehr schwierig, mit Männern zu arbeiten«, sagt sie. »Vielleicht gibt es deshalb so wenig gemischte Bands, abgesehen von Bands wie Blondie oder Edie Brickell als Leadsängerin. Aber es gibt nicht viele Bands mit drei Frauen und einem Mann oder zwei Frauen und zwei Männern.« Die Lage verschärfte sich, als zwei Musiker 1988 eine Zeitlang gleichzeitig bei Wednesday Week und in ihrer eigenen Band Stingrays spielten. »Es war ein echtes Problem, als die beiden bei uns spielten«, erzählt Callan. »Der eine war Sänger bei den Stingrays, aber wir brauchten ihn nicht als Sänger, weil ich die Sängerin war. Er sagte ständig: 'Ich sehe uns als sowas Ähnliches wie Fleetwood Mac, eine Verschmelzung zu einer einzigen, großen Band, und ich will singen und schreiben.' Und ich sagte: 'Du hast doch deine eigene Band. Das hier ist Wednesday Week, und ich singe, und Kelly und ich schreiben.'« Obwohl Enigma die Gruppe fallenließ, veröffentlichte Wednesday Week über ihren Fanclub auch weiterhin EPs und brachte vor ihrer Trennung 1990 noch eine letzte Kassette, *No Going Back*, heraus. Und obgleich sich die Band als Ganzes keinen Platz erobern konnte, ist der harte Kern ihrer Mitglieder auch heute noch in der Musikszene aktiv.

Einige KünstlerInnen schafften es jedoch, bei einem großen Label unterzukommen, obwohl sie sich nur schwer in eine vorgegebene Kategorie einordnen ließen. Eine von ihnen war Jane Siberry. Wie Laurie Anderson, die bei derselben Plattenfirma ist (Siberry ist bei der Warner Bros.-Tochter Reprise), hatte auch Siberry noch nie einen Hit in den US-Charts, kann aber auf eine treue Fangemeinde zählen. Sie wurde im kanadischen Etobicoke (in der Nähe von Toronto) geboren und machte schon als Kind Musik. »Ich spiele Klavier, seit ich darauf herumklettern konnte«, erzählt sie. »Ich spielte nach Gehör. Da ich erst mit siebzehn Songs schrieb, spielte ich einfach so drauflos, was mir gerade einfiel.« Als sie Ende der siebziger Jahre nach Toronto zog, um dort zu studieren, lernte sie Gitarre und kam dadurch zum Songschreiben. »Es war in der Punk-Zeit, als die Leute Folk Musik nicht mehr gut fanden«, erinnert sie sich.

»Es war in dieser komischen Übergangszeit, als die Leute nicht mehr in die Folkclubs gingen. Aber Punk gefiel mir. Ich fand die wütenden Songs gut, weil sie so direkt waren. Mir gefiel die Energie, die darin steckte. Aber ich konnte einfach nicht so spielen. Und ich schrieb meine Songs allein. Ich wußte nicht, wie es in einer Band war, in der man ja eher zusammenarbeitete.«

Als Siberry die Arbeit in einer Band dann kennenlernte, stellte sie fest, daß sich der Austausch mit anderen MusikerInnen positiv auf ihre Musik auswirkte. »Das Beste an der Zusammenarbeit mit anderen Musikern war anfangs, daß ich das schreiben konnte, was ich hörte und nicht nur das, was ich spielen konnte«, erklärt sie. »Diese Erfahrung war total befreiend. Es war aufregend, als ich dann selbst besser spielen konnte und mit Leuten zusammen war, die auch immer besser wurden, weil ich dann noch näher an das herankam, was ich hörte.« Diese musikalische Weiterentwicklung ist auf Siberrys erster und zweiter LP deutlich zu hören. Ihr erstes Album, *Jane Siberry*, erschien 1981 unter dem Indie Label Street Records. Siberry hatte die folkige Platte mit dem Geld, das sie als Kellnerin verdiente, finanziert (später verarbeitete sie dies in dem Song »Waitress«) und zusammen mit David Bradstreet und Carl Keesee produziert. »Ich wollte nicht 'produziert werden'«, sagt sie. »Ich wollte das machen, was mir vorschwebte, also produzierte ich eben selbst. Und da es ein Indie Label war, gab es auch keinen Druck.«

Ihr zweites Album, *No Borders Here*, produzierte sie zusammen mit ihrem Bassisten John Switzer, mit dem sie auch auf ihren nachfolgenden LPs zusammenarbeitete. *No Borders Here* (1984) war ursprünglich als EP geplant, doch da Siberry inzwischen bei Open Air Records, einer Tochter von Windham Hill Records, unter Vertrag war, hatte sie genug Geld zur Verfügung, um eine LP daraus zu machen. Im Gegensatz zu ihrem ersten Album ist die Musik auf *No Borders Here* wesentlich stärker von Keyboard-Sounds geprägt. Siberry verwendet hier auch zum ersten Mal den Fairlight Synthesizer. Der Inhalt der Songs reicht von einem satirischen Blick auf vielbeschäftigte Manager in »Extra Executives« bis zu surrealen Begegnungen am Strand (»Mimi on the Beach«). Ihr nächstes Album, *The Speckless Sky* (1985), war zwar etwas poppiger, aber immer noch sehr keyboardlastig.

Siberry wechselte dann zu Reprise und brachte 1987 als Debütalbum bei einem großen Label *The Walking* heraus. Ihr experimenteller, skurriler Folk-Pop kommt durchaus an die Qualität von Laurie Andersons Stücken heran, und wie Anderson schätzte es auch Siberry, wenn sie bei ihrer Arbeit nicht von Leuten aus der Plattenfirma gestört wurde. »Wenn ich schreibe und aufnehme, gehe ich nicht in die Plattenfirma«, sagt sie.

»Die Leute scheinen das zu respektieren. Oft glaube ich, daß sie schließlich das bekommen, was sie wollen, wenn sie mich machen lassen, was ich will.« Dennoch war sich Siberry darüber im klaren, daß ihre Arbeit auch Geld einbringen mußte. »Ich fühle mich schlecht, wenn Leute von dem Album enttäuscht sind oder nichts damit anfangen können«, sagt sie, »aber dafür versuche ich auch, die Produktion möglichst billig zu halten! Es ist also nicht so, daß ein übermäßig hoher Betrag für etwas ausgegeben wird, das im Endeffekt nicht viel einbringt.«

Trotzdem entsprachen die Verkaufszahlen von *The Walking* nicht den Erwartungen der Plattenfirma. Roberta Peterson, Leiterin der A & R-Abteilung bei Warner, die Siberry für die Firma unter Vertrag genommen hatte, bezeichnet das Album als kommerzielle Enttäuschung. »Jane wollte leicht zugängliche Musik machen, und diese Platte war nun wirklich alles andere als zugänglich. Ich versuchte, die LP einfach zu vergessen, weil ich wußte, daß sie nicht ankommen würde. Es gab zwar ein paar schöne Stücke darauf, aber es geht hier um den Verkauf von Platten, und wir wußten, daß der Verkauf gleich Null sein würde.« Sicherlich war die LP im Vergleich zu den damaligen Top-40-Hits völlig atypisch. Sie war eher ein ausgedehntes Tongedicht oder eine Sinfonie als eine einfache Songkollektion. Nur drei der acht Titel waren kürzer als fünf Minuten; ein Stück war sogar über zehn Minuten lang.

Siberry selbst war jedoch mit ihrer Arbeit zufrieden. »Für mich war *The Walking* ein entscheidendes Album«, sagt sie. »Es ging um Klänge und darum, herauszufinden, wie man eine bestimmte Atmosphäre einfangen kann, wie man schwer beschreibbare Gefühle ausdrücken kann – diese Art von LP.« Für Siberry stand auch der Erfolg in den Charts nicht an erster Stelle. »Es wäre zwar schön, aber das Entscheidende ist doch, daß ich stolz darauf bin.« Sie war jedoch bereit, bei ihrer nächsten LP Kompromisse einzugehen, so daß Reprise die Künstlerin nicht weiter unter Druck setzte (im Gegensatz zu EMI, die es sich nach *The Dreaming* mit Kate Bush verscherzte, indem sie von ihr verlangte, sie solle nicht mehr selbst produzieren). »Wir hatten ein sehr ernstes Gespräch mit Jane«, sagt Peterson, »und ich sagte: 'Wir haben jetzt keinen Sinn für Humor mehr, so wie früher immer', und sie sagte: 'Okay, das nächste Mal mache ich eine Comedy-Platte für euch!'«

Bound by the Beauty (1989) wurde zwar keine Comedy-Platte, spiegelte aber Siberrys Entschluß – und vielleicht auch Verpflichtung – wider, eine LP zu machen, die »Spaß macht und ganz anders ist als die letzte Platte.« Sie engagierte andere MusikerInnen und nahm das gesamte Album in dem Studio auf, das sie sonst für die Aufnahme ihrer Demos benutzte. Dadurch wurde die Musik lockerer und freier – für »Hockey« und den Titelsong wurden für die LP sogar die Original-Demos verwendet. »Ich nahm diesmal etwas extravagantere Leute, was ich vorher nie gemacht habe – im Gegenteil«, sagt Siberry. »Ich mochte zwar alle Leute, mit denen ich auf der letzten Platte zusammengearbeitet hatte, aber diesmal wollte ich eine andere Zusammensetzung. Also gab es nur wenig Anweisungen im Arrangement. Ich gab ihnen nur die Akkorde an, und sie konnten dann damit anfangen, was sie wollten.« So gesehen war *Bound by the Beauty* mit seinem neuen Sound, der Siberrys Experimentierfreudigkeit durchscheinen ließ, zweifellos ein Erfolg – obwohl man sich auch bei dieser Platte nicht vorstellen kann, daß sie sich leichter in die Top 40 einreihen ließe als *The Walking*.

Eine jüngere Generation von Frauen, wie Siberry vom Punk inspiriert, auch wenn sie nicht direkt mit ihm in Berührung kam, eroberte mit neuen Ideen nun auch andere Gebiete der Musikindustrie. Vor allem Frauen aus den alternativen Bereichen der Branche siedelten sich immer mehr in den Mainstream-Hochburgen, wie z.B. in den Medien, an. Celia Farber arbeitet seit Mitte der achtziger Jahre im Rockjournalismus. Sie fing als Praktikantin bei der Zeitschrift *Spin* an und arbeitete sich zur Chefredakteurin hoch. Farber, die ihre Jugend in Schweden verbrachte, war zuerst Who-Fan und spielte später, von der Punkwelle angeregt, selbst in einer Band. Die »Szene« der Kleinstadt, in der sie wohnte, konzentrierte sich auf ein Lokal, das tagsüber ein vegetarisches Restaurant und abends ein Punk-Club war. »Ich ging öfter dorthin«, erinnert sich Farber, »und lernte einen Jungen kennen, der super Schlagzeug spielte. Er spielte, bis seine Hände bluteten! Ich schaute ihm die ganze Zeit zu und nahm schließlich all meinen Mut zusammen und fragte ihn, ob er mir das Spielen beibringen könne. Und er machte es. Und die Regierung – das sagt viel über die schwedische Regierung aus – die Regierung bezahlte uns ein Schlagzeug, auf dem wir üben konnten! Es war ja eigentlich kein richtiger Unterricht. Ich war eine wütende Fünfzehnjährige, die ihre Aggressionen irgendwie loswerden mußte, und so sagte er: 'Nimm die Stöcke und schlag einfach drauf. Du merkst dann schon, worauf es ankommt. Hör dir einfach das Schlagzeug auf »Lust for Life« von Iggy Pop an – und spiel dann so.'«

Farbers nächster Schritt war die Gründung ihrer eigenen Band, die als erste Band der Stadt überwiegend aus Frauen bestand (sie hatte ein männliches Mitglied). Allerdings sagt sie: »Die Stadt war so klein, daß du bei allem, was du gemacht hast, immer die einzige Frau warst. Aber in der Szene konnten alle spielen, was sie wollten, und niemand machte dann Bemerkungen wie: 'Oh, du bist ja ein Mädchen'.« Als Farber in die USA zurückkehrte, um zu studieren, fand sie, daß der amerikanischen Gesellschaft dieser Sinn für Gleichheit fehlte. »Ich fand Amerika total rückständig und total frustrierend«, erzählt sie. »Kaum war ich hier, hieß es: 'Hey, du bist echt gut für ein Mädchen; du schlägst auf die Trommeln wie ein Typ.' Nein, ich schlage fest auf die Trommeln, weil man das meiner Meinung nach im Rock & Roll so machen sollte«

»Bevor ich hierher kam, wäre es mir nie in den Sinn gekommen, daß Sexismus ein Problem sein könnte«, fährt sie fort. »Die Kultur hier ist in vieler Hinsicht nicht besonders entwickelt. Aber andererseits sehe ich das als Preis an, den man für das zahlen muß, was an diesem Land toll ist, d.h. für das herrlich Chaotische hier. Und so lernte ich schließlich, nicht alles so ernst zu nehmen.« Diese Einstellung half ihr nicht nur, mit ihrer neuen Umgebung in Amerika, sondern auch mit Situationen bei *Spin* zurechtzukommen. »Natürlich gibt es bei *Spin* Sexismus, das Übliche – Frauen als Objekte und so«, sagt sie. »Aber ich glaube, daß von denen, die nach außen hin überhaupt nicht sexistisch wirken, eine viel heimtückischere Art von Sexismus ausgeht. Am schlimmsten sind die Männer, die *Angst* vor Frauen haben. Das sind die, die dich dann erniedrigen, wo sie nur können. Sie zwicken dich vielleicht nicht in den Hintern, aber sie sagen dir auch nie, daß du etwas gut gemacht hast oder eine gute Idee hattest. Sie sitzen einfach da, kalt, unnahbar und korrekt und erniedrigen dich ganz still und heimlich.«

Nach ihrem Praktikum bekam Farber eine Stelle als Redaktionsassistentin und kletterte die Karriereleiter 1987 noch weiter hoch, als sie trotz des anfänglichen Widerstands einiger Leute aus der Redaktion eine monatliche Aids-Rubrik für die Zeitschrift einrichtete. »Es war in gewisser Hinsicht ein Makel für die Zeitschrift«, erklärt Farber. »Von uns wird erwartet, daß wir hip und cool und lustig und unterhaltsam sind und plötzlich – rums! – gibt es diese Aids-Rubrik. Aber Guccione [Bob Guccione Jr., Herausgeber von *Spin*] bestand die ganze Zeit hartnäckig darauf, daß Aids eines der wichtigsten Themen sei, mit denen wir uns auseinandersetzen müssen, und daß die Leute darüber Bescheid wissen sollten.« Guccione unterstützt Farber nicht nur bei ihrer Aids-Rubrik, sondern bei ihrer gesamten Arbeit. »Er glaubt an mich«, sagt sie. »Als ich sagte: 'Ich weiß nicht, ob ich diesen Artikel über Aids schreiben kann', sagte er: 'Natürlich kannst du. Schreib ihn einfach'.«

Rachel Felder, die ihre Karriere in der Musikbranche als Rockjournalistin begann (später arbeitete sie als A & R-Agentin und managte KünstlerInnen) wurde als Teenager ebenfalls von Punk und New Wave inspiriert: »Als ich dreizehn und vierzehn war, lebte ich nur für The Jam und The Clash!«, erzählt sie. Ursprünglich strebte Felder eine Filmkarriere an, doch ihr Interesse verlagerte sich auf's Schreiben, als sie während ihres

Englischstudiums an der University of Columbia in New York an einer Popsendung des Radiosenders NBC mitarbeitete. Seitdem hat sie schon für *Alternative Press*, *DV8* und *Gig* geschrieben, eine eigene Show, *Slews of Reviews*, im Kabelfernsehen moderiert und als Herausgeberin von *NMS Today*, einer Zeitung für die TeilnehmerInnen am New Music Seminar, gearbeitet.

Felder hatte im Laufe ihrer Karriere jedoch auch schon mit weniger aufgeklärten Einstellungen gegenüber Frauen im Rockjournalismus zu tun. »Ich bekomme in meinem Job zwar nicht viel Sexismus zu spüren, aber ab und zu merke ich ihn schon«, sagt Felder. »Ich spüre ihn z.B. bei Geschäftsessen oder Pressekonferenzen. Und ich gehe nicht gern allein zu Konzerten. Für einen Mann ist es leichter, sich für ein Konzert richtig anzuziehen als für eine Frau. Manchmal sehen mich die Leute komisch an. Ich bin so ein junges Ding, ich trage verrückte Klamotten – werden mich die Leute so überhaupt ernst nehmen?« Auf den ersten Blick mag es zwar belanglos erscheinen, daß an sich bedeutungslose Dinge wie Kleidung einen so unterschiedlichen Stellenwert haben, doch spiegelt eine solche Unterscheidung tief verwurzelte Ansichten über ein »angemessenes« Rollenverhalten wider. »Ich glaube, daß es im Journalismus viele Aufgaben gibt, bei denen niemand auch nur mit der Wimper zuckt, wenn sie von einem Mann erledigt werden. Wenn aber eine Frau dasselbe macht, heißt es gleich: ʻWas für eine blöde Ziege. Was glaubt sie eigentlich, wer sie ist?ʼ«, sagt Felder. »Ich kenne eine Frau, die Klatschspalten schreibt. Sie nimmt ihren Job sehr ernst, und sie setzt sich durch. Sie arbeitet sehr viel und macht ihre Arbeit wirklich gut. Trotzdem habe ich schon oft zu hören bekommen: ʻSie ist so ätzend, so boshaft, so furchtbar.ʼ Und das würden sie über einen Redakteur, der sich durchsetzt, nicht sagen, nur weil er ein Mann ist.«

Sowohl Farber als auch Felder sind der Meinung, daß sich solche Einstellungen darauf auswirken, wie in der Rockpresse über Frauen berichtet wird. »Ich glaube, daß es für Frauen in der Rockbranche unter anderem deshalb schwieriger ist, sich durchzusetzen, weil Rockmusik eine überwiegend männliche Kunstform ist«, sagt Farber. »Es geht häufig um bloße Aggressionen, um Eigenschaften, die hauptsächlich Männern zugeschrieben werden, wie z.B. Wut und sexuelle Aggressivität. In der Rockmusik geht es kaum um Dinge wie Einfühlungsvermögen. In *Spin* hat jemand geschrieben: ʻIch stand in der Reihe hinter Patti Smith. Sie ist die unattraktivste Frau, die ich je gesehen habe.ʼ Würde eine Frau sowas schreiben? Wie viele männliche Rockstars gibt es denn, die total unattraktiv sind? Auf Männer wirkt es wie ein Schock, wenn eine Frau nicht attraktiv ist.«

Felder stimmt ihr zu: »Man sieht auch keine Rockmusikerinnen mit Übergewicht«, sagt sie. »Ich glaube – es sei denn, du würdest eine ganz bestimmte Art von Folk Musik machen – wenn du zu einer Plattenfirma gingst, und die Leute dort fänden dein Demoband zwar ganz toll, du hättest aber fünfzig Kilo Übergewicht, würden sie zu dir sagen, daß du erst abnehmen sollst, bevor sie dich unter Vertrag nehmen. Ich weiß das natürlich nicht sicher, aber ich wette, daß sie so reagieren würden! Ich glaube, daß es eine Menge häßlicher Rockmusiker gibt, die als Frauen keinen Vertrag bekommen hätten.«

Diese Einstellungen sind im Rockjournalismus zweifellos deshalb so weit verbreitet, weil es mehr Rockjournalisten als -journalistinnen gibt. Außerdem sind praktisch alle hohen Redaktionsposten von Männern besetzt (eine löbliche Ausnahme bildet die Zeitschrift *B-Side* aus Burlington in New Jersey, die von Sandra Garcia, Sandra Davis und Carol Schutzbank herausgegeben wird). »Die einflußreichen Leute, die über Rockmusik schreiben, sind immer nur Männer«, sagt Lisa Shively, die als Chefin ihrer eigenen, unabhängigen PR-Agentur The Press Network ständig mit der Presse zu tun hat. »Aber ich glaube auch, daß zur Zeit viele junge Journalisten in diesen Machtkern eindringen. Ganz bestimmt gibt es mehr Frauen, die freiberuflich arbeiten und auf diese Weise anfangen, Karriere zu machen, aber auf den Redaktionsposten sitzen nach wie vor hauptsächlich Männer.«

Während es im Rockjournalismus mehr Männer als Frauen gibt, verhält es sich im Publicity-Bereich genau umgekehrt, ob nun in der Abteilung für Öffentlichkeitsarbeit und Werbung einer großen Plattenfirma oder in PR-Agenturen. Shivelys Press Network, das sie 1984 gründete, gehörte zu den vielen unabhängigen PR-Agenturen, die in den achtziger Jahren an der Ost- und Westküste aus dem Boden schossen. Einige Firmen, wie auch Shivelys Press Network, wurden von Frauen ins Leben gerufen, die auf dem Publicity-Sektor noch Neulinge waren. Andere, wie z.B. Susan Blonds Firma Susan Blond Inc., wurden von Frauen gegründet, die innerhalb eines Unternehmens das Ende ihrer Karriereleiter erreicht hatten, und für die der Schritt in die Selbständigkeit die einzige Möglichkeit war, beruflich weiterzukommen. Nach Shivelys Auffassung wird die Bedeutung der Werbung häufig heruntergespielt, gerade weil in diesem Bereich überwiegend Frauen arbeiten. »Ich weiß noch, als der Leiter einer Diskussionsrunde über Werbung darauf hinwies, daß Werbung als besserer Sekretärinnen-Job galt, bis er und ein paar andere Männer anfingen, in diesem Bereich zu arbeiten«, erzählt sie.

Frauen, die in den Abteilungen für Öffentlichkeitsarbeit und Werbung der großen Labels tätig waren, stießen auf ähnliche Vorurteile. Veteraninnen wie Donna Russo, Leiterin der Abteilung für Öffentlichkeitsarbeit und Werbung bei Warner Bros., wissen aus eigener Erfahrung, daß Werbung nicht immer ein hohes Ansehen genoß. »Vor fünfzehn oder zwanzig Jahren hielt man eine Abteilung für Öffentlichkeitsarbeit und Werbung nicht für lebenswichtig«, erzählt sie. »Die meisten Plattenfirmen hatten überhaupt keine solche Abteilung. Wenn man z.B. für eine Gruppe Werbung machen wollte, beauftragte man einen Werbefachmann. Wenn man ihn nicht mehr wollte, bezahlte man ihn einfach nicht mehr. Ich glaube daß [Radio-]Werbung für eine Plattenfirma lebenswichtig ist, denn wenn die Platte nicht im Radio gespielt wird, kann man auch keine Platten verkaufen. Werbung galt allerdings immer als Luxus, nie als Notwendigkeit.« Sie führt die überwältigende Mehrheit der Frauen in den Abteilungen für Öffentlichkeitsarbeit und Werbung auf das Vorurteil zurück, daß Geduld und Verständnis traditionell »weibliche« Eigenschaften sind. »Öffentlichkeitsarbeit und Werbung war schon immer eine Frauendomäne«, sagt sie. »Ich persönlich sehe einen Grund dafür darin, daß Frauen viel toleranter sind. Frauen können mit Künstlern viel besser umgehen als Männer. Ich glaube, daß Frauen generell einfach besser mit Menschen umgehen können!«

Russo, die eigentlich Schauspielerin war, arbeitete drei Jahre lang als freie Mitarbeiterin für Warner Bros. in New York und wurde Mitte der siebziger Jahre als Vollzeitkraft eingestellt. Zu dieser Zeit arbeiteten etwa acht Leute im New Yorker Büro der Firma. »Bei Warner hat schon immer eine familiäre Atmosphäre geherrscht«, erzählt sie. »Die Leute dort unterstützen einen, wo sie nur können. Niemand hier zeigt mit dem Finger auf jemanden und sagt: ‹Du hast Scheiße gebaut.› Mo Ostin [Geschäftsführer von Warner Bros.] wußte immer meinen Namen ... und er weiß auch heute noch meinen Namen, gottseidank.« Eines von Russos ersten Projekten war die Zusammenstellung eines Tournee-Führers für Bands mit dem Titel *The Book of the Road*. Anschließend war sie auf einem neuen Sektor namens Artists Relations tätig. Ziel dieser Einrichtung war es, KünstlerInnen auf Tournee in den Bereichen zu unterstützen, die nicht unbedingt etwas mit den Auftritten zu tun hatten – »ihnen klarzumachen, warum es wichtig war, die Leute in den Plattenläden kennenzulernen, die ihre Platten verkauften und Rundfunkleute zu treffen, die ihre Platten spielten«. Das war damals ein völlig neues Marketing-Konzept. Russo hat schon mit KünstlerInnen wie Mark Knopfler, U2, Peter Gabriel und Madonna zusammengearbeitet und koordiniert bei ihrer Tätigkeit nicht nur Interviews, sondern kümmert sich auch um persönliche Dinge, vom Arzttermin bis zum Einkaufsbummel.

Russo wurde 1987 Abteilungsleiterin, und obwohl sie einen Zuwachs an Frauen in leitenden Positionen feststellt, bestätigt sie, daß es nur langsam vorangeht. »Ehrlich gesagt, hat keine drastische Veränderung stattgefunden«, sagt sie. »Es geht nie schnell genug – es hätte schon vor langer Zeit passieren müssen! Aber vor ein paar Jahren gab es bei Warner Bros. keine einzige Abteilungsleiterin und keine Managerin. Und jetzt gibt es einige. Wir sind zwar nicht viele, aber es gibt zumindest ein paar Abteilungsleiterinnen. Und es werden jedes Jahr mehr. Ich glaube, daß jetzt eine Veränderung eintritt. Aber eine Frau in der Musikindustrie kann immer noch sehr einschüchternd wirken, vor allem eine Managerin. Und auch bei uns gibt es Machos, aber die können mir den Buckel runterrutschen. Ich arbeite jetzt seit fünfzehn Jahren bei Warner Bros. und war in meiner Position immer alles andere als ein schüchternes, ruhiges Mäuschen. Und ich kann es mit jedem großmäuligen Macho in der Musikbranche aufnehmen und ihn vielleicht sogar übertreffen. Ich akzeptiere es einfach nicht, und ich kenne nur sehr wenig Männer, die sich bei mir so aufspielen, weil sie nämlich wissen, was ihnen dann blüht.«

»Ein anderes Problem ist, daß viele Frauen als Sekretärinnen anfangen und sich dann hocharbeiten«, fährt sie fort. »Die meisten Männer fangen gleich auf der Führungsebene an. Und ich glaube, daß wir viel härter arbeiten müssen, weil wir als Frauen beweisen müssen, daß wir genauso gut oder besser sind. Frauen müssen perfekt sein; sie müssen die perfekte Mutter, die perfekte Ehefrau, die perfekte Managerin sein. Sie müssen in allem perfekt sein, und dann sagen die Männer: 'Mensch, ist sie nicht toll.' Inzwischen bist du dem Zusammenbruch nahe, aber du machst weiter. Du machst weiter, weil du mußt. Es ist fast so, als wärst du es dem weiblichen Geschlecht schuldig. 'Ich werde diesen Scheißkerlen zeigen, daß ich besser bin als sie und alles gleichzeitig machen kann.' Jede von uns muß das machen, was in ihrer eigenen Kraft steht. Also keine Revolution anzetteln und ein ganzes Unternehmen stürzen, sondern das machen, was in meiner Kraft als Donna Russo, Abteilungsleiterin bei Warner Bros. Records, steht.«

In den achtziger Jahren, als Frauen nach jahrelanger Arbeit in der Musikindustrie in die Führungsebenen der Unternehmen aufstiegen, tauchten Künstlerinnen wieder auf, die schon seit Jahren im Geschäft waren und längere Durststrecken überstanden hatten. Diese Frauen, die man längst abgeschrieben hatte, feierten ihr Comeback, bekamen für ihre früheren Leistungen nachträglich noch größere Anerkennung und und waren erfolgreicher als je zuvor. Tina Turner kehrte 1984 mit drei Top-40-Singles und einer Nummer-1-LP ins Showgeschäft zurück. Zudem bekam sie drei Grammys, die den Höhepunkt ihrer achtjährigen Arbeit am Wiederaufbau ihrer Karriere bildeten, seit sie sich 1976 von Ike Turner getrennt hatte. Tina fand schließlich doch die Kraft, ihren gewalttätigen

Mann zu verlassen. Zu Beginn einer Tournee ließ sie ihn schlafend in ihrem Hotelzimmer in Dallas zurück und rief ihren Anwalt wegen eines Rückflugtickets nach Los Angeles an. Die Scheidung wurde 1978 vollzogen, wobei Tina auf Unterhaltszahlungen und alle Rechte an ihren gemeinsamen Songs verzichtete, um Ike ein für allemal loszuwerden. Anschließend baute sie eine Solokarriere auf und tourte lange mit einem Nachtclub-Act. 1981 war sie mit Rod Stewart in der TV-Show *Saturday Night Live* zu sehen und trat im Herbst bei drei Konzerten der Rolling Stones auf deren USA-Tournee als Vorprogramm auf.

Martyn Ware und Ian Craig Marsh von Heaven 17 baten Turner 1982, bei ihrer Platte mitzuwirken. Unter dem Gruppennamen B.E.F. (British Electrical Foundation) stellten sie eine LP mit ihren Lieblingssongs zusammen, gesungen und gespielt von ihren Lieblingsstars. Turner war einverstanden und sang den Temptations-Hit »Ball of Confusion« für den Sampler *Music of Quality and Distinction* von B.E.F. Der Song kam in Europa gut an (er wurde in den USA nicht veröffentlicht), und nach anfänglichem Desinteresse nahm Capitol Turner dann doch unter Vertrag. Capitol war allerdings von B.E.F.s Fähigkeiten als Produzenten nicht überzeugt und brachte daher die nächste Single, die Turner mit B.E.F. aufnahm, »Let's Stay Together« (vormals ein Nummer-1-Hit für Al Green), zunächst nicht in den USA heraus. »Let's Stay Together« hatte in Europa durchschlagenden Erfolg und wurde Spitzenreiter der britischen Charts. Aufgrund dieses Erfolgs wurde die Single 1984 dann doch in den USA veröffentlicht und erreichte dort die Top 30 der Pop Charts und Platz 5 der Black Music Charts.

Capitol wollte nun unbedingt, daß Turner eine LP aufnahm, und so entstand *Private Dancer* innerhalb von zwei Wochen und wurde noch im selben Jahr veröffentlicht. Mit *Private Dancer* kehrte Tina auch zum amerikanischen Publikum zurück. Trotz der harten Zeiten, die sie durchgemacht hatte, war Turners Stimme besser denn je. In dem Nummer-1-Hit »What's Love Got to Do with It« erklingt ein wahrer Seufzer des Weltschmerzes, und auch die anderen Stücke des Albums sind überaus beeindruckend. Weitere Top-40-Hits hatte Turner mit so selbstbewußten Songs wie »Better Be Good to Me« (an dessen Entstehung Holly Knight mitgearbeitet hatte), »Show Some Respect« und dem etwas langsameren Titelsong (geschrieben von Mark Knopfler von den Dire Straits), der den Sprung in die Top 10 schaffte. Die Singles brachten Turners Stärke als Rocksängerin voll zur Geltung. »Wir wollten ihre Stimme hervorheben«, erklärte Rupert Hine, einer der Produzenten der LP. »Tina hatte so lange geschrien, daß sie Leute gar nicht merkten, wie gut sie *singen* konnte.« Ein weiterer Höhepunkt ist der melancholische Eröffnungssong des Albums,

»I Might Have Been a Queen«, der Turners Lebensgeschichte und ihr Interesse an Reinkarnation zum Thema hat. Der Song enthält eine Zeile, die das Wesen ihrer Persönlichkeit zusammenfaßt: »I'm a soul survivor.«[94]

Private Dancer erreichte Platz 3 und wurde über zehn Millionen mal verkauft. Turner gewann drei Grammys für ihre »Pop«-Interpretation von »What's Love ...«, ihre »Rock«-Interpretation von »Better Be Good to Me« und für »What's Love ...« als »Schallplatte des Jahres«. 1985 hatte sie weitere Erfolge mit einer Rolle in dem Film *Mad Max - Jenseits der Donnerkuppel* sowie einem Song aus dem Film, »We Don't Need Another Hero (Thunderdome)«, der Platz 2 erreichte. Und auch wenn die Nachfolge-LP zu *Private Dancer*, *Break Every Rule* (1986) nicht an den Erfolg des ersten Albums herankam, enthielt sie doch immerhin den Nummer-2-Hit »Typical Male«. Die LP selbst plazierte sich auf Rang 4. Turners Autobiographie, *Ich, Tina*, die in Zusammenarbeit mit dem Rockjournalisten Kurt Loder entstand und 1986 erschien, wurde ein Bestseller. Turners Comeback im Alter von sechsundvierzig Jahren rüttelte außerdem an einem weiteren Vorurteil: daß ein »älterer« Mensch keine Rockmusik mehr machen könne. »Viele Leute scheinen zu denken, daß ein Mensch in diesem Alter [sechsundvierzig] nach einem Plätzchen Ausschau halten sollte, wo er sich hinlegen und sterben kann«, sagte sie in *Ich, Tina*. »Warum eigentlich? Wilson Pickett kam nach einem meiner Konzerte hinter die Bühne ... und fragte, ob ich mich stark genug fühlte, diesem Erfolg 'standzuhalten'. Ich sagte: 'Was meinst du damit? Ich bin doch nicht krank'.« Als dann zunehmend mehr Rockstars mit über vierzig – und über fünfzig – sowohl live als auch mit ihren Platten weiterhin Erfolg hatten, wurden die »Altersgrenzen« für KünstlerInnen immer weiter überschritten. Und obgleich sowohl weibliche als auch männliche Stars von einer diesem Umdenkprozeß profitierten, war diese Entwicklung für die Frauen in der Branche besonders wichtig, da sie schon immer mehr unter dem »Älterwerden« gelitten hatten als Männer.

Auch Heart hatte Mitte der achtziger Jahre ein Comeback, nachdem ihre LP *Greatest Hits/Live* (1980) ein völliger Reinfall gewesen war. »Heart gab es schon ein paar Jahre, und die durchschnittliche Lebenserwartung einer Rockband beträgt angeblich drei bis fünf Jahre«, erklärt Nancy Wilson. »Und nach fünf Jahren hatte die Plattenfirma die Einstellung: 'Ach so, die da ... kommt, wir nehmen neue Gruppen unter Vertrag!' Und wir waren weg vom Fenster. Es war eine beängstigende Zeit, nicht nur, weil wir von unserem Label keine Unterstützung mehr bekamen, sondern

---

94 »Soul« ist hier im doppelten Sinn zu verstehen: Turners Seele hat die schweren Zeiten überlebt, und Turner hat den Soul überlebt und feiert nun ihr musikalisches Comeback.

auch, weil unsere Management-Firma nicht lief und außerdem ein ständiges Durcheinander in der Gruppe herrschte. Es ging einfach alles schief.«

Wegen der Spannungen innerhalb der Gruppe stiegen Roger Fisher, Steve Fossen und Mike Derosier schließlich aus der Band aus. Die Situation wurde wegen der Beziehungen zwischen den Wilsons und den Fisher-Brüdern noch komplizierter, und die Schwestern waren es bald leid, in Interviews danach gefragt zu werden. »Eine Zeitlang war es wirklich lächerlich«, sagt Wilson. »Lange Zeit hieß es immer nur: 'Reden wir über die [private] Trennung!' … was war denn mit der neuen Musik? Niemand wollte etwas darüber wissen. Wir leckten sozusagen eine Weile unsere Wunden. Aber das war gut für uns, weil wir uns wirklich überlegen mußten, ob wir weitermachen wollten und warum. Und wir beschlossen, daß wir weitermachen wollten, weil wir einfach total gerne spielten. Wir mußten auch geschäftlich umdenken und lernen, unsere Karriere und unser Leben besser unter Kontrolle zu haben, damit uns sowas nicht noch mal passierte.«

Nachdem sie 1983 *Passionworks* als letztes Album für Epic aufgenommen hatten, wechselten die Wilsons, Gitarrist Howard Lees und die beiden neuen Heart-Mitglieder Mark Andes (Baß) und Denny Carmassi (Drums) sowohl ihr Management als auch ihre Plattenfirma. Sie unterschrieben einen Vertrag bei Capitol und planten ihre nächste LP. »Wir sammelten unsere ganze Energie und sagten: 'Okay! Koste es, was es wolle!'«, sagt Wilson. »'Entweder das oder als Gitarrenlehrerin in Bellevue leben!' Wenn es also besser ist, Rock-Videos zu machen und ein bißchen sexier auszusehen als wir es vielleicht für nötig halten, na gut. Wir behängten uns mit Schmuck und machten Furore, und es funktionierte.« Ihr Debütalbum bei Capitol mit dem einfachen Titel *Heart* erschien 1985 und wurde zur meistverkauften LP der Gruppe. Die Band hielt wieder Einzug in die LP- und Singles Charts: »These Dreams« erreichte Platz 1, und drei weitere Singles schafften den Sprung in die Top 10. 1987 hatte Heart mit »Alone« aus der LP *Bad Animals* wieder einen Nummer-1-Hit. Das Album selbst erreichte Platz 2.

Auf ihren neuen LPs schlug die Band zwar eine etwas kommerziellere Richtung ein – was die MusikkritikerInnen natürlich sofort bemerkten – bemühte sich aber trotzdem, ihr Hardrock-Image beizubehalten. »Unsere Persönlichkeit kam auf den beiden letzten LPs nicht richtig heraus, obwohl ein paar tolle Stücke darauf waren«, sagt Wilson. »Aber die Musik war nicht so hart, wie sie hätte sein können. Manchmal spielen wir gern laut und hart. Diesmal [bei der Aufnahme von *Brigade* (1990)] haben wir gesagt: 'Okay, es soll ja auch Spaß machen, wir experimentieren ein bißchen mehr'.« Ihre Anstrengungen wurden belohnt: Die LP erreichte Platz 3 und die Single »All I Wanna Do is Make Love to You« Platz 2.

Ann und Nancy gründeten 1991 u.a. mit Frank Cox und ihrer langjährigen Songschreiberin Sue Ellis die Lovemongers und tingelten wieder durch die Clubs. »Ich glaube, daß sich alle, die in den Mammut-Hallen gespielt haben, einfach nach der Atmosphäre kleinerer Hallen zurücksehnen«, erklärt Nancy. »Dadurch kehrt man zu seinen Wurzeln zurück und erinnert sich, warum man angefangen hat, vor Publikum zu spielen – aus Spaß an der Sache.« Die Lovemongers traten hauptsächlich im Raum Seattle auf und spielten sowohl akustische Versionen von Heart-Stücken als auch eine Vielzahl von Cover Versionen. Letztere reichten von den Beatles über »Love Shack« von den B-52's bis zu Tina Turners »River Deep, Mountain High« und wären bei Heart-Konzerten in den großen Hallen sicherlich etwas fehl am Platz gewesen. Darüber hinaus wurden die Wilson-Schwestern Mitbesitzerinnen des Tonstudios Bad Animals in Seattle, das 1992 eröffnet wurde.

Wie Heart und Tina Turner machte auch Bonnie Raitt seit ihrem Erfolg in den siebziger Jahren kommerziell weniger erfolgreiche Phasen durch. Zwar waren ihre Live-Auftritte immer sehr gefragt, doch hatten ihre Platten keinen großen Erfolg in den Charts. Eine Ausnahme bildete ihre Version des Del Shannon-Hits »Runaway«, der 1977 die Top 40 nur knapp verfehlte. Ihre nachfolgenden LPs, *The Glow* und *Green Light* brachten nicht den Durchbruch, den sich Warner Bros. erhofft hatte, und einen Tag nach der Fertigstellung ihres nächsten Albums, *Nine Lives*, warf das Label Raitt hinaus. Warner Bros. veröffentlichte *Nine Lives* schließlich 1986, und Raitt versuchte, sich mit ihren Ersparnissen über Wasser zu halten, um weiterhin auf Tour gehen zu können. Zudem kämpfte sie mit Alkohol- und Drogenproblemen. Der Wendepunkt kam Ende 1986, als sie in Erwägung zog, mit Prince zusammenzuarbeiten. »Ich wußte, daß ich wahrscheinlich ein Video mit ihm machen würde, wenn unsere Zusammenarbeit erfolgreich wäre«, sagte sie gegenüber dem *Rolling Stone*. »Und das war, offen gesagt, das einzige, was mir genügend Selbstachtung und den Willen gab, etwas dagegen zu unternehmen.« Raitt hörte mit dem Trinken auf und lebte etwas gesünder, und obwohl aus einer Zusammenarbeit mit Prince nichts wurde, hatte sie bald einen neuen Plattenvertrag bei Capitol. Dort brachte sie 1989 die LP *Nick of Time* heraus (die Raitt als »mein erstes nüchternes Album« bezeichnete).

Nick of Time entwickelte sich mit über drei Millionen verkauften Exemplaren zu einer der erfolgreichsten Platten in Raitts Karriere. Das Album war ihr erster Top-40-Einsteiger seit sieben Jahren und ihre erste LP, die Platz 1 erreichte. *Nick of Time* (das zwei von Raitt geschriebene

Songs enthält) ist ein warmherziges, reichhaltiges Album mit einer Kombination aus verschiedenen Musikstilen, die vom bluesigen Pop-Swing von John Hiatts »Thing Called Love« über den munteren Reggae-Rhythmus von Bonnie Hayes' »Have a Heart« bis hin zum spielerischen-schleppenden Rhythmus von Raitts selbstgeschriebenen Titeln »Real Man« und »The Road's My Middle Name« reichen (Leslie Ann Jones, ehemalige Produzentin von Holly Near, war als Aufnahmeassistentin ebenfalls an der Entstehung der LP beteiligt). Raitt gewann drei Grammys für *Nick of Time*: »Album des Jahres«, »Beste Pop-Gesangsinterpretation einer Frau« sowie »Beste Rock-Gesangsinterpretation einer Frau«. Darüber hinaus bekam sie noch einen Grammy für das Duett »I'm in the Mood« mit John Lee Hooker aus dessen Album *The Healer*.

Auf ihrem nächsten Album, *Luck of the Draw* (1991), wiederholte Raitt ihr Erfolgsrezept von *Nick of Time*: Die LP erreichte Platz 2 und verkaufte sich über drei Millionen mal. Raitt arbeitete diesmal als Co-Produzentin und schrieb vier Songs für die LP (u.a. zusammen mit ihrem Mann Michael O'Keefe »One Part Be My Lover«). *Luck of the Draw* brachte ihr ebenfalls Grammys für die »Beste Pop-Gesangsinterpretation einer Frau« und die »Beste Rock-Gesangsinterpretation einer Frau« ein. Einen weiteren Grammy bekam sie für ihr Duett mit Delbert McClinton, »Good Man, Good Woman«, das als »Beste Rockinterpretation eines Duos oder einer Gruppe« ausgezeichnet wurde. Raitt ruht sich heute jedoch nicht auf ihrem Comeback in den Charts aus, sondern engagiert sich nach wie vor auch für politische Ziele und nimmt LPs mit weniger bekannten KünstlerInnen auf. Für zwei neuere Aufnahmen arbeitete sie als Background-Sängerin, für »Rosie Strike Back«, Eliza Gilkysons Song über eine mißhandelte Ehefrau aus der LP *Legends of Rainmaker* (1989) sowie auf Holly Nears LP *Don't Hold Back* (1987).

Seit Ende der achtziger Jahre ist Raitt im Vorstand der von Ruth Brown gegründeten Rhythm&Blues Foundation. Zu den Aufgaben der Organisation mit Sitz im National Museum of American History des Smithsonian Institute gehört u.a. die Einrichtung eines R&B-Archivs im Museum, die Vergabe von Geldern und Auszeichnungen an R&B-KünstlerInnen über das Pioneer Awards Program sowie, bei Bedarf, finanzielle Unterstützung von R&B-KünstlerInnen. Die Rhythm&Blues Foundation wurde von Brown mit Hilfe ihres Anwalts Howell Begle gegründet. Anschließend fragte Brown u.a. Raitt, ob sie an einer Mitarbeit interessiert sei.

»Bonnie und ich hatten uns ein paarmal getroffen; auch sie ist ein großer Blues-Fan«, erklärt Brown. »Und wir redeten über die Bedürfnisse der R&B-Künstler, die noch leben, und daraus entstand dann die Idee für diese Stiftung. Jedes Jahr wählen wir mindestens acht Personen aus, die sich dieser Musik verschrieben haben, und sie bekommen dann finanzielle Unterstützung. Wir bezahlen Beerdigungen, Krankenhausaufenthalte und den Lebensunterhalt. Vieles von dem, was wir machen, kommt nicht in die Presse. Darum geht es uns nicht. Wenn Leute, die wir unterstützen, das unbedingt an die Öffentlichkeit bringen wollen, ist es in Ordnung. Aber ich weiß noch, daß ich, als ich selbst in Schwierigkeiten war, alles getan habe, daß es nicht in die Presse kam, weil ich meine Würde bewahren wollte.«

Browns berufliche »Schwierigkeiten« begannen, als sie noch bei Atlantic Records war, ihre Platten sich aber nicht mehr so gut verkauften. Sie verließ das Label 1960 und machte in den nächsten Jahren Aufnahmen für verschiedene Firmen, jedoch ohne großen Erfolg. »Jedesmal, wenn ich kam, ging das Label ein«, sagt sie. Brown zog sich schließlich ganz aus dem Musikgeschäft zurück und arbeitete bis 1976 als Hausangestellte und Busfahrerin. Schließlich versuchte sie ein Comeback und arbeitete als Sängerin und beim Theater. Zudem bekam sie wertvolle Unterstützung von Howell Begle, den sie bei einer ihrer Shows kennengelernt hatte. Begle war nicht nur Musikfan, sondern auch Anwalt und half Brown sowohl bei der Rückforderung ihrer »verlorenen« Tantiemen von Atlantic als auch beim Aufbau der Rhythm&Blues Foundation.

Es dauerte nicht lange, bis sich Browns Karriere in verschiedene Richtungen entwickelte. Als sie in New Orleans in einer Workshop-Inszenierung von Allen Toussaints *Staggerlee* auftrat, wurde sie zum Vorsingen für ein anderes Musical, *Black and Blue*, nach New York abberufen. Sie bekam eine Rolle und fuhr 1984 nach Paris, wo das Musical acht Monate lang lief. Bei ihrer Rückkehr in die USA wurde *Staggerlee* in einem kleineren New Yorker Theater gespielt, und Brown übernahm wieder ihre alte Rolle. Darüber hinaus moderierte sie die Radiosendung *Harlem Hitparade* (heute *Blues Stage*). Als nächstes spielte sie in John Waters' Film *Hairspray* (1988) die Rolle der »Motormouth Mabel«, einer DJ und Besitzerin eines R&B-Plattenladens. Für diese Rolle wurde sie von einer Besetzungsleiterin ausgewählt, der Brown in *Staggerlee* gesehen hatte. *Hairspray* spielt im Baltimore der frühen sechziger Jahre und ist eine Parodie auf die damaligen »Teenie-Filme«. In dem Film geht es im Rahmen eines Wettbewerbs um den Titel »Miß Auto« in der TV-Sendung *The Corny Collins Show* (im Stil von *American Bandstand*). Dieser Wettbewerb läuft parallel zu einer Kampagne, die Sendung auch für Schwarze zugänglich zu machen (Schwarze dürfen nämlich nur einmal im Monat, am »Negertag«, ins Fernsehstudio). Debbie Harry spielte in *Hairspray* die Rolle der »Velma Von Tussle«, einer weißen, arroganten Hausfrau, die ihre Tochter drängt, Shelley Fabares Platten und nicht »diese farbige Musik« in der Show zu spielen.

Zwar hatte Brown zu der im Film dargestellten Zeit durchaus einen Bezug, doch sie gesteht, daß sie zunächst Schwierigkeiten hatte, gewisse Aspekte ihrer Rolle zu akzeptieren. »Ich wollte nicht die blonde Perücke und die verrückten Kostüme der Motormouth Mabel tragen«, erklärt sie. »Ich fühlte mich in ein Klischee gezwängt. John mußte mich überreden. Er und Divine setzten sich einmal mit mir zusammen und sagten: 'Aber das ist doch nicht Ruth Brown in dem Film. Es ist Motormouth Mabel.' Und als wir dann darüber redeten, wurde mir klar, daß an der Geschichte, die er in *Hairspray* erzählte, zwar etwas Wahres dran war, daß er sie aber so verpackt hatte, daß die Leute darüber lachen würden – oder, wie er sich ausdrückte: Es war eine lustige Geschichte über eine ernste Angelegenheit. Diese Rolle war wahrscheinlich das Beste, was mir passieren konnte, weil ich dadurch an ein ganz neues Publikum aus jungen Leuten herankam. Manchmal sehe ich Kids, die mich auf der Straße anstarren und dann zu mir kommen und sagen: 'Ich habe Sie schon mal gesehen. Haben Sie nicht in dem Film *Hairspray* mitgespielt?' Und ich sage dann: 'Willst du damit sagen, daß ich wirklich so aussehe wie in dem Film?'«

Als *Black and Blue* Anfang 1989 am Broadway Premiere hatte, war Brown wieder dabei. Sie wurde für ihre Rolle mit einem Tony Award ausgezeichnet (und wurde, als sie aus der Show ausstieg, von einer anderen R&B-Legende, LaVern Baker, ersetzt). Kurz danach bekam Brown einen Grammy für ihre LP *Blues on Broadway*, den sie als Belohnung für ihre Ausdauer ansah. »Vor allem bewies er mir, daß es sich lohnt, immer bei dem zu bleiben, was man kann«, sagt sie. »Deshalb geht es mir jetzt auch so gut. Es ist zwar körperlich etwas anstrengend, aber ansonsten ist es gut.« Doch obwohl sie ihren Erfolg genießt, weist sie darauf hin, daß sich die Veränderungen, die sie in der Musikbranche miterlebt hat, keinesfalls überall durchgesetzt haben. »Es ist immer noch so, daß ich nicht überall dort auftreten kann, wo Weiße auftreten können«, sagt sie. »Man würde mich nie bitten, dort aufzutreten. Manches hat sich zwar geändert, aber nicht so viel, daß es sich auch auf mich auswirken würden. Aber ich kann mich nicht beklagen. Die Veränderungen wirken sich positiv auf die junge Generation aus, auf die Whitney Houstons, Anita Bakers, Janet Jacksons – für sie ist es gut. Ich freue mich für sie. Aber für all das mußte es eine Grundlage geben, eine Basis, auf der man aufbauen konnte. Es gab also auch früher schon Leute, die an die Front gingen und sozusagen erst mal die Schläge einsteckten.«

In den achtziger Jahren hatten Frauen in allen Bereichen der Musikindustrie mehr Einfluß auf die Entwicklung ihrer Karriere als ihre Kolleginnen der fünfziger und sechziger Jahre. Aus dieser gefestigten Position heraus konnten Künstlerinnen wie Annie Lennox, Cyndi Lauper und

Madonna das Medium Video nutzen, um ihre Karriere, über die sie selbst bestimmten, noch weiter voranzutreiben. Auch Frauen in den Plattenfirmen oder PR-Agenturen trugen zu einer Veränderung traditioneller Rollenbilder bei und bewiesen ihre Selbständigkeit, indem sie eigene Firmen gründeten, wenn sie die Unternehmensstrukturen als zu starke Einschränkung empfanden. Mit diesen Fortschritten wuchs auch das Interesse an den Leistungen, die Frauen in der Vergangenheit erbracht hatten. Das Interesse verhalf nicht nur einer Reihe von Künstlerinnen zu einem Comeback, sondern trug auch dazu bei, daß Frauen in der Branche ein eigenes Geschichtsbewußtsein entwickelten. Ende der achtziger Jahre fanden vergangene und gegenwärtige Leistungen von Frauen so viel Anerkennung wie nie zuvor.

9 Der Schritt in die Zukunft

*»Ich kämpfe lieber jetzt, damit meine Töchter und die Töchter meiner Freundinnen
später nicht so hart kämpfen müssen.«*

Alannah Currie von den Thompson Twins
in Stephanie Bennetts Video *Women in Rock*

Im Sommer 1987 schaffte Suzanne Vegas Single »Luka« den Sprung in
die Top 10 und kletterte auf Platz 3. Alle, sogar Vegas Plattenfirma A & M
und Vega selbst, waren überrascht, denn Vega galt als »Folkmusikerin«,
und Folk zählte nicht mehr zu den kommerzieller Musikstilen. Vega
hatte Anfang der achtziger Jahre wegen ihrer »Folk-Wurzeln« sogar
Schwierigkeiten, bei einer Plattenfirma unterzukommen, da die Folk-Ära
der sechziger Jahre (als LPs von KünstlerInnen wie Joan Baez und Peter,
Paul and Mary Verkaufsschlager waren) schon lange vorbei war. Doch
obwohl sie Akustikgitarre spielte und früher durch die Folkclubs im
Greenwich Village getingelt war, erinnerten Vegas anspruchsvolle Texte
eigentlich eher an die SängerInnen/SongschreiberInnen der frühen siebziger Jahre als an die Folk Musik der Sechziger. Trotzdem hatte A & M
Bedenken, sie unter Vertrag zu nehmen. Da Vega und ihr Manager Ron
Fierstein hartnäckig blieben, überzeugten sie das Label schließlich. »Wir
wollten unbedingt zu A & M, weil wir gehört hatten, daß die Firma an
einer langfristigen Zusammenarbeit mit Künstlern interessiert war«,
erklärte Vega im *Musician*. Die damalige A & R-Managerin Nancy Jeffries
machte im selben Artikel die Sicht der Plattenfirma deutlich: »Wir hatten
alle Zweifel, weil man sich 1985 nicht traute, eine Folksängerin unter Vertrag zu nehmen«, sagte sie. »Aber dann habe ich sie mir angesehen, und

bevor sie auch nur drei Zeilen gesungen hatte, war ich schon hin und weg. Ich bekam von allen [bei A&M] dasselbe zu hören: Zuerst sagten sie: 'Mensch, die ist doch Folksängerin – was machst du da bloß?' Und sofort nachdem sie sie dann gehört hatten, hieß es: 'Okay, wir nehmen sie.'«

Der Artikel über Vega erschien 1988 in der Juniausgabe des *Musician*. Auf der Titelseite mit einem Bild von Sinéad O'Connor war als Schlagzeile zu lesen: Warum die besten Nachwuchsstars 1988 Frauen sind: Die großen Plattenfirmen auf neuem Kurs. Das war an sich nichts Neues. Schon in den siebziger Jahren äußerten sich Künstlerinnen im Rahmen der obligatorischen Fragen zum Feminismus häufig dazu, wie sie die Arbeit in einer Männerdomäne aus weiblicher Sicht beurteilten. Zwar stieg die Zahl der Artikel und Bücher über weibliche Rock- und Popstars, doch wurden Frauen darin im Gegensatz zu dem Artikel im *Musician* häufig als einzelne Künstlerinnen dargestellt; die weibliche Tradition innerhalb der Musikbranche wurde hingegen nicht beachtet. Die Titelstory im *Musician*, in der O'Connor, Tracy Chapman, Michelle Shocked und Toni Childs porträtiert wurden, befaßte sich auch mit dem Aspekt, daß diese Frauen alle ungefähr zur gleichen Zeit bekannt wurden. Jetzt wurden Künstlerinnen gefragt, wie sie sich als Teil des anscheinend neuen Genres »Frauen-Rockmusik« fühlten. Sie wurden nicht mehr als einzelne Künstlerin in einer Gruppe von Männern, sondern als Teil einer eigenen »Musikbewegung« gesehen.

Nicht alle, aber viele Künstlerinnen, die unter dem Rock-Frauen-»Trend« zusammengefaßt wurden, waren wie Vega Sängerinnen und Songschreiberinnen, d.h. Solokünstlerinnen, die Akustikgitarre spielten. Sie waren in der ersten Hälfte der achtziger Jahre, als das äußere Erscheinungsbild der KünstlerInnen durch das Aufkommen von MTV und anderen Videomärkten an Bedeutung zunahm, in den Hintergrund geraten. Annie Lennox, Cyndi Lauper und vor allem Madonna schafften es, den Zwang, sich ein ausgefallenes Outfit zuzulegen, zu ihrem Vorteil auszunutzen. Frauen, die kein Interesse daran hatten oder nicht bereit waren, dieses Spiel mitzumachen, hatten es dagegen schwerer, sich auf dem Markt durchzusetzen. Das änderte sich jedoch, als Vega mit ihrem Erfolg bewies, daß auch eine »ernsthafte« Künstlerin Geld verdienen konnte. Dreißig Jahre zuvor hatte George Goldner die »Marktfähigkeit« der Chantels in Frage gestellt, weil er bezweifelte, daß irgend jemand Interesse an der Musik einer Gruppe weiblicher Teenager haben könnte. Anfang der achtziger Jahre bestanden diese Bedenken offensichtlich immer noch, wenn es um Künstlerinnen ging, die aus dem Rahmen der als kommerziell definierten Musik fielen. »Seit wann gestattet die Musikindustrie, die ihre stärksten Frauen wie Tina Turner, Cyndi Lauper und Annie Lennox als Witzfiguren auftreten läßt, einer ernsthaften, starken Frau aus Fleisch und Blut, auf einer Konzertbühne zu stehen?«, schrieb Susan Wilson in einem Artikel über den Rock-Frauen-»Trend« im *Boston Sunday Globe*. »Seit wann kümmern sich Leute, die uns Tiffany und die Pebbles brachten, darum, ob eine Frau gut singen oder Songs schreiben kann? Seit wann gestatten Unternehmen, die uns Sheila E. und Madonna bescherten, einer Künstlerin, soziales Engagement anstatt Sex zu verkaufen?« Suzanne Vegas Erfolg machte es schließlich möglich, daß zahlreiche Frauen aus diesen »kommerziellen« Grenzen ausbrechen konnten und somit frischen musikalischen Wind in die Musikszene brachten.

Vega wurde in New York geboren und wuchs in dem Glauben auf, sie sei zur Hälfte puertoricanischer Abstammung, bis ihr Vater, der Autor Ed Vega, ihr eines Tages mitteilte, daß er ihr Stiefvater war. Ihr leiblicher Vater war weiß und lebte in Kalifornien. Diese Enthüllung löste bei Vega eine Identitätskrise aus. »Ich war total verwirrt, weil ich mich sehr stark als halb-puertoricanisches Mädchen fühlte«, sagte sie gegenüber dem *Musician*. »Ich hatte alle möglichen merkwürdigen Vorstellungen über Weiße. Es war also ein großer Schock, plötzlich zu wissen, daß ich eigentlich weiß war. Ich konnte nur schwer akzeptieren, daß an mir etwas *anders* war, etwas, das mich von der übrigen Familie zu unterscheiden schien.« Als Vega nach ihrem Erfolg mit »Luka« ihren »anderen« Vater kennenlernte, erfuhr sie, daß beide Elternteile einen musikalischen Hintergrund hatten. Ihre eigene Mutter war Jazzgitarristin, und die Mutter ihres leiblichen Vaters hatte in den zwanziger und dreißiger Jahren im Merry Makers Ladies Orchestra Schlagzeug gespielt.

Vegas künstlerischens Interesse wurde bereits im Kindesalter gefördert: »Meine Eltern waren beide der Meinung, daß der Künstlerberuf das einzig Vernünftige war, was man in dieser Gesellschaft machen konnte«, sagte sie. Als Studentin der High School for the Performing Arts in New York wollte sie zunächst Tänzerin werden, schrieb daneben aber auch Songs, sang und spielte Gitarre. Später erinnerte sie sich an einen ihrer ersten Auftritte im Rahmen einer Veranstaltung, die von der Alliance of Latin Arts gesponsert wurde: »Ich war das einzige weiße Mädchen«. Als sie mit neunzehn zum ersten Mal zu einem Rockkonzert ging, hatte sie ihren Traum, Tänzerin zu werden, bereits aufgegeben. Sie studierte am Barnard College und versuchte, Engagements in den Clubs im Greenwich Village zu bekommen. Als ihre Bemühungen umsonst waren, trat sie in den Cafés im College auf und hatte dort bald viele Fans. Jeder Auftritt wurde in einem Notizbuch festgehalten und bewertet. Anfang der achtziger Jahre schaffte sie dann doch den Sprung in die Szene von Greenwich Village. Dort befand sie sich endlich in einer Atmosphäre, in der sie nicht als

Überbleibsel aus den sechziger Jahren galt. »In diesen fünf Jahren hatte ich das Gefühl, meinesgleichen zu finden«, sagte sie 1990 im *Musician*. »Ich fühlte mich akzeptiert. Ich war beliebt. Ich war oft die ganze Nacht weg und habe getrunken und mich gut amüsiert.«

Nachdem Vega von A & M zweimal abgelehnt worden war, legte ihr Manager dem damaligen A & M-Geschäftsführer Gil Friesen ein Demoband vor, der es an Nancy Jeffries weitergab. Mitte der achtziger Jahre nahm das Label Vega dann unter Vertrag. Obwohl auf ihrem 1985 erschienenen Debütalbum, *Suzanne Vega* (produziert von Steve Addabbo und dem ehemaligen Gitarristen der Patti Smith Group, Lenny Kaye), auch elektronische Instrumente verwendet wurden, standen Vegas Stimme und ihre akustische Gitarre im Vordergrund. Vega schrieb alle Songs auf der LP selbst und erzeugte mit ihrer eindrucksvollen Metaphorik und etwas kühlen Interpretation eine gedämpfte, aber intensive Atmosphäre. Trotz mangelnden Erfolgs in den Charts bekam die LP gute Kritiken. Auch Vegas Tourneen kamen beim Publikum gut an, vor allem in Großbritannien, wo sie in der Royal Albert Hall spielte und 1987 als eine der wenigen AmerikanerInnen bei einem jährlich stattfindenden, von Prinz Charles gesponserten Wohltätigkeitskonzert auftrat (ihr Song »Marlene on the Wall« wurde in die LP mit den Highlights des Konzerts aufgenommen). In den USA wurde der Song »Left of Center« aus dem Soundtrack des Films *Pretty in Pink* von John Hughes ein Hit bei den alternativen Radiosendern. 1987 war die Veröffentlichung von Vegas zweiter LP, *Solitude Standing*, geplant, mit der sie ihren Erfolg ausbauen und ein breiteres Publikum ansprechen sollte. Daß das Album dann in die Top 20 kam (es erreichte Platz 11 und war ein Millionenseller) und »Luka« ein durchschlagender Smash-Hit wurde, übertraf jedoch alle Erwartungen.

Solitude Standing (ebenfalls von Kaye und Addabbo produziert) ist etwas reichhaltiger instrumentiert als das Vorgängeralbum, obwohl auch hier Vegas präzise Interpretation der Songs im Vordergrund steht. Da die LP keinen Song enthielt, der sich ganz offensichtlich als Singleauskoppelung anbot, war »Luka« ein regelrechter Überraschungs-Hit. Zwar hatte es auch früher schon Songs über Kindesmißhandlung gegeben (z.B. Pat Benatars »Hell Is for Children«), doch nach wie vor war dieses Thema selbst in politischen Songs relativ tabu. Außerdem hatte es bis dahin kein Song mit diesem Thema in die Top 10 geschafft. »Lukas« Geschichte, die das Opfer mit ruhiger, fast ausdrucksloser Stimme erzählt, wühlte die Öffentlichkeit auf, und Vega erhielt Auszeichnungen von Kinderschutzorganisationen, weil sie mit ihrer Single auf dieses Thema aufmerksam gemacht hatte. Auch die anderen Songs der LP wirken etwas beunruhigend. In dem a-capella-Stück »Tom's Diner« wird die Erzählerin zur ständigen Beobachterin, während sie über eine zerbrochene Affäre nachdenkt, »In the Eye« hat eine heftige Auseinandersetzung zum Thema, die sowohl als Wortgefecht als auch als tätlicher Angriff interpretiert werden kann, und der Titelsong handelt von der Einsamkeit, die sich als mysteriöser Gast überall einnistet.

Vegas nächste LP, *Days of Open Hand* (die sie co-produzierte) erschien 1990. Im Gegensatz zu ihren früheren, persönlicheren LPs geht es in den meisten Songs auf *Days of Open Hand* um Beobachtungen der Außenwelt. Vega, die allgegenwärtige Erzählerin, bleibt auch hier, selbst bei persönlicher Betroffenheit, distanziert. So wartet sie z.B. in »Institution Green« in einem anonymen, bürokratischen Gebäude darauf, ihre Stimme abzugeben. In »Fifty-Fifty Chance«, der Geschichte eines Selbstmordversuchs, erzeugen die Streichinstrumente (von Philip Glass arrangiert) im Hintergrund eine spannungsgeladene Atmosphäre, in »Men in a War« geht es um den physischen und emotionalen Verlust eines Menschen, und im ersten Stück der LP, »Tired of Sleeping« ist Vega in einer Art Trancezustand gefangen. Im Vergleich zu dem Erfolg von *Solitude Standing* schnitt *Days of Open Hand* eher schlecht ab. Die LP wurde nur ca. 350 000 mal verkauft. Im *Rolling Stone* gab Vega zu, daß sie von A & M in bezug auf diese Platte enttäuscht war: »Sie [A & M] hatten völlig vergessen, was ich symbolisierte, für was ich stand... Ich habe noch nie Songs geschrieben, damit sie im Radio gespielt werden – das war immer nur nettes Beiwerk.« Ihre Vorliebe für Experimente wurde auch im folgenden Jahr deutlich, als das britische Duo DNA eine Raubpressung mit dem Titel »Oh Suzanne« herausbrachte, auf der sie »Tom's Diner« zu einer Tanz-Nummer verarbeitet hatten. A & M wollte das Duo wegen der unrechtmäßigen Verwertung von Vegas Stimme belangen (die für die Aufnahme von DNA gesamplet worden war), doch Vega schlug vor, DNAs phantasievolle »Cover Version« legal zu veröffentlichen. Der Song erreichte Platz 2 der britischen Dance Charts, und 1991 produzierte Vega den Sampler *Tom's Album*, auf dem eine Vielzahl unterschiedlicher Cover Versionen von »Tom's Diner« zu hören sind.

Als Tracy Chapman, ebenfalls Solosängerin mit Akustikgitarre, 1988 bekannt wurde, äußerte sie sich im *Musician* überaus anerkennend über die Rolle, die Vega für ihren eigenen Erfolg gespielt hatte: »Sie hat den Geist und die Ohren der Programmgestalter für eine Art von Musik geöffnet, die schon ziemlich lange in der Versenkung verschwunden war.« Chapman wurde 1964 in Cleveland, Ohio, geboren und lebte nach der Scheidung ihrer Eltern zusammen mit ihrer Schwester bei der Mutter. Sie wuchs mit der Musik von Künstlerinnen wie Barbra Steisand, Gladys Knight, Cher und Mahalia Jackson auf und spielte selbst zuerst Ukulele und versuchte sich anschließend an Klarinette und Orgel, bevor sie Gitarre lernte. Chapman bekam ein Stipendium für die Wooster High-School in Danbury, Connecticut und trat mit ihren Songs bei Schulveranstaltungen auf. Als Anerkennung sammelten SchülerInnen und LehrerInnen Geld für eine neue Gitarre, und das Jahrbuch ihres letzten Schuljahres prophezeite: »Tracy Chapman wird ihre Gitarre heiraten und glücklich und zufrieden leben.« Nach ihrem Schulabschluß 1982 studierte Chapman Anthropologie an der Tuft University in Boston. Nebenbei war sie in der in Boston und Cambridge immer noch sehr lebendigen Folkszene aktiv und trat als Vorprogramm auswärtiger Acts auf.

Obwohl Chapman eine Karriere als Musikerin anstrebte, bezweifelte sie, daß ihre Songs in der Öffentlichkeit Anklang finden würden. »Ich habe keinerlei Anzeichen dafür gesehen, daß die Leute in den Plattenfirmen meine Musik für marktfähig hielten«, gab sie gegenüber dem *Rolling Stone* zu. Doch dann empfahl ein Studienkollege sie seinem Vater, Charles Koppelman. Dieser hatte mit Carole King bei Aldon Music gearbeitet, wurde nach seiner Beförderung zum Verlagsleiter ihr Chef und war nun das »K« des damaligen Musikverlags SBK. Chapmans Stücke gefielen Koppelman, und nach ihrem Examen nahm er sie 1986 bei SBK unter Vertrag. Darüber hinaus verhalf er ihr noch im selben Jahr zu einem Plattenvertrag bei Elektra. Während der Aufnahmen zu ihrem Debütalbum engagierte Chapman Elliot Roberts (der früher mit Joni Mitchell gearbeitet hatte) als Manager.

Chapmans erste LP, *Tracy Chapman*, erschien im Frühjahr 1988, und Chapman begab sich auf eine ausgedehnte Promotion-Tournee. Vor der Veröffentlichung des Albums war sie bereits als Vorprogramm ihrer Elektra-KollegInnen, den 10 000 Maniacs, getourt. Die Maniacs waren eine Folk-Rockgruppe, deren LP *In My Tribe* (1987) fast ein Jahr nach Erscheinen doch noch den Sprung in die Top 40 geschafft hatte. Natalie Merchant, Leadsängerin der Maniacs, trat wiederum als Vorprogramm für Chapman auf, als diese ihr Debüt in London gab, ein Debüt, mit dem sie auch in Europa – und in den Medien – bekannt wurde. Im Juni 1988 sang Chapman auf dem Konzert zu Nelson Mandelas siebzigstem Geburtstag (im Londoner Wembley-Stadion) und ging anschließend mit Peter Gabriel, Youssou N'Dour, Sting und Bruce Springsteen auf die Amnesty International-Welttournee.

Inzwischen sorgte auch ihre LP für Aufregung. Im Sommer 1988 hatte man den Eindruck, als liefe sie überall. Ständig wurde ihre Musik in Frauenkneipen gespielt, und das Airplay im Top 40 Rundfunk verhalf ihr zur Spitzenposition in den Charts; die Single »Fast Car« erreichte Platz 6. Musikalisch greift Chapmans LP wesentlich deutlicher auf die

Protestsongbewegung der sechziger Jahre zurück als Vegas Alben. Im Gegensatz zu Chapman setzt sich Vega in ihren Songs, abgesehen von »Luka«, meist mit persönlichen Themen und zwischenmenschlichen Beziehungen auseinander. *Tracy Chapman* (produziert von David Kershenbaum, der früher mit Joan Baez gearbeitet hatte) beginnt mit dem direkten »Talkin' 'Bout a Revolution«, in dem ein zukünftiger Aufstand entrechteter BürgerInnen beschrieben wird. In »Behind the Wall« wird das Thema Gewalt in der Ehe angesprochen, und »Fast Car« erzählt von dem Versuch eines Paares, der Armut zu entfliehen. Die Hoffnung auf eine bessere Zukunft schien angemessen für ein Jahr, in dem Präsidentschaftswahlen stattfanden, und das Album verdankt seinen Erfolg nicht zuletzt Chapmans Bereitschaft, Themen anzusprechen, die von der amerikanischen Regierung in den achtziger Jahren unter den Teppich gekehrt worden waren: die steigende Zahl der Obdachlosen, die ständig zunehmende Kriminalität und ein Bildungssystem, das sich zusehends verschlechterte.

In Anbetracht des Widerwillens der Musikindustrie, von einer bewährten, kommerziell erfolgreichen Formel abzuweichen (ein Widerwillen, der Suzanne Vegas Suche nach einem Plattenvertrag so schwer machte), hob sich ein so krasser Song wie »Fast Car« nicht nur von den meisten Songs ab, die im Radio liefen, sondern wirkte geradezu schockierend: KritikerInnen erzählten, daß sie wie versteinert waren, als sie den Song zum ersten Mal hörten. Selbst Chapmans Liebeslieder weisen einen Hauch von Melancholie auf, von dem frechen »For My Lover« bis zur Resignation einer einseitigen Liebe in »Baby Can I Hold You« und »If Not Now …«. Chapman bekam einen Grammy als »Bester Nachwuchskünstler« und einen zweiten für »Fast Car« als »Beste zeitgenössische Pop-Gesangsinterpretation einer Frau«. 1989 brachte sie ihre zweite LP, *Crossroads*, heraus. Auch auf diesem Album verwendet Chapman eine spärliche Instrumentierung und äußert sich noch offener als auf ihrem Debütalbum zu politischen Themen: Sowohl in »Material World« als auch in »Subcity« greift sie den schonungslosen Materialismus auf, der dazu führt, daß die Kluft zwischen Armen und Reichen in Amerika immer größer wird. In »Freedom Now« tritt sie für den damals inhaftierten Anti-Apartheid-Aktivisten Nelson Mandela ein, und in »Born to Fight« lehnt Chapman es ab, sich zu einer »Drohne des weißen Mannes« machen zu lassen. Darüber hinaus denkt sie im Titelsong und in »All That You Have is Your Soul« (mit Neil Young an der Gitarre und am Klavier) über den Preis für Ruhm nach. Obwohl die Songs vielleicht zu extrem waren, um Single-Hits in den Top 40 zu werden, erreichte die LP Platz 9 und wurde, wie schon Chapmans erste LP, wiederum mit Platin ausgezeichnet.

Im Frühjahr 1992 veröffentlichte Chapman ihr drittes Album, *Matters of the Heart*.

Nach Tracy Chapmans Erfolg schien es, als tauchte plötzlich eine Fülle von Sängerinnen/Songschreiberinnen – wie z.B. Michelle Shocked, Melissa Etheridge und die Indigo Girls – in der Musikszene auf. Allerdings war dies wohl eher Zufall und keine geplante Strategie. Chapman wurde 1986 unter Vertrag genommen, ein Jahr bevor Vega mit »Luka« einen Hit hatte. Auch Michelle Shockeds erste LP erschien 1986 unter dem britischen Indie Label Cooking Vinyl. Im Jahr darauf wurden sowohl Melissa Etheridge als auch die Indigo Girls von großen Labels unter Vertrag genommen.

Ihr Debütalbum *Indigo Girls* (1989) war eigentlich die vierte Platte des gleichnamigen Duos, das zuvor schon eine Single, eine EP und eine LP unter eigenem Label herausgebracht und in Atlanta eine große Fangemeinde hatte. Amy Ray und Emily Saliers wuchsen zusammen in Decatur in der Nähe von Atlanta auf, machten jedoch erst in der High School zusammen Musik. Ray hatte auf Drängen ihrer älteren Schwester Gitarre spielen gelernt, und Saliers hatte mit ihren Schwestern gesungen und beim YMCA[95] Gitarrenunterricht genommen. Als Schülerinnen der Shamrock High School taten sich die beiden »so aus einer Laune heraus« zusammen, wie sich Saliers später in *The Rocket* erinnerte. »Es war nur so zum Spaß, weil wir beide wußten, daß wir Gitarre spielten und Songs sangen.«

Nach der Schule gingen die zuerst auf verschiedene Colleges, spielten jedoch unter dem Namen Saliers and Ray in den Semesterferien zusammen in Clubs. Später wechselten beide zur Emory University in Atlanta (Saliers studierte Englisch, Ray Theologie) und tingelten unter dem Namen Indigo Girls, den Ray mit Hilfe eines Wörterbuchs ausgesucht hatte, weiterhin durch die Clubs. Saliers stand einer Karriere als Musikerin allerdings immer noch skeptisch gegenüber und wollte nach ihrem Examen eigentlich weiterstudieren, bis ihr Ray in ihrem letzten College-Jahr ein »Ultimatum« stellte. Nachdem sie Rays Bitte überdacht hatte, erklärte sich Saliers damit einverstanden, ihre akademischen Pläne aufzugeben, und die beiden begannen ernsthaft mit dem Aufbau ihrer musikalischen Karriere.

Obwohl das Zusammenspiel ihrer Akustikgitarren die Grundlage für den Sound der Indigos bildete, sahen sich Saliers und Ray anfangs nicht als Folkmusikerinnen. Ihre leidenschaftlichen und dynamischen Songs hatten zu viel Schärfe, als daß man sie einfach in diese Kategorie hätte einordnen können. »Ich hatte Angst davor, daß man uns als 'Folkmusikerinnen'

---

95 Young Men's Christian Association: Christlicher Verein junger Männer.

bezeichnen würde«, gab Ray später in *Spin* zu, »weil ich nicht wollte, daß wir in die Folk-Pop-Ära eingeordnet werden.« Der Sound der Indigos spiegelte außerdem ihren unterschiedlichen Musikgeschmack wider. Ray bewunderte KünstlerInnen wie die Replacements und Patti Smith, Saliers dagegen lehnte sich an SängerInnen/SongschreiberInnen wie Joni Mitchell (der sie in den Liner Notes ihres Debütalbums bei Epic für die »Inspiration« dankt) und James Taylor.

Nachdem sie Bob Dylan entdeckt hatten, fiel es den beiden leichter, sich zu ihren Folk-Einflüssen zu bekennen (»Wir wurden Bob Dylan-Fans, und die Erkenntnis, daß wir Folkmusikerinnen waren, gewann wieder an Bedeutung«, sagte Ray gegenüber *Spin*), und so veröffentlichten sie 1985 die Single »Crazy Game«/»Someone to Come Home«. 1986 folgte ihre EP und 1987 ihre LP *Strange Fire*. Das Album besteht hauptsächlich aus eigenen Stücken, die die Markenzeichen der Indigos, gleitende Harmonien und dynamische Gitarren, zur Geltung bringen. Epic war an der LP interessiert, und nachdem ein A&R-Manager einen ihrer Auftritte gesehen hatte, bekamen die Indigos ein Vertragsangebot.

Indigo Girls, das Debüt des Duos bei Epic, ist wesentlich eindrucksvoller als *Strange Fire* und strahlt starke Zuversicht aus. In den zehn Songs geht es um das persönliche und geistige Heil, wobei die Indigos sowohl in den Titeln (»Land of Canaan«, »Prince of Darkness«) als auch in den Texten auf religiöse Metaphern zurückgreifen. Die LP enthält auch Beiträge der (ebenfalls aus Georgia stammenden) Gruppe R.E.M. (deren Leadsänger Michael Stipe auf »Kid Fears« singt) und der irischen Gruppe Hothouse Flowers. Ihren ersten Fernsehauftritt hatten die Indigo Girls in *The David Letterman Show* mit der Singleauskopplung aus der LP, »Closer to Fine«. Das Album erreichte Platz 22 der Charts und wurde als »Beste zeitgenössische Folkaufnahme« mit einem Grammy ausgezeichnet. Der Song »Hammer and Nail« aus der LP *Nomads*Indians*Saints* (1990) wurde ebenfalls für den Grammy nominiert. Auf diese LP folgten 1991 die EP *Back on the Bus, Y'all* mit acht Songs sowie 1992 die LP *Rites of Passage*. Im Gegensatz zu anderen Sängerinnen/Songschreiberinnen störte es die Indigos nicht, daß sich die Medien auf das Rock-Frauen-Phänomen konzentrierten. Ray wies allerdings darauf hin, daß die Einstellungen gegenüber Künstlerinnen trotz des erneuten Interesses der Medien an weiblichen Stars auch weiterhin bestehen blieben. »Ich glaube, daß sich jede Musikerin damit abfinden muß, von oben herab behandelt zu werden«, sagte sie gegenüber dem *Illinois Entertainer*, »aber das passiert Frauen in allen Bereichen, die immer noch Männerdomänen sind.«

Auch Melissa Etheridge entschied sich für eine Akustikgitarre, ihre erste Grammy-Nominierung erhielt sie jedoch in der Kategorie »Beste

Rock-Gesangsinterpretation einer Frau« für »Bring Me Some Water«. Etheridges rauhe Stimme und leidenschaftliche Interpretation unterschied sie von den anderen Sängerinnen/Songschreiberinnen dieser Zeit und zeichnete sie als echte, harte Rockerin im Stil von Janis Joplin aus, deren Songs sie auch interpretierte. In ihrer Autobiographie erinnert sich Holly Near an ihren ersten Eindruck von Etheridge, als diese einen Joplin-Song vortrug: »Zuerst dachte ich: *Oh nein, schon wieder eine Frau mit Gitarre.* Aber sie riß das Publikum mit. Zum Schluß sang sie einen Janis Joplin-Klassiker und machte ihm absolut keine Schande.« Etheridge wurde in Leavenworth, Kansas, geboren. Sie studierte am Berklee College of Music Gitarre und trat abends in Cafés und Kneipen auf. »Ich wußte, daß ich zurückstecken mußte, wenn ich an fünf Abenden pro Woche spielen wollte und tagsüber keinen Job hatte«, sagte sie gegenüber *Outlines*. »Ich wußte, daß ich anderer Leute Songs spielen mußte. Ich wußte, daß ich ein Barbra Streisand-Medley singen mußte. Aber ich würde mir meinen Lebensunterhalt mit Musik verdienen.« Anfang der achtziger Jahre zog sie nach Los Angeles und war entsetzt über die vielen Heavy Metal-Bands in der Clubszene.

Trotz anfänglicher Bedenken bekam Etheridge Engagements in den Clubs um Los Angeles herum und spielte dort fünf Jahre lang. Als sie Ende 1986 im Que Sera-Club in Long Beach auftrat, beschloß Chris Blackwell schon nach zwanzig Minuten, sie bei seinem Label Island Records unter Vertrag zu nehmen. Etheridge nahm ihre erste LP innerhalb eines Monats auf, und das, obwohl sie und Blackwell der Meinung waren, daß die Platte überproduziert und das Wesentliche an Etheridges Musik unter zu vielen Synthesizer-Sounds begraben war, so daß sie das Album vor seiner Veröffentlichung 1988 überarbeiten ließen. *Melissa Etheridge*, von der *Los Angeles Times* als »Platte mit den elektrisierendsten Rock-Phrasierungen[96] des Jahres« beschrieben, ist ein durch und durch leidenschaftliches Album – bis hin zum Cover, das Etheridge in einer dramatischen Pose mit zurückgeworfenem Kopf, geschlossenen Augen und zu Fäusten geballten Händen zeigt. In Etheridges Songs wird Liebe zu einer qualvollen, tief einschneidenden Erfahrung, bei der man entweder unerfüllt bleibt oder von dem ersehnten Objekt der Begierde verlassen wird. Etheridge mußte den Grammy schließlich an Tina Turner abtreten (diese bekam ihn für ihr Album *Live in Europe*), sang bei der Verleihung jedoch »Bring Me Some Water«. Ihre LP erreichte, ebenso wie das Nachfolge-Album *Brave and Crazy* (1989), Platz 22. 1992 brachte sie ihre dritte LP, *Never Enough*, heraus.

---

96 Phrasierung ist die melodisch-rhythmische Einteilung eines Musikstücks.

Von allen neuen Sängerinnen/Songschreiberinnen in der Musikszene war die rebellische Michelle Shocked zweifellos diejenige, die ihre politische Meinung am konsequentesten und deutlichsten äußerte. Bei ihren Auftritten erzählte sie regelmäßig längere Anekdoten, die ihr politisches Programm unterstützten, was Shockeds KritikerInnen manchmal gegen den Strich ging (»Ich weiß, daß man bei Shocked die Sängerin nicht von der Politik trennen kann, aber wenn sie die Predigt weggelassen hätte, hätte sie vielleicht mehr Zeit gehabt, ihre Songs zu singen«, schrieb eine Kritikerin aus Seattle 1989), doch für Shocked war ihre unerwartete Position als Mainstream-Sängerin zu wertvoll, um sie zu vergeuden. Außerdem betrachtete sie ihren steilen Aufstieg zum Erfolg mit einer Portion Ironie: Als *Short Sharp Shocked*, ihr Debütalbum bei einem großen Label, im selben Jahr wie Chapmans LP als »Beste zeitgenössische Folk-LP« für den Grammy nominiert wurde, fand sie diese Ehre »Amüsant. Ich will das System von innen heraus zerstören und bekomme eine Auszeichnung dafür!«

Shocked wurde in Texas geboren, und ihre Eltern ließen sich scheiden, als sie noch ein Kind war. Der zweite Mann ihrer Mutter war beim Militär und zog mit der Familie im ganzen Land von Kaserne zu Kaserne, bis er schließlich wieder inn den Osten von Texas versetzt wurde. Shocked hatte auch weiterhin Kontakt zu ihrem leiblichen Vater, der in Dallas lebte. Bei ihren Besuchen im Sommer fiel ihr der krasse Gegensatz zwischen ihrem Vater und ihrer Mutter auf: »Meine Mutter ist so eine orthodoxe Fundamentalistin«, sagt sie. »Sie war ein krasser Gegensatz zu meinem Vater, der ein atheistischer, liberaler Hippie war. Es gab für mich also zwei verschiedene Versionen der Realität, die die meisten Kinder so früh noch gar nicht mitbekommen. Man weiß zwar, daß es immer eine entgegengesetzte Meinung zu dem gibt, was man glaubt, ganz egal, was es ist, aber es war schon ziemlich dramatisch, das bei den eigenen Eltern zu erleben, und ich habe oft darüber nachgedacht.«

Von ihrem Vater bekam Shocked auch musikalische Anregungen. Er spielte seiner Tochter Musik aus seiner ansehnlichen Plattensammlung vor – u.a. Doc Watson, Big Bill Broonzy, Guy Clark und einen von Janis Joplins frühen Einflüssen, Leadbelly – und spornte sie an, selbst Musik zu machen. »Eigentlich verdanke ich es meinem Vater, daß ich ein Musikinstrument in die Finger bekam«,, sagt sie. »Als er nämlich so fünfunddreißig war, ging er in einen Laden und kaufte ein Buch über's Mandolinespielen und fing an, sich das Spielen selbst beizubringen. Er hatte zwar überhaupt kein musikalisches Gehör, aber es machte ihm Spaß, und er machte es aus verschiedenen Gründen. Es war sehr stimulierend. Man konnte reisen. Man konnte die Leute auf sich aufmerksam machen. Es war eine gute Möglichkeit, um Leute kennenzulernen. Eine Menge Vorteile also.« Als sie sechzehn war, lief Shocked von zu Hause weg, um bei ihrem Vater zu leben. 1981 begann sie ein Studium an der University of Texas in Austin, fand das Leben dort jedoch erdrückend: »Ich besuchte nur Grundkurse, und ich fand den Gedanken, mich entscheiden zu müssen, was ich später mal werden wollte, einfach ätzend«, erzählt sie. »Aber ich wußte ziemlich genau, daß ich ein sehr interessantes Leben wollte. Deshalb fiel es mir sehr schwer, mich zu fügen und zu sagen: 'Oh, ich will Buchhalterin werden. Ich will dies werden. Ich will das werden.'«

Nach zwei Jahren an der Universität brachte ein Anruf einer Freundin Shocked dazu – wie Janis Joplin zwei Jahrzehnte früher – in den Westen nach San Francisco zu ziehen. »Meine Freundin konnte dort in einem Haus wohnen, wenn sie als Gegenleistung den Abwasch machte«, erklärt Shocked., »und sie machte Schmuck aus Perlen, den sie auf der Straße verkaufte und spielte dabei Geige. Also bot sie mir an, zu ihr zu kommen – ich glaube, sie fühlte sich ein bißchen wie eine ältere Schwester oder so.« Doch Shockeds erster Trip nach San Francisco nahm kein gutes Ende. »Ich kam frisch aus Texas«, erklärt sie. »Ich ging nicht nur aus Texas weg, sondern kam auch frisch von der Schule. Das bedeutete, daß ich im Grunde mein ganzes Leben in irgendwelchen Institutionen verbracht hatte. Und jetzt war ich plötzlich mit einer Freiheit konfrontiert, mit der ich zuerst nicht besonders gut umgehen konnte. Einen Monat nach meiner Ankunft wurde ich von der Polizei in Santa Cruz aufgelesen und in ein psychiatrisches Krankenhaus gebracht, nur weil ich desorientiert herumgelaufen war. Mein Vater kam, um mich nach Texas zurückzuholen. Ich versuchte, mit ihm zu arbeiten – er ist Schreiner –, aber zu meinem Unglück hatte man mir ein Rezept für ein Medikament namens Haldol gegeben und mir die Nebenwirkungen nicht erklärt, so daß ich mich fühlte wie in einer geistigen Zwangsjacke. Ich war deshalb auch körperlich nicht in der Lage, zu arbeiten. Ich nahm einen Hammer, bekam es aber nicht auf die Reihe, den Nagel zu treffen.«

Schließlich wurde Shocked von ihrem Vater hinausgeworfen, und sie ging wieder nach San Francisco. Bei ihrem zweiten Aufenthalt in der Stadt erwachte auch Shockeds politisches Interesse. »Im Zimmer gegenüber von meiner Freundin wohnte ein Typ, ein politischer Aktivist, der von einem Buchladenkollektiv in der Haight Street aus arbeitete. »Er nahm mich mit und zeigte mir die Hausbesetzungsszene, so daß ich, als ich 1984 zurückkam, in einem besetzten Haus wohnte. Und von dort aus fuhr ich herum und beteiligte mich an politischen Aktionen bei den Parteiversammlungen der Republikaner und Demokraten.« Shocked bezeichnete ihre Zeit in San Francisco später als »sehr politisch geprägte Obdachlosigkeit«. Die

HausbesetzerInnen vermischten Musik und Politik großzügig miteinander. Sie spielten in Hardcore-Bands und engagierten sich für den Abbau von Atomwaffen, betrieben eine eigene »Volksküche« und veranstalten Konzerte unter dem Slogan »Rock Against Racism«.

Shocked kehrte nach Austin zurück und lebte im Kellergeschoß einer Buchhandlung, als ihre Mutter auf dramatische Weise wieder in ihr Leben trat. Da sie sich Sorgen um den »unmoralischen« Lebenswandel ihrer Tochter machte, ließ sie Shocked in eine psychiatrische Klinik einweisen. Diese Einweisung sowie ihre Gefängnisaufenthalte nach der Verhaftung bei politischen Demonstrationen brachten sie auf die Idee, sich »Shocked« zu nennen. Der Name verlieh ihrem Gefühl Ausdruck, daß dieses System, das sie als korrupt und teilnahmslos empfand, »sie völlig verstörte«.[97] Nach ihrer Entlassung aus der Klinik, die Shocked als »geheilt« bezeichnete, als die Versicherung ihrer Mutter den Aufenthalt nicht länger bezahlte, ging sie nach New York und anschließend nach Europa. Aus der Entfernung wurde ihre Enttäuschung über Amerika mit Ronald Reagan als wiedergewähltem Präsident sogar noch größer. »Ich sah Amerika im allerschlechtesten Licht«, erinnerte sie sich in *The Rocket*. »Mir wurde bewußt, wie wenig Optimismus es in diesem Land gibt. Deshalb vertrete ich so radikale Ansichten.«

Nach ihrer Rückkehr in die USA 1986 fuhr Shocked zum Kerrville Folk Festival in Texas. Sie verdiente sich das Eintrittsgeld, indem sie für die acht Dollar pro Tag arbeitete und nahm abends an den zwanglosen musikalischen Zusammenkünften am Lagerfeuer teil. Als sie ihre Songs spielte, nahm der britische Plattenproduzent Peter Lawrence Shockeds improvisiertes Programm mit ihrem Einverständnis auf seinem Sony-Walkman auf. Ein paar Monate später setzte sich Lawrence mit ihr in Verbindung und bat sie um die Genehmigung für die offizielle Veröffentlichung der Songs unter seinem Plattenlabel Cooking Vinyl. Shocked hatte zuerst Bedenken (»Ich war so sehr gegen das Establishment, daß ich alles, was nach Geschäft aussah, verbrannt hätte«), stimmte dann aber doch zu, weil Lawrences Label unabhängig war. *The Texas Campfire Tapes* erschien 1986 in Großbritannien, und Lawrence holte Shocked im Januar '87 für eine Tournee nach London. Im Februar stand das Album an der Spitze der Independent Charts.

Die *Campfire Tapes* wurden 1988 schließlich auch in den USA veröffentlicht (in einer Pressenotiz war zu lesen: »Die LP zeichnet sich dadurch aus, daß sie die einzige LP eines großen Labels ist, deren Herstellungskosten niedriger waren als ihr Verkaufspreis im Laden«). Zu dieser

---

97 Der englische Ausdruck hierfür ist »shell-shocked« und bedeutet im übertragenen Sinne »verstört sein«.

Zeit war Shocked bereits bei PolyGram unter Vertrag und arbeitete an ihrem Debütalbum für das Label, *Short Sharp Shocked*. Sie war sich der Widersprüche deutlich bewußt, die durch ihren Aufstieg zu einem großen Label auf sie zukommen würden. »Ich hätte es aus politischer Sicht betrachten und sagen können, daß ich ... idealistischer sein will und nichts mit Unternehmen zu tun haben will«, erklärte sie gegenüber der Zeitschrift *New Music*, »[aber] auf der anderen Seite hätten viele Leute gern diese Gelegenheit und bekommen sie nie. Als ich also diese Gelegenheit bekam, sagte ich: 'Okay, ich werde sehen, was ich draus machen kann.'« Shocked hatte versucht, den gesamten Vorschuß des Labels abzulehnen, da sie laut eigener Aussage lediglich die völlige Kontrolle über ihre künstlerische Arbeit brauchte. PolyGram mußte darauf bestehen, daß sie wenigstens fünfzigtausend Dollar nahm.

Short Sharp Shocked wurde 1988 veröffentlicht und bringt Shockeds unübertreffliches Talent als Geschichtenerzählerin und Berichterstatterin, die das Leben mit trockenem Humor betrachtet, zur Geltung. Ihre warme, weiche Stimme ist ebenso wirkungsvoll, ob sie nun Kindheitserinnerungen erzählt (»V.F.D.«, »Run to Gladewater«) oder politische Kommentare abgibt wie z.B. in »Graffiti Limbo«. Dieser Song erzählt die Geschichte des Graffiti-Künstlers Michael Stewart, der in der Untersuchungshaft ermordet wurde. Darüber hinaus enthält die LP auch ein Remake von »Fogtown« aus den *Campfire Tapes*, angereichert mit den Instrumenten der Hardcore-Band M.D.C. Das auffällige Cover des Albums zeigt Shocked im Würgegriff eines Polizisten, als sie bei einer Demonstration festgenommen wird. Sie wurde jedoch nicht etwa festgenommen, weil sie den Bürgersteig versperrt hat, was lediglich ein Vergehen gewesen wäre, sondern weil sie sich an einer Konspiration zur Blockierung des Bürgersteigs beteiligt hatte, was ein Verbrechen war. PolyGram war etwas nervös wegen des Bildes (»Die Marketingabteilung war überzeugt, daß es den Untergang einer ansonsten hervorragenden Platte bedeuten würde«, sagte sie gegenüber der *Los Angeles Daily News*) und retuschierte vorsichtshalber die Nummer auf der Dienstmarke des Polizisten weg.

Shocked wurde mit den Forderungen einer Industrie, die für sie »voller Widersprüche« war, leichter fertig, als sie merkte, daß sie sich Situationen auch zunutze machen konnte. »Normalerweise ist es so, daß man, egal, welche Kompromisse man eingeht, nie so sehr in die Enge getrieben wird, als daß man nicht sagen könnte: 'Also, Moment mal. Ich krieg das für mich schon irgendwie auf die Reihe'.«, sagt sie. »Ich bin eigentlich gegen Videos, aber wenn ich ein Video machen muß, mache ich eben etwas, das meiner Meinung nach ziemlich subversiv ist.« Außerdem würde sie laut eigener Aussage aufhören, wenn die Widersprüche, »innerhalb des

Systems« zu arbeiten, zu stark würden. Nach der Veröffentlichung ihrer zweiten LP bei PolyGram, *Captain Swing* (1989), einem Album im Big-Band-Stil, hatte sie ein ungutes Gefühl, als sie mitbekam, wie Musik vermarktet wird. »Weißt du, es gibt in der Branche eine Art Weisheit, die besagt, daß ein Künstler oder eine Künstlerin mit der ersten LP so weit nach oben kommen soll wie nur möglich, weil es von da an wieder bergab geht«, sagt sie. »Was sagt das über die künstlerische Entwicklung aus? Es sagt im Grunde aus, daß man auf Platz eins besser ist als auf Platz zehn. Das ist Irrsinn. Damit zerstört man die künstlerische Entwicklung. Aber es ist nun mal so, daß du solche Erwartungen nicht verhindern kannst, wenn du erst mal richtig bekannt bist.«

Dem Rock-Frauen-Trend stand sie ebenso mißtrauisch gegenüber. »Ich hatte einfach den Eindruck, daß das, was [die Medien] mit der einen Hand geben, mit der anderen Hand wieder wegnehmen«, erklärt sie. »Als nicht mehr meine Musik, sondern mein Image mit anderen verglichen wurde, hatte ich das Gefühl, daß sie das Spiel gewinnen würden. Denn eins habe ich bei meiner Arbeit in diesem System immer versucht: zu sagen 'Hören wir doch auf, so viele Dinge zu konsumieren, deren Reiz nur darauf aufbaut, daß jemand versucht, uns ein Image zu verkaufen', ob es nun Politik oder eine Ware oder Musik ist. Und die Erkenntnis, daß ich auf dieselbe Weise vermarktet wurde, war natürlich Wasser auf meiner Mühle. Denn im Grunde gab es zwischen mir und Tracy Chapman nicht viele musikalische Gemeinsamkeiten, die über Image und Stil hinausgingen.«

1990 war das Rock-Frauen-»Phänomen« sowohl aus den Medien als auch aus den Charts verschwunden, da die Nachfolge-LPs vieler der wichtigsten Künstlerinnen – wie Suzanne Vegas *Days of Open Hand* und *Nomads*Indians*Saints* von den Indigo Girls – nicht in die Top 40 kamen. Den Künstlerinnen selbst war dies nicht so wichtig, da sie es leid waren, immer in erster Linie als Frau und in zweiter Linie als Musikerinnen dargestellt zu werden. Aufgrund ihrer früheren kommerziellen Erfolge konnten sie außerdem auch weiterhin Platten für große Labels aufnehmen. Darüber hinaus hatten sie auch schon deshalb mehr Kontrolle, weil sie ihr eigenes Songmaterial schrieben. Mit *Days of Open Hand* entfernte sich Vega mit einem kühnen Schritt von ihrem früheren Stil, und Michelle Shocked, von deren LPs keine die Top 40 erreichte, experimentierte auf ihren Platten mit vielen verschiedenen musikalischen Formen. Für *Arkansas Traveler* (1992) reiste die Sängerin um die Welt und machte Aufnahmen mit so verschiedenen Leuten wie dem Blues-Gitarristen und Geiger Clarence »Gatemouth« Brown, den Hothouse Flowers und ehemaligen Mitgliedern von The Band.

Doch in der Eile, »die Frauenbewegung 1988«, wie es die Zeitschrift *Musician* ausdrückte, zu dokumentieren, vergaß man die Künstlerinnen und Labels, die in der Frauenmusikbewegung der siebziger Jahre den Grundstein für den Rock-Frauen-Trend der achtziger Jahre gelegt hatten. Auch konnten diejenigen, die noch immer im Bereich der Frauenmusik aktiv waren, keinen finanziellen Nutzen aus einem Industriezweig ziehen, der beschlossen hatte, daß Frauen nun wieder ernsthaft sein durften. Das führende Frauenmusik-Label Olivia konnte aufgrund fehlender finanzieller Mittel keine neuen Künstlerinnen mehr annehmen. Olivia mußte daher sowohl Tracy Chapman als auch Melissa Etheridge ablehnen, die dem Label Demos geschickt hatten. Holly Nears Label Redwood hatte Chapman zwar ein Angebot gemacht, konnte dann aber mit Elektras Angebot nicht mithalten. Auch fand die Frauenmusik bei der jüngeren Generation keinen großen Anklang. Die jungen Leute interessierten sich mehr für Rockmusik und holten sich ihre Anregungen, Musik zu machen, lieber aus der Punkszene. Inzwischen wanderte mit zunehmendem Alter allmählich auch der harte Kern des Frauenmusikpublikums der siebziger Jahre aus der Bewegung ab.

Die Frauen, die sich immer noch im Bereich der Frauenmusik engagierten, bemerkten sehr wohl, daß die Wegbereiterinnen von damals für ihre Mühen nicht belohnt wurden. »Wir haben es zwar geschafft, daß Androgynie in den Charts akzeptiert wird, aber ein paar Frauen an der Spitze ist nicht das, was wir wollten«, sagte die Sängerin und Musikerin Deidre McCalla 1990 gegenüber *Outlook*, einer Lesbenzeitung in Chicago, während Cris Williamson die Ergebnisse ihrer Arbeit folgendermaßen sieht: »Hier bin ich und schlage mir mit meinem Buschmesser den Weg durch den Dschungel«, sagte sie gegenüber dem *Boston Sunday Globe*. »Und wenn ich mich umdrehe, sehe ich Tracy Chapman, die mit großen Schritten den Weg entlangläuft. Ein Teil von mir ist ein bißchen neidisch auf diesen Erfolg. Und mein Verstand sagt mir: 'Cris… deshalb hast du es doch gemacht.'«

Die Verbindung zwischen Frauenmusik und Lesbenszene hatte dazu beigetragen, daß Frauenmusik und ihre Künstlerinnen eine Randerscheinung in einer konservativen Branche blieben, die nicht nur von ihren KünstlerInnen verlangte, alle Gerüchte bezüglich eines unorthodoxen Sexuallebens abzustreiten, sondern es noch lieber sah, wenn das Thema erst gar nicht angeschnitten wurde. Sowohl Etheridge als auch Chapman waren bei Frauenmusikfestivals aufgetreten (Etheridge spielt auch heute noch bei solchen Veranstaltungen), bevor sie von einem großen Label unter Vertrag genommen wurden, eine Tatsache, die in der Mainstream-Presse nie erwähnt wird. Für manche Frauen in der Frauenmusikszene war die Gelegenheit, sich nicht mehr verstecken zu müssen, genauso wichtig wie die Gelegenheit, Musik zu machen. Die neuen Sängerinnen/ Songschreiberinnen, die sich weder in Interviews noch in ihrer Musik eindeutig zu ihrer Sexualität äußerten (in ihren Liebesliedern verwenden sie die geschlechtsneutralen Pronomen »du« und »ich«), wurden abschätzig als »akzeptabel« betrachtet und trugen somit dazu bei, daß die Lesbenkultur im Mainstream auch weiterhin unsichtbar blieb.

In ihrer Autobiographie wies Holly Near auf die Schwierigkeiten hin, ihrem lesbischen Publikum treu zu bleiben und trotzdem ein Privatleben zu haben: »Ich dachte, ich sei eine erwachsene Frau und könnte entscheiden, mit wem ich wann schlafen wollte, ohne zehntausend Lesben um Erlaubnis zu bitten.« Und doch fühlte sie sich unwohl, wenn sie mit einem Mann zusammen war und deshalb gleich als »hetera« angesehen wurde: »Ich konnte die Vorstellung nicht ertragen, Lesben wehzutun, und ich konnte den Gedanken nicht ertragen, daß Heteros meine Beziehung mit einem Mann feierten, als hätten sie irgendwas gewonnen«, schreibt sie. Michelle Shocked äußerte sich in einem Interview mit *Outlines*, einer Lesben- (und Schwulen-)Zeitung in Chicago, ebenfalls zu diesem Konflikt. »Ich fühlte mich in eine Position gedrängt, in der mich die Leute verurteilen würden, wenn ich mich als Lesbe bekannte und mich genauso verurteilen würden, wenn ich es nicht tat«, sagte sie. »Es gab viele Hetero-Medien, die es gerne gesehen hätten, wenn ich *nicht* lesbisch gewesen wäre und genauso viele Schwulen- und Lesbenzeitungen, die es gerne gesehen hätten, *wenn* ich lesbisch gewesen wäre ... ich für meinen Teil habe noch nie in irgendwelche Schubladen gepaßt. Deshalb lasse ich die Frage einfach offen.« (Inzwischen hat Shocked angekündigt, daß sie ihren Road Manager heiraten will.) Leider verspielten Künstlerinnen, die sich offen zu ihrem Lesbischsein bekannten, unweigerlich ihre Chance, ein breiteres Publikum zu erreichen. In den siebziger Jahren hatte die Frauenmusik versucht, sich ein eigenes, tolerantes Publikum aufzubauen. Allerdings mußten die Frauen feststellen, daß ihre Errungenschaft einer eigenen Sektion »Frauenmusik« in den Plattenläden wiederum Einschränkungen mit sich brachte (ein Aufkleber auf dem Cover von *Short Sharp Shocked* wies die PlattenhändlerInnen an: »Bitte unter Rock/Pop einordnen«). In den achtziger Jahren versuchten Künstlerinnen wie Ferron, Two Nice Girls und Phranc, diese Außenseiterinnenrolle abzulegen, indem sie ihre Platten bei Labels (haupsächlich Indie Labels) außerhalb der Frauenmusikszene aufnahmen.

Ferron Foisy wurde 1952 als ältestes von sieben Kindern im kanadischen Toronto (Provinz Ontario) geboren und zog als Siebenjährige mit ihrer Familie nach Richmond, einem Vorort von Vancouver in British

Columbia. Mit elf hatte sie, inspiriert von ihrer Landsfrau Joni Mitchell sowie von Joan Baez und Judy Collins, angefangen, Gitarre zu spielen und Songs zu schreiben. Mit fünfzehn ging sie von zu Hause weg und verdiente sich ihren Lebensunterhalt mit einer Reihe von Jobs als Arbeiterin. Ihren ersten öffentlichen Auftritt hatte sie 1976 bei einer Benefizveranstaltung für das Druckerinnen-Kollektiv Press Gang. Schon bald trat sie auch in Frauenkneipen auf und brachte 1977 ihre erste LP, *Ferron*, heraus, gefolgt von *Ferron Backed Up* (1978). Sie nahm beide LPs in einem Fernsehstudio auf und vertrieb sie von ihrer Kellerwohnung aus (später bezeichnete sie die Platten als »Basement Tapes«). 1978 lernte sie die Amerikanerin Gayle Scott kennen, die als freiberufliche Fotografin arbeitete. »Sie fragte mich, ob ich mir mit Musik meinen Lebensunterhalt verdienen wollte«, erinnerte sich Ferron später in einem Artikel, in dem für ihr Album *Phantom Center* (1990) geworben wurde. »Das hatte mich noch nie jemand gefragt. Ich wußte nicht, daß man das machen konnte. Ich dachte, daß man da vielleicht hineingeboren wird. Wer hatte schon Zeit, sich darüber Gedanken zu machen?«

Scott überzeugte Ferron davon, daß es durchaus möglich war und wurde ihre Managerin und Geschäftspartnerin. Zusammen gründeten sie ein eigenes Label, Lucy Records/Penknife Productions Ltd. 1980 veröffentlichte Ferron ihre erste Studio-LP, *Testimony*, für die Redwood Records die Lizenz bekam. Anschließend tourte sie durch Kanada und die USA. 1984 brachte sie die von dem ehemaligen Joy of Cooking-Mitglied Terry Garthwaite produzierte, hochgelobte LP *Shodows on a Dime* heraus. Ferron begibt sich in ihren Songs auf das gleiche qualvolle Terrain privater Beziehungen wie später Melissa Etheridge. Durch ihre ausdrucksvolle Interpretation entsteht der Eindruck, als würde der gesellschaftliche Wandel, den sie in »It Won't Take Long« besingt, gerade hinter der nächsten Ecke stattfinden. *Shadows* wurde von der Kritik gepriesen und vom *Rolling Stone* mit vier Sternen ausgezeichnet. Im *Boston Globe* war zu lesen: »Eines Tages wird man Bob Dylan als Ferron der Sechziger bezeichnen.« Doch gerade als sie kurz vor dem Durchbruch zu einem größeren Publikum stand, unterbrach Ferron ihre Karriere, da die Tourneen und Auftritte eine zu große Belastung geworden waren. »Ich habe mich eine Weile in mein eigenes Leben zurückgezogen«, sagte sie gegenüber der Zeitschrift *Georgia Straight*. »Ich mußte mir erst wieder darüber klarwerden, woher die Leidenschaft kommt.«

Zeit zum Nachdenken bedeutete, daß zwischen *Shadows* und *Phantom Center* (1990) sechs Jahre lagen. *Phantom Center* erschien unter dem Label Chameleon, das 1985 als Ableger einer Platten-Importfirma gegründet wurde. In einer Pressenotiz wird Ferrons Verbindung zur Frauenmusikszene erwähnt: »Obwohl Ferron die Unterstützung, die sie aus der Szene erhält, sehr zu schätzen weiß und ihren Zielen und Werten auch weiterhin verbunden bleibt, hat sie doch Bedenken, auf eine ganz bestimmte Richtung festgelegt zu werden.« Die Zeitschrift *Hot Wire* war in ihrer Wortwahl nicht so vorsichtig und betitelte ihr Interview mit der Sängerin in ihrer Januarausgabe 1991: »Ferrons Rückkehr zur Frauenmusik«. In dem Interview erklärte Ferron: »In der Frauenmusik geht es nicht nur darum, daß Frauen sich öffnen, sondern darum, daß sich alle Leute gegenüber Frauen öffnen.« Auch bei ihren Konzerten bilden Frauen den Großteil ihres Publikums.

Zur selben Zeit versuchte auch die Gruppe Two Nice Girls aus Austin, Texas, zu zeigen, daß offen lesbische Künstlerinnen ein Publikum außerhalb des Bereichs der Frauenmusik finden konnten, ohne dabei ihre Integrität aufs Spiel zu setzen. Gretchen Phillips, die Gitarristin der Gruppe, sagte gegenüber der Zeitschrift *Pulse*: »Wir wollen nicht als Feministinnen oder Lesben abgestempelt werden. Wir möchten als Songschreiberinnen und Musikerinnen anerkannt werden.« Die Two Nice Girls bemühten sich um die Anerkennung ihrer feministische Einstellung und ihres Lesbischsein als Teil von ihnen und versuchten gleichzeitig, ihre Musik in den Mittelpunkt zu stellen. Das bedeutete jedoch nicht, daß sie vor einem Kommentar über diese beiden Themen zurückschreckten: »Ich will nicht für eine Anpasserin gehalten werden, nur um Erfolg zu haben«, sagte Kathy Korniloff, ebenfalls Gitarristin in der Gruppe, gegenüber *Hot Wire*.

Die Two Nice Girls wurden 1985 im Zuge der Frauenmusik- und Punkbewegung gegründet und war von beiden Bewegungen stark beeinflußt, was sie in den Liner Notes ihres Debütalbums *Two Nice Girls* bereitwillig bekunden: Die Einflüsse reichten von Joan Armatrading über die Shaggs und Led Zeppelin bis hin zu Joni Mitchell und den Slits. Ihre eigenen Erfahrungen waren jedoch genauso vielfältig wie ihre Einflüsse. Gretchen Phillips war als Kind bei den Auftritten ihre Eltern dabei, die in einer Kneipen-Band namens Orphans spielten und besuchte später die High School for the Performing and Visual Arts in Houston. Bevor sie bei den Two Nice Girls spielte, war sie Mitglied in den Bands Meat Joy und Girls in the Nose. Kathy Korniloff bekam als Kind Geigenunterricht, begann als Zwölfjährige, Gitarre zu spielen und entdeckte Jethro Tull und Joni Mitchell. Nachdem sie an der University of Texas einen Abschluß im Bereich Film gemacht hatte, gründete sie Litris Media, die das jährlich stattfindende Third Wave International Women's Film & Video Festival in Austin sponsert. Die Bassistin Meg Hentges hatte früher in der Frauen-Punkband Neo-Boys in Portland, Oregon, gespielt, bevor sie nach Austin ging und den Two Nice Girls nach der Veröffentlichung ihrer ersten LP beitrat. Die Schlagzeugerin Pam Barger, die als Ersatz für die ursprüngliche Drummerin der Gruppe, Laurie Freelove, kam, hatte mit Phillips bei Girls in the Nose und außerdem in der Band Child Bearing Hips gespielt. Unter anderem zählten Karen Carpenter, Maureen Tucker, John Bonham und Keith Moon zu ihren Drum-HeldInnen.

Das 1989 bei Rough Trade erschienene Debütalbum der Gruppe ist von feinem Humor durchzogen und enthält ein einfallsreiches Medley aus Lou Reeds »Sweet Jane« und Joan Armatradings »Love and Affection« sowie eine Cover Version von Jane Siberrys »Follow Me«. Der Song, der die Gruppe jedoch berühmt und berüchtigt machte, ist »I Spent My Last $10 000 (On Birth Control & Beer)«. Diese Country & Western-»Geschichte des Jammers« handelt von einer lesbischen Frau, die sich nach der Trennung von ihrer Freundin unerwartet in den Armen eines »starken, behaarten Mannes« wiederfindet. Den Höhepunkt des Songs bildet der Refrain mit Publikumsbegleitung. Der humorvolle Umgang mit der homosexuellen »Bekehrung« machte den Song in den alternativen Radiosendern zu einem Hit. Eine Kritikerin, der der Witz entgangen war, bezeichnete ihn jedoch als »scharfe Hetzrede gegen die Männer«. Die ironische Ader der Gruppe wurde auch auf ihrer nächsten Veröffentlichung, der EP *Like a Version* (1990) deutlich. Die Platte enthält u.a. ein weiteres gelungenes Medley, »I Feel (Like Makin') Love« (eine Kombination aus »Feel Like Makin' Love« von Bad Company und Donna Summers »I Feel Love«), Cover Versionen von »Cotton Crown« (von der New Yorker Band Sonic Youth), »Bang, Bang« (im Original von Janis Martin), den Titelsong aus der Zeichentrickserie *Speed Racer*, »Top of the World« von den Carpenters und »$10 000«. Die 1991 erschienene LP *Chloe Liked Olivia* (eine Zeile aus Virginia Woolfs *Ein Zimmer für sich allein*) war ein etwas ehrgeizigeres Unternehmen. Die akustische Grundlage der Gruppe wurde mit verschiedenen zusätzlichen Instrumenten angereichert, und die vielseitigen Texte reichten von einer Lobrede auf das Leben der Lesben und Schwulen in »The Queer Song« bis hin zu einem vernichtenden Blick auf Präsident George Bush, der lediglich »für einen netteren und sanfteren Fick« gut ist, in »For the Inauguration«.

An der Westküste schrieb die Sängerin/Songschreiberin Phranc ebenfalls scharfsinnige Songs und bemühte sich, offen lesbisch zu leben und trotzdem ihre Musik in den Vordergrund zu stellen. Wie die Two Nice Girls machte auch Phranc Aufnahmen für Labels, die nichts mit der Frauenmusik zu tun hatten. Sie veröffentlichte ihre erste LP bei Rhino und wechselte anschließend zu Island. »Man muß ständig versuchen, sich durchzusetzen«, sagt sie. »Die Two Nice Girls und ich werden oft mit demselben Mist konfrontiert. Für die Leute ist unsere Sexualität wichtiger als unsere Musik, und das hasse ich. Ich hasse es! Aber ich halte trotzdem nicht den Mund.« Als einzige selbstgekürte »typisch amerikanische, jüdische, lesbische Folksängerin« war Phranc mit ihrer schnittigen Flattop-Frisur eine Klasse für sich, eine Klasse, die jedoch allgemeine Anziehungskraft ausübte. »Meine Songs richten sich an alle Leute«, sagt sie. »Ein paar von meinen Songs behandeln zwar das Thema Lesbischsein, aber meine Sexualität macht nicht den größten Teil von mir aus – sie gehört zwar zu mir, so wie meine Frisur und meine Schuhe, aber sie ist nicht der größte Teil von mir und auch nicht der kleinste. Früher gab es nicht viele Leute, die offen als Lesben lebten, so daß ich das Gefühl hatte, ich sei die einzige! Ich bin aber nicht die einzige. Für junge Leute ist es wichtig zu wissen, daß sie nicht die einzigen sind. Sie sollten das Recht haben, so aufzuwachsen und so sein zu können, wie sie sind. Darum geht es mir.«

Phranc wurde als Susie Gottlieb in Los Angeles geboren und wuchs auch dort auf. Mit fünf begann sie, Musik zu machen, spielte zuerst Klavier, dann Geige und mit zehn Jahren Gitarre. »Ich hörte Platten von Pete Seeger, Platten mit Broadway-Musicals, z.B. *South Pacific*, und Allan Sherman, der einer meiner stärkeren Einflüsse war – vor allem sein ‘My Son, The Folk Singer’ [1962 ein Nummer-1-Hit für Sherman]. So habe ich angefangen.« Als Teenager ging Phranc zu Frauenkonzerten und begann, in Cafés zu spielen. Mitte der siebziger Jahre verließ sie als Siebzehnjährige ihr Elternhaus, »weil ich zu Hause« nicht lesbisch sein konnte. Das war zu der Zeit, als die Frauenmusik brandneu war und es in Los Angeles eine große Lesbenszene gab. Dort wuchs ich auf.« Als »radikale, separatistische Junglesbe« spielte Phranc weiterhin Gitarre und schrieb Songs. Darüber hinaus arbeitete sie für Publikationen wie z.B. *Lesbian Tide* und *Sister*. Schließlich zog sie nach San Francisco, um sich in der dortigen Frauenszene umzusehen. Wie Michelle Shocked später in den achtziger Jahren, geriet auch Phranc bald in die Punk- und Hardcore-Szene der Stadt.

»Was mich am Punk anzog, war, daß ich zum ersten Mal das Gefühl hatte, unter meinesgleichen zu sein«, erklärt Phranc. »Ich lernte Leute in meinem Alter kennen, die wütend waren und es satt hatten, nicht ernst genommen zu werden, nur weil sie jünger waren. In der Frauenszene wurden nicht unbedingt alle mit offenen Armen empfangen. Ich war sehr jung, und damals gab es [in der Frauenbewegung] nicht viele junge Lesben. Ich kannte ein oder zwei andere junge Frauen, die sechzehn und siebzehn waren, und das war’s. Alle anderen waren mindestens zehn Jahre älter als wir.« Zudem stellte sie fest, daß es ihr Spaß machte, wieder Kontakt zur »Außenwelt« zu haben. »Ich war vorher total separatistisch, und plötzlich trat ich wieder in die große Welt ein, mit allen möglichen verschiedenen

Leuten und auch Männern. Es war einfach ein ganz anderes Leben«, erzählt sie. »Aber ich fand es sehr aufregend, weil ich mich hauptsächlich mit Leuten in meinem Alter identifizierte, die wütend und begeistert und kreativ und politisch waren.«

Phranc nahm ihr Interesse am Punk mit zurück nach Los Angeles und spielte dort in den Bands Nervous Gender (»In dieser Band habe ich nicht gesungen«, sagte sie später, »sondern geschrien«) und Catholic Discipline, die auch in Penelope Spheeris' *The Decline ... of Western Civilization* zu sehen ist. Nachdem sie den Song »Take Off Your Swastika« geschrieben hatte, einen Angriff gegen die Punks, die ein Hakenkreuz als Mode-Accessoire trugen, spielte sie Anfang der achtziger Jahre auch wieder akustische Stücke. »So bin ich wieder zum Folk gekommen«, erklärt sie. »Weil ich wollte, daß die Leute gerade bei diesem Song auf den Text achten. Eine Ballade ist die beste Möglichkeit, eine Geschichte durch einen Song zu erzählen, und das funktioniert bei mir ziemlich gut. Punk Rock war toll. Er hat so viele Gemeinsamkeiten mit der Folk Musik. Er war so einfach und so stark, hatte eine Menge Botschaften, richtig politisch, aber der Schwerpunkt lag nie auf den Texten. Im Punk gab es so viele gute Sachen, so viele gute Texte und tolle Songs, aber viele von ihnen sind untergegangen.«

Da sie keinen Plattenvertrag bekam, sparte Phranc das Geld, das sie als Schwimmlehrerin verdiente und nahm ihre erste LP für fünfhundert Dollar selbst auf. Anschließend bot Rhino ihr einen Vertrag an, und *Folksinger*, produziert von Phranc, Ethan James und Craig Lee, wurde 1985 veröffentlicht. Die Songs der LP behandeln die unterschiedlichsten Themen, von Mud-Wrestling[98] (mit einem Refrain zum Mitsingen), über die Verewigung des Papstes in einem Comic-Heft (»Caped Crusader«) bis hin zu Phrancs Erfahrungen als Schwimmlehrerin in »One o' the Girls«. In diesem Song versuchen ihre Schülerinnen, sie dazu zu bewegen, sich die Beine zu rasieren (ein Vorschlag, der mit einem ganz klaren »Auf gar keinen Fall!« beantwortet wird). *Folksinger* bekam zwar gute Kritiken, verkaufte sich wegen des schlechten Vertriebs jedoch nur mäßig, so daß das Label Phranc fallenließ. In den nächsten Jahren tourte sie als Vorprogramm für Gruppen wie die Smiths, X und Violent Femmes und ging anschließend wieder ins Studio – diesmal allein. »Ich hatte es wieder mal satt, darauf zu warten, daß jemand meine Platte macht, also habe ich sie selbst gemacht«, erinnert sie sich. Phranc engagierte den Drummer der Violent Femmes, Victor DeLorenzo, als Produzent und nahm die Platte

---

98 Frauen-Wrestling im Schlamm, eine Sportart, die sich vor allem beim männlichen Publikum großer Beliebtheit erfreut.

in seinem Studio in Milwaukee auf. »Als ich mit dem Band nach Hause kam, hatten plötzlich alle Interesse daran«, sagt sie. »Also ging ich mit den Leuten von allen großen Labels essen. Und, weißt du, sie finden dich super, wenn sie mit dir essen gehen und sagen dir, wie toll du bist und fragen, wie deine LP werden soll, und wieviel du ausgeben kannst und all sowas. Und eine Woche später sagen sie dann ab. Diese ganze Vertragsprozedur ist sehr frustrierend. Immer wieder ganz von vorne anfangen und lächeln und sich an den nächsten Idioten verkaufen. Ich habe das lange gemacht, und es war sehr entmutigend, sehr frustrierend.«

Phranc gibt zu, daß ihr Image als »typisch amerikanische, jüdische Lesbe« zwar einige Plattenfirmen abgeschreckt haben könnte, fügt aber hinzu: »Aber niemand sagt es. Niemand rückt damit heraus und sagt es. Du bekommst einfach nur keinen Plattenvertrag!« Schließlich nahm Island Records Phranc unter Vertrag und brachte 1989 *I Enjoy Being a Girl* heraus. »Island geht mit gutem Beispiel voran, weil sie mich unter Vertrag genommen haben und mich einfach so mögen, wie ich bin«, erklärt sie. »Ich werde nicht gezwungen, meine Frisur oder mein Äußeres zu ändern oder das, was ich sage oder was ich bin. Nach so langer Zeit tut es gut, zu spüren, daß das Label hinter mir steht und mir Unterstützung geben kann. Es gibt ein Zitat aus der *L.A. Times*: Als sie ein Interview mit mir machten, interviewten sie auch, ohne daß ich es wußte, den Leiter der Marketingabteilung, und er sagte: 'Es gibt keine Sektion für jüdische, lesbische Folksängerinnen in den Plattenläden. Daß Phranc lesbisch ist, ist überhaupt nicht wichtig, höchstens insofern, als es ein Teil von ihr ist.' Sowas in der Zeitung zu lesen, vom Marketingleiter eines großen Labels, ist schon ziemlich aufregend. Es war ein richtiger Tritt in den Hintern für all die Leute in der Branche, die mir im Weg gestanden hatten.«

Auf ihrer Debüt-LP bei Island singt Phranc sowohl Songs über ernste Themen (»Take Off Your Swastika« und »Bloodbath«, in dem es um Apartheid geht) als auch humorvolle Stücke über ihre Ticks (Spielzeugläden und Tennisstar Martina Navratilova). In »Folksinger« wirft Phranc einen Blick auf den Sängerinnen/Songschreiberinnen-Trend und bemerkt dazu ironisch: »Androgynie ist die Eintrittskarte/zumindest sieht es so aus/Laß dir einfach keine Flattop-Frisur machen/und rede nicht über Sexualität/und, Mädchen, dann wirst du es weit bringen.« Darüber hinaus sind auf der LP auch gelungene Cover Versionen des Titelsongs (von Rodgers und Hammerstein) und »Moonlight Becomes You« zu hören. Das Cover des Albums entbehrt ebenfalls nicht einer gewissen Ironie: Es ist ein strahlendes Portrait einer verträumt blickenden Phranc in rotem Rollkragenpullover, die mit einem Glas Milch in der Hand an einem Abhang aus Kunstrasen lehnt. 1990 brachte Island *Folksinger* als

Wiederveröffentlichung heraus. Für die LP nahm Phranc zusätzlich den Song »Everywhere I Go (I Hear the Go-Go's)« auf. Hier beklagt sie sich darüber, daß die Leute lieber versuchen, so auszusehen wie Belinda Carlisle und nicht wie sie. Im Anschluß an *Folksinger* kam 1991 *Positively Phranc!* heraus, Phrancs bis dahin ausgereifteste LP. Das Album enthält zwei Songs mit den Two Nice Girls als Background-Sängerinnen, darunter das Rockabilly-Stück »64 Ford«, den Song »Hitchcock« (mit Dave Alvin von den Blasters) über die weiblichen Stars in Hitchcock-Filmen, ein witziges Remake von Jonathan Richmans »Pablo Picasso«, das sie in »Gertrude Stein« umtaufte, einen Song über das Leben von Billy Tipton, die Jazz-musikerin, die fünfzig Jahre lang als Mann »durchging« sowie eine weitere einfallsreiche Cover Version, ein a capella-Duett mit Syd Straw auf »Surfer Girl« von den Beach Boys.

Obwohl Phranc, die Two Nice Girls und Ferron eine Brücke zwischen ihren sogenannten »alternativen« Lagern und dem Mainstream bilden wollten, indem sie mit den finanzkräftigeren größeren Indie Labels zu-sammenarbeiteten (oder, in Phrancs Fall, mit einem großen Label) und nicht mit den unterfinanzierten Frauenmusik-Labels, war sowohl Ferrons Plattenkarriere als auch die der Two Nice Girls von Schwierigkeiten mit ihren jeweiligen Labels begleitet (Ferron gibt auch weiterhin Konzerte, doch die Two Nice Girls lösten sich nach einer letzten Tournee 1992 auf). Rough Trade meldete 1991 Konkurs, an, und Chameleon (das 1990 auch Holly Nears LP *Singer in the Storm* herausgebracht hatte) verringerte drastisch seine Produktion. Aus diesem Grund ist auch Ferrons *Phantom Center* nicht mehr erhältlich. Phranc fand sich ebenfalls ohne Plattenfirma wieder, als Island sie nach der Veröffentlichung von *Positively Phranc!* hinauswarf.

Doch es gab auch andere Gruppen, z.B. Casselberry/DuPreé, die gar kein Interesse daran hatten, in den Mainstream zu kommen, sondern lieber regelmäßig bei Frauenmusikfestivals, Ethno- und Kulturfestivals sowie bei politischen Veranstaltungen auftraten. Die Gruppe bestand aus Judith (Jay) Casselberry (Gesang, Rhythmusgitarre), Jaqué DuPreé (Gesang, Hand-Percussion), Toshi Reagon (Bernice Reagons Tochter) am Baß und Annette Aguilar (Percussion). Die Musik der Gruppe setzte sich aus Ethno-Rhythmen mit eindrucksvollem, mehrstimmigen Gesang zu-sammen. Und wie schon manch ein amerikanischer Act vor ihr, hatte die Gruppe im Ausland zeitweise mehr Erfolg als in den USA. »Wir wurden dort wie Rockstars behandelt«, sagt Annette Aguilar über ihre Spanien-Tournee Ende der achtziger Jahre. »Sie war ein großer Erfolg, Wir waren sogar vor Bruce Springsteen in den Nachrichten!«

Aguilar hatte sich »den Mädels«, wie sie Casselberry/DuPreé nennt,

1981 angeschlossen. Sie hatte die beiden 1979 kennengelernt, als sie im Rahmen der Festivitäten am Gay Pride Day[99] in San Francisco auftraten. Aguilars Eltern waren von Nicaragua nach San Francisco gekommen, wo Aguilar 1957 geboren wurde. Nachdem sie die Beatles im Fernsehen gesehen hatte, wollte Aguilar Schlagzeug spielen und trat in der sechsten Klasse der Schulband bei. Später kaufte sie sich eine Conga und spielte lateinamerikanische Rhythmen. Schon bald begann sie eine umfassende musikalische Ausbildung: Sie spielte in einer lateinamerikanisch-brasilianischen Frauen-Jazzband und der Women's Philharmonic in San Francisco. Gleichzeitig studierte an der San Francisco State University und machte einen Bachelor-Abschluß[100] in Musik (später machte sie an der Manhatten School of Musik noch einen Magisterabschluß).

Aguilar trat zum ersten Mal während ihrer College-Zeit mit Casselberry/DuPreé auf. Allerdings blieb sie noch bis zum Abschluß ihres Studiums in San Francisco, bevor sie nach New York ging, wo die beiden 1983 hingezogen waren. Aguilar kam zwei Jahre später nach New York, genau rechtzeitig, um mit der Gruppe die LP *City Down* (1986) aufzunehmen. Die von Linda Tillery produzierte LP wurde von der National Association for Independent Record Distributors (NAIRD) als »Bestes Reggae-Album des Jahres« ausgezeichnet. Die Gruppe ging dann auf Tour und mußte feststellen, daß das Publikum auf die Rassenmischung der Gruppe nicht immer so positiv reagierte wie auf die Musik. »Wir waren vier Frauen auf der Bühne«, sagt Aguilar, »drei schwarze und eine Hispano-Frau. Einmal wollten sie uns nicht über die Grenze lassen! Und dabei sind die Mädels so sauber – sie nehmen keine Drogen und sind gesund! Aber als wir in den Flughafen kamen – vergiß es! Gottseidank haben die Mädels viel Humor und können zu allen Leuten freundlich sein. Ich habe schon gesehen, wie Jay Casselberry mit den aufgeblasensten weißen Männern gesprochen und dabei gelächelt hat. Mit den Hotels haben wir eigentlich keine Probleme, bis auf die vielen Blicke, aber wenn wir reinkommen, lächeln wir und sagen: 'Wie geht's?' Und Jay kann sehr nett und lange lächeln.«

Die Gruppe wurde nicht nur mit rassistischen, sondern auch mit sexistischen Reaktionen konfrontiert, obwohl sich diese Haltung ganz schnell änderte, wenn die »Mädels« bewiesen hatten, daß sie »echte« Musikerinnen waren. »Wir hatten einen Auftritt in Boston«, erinnert sich Aguilar. »Wir machten Soundcheck, und es waren ein paar weiße Jungs

---

99 Jedes Jahr finden in San Francisco Schwulen- und Lesbendemos mit Kundgebungen und Festen statt.

100 Der akademische Grad »Bachelor of Arts« bzw. »Bachelor of Science« (Bakkalaureus der philosophischen/ naturwissenschaftlichen Fakultät) ist in Großbritannien und den USA der niedrigste Universitätsabschluß und somit die Vorstufe zum Magisterabschluß (Master of Arts bzw. Master of Science).

da, die Typen, die einen auf Rocker machen. Sie sahen uns so nach dem Motto an: Kuck mal, die blöden Ziegen da mit den Dreadlocks, Mann, die schwarzen Mädchen und das weiße Mädchen... was wollt ihr denn machen? Ein paar Songs von den Go-Go's spielen? Es war so, als hätten wir überhaupt keine Ahnung von Sound. Keine Ahnung von Mikros. Aber sie. Und dann fangen wir an zu spielen, und sie flippen alle aus. Plötzlich wollen sie dann nett zu uns sein!« Doch laut Aguilar änderten sich solche Einstellungen gegenüber Künstlerinnen, als Musikerinnen wie Tracy Chapman, eine Freundin Toshi Reagons, in der Musikszene auftauchten.

»Endlich sehen die Plattenfirmen, wie stark Künstlerinnen sind, und wieviel Talent sie haben«, sagt Aguilar und erinnert sich an die Reaktion auf Chapmans LP, die der CD-Laden in New York, in dem Aguilar damals arbeitete, gerade hereinbekommen hatte. »Die Leute wollen wissen, was auf dieser Welt passiert, und deshalb mögen sie Tracy Chapman«, sagt sie. »Die Leute brauchen Bildung. Als mein Chef die LP von Tracy Chapman gerade hereinbekommen hatte, sagte ich: 'Oh, du hast Tracy Chapman bestellt? Sie ist Toshis Freundin. Sie hat schon in Michigan gespielt, sie ist mit den Mädels aufgetreten – Tracy ist stark. Sie kam zu unserem Auftritt im Januar im Strand in Boston, und Toshi hat mir erzählt, daß sie ein Album rausbringt. Es wird dir gefallen. Leg es auf.' Und er schaut mich an, so wie ja, ja, ja, und er legt das Ding auf, und, Mensch, alle waren hin und weg. Und plötzlich war sie auf der Titelseite vom *Rolling Stone*, geht mit Sting auf die Amnesty-Tour, und es ist, als ob die Leute denken würden: Schau dir die Frau mit den Dreadlocks und T-Shirt und Jeans an, Mann, wie sie singt. Das ist Bildung, Mann.«

Die Musikindustrie ignorierte nicht nur die Leistungen der Frauenmusik, die den Rock-Frauen der achtziger Jahre den Weg geebnet hatte, sondern auch Frauen, die entweder nicht in die Sängerinnen/Songschreiberinnen-Kategorie paßten oder keine eindeutig kommerzielle Musik machten. »Wenn wir den A & R-Männern glauben, wird Kate Bush es in Amerika nie schaffen«, sagt Gail Colson. »Weil ihre Stimme 'für das amerikanische Radio nicht geeignet ist.' Das ist furchtbar. Was soll das denn heißen, ihre Stimme ist nicht für das amerikanische Radio geeignet?« Trotz dieser Prophezeiungen schaffte Kate Bush 1985 mit *Hounds of Love* schließlich den Sprung in die amerikanischen Top 40. Die LP erreichte Platz 30, und die Singleauskoppelung »Running Up That Hill (A Deal With God)« plazierte sich ebenfalls auf Rang 30. Abgesehen von diesen beiden Hits konnte sich Bushs Musik auf dem amerikanischen Markt jedoch nicht behaupten. Nach der Veröffentlichung von *Hounds* wechselte Bush von EMI America zu Columbia in den USA, um dadurch mehr Publicity zu bekommen. Doch ihr Debüt bei Columbia, *The Sensual*

World (1989) kam nicht in die Top 40, und die Singleauskoppelung »Love and Anger« rangierte ebensowenig im oberen Bereich der Charts. 1991 kam die LP-Box *This Woman's Work* heraus, ein Sampler aus Bushs früheren LPs und Singles, der in den USA allerdings nicht veröffentlicht wurde. Doch auch heute noch hat Bush in Amerika den Status einer Kultsängerin und ist in den alternativen und Collegesendern nach wie vor überaus beliebt.

Das Kommerz-Radio hatte es auch mit k.d. langs Musik schwer, einer Mischung aus Country und Rock, die für die etablierten Konventionen beider Genres ein Schlag ins Gesicht war. Als lang 1990 für ihre vierte LP, *Absolute Torch and Twang*, Gold erhielt, witzelte sie in einem Presseartikel: »Ich und Metallica... ohne Radio Gold!« Denn trotz mangelnden Airplays fand lang eine Nische in der Musikszene und sicherte sich eine treue Anhängerschaft. Damit bewies sie, daß es auch für KünstlerInnen, die in keine vorgegebene Kategorie paßten, einen Platz in der Musikbranche gab. Langs Erfolg spiegelte ihre Entschlossenheit wider: »Solange man bereit ist, für etwas zu arbeiten, glaube ich, daß man auch bekommt, was man will«, sagte sie gegenüber *Goldmine*.

Kathy Dawn Lang wurde 1961 geboren und wuchs in Consort auf, einem Ort mit 650 Einwohnern in der kanadischen Provinz Alberta. Nachdem sie drei Jahre lang klassischen Klavierunterricht erhalten hatte, sattelte sie mit zehn Jahren auf Gitarre um. Ein Jahr zuvor hatte sie einen Song mit dem Titel »Hoping All My Dreams Come True« geschrieben, den sie an die kanadische Sängerin Anne Murray schickte. Nach ihrem High School-Abschluß studierte sie am Red Deer College in Alberta Musik und geriet mit neunzehn in den Bann der Country&Western Musik. Langs Musikgeschmack war schon immer sehr breit gefächert: Abgesehen von den Vorbildern, die sie anführte, »alle, von Julie Andrews bis Yoko Ono«, war sie auch ein Fan von Peggy Lee und Joni Mitchell. Durch eine Rolle in der Bühnenshow *Country Chorale*, die auf Patsy Clines Leben basiert, lernte sie auch die Musik dieser Sängerin kennen und bezog daraus weitere musikalische Anregungen. Zuerst wollte man lang wegen ihrer jungenhaften Art die Rolle der Patsy Cline nicht geben - eine Vorahnung auf langs spätere Schwierigkeiten. Als sie dann doch ausgewählt wurde, stürzte sie sich sowohl auf ihre Rolle als auch auf die Entdeckung der Country Musik.

Nach *Country Chorale* antwortete sie 1982 auf eine Anzeige, in der eine Western Swing-Band[101] namens Dance Party aus Edmonton eine

---

101 Der Begriff Western Swing entstand Ende der dreißiger Jahre für eine Kombination aus Country & Western und Swing, die sich in Texas und Oklahoma herausgebildet hatte.

Sängerin suchte. Nachdem sich die Band 1983 aufgelöst hatte, gründete lang eine eigene Gruppe, die reclines. Die Band hatte schnell viele Fans in der Gegend und brachte schon bald ihre erste Single heraus, »Friday Dance Promenade«, auf die 1984 die Veröffentlichung von *A Truly Western Experience* folgte. Die LP erschien bei Bumstead, einem Indie Label aus Vancouver in Britisch Columbia. *A Truly Western Experience*, co-produziert von lang, die auch Co-Autorin von drei der neun Songs war, zeigt die Gruppe von allen Seiten. Den schwungvollen Anfang der LP bildet »Bopalena«, ein C&W-Rockstück zum Tanzen, »Stop, Look and Listen« ist ein kleiner Tribut an Cline, und der Schlußsong »Hooked on Junk« ist ein bemerkenswertes sechs-Minuten-Stück, das lang mit treffendem Pessimismus und kratzender, rauher Stimme vorträgt – ganz anders als in all ihren späteren Aufnahmen. Die LP steigerte den Bekanntheitsgrad von lang und den reclines, so daß sie Ende des Jahres von Sire Records unter Vertrag genommen wurden. 1985 bekam lang einen Juno als »Beste Nachwuchssängerin«. Ihr Debütalbum bei Sire, *Angel With a Lariat* (1987) mit seinen größtenteils optimistischen Stücken verkaufte sich trotz guter Kritiken nur schlecht, was lang auch mit ihren späteren Platten immer wieder passierte.

Obwohl langs Platten und Live-Shows bei KritikerInnen und Publikum sehr beliebt waren, wollte das Radio ihre Mischung aus Country und Rock und ihr extravagantes, theatralisches Auftreten nicht so recht akzeptieren. Wenn auch ihre Musik eine Synthese aus konventionellen Stilen war, so hatte ihre Bühnenkleidung doch nichts mehr mit dem traditionellen Country-Look aus wallenden Spitzenkleidern oder pastellfarbenen Fransenjacken zu tun. Lang hatte zwar nichts gegen Kleider oder Fransen (einmal trug sie bei einer Preisverleihung sogar ein Hochzeitskleid), zog aber einen peppigen Secondhand-Chic und Accessoires wie Cowboy-Stiefel mit abgesägten Absätzen vor, um die konventionelle Country-Mode anzudeuten. Mit ihrer Frisur eiferte sie dagegen den klassischen Tollen der fünfziger-Jahre-Rocker nach (nachdem sie einen von langs Auftritten gesehen hatte, kommentierte Madonna: »Ich habe Elvis gesehen – und sie ist hinreißend!«), ein Look, der für die Arbeit im Fernsehen wie geschaffen war. Alternative Radiosender räumten lang zwar einen Platz ein, in der konservativeren Country-Branche stieß ihr »Gender Bending«-Image jedoch auf Widerstand. Und selbst einem liberalen Publikum konnte der ironische Aspekt in langs Stücken entgehen: »Gerade neulich bekam ich einen Brief von einer Feministin, in dem sie schreibt: 'Ich finde es ziemlich übel, daß Du »Johnny Get Angry« singst, weil mir nicht klar ist, ob Du sowas verurteilst oder stillschweigend duldest'«, sagte sie gegenüber *Ms.* und fügte hinzu: »Man sollte doch annehmen, daß eine Frau, die so aussieht und sich so verhält wie ich, also, daß es ziemlich offensichtlich sein sollte, wie ich dazu stand.« Lang begegnete solchem Widerstand mit dem Argument, es sei wichtiger, daß die Leute ihre Meinung über sie änderten. »Die meisten Leute machen gar keinen Versuch, zu verstehen, woher ich komme«, sagte sie gegenüber *Goldmine*. »Sie sehen in mir einfach nur eine Sängerin, die etwas Außergewöhnliches bietet, und ich gebe zu, daß es zu meiner Lebensauffassung gehört, etwas Außergewöhnliches zu machen. Aber ich glaube, daß diese Leute Angst haben, die vielen Seiten von k.d. lang zu entdecken, obwohl sie sie irgendwann entdecken *werden*, wenn sie wollen.«

Mit ihrem nächste Projekt warf lang die Auffassung der Country-Branche über ihre Musik über den Haufen. *Shadowland* wurde nicht nur in Nashville und mit StudiomusikerInnen anstelle der reclines aufgenommen, sondern sogar von Patsy Clines früherem Produzenten Owen Bradley produziert. Bradley wurde von einem gemeinsamen Freund bei RCA in Nashville auf langs Songs aufmerksam gemacht. Nachdem er lang mit ihrer Interpretation von Clines »Three Cigarettes (In an Ashtray)« in *The Tonight Show* gesehen hatte, gab er erstmals seit zehn Jahren seinen Ruhestand auf, um mit ihr zu arbeiten. *Shadowland* (1988) legt mit seinem Aufgebot an bluesigen, jazzigen Schnulzen ein etwas langsameres Tempo vor. Auch die Country-Veteraninnen Brenda Lee, Kitty Wells und Loretta Lynn sind auf »The Honky Tonk Angels Medley« mit lang zu hören. Im selben Jahr bekam lang einen Grammy für ihr Duett mit Roy Orbison, »Crying«, das als »Beste Gesangszusammenarbeit« ausgezeichnet wurde. 1989 traten die reclines auf der LP *Absolute Torch* [102] *and Twang* [103] wieder in Erscheinung, die lang ebenfalls co-produziert hatte. Außerdem war sie auch Autorin bzw. Co-Autorin der meisten Songs. Lang bekam für dieses Album nicht nur zum ersten Mal Gold in den USA, sondern gewann auch einen Grammy als »Beste Country-Sängerin«, ihre erste Auszeichnung als Solokünstlerin. In den neunziger Jahren setzte lang ihre künstlerische Vielseitigkeit auch im Film ein. Ihr Debüt gab sie 1991 in Percy Aldons Film *Salmonberries*, und 1992 sang sie mit Jane Siberry das Duett »Calling All Angels« für den Soundtrack zu Wim Wenders' Film *Bis ans Ende der Welt*. Darüber hinaus erschien 1992 auch ihre fünfte LP, *Ingénue* mit einer Reihe von Balladen über die Qual der Liebe. Das Album wurde von der Kritik als »Torch Without the Twang« bezeichnet.

Auch Sinéad O'Connnor war eine Sängerin, die als »zu abgefahren« für das amerikanische Publikum galt. Ihr Durchbruch kam deshalb noch

---

102 Ein »Torch Song« ist ein sentimentales Stück über unerwiderte Liebe.
103 Klimpern auf der Gitarre.

unerwarteter als Vegas Erfolg. Und obwohl man O'Connor für die Titelseite der *Musician*-Ausgabe über den Rock-Frauen-Trend ausgewählt hatte, war gerade sie die letzte, die sich mit diesem Trend identifiziert hätte: »Ich hasse es auch, gefragt zu werden: 'Wie fühle ich mich als *Frau* in der Rockmusik'«, sagte sie in einem *Musician*-Artikel mit der Überschrift »Fragen, die Sinéad O'Connor haßt.« Damit verleiht O'Connor ihrer allgemeinen Unzufriedenheit Ausdruck, irgendeiner Kategorie zugeordnet zu werden, ob nun als Frau oder als Irin. O'Connor wurde 1966 in Dublin geboren und wuchs in einer problembeladenen und gewalttätigen Familie auf. Ihre Eltern ließen sich scheiden, als sie acht war, und O'Connor lebte zunächst ein paar Jahre bei der Mutter, bevor sie sich mit dreizehn dafür entschied, bei ihrem Vater zu leben. Ihre Mutter kam 1985 bei einem Autounfall ums Leben. In dieser belastenden Atmosphäre suchte O'Connor in der Musik Zuflucht und erinnerte sich später daran, daß sie sich beim Spazierengehen Songs ausgedacht hatte. »Es war nicht so, daß ich Sängerin werden wollte«, sagte sie gegenüber dem *Rolling Stone*, »es war nur so, daß ich mit meiner Stimme den Schmerz, den ich fühlte, wirklich *ausdrücken* konnte.«

O'Connor nahm auch Ballett- und Gesangsunterricht, war in der Schule jedoch unglücklich und begann, den Unterricht zu schwänzen, um sich als Ladendiebin zu betätigen. Als sie ein Paar Schuhe stehlen wollte, wurde sie erwischt und anschließend auf mehrere Internate geschickt. Dort konzentrierte sie sich dann weiter auf ihre Musik, spielte in ihrem Zimmer Gitarre (die ihr eine Aushilfslehrerin gekauft hatte) und schrieb Songs. Als sie 1982 bei der Hochzeit dieser Lehrerin den Song »Evergreen« sang, wurde der Bruder der Lehrerin, der in der Stadtband In Tau Nua mitspielte, auf sie aufmerksam. O'Connor arbeitete schließlich an der Entstehung des Songs »Take My Hand« mit, der als erste Single der Band erschien. Nach dieser Erfahrung zog sie als Teil eines Folkduos durch die Pubs. Sie mischte eigene Stücke mit Cover Versionen von Bob Dylan-Songs und entwickelte ihren charakteristischen Gesangsstil zum Teil deshalb, weil sie das laute Publikum in den Pubs übertönen mußte. »Ich wurde echt sauer, wenn die Leute redeten, während ich sang; also habe ich einfach geschrien«, erzählte sie dem *Musician*. »Ich habe sie damit total erschreckt, und das hat mir Spaß gemacht.« 1984 gründete O'Connor die Band Ton Ton Macoute und besuchte für kurze Zeit das College of Music in Dublin. Im folgenden Jahr sahen Nigel Grainge und Chris Hill von Ensign Records die Band in Dublin und wollten mit O'Connor in Verbindung bleiben. Sechs Wochen später schrieb O'Connor Grainge und Hill, daß sie die Band verlassen hatte. Die beiden holten sie nach London, und dort nahm sie ein Demo mit vier Songs auf (produziert von Karl Wallinger von den Waterboys), das ihr einen Vertrag bei der Firma verschaffte.

Während sie an ihrer ersten LP arbeitete, schrieb sie mit dem U2-Gitarristen The Edge (Dave Evans) den Song »Heroine« (bei dem sie auch mitsang) für den Soundtrack zu dem Film *Captive - Im Banne der Entführer*. Die Arbeit an ihrer eigenen Platte, *The Lion and the Cobra*, lief allerdings nicht so glatt. Spannungen zwischen O'Connor und dem Produzenten Mick Glossop überschatteten die Aufnahmen: »Er wollte eine Art Grace Slick-Album machen«, beklagte sich O'Connor. Da weder O'Connor noch die Plattenfirma mit dem Ergebnis zufrieden waren, übernahm O'Connor die Aufgabe des Produzierens selbst. Die Stimmung war allerdings nach wie vor gespannt, vor allem, als O'Connor schwanger wurde, und die Plattenfirma ihr zu einer Abtreibung riet. »Sie dachten, ich würde meine Karriere gefährden«, erklärte sie im *Rolling Stone*. »*Meine* Meinung dazu war, daß sie, wenn ich ein Mann gewesen und meine Frau oder meine Freundin schwanger gewesen wäre, mir nicht erzählt hätten, daß ich das Kind nicht bekommen sollte.« O'Connor zog eine Abtreibung zwar in Erwägung, entschied sich dann aber für das Kind und brachte zwei Wochen nach der Fertigstellung von *Cobra* ihren Sohn Jake zur Welt. Ensign hatte O'Connors Entschlossenheit, über ihr Leben selbst zu bestimmen und sich weder in bezug auf ihre Musik, Schwangerschaft oder ihr Aussehen manipulieren zu lassen, eindeutig unterschätzt. O'Connors kahlrasierten Kopf sah Grainge im *Rolling Stone* lediglich als Folge ihrer Angewohnheit, »immer mit den Haaren zu spielen … sie kam rein und hatte einen kahlgeschorenen Kopf. Wir dachten: 'Also, *das* ist doch eine klare Aussage'.« Für O'Connor selbst lagen die Gründe anders, wie sie in einem späteren *Rolling Stone*-Interview darlegte: »Vor Jahren wollten Chris Hill und Nigel Grainge, daß ich hochhackige Schuhe und enge Jeans anzog und mir die Haare wachsen ließ«, erinnerte sie sich. »Und ich fand das so lächerlich, daß ich mir eine Glatze rasierte, damit es keine weiteren Diskussionen gab. Ich hatte zwar auch noch andere Gründe, aber damit wußten sie dann Bescheid.«

The Lion and the Cobra erschien 1987 und war ein atemberaubendes Debütalbum. O'Connors harte Stimme, die bemerkenswert fließende Übergänge von einem Flüstern über Klagelaute bis zum Schreien bewerkstelligen konnte, war mit einer Musik kombiniert, deren einziger gemeinsamer Nenner ihre Intensität war. Obwohl *Cobra* eigentlich nichts mit dem typischen Tanz-Rock der Top 40 gemeinsam hatte, war die LP weder übermäßig esoterisch noch unzugänglich. Vor allem das eingängige Intro von »Mandinka« schien wie geschaffen für das Radio, und der Song erreichte in Großbritannien Platz 17. In Amerika wurden dagegen nur geringe Verkaufszahlen erwartet, und der damalige Geschäftsführer von Chrysalis Records (O'Connor's Label in den USA), Mike Bone, sagte, daß er sich eine Glatze schneiden lassen würde, wenn sich die LP in den USA mehr als 50000 verkaufen würde. Doch College- und alternative Rundfunksender spielten die Platte, vor allem »Mandinka«, und *Cobra* verkaufte sich allmählich. Im Frühjahr 1988 schaffte das Album schließlich den Sprung in die Top 40 (es erreichte Platz 36), und O'Connor schnitt Bone persönlich eine Glatze, als sie im März in den USA war. In Großbritannien war O'Connor wegen ihres Aussehens und ihrer Offenheit bereits eine umstrittene Künstlerin, obwohl sie in der Zeitschrift *Q* betonte: »Ich nehme zwar kein Blatt vor den Mund, aber ich bin nicht aggressiv. Vieles kommt einfach daher, daß [die Presse] nicht mit dem – ihrer Meinung nach – theatralischen Getue einer kleinen Frau mit Glatze umgehen kann. Sie kann nicht verstehen, warum ich nicht einfach den Mund halte und rausgeschmissen werde.« In der *Musician*-Story lieferte O'Connor Amerika eine Kostprobe ihrer Offenheit. Sie kritisierte Chrysalis wegen der Änderung des LP-Covers (das eine nachdenkliche O'Connor mit geschlossenem Mund und gesenktem Blick zeigt. Auf dem Originalcover ist sie zwar in einer ähnlichen Pose zu sehen, schreit aber) sowie für die Werbeaktion, bei die die Firma ein Foto herausgab, auf dem die Angestellten mit Gebetskäppchen zu sehen sind. »Das ist doch albern«, sagte O'Connor. »Wenn sie die Platte jemals gehört hätten, wüßten sie, daß ich kein Interesse daran habe… ein Scheiß-Popstar zu sein… Was mich betrifft, ist das Beweis genug dafür, daß sie überhaupt keine Ahnung von mir haben und die Platte wahrscheinlich auch noch nie gehört haben.«

Zwei Jahre später wiederholte sich dieses Szenario bei ihrer ebenfalls erfolgreichen zweiten LP, *I Do Not Want What I Haven't Got*, in einem größeren Rahmen. Das Album wurde in einer für die Sängerin emotional schwierigen Zeit aufgenommen: O'Connor trennte sich vom Vater ihres Sohnes, John Reynolds (der auf ihren Platten auch Schlagzeug spielte) und von ihrem Manager, mit dem sie ebenfalls eine Beziehung hatte, versöhnte sich dann wieder mit Reynolds und heiratete ihn (inzwischen sind sie wieder geschieden), und das alles unter den gierigen Blicken der Medien. Die LP spiegelt diesen inneren Tumult wider. Am Anfang des Albums liest O'Connor Reinhold Niebuhrs »Serenity Prayer« (»Gott, gib mir die Gelassenheit, die Dinge zu akzeptieren, die ich nicht ändern kann, den Mut, Dinge zu ändern, die ich ändern kann und die Weisheit, den Unterschied zu erkennen« – ein Zitat, das sich auch auf dem Cover von Whitney Houstons Debütalbum findet), bevor sie sich auf das erschütternde Gebiet zerrütteter Beziehungen begibt und über ihren neuen Ruhm nachdenkt. »Es ist einfach nur eine Platte über eine dreiundzwanzigjährige

Person und darüber, was sie aus ihren Erfahrungen macht«, sagte sie gegenüber dem *Rolling Stone* und hob damit genau den Aspekt hervor, der Ensign zögern ließ, die LP überhaupt zu veröffentlichen, da das Label die Platte »zu persönlich« fand. Doch O'Connor blieb hart (»Ich sagte: 'Leute, die mich mögen, mögen mich genau *deshalb*. Und ich mache es'«), und der Erfolg des Albums gab ihr letztendlich recht. Die LP stand ebenso an der Spitze der US-Charts wie die von Prince geschriebene Single »Nothing Compares 2 U«. Das Video, in dem O'Connors trauriges Gesicht die ganze Zeit über im Mittelpunkt steht, verstärkt die Emotionalität des Songs noch.

Ihre anschließende Tournee war zwar wie erwartet ausverkauft, doch war sie auch diesmal wieder in eine Reihe von Skandalen verwickelt. Aus Protest gegen die Wahl des »unausstehlichen Komikers« Andrew Dice Clay als Moderator weigerte sie sich, in der TV-Show *Saturday Night Live* aufzutreten (in der Saison '90/'91 trat sie dann in der ersten Folge der Show auf). Als nächstes weigerte sie sich, im Garden State Arts Center in New Jersey aufzutreten, wenn vor dem Konzert die amerikanische Nationalhymne gespielt würde. Das Magagement des Arts Centers gab ihrer Forderung zwar nach, verkündete jedoch nach dem Konzert, daß sie nicht mehr in der Halle auftreten dürfe. Einige Radiosender schlugen vor, O'Connors Musik zu boykottieren. Selbst Frank Sinatra schloß sich diesem Vorschlag an und erklärte, er würde ihr gerne »einen Arschtritt verpassen«. Doch O'Connor hatte schon eine Antwort parat. Sie tat Sinatras Drohung mit den Worten ab: »Wenn man alles glauben kann, was man liest, bin ich nicht die erste Frau, der er damit gedroht hat.« In *Q* erklärte sie weiter: »Es tut mir nicht leid, und ich würde es sofort wieder machen… Ich gehe nicht auf die Bühne, nachdem die Nationalhymne eines Landes gespielt wurde, das seine Künstler zensiert. Das ist heuchlerisch und rassistisch.«

O'Connor gab der Zeitschrift *Musician* ein weiteres, längeres Interview, in dem sie sich darüber beschwerte, wie Plattenfirmen ihre KünstlerInnen behandeln (»Sie werden beschimpft, wie ein Stück Scheiße behandelt und als Produkt verpackt, damit die Leute, die in einer Plattenfirma arbeiten, viel Geld verdienen und sich ein großes Haus auf Antigua kaufen können«) und über ihre Schwierigkeiten redete, die sie mit ihrer Star-Rolle hatte. O'Connors Offenheit gegenüber ihren WidersacherInnen war erfrischend, vor allem zu einer Zeit, da es den KünstlerInnen wegen allen möglichen Äußerungen an den Kragen ging, und Ehrlichkeit daher zunehmend riskanter – und unkommerzieller – wurde. »Die Künstler haben Angst, daß sie ihrer Karriere schaden könnten, wenn sie etwas offen aussprechen«, erklärte O'Connor gegenüber *Newsweek*. »Ich will beweisen, daß es nichts gibt, was einem schaden kann, wenn man die Wahrheit sagt.« O'Connor sprach ihre Anliegen auch weiterhin aus. 1991 boykottierte sie die Grammy-Verleihung, zum Teil aus Protest gegen den Golfkrieg. Ein immer wiederkehrendes Thema war auch die Kontrolle über ihre Karriere. »Jetzt habe ich das Gefühl, am Ruder zu sitzen, wo ich auch hingehöre«, sagte sie nach ihrem Durchbruch mit *I Do Not Want What I Haven't Got* im *Rolling Stone*. »Jetzt bin ich mein eigener Kapitän.«

Während die Sängerinnen/Songschreiberinnen der achtziger Jahre ein neues musikalisches und optisches Konzept boten, hatten Solosängerinnen im Pop-Mainstream geradezu sensationellen Erfolg. Nach der Veröffentlichung zweier eher mäßiger LPs hatte Janet Jackson 1986 ihren Durchbruch mit *Control*, ein Nummer-1-Smash-Hit, der sich über acht Millionen mal verkaufte und fünf Top-5-Singles enthielt. An diesen Erfolg kam Madonna 1986 mit der Veröffentlichung von *True Blue* heran, und er wurde von Jackson selbst übertroffen, als sie 1989 die LP *Rhythm Nation 1814* herausbrachte. Die LP enhielt die Rekordzahl von sieben Top-5-Singles und wurde über sieben Millionen mal verkauft. Jackson, jüngstes Mitglied der singenden Jackson-Family, wurde 1966 in Gary, Indiana, geboren. Mit vier Jahren zog sie nach Los Angeles, da die Familie von dort aus die Karriere der Jackson Five lancieren wollte, die Gruppe, mit der Jacksons Brüder Anfang der siebziger Jahre bei Motown einen Hit nach dem anderen herausbrachten. Jackson gab ihr Debüt als Siebenjährige während eines Engagements der Jackson Five in Las Vegas. Mit ihrem Bruder Randy (der damals noch nicht zur Gruppe gehörte) sang sie im Duett Sonny & Cher-Songs sowie Mickey & Sylvias Hit »Love Is Strange« (1957). Jackson schrieb ihren ersten Song, »Fantasy«, im Alter von acht Jahren und trat mit ihren Brüdern in TV-Specials auf. Mit zehn begann sie eine Karriere als Schauspielerin: Sie bekam eine Rolle in der Fernsehserie *Good Times* und trat später in den Serien *A New Kind of Family*, *Diff'rent Strokes* und *Fame* auf.

Ihr Vater, der auch ihre Brüder managte, überredete Jackson, inzwischen ein Teenager, ihre Gesangskarriere wieder aufzunehmen und verschaffte ihr einen Vertrag bei A & M. Ihr Debütalbum, *Janet Jackson*, erschien 1982. Der *Rolling Stone* fand zwar, man könne die LP »vergessen«, dennoch schaffte sie es bis in die unteren Ränge der Charts (Platz 63). 1984 kam Jacksons LP *Dream Street* heraus, die sich lediglich auf Rang 147 plazierte, obwohl der Song »Don't Stand Another Chance« Platz 9 der Black Singles Charts erreichte. Jackson versuchte sich auch kurze Zeit als Rebellin, indem sie 1984 James DeBarge heiratete, der ebenfalls zusammen mit seiner Familie sang. Allerdings war der Druck ihrer Familie so groß, daß die Ehe innerhalb eines Jahres wieder aufgelöst wurde. Ihre

LP *Control*, die zwei Jahre später erschien, war im Vergleich dazu wesentlich langlebiger. Jackson war nicht nur Co-Autorin von sieben der neun Songs der LP, sondern war durch ihre Zusammenarbeit mit dem Produzententeam Jimmy »Jam« Harris und Terry Lewis, Mitgliedern der von Prince gegründeten Funk-Gruppe Time (auch *Dream Street* war von einem Time-Mitglied, dem Gitarristen Jesse Johnson, produziert worden), auch an der Produktion und den Arrangements der Platte beteiligt. Obwohl sich das Team ein Crossover zu den Pop Charts erhoffte, war das vorrangige Ziel, Jacksons schwarzes Publikum zu erreichen. »Wir wollten ein Album machen, das man in jedem schwarzen Haushalt finden würde«, sagte Harris gegenüber dem *Rolling Stone*. »Wir hatten vor, *das* schwarze Album aller Zeiten zu machen.«

Im Eröffnungs- und Titelsong erklärt Jackson programmatisch: »Dies ist eine Geschichte über Kontrolle«. Anschließend gibt sie einen autobiographischen Abriß über das Leben mit ihren Eltern, ihre erste Ehe und ihren Schritt in die Selbständigkeit. In »Nasty« teilt sie den HörerInnen mit, daß sie nicht länger »Baby« heißt, und in »What Have You Done for Me Lately« fragt sie, angestachelt von ihrer Freundin Melanie Andrews, ihren nachlässigen Freund, was er denn in letzter Zeit für sie getan habe. Die dynamischen Tanzrhythmen machen *Control* zu einer erfrischenden Unabhängigkeitserklärung. Die auf zwei Videokassetten erschienenen Clips zur LP waren ebenfalls erfolgreich und wurden jeweils über eine Million mal verkauft. Gleichzeitig setzte sich Jackson auch in anderen Bereichen ihrer Karriere immer mehr durch. Sie löste ihren Vater ab und arbeitete selbst als Managerin und begann mit der Arbeit an der Nachfolge-LP zu *Control*.

Während sich Jackson auf *Control* als Erwachsene in die Welt hinauswagt, dokumentiert *Rhythm Nation 1814* ihre Reaktion auf diese Welt. »Ich glaube, bei den meisten gesellschaftskritischen Künstlern – wie Tracy Chapman, U2 ... ich liebe ihre Musik – aber ich glaube, daß ihr Publikum sowieso schon gesellschaftskritisch ist«, sagte sie gegenüber dem *Rolling Stone*. »Ich glaube, daß ich ein anderes Publikum erreichen könnte, die Leute wissen lassen könnte, was passiert, und daß man ein bißchen klüger sein muß als man eigentlich ist und sich vorsehen muß).« Trotzdem scheute sich Jackson nicht, auf *Rhythm Nation 1814* (das Jahr, in dem Francis Scott Key die amerikanische Nationalhymne »The Star-Spangled Banner« schrieb) die Lage der Nation aus ihrer Sicht darzustellen und in ihren Songs Themen wie Rassismus, Obdachlosigkeit und Drogen aufzugreifen. Im Titelsong malt sie sich eine Zukunft »ohne Rassenschranken« aus, die die »Rhythm-Nation« beim Tanzen feiert. Außer Songs wie »State of the World«, »The Knowledge« und »Livin' in a World (They Didn't

Make)« finden sich auch Love-Songs, wie z.B. »Miss You Much« und »Come Back to Me«. Jackson schrieb auch bei diesem Album an sieben Songs mit und betätigte sich als Co-Produzentin.

Jackson enthüllte später, man habe sie darauf aufmerksam gemacht, daß sich die Behandlung »gesellschaftskritischer Themen« in ihren Songs negativ auf den Verkauf von *Rhythm Nation* auswirken würde – eine Prophezeiung, die sich bald als falsch erwies. Das Album wurde mehrfach mit Platin ausgezeichnet und führte die Pop-, Black- und Dance Charts an. Zudem veröffentlichte Jackson einen fünfunddreißigminütigen Film zur LP, choreographiert von Jackson und Anthony Thomas, der Jackson als »Bestes Long Form Video« ihren ersten Grammy einbrachte. Auch die Tanz-Parts für ihre ausverkaufte Welttournee 1990 wurden von Jackson und Thomas choreographiert. Im darauffolgenden Jahr wechselte Jackson von A & M zu Virgin Records – ein Deal, bei dem Schätzungen zufolge dreißig bis sechzig Millionen Dollar im Spiel waren.

Als *Rhythm Nation* die Charts anführte, stand Jacksons ehemalige Choreographin, Paula Abdul, selbst am Anfang einer erfolgreiche Karriere. Abdul, Tochter syrisch-brasilianisch/frankokanadischer Eltern, wurde 1962 geboren und wuchs in Nord-Hollywood auf. Inspiriert wurde sie weniger von Musik, als vielmehr von Filmen, vor allem von pompösen Hollywood-Musicals. Als sie acht war, nahm sie Tanzunterricht und lernte Steptanz, Ballett und modernen Tanz. Nach ihrem High School-Abschluß entschloß sie sich, ihre Showbiz-Interessen an der California State University in Northridge weiterzuverfolgen. Sie studierte Publizistik, um Sportreporterin zu werden. Während ihres ersten Semesters bekam sie, ehemals High School-Cheerleader, einen Job in der Cheerleader-Truppe des Basketball-Teams The Lakers aus Los Angeles. Jackson wurde zunächst Choreographin und später Leiterin der Truppe. Abdul faßte schon bald den Entschluß, aus der Truppe mehr als nur eine Jubeltruppe zu machen. »Ich stand nicht auf Bommeln oder Schlachtrufe«, erzählte sie dem *Melody Maker*. »Sondern ich wollte unbedingt eine Tanzgruppe aufbauen, und es war das erste Mal, daß jemand sowas mit einem Unterhaltungs-Team im Sport versucht hat.«

Die Tanznummern der Truppe erregten schon bald die Aufmerksamkeit der Medien und schließlich auch das Interesse der Jackson-Brüder (die sich nun The Jacksons nannten). Sie baten die neunzehnjährige Abdul, ihr Video zu »Torture« zu choreographieren, der ersten Singleauskoppelung aus ihrer LP *Victory* (1984). Als nächstes arbeitete Abdul mit Janet Jackson und bildete sie ein Jahr lang aus, bevor sie die Videos zu Jacksons *Control* choreographierte. Durch ihrem Erfolg mit Jackson kam auch Abduls Karriere ins Rollen, und sie arbeitete mit so unterschiedlichen

KünsterInnen wie den Pointer Sisters, Debbie Gibson und George Michael, lieferte die Choreographie zu den Filmen *Der Prinz aus Zaramunda*, *Annies Männer* und *The Doors*, gewann einen Emmy für ihre Arbeit in der *Tracey Ullman Show* und warb im Fernsehen für Tennisschuhe und Erfrischungsgetränke. Mit *Forever Your Girl* (im Juni 1988 bei Virgin Records erschienen) strebte sie dann auch selbst Erfolg im Pop-Geschäft an. Zuerst sah es allerdings so aus, als sei die LP einer der wenigen Mißerfolge Abduls, da die beiden ersten Singles nicht in die Top 40 kamen. Doch sechs Monate später schoß die dritte Single des Albums, »Staight Up«, auf Platz 1, gefolgt von »Cold Hearted«, »Opposites Attract«, dem Titelsong der LP sowie der LP selbst. Eine siebte Single, »(It's Just) The Way That You Love Me«, erreichte Platz 3. *Shut Up and Dance*, eine LP mit Abduls Hits als Dance-Remixes, plazierte sich 1990 in den Top 10.

Abduls Stücke, die sich hauptsächlich mit der Liebe befassen, sind mit ihrem durchgängigen Tanzrhythmus poppiger als Jacksons Songs. In Abduls Videos ist ihre tänzerische Darstellung ebenso wichtig wie der Inhalt ihrer Songs. Während die Sängerinnen/Songschreiberinnen »natürlich« wirkten und ihre Musik, nicht ihre äußere Erscheinung, in den Mittelpunkt rückten, galt für die neuen Tanz-Rock-Divas wie Abdul, Jackson und Gloria Estefan genau das Gegenteil. Ihr Outfit war ein wesentlicher Aspekt ihrer Gesamtleistung. Da Abduls athletische Bewegungen die Aufmerksamkeit der BetrachterInnen auf ihren Körper lenkten, mußte ihre äußere Erscheinung natürlich genauso gepflegt und geschmeidig sein wie die Musik. Unansehnliche Muskeln gab es jedoch nicht. Nur Madonna, die sich einem Trainingsprogramm unterzog, um ihren »kleinen Bauchspeck-Hügel« wegzubekommen, erschien auf der Bühne in Outfits, die ihre frisch aufgebauten Schultern betonten. Als langjährige Tänzerin hatte Abdul bereits eine entsprechend athletische Figur, während Jackson und Estefan, beide von den Medien als »pummelig« bezeichnet, abnehmen mußten, um ihren aufblühenden Pop-Erfolg zu vervollkommnen. Jackson bewahrte sich ihren Sinn für Individualität, indem sie im Gegensatz zu den offenherzigen Outfits anderer Tanz-Rock-Künsterinnen bequeme Kleidung bevorzugte. Estefan hingegen nahm vierzig Pfund ab, veränderte ihr Äußeres völlig (was ihre Friseurin als bloßen »Schliff« bezeichnete) und wurde zum optischen Mittelpunkt ihrer Band Miami Sound Machine, die nun als Begleitgruppe hinter der Sängerin zurücktrat.

Die Miami Sound Machine begann 1974 unter dem Namen Miami Latin Boys. Die von dem Exil-Kubaner und Akkordeonspieler Emilio Estefan gegründete Gruppe spielte auf Hochzeiten und Parties der Latino-Bevölkerung in Miami. 1975 sah Gloria Fajardo die Miami Latin Boys auf einer Hochzeit und sang später mit ihrer Cousine Merci bei der Gruppe vor. Estefan engagierte die beiden mit dem Gedanken, daß die Gruppe durch die Sängerinnen attraktiver wirken würde. Fajardo wurde 1957 geboren und wanderte mit ihrer Familie von Kuba nach Miami aus, als sie zwei Jahre alt war. Ihr Vater, vormals Leibwächter von Präsident Fulgencio Batista, kämpfte später in Vietnam. Dort war er dem Entlaubungsgift »Agent Orange«[104] ausgesetzt und litt als Folge davon an multipler Sklerose. Als Teenager pflegte Fajardo ihren Vater und suchte Zuflucht in der Musik. »Ich habe mich mit der Gitarre in meinem Zimmer eingeschlossen«, sagte sie gegenüber dem *Rolling Stone*. »Das war meine Erlösung von allem, meine Flucht.« Als sie 1975 den Miami Latin Boys beitrat, die sich nun Miami Sound Machine nannten, studierte Fajardo an der University of Miami Psychologie und Kommunikationswissenschaften und machte 1978 ihren Abschluß. Im selben Jahr heiratete sie auch Emilio Estefan.

Ende der siebziger Jahre nahm die Miami Sound Machine, ihre ersten Platten auf und bekam schließlich einen Vertrag bei Discos CBS International, dem hispanischen Zweig von CBS. Auf ihren ersten sieben, in spanischer Sprache aufgenommenen LPs präsentierte sich die Gruppe mit einer Mischung aus Disco-Stücken und Balladen. Die Alben waren in Mittel- und Südamerika, Mexiko und Puerto Rico schon bald so erfolgreich, daß die Gruppe dort regelmäßig die Charts anführte. 1984 veröffentlichte die Miami Sound Machine ihre erste englischsprachige LP, *Eyes of Innocence* und bewies mit ihrem Song »Dr. Beat«, der in Europa ein Hit in den Dance Charts wurde, daß sie bereit war für den Crossover-Erfolg. Im Jahr darauf kam *Primitive Love* heraus, und der Discotitel »Conga« führte als erste Single gleichzeitig die US-Pop-, Black-, Latin- und Dance Charts an. 1986 folgten mit »Bad Boy« und »Words Get in the Way« zwei weitere Top-10-Hits. *Let It Loose* (1987) und *Cuts Both Ways* (1989) waren ebenso erfolgreich. Beide LPs sowie vier Singles aus *Loose* und zwei aus *Cuts Both Ways* erreichten die Top 10. 1990 wurde die Karriere der Gruppe durch einen Unfall unterbrochen. Ein Lastwagen prallte auf ihren Tour-Bus, und Gloria brach sich einen Rückenwirbel. 1991 kehrte die Band mit der Veröffentlichung von *Coming Out of the Dark* in die Musikszene zurück und ging auf Welttournee.

Auf dem Weg zu den Pop Charts wurde die Formation jedoch allmählich umstrukturiert. Obwohl Gloria als einziges Bandmitglied auf dem Cover von *Primitive Love* abgebildet war, wurde die Platte immer noch unter dem Namen Miami Sound Machine veröffentlicht. Auf *Let It Loose*

---

104 Das von den Amerikanern im Vietnamkrieg eingesetzte Gift Agent Orange wurde von Flugzeugen aus gesprüht, um den Urwald zu entlauben und somit die feindlichen Truppen besser ausmachen zu können.

ist als Gruppenname »Gloria Estefan and the Miami Sound Machine« zu lesen, und auf *Cuts Both Ways* steht nur noch Gloria Estefans Name auf dem Cover, während Miami Sound Machine auf die Rückseite des Covers und die Begleithinweise verbannt wurde. Emilio Estefan hatte sich 1986 aus der Band zurückgezogen und arbeitete nun als Manager und Produzent der Gruppe. Die anderen Mitglieder wurden nach und nach durch jüngere Musiker ersetzt. 1988 verließ der Drummer Enrique »Kiki« Garcia als letztes Mitglied der Originalbesetzung die Gruppe. »Es gibt keine Miami Sound Machine«, sagte er später gegenüber dem *Rolling Stone*. »Es gibt nur Gloria und Emilio, die einem Haufen gemieteter Musiker sagen, was sie machen sollen.« Der Artikel behauptete, daß es bei der Veröffentlichung von *Primitive Love* zwei »Miami Sound Machines« gegeben habe: die Studio-Band und die Live-Band. Außerdem entwickelte sich die Musik der Gruppe immer weiter weg von Latino-Rhythmen hin zu Balladen, Glorias Spezialität als Sängerin und Songschreiberin (acht Songs auf *Cuts Both Ways* stammen von ihr). Das Ergebnis war eine völlige Veränderung der ganzen Gruppe, die nun, wie der *Rolling Stone* schrieb, »zu einem vertrauten Produkt der Musikindustrie [geworden war]: eine schöne, talentierte Sängerin/Songschreiberin mit fähigen Berufsmusikern als Begleitband.«

Bei der zunehmenden Verbreitung eines solchen Produkts stellte sich natürlich die Frage, ob Frauen mit einem »natürlichen« Image im Rock-Frauen-Trend überhaupt eine Wirkung gezeigt hatten. Künstlerinnen, die mehr Wert auf Äußerlichkeiten anstatt auf den Gehalt ihrer Songs legten, waren stärker der Kritik ausgesetzt. »Falls es so aussieht, als gäbe es auf dieser LP keine Spontaneität, erinnert man sich am besten daran, daß dies ja kein Rock 'n' Roll ist«, schrieb Simon Reynolds in seiner Kritik über Paula Abduls dritte LP *Spellbound* in der *New York Times*. Damit gibt er die Meinungen derjenigen wieder, für die sich Abduls »Verpackung« ganz offensichtlich an Janet Jacksons Vorbild orientierte. Anschließend fügt er hinzu: »Der entscheidende Unterschied war, daß Ms. Abdul Ms. Jacksons gemäßigten Feminismus durch ein traditionelleres Frauenbild ersetzt hat.« Kurz vor der Veröffentlichung von *Spellbound* verklagte die Sängerin Yvette Marine Virgin Records mit der Behauptung, ihre »Leitstimme«[105] sei auf *Forever Your Girl* zur Verbesserung von Abduls Stimme benutzt worden, ohne daß sie dafür gebührend erwähnt worden sei. Abdul und Virgin stritten diesen Vorwurf zwar ab und erklärten, Marine sei lediglich als Background-Sängerin eingesetzt worden, doch die Skepsis gegenüber Abduls gesanglichen Fähigkeiten blieb.

---

105 Engl.: »guide vocals«. Die Gesangsstimme, die im Studio als Orientierung (Leitfaden) für die MusikerInnen zuerst aufgenommen wird. Meist wird sie anschließend wieder gelöscht und durch eine bessere Version ersetzt.

Als logische Folge solcher Techniken gelangte die Macht wieder in die Hände von Produzenten, die Ende der achtziger Jahre für das Aufkommen einer Reihe von Girl Groups verantwortlich waren. Dieser Boom, der Gruppen wie Seduction, Exposé, die Cover Girls, Sweet Sensation, Pajama Party und unzählige andere hervorbrachte, wurde anfangs mit der Girl Group-Ära Anfang der sechziger Jahre verglichen. Allerdings existierten die meisten Girl Groups der sechziger Jahre schon, bevor sie die ProduzentInnen und SongschreiberInnen kennenlernten, die dann zusammen ihre Hits produzierten. Für die neuen Produzenten der Achtziger waren die Beiträge ihrer »Mädchen« weitaus unbedeutender. »Alles, was man braucht, ist eine talentierte Produktionsquelle und einen Hit-Song«, sagte Bob Gordon, Manager der Gruppe Seduction und Produzent von Pajama Party. »Dann kann man die passenden Gesichter und Stimmen dazu aussuchen.« Eine »Gruppe« wurde manchmal erst dann zusammengestellt, wenn eine von Studiosängerinnen unter einem Gruppennamen aufgenommene Single bereits ein Hit geworden war. Dann wurden die geeigneten »Gesichter« engagiert, damit sie mit »ihrem« Hit in den Tanzclubs auftreten konnten, wie es bei Seduction der Fall war. In anderen Fällen wurden Studiosängerinnen als Testobjekte eingesetzt. Der Produzent Lewis Martinée aus Miami schrieb und produzierte 1985 den Song »Point of No Return« mit drei Studiosängerinnen und brachte ihn unter dem Namen Exposé heraus. Als der Song in Miami ein Hit wurde, ließ Martinée die Originalmitglieder zwar den Song neu aufnehmen und machte eine LP mit ihnen, doch als eine Sängerin ausstieg, wurden auch die beiden anderen hinausgeworfen, und Ann Curless, Jeanette Jurado und Gioia Carmen wurden engagiert, um die »neuen« Exposé zu werden. »Point of No Return« kam 1987 in die Top 10. Auch drei weitere Singles (u.a. »Seasons of Change«) aus ihrer LP *Exposure* (1987), plazierten sich in den Top 10. Die LP selbst erreichte Platz 16 und wurde über zwei Millionen mal verkauft. Auch die nächste Platte der Gruppe, *What You Don't Know* (1989) war erfolgreich und enthielt drei weitere Top-10-Hits.

Eine gemischte Rassenzugehörigkeit der Gruppenmitglieder galt als wirksames Marketingkonzept, um einen Crossover-Erfolg zu erzielen. Für die Zusammenstellung von Seduction waren die Produzenten Robert Clivilles und David Cole auf der Suche nach vier Frauen: einer schwarzen, einer weißen, einer Hispano-Amerikanerin und einer Asiatin. Da sie keine geeignete asiatische Sängerin finden konnten, blieb die Gruppe ein Trio: Idalis Leon, April Harris und Michelle Visage. Seduction hatte mit »Two to Make it Right« einen Nummer-2-Hit, die LP *Nothing Matters Without Love* brachte der Gruppe ihre erste goldene Schallplatte ein und erreichte Platz 36. Leon verließ die Gruppe nach der Veröffentlichung der

LP und wurde durch Sinoa Loren ersetzt. Der Wechsel der Sängerinnen machte jedoch kaum einen Unterschied. Da die Produzenten ihre Sängerinnen tendenziell als austauschbare Teile einer Maschinerie ansahen, überschwemmten sie den Markt mit einer Flut von Tanz-Rock-Singles, die sich alle gleich anhörten. Zwar hatte es auch bei der Girl Groups der sechziger Jahre Besetzungswechsel gegeben, doch hatten sich die Gruppen trotzdem eine eigene Identität aufgebaut. So konnte man die Shangri-Las z.B. nicht mit den Ronettes verwechseln. Der Besetzungswechsel in den »neuen« Girl Groups verwirrte dagegen selbst ihre Fans. »Die Leute fragen uns ständig, ob wir die Good Girls oder 'Sweet Seduction' sind«, sagte Visage von Seduction. Cole und Clivilles brachten dann unter dem Namen C+C Music Factory eine eigene LP auf den Markt, *Gonna Make You Sweat*, die Platz 2 der Charts erreichte. Martha Wash verklagte die Produzenten allerdings, weil sie auf der Platte nicht korrekt erwähnt wurde und bei einem Video nicht mitmachen durfte, da sie angeblich zu dick war (auch auf dem LP-Cover war sie nicht abgebildet).

Frauen, die in den Plattenfirmen arbeiteten, konnten beobachten, wie hartnäckig sich herkömmliche Verhaltensnormen für Künstlerinnen hielten, vor allem, wenn diese ein möglichst breites Publikum erreichen wollten. »Die Medien und Labels und überhaupt alle Welt – außer Madonna, die ja eine Ausnahme von fast jeder Regel ist – scheinen nicht bereit zu sein, einer Band aus Frauen, die sowohl schön sind *als auch* tolle Musik machen, zu Rock-Ruhm zu verhelfen«, sagt Rachel Matthews, Leiterin der A&R-Abteilung bei Hollywood Records. »Sängerinnen-Songschreiberinnen brauchen kein Wahnsinns-Image, um anzukommen, Sie schreiben gute Songs, und damit kommen sie durch. Sie müssen sich nicht für das amerikanische Massenpublikum vermarkten lassen, das nicht weiß, ob es einen weiblichen Bon Jovi akzeptieren kann, es sei denn, sie zeigt ihre Titten und ihren Arsch. Und leider sind die meisten von ihnen immer noch bereit dazu.«

Die Entwicklung des Rock-Frauen-Trends in den achtziger Jahren überraschte weder Matthews noch Roberta Peterson, Leiterin der A&R-Abteilung bei Warner Bros. Records. »Es hat in der Rockmusik schon immer Frauen gegeben«, betont Peterson und fügt hinzu, daß der Trend durch seinen Erfolg auf dem Markt natürlich noch stärker wurde. »Als Tracy Chapman kam, kauften sich alle Mädchen eine Gitarre und dachten: 'Ich probier das jetzt auch!'«, sagt sie. »Und ein paar von ihnen kommen dann nach oben.« Peterson selbst gehörte zu denjenigen, die die Anziehungskraft von Künstlerinnen wie Suzanne Vega oder Sinéad O'Connor sofort erkannten. Sie hatte versucht, Warner Bros. dazu zu bewegen, Vega unter Vertrag zu nehmen, »aber sie wollten nichts davon wissen«, sagt sie.

Peterson hatte bereits einige KünstlerInnen unter Vertrag genommen, die nicht gerade als kommerziell galten. Einen ihrer ersten Verträge nach ihrem Aufstieg zur Abteilungsleiterin schloß sie mit der avantgardistischen »Roboter-Pop«-Gruppe Devo ab (»Niemand nahm Devo. Sie dachten, daß das verrückt sei«). Dieselben Reaktionen bekam sie auch, als sie k.d. lang unter Vertrag nehmen wollte. Als sie sich für einige Zeit aus dem Musikgeschäft zurückzog und nur noch als Beraterin für Warner Bros. arbeitete, hatte Peterson die Firma auch gedrängt, Jane Siberry unter Vertrag zu nehmen. Letztendlich nahm sie Siberry dann selbst unter Vertrag, als sie als Vollzeitkraft zur Firma zurückkehrte.

Petersons Ernennung zur Abteilungsleiterin (1975) durchbrach die »selbstverständlichen« Auffassungen über die Rolle der Frauen in den Plattenfirmen. »Es war damals etwas sehr Ungewöhnliches«, stimmt sie zu. »Es gab nicht viele Frauen im A & R – Warner Bros. hatte nur Mary Martin an der Ostküste. Es war ein reines Männergeschäft. Frauen waren entweder Sekretärinnen oder arbeiteten in der Werbung.« Peterson gibt zu, daß ihre langjährige Zugehörigkeit zu Warner Bros. (sie arbeitet dort seit 1971) und ihre enge Bindung an die Leute in der Firma (darunter auch ihr Bruder, Mitglied bei Harpers Bizarre und Produzent für das Label) dazu beigetragen haben, daß sie über den Chauvinismus hinwegsieht. »Es war eine ziemlich chauvinistische Firma«, sagt sie. »Aber weil ich die Leute, die die Firma leiteten, so gut kannte, war ich einfach daran gewöhnt, und so störte es mich nie. Aber mir war klar, daß er existierte. Und sie haben lange gebraucht, bis sie eine Frau zur Abteilungsleiterin gemacht haben – aber was bei Warner Bros. natürlich auch eine Rolle spielt, ist, daß die Leute hier nicht weggehen! Viele Leute arbeiten schon mindestens zwanzig Jahre hier. Ich wünschte, es gäbe mehr Stellen, aber es gibt sie nun mal nicht.«

Rachel Matthews, die fünfzehn Jahre früher als Peterson bei Warner Bros. im A & R bei Capitol Records angefangen hatte, ist ebenfalls der Ansicht, daß Frauen – sie selbst eingeschlossen – bei Beförderungen immer noch regelmäßig übergangen werden. »Du mußt härter sein«, sagt sie. »Du mußt härter arbeiten. Du mußt dich abends noch öfter engagieren. Du mußt mehr machen als ein Mann je machen würde, weil das die einzige Möglichkeit ist, beachtet zu werden. Ansonsten werden nämlich die Männer befördert, nur weil sie Männer sind. Das glaube ich zumindest. Ich glaube, das kommt in der gesamten Geschäftswelt vor. Anstatt auf Qualifikation zu achten, läuft es immer noch auf die Geschlechterfrage hinaus, was zwar nicht so sein sollte, aber es ist so.« Doch auch Matthews sieht den wachsenden Frauenanteil in allen Bereichen der Branche als Ausdruck einer allgemeinen Entwicklung. »Er ist Teil einer Entwicklung, bei der Frauen insgesamt mehr in die Gesellschaft integriert werden«, sagt sie. »Es ist wie z.B. – bei Pfarrerinnen. Wie lange hat das gedauert? Wieviel Jahrtausende – sicherlich lange bevor wir uns über Plattenfirmen Gedanken gemacht haben! Im A&R gibt es zwar immer noch mehr Männer als Frauen, aber es kommen immer mehr Frauen dazu, es ist also besser geworden.«

Der Zuwachs an Frauen in der Musikbranche ging in einzelnen Bereichen der Industrie, vor allem in den Vorstandsetagen, allerdings nur schleppend voran. Michael Greene, Vorsitzender der National Association of Recording Arts and Sciences, gab 1989 in einer Diskussion über Sexismus beim New Music Seminar ein paar Zahlen bekannt: Obwohl in den Plattenfirmen nun mehr Frauen befördert wurden (dreiunddreißig Prozent aller Beförderungen in den achtziger Jahren im Vergleich zu zehn Prozent in den Siebzigern), war der Anteil an Frauen in leitenden Positionen bei den großen Labels in den letzten zwei Jahren von fünfzehn auf elf Prozent gefallen.

Es gab jedoch auch Frauen, die sich in anderen Bereichen der Branche selbst Stellen schufen, z.B. im Management. So gab Gail Colson ihre Position als Geschäftsführerin bei Charisma auf und gründete ihre eigene Management-Firma, Gailforce.

Nachdem sie Peter Gabriel als ersten Klienten angenommen hatte, managte sie u.a. auch Chrissie Hynde und Jesus Jones. Andere Frauen waren ebenfalls ins Management gegangen, nachdem sie in verschiedenen Bereichen der Musikindustrie gearbeitet hatten. Als Linda Clark 1984 begann, Los Lobos zu managen, blickte sie auf vierzehn Jahre Erfahrung in der Branche zurück. Sie hatte als Moderatorin beim Collegesender in San Diego angefangen, arbeitete anschließend für kommerzielle Radiosender, Platten-Labels (u.a. United Artists), eine Publikation der Rundfunk-Charts und kümmerte sich bei Mismanagement, der Firma, die z.B. Supertramp und Chris DeBurgh managte, um Öffentlichkeitsarbeit und Werbung. Clark dachte jedoch erst daran, Managerin zu werden, als sie 1984 aus ihrer Stelle als Leiterin der Werbe-Abteilung bei Slash Records entlassen wurde.

»Ich sagte mir, daß ich es satt hatte, für andere Leute zu arbeiten, nur um dann vor die Tür gesetzt zu werden«, erinnert sich Clark. »Und ich spielte mit dem Gedanken, ins Management zu gehen. Ich wollte nicht für eine andere Plattenfirma arbeiten, ob groß oder klein – ich war es einfach leid.« Clark kannte Los Lobos durch ihre Arbeit bei Slash (dem Label der Band). Nachdem sie aufgehört hatte, dort zu arbeiten, wurde sie von der Band um Rat gefragt. »Slash setzte die Band massiv unter Druck, damit sie sich einen Manager suchte«, erklärt sie. »Und so fragten sie mich: 'Hast du vielleicht eine gute Idee?', und halb ernst und halb im Scherz sagte ich: 'Wie wär's denn mit mir?' Und sie sagten: 'Das ist absolut gut. Du kennst uns, unsere Familien kennen dich. Toll. Okay, du bist unsere Managerin.' Ich hatte schon fast alles irgendwann mal gemacht, also dachte ich, daß ich es genauso gut auch mal im Management probieren könnte. Ich habe im Leben weiß Gott oft genug mit schlechten Managern zu tun gehabt. Deshalb dachte ich, na gut, ich versuch's mal.«

Susan Silver tätigte ihren ersten Vertragsabschluß bei einem großen Label mit der Heavy Metal/Punk-Band Soundgarden. Silver hatte in der Musikszene in Seattle in den unterschiedlichsten Jobs gearbeitet. Sie hatte geholfen, einen Club für alle Altersklassen aufzuziehen, als Promoterin gearbeitet und in den achtziger Jahren jeweils für kurze Zeit ein paar Bands aus Seattle gemanagt. Mitte der achtziger Jahre zeigten große Plattenfirmen Interesse an Soundgarden, die sich gerade eine große Underground-Fangemeinde aufbaute. Die Band wandte sich an Silver, die Soundgarden für ihre Shows als Vorprogramm engagiert hatte, und bat sie um Hilfe. »Ich versuchte, ihnen bei der Suche nach einem Manager zu helfen oder nach jemandem, der die Anrufe entgegennahm«, erzählt sie. »Aber niemand wollte es machen. Also habe ich die Arbeit selbst gemacht und mache sie heute immer noch!« Im Gegensatz zu Clark, die auf ihre jahrelange Erfahrung zurückgreifen konnte, befand sich Silver nun in einer völlig neuen Situation. »Es war wirklich beängstigend«, erinnert sie sich. »Alles, was die Labels uns erzählten, hielten wir für eine Gruselgeschichte, die wir schon mal gehört hatten – wie sie die Musik der Band stehlen würden und die Band fünf Jahre lang hinhalten würden, bis die Leute zu alt wären, um irgendwas zu machen. Wir waren total paranoid und sehr skeptisch, sehr mißtrauisch und eingeschüchtert!«

Silvers Einstellung änderte sich, als sie A & R-ManagerInnen kennenlernte, die nach Seattle kamen, um die Band zu sehen.

»Ich merkte, je mehr ich mich damit beschäftigte, daß es nicht einfach ein Rezept gab«, sagt sie. »Es gab keine Zauberformel in diesem Job. Man mußte nur eine Beziehung zu den Leuten aufbauen und seinen gesunden Menschenverstand benutzen und die Leute nicht unterdrücken und sich genügend bemühen, die stärksten Leute um die Band herum zu bekommen, also ein wirklich starkes System zur Unterstützung aufbauen.« Linda Clark verläßt sich bei ihrer Arbeit als Managerin ebenfalls auf ihren gesunden Menschenverstand. »Ich wünsche mir oft, viel raffinierter zu sein und ein ganz tolles Marketingkonzept zu haben«, sagt sie. »Aber eigentlich muß man nur seinem Instinkt vertrauen. Ich habe so viele Jahre lang Schimpftiraden über mich ergehen lassen müssen, daß ich dachte, es muß doch einen Weg geben, im Management etwas zu erreichen, ohne daß ich herumbrülle. Und wenn es dann doch dazu kam, daß ich gebrüllt habe, nahmen mich die Leute immer sehr ernst. Ich schreie nicht oft. Gott steh mir bei, wenn ich an diesen Punkt komme! Jemand hat mich mal als hart, aber sensibel bezeichnet. Und ich glaube, es hilft, – ich hasse das Klischee 'weibliches Feingefühl' – aber es hilft, Leuten gegenüber Feingefühl zu haben anstatt sich wie ein Elefant im Porzellanladen zu benehmen.«

In all den Jahren in der Branche hat Clark, die auch Acts wie die Violent Femmes und Bob Mould von Hüsker Dü managt, festgestellt, daß sich im Musikbusineß für Frauen manches zum Guten gewendet hat. Das betrifft vor allem die Diskrepanz, die Anfang der siebziger Jahre zwischen den Gehältern männlicher u. weiblicher Angestellter der Rundfunksender lag. »Ich nahm alle zwei Wochen 152,80 Dollar mit nach Hause«, sagt sie. »Ich werde diese Zahl nicht vergessen, solange ich lebe! Die Leute meinten, ich hätte Anzeige erstatten sollen, aber damals gab es keine Regreßpflicht, und man wollte doch nicht gleich beim ersten oder zweiten Job in der Branche auf der schwarzen Liste stehen. Also ertrug man es einfach mit einem Lächeln. Es ist zwar etwas besser geworden, aber im Musikgeschäft herrscht immer noch eine starke Männermentalität. Ich verdanke es der Tatsache, daß ich schon so lange dabei bin und überlebt habe – und gottseidank hatte ich mit meinen Künstlern ein bißchen Erfolg – daß man mir zuhört und mich respektiert.«

Die jüngere Silver hat manchmal mit ähnlichen Vorurteilen zu kämpfen, auf die auch Lisa Fancher als Besitzerin von Frontier Records stieß. »Wenn mich Leute aus dem Verwaltungs-Männerclübchen zum ersten Mal sehen, lassen sie manchmal Kommentare los wie: 'Sie sehen aber nicht aus wie ein Manager einer Rockband!' Und ich sage dann: 'Wissen Sie, was ich dazu nur sagen kann? Sie sehen aber nicht aus wie der Nikolaus!' Ich glaube, daß Frauen definitiv mehr dafür tun müssen, um ein bestimmtes Klischee loszuwerden als Männer, aber das ist in dieser Branche nicht anders als in jeder anderen Führungsposition in jeder anderen Firma.« Silver, die Silver Management gründete, als die Gruppe Soundgarden von A & M unter Vertrag genommen wurde und 1989 ihre erste LP unter einem großen Label veröffentlichte, mußte auch mit Vorurteilen gegen ihre Beziehung mit Soundgardens Leadsänger Chris Cornell, den sie später heiratete, fertigwerden. »Ich wäre wahrscheinlich ein Nervenbündel, wenn ich wirklich darüber nachdenken würde, wie oft ich 'nur die Freundin' genannt wurde«, sagt sie. »Zuerst machte es wahrscheinlich diesen Eindruck, und vielleicht dachten die Leute auf der Verwaltungsebene, die von der Beziehung wußten, daß ich gehen würde. Aber ich hoffe, sie sehen jetzt ein, daß ich den Job mache, weil ich ihn gern mache, und daß ich ihn gut machen will.«

Michele Anthony war früher Fachanwältin für Musikfragen und arbeitete mit vielen Acts, die Silver managte. Sie gehört zu den wenigen Frauen, die den Aufstieg in die Vorstandsetagen geschafft haben. Der Grund für ihren Aufstieg von ihrer Arbeit als Anwältin für einige der besten amerikanischen Firmen auf dem Unterhaltungssektor zu ihrer jetzigen Position als Abteilungsleiterin bei Sony Music, wie CBS Records seit 1. Januar 1991 heißt, liegt darin, daß sie praktisch in der Musikbranche aufwuchs. Ihr Vater, Dee Anthony, managte verschiedene britische Acts, u.a. Traffic, Joe Cocker, Jethro Tull, Emerson, Lake and Palmer, Humble Pie und Peter Frampton, und so galt es als selbstverständlich, daß auch Michele in dieses Geschäft einsteigen würde. »Seit ungefähr meinem achten oder neunten Lebensjahr wuchs ich buchstäblich mit den Künstlern auf«, erzählt sie. »Es war eine ganz besondere Kindheit, in der ich viel über die Musikindustrie gelernt habe. Als ich ungefähr vierzehn war, ging ich als Background-Sängerin mit Joe Cocker auf seine 'Mad Dogs and Englishmen'-Tournee. Auf der Bühne waren achthundert Leute, und ich gehörte zu den sieben oder acht Leuten, die die Background-Stimmen sangen und stand da mit meinem kleinen 'Cocker Power'-Sticker! Ich verbrachte also viel Zeit mit Künstlern und arbeitete oft den ganzen Sommer über in der Management-Firma meines Vaters.«

Wegen der Arbeit mit ihrem Vater nahm man allgemein an, daß auch Anthony Managerin werden würde, doch sie wehrte sich gegen diese Vorstellung. »Ich kam aus einem Haus, wo man aufwacht und Künstler sieht. Ständig hatte man mit Künstlerproblemen zu tun, und ich dachte: 'Ich will ein bißchen mehr Abstand, ich will intellektueller und professioneller sein'«, erklärt sie. »Und als ich studierte, sagte ein Freund der Familie, der sich als Anwalt auf Musikfragen spezialisiert hatte, zu mir: 'Du solltest Anwältin werden und dich auf Musik spezialisieren, das ist die perfekte Verbindung zwischen der akademischen Welt und dem Musikgeschäft.' Damals hatte ich gerade einen Abschluß in Philosophie an der George Washington University gemacht und überlegte, vielleicht in Philosophie zu promovieren, aber der Gedanke an ein Jurastudium klang interessant. In meiner Naivität dachte ich, daß ich als Fachanwältin für Musik mehr Grenzen in meinem Leben ziehen könnte, als wenn ich Managerin wäre. Aber natürlich läuft es exakt auf dasselbe hinaus – Klienten rufen um vier Uhr morgens an, ja, es ist sogar noch schlimmer! Es ist wie bei den Ärzten; man hat oft Bereitschaftsdienst.«

Anthony zog nach Los Angeles, um Jura zu studieren. Nachdem sie ihr Studium 1980 abgeschlossen hatte, arbeitete sie bei der Firma Mitchell, Silverg & Knapp. Eineinhalb Jahre später wechselte sie zu Rosenfeld, Gasoy & Krauss und war u.a. für Stevie Nicks, Carly Simon, Carole King und die Eagles tätig. Mitte der achtziger Jahre wechselte sie dann zu Manatt, Phelps, Rothenberg & Phillips und wurde Geschäftspartnerin für die Musikabteilung. Dort betreute sie so unterschiedliche KünstlerInnen wie Lita Ford, Guns n' Roses, Toni Childs und die Sugarcubes. Obwohl sie daran gewöhnt war, eine der wenigen Anwältinnen auf ihrem Gebiet zu sein, stellte sie erfreut fest, daß drei der sieben AnwältInnen in der Musikabteilung ihrer neuen Firma Frauen waren. »Im Musikgeschäft gibt es nicht so viele Anwältinnen, verglichen mit der hohen Anzahl von Anwälten«, sagt sie. »Aber es werden immer mehr. Und man sieht auch immer mehr Frauen in den kaufmännischen und Rechtsabteilungen der Plattenfirmen, was es früher nicht gab.«

1989 wurde Anthony die Stelle als Abteilungsleiterin angeboten. Sie trat 1990 in die Firma ein, obwohl das bedeutete, daß sie ihre Privatpraxis aufgeben mußte. »Ich hielt es für eine hervorragende Gelegenheit, mehr über die Plattenindustrie zu lernen«, erklärt sie. »Eines der großen Probleme, mit denen ich mich bei meiner Entscheidung herumschlug, war, daß sich meine Arbeit als Anwältin für mich persönlich lohnte, weil ich nach einem Arbeitstag das Gefühl hatte, etwas getan zu haben, was für das Leben anderer Menschen eine Bedeutung hatte – ob ich nun einer jungen, konfusen Band half, ihr gesamtes Geschäftsleben zu organisieren oder einem bestimmten Klienten durch die Scheidung half. Das war das Befriedigende an meinem Job. Und als ich mich entschied, in einer Plattenfirma zu arbeiten, fand ich, daß sich mein Beitrag lohnen würde, aus der Firma eine künstlerorientierte Firma zu machen – und so könnte ich auch hier wieder etwas machen, was für andere Menschen Bedeutung hat.«

Frauen drangen allmählich nicht nur in die höheren Positionen der Branche vor, sondern auch in die technischen Bereiche und arbeiteten in den Roadie- und technischen Teams, die mit den Bands auf Tournee gingen. Der Bereich der »Roadies« war zwar schon immer (und ist immer noch) eine Männerdomäne, doch Carol Dodds, Videoregisseurin und Beleuchterin, die seit Anfang der siebziger Jahre auf diesem Gebiet arbeitet, hat festgestellt, daß Frauen in den Teams mittlerweile akzeptierter sind. »Als ich anfing, im Beleuchtungsbereich zu arbeiten, sagte ich, daß ich gerne mit dieser oder jener Person arbeiten würde, und die Leute sagten dann: 'Hm, also, sie nehmen keine Frauen in ihr Team auf'«, erinnert sie sich. »Das war dann natürlich sofort eine Herausforderung: Was soll das denn heißen, sie nehmen keine Frauen in ihr Team auf? Ich sprach die Herausforderung zwar nicht aus, dachte aber im Stillen: 'Na, das hat mich noch nie abgeschreckt, und außerdem kennen mich die Leute doch noch gar nicht.' Es war ein bißchen naiv. Jetzt habe ich den Eindruck, daß genauso viele oder noch mehr Leute mit mir arbeiten wollen, gerade weil ich eine Frau bin. Meinen letzten Job bekam ich nur deshalb, weil ich eine Frau bin. Der Job war für eine Künstlerin, und die Leute machten sich Gedanken darüber, wer wohl mit ihr arbeiten könnte, und das war einer der Gründe, warum sie mich anriefen. Aber was das eigentliche Arbeitsverhältnis angeht: Das hat sich nicht deshalb geändert, weil ich eine Frau oder ein Mann bin, sondern weil sich meine Position geändert hat. Jetzt bin ich nicht mehr der dritte oder vierte Mann im Team. Ich bin der Chef, oder die Chefin, wie man es nennen will!«

Dodds wuchs an der Ostküste auf und arbeitete an einem College in West Virginia, wo sie Schauspiel und Regie studierte, zum ersten Mal im technischen Bereich – sowohl auf als auch hinter der Bühne. »Ich nahm mir vor, alles zu lernen«, erklärt sie. »Und deshalb arbeitete ich im Beleuchtungsbereich, um alle technischen Aspekte voll in den Griff zu bekommen.« Nach ihrem Abschluß Mitte der siebziger Jahre ging sie nach New York und arbeitete auf Teilzeitbasis als Beleuchterin, um Geld zu verdienen, während sie gleichzeitig eine Schauspielkarriere anstrebte. Schließlich wurde ihr die technische Arbeit jedoch wichtiger als die Schauspielerei. »Ich ging wieder auf's College und nahm an einem Ausbildungsprogramm teil«, erzählt sie. »Und in der Sommerpause des Programms fing ich an zu arbeiten. Danach arbeitete ich immer weiter und ging nicht mehr auf's College.« Sie arbeite an kleineren Theatern in New York und bei Rockkonzerten. Ihr erster Tourneeauftrag war ein Sommer-Festival, und bald darauf tourte sie mit Blue Oyster Cult, Aerosmith und Kiss. »Ich war der dritte oder vierte Elektriker«, erzählt sie. »Ich verlegte Kabel, stieg Leitern hoch, schloß Dimmer an – ich machte nur die Sklavenarbeit. Ich lernte dabei sehr elementare Dinge und fing praktisch von Grund auf an.«

Aber auch die Teams, mit denen sie tourte und die Teams in den Konzerthallen mußten lernen. »Viele Leute waren geschockt, daß ich da war«, sagt sie über ihre Anwesenheit als praktisch einziges weibliches Teammitglied. »Viele Leute waren geschockt, daß ich die Arbeit machen konnte, obwohl ich kleiner als ein Mann war. Die Bühnenarbeiter waren ganz sicher geschockt, weil es damals auch keine Frauen im Bereich Bühnenarbeit gab.« Manchmal war es auch von Vorteil, die einzige Frau zu sein. »Wenn wir in einer Halle ankamen, nahmen mich die Bühnenarbeiter unter ihre Fittiche. Das waren Typen, die schon jahrelang im Theater gearbeitet haben«, erzählt sie. »Und sie zeigten mir alte Transformatoren, bei denen man Hände und Beine und Füße und Stöcke und Zähne und alles, was man in die Finger kriegen konnte, einsetzen mußte, um das Ding zum Laufen zu bringen. Es war eine tolle Erfahrung. All die

Männer wußten über etwas anderes Bescheid und brachten es mir bei und freuten sich, daß ich Interesse daran hatte. Sie waren sehr aufgeschlossen. Die Leute schauten mir auch zu, wie ich etwas machte, weil sie wußten, daß ich nicht so stark war wie sie und oft mechanische Hilfsmittel benutzte, um einen Kasten zu bewegen oder etwas zu heben.«

Allerdings reagierten nicht alle so positiv darauf, mit einer Frau zusammenzuarbeiten. »Einmal gab es ein paar Leute, die mich unbedingt engagieren wollten, um die Beleuchtung für einen bestimmten Act zu machen«, erinnert sie sich. »Und die Person, die bei diesem Act das Sagen hatte, meinte: ›Nein, ich kann sie nicht engagieren, weil sie dann meiner Frau erzählt, daß ich auf Tour gehe und mich mit anderen Frauen treffe.‹« Dodds erklärt, daß solche Zwischenfälle selten vorkamen und sie in solchen Situationen eine Konfrontation vermied. »Einmal haben wir in einer Halle gearbeitet, und einer der Bühnenarbeiter war ziemlich frech«, erinnert sie sich. »In diesem Moment dachte ich: ›Ich möchte dem Kerl ja echt gerne eine reinhauen, aber wir müssen die Show heute abend noch durchziehen.‹ Also schluckte ich es einfach runter. Und als ich das nächste Mal in die Halle kam, konnte der Typ es einfach nicht glauben, daß ich wieder reinkam – er war so schockiert, mich zu sehen, daß er nie mehr irgendwas probierte.«

Dodds arbeitete bereits sechs Monate nach ihrem ersten Auftrag als qualifizierte Beleuchterin und gründete Mitte der siebziger Jahre eine eigene Firma, Morgan Barret, Inc. 1982 zog sie nach Los Angeles. Sie hat schon für KünsterInnen aus allen Bereichen der Rock- und Popmusik gearbeitet, u.a. für die Talking Heads, die Go-Go's, Cyndi Lauper, Peter Gabriel, Ted Nugent und Barry Manilow. Darüber hinaus begann sie, sich mit Videos zu befassen, arbeitete z.B. mit Todd Rundgren und führte bei Bruce Springsteens Video »Tunnel of Love« Regie. Sie arbeitete auch als Live-Regisseurin, wenn bei Konzerten Video-Leinwände eingesetzt wurden, u.a. 1988 bei der Amnesty International-Tour mit Tracy Chapman sowie 1990 bei David Bowies »Sound and Vision«-Tour. Als Team-»Chefin« traf Dodds auf neue Herausforderungen. »Ich habe eine erstaunliche Veränderung festgestellt«, sagt sie. »All die Typen im Team, die mich unter ihre Fittiche nahmen und mir vieles beibrachten, schalteten jetzt auf stur, wenn ich ihnen sagen mußte, was zu tun war. Als das zum ersten Mal passierte, war ich zwar überrascht, aber mit der Zeit habe ich gemerkt, daß sie genauso auf mich reagieren, solange ich sie respektiere, wie ich damals auf sie reagiert habe, als ich merkte, daß sie mich respektierten.«

Wie Carol Dodds arbeitete auch Lisa Macek zum ersten Mal im technischen Bereich, als sie noch auf's College ging. Außerdem war sie bei Rockkonzerten als Bühnenarbeiterin tätig und engagierte sich beim

College-Rundfunk. Durch ein Praktikum bei einer Firma, die mit unabhängigen Bands arbeitete, bekam sie nach ihrem Studienabschluß 1986 einen Job in der New Yorker Geschäftsstelle der Firma. Drei Wochen später wurde ihr allerdings wegen finanzieller Schwierigkeiten der Firma wieder gekündigt. Anschließend stellte sich Macek bei der Produktionsfirma C-Factor vor und wurde am nächsten Tag eingestellt. »Und so wechselte ich innerhalb eines Monats von der normalen Branchenarbeit wieder zur Technikerin!« Drei Monate später ging sie als Beleuchtungsassistentin mit Lou Reed auf Tournee und arbeitete auf späteren Tourneen für Ashford and Simpson, Squeeze und Bryan Ferry.

Wie Dodds zog auch Macek es vor, brisante Situationen diplomatisch zu regeln, teilweise, um ihren Job nicht zu verlieren. »Ich hielt den Mund, weil man sich zwar beschweren kann, dann aber sehr schnell rausfliegt, wenn es zuviel Theater gibt«, erklärt sie. Außerdem merkte sie, daß sie sich in solchen Situationen auch auf ihr Team verlassen konnte und hatte keine Angst, ihre Meinung zu sagen, wenn eine Situation zu unangenehm wurde. Als Leiterin eines Teams fühlte sie sich allerdings wesentlich unwohler. »Ich glaube, das ist einer meiner Schwachpunkte«, gibt sie zu. »Ich glaube, ich konnte zwar damit umgehen, Beleuchterin zu sein, aber bei den Konzerten in New York mußte ich neue Arbeiter dazuholen und war dann die Chefin. Das sagte mir nicht besonders zu. Ich bin noch ziemlich jung, und ich hatte mit alten Gewerkschaftlern zu tun, die meine Großväter hätten sein können. Vielleicht liegt es nur an mir, oder vielleicht liegt es daran, daß die Typen nicht so ohne weiteres Anweisungen von einem Mädchen annehmen. Das ist teilweise der Grund, warum ich aufgehört habe. Ich wußte, daß ich das ständig würde machen müssen.«

Macek verließ C-Factor zwar im Herbst '88, stieg aber nicht ganz aus dem Musikgeschäft aus. Heute arbeitet sie für Production Arts, eine auf das Theater spezialisierte Beleuchtungsfirma und nimmt ab und zu freiberuflich einen Auftrag im Musikbereich an. Sie bestätigt, daß es nun mehr Frauen gibt, die auf technischem Gebiet arbeiten, vor allem in den kleineren, unabhängigen Unternehmen. »Wenn ich von New York ausgehe, arbeiten mehr Frauen in Clubs als auf Tournee«, sagt sie. »Aber ich habe eine Freundin, die für Sonic Youth arbeitet, und die nehmen sie überall hin mit. Und dann gibt es eine Frau, die lange im CBGB gearbeitet hat, und jetzt ist sie auf Tournee mit Living Colour. Ansonsten arbeiten alle Frauen, die ich kennengelernt habe, in kleinen Clubs und hoffen auf den Durchbruch.« Und obwohl es Macek zufolge nur langsam vorangeht, hofft sie, daß sich die Einstellungen zu weiblichen Roadies mit der wachsenden Zahl von Frauen in diesem Bereich ändern.

Auch in den achtziger Jahren kämpften Frauen gegen die ihnen zugewiesenen Rollen in allen Bereichen der Musikindustrie und kamen dadurch auch in den absoluten Männerdomänen Heavy Metal und Rap deutlich voran. Heavy Metal und Rap, die sich beide in den achtziger Jahren entwickelten, waren bei Eltern, religiösen Führungspersönlichkeiten und PolitikerInnen genauso verhaßt wie der Rock&Roll in den fünfziger Jahren. Und als die Rockmusik Ende der achtziger Jahre von Zensurgruppen angegriffen wurde, war es kein Zufall, daß sie sich zuerst Heavy Metal und Rap als Zielscheiben aussuchten. Diese Stilrichtungen galten zudem als Sprachrohr schwächerer Gesellschaftsgruppen: der mittellosen weißen Teenager (Heavy Metal) und der mittellosen schwarzen Teenager (Rap). In beiden Genres wurden Frauen, ob als Künstlerinnen oder Teil des Publikums, generell ignoriert.

Das galt insbesondere für den Bereich Heavy Metal. Im Gegensatz zu ihrem ersten *Decline*-Film, sind in Penelope Spheeris' *The Decline of Western Civilization Part 2: The Metal Years*, einer 1985 erschienenen Dokumentation über die Heavy Metal-Szene in Los Angeles, nur sehr wenig Frauen als Musikerinnen zu sehen. Die Frauen im Film sind hauptsächlich Teilnehmerinnen an Schönheitswettbewerben in Rockclubs oder aber Fans (und, in einem denkwürdigen Interview, eine Bewährungshelferin). Spheeris' Beobachtungen zufolge war die Geringschätzung von Frauen ein wesentlicher Bestandteil der Heavy Metal-Szene, der anscheinend von Frauen und Männern gleichermaßen akzeptiert wurde. »Sie haben sich eine Männer-Frauen-Beziehung ausgedacht, bei die Frau eine sehr mittelalterliche, unterwürfige Rolle einnimmt«, sagt sie. »Und es ist nicht so, daß nur die Männer so über die Frauen denken, sondern die Mädels stellen sich absichtlich dumm, um die Jungs anzumachen. Ich habe einen Ausdruck dafür: Ich nenne es das 'Marilyn Monroe-Syndrom'. Es ist eigentlich nur die Suche nach Liebe und Aufmerksamkeit, aber es ist schon ziemlich erbärmlich.«

Da Spheeris keine Wertung vornahm, legten ihre InterviewpartnerInnen ihre Beweggründe für ein solches Verhalten in bemerkenswert offener Weise dar. Laut Spheeris ist der Mangel an weiblichen Heavy Metal-Bands zumindest teilweise auf finanzielle Gründe zurückzuführen. »Es gibt weibliche Heavy Metal-Bands, man kennt sie nur nicht, weil die Plattenfirmen sie noch nicht unter Vertrag genommen haben«, sagt sie. »Es liegt alles am Geld. Sobald eine Frauenband anfängt, Millionen zu scheffeln, nehmen sie bestimmt haufenweise Frauenbands unter Vertrag. So läuft das nun mal.«

Von den Hardrock-Sängerinnen oder weiblichen Hardrock-Bands, die von großen Labels unter Vertrag genommen wurden, war Joan Jett die einzige, die in den achtziger Jahren regelmäßig in den Charts auftauchte. Andere bauten sich ein ansehnliches Insider-Publikum auf und warteten auf den Durchbruch zum Mainstream-Erfolg, wie z.B. Girlschool, eine britische Heavy Metal-Frauenband. Die Band veröffentlichte in den achtziger Jahren mehrere LPs und schaffte relativ leicht den Sprung in die britischen Charts. In den USA hatte die Band jedoch keinen Erfolg, was zum Teil wahrscheinlich an ihrer ständig wechselnden Besetzung lag. Girlschool, ursprünglich als Painted Lady bekannt, wurde 1977 in London von der Bassistin Enid Williams, der Rhythmusgitarristin Kim McAuliffe und der Leadgitarristin Kathy Valentine gegründet, die später bei den Go-Go's Baß spielte. Als Valentine in die USA zurückkehrte, wurde sie von Kelly Johnson ersetzt. Die Drummerin Denise Dufort wurde von einer Punkband abgeworben, und die Gruppe taufte sich in Girlschool um.

Die erste Single der Band, »Take It All Away«/»It Could Be Better«, wurde 1979 veröffentlicht. Als Doug Smith, Manager der aufstrebenden Heavy Metal-Band Motörhead, die Single hörte, engagierte er Girlschool als Vorprogramm für Motörheads nächste Tournee und verhalf der Gruppe zu einem Plattenvertrag bei Motörheads Label Bronze. Girlschools Debütalbum *Demolition* (1980) kam in die britischen Top 30, und *Hit and Run* (1981) erreichte sogar die Top 5. Die mit Motörhead aufgenommene EP *St. Valentine's Day Massacre* plazierte sich ebenfalls auf Rang 5. Trotzdem waren nicht alle von den Fähigkeiten der Band überzeugt. In einem Interview in *Traffic* erinnerte sich McAuliffe 1989 an die Reaktion des Gitarristen Jeff Beck auf ihre erste Single, »Race for the Devil«, als er sie in einer britischen TV-Show hörte: »Er drehte sich um und sagte: 'Da spielt doch unmöglich ein Mädchen!' Also luden wir ihn zu einem Auftritt ein und schauten zu, wie er daran zu knabbern hatte.« Die wilde, großspurige Musik der Band wurde durch eine Portion Humor etwas gemäßigt, wie z.B. in der Single »Yeah, Right« (1980). In diesem Stück werden die ständigen Forderungen eines Elternteils mit »yeah, right« erwidert, wobei der anfangs gleichgültige Ton zum Schluß in ein energisches Schreien mündet.

Trotz ihres Erfolgs in den Charts wurde Girlschool von ihrem amerikanischen Label Stiff, das eine LP mit Singles aus *Demolition* und *Hit and Run* herausbrachte, mit einer gewissen Vorsicht behandelt. Außerdem kamen allmählich Spannungen innerhalb der Gruppe auf. Enid Williams verließ die Band 1982 und wurde von Gil Weston-Jones ersetzt, Kelly Johnson stieg 1984 aus und gründete mit Kathy Valentine eine neue Band, World's Cutest Killers. Für Johnson kam Chris Bonnacci von der Hardrock-Frauenband She. Jackie Bodimead, ebenfalls von She, trat der

Gruppe für eine LP als Keyboarderin bei. Die Band veröffentlichte zwar auch weiterhin LPs, doch hatte das Interesse an der Gruppe in Großbritannien inzwischen nachgelassen, und in den USA kam erst gar kein Interesse an Girlschool auf. Trotzdem nahm die Gruppe nach wie vor Platten auf und ging, hauptsächlich in Europa, auf Tournee. Auf ihrem neuestem Album, *Take a Bite* (1989), ist die Gruppe wieder in einer anderen Besetzung zu hören (Tracey Lamb ersetzte Weston Jones 1987). Trotzdem hat sie ihren harten, temperamentvollen Stil beibehalten, wie man in der aggressiven Cover Version von Sweets »Fox on the Run« und dem frechen »Girls on Top« hören kann. Leider wurde Girlschools Rolle als Vorreiterinnen in einer immer noch sehr stark männlich dominierten musikalischen Stilrichtung wegen ihres mangelnden Erfolgs in den USA ignoriert.

Im Gegensatz dazu schaffte es Ex-Runaway Lita Ford, sich ein Stück des Mainstream-Erfolgs zu sichern, der Girlschool versagt geblieben war. Nach zehnjähriger Arbeit als Solokünstlerin erreichten zwei Singles aus ihrem Platin-Album *Lita* (1988) die Top 40. Ford veröffentlichte ihre erste LP, *Out of the Blood*, 1983, ein Jahr nach Jetts Erfolg mit »I Love Rock 'n' Roll«. 1984 erschien dann *Dancin' on the Edge*. Als ihr Label PolyGram ihr drittes Album, *The Bride Wore Black*, ablehnte, beschloß Ford, die seit ihrer Runaways-Zeit bei dem Label war, daß die Zeit nun reif für eine Veränderung sei. 1985 engagierte sie eine neue Managerin, Sharon Osbourne (die auch ihren Mann Ozzy Osbourne managt) und wechselte zu RCA. »Ich wollte damals mit einer Managerin arbeiten«, sagt sie. »Ich hatte Schwierigkeiten mit der Management-Firma, die ich vor Sharon hatte, und ich wollte mit einer Frau arbeiten. Ich hatte das Gefühl, daß mich eine Frau besser verstehen könnte – meine Bedürfnisse verstehen und mir helfen könnte, das zu bekommen, was ich wollte. Und das tat sie.« Sie schätzte diese Eigenschaft auch an ihrem Produzenten Mike Chapman, der sowohl *Lita* (1988) als auch *Stiletto* (1990) produzierte. »Er ließ mich immer machen, was ich wollte anstatt zu versuchen, mich zu ändern«, sagte sie gegenüber *Guitar World*.

Fords erster Erfolg aus *Lita* war die Single »Close My Eyes Forever«. Der von Ford und Ozzy Osbourne geschriebene Song (Osbourne sang das Stück mit ihr zusammen) erreichte Platz 8. Ford arbeitete für diese LP, die Platz 29 erreichte, auch mit Nikki Sixx von Mötley Crüe und Lemmy Kilminster von Motörhead zusammen. *Stiletto* war in den Charts zwar nicht so erfolgreich, bekam aber gute Kritiken. Die LP enthält u.a. die bewegende Ballade »Lisa«, eine Widmung an Fords Mutter. Der Titelsong wurde von Ford und Holly Knight geschrieben. Ford selbst blickte optimistisch in die Zukunft. »Ich bin jetzt dreißig und fühle mich, als ginge es jetzt erst richtig los«, sagte sie gegenüber *Bam*. 1991 brachte Ford eine neue LP, *Dangerous Curves*, heraus, wieder eine Mischung aus Balladen (»Bad Love«) und totalem Gebrüll (»Hellbound Train«).

Ende der achtziger Jahre hatte sich die Musikszene in Los Angeles von Punk zu Heavy Metal gewandelt, einem Stil, der in dem Buch *Rock of Ages* als Höräquivalent zu einem Horrorfilm bezeichnet wird: »Laut, übertrieben, unverschämt, nur auf Nervenkitzel aus.« Im Gegensatz zu dem abgerissenen Punk-Look orientierte sich die Heavy Metal-Szene sehr stark an der Glittertradition der Rockmusik der siebziger Jahre, d.h. Makeup, Stretchklamotten und »Mähnen« gehörten zur Standardausrüstung. »In der Punk Rock-Zeit sahen die Mädels aus wie Jungs«, sagt Penelope Spheeris. »In der Heavy Metal-Szene sahen die Jungs mit ihren tuntenhaften Mähnen, Makeup und gezupften Augenbrauen eher wie Mädchen aus.« Echte Frauen durften diesen Look zwar nachahmen, hatten es aber dennoch schwer, als Musikerinnen akzeptiert zu werden, wie die Gitarristin Jan Kuehnemund von Vixen in *Guitar World* scherzhaft bemerkte: »Wir dachten immer wieder: Warum haben wir es nur so schwer, wenn es doch so viele Typen gibt, die total feminin aussehen und Makeup benutzen? Wir machen das doch schon die ganze Zeit!« Aus Kuehnemunds Scherz spricht die bittere Wahrheit, mit der die Band in ihrer Frühzeit konfrontiert wurde. Damals hatte Vixen aufgrund des Aussehens ihrer Mitglieder Film- und Fernsehangebote bekommen (u.a. Rollen in dem Film *Hardbodies* und Fernsehserien wie *Cagney und Lacey*). Ein Plattenvertrag war jedoch nicht in Aussicht. Außerdem gab man der Gruppe den Spitznamen »Playback-Püppchen«. »Man muß wissen, als Vixen rauskam, war die Szene voll von Leuten wie Bon Jovi, Cinderella, Def Leppard und Mötley Crüe«, erklärte Drummerin Roxy Petrucci in einem Zeitungsartikel. »Alle, und ich meine wirklich alle, warteten darauf, daß wir wenigstens einen kleinen Fehler machten, weil niemand glaubte, daß Frauen richtig rocken können.«

Kuehnemund gründete die Band 1981 in ihrer Geburtsstadt St. Paul in Minnesota. Die Band wollte schließlich nach Los Angeles, doch Kuehnemund war die einzige von der Originalbesetzung, die auch wirklich dorthin ging. Keineswegs entmutigt stellte sie mit Petrucci, Bassistin Share Pederson (die wie Melissa Etheridge am Berklee College of Music studiert hatte) und Rhythmusgitarristin Janet Gardner, die auch sang, eine neue Gruppe zusammen (in dieser Besetzung wurde die Band für *The Metal Years* interviewt). Vixen gab sich alle Mühe, ihr Image als »Playback-Püppchen« loszuwerden und bekam schließlich ein Vertragsangebot von EMI (die Firma war anfangs jedoch skeptisch, ob die Gruppe auch wirklich selbst die Instrumente auf ihrem Demo selbst spielte). Ihr

Debütalbum *Vixen* (1987) fand mit seiner hochtourigen Musik und Gardners temperamentvoller Stimme sofort Anklang beim Publikum und wurde ein Millionenseller. Kuehnemund sagte später gegenüber *Guitar World*, daß die LP ihrer Meinung nach »teilweise etwas zu zahm« sei, was sie auf den Mangel an selbstgeschriebenen Songs zurückführte. Das änderte sich jedoch auf ihrer nächsten LP, *Rev It Up* (1990), für die die Gruppe zehn der elf Songs selbst schrieb.

Da die meisten großen Labels weibliche Heavy Metal- und Hardrock-Bands (Rockmusik, die zwar genauso laut, aber nicht so übertrieben war wie Heavy Metal) nicht unter Vertrag nahmen, weil sie nicht als »marktfähig« galten, war Vixens Vertrag mit EMI ein Schritt nach vorn. Doch die Band war nur die Spitze des Eisbergs, der aus vielen weiblichen Heavy Metal- und Hardrock-Bands bestand. Diese Bands gab es nicht nur in der Clubszene in Los Angeles, sondern im ganzen Land. Einige waren bei Indie Labels (z.B. die Luna Chicks, Dickless, die Clams, Hole und L7) und versuchten, sich eine Fangemeinde aufzubauen (L7 ist mittlerweile bei der Firma Slash unter Vertrag, deren Platten jetzt von Warner Bros. vertrieben werden). Die Gruppe Precious Metal aus Los Angeles nahm ihre erste LP für Mercury, das frühere Label der Runaways, auf und wurde anschließend von Chameleon unter Vertrag genommen (auf ihrem Album *Precious Metal*, das sie nach dem Wechsel aufnahmen, sind Ex-Runaway Cherie Currie als Background-Sängerin und der von Ann und Nancy Wilson geschriebene Song »Real Trouble« mit Nancy an der Gitarre zu hören). Die eher Garagen-Rock-orientierten Pandoras wurden, wie Precious Metal, ebenfalls 1984 in Los Angeles gegründet und machten Aufnahmen für Rhino und Elektra (wobei Elektra ihre Songs nie veröffentlichte), bevor sie von Restless unter Vertrag genommen wurden (die Karriere der Gruppe nahm durch den Tod des Gründungsmitglieds Paula Pierce 1991 ein jähes Ende).

Eigentlich hätte man annehmen können, daß sich die zunehmende Zahl von Frauen, die ein Instrument spielten, positiv auf die Einstellungen zur Rolle der Frauen in Rockbands auswirken würde. Doch offensichtlich hatten sich die Vorurteile in manchen Bereichen immer noch nicht geändert. Wie Vixen wurden auch die Frauen von Precious Metal – die Gitarristinnen Janet Robin und Mara Fox, Bassistin Julia Farey, Sängerin Leslie Knauer und Drummerin Carol Control – mit Vorurteilen hinsichtlich ihrer musikalischen Fähigkeiten konfrontiert, und das auch, wenn sie live spielten. Control sagte gegenüber *Music Connection*, man habe die Band gefragt: »Spielen eure Freunde hinter einem Vorhang?«, als sie auf der Bühne eines Clubs spielten, auf der es keinen Vorhang gab – nur eine Wand. Frauen mußten also immer noch »beweisen«, daß sie rocken konnten. »Zumindest auf ihren Tourneen beweist Lita Ford, daß Frauen hart rocken können« war in einer Überschrift im *Circus* zu lesen, während sich *Cashbox* über Vixens Debütalbum folgendermaßen äußerte: »*Vixen* beweisen, daß Frauen rocken, ja, sogar hart rocken können«. Sexualität war ein weiterer Problembereich für Heavy Metal-Frauen, ein Bereich, in dem hautenge Kleidung einen Mann als Sexprotz und eine Frau als Flittchen erscheinen ließ. Obwohl Lita Ford in einem Interview erklärte: »Sex ist nicht nur etwas für Männer«, sahen andere die Angelegenheit etwas anders. »Wegen ein oder zwei heißen Posen wird Lita Ford fälschlicherweise immer als schamloses Flittchen bezeichnet«, schrieb *Music Connection* und fügte hilfreich hinzu: »dabei gehen ihre Gefühle in Wirklichkeit doch viel tiefer«. Selbst bei ihrem Label konnte Ford nicht unbedingt mit Unterstützung rechnen. In einem Interview mit *Traffic* erinnerte sich Ford an eine RCA-Party, bei der ein Ventilator ein wenig kühle Luft in den Raum bringen sollte: »Als ich daran vorbeiging, wurde mein Minirock hochgeweht. Eine der Frauen, die bei dem Label arbeiteten, sagte: 'Richtig so, Lita. Verkauf noch mal 40000 Platten.'«

Rapperinnen wurden, vor allem im Bereich der Sexualität, mit denselben chauvinistischen und sexistischen Einstellungen konfrontiert, als sie in diesem von Männern dominierten Genre auftauchten. Rap hatte sich in den siebziger Jahren in New York herausgebildet. In den Clubs und bei Häuserblock-Partys begannen DJs, sich beim Ineinanderfahren der Platten Reime auszudenken. Schließlich wurde die Rolle der DJs und MCs – der Leute, die die Platten zusammenmischten und der »RapperInnen« – geteilt, so daß der/die RapperIn/MC nun im Mittelpunkt stand. Dank der Bemühungen von Leuten wie dem Graffiti-Künstler Fab 5 Freddie, der Rap-Shows in New Yorker Discotheken wie dem Mudd Club organisierte und später die Sendung *Yo! MTV Raps* moderierte, beschränkte sich der Rap bald nicht mehr nur auf die schwarze Bevölkerung, sondern hielt auch Einzug in die New Yorker Musik- und Kunstszene. Auch New Wave-Gruppen wie Blondie und die Talking Heads verwendeten in einigen ihrer Stücke Rap-Rhythmen.

Sylvia Robinson, eine Frau mit einer langen Geschichte im Musikgeschäft, gehörte zu den ersten, die das kommerzielle Potential des Rap erkannten. In den fünfziger Jahren bildete Sylvia Vanderpool (wie sie damals hieß) zusammen mit dem Gitarristen McHouston »Mickey« Baker das Duo Mickey and Sylvia. Baker brachte Vanderpool das Gitarrespielen bei, und die beiden schrieben zusammen mit Bo Diddley »Love is Strange«, das 1957 ein Top-20-Hit wurde. Vanderpool brachte auch Soloplatten heraus und spielte auf Ike and Tina Turners R & B-Hit »It's Gonna Work Out Fine« (1961) Gitarre. Vanderpool heiratete Joe Robinson, und die beiden gründeten ein eigenes Label, All Platinum. 1973 hatte Robinson einen Solo-Hit mit »Pillow Talk«, das Spitzenreiter der R&B Charts wurde und Platz 3 der Top 40 erreichte. 1975 schlossen die Robinsons All Platinum und gründeten ein neues Label, Sugar Hill. Sylvia hörte 1979 von einem Trio aus Harlem, das auf der Geburtstagsparty ihrer Nichte gerappt hatte. Sie nahm die Gruppe unter Vertrag, nannte sie Sugarhill Gang und brachte den Rap 1989 mit »Rapper's Delight« in die Top 40. Der Titel erreichte Platz 36. Später produzierte Robinson den Hit »The Message« von Grandmaster Flash and The Furious Five und hatte mit »It's Good to Be the Queen« (1982) selbst Erfolg. Ihr Sohn Joey war in einer weiteren Sugar Hill-Gruppe, West St. Mob, und ihr Neffe Spoonie Gee machte ebenfalls Aufnahmen für das Label. Er wurde von der Frauencrew The Sequence begleitet, das später eigene Platten aufnahm. The Sequence – Blondie, Cheryl the Pearl und Angie B –, ursprünglich ein Trio aus Columbia in South Carolina, gehörte zu den ersten Rapperinnen, die den Sexprahlereien der Männer eigene Prahlereien entgegensetzte und ihre Gegner in Stücken wie »Funk You Up« »dissten«.[106]

Obwohl Rap in den achtziger Jahren ständig in den Charts vertreten war, wurde er erst Ende des Jahrzehnts als kulturelles Phänomen angesehen, als die Aggressivität und Frauenfeindlichkeit einiger Rap-Texte Furore machten. In ihrer Titelstory über Rap in der Ausgabe vom 19. März 1990 bezeichnete *Newsweek* den Rap als Teil der »Kultur einer Haltung… Es ist die Kultur amerikanischer Männer, die in verschiedenen Pubertätsstadien steckengeblieben sind: ihre Musik von der Straße, ihre üblen Macho-Spüche und Witze über alle, die nicht zu ihnen gehören – Bullen, andere Rassen, Frauen und Homosexuelle.« Am Ende des Artikels werden die LeserInnen mit den tröstlichen Worten besänftigt: »Wenn wir eines aus den sechziger Jahren gelernt haben, ist es, wie *wenig* Macht der Rock&Roll hat, die Welt zu verändern.« Der Artikel zog wegen seines herablassenden Tons eine Flut von wütenden Reaktionen nach sich. Janine McAdams betonte in ihrer *Billboard*-Rubrik »The Rhythm and the Blues«: »Am meisten stört: die in dem Artikel vertretene Auffassung, daß der herausragenste Beitrag des Rap 'die Ausgrabung des Wortes Nigger' ist (was ist mit der 'Stoppt die Gewalt'-Bewegung? Was ist mit der ganzen Gesellschaftskritik? Was ist denn mit den Rapperinnen in der Szene?«

Viele Rapperinnen wurden zwar erst Ende der achtziger Jahre bekannt, waren aber im Verlauf der achtziger Jahre schon Teil der wachsenden Hip-Hop-Kultur gewesen (zu der außer Rap auch Break

---

106 Engl.: »dis« von »disrespect«: sich abfällig über jemanden äußern oder — etwas drastischer — jemanden zur Sau machen.

Dance und Graffiti gehörten). 1979 gründete Lisa Lee mit Sha Rock von Funky Four Plus One More (Sha Rock war die »One More«) und Debbie Dee (alias Sparky Dee) Us Girls, eine der ersten weiblichen Rap-Gruppen. 1984 war die Gruppe in dem Film *Beat Street* zu sehen. Mitte der achtziger Jahre fanden Rapperinnen mit dem beliebten Trick der Answer Songs eine Möglichkeit, in die Rap-Szene zu kommen. 1985 veröffentlichte die vierzehnjährige Lolita Shanté Gooden unter dem Namen Roxanne Shanté »Roxanne's Revenge«, einen Answer Song zu UTFOs Platte »Roxanne Roxanne«, auf der die Crew vergeblich versucht hatte, ihre neue Nachbarin abzuschleppen. Nachdem »Roxanne's Revenge« zunächst nur als Band im Umlauf war, wurde der Titel schließlich als Veröffentlichung des Labels Pop Art ein Riesenerfolg. »Oh Gott! Das Stück wurde so oft im Radio gespielt, daß ich einfach nur noch das Radio ausmachte«, sagte Shanté gegenüber *Soul Underground*. »Meine Mutter sagte: 'Wir sind reich!', und das waren wir auch. Ich wurde fünfzehn und kaufte meinen ersten Cadillac. Ich wollte das beste Auto, und damals kannte ich Mercedes noch nicht.« Da UTFO mit einer Klage drohte, weil Shanté die Background-Spur des Originals einfach abgesamplet hatte, nahm Shanté den Song mit einer neuen Background-Spur noch einmal auf.

Der Erfolg von »Roxanne's Revenge« löste eine Flut von weiteren Answer Songs aus (u.a. »Roxanne's a Virgin«, »Roxanne's a Man« sowie »No More Roxanne (Please)«). UTFO beteiligte sich an der Welle und fand eine eigene Rapperin, die sich The Real Roxanne (Joanne Martinez) nannte, »die Verwüsterin«, deren Anspruch: »Bei mir wird euch heißer als in Grenada« nicht allzuweit von Wanda Jacksons Vergleichen zwischen sich selbst und einer Atombombe entfernt war, die sie 1957 in »Fujiyama Mama« anstellte. Als die »Real« Roxanne auftauchte, kam es zwischen Martinez und Shanté zu einem Duell. Shanté rühmte sich, daß sie einige ihrer Stücke selbst schrieb anstatt sich wie die Real Roxanne auf die Songschreiberfähigkeiten des männlichen UTFO-Produktionsteams Full Force zu verlassen. Außerdem teilte Shanté mit ihren Raps noch härtere Schläge aus, wie z.B. in »Brothers Ain't Shit«, in dem sie sexuelle Belästigung schonungslos anklagt sowie »Fatal Attraction« (aus ihrer 1989 erschienenen LP *Bad Sister*), in dem ein verheirateter Mann, der mit Shanté fremdgeht, seine Frau jedoch nicht verläßt, mit Kastration bestraft wird. Die Stücke der Real Roxanne sind dagegen etwas unbeschwerter. In ihrer bekanntesten Nummer, dem 1986 erschienenen »Bang Zoom (Let's Go-Go)«, rühmt sie ihre Fähigkeiten als Rapperin und samplet ab und zu ein paar Sound-Happen von Warner Bros.-Comicfiguren hinein. Das Stück schaffte schließlich ein Crossover zu den alternativen Radiosendern. Als sie 1988 ihre erste LP *The Real Roxanne* herausbrachte, arbeitete sie auch als Co-Autorin an ihren Stücken. Außer so selbstbewußten Raps wie »Roxanne's on a Roll« und »Look But Don't Touch« gab es auch eine Nummer namens »Respect«, bei der die Rapperin sowohl auf Aretha Franklins gleichnamigem Song als auch auf Helen Reddys »I Am Woman« zurückgreift.

Ungefähr zur selben Zeit, als »Bang Zoom« herauskam, fand sich eine neue Frauen-Crew zusammen, die später als erste den Sprung in die Top 40 Charts schafften. 1985 wurden Cheryl James und Sandy Denton, zwei Freundinnen aus Queens, die in ihrer College-Zeit zusammen in einem Kaufhaus gearbeitet hatten, von ihrem Manager Hurby Azor für eine Plattenaufnahme engagiert. Azor, der sich »Hurby Luv Bug« nannte, war früher Mitglied der Super Rappers. Die Platte, die er mit James und Denton aufnahm, war ein Projekt für sein Studium am Center for Media Arts. James und Denton hatten eigentlich kein großes Interesse an Rap, doch, wie Denton in *Will You Love Me Tomorrow* erklärte: »Es war nicht so schwer. Wenn du in New York geboren wirst und auf der Straße aufwächst, gibt es immer Rap; auf deiner Block-Party oder in der Nachbarschaft, und irgendwann weißt du eben, wie es geht.« Azors »The Showstoppa« war ein Answer Song auf Dougie Freshs »The Show«, und als das Demo in örtlichen Rundfunksendern gespielt wurde, bekam die Gruppe, die sich damals Supernature nannte, einen Plattenvertrag bei Pop Art Records. Von »Showstoppa« wurden schließlich über eine Viertelmillion Exemplare verkauft, und das Stück erreichte die Top 20 der Black Singles Charts des *Billboard*. Anschließend tauften sich James und Denton in Salt-N-Pepa um (James ist »Salt« und Denton »Pepa«) und veröffentlichten bei Next Plateau Records »I'll Take Your Man« (mit einem Remix des Pointer Sisters-Hits »How Long (Betcha' Got a Chick on the Side)« als Hintergrund). Außerdem engagierten sie noch die DJ Latoyah, genannt »Spinderella«, die jedoch bald von Dee Dee Roper ersetzt wurde.

1986 veröffentlichte die Gruppe ihr Debütalbum, *Hot, Cool & Vicious* mit den Singleauskoppelungen »My Mike Sounds Nice« und »Tramp«, ihre Bezeichnung für promiske Männer. Zwei Jahre später schaffte *Hot, Cool & Vicious* als erste Rapperinnen-LP den Sprung in die Top 40 (sie erreichte Platz 26). Das Album wurde mit Platin ausgezeichnet, nachdem »Push It«, eine scherzhaft-zweideutige Tanznummer und ursprünglich die B-Seite von »Tramp« als Single-Remix veröffentlicht worden war. Auch »Push It« bekam Platin und wurde als »Beste Rap-Interpretation« für den Grammy nominiert. Als die Gruppe erfuhr, daß die Verleihung nicht im Fernsehen übertragen wurde, boykottierte sie zusammen mit anderen Rap-Acts die Zeremonie. Die zweite LP der Gruppe, *A Salt With a Deadly Pepa* (1988), kam ebenfalls in die Top 40. Neben so lehrreichen

Nummern wie »Spinderella's Not a Fella (But a Girl DJ)« enthält das Platin-Album auch einige Cover Versionen, z.B. »I Gotcha« von Joe Tex und »Twist and Shout« von den Isley Brothers.

Bis zur Veröffentlichung ihrer LP *Black's Magic* (1990), die Platz 38 erreichte, waren Salt-N-Pepa zu den bekanntesten Rapperinnen in den USA avanciert und hatten nun auch mehr Kontrolle über ihre Karriere. Im Gegensatz zu ihren frühen Stücken, die hauptsächlich von Azor geschrieben und produziert worden waren, schrieben sie ihr Material für *Black Magic* selbst. Außerdem produzierte Salt einige Titel der LP, was sie stolz in der ersten Singleauskopplung »Expression« verkündet. »[Produzieren ist] etwas, was ich schon immer mal machen wollte«, sagte Salt gegenüber dem *Billboard* und fügte hinzu, diese Rolle habe ihr neue Zukunftsperspektiven eröffnet. »Salt-N-Pepa wird nicht ewig halten«, sagte sie nüchtern. »Wahrscheinlich ist es in den nächsten drei oder vier Jahren vorbei damit. Wenn es vorbei ist, möchte ich als Vollzeit-Produzentin arbeiten.« Und tatsächlich arbeitete sie nach der Fertigstellung von *Black Magic* als Autorin und Produzentin für 4-Play, die ebenfalls bei Next Plateau waren. Auf *Black's Magic* besinnt sich die Gruppe auf ihr afroamerikanisches Erbe, was in Stücken wie »Negro Wit' an Ego« und dem Titelsong (co-produziert von Spinderella) deutlich wird. Auch das Cover spielt auf die afroamerikanische Herkunft an und zeigt die Gruppe, umgeben von den Geistern von Billie Holiday, Minnie Ripperton, Louis Armstrong und Jimi Hendrix, lesend in einem Arbeitszimmer. »Expression«, eine überzeugende Selbstdarstellung, wurde mit Gold ausgezeichnet und brach einen Rekord, als es acht Wochen lang die Rap Charts des *Billboard* anführte. Die Gruppe knüpfte mit der Veröffentlichung von *A Blitz of Salt-N-Pepa Hits*, einem Sampler aus Dance-Remixes ihrer früheren Stücke, an diesen Erfolg an.

Queen Latifah (Dana Owens), die selbsternannte »Queen of Royal Badness« schaffte ebenfalls ein Crossover zum Mainstream, als sie auf David Bowies »Fame '90«-Remix seines früheren Hits »Fame« rappte. Sie hatte jedoch schon ein Jahr zuvor ihr Debütalbum *All Hail the Queen* bei Tommy Boy Records herausgebracht. Owens wurde in Newark, New Jersey, geboren und wuchs in dem benachbarten East Orange auf. In der High School trat sie als Teil des Trios Ladies Fresh zum ersten Mal auf. 1988 veröffentlichte sie ihre erste Single, »Wrath of My Madness«, unter dem Namen »Queen Latifah« (Latifah ist arabisch und bedeutet »feinfühlig, sensibel«). Es folgten eine zweite Single, »Dance With Me« und die LP *Hail the Queen* (1989). »Sieht man einmal von Neneh Cherrys *Raw Like Sushi* ab, war dies die stärkste Debüt-LP einer Frau in der Hip-Hop-Geschichte«, schreiben Havelock Nelson und Michael A. Gonzales in *Bring the Noise: A Guide to Rap Music and Hip-Hop Culture*. Das Album erreichte Platz 6 der R & B Charts und wurde ein Millionenseller.

Die Themen ihrer Stücke brachten Latifah schnell an die Spitze der sozialkritischen RapperInnen. Während sie sich bei ihren beiden ersten Singles auf ihre Qualitäten als »Mikrophon-Kommando« konzentriert, beschäftigt sich Latifah auf *All Hail the Queen* in dem Stück »Evil That Men Do« (produziert von KRS-One, von dem noch mehr solcher progressiven Raps stammen) mit dem inneren Zerfall der amerikanischen Städte. Darüber hinaus engagierte sie Monie Love (Simone Johnson) aus Großbritannien und ließ sie in »Ladies First«, einer Hymne auf den Stolz der Frauen, verkünden, daß man nun endlich mit den Vorurteilen aufräumen müsse. Für *Nature of a Sista'* (1991) arbeitete Latifah auch als Produzentin. Darüber hinaus ist auf der LP außer den nüchternen Stücken »Latifah's Had It Up 2 Here« (in dem sie Leute, die Gerüchte in die Welt setzen, anprangert) und »Fly Girl« auch eine größere musikalische Bandbreite vertreten, u.a. der Reggae-Titel »Sexy Fancy« und die langsameren, souligeren Nummern »Give Me Your Love« und »How Do I Love Thee«. Latifah arbeitete auch bei Film und Fernsehen. So war sie z.B. in den Filmen *Jungle Fever*, *House Party 2* und *Juice* sowie zusammen mit Monie Love in der Pilotsendung zu einer geplanten Unterhaltungsserie namens *Out of My Face* zu sehen.

Ende der achtziger Jahre waren Rap-Frauen ebenso zum »Trend« geworden wie Rock-Frauen. Und wieder wurde in Artikeln über Rapperinnen häufig zuerst ihr Geschlecht und dann ihr musikalisches Können erwähnt, was in Überschriften wie »Nicht nur für Männer« (*Time*) und »Ich bin eine Frau, hört mich rappen« (*New Times*) ersichtlich wird. Andererseits bedeuteten solche Artikel für viele Rapperinnen mehr Publicity, z.B. für MC Lyte (Lana Morer), die ihre Karriere bei dem Label ihres Vaters, First Priority, begann und in ihren Stücken sozialkritische Themen wie Crack-Abhängigkeit in »I Cram to Understand U (Sam)« und Safer Sex in »I'm Not Having It« aufgreift. Außerdem ist Lyte auch mit Sinéad O'Connor auf einem Single-Remix von O'Connors »I Want Your (Hands on Me)« zu hören. Yo-Yo (Yolanda Whitaker) wagte in »It's a Man's World«, einem Titel aus der LP *AmeriKKKa's Most Wanted* von Ice Cube eine Zusammenarbeit mit Cube, und Cube co-produzierte wiederum Yo-Yos Debütalbum *Make Way for the Motherlode*. Yo-Yo gründete die Intelligent Black Women's Coalition, »die es sich zur Aufgabe gemacht hat, das Selbstwertgefühl *aller* Frauen zu steigern«. Die Töchter des schwarzen Aktivisten Malcolm X, Gamilah-Lamumba und Ilyasah Shabazz, gründeten Shabazz by Birth. Auch in Großbritannien gab es eine wachsende Rapperinnen-Bewegung, zu der u.a. Neneh Cherry, ehemalige

Club-DJ und Mitglied der Pop-Jazzgruppe Rip, Rig and Panic, gehörte, die auf ihrer LP *Raw Like Sushi* (1987) Pop mit Hip-Hop-Elementen vermischt. Auch Monie Love, die ihr Debütalbum *Down to Earth* 1990 veröffentlichte, The Cookie Crew und die Wee Papa Girl Rappers zählten zu den britischen Rapperinnen.

Da Rap als äußerst sexistische Stilrichtung galt, wurde von den Rapperinnen erwartet, daß sie sich mit progressiven Botschaften revanchierten und dabei ein positives Frauenbild vermittelten, was natürlich als Feminismus interpretiert wurde. Rapperinnen genossen die Verbindung mit dem Feminismus eher mit Vorsicht. Als Gamilah-Lamumba in *Interview* über den »großen Stolz auf den Feminismus« befragt wurde, der in ihrem Song »Let Me Speak« zum Ausdruck kommt, ersetzte sie »Feminismus« durch »Frauen« und erklärte: »Ich brauche kein Etikett für meine Ansichten.« Queen Latifah äußerte sich in ähnlicher Weise zu diesem Thema. »Ich bin keine Feministin«, sagte sie in *Mother Jones*. »Ich mache meine Platten nicht für Mädchen... ich bin lediglich eine stolze, schwarze Frau. Ich brauche kein Etikett.« Andere Rapperinnen standen der Sache jedoch nicht so ablehnend gegenüber. »Es ist mir nie in den Sinn gekommen, mich Feministin zu nennen«, sagte Monie Love gegenüber *Option*. »Es fällt mir natürlich leicht, Dinge aus einer weiblichen Perspektive zu betrachten, also glaube ich, daß ich vielleicht Feministin bin.« Salt war in der Zeitschrift *People* sogar noch direkter: »Wir sind Feministinnen«, sagte sie 1988. »Wir machen etwas, was man nur Männern zugesteht, und wir machen es *richtig*!«

Rapperinnen, die ihren männlichen Kollegen Konkurrenz machten, indem sie dieselben Methoden anwandten, standen auf einem anderen Blatt. Frauen, die die Doppelmoral auf dem Rap-Sektor erkannt hatten, waren vorsichtig und wußten, wo sie eine Grenze ziehen mußten. Als Salt gefragt wurde, wie Sex-Prahlerei ihrer Meinung nach aufgefaßt würde, wenn sie von einer Frau käme, sagte sie zu Charlotte Greig: »Wenn eine Frau auf diese Tour angeben wollte, würde ich einfach sagen, mach nur. Aber ich weiß, was dann hinterher auf sie zukommen würde.« Schon bald gab es Frauen, die auf diese Tour angaben: Hoes Wit Attitude und Bytches With Problems, die nach der Veröffentlichung ihrer Debütalben *Livin' in a Hoe House* bzw. *The Bytches* Anfang der neunziger Jahre heftig kritisiert wurden. KritikerInnen und andere Rapperinnen gingen auf die beiden Gruppen los. Salt bezeichnete ihre deutlichen Texte als »PR-Gag«, während sich eine andere Rapperin, Harmony, sie auf ihrer LP *Let There Be Harmony* »disste«.

Als Folge solcher Feindseligkeiten, und auch, weil sie nicht noch mehr Auseinandersetzungen provozieren wollten, nahmen die Gruppen an der Diskussion über anzügliche Rapperinnen bei der Hip-Hop-Tagung an der Howard University 1991 nicht teil. »Es gab Leute, die gekommen waren, um diese Frauen fertigzumachen«, sagte eine der studentischen OrganisatorInnen der Tagung gegenüber dem *Wall Street Journal*. »Bei all den anderen Problemen der Schwarzen können wir diese negativen Frauen, die sich selbst schlechtmachen, nicht auch noch gebrauchen. Andere DiskussionsteilnehmerInnen, sagten zu den Fans auf der Tagung: 'Kauft dieses Zeug nicht.'« Die Gruppen selbst zeigten keine Reue. »Wir reden über Frauenprobleme, und fast alle Frauen können mit irgend einem Thema auf der LP was anfangen«, erklärte Tanisha Michelle von den Bytches gegenüber *Pulse*, und ihre Partnerin Lynda McCaskill fügte hinzu: »Es ist eigentlich nicht so, daß wir den Spieß umdrehen; es kommt einfach nur aus der Perspektive der Frau.« Außerdem erklärte Michelle, daß sie durch den Namen der Gruppe dem Wort »Bitch« etwas von der Macht wiedergeben wollten, die es ihrer Meinung nach hatte: »Nimm den Namen und trag ihn als Auszeichnung«, sagte sie gegenüber der *New York Times*. Die Songs auf *The Bytches* (1991) stutzten das männliche Ego tatsächlich etwas zurecht. In »Two-Minute Brother« werden die Männer verhöhnt, die mit ihrer Potenz prahlen, »Coming Back Strapped« ist eine Warnung an Männer, denen es Spaß macht, Frauen auf der Straße mit Worten zu belästigen, und in »Is the Pussy Still Good« wird eine witzige sexuelle Begegnung beschrieben, bei der ein Mann, der eigentlich fremdgehen möchte, aus dem Schlafzimmer geworfen wird, nachdem er seine Partnerin befriedigt hat. Die Bytches befaßten sich auch mit so ernsten Themen wie Date Rape (»No Means No«) und der Brutalität der Polizei (»Wanted«). Trotz ihrer provokativen Haltung hatten die Bytches den Anspruch, mehr als nur obszöne »PR-Gags« zu machen, und der *Rolling Stone* wies darauf hin, daß ihre Anstößigkeit mehr mit Millie Jacksons derben Raps als mit der Bosheit vergleichbarer männlicher Rap-Gruppen wie z.B. 2 Live Crew oder N.W.A. gemeinsam hat.

Als sich Musikstile wie Rap und Heavy Metal ihren Weg in den Mainstream bahnten, drängten die großen Labels wiederum die Indie Labels, die diese Richtungen ursprünglich bekannt gemacht hatten, aus dem Markt. Die Übernahme durch die Großunternehmen hatte auch Auswirkungen auf die Musik, was Michele Anthony in ihren Ausführungen über die Veränderung ihrer Rolle als Anwältin in den letzten Jahren besonders kritisiert. »Es ist lächerlich, daß Künstler bestimmten Plattenfirmen nur dann Bänder verkaufen können, wenn sie von einem Anwalt oder einem angesehenen Manager vertreten werden«, sagt sie. »Das ist die Politik vieler Plattenfirmen, was uns natürlich eine Riesenverantwortung aufbürdet. Meiner Meinung nach sind wir nicht diejenigen, die den

413

Geschmack des zukünftigen amerikanischen Publikums bestimmen sollten; das sollte A & R-Leuten und Managern überlassen bleiben. Aber wir werden mehr und mehr in den Mittelpunkt gestellt. Früher war das nicht so. Anwälte haben eine wesentlich kleinere Rolle gespielt. Heute werden wir viel mehr ins Geschäft miteinbezogen, weil alles Geschäft ist! Die Branche ist so klein, daß vieles über Beziehungen läuft, aber Anwälte sind immer noch an fast allen Vorgängen beteiligt. Bei der Musikproduktion und bei den Vertragsabschlüssen mit den Bands herrscht ein Geschäftssinn, den es früher nicht in dem Maß gegeben hat. Die Folge davon ist, daß die Musikbranche einiges von ihrer Kreativität und Persönlichkeit verloren hat.«

Die wachsende Zensur-Bewegung stellte eine möglicherweise noch größere Bedrohung für die Rockindustrie dar, vor allem die Gründung des Parents Music Resource Center (PMRC) 1985. Ironischerweise entdeckte der Rock-Mainstream im selben Jahr sein Politikbewußtsein, ausgelöst durch Live Aid, die von dem Rockmusiker Bob Geldof organisierten Marathon-Wohltätigkeitskonzerte gegen die Hungersnot in Afrika. Eine der Gründerin des PMRC war Tipper Gore, die sich über die Texte der Prince-LP *Purple Rain*, ein Geschenk für ihre Tochter, aufregte, vor allem über den Song »Darling Nikki« und seine Anspielung auf das »Onanieren mit einer Zeitschrift«. Gore und Mitbegründerin Susan Baker riefen die Organisation im Mai 1985 ins Leben. Als erstes schickten sie am 31. Mai 1985 einen Beschwerdebrief an die Recording Industry Association of America (RIAA) und kritisierten die Plattenfirmen wegen der Herstellung von Platten, die sexuelle Betätigung, Drogen und Gewalt glorifizierten, und die für Minderjährige frei zugänglich seien. Die zwanzig Frauen, die den Brief unterschrieben, waren mehr als nur »besorgte Mütter«. Die meisten von ihnen waren mit Politikern verheiratet, einschließlich der Gründerinnen des PMRC: Gore war die Frau des Senators Albert Gore und Baker die Frau des Außenministers James Baker. Deshalb wurden die Beschwerden der »Washington-Ehefrauen« auch nicht auf die leichte Schulter genommen. Zwei Monate später erhielt die Gruppe eine Zusage von der RIAA, Platten mit möglicherweise anstößigen Texten zukünftig mit einem Aufkleber zu versehen.

Am 19. September 1985 veranstaltete ein Senatsausschuß – dem auch fünf Ehemänner von PMRC-Mitgliedern angehörten – eine Anhörung zum Thema »Pornographie in der Rockmusik«, das KünsterInnen die Gelegenheit geben sollte, im Beisein des PMRC ihre Meinung zu äußern. TeilnehmerInnen waren so unterschiedliche KünstlerInnen wie Frank Zappa, Dee Snider von Twisted Sister und John Denver. Michele Anthony äußerte sich allerdings enttäuscht über die mangelnde Reaktion der meisten KünstlerInnen. »Als das PMRC anfing, nahm ich an einigen Treffen der California Copyright Society teil«, sagt sie. »Dort fanden sich Gruppen zusammen, die dann nach Washington gingen. Frank Zappa war wirklich toll. Er führte die ganze Bewegung an und lieferte zumindest eine Gegendarstellung. Aber ich war enttäuscht, daß sich die Künstler nicht stärker durchsetzten. Ich glaube, wenn ihre Rechte ernsthaft bedroht wären, würden sie vielleicht eher reagieren.«

Am 1. November 1985 erklärte die RIAA bei einer gemeinsamen Pressekonferenz des PMRC, der RIAA und der PTA (Parent Teacher Association) offiziell, daß sie ihre Tonträger mit Aufklebern versehen würde, was jedoch für alle Parteien ein unbefriedigender Kompromiß war. Die RIAA repräsentierte nur vierundvierzig Firmen (hauptsächlich große Labels), was bedeutete, daß die meisten Indie Labels nicht verpflichtet waren, sich an den »freiwilligen« Beschluß der RIAA zu halten. Zudem gab es keine verbindliche Definition darüber, welches Material als »anstößig« gelten solle. Aus diesem Grund behauptete das PMRC, daß immer noch »anstößiges« Material veröffentlicht werde und drängte auf schärfere Maßnahmen. Und obwohl das PMRC abstritt, daß die Forderungen nach Aufklebern etwas mit Zensur zu tun hatten, weigerten sich viele EinzelhändlerInnen und Ladenketten aus Angst vor einer Anklage, Tonträger mit solchen Aufklebern überhaupt erst in ihr Sortiment zu nehmen. Die Anti-Zensur-Organisationen, die keine Angst davor hatten, ihre Meinung zu äußern, wie z.B. das einmal im Monat erscheinende Rundschreiben *Rock&Roll Confidential*, wiesen prompt darauf hin, daß die Aufkleberaktion eigentlich nur auf eine erzwungene Auslese hinauslaufe. Die meisten Aufkleber waren nämlich im Bereich Heavy Metal, Rap oder auf Unterhaltungsplatten zu finden. Die Bereiche Country und Oper, in denen es häufig um Themen ging, die das PMRC anderswo kritisierte, wurden hingegen übersehen. In einem Interview mit *Goldmine* brachte PMRC-Mitglied Jennifer Norwood vor, daß man auch Country-Platten mit Aufklebern versehen solle, fügte aber hinzu: »Ich sehe keinen Sinn darin, Opernplatten mit einem Aufkleber zu versehen, weil ich niemanden unter achtzehn Jahren kenne, der sich Opern anhört.«

1990 schien es, als sei nicht nur der Rockmusik, sondern der gesamten Popkultur der Krieg erklärt worden. In zahlreichen Bundesstaaten wurden Gesetzesentwürfe für eine Aufkleberpflicht eingebracht, die den Verkauf von »anstößigen« Aufnahmen ohne Aufkleber an Minderjährige illegal machen sollten. In Louisiana wurde einer dieser Gesetzesentwürfe sogar verabschiedet, doch Gouveneur Buddy Roemer legte sein Veto ein. Die Rap-Gruppe N.W.A. (Niggers With Attitude), die u.a. einen Song mit dem Titel »- Tha Police« in ihrem Repertoire hatte, erhielt eine schriftliche

Warnung vom Leiter der Abteilung für Öffentlichkeitsarbeit des F.B.I., Milt Ahlerich, in der er erklärte: Der Song »ermutigt zur Gewalt und Respektlosigkeit gegenüber dem Polizeibeamten… Musik spielt in der Gesellschaft eine bedeutende Rolle, und ich mache Sie hiermit auf die Position des F.B.I. hinsichtlich dieses Songs und seiner Botschaft aufmerksam.« Die Gruppe wurde während ihrer Tournee im selben Jahr wiederholt von der Polizei schikaniert (aber, so unwahrscheinlich es klingen mag, im Jahr darauf aß ein Gruppenmitglied mit George Bush im Weißen Haus zu Mittag). In Florida wurden Mitglieder der Rap-Gruppe 2 Live Crew verhaftet, weil sie in einem Nachtclub mit Zutritt für Gäste über einundzwanzig mit Songs aus ihrer LP *As Nasty as They Wanna Be* aufgetreten waren, nachdem die Platte von einem amerikanischen Bezirksgericht in Fort Lauderdale für pornographisch befunden worden war. Auch der Plattenhändler wurde verhaftet, weil er die LP verkauft hatte (die Gruppe wurde freigesprochen, der Plattenhändler verurteilt). In Nevada wurde die Heavy Metal-Gruppe Judas Priest angeklagt, weil »unterschwellige Botschaften« auf ihrer LP *Stained Glass* in einem Fall zum Selbstmord eines Teenagers und in einem weiteren Fall zu einem versuchten Selbstmord geführt hätten (die Gruppe wurde freigesprochen). Im Contemporary Art Center in Cincinnati wurde eine Ausstellungen mit Fotografien von Robert Mapplethorpe für pornographisch erklärt und der Museumsdirektor vor Gericht gestellt (er wurde später freigesprochen). Und vier KünstlerInnen, u.a. auch Karen Finley, denen die National Endowment for the Arts (N.E.A.) Zuschüsse gewährt hatte, bekamen ihre Zuschüsse von dem damaligen Vorsitzenden John Frohnmayer wieder aberkannt. Die Gründe dafür waren, in Frohnmayers Worten, die damaligen »politischen Gegebenheiten« – d.h. der möglicherweise umstrittene Inhalt der Arbeiten dieser KünstlerInnen (im Gegenzug verklagten die vier die N.E.A.).

Auf Künstlerinnen fanden Angriffe wie z.B. auf die Gruppen N.W.A., 2 Live Crew oder Judas Priest nur selten statt, doch wurde auch ihre Tätigkeit von Verbänden wie dem PMRC überprüft. So bekam z.B. Pat Benatars Video »Love Is a Battlefield« vom PMRC in seiner Analyse des Sexismus in MTV eine negative Beurteilung: »Eine Sängerin kämpft mit ihren sturen Eltern, geht dann von zu Hause weg und wird Nutte.« Manchmal wurde eine Künstlerin auch zensiert, weil sie sich für etwas einsetzte, was gar nichts mit Musik zu tun hatte: Nachdem k.d. lang in einem Werbespot eine vegetarische Lebensweise propagiert hatte, wurde ihre Musik von den Playlists der Radiosender in Gebieten, in denen Viehzucht betrieben wurde, gestrichen. Da lang sowieso kaum im Radio gespielt wurde, hatte dieser »Boykott« allerdings keine großen Auswirkungen.

Die bemerkenswerteste Ausnahme bildete Madonna, der PMRC-Mitglied Pam Hower vorwarf, sie würde ihren Fans beibringen, »wie sich eine läufige Porno-Queen benimmt«. Ironischerweise pries Tipper Gore 1986 Madonnas Video »Papa Don't Preach« (Madonna spielt hier eine ledige werdende Mutter, die sich dafür entscheidet, ihr Kind zu behalten) wegen seiner »Sensibilität« (im Gegensatz dazu äußerte sich der geschäftsführende Direktor von Planned Parenthood negativ zu der Botschaft, die er in dem Video sah: »daß schwanger werden cool ist«). Ende der achtziger Jahre mußte sich Madonna mit noch schärferer Kritik auseinandersetzen. 1989 nahm Pepsi nach einer Protestaktion der American Family Association, einer christlichen »Wachhund«-Gruppe, einen Werbespot vom Markt, das Madonna mit dem Video zu ihrer neuesten Single, dem Titelsong von *Like A Prayer*, für den Konzern gemacht hatte. Die Beschwerde der AFA richtete sich jedoch nicht gegen den Werbespot (der nur einmal gezeigt wurde), sondern gegen das Video, d.h. gegen die mit christlicher Symbolik durchsetzten Szenen, in denen Madonna zu einem schwarzen Heiligen betet und einen schwarzen Mann küßt, den sie später befreit, als er ungerechtfertigt verhaftet wird. Der Verlust für Pepsi war dabei allerdings größer als der für Madonna, da sowohl ihr Album (das sich über elf Millionen mal verkaufte) als auch die Single Platz 1 erreichten und drei weitere Singles aus der LP ebenfalls in die Top 10 kamen.

Madonnas »Blonde Ambition-Tour« 1990 entfachte wegen ihrer sexuellen Symbolik ebenfalls eine heftige Kontroverse. Während eines Konzerts in Toronto, kam die Polizei hinter die Bühne und ließ Madonna ausrichten, man würde sie festnehmen, wenn sie ihre Show nicht mäßige. Madonna weigerte sich und sagte zu ihrem Manager Freddy DeMann: »Freddy, ich ändere meine verdammte Show nicht«, und das Konzert lief weiter wie geplant. Später sagte sie: »Ich hätte das Konzert lieber abgesagt als mir von irgend jemandem vorschreiben zu lassen, wie ich mich ausdrücken soll. Das wäre für mich sogar ein Grund, mich verhaften zu lassen.« Zuerst versuchte die Polizei, ihr plumpes Vorgehen gegen die Sängerin zu leugnen. In einem Bericht der Zeitschrift *People* hieß es, die Polizei sei bei dem Konzert zwar anwesend gewesen, hätte »jedoch keine Gesetzesübertretung feststellen können«. Es sei die Plattenfirma gewesen, »die unverhoffte Publicity gewittert« und den Fall durch eine Pressemitteilung hochgespielt habe. Dieser Pressemitteilung zufolge sei Madonna mit einer Festnahme gedroht worden, was von der Polizei als »albern… indiskutabel« abgetan worden sei. In dem Film *Truth or Dare* (1991), der die Tournee dokumentiert, wurde jedoch die wahre Geschichte festgehalten. Die Szenen, in denen die gespannte Diskussion zwischen der Polizei und DeMann gezeigt wird – und DeMann, als er die Forderung der Polizei an

Madonna weitergibt – werden von der polizeilichen Version des Vorfalls in den Nachrichten ergänzt.

Kaum war die Tournee zu Ende, wurde Madonna erneut in einen Skandal verwickelt. Diesmal ging es um ihr Video »Justify My Love«, das von MTV wegen seines Inhaltes und seiner »Atmosphäre insgesamt« boykottiert worden war. Das in einem Pariser Hotelzimmer gedrehte Schwarzweißvideo zeigt die Sängerin und mehrere leichtbekleidete Frauen und Männer in verschiedenen erotischen Paarungen. Zum Schluß des Videos wird das Zitat: »Arm ist der Mann, dessen Freuden von der Zustimmung eines anderen abhängig sind« eingeblendet. Da der Clip nicht gezeigt werden durfte, erschien er als »Video-Single« und verkaufte sich über 250000 mal. Die Single selbst erreichte Platz 1 der Charts.

Im Dezember 1990 hatte Madonna in der Spätabend-Sendung *Nightline* mit dem Gastgeber Forrest Sawyer Gelegenheit, sich über ihr Skandal-Video »Justify My Love« und zur Zensur zu äußern. Nachdem Madonna erklärt hatte, daß sie »Gewalt, Demütigung und Erniedrigung« ablehne; »das will ich nicht sehen«, befragte Sawyer sie über die Szenen in ihrem Video »Express Yourself«, in denen sie angekettet ist. »Es war kein Mann, der mir die Kette angelegt hat«, erklärte sie. »Ich habe das selbst gemacht. Ich wurde auf eigenen Wunsch angekettet. Ich mache alles aus freien Stücken.« Darüber hinaus wies sie auf die Kluft zwischen der Zensur von Sexualität und der Zensur von Gewalt im Fernsehen hin. »Warum ist es in Ordnung, wenn zehnjährige Kinder sehen, wie eine Leiche zerstückelt wird, oder wie Sam Kinison Jessica Hahn anspuckt?« fragte sie. »Warum haben Eltern damit denn keine Schwierigkeiten? Aber warum haben sie Schwierigkeiten, wenn zwei Erwachsene, egal, welchen Geschlechts, zärtlich miteinander sind?« Anschließend machte sie den ironischen Vorschlag, daß, wenn MTV eine spezielle Sendezeit für Erwachsene einrichten würde, in der z.B. ihre Videos gezeigt würden, der Sender auch eine »Stunde der Gewalt« oder eine »Stunde der Erniedrigung von Frauen« anbieten könne. Madonna wies auch darauf hin, daß sie ihr Publikum dazu anhielt, Verhütungsmittel zu benutzen und ihren Platten Informationen zu Aids beilegte. Als Sawyer meinte, manche Eltern würden ihre Kinder lieber selbst über Sex aufklären, verteidigte sich Madonna mit den Worten: »Wissen Sie was? Sie machen es aber nicht.«

Aids war ein weiteres umstrittenes Thema, das Madonna in Interviews häufig ansprach. Das Virus, das Anfang der achtziger Jahre entdeckt wurde, wurde von der amerikanischen Gesellschaft zunächst als »Schwulenkrankheit« angesehen, da viele der frühen Aids-Fälle in den USA homo- oder bisexuelle Männer waren. Es folgten die Drogenabhängigen, die von der Gesellschaft genauso wenig akzeptiert wurden wie die

Schwulen und die tödliche Krankheit somit »verdienten«. Heterosexuelle und vor allem Kinder, die ebenfalls erkrankten, wurden von den Medien als »Unschuldige« bezeichnet, wie z.B. in den Schlagzeilen von *USA Today:* Die Zeitung berichtete über Menschen, die als Folge von Organtransplantation mit Organen Aids-infizierter SpenderInnen Aids bekamen (tatsächlich sind fünfundsiebzig Prozent aller Aids-Infizierten auf der ganzen Welt heterosexuell). Für die Kunstszene war (und wirkt) sich Aids besonders verheerend. Madonna engagierte sich mit zahlreichen Benefizkonzerten regelmäßig für die Aids-Hilfe. Außerdem war sie eine der wenigen KünstlerInnen, die ohne Scheu über ihr schwules Publikum sprachen. Gegenüber *The Advocate* sagte sie: »Sie wissen, daß ich vollstes Verständnis für ihre Lebenswahl, ihren Lebensstil habe, und daß ich ihn unterstütze. Es hilft ihnen, wenn jemand wie ich sowas sagt. Sie wissen es zu schätzen.«

Diamanda Galás, die avantgardistische »Schallseziererin« tauchte Anfang der achtziger Jahre in der Musikszene auf. Sie stellte die Aids-Epidemie in den Mittelpunkt ihrer Arbeit, die 1986 mit der Veröffentlichung von *The Divine Punishment* begann. *Mask of a Red Death* war zunächst als Trilogie konzipiert, und so veröffentlichte sie 1987 *Saint of the Pit* (anschließend starb ihr Bruder an Aids) und 1989 *You Must Be Certain of the Devil*. Als sie 1990 mit Ausschnitten aus allen drei Platten auftrat, kündigte sie das Werk als *Plague Mass* an, fügte einen neuen Abschnitt, *There Are No More Tickets to the Funeral*, hinzu und verkündete ihre Absicht, diese Arbeit »bis zum Ende der Epidemie« fortzusetzen. *Plague Mass* war mit seinen Anspielungen auf die Bibel, die Werke französischer Dichter wie Charles Baudelaire und Gerard de Nerval und seiner Gospel-Musik eine der eindrucksvollsten Reaktionen auf die Aids-Epidemie. Darüber hinaus hatte die Sängerin mit diesem Werk eine über die Avantgarde-Kunstszene hinausgehende Wirkung. Allerdings betont sie in einem Interview: »Ich sehe meine Arbeit nicht als avantgardistisch oder bizarr an. Wenn man aus einer Stadt wie San Diego kommt, weiß man nichts über Avantgarde.«

Galás wuchs in San Diego in einer streng griechisch-orthodoxen Familie auf. Sie durfte zwar kein Radio hören, spielte aber mit ihrem Vater, der in Jazzbands aktiv war und einen Gospelchor leitete, Klavier. Außerdem spielte sie im San Diego Symphony-Orchester. Gesang gehörte jedoch nicht zu ihrer musikalischen Ausbildung. »Mein Vater sagte zu mir, Sänger hätten alle kein musikalisches Gehör und kein Taktgefühl und seien Volltrottel«, sagte sie gegenüber *Rockpool*. »Außerdem sagte er, daß alle Sängerinnen ein Haufen Huren seien. Als Griechisch-Orthodoxe gehörte Singen also nicht gerade zu den Dingen, bei denen ich gefördert wurde.« Trotzdem nahm Galás schließlich Gesangsunterricht und entwickelte einen überaus qualvollen Gesangsstil, der hauptsächlich aus Schreien und Heulen besteht. Nach ihren ersten Erfahrungen – sie sang in psychiatrischen Kliniken (»Ich hatte viel mit den Leuten gemeinsam... ich glaube, der einzige Unterschied ist, daß sie eingesperrt waren und ich nicht«), holte der Avantgarde-Komponist Vinko Globokar sie nach Europa und gab ihr die Hauptrolle in seiner Oper *Un Jour Comme Une Autre*. Nach ihrer Rückkehr in die USA bekam sie 1982 für einen Auftritt in The Kitchen in New York äußerst gute Kritiken (Gregory Sandow schrieb in *Village Voice*: »Sie ist bei weitem die eindrucksvollste lebende Sängerin der neuen Musik... Ich werde sie nie vergessen, so lange ich lebe«). Im selben Jahr erschien ihre erste LP, *Litanies de Satan*, nach der Vorlage von Baudelaires *Les Litanies de Satan* (»Meine Familie war entsetzt über das erste Album«, sagte sie später gegenüber *Sounds*). 1984 folgte *Diamanda Galás*, bevor sie die Arbeit an ihrem *Plague Mass*-Projekt begann.

Galás geriet mit rechtsradikalen ZensorInnen aneinander, die durchsetzten, daß Galás' Konzerte wegen der angeblich »satanischen« Einflüsse in ihren Stücken abgesagt werden mußten. Auch das Thema ihres *Plague Mass*-Projekts stieß auf Kritik. »Sogenannte 'Meinesgleichen in der Musikwelt'«, sagte sie gegenüber der *Alternative Press*, »meinten alle sowas wie: 'Du willst doch nicht damit in Verbindung gebracht werden! Du wirst deine Karriere ruinieren.' Na ja, da ich schon seit so vielen Jahren mit dem Teufel in Verbindung gebracht werde, kann es eigentlich nicht viel schlimmer werden.« Galás trat auch der aktivistischen Aids-Gruppe ACT-UP (Aids Coalition to Unleash Power) bei und wurde im Dezember 1989 festgenommen, als die Gruppe in der St. Patrick's Cathedral in New York ein »Die-In« aufführte. 1992 brachte sie *The Singer* heraus, ein Album mit Gospel- und Bluessongs, darunter »Were You There When They Crucified My Lord?« und »Let My People Go« (beide sind auch auf *Plague Mass* zu hören) sowie Screamin' Jay Hawkins' »I Put a Spell on You«, das sie mit aufrüttelnder Intensität interpretiert. »Ich habe meine Arbeit schon 1974 von einem ungefährlichen und unsinnigen 'Musik'-Konzept abgekoppelt«, beurteilte sie ihre Arbeit in dem Re/Search Publications-Band *Angry Women*. »Wirklich sinnvolle Musik ist eine Verarbeitung der Realität – und die ist normalerweise eine *Tragödie*... Popmusik ist größtenteils deskriptiv; sie handelt *von* einer Sache, ist aber nicht die Sache *selbst*. Während meine Arbeit die Sache selbst *ist*... Selbst Leute, die den ganzen Tag Cocktails trinken, haben Musik, die ausdrückt, was sie angeblich durchmachen; warum können Leute, die *tiefere* Gefühle durchleben, nicht dasselbe haben?«

Galás hatte keine Angst vor dem »Stigma«, mit der »Schwulenkrankheit« in Verbindung gebracht zu werden (»Die Leute fragen mich immer, warum ich für eine bestimmte Interessengruppe singe«, sagte Galás gegenüber *Sounds*. »Ich sage ihnen, daß ich die bestimmte Interessengruppe bin, *wir alle gehören doch dazu*«) und ebnete dadurch anderen KünstlerInnen, die sich für die Aids-Hilfe engagierten, den Weg. Anfang der neunziger Jahre wirkten eine Vielzahl anderer KünstlerInnen bei Benefizkonzerten gegen Aids mit. Dionne Warwick organisierte als eine der ersten KünstlerInnen eine Single zugunsten von Aids-Gruppen: »That's What Friends Are For«, auf der auch Gladys Knight, Elton John und Stevie Wonder zu hören sind. Die Single erreichte 1986 die Spitze der Charts. Ann und Nancy Wilson, Paula Abdul und Pat Benatar steuerten ein Stück zu *For Our Children* (1991) zugungsten der Stiftung Aidskranke Kinder bei. Im Dezember 1990 lief das TV-Special *Red, Hot and Blue*, eine von Stars wie Whoopi Goldberg und Richard Gere moderierte Sendung zur Bewußtmachung von Aids. Dabei wurden Videos von KünstlerInnen gezeigt, die Songs von Cole Porter interpretierten. So sang z.B. Sinéad O'Connor mit wallender blonder Perücke »You Do Something to Me«, k.d. lang sang »So in Love«, Annie Lennox »Ev'ry Time We Say Goodbye«, Deborah Harry sang mit Iggy Pop im Duett »Well, Did You Evah!«, und Neneh Cherry integrierte in ihre Version von »I've Got You Under My Skin« einen Aids-bezogenen Rap.

Das Thema Aids veranlaßte KünstlerInnen auch, andere gesellschaftliche Fragen aufzugreifen. Laurie Anderson, die gestand: »Wie alle anderen habe auch ich während der Reagan-Zeit geschlafen«, bezeichnet die Aids-Seuche als Auslöser für ihre neue politische Haltung. »Ich war auf vielen Beerdigungen«, sagte sie gegenüber dem *San Francisco Examiner*. »Mir fehlen so viele Leute, die gestorben sind.« Ein Foto-Termin mit Robert Mapplethorpe kurz vor dessen Aids-Tod ging ihr ebenfalls nahe. »Er war damals sehr schwach«, schrieb sie in *Exposure*. »Er konnte zwar ein bißchen laufen, aber man konnte seinen Zustand unmöglich übersehen.« Sie verwendete Mapplethorpes Portraits von ihr für das Cover ihrer LP *Strange Angels* (1989). Im Gegensatz zu den gesprochenen Stücken ihrer früheren LPs, singt Anderson auf *Strange Angels* hauptsächlich. Das Album enthält auch »Beautiful Red Dress«, einen ausgesprochen feministischen Song, der die Auffassung, Frauen seien wegen des prämenstruellen Syndroms für das Präsidentschafts-Amt ungeeignet, mit der scherzhaften Drohung abtut: »Erwisch mich nur an der richtigen Stelle, und dann komme ich« und auf die Ungleichheit der Gehälter von Frauen und Männern anspielt.

Als nächstes beschäftigte sich Anderson auch mit der Zensur, ein Thema, welches sie 1990 beim New Music Seminar in das Zentrum ihrer

Programmrede stellte. Nachdem sie erklärt hatte: »Zensur bringt zwar die Extreme zum Schweigen, verbreitet aber eine Kultur, die absolut nichtssagend ist«, sprach sie über die Festnahme der 2 Live Crew. Anderson gab zu, daß sie, nachdem sie *As Nasty as They Wanna Be* gehört hatte, »mir nur sehr schwer vorstellen konnte, daß das eine Freiheitshymne sein sollte«, fügte jedoch hinzu: »Für mich war das aber noch nie eine Frage der Meinungsfreiheit. Die 2 Live Crew kann alles über Muschis singen, was sie will… Hier konkurrieren verschiedene Ansichten miteinander, und ich sehe es als Teil meiner Aufgabe als Künstlerin an, konkurrenzfähige Kunst zu machen.«

Darüber hinaus untersuchte sie auch die Toleranz der amerikanischen Gesellschaft gegenüber Gewalt (»Einer der Gründe, warum Gewalt keine besondere Beachtung findet, ist, daß dieser Staat Gewalt anerkennt. Er wendet Gewalt an, und Gewalt zu zensieren, würde für den Staat bedeuten, sich selbst zu zensieren«) und die Behauptung der Zensurgruppen, »schädliches« Material solle nur deshalb zensiert werden, um Frauen und Kinder vor Gewaltverbrechen zu schützen, für die die Rockmusik angeblich warb. »Wir machen hier in Amerika wirklich viel Aufhebens darum, wie kinderlieb wir doch sind«, sagte Anderson. »Disneyland, Pampers – ganze Industriezweige werden um unsere Liebe zu Kindern herum aufgebaut. In Wirklichkeit haben wir aber die höchste Zahl von Kindesmißhandlungen der westlichen Welt. Wir setzen sie aus, mißhandeln sie und lassen sie hungern. Wir hassen Kinder. Wir hassen Frauen. Wir hassen Schwarze, Homosexuelle und, nicht zu vergessen, alte Menschen. Wir können auch sie nicht besonders gut gebrauchen. Es gibt Gesetze, die die Rechte einiger dieser Gruppen schützen… in der Realität lassen sich diese Gesetze aber nur schwer durchsetzen. Es ist ja viel einfacher, auf Künstler loszugehen, die auf diese schmerzliche Realität hinweisen, vor allem, wenn diese Künstler Schwarze, Frauen, Homosexuelle oder alles zusammen sind.« Sie schloß mit den Worten: »Zensur ist nur dann wirksam, wenn das, was wir machen, nicht trotz Zensur an die Öffentlichkeit dringt. Und ich freue mich auf den Beitrag, den die Musik zur Entstehung einer aggressiven Alternative zum Mainstream und zur Entstehung einer neuen amerikanischen Linken leisten kann, die für Redefreiheit eintritt, eine starke Lobby in Washington hat, die Rechte von Homosexuellen, Schwarzen und Frauen vertritt und sich für die Vielfalt in der amerikanischen Kultur einsetzt.« 1991 hielt Anderson, motiviert durch ihre Wut über den Golfkrieg, eine überarbeitete und aktualisierte Version ihrer NMS-Rede an verschiedenen Universitäten.

Anfang der neunziger Jahre befaßten sich so unterschiedliche Künstlerinnen wie Laurie Anderson, Diamanda Galás, Madonna, Queen Latifah,

Janet Jackson, Sinéad O'Connor und Tracy Chapman in ihren Songs mit einer Themenvielfalt, die von Sexismus und Rassismus über Homophobie, Drogenmißbrauch und Obdachlosigkeit bis hin zu Aids, Zensur und der Unterdrückung durch den Staat reichte. Es war etwas ganz anderes als in den fünfziger Jahren, als einige der Künstlerinnen wegen des Rassismus keine Möglichkeit hatten, in die Top 40 zu kommen, geschweige denn, in ihren Songs irgendein brisantes Thema aufzugreifen. In den neunziger Jahren stellten solche Songs jedoch eine gelungene Verschmelzung von Kunst und Politik dar, die durch die internationale Verbreitung der Rockmusik noch wirkungsvoller wurde. Und Künstlerinnen schrieben jetzt nicht nur immer häufiger ihre Stücke selbst, sondern waren auch an der Produktion und der Vermarktung ihrer Musik beteiligt. Dadurch hatten sie mehr Einfluß auf ihre Arbeit und konnten ihre Meinung in ihren Werken freier äußern. Frauen, die im geschäftlichen Zweig der Musikindustrie arbeiten, haben ebenfalls praktisch in allen Bereichen große Fortschritte erzielt – nur die Position als Geschäftsführerin eines großen Labels ist ihnen bisher verwehrt geblieben.

Frauen, die sich mit ihner begrenzten Rolle in der Musikindustrie nicht abfinden wollten, stießen sowohl außerhalb als auch innerhalb der Branche ständig auf Widerstand, ganz gleich, in welchem Bereich sie tätig waren. Wenn sie es wagten, ihre Meinung zu sagen und trotzdem ihre Karriere forsetzten, schafften sie es jedoch, ein paar negative Dinge zum Positiven zu wenden. Obwohl Sexismus nach wie vor in der Musikindustrie, wie auch in der Gesellschaft, wirksam ist, wird er doch von immer mehr Frauen überall in der Branche, vom Übungsraum bis zum Vorstandssaal, bekämpft. Es geht zwar langsam, aber stetig voran, und wenn Frauen auch weiterhin gegen sexistische Einstellungen in der Musikindustrie kämpfen, werden die Ergebnisse irgendwann auch in der Gesellschaft zu spüren sein.

Musik ist eine Kunstform, die beim Publikum oft starke Emotionen auslöst. Daher wird sie auch so häufig von konservativen Kräften angegriffen, die fürchten, Musik sei mächtig genug, um traditionelle gesellschaftliche Werte bezüglich Unterhaltung, Sexualität und Politik zu verändern. Frauen in der Musikindustrie können diese Macht nutzen, um ihre gegenwärtige und die Entwicklung ihrer zukünftigen Rolle in der Rockmusik zu beeinflussen.

»Viele Leute halten Feminismus für ein Schimpfwort. Sie nennen sich lieber Humanisten. Aber das Wort humanistisch drückt nicht aus, daß Frauen noch nicht gleich behandelt werden ... Eigentlich sind all die Leute - ob Männer oder Frauen - Feministen oder Feministinnen, die daran glauben, daß Frauen und Männer gleich sind und dieselben Chancen und dieselbe Achtung verdienen.«

Jodie Hargus, siebzehnjährige Gastredakteurin bei *Sassy*, Dezember 1991

EPILOG

1991 tauchte das Thema Feminismus wieder häufiger in den Medien auf, von Filmen wie *Thelma & Louise* über Bücher wie *Der Mythos Schönheit* von Naomi Wolf, *Die Männer schlagen zurück* von Susan Faludi und *Was heißt schon emanzipiert: Meine Suche nach einem neuen Feminismus* von Gloria Steinem bis hin zu den Diskussionen über sexuelle Belästigung am Arbeitsplatz anläßlich der Anita Hill/Clarence Thomas-Anhörungen[107]. Zwei Jahre zuvor hatte eine Umfrage für die Titelstory der *Time* vom 4. Dezember 1989 mit der Überschrift: »Vorwärts, Frauen!« ergeben, daß sich die Mehrheit der befragten Frauen (58 %) nicht als Feministinnen bezeichneten. Andererseits war eine ähnliche Mehrheit (62 %) der Meinung, daß der Feminismus den Frauen große Dienste erwiesen habe. Seitdem sind viele Frauen in den USA angesichts der Diskussion über die Entscheidungsfreiheit bei Schwangerschaftsabbruch aus ihrer »postfeministischen« Selbstzufriedenheit aufgewacht und haben gemerkt, daß der Kampf um die Gleichstellung der Frauen noch nicht gewonnen ist.

---

107 Clarence Thomas, der als Richter beim Obersten Gerichtshof eingesetzt werden sollte, wurde von seiner Beraterin Anita Hill wegen sexueller Belästigung angezeigt. Die Anhörungen vor dem Senatsausschuß wurden zum ersten Mal live im Fernsehen übertragen und somit zum Medienspektakel. Thomas konnte letzten Endes nichts nachgewiesen werden.

Obwohl Frauen durch den Kampf um das Abtreibungsrecht merkten, daß die Errungenschaften der Frauenbewegung auf recht wackligen Füßen standen, hatte sich doch das Interesse an »Frauenthemen« überhaupt vergrößert. So konzentrierten sich z.B. die Medien zunehmend auf Schwierigkeiten, die Frauen in der Gesellschaft haben. Kurz nachdem die Hill/Thomas-Anhörungen das Thema sexuelle Belästigung am Arbeitsplatz an die Öffentlichkeit gebracht hatten, wurde die Musikindustrie durch Anschuldigungen erschüttert, wonach Frauen von leitenden Angestellten einer großen Plattenfirma und einem Anwalt einer führenden Anwaltskanzlei in Los Angeles sexuell belästigt worden waren. Ein Artikel in der *Los Angeles Times* vom 3. November 1991 berichtete nicht nur über diese Behauptungen, sondern untersuchte das Thema sexuelle Belästigung am Arbeitsplatz auch in der gesamten Plattenindustrie und deckte die »friß oder stirb«-Situation auf, in die Frauen durch sexuelle Belästigung gedrängt werden: Entweder sie lernen, sich mit sexuellen Übergriffen abzufinden, oder sie erheben Anklage, womit sie allerdings ihre Arbeitsstelle in der Musikindustrie aufs Spiel setzen. Anstatt den Rechtsweg zu beschreiten, haben Frauen in der Musikindustrie daher ein inoffizielles Nachrichtensystem entwickelt, um Informationen über Firmen weiterzugeben, die als »sichere Zufluchtsstätten« vor sexueller Belästigung gelten und um vor den »Schürzenjägern« in verschiedenen Abteilungen der Plattenfirmen zu warnen. Nachdem Fred Goodman und Ira Robbins in einer »Rockbeat«-Rubrik in *Village Voice* über die Anschuldigungen sexueller Belästigung berichtet hatten, faßten sie die mangelnde Achtung gegenüber Frauen in der Musikindustrie in der folgenden bissigen Bemerkung zusammen: »Wir möchten wetten, daß eine Frau eher Präsidentin der Vereinigten Staaten wird als Geschäftsführerin von Sony Music oder Warner Bros. Records.«

Die Einstellungen zur Präsenz von Frauen am Arbeitsplatz blieben auch in anderen Bereichen der Musikindustrie unverändert. In einem Artikel im *Billboard* vom 2. März 1991 war zu lesen, daß zwar die Hälfte aller Verkaufsstellen im Rundfunk von Frauen besetzt war, daß diese Quote jedoch wesentlich geringer war, wenn es um Frauen als Programmgestalterinnen oder Moderatorinnen ging. Phyllis Stark, die Verfasserin des Artikels, ging der Frage nach, warum Frauen in der Rundfunkbranche den Eindruck hatten, sie würden in ihrer Karriere behindert – ein Eindruck, der erschreckend vertraut klingt. Sie stellte fest, daß »viele Frauen sagen, sie würden einfach nicht ernst genommen.« Im selben Artikel erklärte Lisa Lyons, Programmdirektorin des Senders WAZU in Dayton, Ohio, warum sie es für notwendig hielt, »sich nicht aufzutakeln« (eine ähnliche Taktik hatte Gail Colson als Geschäftsführerin von Charisma

Records in den siebziger Jahren angewandt). Ihre Aussage klingt ebenfalls erschreckend vertraut: »Ich sehe immer absichtlich schlampig aus. Es ist ein bißchen demütigend und erniedrigend, wenn ein Künstler einem Programmdirektor die Hand gibt und dich fragt, ob du mit ihm schlafen willst.«

Sogar die Rock&Roll-Hall of Fame, Mitte der achtziger Jahre zur Würdigung von Leistungen in der Musikindustrie ins Leben gerufen, wurde wegen ihrer Vernachlässigung weiblicher Beiträge kritisiert. Mary Wilson äußert sich in *Supreme Faith* zu dieser Unterrepräsentation und beschreibt die Aufnahme der Supremes in die Hall of Fame (1988) und das große Finale der Stars, das traditionell nach den Feierlichkeiten stattfindet, folgendermaßen: »Es schien so typisch sowohl für die Plattenindustrie als auch für die Rockmusik im allgemeinen zu sein, daß die beiden einzigen Frauen auf der Bühne Yoko Ono, die die Auszeichnung für ihren verstorbenen Mann John Lennon entgegennahm [die Beatles wurden im selben Jahr in die Hall of Fame aufgenommen] und ich waren.« Unter den fast einhundert KünstlerInnen, SongschreiberInnen, Label-MangagerInnen und PromoterInnen in der Hall of Fame befinden sich bis heute nur Aretha Franklin und LaVern Baker als Künstlerinnen, Carole King (mit Gerry Goffin) als Songschreiberin sowie Bessie Smith und Ma Rainey als »Vorväter«. Auch wenn Frauen bis zu den siebziger Jahren in der Musikindustrie relativ unsichtbar waren (um für das jährliche Nominierungsverfahren der Hall in Frage zu kommen, muß eine Künstlerin oder ein Künstler mindestens fünfundzwanzig Jahre vorher eine Platte auf den Markt gebracht haben), ist die Zahl der Frauen in der Hall of Fame trotzdem erbärmlich gering. Wo sind Ruth Brown, Brenda Lee, Connie Francis, die Chantels, die Shirelles, Ellie Greenwich, Mary Wells, Gladys Knight, Darlene Love oder Big Mama Thornton – um nur einige zu nennen?

Auch Zensur ist nach wie vor ein Problem und schränkt die künstlerische Freiheit in der Musikindustrie ein. Nach vielen vergeblichen Anläufen wurde 1992 im Bundesstaat Washington schließlich das erste Gesetz verabschiedet, demzufolge der Verkauf »erotischer« Aufnahmen an Minderjährige illegal ist (ironischerweise unterzeichnete Gouverneur Booth Gardner das Gesetz in derselben Woche, in der er auch eine Erklärung in Anerkennung der »Northwest Music Week« unterschrieb). Obwohl natürlich beide Geschlechter betroffen sind, spiegelt die Zensur der Arbeiten von Künstlerinnen das stete Verlangen der herrschenden Klasse nach Unterdrückung der Meinungen von Frauen und anderen »Minderheiten« wider, die »nicht wissen, welcher Platz ihnen zusteht«. Ann Wilson äußerte sich im *Billboard* wie folgt zu der Tatsache, daß

MTV das Video »You're the Voice« von Heart abgelehnt hatte, in dem längere Ausschnitte von Demonstrationen für den Frieden und für das Recht auf Abtreibung zu sehen sind, und das die Wilsons nicht in auffälligem Bühnendress, sondern in Straßenkleidung zeigt: »Wir wissen jetzt genau, was in der Rockbranche von Frauen erwartet wird, und das hat sich in den 15 Jahren, in denen wir im Geschäft sind, nicht geändert.«

Gleichzeitig gibt es jedoch auch Anzeichen dafür, daß sich die Lage für Frauen in der Musikindustrie zum Positiven wandelt. In der alternativen Rockszene werden Künstlerinnen z.B. mit einer Selbstverständlichkeit in Bands integriert, die in der Mainstream-Szene noch völlig fehlt. Auf diese Weise wird das Gleichheitsprinzip, das wohl bedeutendste Erbe der Punk-Bewegung, fortgeführt. Einige Bands, z.B. Sonic Youth aus New York, schafften außerdem ein Crossover von Indie Labels zu einer großen Plattenfirma. Sonic Youth tauchte Anfang der achtziger Jahre aus New Yorks Underground-Musikszene auf, und wie Poison Ivy von den Cramps und Tina Weymouth von den Talking Heads war auch die Bassistin Kim Gordon einfach nur eines der Mitglieder der Gruppe (obwohl sie im Gegensatz zu Ivy und Weymouth auch sang – zusammen mit dem Gitarristen Thurston Moore). Im Verlauf der achtziger Jahre wurden gemischte Bands, z.B. die Pixies, Throwing Muses, Mary's Danish, Lush, My Bloody Valentine u.a., in der alternativen Rockszene schließlich zu etwas Alltäglichem. MusikerInnen aus der alternativen Rockszene arbeiten auch häufig bei verschiedenen Projekten zusammen: So spielte z.B. Kim Gordon auf Maureen Tuckers LP *Life in Exile After Abdication* (1989), und Kim Deal von den Pixies, Tanya Donelly von Throwing Muses und Josephine Wiggs von Perfect Disaster fanden sich zu einer neuen Gruppe, The Breeders, zusammen und brachten 1990 ihr Debütalbum *Pod* heraus (mit dabei sind jetzt außerdem Kelley Deal und Mike Hunt).

Im Indie-Bereich wurden auch Vorurteile über Musikerinnen schneller abgebaut. In der Ausgabe Frühjahr/Sommer '92 ihres Rundschreibens schrieb C/Z Records aus Seattle über eine ihrer Bands: »Für diejenigen von Euch, die aufgeregt sind, weil Seven Year Bitch, eine 'Mädchenband', die erste Platte herausbringt: Hört doch auf mit dem Mist!... Man sollte doch annehmen, daß es mittlerweile genug Frauen in der Musik gibt, daß sie nicht mehr als 'Novum' betrachtet werden und die Leute endlich einsehen, daß sie einfach nur Musikerinnen sind, und ziemlich gute noch dazu.« In der Indie-Szene hatten es Frauen auch leichter, in höhere Positionen aufzusteigen – oder eigene Firmen zu gründen. Suzanne de Passe, die Ende der sechziger Jahre als Berry Gordys künstlerische Assistentin eingestellt worden war (zu einer Zeit, als Motown seinen Firmensitz von Detroit nach Los Angeles verlegte), stieg schließlich in eine leitende

Stellung auf und ist heute Geschäftsführerin der TV-Produktionsfirma Gordy/de Passe Productions (vormals Motown Productions). Monica Lynch wurde Geschäftsführerin des Labels Tommy Boy Records in New York, bei dem sie 1981 als »Mädchen für alles« eingestellt worden war. Nachdem sie Anfang der achtziger Jahre das Feld der großen Labels verlassen hatte, entschloß sich Helen Reddy, ein eigenes Label, Helen Reddy Inc., zu gründen. Diesen Entschluß faßte sie zum Teil deshalb, weil sie ihre Karriere fest im Griff haben wollte. »Durch das Aufziehen meines eigenen Labels habe ich vollkommene künstlerische Kontrolle«, sagt sie. »Ich muß mir keine Gedanken darüber machen, daß jemand etwas neu herausbringen will und ein altes Bild als Cover nimmt und ich dabei nichts zu sagen habe.«

Frauen haben sich auch in anderen Bereichen zusammengetan. June Millington, die ihre Karriere als Produzentin und Solokünstlerin fortsetzte, gründete in den achtziger Jahren das Institute for the Musical Arts zur Information, Ausbildung und Unterstützung von Frauen, die eine musikalische Karriere anstreben. Roma Baran war Mitglied der Gründungskommission, und Leslie Ann Jones, Teresa Trull, Bonnie Raitt und Cris Williamson gehören dem Beirat an. Women In Music, ein Netzwerk für Frauen in der Musikindustrie (obwohl auch Männer Mitglied sein können) wurde 1985 gegründet und tagte zum ersten Mal beim New Music Seminar; Margo Lewis von Goldie and the Gingerbreads war 1990 Geschäftsführerin. Mittlerweile hat Women In Music außer dem Hauptsitz in New York auch noch Geschäftsstellen in Los Angeles, Chicago und San Francisco.

Frauen unterstützen sich aber nicht nur gegenseitig bei ihrer Karriere, sondern sprechen auch Probleme an, von denen sie als Frauen betroffen sind, vor allem das Thema Abtreibung. 1991 beteiligten sich so unterschiedliche Künstlerinnen wie Debbie Harry, Queen Latifah, Kate Pierson, MC Lyte, Tina Weymouth und Kim Gordon an einem öffentlichen Aufruf, der sich für das Recht auf Abtreibung einsetzte. Allerdings lehnte MTV den Aufruf, der an ein jugendliches Publikum gerichtet war, wegen des brisanten Themas schließlich doch ab, so daß er nur von ein paar Kabelsendern ausgestrahlt wurde. Bands wie L7 und die Lunachicks gaben z.B. Benefizkonzerte für die – von L7 gegründete – Organisation Rock For Choice, die sich ebenfalls für das Recht auf Abtreibung einsetzt. Laurie Anderson erklärte in einem Gespräch über die Gründung der Women's Action Coalition in *The Wire* vom März '92: »Es kamen viele KünstlerInnen aus allen möglichen Bereichen, MalerInnen, BildhauerInnen, FilmemacherInnen – und zu sehen, daß sie alle dieselbe Wut hatten, war überwältigend.« Anderson versuchte, diese Energie bei ihren Vorträgen zu mobilisieren. »Mein eigentliches Thema ist die Membran zwischen dem Persönlichen und dem Politischen«, sagte sie gegenüber *The Wire*. »Und zur Zeit wird Politik zu etwas sehr Persönlichem, vor allem für Frauen. Es geht um Unterdrückung. Und darum, daß wir zum Schweigen gebracht werden sollen.«

Im Laufe von mehr als vierzig Jahren Rockmusik haben sich Frauen alle Mühe gegeben, ihr Außenseiterinnen-Image loszuwerden, das ihnen so oft anhaftete. Der in der Musikindustrie ohnehin schon ein harte Konkurrenzkampf führt in Verbindung mit der zusätzliche Belastung durch den Sexismus dazu, daß Frauen in allen Bereichen der Branche noch schlechter abschneiden. »Im Musikgeschäft müssen alle buckeln«, stellte Nona Hendryx 1984 beim New Music Seminar fest und fügte hinzu: »aber Frauen müssen noch viel mehr buckeln... Die Produktion, das Arrangieren und die ganze geschäftliche Seite sind alles Männerdomänen, und zwar mit Absicht. Ich habe meine ganze Karriere darauf ausgerichtet, diesen Zustand zu ändern.«

Trotz dieser Hindernisse haben es Frauen in der Musikindustrie nicht nur geschafft, sich als Unterhaltungskünstlerinnen Gehör zu verschaffen, sondern haben auch positive soziale und politische Veränderungen bewirkt. Und obgleich solche Veränderungen in erster Linie für Frauen von Bedeutung sind, profitiert auch die Gesellschaft als ganzes von ihnen. Zur Zeit gibt es eine jüngere Generation, die sich nicht mehr mit den Diskussionen über die Gleichstellung der Frau beschäftigt, sondern alle Gesellschaftsstrukturen in Frage stellt. In der Zeitschrift *Option* vom Mai/Juni '92 bezeichnete Kathleen Hanna von Bikini Kill Frauenbands, die, um es mit den Worten der Autorin Gina Arnold auszudrücken, »versuchten, sich als Frauen in die klassischen Formen des Rock 'n' Roll zu integrieren«, als »angepaßt... Sie wollen einfach nur an der Welt teilhaben, so, wie sie ist, während ich auf Revolution und Radikalismus stehe und die ganze Struktur ändern will. Ich setze mich dafür ein, die Welt, in der ich lebe, für mich anders zu gestalten.« Es ist die Hoffnung auf eine solche Veränderung der Welt, die die Rockmusik zu einer so belebenden Kunstform macht. Und Frauen haben praktisch unbegrenzte Möglichkeiten, die Richtung zu bestimmen, in die sich die Rockmusik in Zukunft entwickeln soll.

ANHANG

Danksagung

Bei der Zusammenstellung dieses Buches haben mir viele Einzelpersonen und Organisationen geholfen. Mein besonderer Dank gilt allen Frauen, die sich zu einem Interview bereit erklärten, u.a. Arni Adler, Annette Aguilar, Laurie Anderson, Michele Anthony, Roma Baran, Ivy Bauer, Pamela Brandt, Ruth Brown, Bonnie Buckingham, Charlotte Caffey, Kristi Callan, Exene Cervenka, Linda Clark, Gail Colson, Danielle Dax, Judy Dlugacz, Carol Dodds, Lisa Fancher, Celia Farber, Rachel Felder, Ferron, Karen Finley, Lisa Ford, Deborah Harry, Nona Hendryx, Una Johnston, Leslie Ann Jones, Peggy Jones, Holly Knight, Lene Lovich, Carol MacDonald, Lisa Macek, Rachel Matthews, June Millington, Holly Near, Roberta Peterson, Phranc, Helen Reddy, Poison Ivy Rorschach, Donna Russo, Boden Sandstrom, Lori Seid, Lisa Shively, Michelle Shocked, Jane Siberry, Susan Silver, Penelope Spheeris, Alison Steele, Teresa Trull, Maureen »Moe« Tucker, Vicki Wickham und Nancy Wilson. Vielen Dank auch denjenigen, mit denen zwar ein Interview gemacht, deren Story dann aber doch nicht verwendet wurde. Ich möchte in diesem Zusammenhang insbesondere Lori Twersky erwähnen, die nicht nur ein Interview für *Rebellinnen* gab, sondern mich darüber hinaus auch auf andere mögliche Interviewpartnerinnen hinwies, mir fast alle Ausgaben der Zeitschrift *Bitch* zur Verfügung stellte und mich oft anrief, um mir Neuigkeiten zu erzählen oder mich über den neuesten Klatsch zu informieren. Bedauerlicherweise starb Lori Twersky im November 1991 mitten in der Arbeit an ihrem eigenen Buch über Musikerinnen. Ich bin dankbar für die Zeit, die wir miteinander verbringen konnten. Außer Lori versorgten mich u.a. folgende Personen mit Hinweisen und Quellenmaterial: Sam Andrew, Beth Berkley, Leon Berman, Pete Blecha, Kelly Curtis, Brian Hendel (*Yoko Only*), Faith Henschel, Bob Jeniker, Jim Keaton (Helen Reddy Fan-Club), Ken Keiran, Kathy Kelly, Chris Knab, Terry Morgan, Lisa Orth, Jesse Reyes, Kerri Uretz, Dennis White und David A. Young. Ich danke den Plattenfirmen, PR-Agenturen und Organisationen, die mir ebenfalls Material zur Verfügung gestellt haben: Atlantic, Capitol, Chameleon, Chrysalis, Enigma, Fantasy Inc., MCA, Mute, dem New Music Seminar, Next Plateau, Shorefire Media und Tommy Boy. Folgende Personen haben mir dort besonders geholfen: Bill Bentley, Marge Falcon und Howie Klein (Warner Bros.), Bev Chin (A & M), Steve Levesque (Solters, Roskin, Friedman, Inc.), Brett Milano (früher bei Rhino), Bob Beak Myers (früher bei Island), Howard Paar (Mercury), Carrie Anne Svingen (Rykodisc) sowie Tim Thompson (Sony

Music). Ein ganz besonderer Dank gebührt Susannah Iltis, Mary Nugent und vor allem der unermüdlichen Cydney Gillis, die mir bei der Manuskripterstellung geholfen haben sowie Gillian Anderson, Ingrid Emerick, Megan Knight und Jennifer Rose, die sich um die Text- und Bildrechte kümmerten, allen FotografInnen und anderen Personen, die uns Fotos zur Verfügung stellten sowie meiner gewissenhaften Lektorin Cathy Johnson. Ich danke auch allen, bei denen ich mich zu Hause fühlen konnte, wenn ich für meine Buchrecherchen auf Reisen war: den Brooklyn Boys (Kimble Mead, Alan Neil und Dan Romer), Eileen Money sowie Shirley Soloman. Außerdem gebührt mein Dank William B. Abbott IV, Ed Beeson und Cynthia Payne vom Club Backstage, Dr. Helen Caldicott, Cloud 9 Prods., Susan Despenich, Group Health Cooperative, The Literary Center, V. Mary, S. J. McCarthy, Mary McFaul, Michael Phillips, Larry Reid und dem Center on Contemporary Art, allen MitarbeiterInnen der Zeitschrift *The Rocket* (insbesondere Grant Alden, Art Chantry und Charles R. Cross), dem Shoreline Community College und »The Swedish Housewife«. Meine größte Dankbarkeit und Wertschätzung gilt Yoko Ono, die das Vorwort geschrieben hat. Schließlich möchte ich allen Frauen bei Seal Press danken, die mir geholfen haben, dieses Buch zu verwirklichen, insbesondere meiner Verlegerin Faith Conlon. Sie gab mir nicht nur die Gelegenheit, mein erstes Buch zu schreiben, sondern versorgte mich – manchmal sogar täglich – mit Ratschlägen, Material, Ermutigungen, Unterstützung und – nicht zu vergessen – mit selbstgekochten Mahlzeiten. Vielen Dank für alles.

Die Autorin

Gillian G. Gaar ist freie Journalistin und leitende Herausgeberin der Musikzeitschrift *The Rocket*. Ihre zahlreichen Artikel zu Rockmusik und populärer Kultur erschienen in Goldmine, Pulse, Option und vielen anderen bekannten US-amerikanischen Veröffentlichungen. Gillian G. Gaar lebt in Seattle. *Rebellinnen* ist ihr erstes Buch.

Literatur

Alle US-Chart-Plazierungen sind der Zeitschrift *Billboard* entnommen. Die Zusammenstellung erfolgte anhand verschiedener Ausgaben von Joel Whitburns *The Billboard Book of Top 40 Hits* und *The Billboard Book of Top 40 Albums*, herausgegeben von Billboard Publications Inc.

Bücher

Adler, B. *Rap: Portraits and Lyrics of a Generation of Black Rockers*. New York: St. Martin's Press, 1991

Anderson, Christopher. *Madonna Unauthorized*. New York: Simon&Schuster, 1991

Archer, Robyn/Simmonds, Diana. *A Star is Torn*. New York: E.P. Dutton, 1987

Baez, Joan. *We shall overcome: Mein Leben*. Aus dem Amerikanischen von Christiane Müller. Bergisch Gladbach 1988

Baker, Glenn A./Coupe, Stuart. *The New Rock 'n' Roll: The A-Z of Rock in the '80s*. New York: St. Martin's Press, 1983

Bego, Mark. *Aretha Franklin: The Queen of Soul*. New York: St. Martin's Press, 1989

Betrock, Alan. *Girl Groups: The Story of a Sound*. New York: Delilah Books, 1982

Bolton, Cecil, ed. *Kate Bush Complete*. London: EMI Music Publishing Ltd., 1987

Brown, Ashley, ed. *The Marshall Cavendish Illustrated History of Popular Music* (reference edition). Freeport, Long Island, New York: Marshall Cavendish Corp., 1989

Burchill, Julie/Parsons, Tony. *The boy looked at Johnny: ein Nachruf auf den Rock and Roll*. Deutsch von Christian Brandl. Wien, 1982

Cann, Kevin/Mayes, Sean. *Kate Bush: A Visual Documentary*. London: Omnibus Press, 1988

Chapple, Steve/Garofalo, Reebee. *Wem gehört die Rockmusik?* Reinbek: Rowohlt, 1980

Clifford, Mike, ed. *The Harmony Illustrated Encyclopedia of Rock*. New York: Harmony Books, 1986

Coleman, Ray. *John W. Lennon: eine Biographie*. Aus dem Amerikanischen von Uschi Gnade. München: Droemer Knaur, 1985

Coleman, Ray. *The Man Who Made the Beatles: An Intimate Biography of Brian Epstein*. New York: McGraw-Hill, 1989

Cott, Jonathan/Doudna, Christine, eds. *The Ballad of John and Yoko*. Garden City, New York: Doubleday&Co./ Rolling Stone Press, 1982.Cranna, Ian. *The Rock Yearbook 1986.* New York: St. Martin's Press, 1986

Dannen, Fredric. *Hit Men: Power Brokers and Fast Money Inside the Music Business*. New York: Vintage Books, 1990. Davis, Clive/Willwerth, James. *Clive: Inside the Music Business*. New York: Ballentine Books, 1976

Davis, Sharon. *Motown: The History*. Enfield: Guinness Publishing Ltd., 1988

Denselow, Robin. *The beat goes on: Popmusik und Politik - Geschichte einer Hoffnung*. Deutsch von Hubert Mania. Reinbek: Rowohlt, 1991

Des Barres, Pamela. *Light my fire: Bekenntnisse eines Groupies.* Berlin: Ullstein, 1989

Echols, Alice. *Daring to Be Bad: Radical Feminism in America 1967-1975.* Minneapolis, Minn.: University of Minnesota Press, 1989

Ehrenstein, David/Reed, Bill. *Rock on Film.* New York: Delilah Books, 1982

Faludi, Susan. *Die Männer schlagen zurück: Wie die Siege des Feminismus sich in Niederlagen verwandeln und was Frauen dagegen tun können.* Reinbek: Rowohlt, 1993.Friedman, Myra. *Buried Alive: The Biography of Janis Joplin.* New York: Bantam Books, 1974

Garland, Phyl. *The Sound of Soul.* Chicago: Henry Regnery Company, 1969

Garratt, Sheryl/Steward, Sue. *Signed Sealed and Delivered: True Life Stories of Women in Pop.* London: Pluto Press, 1984

George, Nelson. *Where Did Our Love Go?: The Rise&Fall of Motown Records.* New York: St. Martin's Press, 1985

Gilbert, Bob/Theroux, Gary. *The Top Ten: 1956-Present.* New York: Fireside Books, 1982

Gillett, Charlie. *The Sound of the City: The Rise of Rock and Roll.* New York: Outerbridge&Dienstfrey, 1970

Gonzales, Michael A./Nelson, Havelock. *Bring the Noise: A Guide to Pap Music and Hip-Hop Culture.* New York: Harmony Books, 1991

Greig, Charlotte. *Will you still love me tomorrow?: Mädchenbands von den 50er Jahren bis heute.* Aus dem Englischen von Markus Schröder. Reinbek: Rowohlt, 1991

Handler, Herb. *Year by Year in the Rock Era.* Westport, Conn.: Greenwood Press, 1983.Hanhardt, John G./Haskell, Barbara. *Yoko Ono: Arias and Objects.* Salt Lake City, Utah: Peregrine Smith Books, 1991

Hadeigh, Boze. *The Vinyl Closet: Gays in the Music World.* San Diego: Los Hombres Press, 1991

Hayes, Dermott. *Sinéad O'Connor: ganz anders.* Aus dem Englischen von Horst Puschmann. Augsburg 1991

Herbst, Peter, ed. *The Rolling Stone Interviews: Talking with the Legends of Rock&Roll 1967-1980.* New York: St. Martin's Press/Rolling Stone Press, 1981

Hirshey, Gerri. *Nowhere to Run: The Story of Soul Music.* New York: Viking Penguin Inc., 1985

Hoberman, J./Rosenbaum, Jonathan. *Midnight Movies.* New York: Harper&Row, 1983

Hoffman, Elliot L./Todd, Eric M./Weismann, Frank. *Backstage Pass: A Non-Performer's Guide to Rock 'n' Roll Touring Careers.* Belle Mead, New Jersey: Backstage Pass Inc., 1989

Holt, Sid, ed. *The Rolling Stone Interviews: The 1980s.* New York: St. Martin's Press/ Rolling Stone Press, 1989

Hopkins, Jerry. *Yoko Ono.* New York: Macmillan Publishing Co., 1986

Joe, Radcliffe A. *This Business of Disco.* New York: Billboard Books, 1980

Johnston, Ian. *The Wild Wild World of The Cramps.* New York: Omnibus Press, 1990

Jones, Allan, ed. *The Rock Yearbook 1985.* New York: St. Martin's Press, 1984

Juno, Andrea/Vale, V., eds. *Angry Women.* San Francisco: Re/Search Publications, 1991

Kimball, Gayle, ed. *Women's Culture: The Women's Renaissance of the Seventies*: Metuchen, New Jersey: The Scarecrow Press, Inc., 1981

Logan, Nick/Woffinden, Bob. *The Illustrated Encyclopedia of Rock.* New York: Harmony Books, 1977

Martin, Linda/Segrave, Kerry. *Anti-Rock: The Opposition to Rock 'n' Roll*. Hamden, Conn.: Archon Books, 1988

Marsh, Dave. *50 Ways to Fight Censorship&Important Facts to Know About the Censors*. New York: Thunder's Mouth Press, 1991

Marsh, Dave. *The First Rock&Roll Confidential Report*. New York: Pantheon Books, 1985.Miller, Jim, ed. *The Rolling Stone Illustrated History of Rock&Roll* (revised and updated edition). New York: Random House/Rolling Stone Press, 1980

Morgan, Robin, ed. *Sisterhood is Powerful*. New York: Vintage Books, 1970

Near, Holly/Richardson, Derk. *Fire in the Rain...Singer in the Storm*. William Morrow& Co., 1990

Pavletich, Aida. *Rock-a-Bye, Baby*. Garden City, New York: Doubleday&Co. Inc., 1980

Picardie, Justine/Wade, Dorothy. *Music Man: Ahmet Ertegun, Atlantic Records and the Triumph of Rock 'n' Roll*. New York: W.W. Norton&Co., 1990

Rapport, Steve/Waller, Johnny. *Sweet Dreams: The Definitive Biography of Eurythmics*. London: Virgin Books Ltd., 1985

Ribowsky, Mark. *He's a Rebel*. New York: Dutton, 1989

Robbins, Ira A., ed. *The Trouser Press Record Guide* (fourth edition). New York: Collier Books, 1991.Rooney, Jim/von Schmidt, Eric. *Baby, Let Me Follow You Down: the Illustrated Story of the Cambridge Folk Years*. Garden City, New York: Anchor Books, 1979.Savage, Jon. *England's Dreaming: Anarchy, Sex Pistols, Punk Rock, and Beyond*. New York: St. Martin's Press, 1991

Smith, Joe/Fink, Mitchell, eds. *Off the Record: An Oral History of Popular Music*. New York: Warner Books, Inc., 1988

Spector, Ronnie/Waldron, Vince. *Be My Baby*. New York: Harmony Books, 1990

Stambler, Irwin. *The Encyclopedia of Pop, Rock and Soul* (revised editon). New York: St. Martin's Press, 1989

Stevenson, Ray, ed. *Sex Pistols File*. London: Omnibus Press, 1987

Stokes, Geoffrey/Tucker, Ken/Ward, Ed. *Rock of Ages: The Rolling Stone History of Rock& Roll*. New York: Summit Books/Rolling Stone Press, 1986

Szatmary, David P. *Rockin' in Time: A Social History of Rock-and-Roll* (second edition). Englewood Cliffs, New Jersey: Prentice Hall, 1991

Singleton, Raynoma Gordy/Brown, Byan/Eichler, Mim. *Berry, Me, and Motown*. Chicago: Contemporary Books, 1990

Taylor, Derek. *It Was Twenty Years Ago Today*. New York: Fireside Books, 1987.Thomson, Liz, ed. *New Women in Rock*. New York: Omnibus Press, 1982

Turner, Tina/Loder, Kurt. *Ich, Tina. Mein Leben*. Aus dem Amerikanischen von Michael Kubiak. München: Goldmann, 1986

Wenner, Jann. *Lennon Remembers*. Harmondsworth: Penguin Books Ltd., 1980

Wiener, Jon. *Come Together: John Lennon in His Time*. New York: Random House, 1984

Wilson, Mary/Julliard, Ahrgus/Romanowski, Patricia. *Dreamgirl: My Life as a Supreme*. New York: St. Martin's Press, 1986

Wolf, Naomi. *Der Mythos Schönheit*. Reinbek: Rowohlt, 1993

Artikel/Zeitschriften/Pamphlete/Videos

Die folgenden Artikel und anderen Medien waren bei der Zusammenstellung dieses Buches wegen ihres hohen Informationsgehaltes besonders hilfreich. Außer den hier angegebenen Artikeln dienten mir die Zeitschriften *Rolling Stone, Musician, Goldmine, Billboard, The Rocket, Pulse, Hot Wire, Bitch* sowie der *Ladyslipper Catalog and Resource Guide* (in den USA), *Record Collector, Q und Melody Maker* (in GB) als ergiebige Quellen.

Artikel

Backlund, Laurie/Philips, Chuck, »Sexual Harassment Claims Confront Music Industry«, *Los Angeles Times*, 3. November 1991

Berson, Cindy Z., »The Best of the Eighties: Women's Pop Music«, *Seattle Gay News*, 5. Januar 1990 (zuerst erschienen in *Windy City Times*)

Brandt, Pam, »At Last … Enough Women Rockers to Pick and Choose«, *Ms.*, September 1982

Carr, C., »War On Art«, *Village Voice*, 5. Juni, 1990

Cox, Meg, »Female Rappers Sing of Smut and Spice and Nothing Nice«, *The Wall Street Journal*, 11. April 1991

Einhorn, Jennifer, »Women's Music: Where Did It Go?«, *Sojourner: The Women's Forum*, September 1991

Hargus, Jodie, »How to Fight Sexism«, *Sassy*, Dezember 1991

Koen, David, »I Am Woman, Hear Me Rap«, *New Times*, 27. Februar – 5. März 1991.Lewis, Lisa A., »Being Discovered: A Female Address on Music Television«, *Jump Cut*, April 1990

Miller, Jim, »Rock's New Women«, *Newsweek*, 4. März 1985

Minkowitz, Donna, »The Newsroom Becomes a Battleground«, *The Advocate*, 19. Mai 1992

Partridge, Robert, »Women in Rock«, *Melody Maker*, 10. November 1973

Powers, Ann, »Foxes on the Run«, *SF Weekly*, 29. Januar 1992

Powers, Ann, »A Shot of Testosterone«, *Village Voice*, 3. März 1992

Stein, Arlene, »Androgyny Goes Pop«, *Outlook*, Frühjahr 1991

Steinem, Gloria, »Sex, Lies, and Advertising« (überarbeitete Fassung); im Original erschienen in *Ms.*, Juli/August 1990

Twersky, Lori, »Devils or Angels? The Female Teenage Audience Examined«, *Trouser Press*, April 1981

Walters, Barry, »A Culture Takes Root«, *San Francisco Examiner*, 21. Juni 1989

Wilson, Susan, »Talkin' 'Bout Revolution for Women in Pop?«, *Boston Sunday Globe*, 20. November 1988

Zeitschriften

The Advocate, 8. Oktober 1991: mehrere Artikel über »Queer Music«

Goldmine, 26. Januar 1990: mehrere Artikel über »*Goldmine*'s Groovin' Golden Gals«, u.a. Portraits von Little Eva, Janis Ian, Kate und Anna McGarrigle sowie die GTO's

Mother Jones, September/Oktober 1990: mehrere Artikel über Rapperinnen, u.a. Portraits von Salt-N-Pepa und Queen Latifah

Musician, Juni 1988: mehrer Artikel über »The Women's Movement of 1988«, u.a. Portraits von Sinéad O'Connor, Tracy Chapman und Michelle Shocked

Option, Mai/Juni 1992: mehrere Artikel über Frauen in der Musikindustrie und den »Foxcore-Trend«

Rolling Stone, mehrere Ausgaben über jeweils ein Rock-Jahrzehnt: 19. April 1990 (Fünfziger Jahre), 23. August 1990 (Sechziger Jahre), 29. September 1990 (Siebziger Jahre), 15. November 1990 (Achtziger Jahre).*The Wire*, März 1992: mehrere Artikel über Frauen in der Musikindustrie, u.a. Portraits von Laurie Anderson und Diamanda Galás

Village Voice, 10. Oktober 1989: mehrere Artikel über Zensur unter der Überschrift: »Crackdown On Culture«

You've Got a Right to Rock (1991, 3. Auflage): Pamphlet gegen die Zensur von den HerausgeberInnen des *Rock 'n' Roll Confidential*

Videos

The Changer: A Record of *the Times* (1991), Regie: Judy Dlugacz und Frances Reid (Olivia Records)

The Decline...of Western Civilization (1980), Regie: Penelope Spheeris (Media Home Entertainment)

The Decline...of Western Civilization Part 2: The Metal Years (1988), Regie: Penelope Spheeris (RCA Columbia Pictures Home Video)

D.O.A.: A Right of Passage (1980), Regie: Lech Kowalski (Harmonyvision)

Girl Groups: The Story of a Sound (1983), Regie: Steve Alpert (MGM/UA Home Video)

Janis: A Film (1974), Regie: Howard Alk und Seaton Findlay (MCA Home Video)

Monterey Pop (1968), Regie: D.A. Pennebaker, James Desmond, Barry Feinstein, Albert Maysles, Roger Murphy, Richard Leacock, Nick Proferes (Sony)

Motown 25: Yesterday, Today, Forever (1983), Regie: Don Mischer (MGM/UA Home Video)

The Weavers: Wasn't That a Time (1981), Regie: Jim Brown (MGM/UA Home Video)

Women In Rock (1987), Regie: Stephanie Bennett (MCA Home Video)

Anmerkung des Originalverlags

Every effort has been made to locate, identify and credit properly photographers, song writers and song publishers. All photographs are copyrighted by the photographer cited, all rights reserved. In cases where the photographer is not known, or a publicity shot has been used, the source or collection that has supplied the photograph is listed. Acknowledgements for permission to quote selected song lyrics are indicated below. Any inadvertent omissions or errors will be corrected in future editions.

Acknowledegment is hereby made for permission to quote song material and prose from the following publishers and copyright holders, to whom all rights are reserved: *Folksinger* by Phranc. Copyright © 1989 Folkswim Records. All rights reserved. Used by permission. *Penis Envy* by Andrew Ratshin & Arni Adler. Copyright © 1984 Liv Tunes. All rights reserved. Used by permission. *I Am Woman* by Helen Reddy and Ray Burton. Copyright © 1971 Buggerlugs Music. All rights reserved. Used by permission. *Stepping Out of Line* by L. Woods, P. Ford, J. Munro, P. Hammond. Copyright © 1982 Ideal Home Noise Productions. All rights reserved. Used by persmission. *The Real Roxanne* by Shaun Fequiere, Frederick Reeves, Jeffrey Campbell, Hugh Clark, Maurice Bailey, Lucien George, Brian George, Curtis Bedeau, Gerald Charles, Paul George. Copyright © 1985 Adra Music, K.E.D. Music & Mokojumbi Music. All rights reserved. Used by permission. *Cowboy Mouth* by Sam Shepard and Patti Smith. Copyright © 1976 Bantam Books, Inc. All rights reserved. Used by permission. *Gloria* (Van Morrison. Copyright © 1965 Hyde Park Music Co. Ltd., Bernice Music Inc., January Music Inc.) prelude by Patti Smith. Copyright © 1975 Arista Records. All rights reserved. Used by permission.

Ariadne – Die internationale Frauenkrimireihe

Dorothy Cannell

Die dünne Frau

Ariadne Krimi

Ariadne 1016
ISBN 3-88619-516-3
320 Seiten, DM 17.-

Wenn Ellie alles erben will, muß sie abnehmen. Aber auch andere würden gern etwas vom Erbe abhaben.

Dagmar Scharsich

Die gefrorene Charlotte

Ariadne Krimi

Ariadne 1048
ISBN 3-88619-548-1
448 Seiten, DM 17.-

Ostberlin, August 1989. Kurz vorm Mauerfall erbt Cora wertvolle Puppen, für die sich auch andere interessieren.

P.M. Carlson

Makler und Mord

Ariadne Krimi

Ariadne 1052
ISBN 3-88619-552-X
304 Seiten, DM 17.-

Eine wehrhafte alte Dame will nicht aus dem verkauften Haus ausziehen. Dann findet Maggie dort eine Leiche ...

Lauren Wright Douglas

Artemis' Töchter

Ariadne Krimi

Ariadne 1053
ISBN 3-88619-553-8
224 Seiten, DM 13.-

Als Macklin vor Jahren in den Knast mußte, schwor er Rache. Nun ist er wieder frei. Ein Fall für Caitlin Reece!

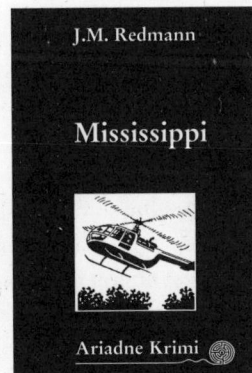

J.M. Redmann

Mississippi

Ariadne Krimi

Ariadne 1055
ISBN 3-88619-555-4
416 Seiten, DM 19,-

Privatdetektivin Michelle Knight legt sich mit der Südstaaten-Geldmafia an, was ihr überhaupt nicht bekommt!

Barbara Wilson

Trubel in Trans-silvanien

Ariadne Krimi

Ariadne 1057
ISBN 3-88619-557-0
288 Seiten, DM 15.-

Globetrotterin Cassandra Reilly widerfährt Mysteriöses in einem transsylvanischen Kurhotel!

Ariadne Krimis erscheinen im Argument Verlag Hamburg · Berlin

Das Film Buch

mit Beiträgen u.a. über:

Elfi Mikisch
Cathy Joritz
Ilse Gassinger
Anna Steininger
Mara Mattuschka
Claudia Schillinger
Cléo Uebelmann
Gerda Grossmann
Margit Eschenbach
Pipilotti Rist
Juliet Bashore
Lisl Ponger
Linda Christanell
Holly Fischer

Argument

Eva Hohenberger
Karin Jurschick (Hg.)

Blaue Wunder

Neue Filme und Videos von Frauen 1984 bis 1994

Argument Sonderbände Neue Folge Band 225
DM 29,00/ÖS 225/SF 30,00
288 Seiten, mit 45 Abbildungen
ISBN 3-88619-225-3

Mit Regisseurinnen wie Mara Mattuschka, Claudia Schillinger, Pipilotti Rist und Cléo Uebelmann entwickelte sich in den 80er Jahren europaweit ein feministisches Autorenkino, das den Realismus des »Frauenfilms« der 70er überschritt und an die Tradition der Avantgarde anknüpfte. In Filmbeschreibungen, Analysen und Regisseurinnenporträts hält *Blaue Wunder* Rückschau auf die feministische Filmproduktion der letzten zehn Jahre. Das Spektrum reicht vom Dokumentarfilm über Animation und Spielfilm bis zum Experimentalfilm, das Medium Video ist ebenso vertreten. Vielfach steht weibliche Identität und Sexualität im Mittelpunkt, versuchen die Filme jenseits der sexistischen Klischees neue Bilder weiblichen Begehrens zu finden und einer weiblichen Schaulust Rechnung zu tragen.

Suburban Dykes

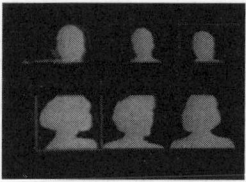

Die Evidenz des Kalküls

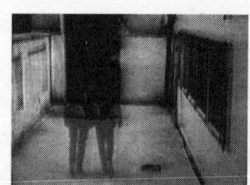

Verzehren/Verzerrt